Statistisches Bundesamt

Tourismus in Zahlen

2000/2001

Herausgeber: Statistisches Bundesamt, Wiesbaden

 Fachliche Informationen zu dieser Veröffentlichung können Sie direkt beim Statistischen Bundesamt erfragen: Gruppe V A, Telefon: 06 11 / 75 48 51, Fax: 06 11 / 75 39 69 oder E-Mail: Tourismus-Gastgewerbe@statistik-bund.de

Verlag: Metzler-Poeschel, Stuttgart

Verlagsauslieferung: SFG – Servicecenter Fachverlage GmbH
Postfach 43 43
72774 Reutlingen
Telefon: 0 70 71 / 93 53 50
Telefax: 0 70 71 / 93 53 35
Internet: http://www.s-f-g.com
E-Mail: staba@s-f-g.com

Erscheinungsfolge: jährlich

Erschienen im Februar 2001

Preis: DM 36,30 / EUR 18,56

Bestellnummer: 1021500 – 01700

ISBN: 3-8246-0637-2

Recyclingpapier aus 100 % Altpapier.

 Informationen über das Statistische Bundesamt und sein Datenangebot erhalten Sie:

● im Internet: http://www.statistik-bund.de

oder bei unserem Informationsservice
65180 Wiesbaden
● Telefon: 06 11 / 75 24 05
● Telefax: 06 11 / 75 33 30
● E-Mail: info@statistik-bund.de

© Statistisches Bundesamt, Wiesbaden 2001

Für nichtgewerbliche Zwecke sind Vervielfältigung und unentgeltliche Verbreitung, auch auszugsweise, mit Quellenangabe gestattet. Die Verbreitung, auch auszugsweise, über elektronische Systeme/Datenträger bedarf der vorherigen Zustimmung. Alle übrigen Rechte bleiben vorbehalten.

Vorbemerkung

Mit diesem Heft erscheint der "Tourismus in Zahlen" in vierzehnter Auflage. Die Veröffentlichung gilt heute als wichtige tourismusstatistische Informationsquelle bei Interessenten aus Politik, Verbänden, Wirtschaft, Wissenschaft und Ausbildung.

Die zentrale Tourismusstatistik im Datenangebot des Statistischen Bundesamtes ist die Statistik der Beherbergung im Reiseverkehr. Sie erfasst die Zahl der Gäste und deren Übernachtungen in Beherbergungsbetrieben und ist, da ihre Ergebnisse auch kurzfristig verfügbar sind, der wichtigste Konjunkturindikator für die Entwicklung des Inlandstourismus. Über die in der Fachserie bereits veröffentlichten Ergebnisse dieser Statistik hinaus werden in dieser Publikation in großem Maße auch Angaben in tiefer regionaler Gliederung veröffentlicht, die in den vergangenen Jahren auf wachsendes Interesse gestoßen sind. Die Darstellung der aktuellen Entwicklung im Kurbereich aus Ergebnissen der amtlichen Beherbergungsstatistik wird im Kapitel Kurtourismus mit einer Tabelle ergänzt, die die Übernachtungen in Heil- und Seebädern nach Herkunftsländern zeigt.

Die Publikation enthält auch Angaben über das Reiseverhalten der Bevölkerung. Dabei geht es um Merkmale wie das Reiseziel, das Verkehrsmittel, die Unterkunftsart, die Dauer der Reise oder die Ausgaben. Regelmäßige Angaben zu einer solchen die Beherbergungsstatistik ergänzenden Erhebung lagen in der amtlichen Statistik seit dem Wegfall der Erhebung über Urlaubs- und Erholungsreisen im Rahmen des Mikrozensus im Jahr 1990 nicht mehr vor. Seit dem Berichtsjahr 1997 werden die Privathaushalte in Deutschland wieder zu ihrem Reiseverhalten befragt, um die in einer EG-Richtlinie zur Tourismusstatistik geforderten Daten zu ermitteln.

Im letzten Kapitel des Tabellenteils werden die Daten zum Tourismus im internationalen Vergleich aus dem Datenmaterial der Welttourismusorganisation (WTO) fortgeführt. Eine Tabelle stellt die weltweiten Auslandsreisen der Deutschen von 1995 bis 1999 dar. Da hier alle Länder – soweit sie ihre Daten an die WTO melden – ausgewiesen werden, können hieraus auch länderspezifische Informationen über die Fernreisen der deutschen Bevölkerung gewonnen werden.

Aufgenommen wurde im Abschnitt 2 eine Übersicht mit aktuellen Ergebnissen der Beherbergungsstatistik für den Zeitraum Januar bis Oktober 2000 nach verschiedenen Merkmalsgliederungen, die Tabellen mit Daten der Beherbergungskapazität wurden mit den Ergebnissen der letzten Kapazitätserhebung, Stand 1. Januar 1999 ergänzt. Dieses Heft enthält auch in dem dem Tabellenteil vorangehenden Abschnitt einen Aufsatz „Ergebnisse der Kapazitätserhebung im Reiseverkehr 1999", der die Ergebnisse dieser Erhebung zusammenfasst.

Wiesbaden, im Januar 2001

Inhalt

	Seite
Verzeichnis der Schaubilder	10
Zeichenerklärung – Abkürzungen - Gebietsstand	11
WELTTOURISMUSORGANISATION (WTO): Empfehlungen zur Tourismusstatistik	12
Ulrich Spörel: Die amtliche deutsche Tourismusstatistik	21
Ulrich Spörel: 1999 – Rekordjahr im deutschen Inlandstourismus	39
Ulrich Spörel: Branchenentwicklung im Gastgewerbe 1999	47
Karin Linkert: Entwicklung der Beschäftigung im Handel und Gastgewerbe 1999	52
Karin Linkert: Handel, Gastgewerbe und Tourismus im Gesamtsystem der Wirtschaftsstatistik	58
Karin Linkert: Ergebnisse der Kapazitätserhebung im Reiseverkehr 1999	60
Mitteilung für die Presse	70

		Seite
1	**Allgemeine Rahmenbedingungen des Tourismus**	77
1.1	**Bevölkerung**	77
1.1.1	Bevölkerung am 31.12.1998 nach Altersgruppen in den Ländern	78
	Modellrechnung zur Entwicklung der Gesamtbevölkerung nach Altersgruppen bis 2050	
1.1.2	Altenquotient mit Altersgrenze 60 Jahre	79
1.1.3	Altenquotient mit Altersgrenze 65 Jahre	80
1.2	**Arbeitszeit und Freizeit**	82
1.2.1	Tarifvertragliche Urlaubsdauer 1975 bis 1999	82
1.2.2	Durchschnittliche tarifliche Wochenarbeitszeit der Arbeiter und Angestellten 1960 bis 1999	83
1.3	**Preisindex für die Lebenshaltung, Reiseausgaben und Einkommensentwicklung, Ausgaben für Freizeitgüter**	84
1.3.1	Preisindex für die Lebenshaltung - Touristische Leistungen 1991 - 1999	84
1.3.2	Ausgabefähige Jahreseinkommen und -einnahmen privater Haushalte sowie Aufwendungen für den Privaten Verbrauch 1998	85
1.3.3	Jährliche Ausgaben ausgewählter privater Haushalte für Reisen nach Haushaltstypen 1986 bis 1998	88
1.3.4	Jährliche Urlaubsausgaben ausgewählter privater Haushalte nach Haushaltstypen 1986 bis 1998	89
1.3.5	Ausgaben ausgewählter privater Haushalte für Freizeitgüter 1992 bis 1998	90

		Seite
1.4	**Kultur, Sport, Messen und Ausstellungen**	91
1.4.1	Museen nach Ländern und Trägern 1996 bis 1998	91
1.4.2	Museen nach Museumsarten und Zahl der Besuche 1996 bis 1998	92
1.4.3	Theater 1997/98	93
1.4.4	Festspiele in der Spielzeit 1997/98	94
1.4.5	Deutscher Sportbund 1999	96
1.4.6	Messen und Ausstellungen in Deutschland 1999	97
1.5	**Umwelt**	99
1.5.1	Naturschutzflächen 2000	99
1.5.2	Naturparke und Nationalparke 2000	100
1.5.3	Bodenfläche nach Nutzungsarten und Ländern 1981, 1993 und 1997	102
1.5.4	Waldschäden nach Ländern 1996 bis 1999	103
1.5.5	Waldschäden nach Baumarten und Altersstufen 1996 bis 1999	103
2	**Teilbereiche des Tourismus**	104
2.1	**Beherbergung**	104
	– Konjunkturelle Entwicklung der Übernachtungen im Beherbergungsgewerbe Januar 1995 bis Oktober 2000	105
	– Entwicklung der Ankünfte und Übernachtungen von Gästen in Beherbergungsstätten 1992 bis Oktober 2000	106
	– Aktuelle Ergebnisse der Beherbergungsstatistik - Januar bis Oktober 2000	107

Daten der Kapazitätserhebung im 6-Jahres-Turnus

Beherbergungskapazität am 1. Januar 1981, 1987, 1993 und 1999

2.1.1	Betriebe, Beherbergungseinheiten und Betten/Schlafgelegenheiten	109
2.1.2	Gästezimmer, Wohneinheiten und Betten/Schlafgelegenheiten	121
2.1.3	Ausstattung der Gästezimmer und Wohneinheiten	125
2.1.4	Ausstattung der Beherbergungsbetriebe	128

Daten der monatlichen Erhebung

2.1.5	Geöffnete Betriebe, angebotene Betten/Schlafgelegenheiten, durchschnittliche Auslastung und angebotene Wohneinheiten nach Betriebsarten 1999	130
2.1.6	Geöffnete Betriebe, angebotene Betten/Schlafgelegenheiten und durchschnittliche Auslastung nach Ländern 1992 bis 1999	130
2.1.7	Geöffnete Betriebe, angebotene Betten/Schlafgelegenheiten und durchschnittliche Auslastung nach Gemeindegruppen 1985, 1998 und 1999	131
2.1.8	Beherbergungsstätten, Gästebetten und Kapazitätsauslastung nach Betriebsarten und Betriebsgrößenklassen 1999	131
2.1.9	Ankünfte und Übernachtungen in Beherbergungsstätten nach Betriebsarten 1999	134
2.1.10	Ankünfte und Übernachtungen in Beherbergungsstätten nach Betriebsgrößenklassen und zusammengefaßten Gästegruppen 1999	143
2.1.11	Ankünfte und Übernachtungen in Beherbergungsstätten nach Gemeindegruppen 1985, 1998 und 1999	144
2.1.12	Übernachtungen in Beherbergungsstätten nach Ländern 1960 bis 1999	144
2.1.13	Ankünfte und Übernachtungen in Beherbergungsstätten nach Ländern und zusammengefaßten Gästegruppen 1985, 1993 und 1999	145
2.1.14	Ankünfte und Übernachtungen in Beherbergungsstätten nach Herkunftsländern 1999	147

Daten der Beherbergungsstatistik in tiefer regionaler Gliederung:

2.1.15	Ankünfte und Übernachtungen in Beherbergungsstätten nach Reisegebieten 1985 bis 1999	148
2.1.16	Geöffnete Betriebe, angebotene Betten/Schlafgelegenheiten, durchschnittliche Auslastung, Ankünfte und Übernachtungen nach kreisfreien Städten/Stadtkreisen und Kreisen/Landkreisen 1999	151
2.1.17	Ankünfte und Übernachtungen in Beherbergungsstätten 1999 in Städten ab 100 000 Einwohnern – Rangliste nach Ankünften	162
2.1.18	Ankünfte und Übernachtungen in Beherbergungsstätten 1999 in Städten ab 100 000 Einwohnern – Rangliste nach Ankünften in den Ländern	164
2.1.19	Übernachtungen und Ankünfte in Beherbergungsstätten 1999 in Städten ab 100 000 Einwohnern – Rangliste nach Übernachtungen	166
2.1.20	Übernachtungen und Ankünfte in Beherbergungsstätten 1999 in Städten ab 100 000 Einwohnern – Rangliste nach Übernachtungen in den Ländern	168
2.1.21	Rangliste der Gemeinden nach Ankünften inländischer und ausländischer Gäste sowie von Gästen insgesamt in Beherbergungsstätten 1999	170
2.1.22	Rangliste der Gemeinden nach Übernachtungen inländischer und ausländischer Gäste sowie von Gästen insgesamt in Beherbergungsstätten 1999	171
2.1.23	Ankünfte und Übernachtungen 1999 der ausländischen Gäste in Beherbergungsstätten nach wichtigen Herkunftsländern in bevorzugten Gemeinden	172

2.2 Campingtourismus ... 185

Daten der Kapazitätserhebung im 6-Jahres-Turnus

Beherbergungskapazität am 1. Januar 1999:

2.2.1	Ausstattung der Campingplätze mit Ver-/Entsorgungs- bzw. Sport- und Freizeiteinrichtungen	186

Daten der monatlichen Erhebung

2.2.2	Campingplätze und Stellplatzkapazität nach Ländern 1999	190
2.2.3	Ankünfte und Übernachtungen auf Campingplätzen nach Ländern und zusammengefaßten Gästegruppen 1985, 1993 und 1999	191
2.2.4	Ankünfte und Übernachtungen auf Campingplätzen nach Herkunftsländern 1999	193

2.3 Gastgewerbe ... 194

	– Konjunkturelle Entwicklung der Umsätze im Gastgewerbe Januar 1996 bis Oktober 2000	195
	– Entwicklung des Umsatzes (nominal/real) und der Beschäftigtenzahl im Gastgewerbe 1994 bis Oktober 2000	196
2.3.1	Umsatz, Rohertrag, Beschäftigte, Bruttolohn- und -gehaltsumme sowie Investitionen im Gastgewerbe – Ergebnisse der Jahreserhebung 1997	197
2.3.2	Unternehmensinsolvenzen im Gastgewerbe 1998 nach Wirtschaftszweigen	197
2.3.3	Erwerbstätige nach Wirtschaftsbereichen und Stellung im Beruf. 1996 bis 1999	198
2.3.4	Steuerpflichtige und steuerbarer Umsatz bzw. Lieferungen und Leistungen im Gastgewerbe nach Betriebsarten 1980 bis 1998	200
2.3.5	Steuerpflichtige sowie deren Lieferungen und Leistungen im Gastgewerbe 1998 nach Ländern	201

		Seite
2.4	**Reisebüros und Reiseveranstalter**	202
2.4.1	Insolvenzverfahren im Bereich Reisebüros und Reiseveranstalter 1982 bis 1998	202
2.4.2	Arbeitsstätten und Beschäftigte im Bereich Reisebüros und Reiseveranstalter 1961 bis 1987	203
2.4.3	Steuerpflichtige und Umsatz im Bereich Reisebüros und Reiseveranstalter 1980 bis 1998	203
2.4.4	Umsatz, Gesamtleistung und ausgewählte Kosten der Reisebüros und Reiseveranstalter 1995	204
2.4.5	Beschäftigte und Personalkosten der Reisebüros und Reiseveranstalter 1995 je Unternehmen	205
2.5	**Landwirtschaftliche Betriebe und Forstbetriebe mit Vermietung von Unterkünften**	206
2.5.1	Landwirtschaftliche Betriebe und Forstbetriebe mit Vermietung von Unterkünften an Ferien- oder Kurgäste nach Ländern 1971 bis 1991	206
2.5.2	Landwirtschaftliche Betriebe und Forstbetriebe mit Vermietung von Unterkünften an Ferien- oder Kurgäste nach Größenklassen der landwirtschaftlich genutzten Fläche 1971 bis 1991	207
2.6	**Kurtourismus**	209
2.6.1	**Aktuelle Entwicklung des Kurbereichs in der amtlichen Beherbergungsstatistik**	209
2.6.1.1	Entwicklung der Ankünfte und Übernachtungen in Sanatorien/Kurkrankenhäusern Januar 1997 bis Juni 2000	210
2.6.1.2	Entwicklung der Übernachtungen in Heilbädern und Seebädern nach Ländern 1997 bis erstes Halbjahr 2000	211
2.6.1.3	Übernachtungen in Heilbädern und Seebädern nach Herkunftsländern 1999	213
2.7	**Jugendherbergen**	214
2.7.1	Jugendherbergen, Betten sowie Übernachtungen nach Landesverbänden 1975 bis 1999	214
2.7.2	Entwicklung der Übernachtungen in Jugendherbergen nach Besuchergruppen 1976 bis 1999	215
2.7.3	Übernachtungen in Jugendherbergen 1999 nach Landesverbänden und Besuchergruppen	215
2.8	**Tagesreisen**	216
2.8.1	**Tagesausflüge**	216
2.8.1.1	Tagesausflüge und durchschnittliche Tagesausgaben 1993 nach Zielbundesländern	216
2.8.1.2	Ausflugsintensität und Ausflugshäufigkeit 1993 nach ausgewählten Merkmalen	217
2.8.2	**Tagesgeschäftsreisen**	218
2.8.2.1	Tagesgeschäftsreisen und durchschnittliche Tagesausgaben 1993 nach Zielbundesländern	218
2.8.2.2	Tagesgeschäftsreiseintensität und Tagesgeschäftsreisehäufigkeit 1993 nach Quellbundesländern	219
3	**Reiseverhalten**	220
3.1	Reisende im Jahr 1999 nach Reiseart, Geschlecht und Alter	221
3.2	Private Reisen mit mindestens vier Übernachtungen im Jahr 1999 nach Abreisemonat, Reisedauer, Veranstalter der Reise, benutztem Verkehrsmittel und Hauptunterkunftsart	221
3.3	Übernachtungen bei privaten Reisen mit mindestens vier Übernachtungen im Jahr 1999 nach Abreisemonat, Riesedauer, Veranstalter der Reise, benutztem Verkehrsmittel und Hauptunterkunftsart	222
3.4	Reisen mit mindestens einer Übernachtung im Jahr 1999 nach dem Reiseziel	223
3.5	Übernachtungen bei Reisen mit mindestens einer Übernachtung im Jahr 1999 nach dem Reiseziel	224
3.6	Ausgaben im Fremdenverkehr 1999 bei Reisen nach Reisedauer und Hauptunterkunftsart	225

		Seite
4	**Verkehr**	226
4.1	Personenverkehr der Verkehrszweige 1992 bis 1999	227
4.2	Verkehrsnetz 1960 bis 1999	227
4.3	Bestand an Kraftfahrzeugen nach Fahrzeugarten sowie Zahl der motorisierten Fahrzeuge je 1 000 Einwohner 1950 bis 1999	228
4.4	Jährliche Fahrleistungen im Kraftfahrzeugverkehr nach Fahrzeugarten 1975 bis 1998	228
4.5	Jährliche Fahrleistungen im Kraftfahrzeugverkehr nach Straßenkategorien 1970 bis 1998	229
4.6	Kraftstoffverbrauch und Kraftstoffpreise im Straßenverkehr 1975 bis 1998	229
4.7	Reisende im Flugreiseverkehr nach Endzielländern 1970 bis 1999	230
4.8	Verkehr auf Flugplätzen 1960 bis 1999	231
4.9	Unternehmen, verfügbare Fahrgastschiffe, Beschäftigte und Umsatz der gewerblichen Binnenschiffahrt nach Fahrgastkapazitätsgrößenklassen 1998 bzw. 1999	233
4.10	Schiffsverkehr über See nach Hafengruppen 1995 bis 1999	233
4.11	Durchschnittliche Einnahmen im Personenverkehr mit Straßenverkehrsmitteln 1999 nach Verkehrsarten und -formen sowie nach Unternehmensformen	234
4.12	Unternehmen, Beschäftigte und Umsatz im Straßenpersonenverkehr 1970 bis 1999	234
4.13	Streckenlänge der Eisenbahnen in den EU-Ländern 1980 bis 1998	235
4.14	Verkehrsleistungen der Eisenbahnen in den EU-Ländern 1980 bis 1998	235
4.15	Straßenverkehrsunfallgeschehen im Überblick 1996 bis 1999	236
4.16	Verkehrsunfälle nach Verkehrszweigen 1961 bis 1999	237
5	**Beschäftigung im Bereich Tourismus**	238
5.1	Sozialversicherungspflichtig Beschäftigte 1975 bis 1998	238
5.2	Sozialversicherungspflichtig Beschäftigte am 30.6.1998 nach ausgewählten Wirtschaftsunterabteilungen	238
5.3	Sozialversicherungspflichtig Beschäftigte nach ausgewählten Wirtschaftsunterabteilungen und Ländern 1995 bis 1998	239
5.4	Auszubildende in ausgewählten Ausbildungsberufen nach Geschlecht 1993 bis 1999	240
5.5	Auszubildende in ausgewählten Ausbildungsberufen 1999 nach Geschlecht und Ländern	241
6	**Monetäre Daten zum grenzüberschreitenden Tourismus**	242
6.1	**Kaufkraft der DM im Ausland**	242
6.1.1	Kaufkraft der DM im Ausland (Verbrauchergeldparitäten) 1991 bis 2000	243
6.2	**Reiseverkehr in der Zahlungsbilanz der Bundesrepublik Deutschland**	245
6.2.1	Einnahmen und Ausgaben der Bundesrepublik Deutschland im Reiseverkehr 1988 bis 1999	245
6.2.2	Einnahmen und Ausgaben der Bundesrepublik Deutschland im Reiseverkehr nach Ländergruppen und Ländern 1996 – 1999	246
6.2.3	Einnahmen der Bundesrepublik Deutschland im Reiseverkehr nach der Rangfolge der ermittelten Herkunftsländer 1998 und 1999	247
6.2.4	Ausgaben der Bundesrepublik Deutschland im Reiseverkehr nach der Rangfolge der ermittelten Zielländer 1998 und 1999	247

		Seite
7	**Tourismus im internationalen Vergleich**	248
7.1	Ankünfte ausländischer Touristen/Touristinnen nach der Rangfolge der Zielländer 1998 und 1999	248
7.2.1	Weltweite Ankünfte ausländischer Touristen/Touristinnen 1950 bis 1999	249
7.2.2	Weltweite Einnahmen aus dem internationalen Tourismus 1950 bis 1999	250
7.3	Einnahmen im internationalen Reiseverkehr nach der Rangfolge der Länder 1998 und 1999	251
7.4	Ausgaben im internationalen Reiseverkehr nach der Rangfolge der Länder 1998 und 1999	251
7.5	Auslandsreisen der Deutschen 1995 – 1999	253
7.6	Grenzankünfte im internationalen Reiseverkehr nach Zielländern 1997 und 1998	258
7.7	Ankünfte von ausländischen Touristen/Touristinnen in Hotels und ähnlichen Betrieben im internationalen Reiseverkehr 1998 nach Zielländern	260
7.8	Übernachtungen von ausländischen Touristen/Touristinnen in Hotels und ähnlichen Betrieben im internationalen Reiseverkehr 1998 nach Zielländern	261
7.9	Übernachtungen ausländischer Touristen/Touristinnen in den Beherbergungsbetrieben der EU-Mitgliedsländer 1985 bis 1999	262
7.10	Betten/Schlafgelegenheiten in Hotels und ähnlichen Betrieben in den EU-Mitgliedsländern 1985 bis 1999	262
7.11	Einnahmen und Ausgaben der EU-Mitgliedsländer im internationalen Reiseverkehr 1985 – 1999	263
7.12	Messen und Ausstellungen im Ausland 1999	264

Anhang	268
Methodische Anmerkungen	269
Erläuterungen wichtiger Begriffe	297
Quellennachweis	304
Anschriften der deutschen statistischen Ämter	305

Verzeichnis der Schaubilder

Seite

Schaubild	1: Altersaufbau der Bevölkerung in Deutschland	81
Schaubild	2: Kapazitätsauslastung in der Hotellerie 1992 bis 1999	135
Schaubild	3: Übernachtungen und Kapazitäten in der Hotellerie 1992 bis 1999	136
Schaubild	4: Entwicklung der Gästeübernachtungen 1992 - 1999	137
Schaubild	5: Verteilung der Übernachtungen auf die Bundesländer 1999	138
Schaubild	6: Fremdenverkehrsintensität in den Bundesländern 1999	139
Schaubild	7: Zahl der Übernachtungen von Gästen aus dem Ausland 1990 bis 1999	140
Schaubild	8: Übernachtungen von ausländischen Gästen 1999	141
Schaubild	9: Entwicklung der Gästeübernachtungen 1993 bis 1999	142
Schaubild	10: Verteilung der Campingübernachtungen auf die Bundesländer 1999	185
Schaubild	11: Urlaub auf dem Bauernhof 1982 bis 1999	208
Schaubild	12: Flugplatzverkehr auf ausgewählten Flugplätzen 1999	232
Schaubild	13: Reiseausgaben im Ausland 1998	252

Statistisches Bundesamt, Tourismus in Zahlen, 2000/2001

Zeichenerklärung

/	= keine Angaben, da Zahlenwert nicht sicher genug		x	= Tabellenfach gesperrt, weil Aussage nicht sinnvoll
( )	= Aussagewert eingeschränkt, da Zahlenwert statistisch relativ unsicher ist		...	= Angaben fallen später an
-	= nichts vorhanden		r	= berichtigte Zahlen
0	= weniger als die Hälfte von 1 in der letzten besetzten Stelle, jedoch mehr als nichts		**	= Veränderungsrate ist größer als 100 %
.	= Zahlenwert unbekannt oder geheimzuhalten		|	= grundsätzliche Änderung innerhalb einer Reihe, die den zeitlichen Vergleich beeinträchtigt.

Abkürzungen

a.n.g.	= anderweitig nicht genannt		HE	=	Hessen
ASTA	= "Allgemeines Statistisches Archiv"		HH	=	Hamburg
B	= Besucher		LF	=	Landwirtschaftlich genutzte Fläche
BB	= Brandenburg		MV	=	Mecklenburg-Vorpommern
BE	= Beherbergungseinheiten		NI	=	Niedersachsen
BE	= Berlin		NW	=	Nordrhein-Westfalen
BFANL	= Bundesforschungsanstalt für Naturschutz und Landschaftsökologie		o.a.	=	oben angegeben
BFN	= Bundesamt für Naturschutz		OECD	=	Organisation for Economic Co-operation and Development
BGBl.	= "Bundesgesetzblatt"		o.g.	=	oben genannt
BT	= Betten		RB	=	Regierungsbezirk
BW	= Baden-Württemberg		RP	=	Rheinland-Pfalz
BY	= Bayern		SH	=	Schleswig-Holstein
ECU	= European Currency Unit (Europäische Währungseinheit)		SL	=	Saarland
			SN	=	Sachsen
EFTA	= European Free Trade Association (Europäische Freihandelsgemeinschaft)		ST	=	Sachsen-Anhalt
			StBA	=	Statistisches Bundesamt
EG	= Europäische Gemeinschaften		StLA	=	Statistisches Landesamt
EU	= Europäische Union		T	=	Tourist
Eurostat, SAEG	= Statistisches Amt der Europäischen Gemeinschaften		TH	=	Thüringen
			WF	=	Waldfläche
			WiSta	=	"Wirtschaft und Statistik"
EWU	= Europäische Währungsunion		WTO	=	World Tourism Organization (Welttourismusorganisation)
HB	= Bremen				

Gebietsstand:

Früheres Bundesgebiet: Angaben für die Bundesrepublik Deutschland nach dem Gebietsstand bis zum 3.10.1990; sie schließen Berlin-West ein.

Neue Länder und Berlin-Ost: Angaben für die Länder Brandenburg, Mecklenburg-Vorpommern, Sachsen, Sachsen-Anhalt, Thüringen sowie für Berlin-Ost.

Deutschland: Angaben für die Bundesrepublik Deutschland nach dem Gebietsstand seit dem 3.10.1990.

Abweichungen in den Summen ergeben sich durch Runden der Zahlen.

Statistisches Bundesamt, Tourismus in Zahlen, 2000/2001

WELTTOURISMUSORGANISATION (WTO)

EMPFEHLUNGEN ZUR TOURISMUSSTATISTIK

VORWORT

Im März 1993 hat die Statistikkommission der Vereinten Nationen eine Reihe von *Empfehlungen zur Tourismusstatistik* verabschiedet. Diese waren von der Welttourismusorganisation (WTO) in der Folge der von der WTO und der kanadischen Regierung gemeinsam organisierten Internationalen Konferenz über Reise- und Tourismusstatistik in Ottawa, Juni 1991, ausgearbeitet worden. Der vorliegende Bericht gibt eine zusammenfassende Darstellung dieser Empfehlungen.

Die Verabschiedung dieser Empfehlungen stellt einen Meilenstein auf dem Weg der Verbesserung der Tourismusstatistiken sowie ihrer internationalen Vergleichbarkeit dar.

Während Natur und Bedeutung des Tourismus sich in einem grundlegenden Wandel befinden, besteht hier nach wie vor ein beträchtliches Wachstumspotential. Anforderungen in bezug auf die von ihnen benötigten Daten werden von den zuständigen nationalen Regierungen gestellt. Gleiches trifft auch für viele Interessengruppen zu, wie z. B. Unternehmen, Wirtschaftsverbände, lokale und regionale Verwaltungen sowie Forschungseinrichtungen.

Der Umstand, daß sich die Regierungen und die Tourismuswirtschaft auf eine gemeinsame statistische Sprache für den Bereich des Tourismus geeinigt haben, wird der Stellung der Branche in den verschiedenen Ländern zugute kommen.

TOURISMUSBEGRIFF UND TOURISMUSFORMEN

Der Tourismus umfaßt *"die Aktivitäten von Personen, die an Orte außerhalb ihrer gewohnten Umgebung reisen und sich dort zu Freizeit-, Geschäfts- oder bestimmten anderen Zwecken nicht länger als ein Jahr ohne Unterbrechung aufhalten."*

TOURISMUSFORMEN

Die folgenden Grundformen des Tourismus können in bezug auf die Reiseströme eines bestimmten Landes unterschieden werden:

a) ***Binnenreiseverkehr (domestic tourism)***[1]: bezieht sich auf Inländer[2] eines gegebenen Landes, soweit sie nur innerhalb des Landes reisen;

b) ***Einreiseverkehr (inbound tourism)***: bezieht sich auf Ausländer[3], die in dem gegebenen Land reisen;

c) ***Ausreiseverkehr (outbound tourism)*** bezieht sich auf Inländer, die in einem anderen Land reisen.

Unterschiedliche Kombinationen dieser drei Grundformen des Tourismus ergeben die folgenden Tourismuskategorien:

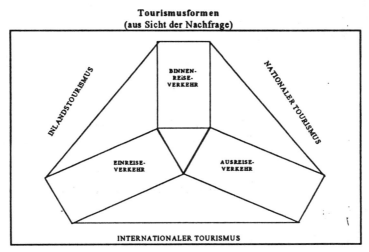

Anmerkung: Wird der Begriff "Land" gegen den Begriff "Region" ausgetauscht, können die analogen Formen des Tourismus beschrieben werden. In diesem Fall würden sich die Formen des Tourismus jedoch nicht auf ein Land sondern eine "Region" beziehen. Der Begriff "Region" kann sich entweder auf ein Gebiet innerhalb eines Landes oder auf eine Gruppe von Ländern beziehen.

---

[1] Die Verwendung des Begriffs "domestic" ("Binnen-") im Zusammenhang mit dem Tourismus unterscheidet sich von der Verwendung dieses Begriffs im Kontext der Volkswirtschaftlichen Gesamtrechnungen. "Domestic" behält im Tourismus seine ursprüngliche Marketing-Bedeutung, d.h. es bezieht sich auf Inländer, die innerhalb ihres eigenen Landes reisen. Im Kontext der Volkswirtschaftlichen Gesamtrechnungen bezieht sich der Begriff auf Aktivitäten und Ausgaben von Inländern wie Ausländern, die innerhalb des Bezugslandes reisen, d.h. auf den Binnenreiseverkehr wie auch auf den Einreiseverkehr.
[2] Als Inländer werden die im Inland wohnhaften Personen bezeichnet, unabhängig von ihrer Staatsbürgerschaft.
[3] Als Ausländer werden die im Ausland wohnhaften Personen bezeichnet, unabhängig von ihrer Staatsbürgerschaft.

Statistisches Bundesamt, Tourismus in Zahlen, 2000/2001

- *Inlandstourismus (internal tourism)*: umfaßt den Binnenreiseverkehr sowie den Einreiseverkehr;

- *Nationaler Tourismus (national tourism)*: umfaßt den Binnenreiseverkehr sowie den Ausreiseverkehr;

- *Internationaler Tourismus (international tourism)*: umfaßt den Einreiseverkehr sowie den Ausreiseverkehr.

TOURISMUSSTATISTISCHE GRUNDEINHEITEN

Sämtliche Arten der im Tourismus erfaßten Reisenden werden als Besucher bezeichnet. Deshalb stellt der Begriff "Besucher" das grundlegende Konzept des gesamten Systems der Tourismusstatistik dar.

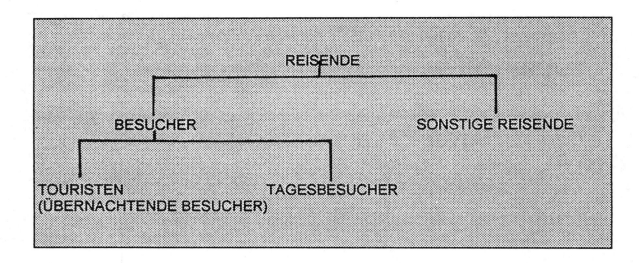

Für die Zwecke der Tourismusstatistik und entsprechend den Grundformen des Tourismus sollen folgende Untergruppen der Besucher definiert werden:

INTERNATIONALE BESUCHER

Für statistische Zwecke steht der Begriff *"internationaler Besucher"* für *"jede Person, die für die Dauer von nicht mehr als 12 Monaten ihre gewohnte Umgebung verläßt und in ein anderes als dasjenige Land reist, in dem sie ihren gewöhnlichen Wohnsitz hat, und deren hauptsächlicher Reiseweck ein anderer ist als die Ausübung einer Tätigkeit, die von dem besuchten Land aus entgolten wird."*

Statistisches Bundesamt, Tourismus in Zahlen, 2000/2001

Internationale Besucher umfassen:

TOURISTEN (Übernachtende Besucher)

Ein Besucher, der wenigstens eine Nacht in einem Beherbergungsbetrieb oder einer Privatunterkunft in dem besuchten Land verbringt.

TAGESBESUCHER

Ein Besucher, der nicht in dem besuchten Land übernachtet. Diese Definition schließt *Kreuzfahrtpassagiere* ein, die an Bord eines Kreuzfahrtschiffes in einem Land ankommen und sich jeden Abend an Bord zurückbegeben, um dort zu übernachten, selbst wenn das Schiff mehrere Tage im Hafen liegt. Im weiteren Sinne umfaßt diese Gruppe auch die Besitzer bzw. Passagiere von Jachten sowie die Reisenden, die auf einer Gruppenreise im Zug untergebracht sind.

INLÄNDISCHE BESUCHER

Im statistischen Sinne steht der Begriff *"inländischer Besucher"* für *"jede Person, die in dem gegebenen Land ihren Wohnsitz hat und für die Dauer von nicht mehr als 12 Monaten ihre gewohnte Umgebung verläßt, um an einen anderen Ort innerhalb dieses Landes zu reisen, und deren hauptsächlicher Reisezweck ein anderer ist als die Ausübung einer Tätigkeit, die von dem besuchten Ort aus entgolten wird."*

Inländische Besucher umfassen (in Analogie zu den internationalen Besuchern):

TOURISTEN (Übernachtende Besucher)

Besucher, die wenigstens eine Nacht in einem Beherbergungsbetrieb oder einer Privatunterkunft am besuchten Ort verbringen.

TAGESBESUCHER

Besucher, die am besuchten Ort nicht übernachten.

Statistisches Bundesamt, Tourismus in Zahlen, 2000/2001

NACHFRAGESEITIGE KLASSIFIKATIONEN DES TOURISMUS

Reisezweck der verschiedenen Tourismusformen

1. Freizeit, Erholung und Urlaub/Ferien
2. Besuch bei Freunden, Bekannten und Verwandten
3. Geschäft und Beruf
4. Gesundheit
5. Religion/Wallfahrt
6. Sonstige

Aufenthaltsdauer

Anzahl der Übernachtungen

Tagesbesucher	0
Touristen (Übernachtende Besucher)	1 - 3
	4 - 7
	8 - 28
	29 - 91
	92 - 365

Herkunftsort/-land und Reiseziel

Für den *Einreiseverkehr* ist es wichtiger, daß die Besucher nach dem Land, in dem sie ihren Wohnsitz haben, unterschieden werden als nach ihrer Staatsangehörigkeit.

Gliederung nach dem Gebiet des Wohnsitzes bzw. dem Reiseziel innerhalb des jeweiligen Landes

Jedes Land sollte für die Zwecke der Tourismusstatistik eine Systematik der Städte, Orte und Regionen erarbeiten, die bedeutende Reiseziele darstellen, da kleinräumige tourismusstatistische Daten von besonderem Interesse sind.

Statistisches Bundesamt, Tourismus in Zahlen, 2000/2001

Transportmittel

Luft	Linienflüge
	Charterflüge
	Sonstige Dienstleistungen
Wasser	Passagierschiffe und Fähren
	Kreuzfahrtschiffe
	Sonstige
Land	Eisenbahn
	Öffentliche Straßenverkehrsmittel und Reisebusse
	Privatfahrzeuge (mit einer Zulassung bis zu acht Personen)
	Mietfahrzeuge
	Sonstige Verkehrsmittel

Beherbergung im Reiseverkehr

Beherbergungs-betriebe	Hotels und ähnliche Betriebe	Hotels
		Ähnliche Betriebe
	Spezialisierte Betriebe	Betriebe mit medizinischen Einrichtungen
		Ferienlager / Gruppenunterkünfte
		Öffentliche Verkehrsmittel
		Konferenzzentren
	Sonstige Beherbergungsbetriebe	Ferienwohnungen
		Campingplätze
		Sonstige Beherbergungsbetriebe
Privatunterkünfte	Privatunterkünfte	Eigengenutzte Ferienwohnungen/-häuser
		Privat vermietete Räume
		Von Privatpersonen oder Agenturen gemietete Ferienwohnungen/-häuser
		Kostenlose Unterkunft bei Verwandten, Bekannten oder Freunden
		Sonstige Privatunterkünfte

Statistisches Bundesamt, Tourismus in Zahlen, 2000/2001

TOURISMUSAUSGABEN

Die Tourismusausgaben werden definiert als *"die gesamten Konsumausgaben, die ein Besucher für und während seiner Reise und seines Aufenthaltes am Zielort hat oder die in seinem Namen getätigt werden."*

Zahlungen im internationalen Reiseverkehr

EINREISEVERKEHR

Internationale Reiseverkehrseinnahmen werden definiert als "Ausgaben von internationalen Besuchern im Einreiseverkehr, einschl. der von ihnen an inländische Unternehmen für den grenzüberschreitenden Transport geleisteten Zahlungen. Sie sollten außerdem alle anderen Vorauszahlungen für die im Zielland in Anspruch genommenen Waren/ Dienstleistungen enthalten. Darüber hinaus werden sie normalerweise auch die Einnahmen von einreisenden Tagesbesuchern umfassen, es sei denn, diese Einnahmen sind so bedeutend, daß eine gesonderte Erfassung gerechtfertigt ist. Im Interesse einer Übereinstimmung mit den vom Internationalen Währungsfonds herausgegebenen Empfehlungen zur Zahlungsbilanz wird zudem empfohlen, die Einnahmen aus den internationalen Transporten getrennt aufzuführen."

Internationale Transporteinnahmen werden definiert als "alle Zahlungen von ausländischen Besuchern an im Erhebungsland registrierte Unternehmen, unabhängig davon, ob die Reise in dieses Land erfolgt." Diese Kategorie entspricht der Kategorie "Transportation, passenger services, credits" im Standardberichtsbogen des Internationalen Währungsfonds.

AUSREISEVERKEHR

Internationale Reiseverkehrsausgaben werden definiert als "Ausgaben, die Besucher im Ausreiseverkehr in anderen Ländern tätigen, einschl. der von ihnen an ausländische Unternehmen für den grenzüberschreitenden Transport geleisteten Zahlungen. Darüber hinaus sollten sie in der Praxis die Ausgaben von Inländern umfassen, die als Tagesbesucher ins Ausland reisen, es sei denn, diese Ausgaben sind so bedeutend, daß eine gesonderte Erfassung gerechtfertigt ist. Im Interesse einer Übereinstimmung mit den vom Internationalen Währungsfonds herausgegebenen Empfehlungen zur Zahlungsbilanz wird zudem empfohlen, die Ausgaben für internationale Transporte getrennt aufzuführen."

Internationale Transportausgaben werden definiert als "alle Zahlungen von Inländern des Erhebungslandes an im Ausland registrierte Unternehmen". Diese Kategorie entspricht der Kategorie "Transportation, passenger services, debits" im Standardberichtsbogen des Internationalen Währungsfonds.

Gliederung der Tourismusausgaben

1. Pauschalreise
2. Unterkunft
3. Speisen und Getränke
4. Transport
5. Erholung, Kultur und Sport
6. Einkäufe
7. Sonstiges

Statistisches Bundesamt, Tourismus in Zahlen, 2000/2001

ANGEBOTSSEITIGE KLASSIFIKATION DES TOURISMUS

Während in der tourismusstatistischen Betrachtung auf eine nachfragebezogene Definition nicht verzichtet werden kann, müssen die angebotsseitigen Konzepte der touristischen Aktivitätsstruktur noch genauer bestimmt werden, weil diese eine wichtige Quelle der meisten nationalen Wirtschaftsstatistiken darstellen. Bei einer entsprechenden Einbeziehung in die angebotsorientierte Statistikstruktur können so die Verbindungen des Tourismus zu anderen Wirtschaftsbereichen sowie seine Bedeutung gegenüber anderen Bereichen deutlich gemacht werden.

Die WTO hat eine *Internationale Klassifikation der touristischen Wirtschaftszweige (SICTA)* ausgearbeitet, deren spezielle Ziele die folgenden sind:

- Eine umfassendere statistische Darstellung des Tourismus;

- Entwicklung eines Berichtssystems über den Tourismus im Rahmen der Volkswirtschaftlichen Gesamtrechnungen für eine zutreffendere und aussagefähigere Gliederung der tourismusbezogenen Wirtschaftszweige;

- Schaffung der Rahmenbedingungen für eine bessere Kompatibilität nationaler und multinationaler Tourismusstatistiken;

- Bereitstellung umfassender, für professionelle Zwecke aufbereiteter Informationen über Tourismusprodukte, -leistungen und -märkte sowie über branchenspezifische Bedingungen;

- Schaffung einer statistikbezogenen Verbindung zwischen der Angebotsseite des Tourismus (bereitgestellte Dienstleistungen/Erträge/Kosten) und der Nachfrageseite (Ausgaben/Bedürfnisse/Präferenzen);

- Ermöglichung einer klareren Bewertung der touristischen Zahlungsbilanz sowie des Tourismusbeitrags zu den internationalen Handelsströmen.

Die SICTA wurde von der Statistikkommission der Vereinten Nationen im März 1993 in vorläufiger Fassung verabschiedet. Sie ist Bestandteil des ausführlichen Berichts zu den *Empfehlungen zur Tourismusstatistik*, der gemeinsam vom Statistischen Dienst der Vereinten Nationen und der WTO herausgegeben wurde. Auf Anfrage kann ein Exemplar des ausführlichen Berichts zu den Empfehlungen von der WTO bezogen werden.

Statistisches Bundesamt, Tourismus in Zahlen, 2000/2001

GLIEDERUNG DER INTERNATIONALEN BESUCHER

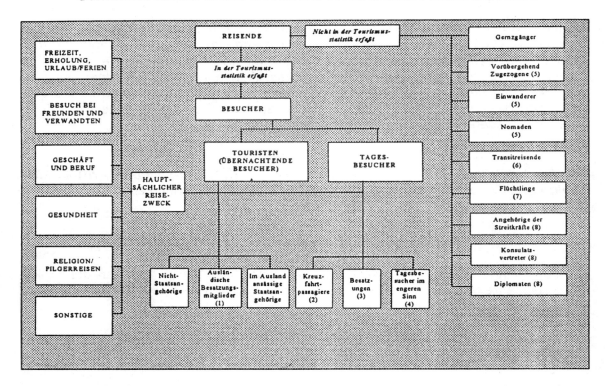

1. Ausländische Flugzeug- oder Schiffsbesatzungen, die zwischengelandet sind oder angelegt haben und die Beherbungsstätten des Gastlandes in Anspruch nehmen.

2. Personen, die an Bord von Kreuzfahrtschiffen (gemäß der Definition der Internationalen Seeschiffahrts-Organisation (International Maritime Organization) von 1965) in einem Land ankommen und an Bord übernachten, auch wenn sie einen oder mehrere eintägige Landausflüge unternehmen.

3. Besatzungen, die nicht Inländer des Gastlandes sind und den Tag in diesem Land verbringen.

4. Besucher, die am selben Tag ein- und wieder ausreisen zum Zwecke der Freizeitgestaltung, um sich zu erholen oder Urlaub/Ferien zu machen, um Freunde und Verwandte zu besuchen, aus geschäftlichen und beruflichen Gründen, um sich einer Heilbehandlung zu unterziehen, aus religiösen Gründen/zum Zwecke von Pilgerreisen oder zu anderen touristischen Reisezwecken; einbezogen sind Transitreisende mit eintägigem Aufenthalt auf der Hin- oder Rückreise zu oder von ihrem Reiseziel.

5. Definition gemäß den Empfehlungen der Vereinten Nationen zur Internationalen Wanderungsstatistik, 1980.

6. Personen, die die Transitzone des Flughafens oder Hafens nicht verlassen, einschließlich der Transfers zwischen Flughäfen und Häfen.

7. Gemäß der Definiton des Hohen Kommissars der Vereinten Nationen für Flüchtlinge, 1967.

8. Auf der Fahrt von ihrem Herkunftsland zu ihrem Dienstort und umgekehrt (einschließlich Hausangestellte und Angehörige, die sie begleiten oder auf dem Weg zu ihnen sind).

Statistisches Bundesamt, Tourismus in Zahlen, 2000/2001

1 Die amtliche deutsche Tourismusstatistik

Ulrich Spörel

1.1 Vorbemerkungen

Der Tourismus ist heute zu einem wichtigen gesellschaftlichen und wirtschaftlichen Faktor geworden. Die jährliche Urlaubsreise ist für die überwiegende Zahl der Deutschen schon fast eine Selbstverständlichkeit. Zugenommen hat darüber hinaus auch die Zahl der Zweit- und Drittreisen pro Jahr. Im Rahmen des häufig konstatierten gesellschaftlichen Wertewandels in Richtung auf eine stärkere Freizeitorientierung bekommen Freizeit und Urlaub auch subjektiv für die Bürger eine immer größere Bedeutung.

Mehr und mehr wird in den letzten Jahren vor allem das ökonomische Gewicht des „Wirtschaftsfaktors Tourismus" zur Kenntnis genommen. Zwar ist eine genaue Quantifizierung zur Zeit aufgrund noch ungeklärter methodischer wie auch definitorischer Probleme schwierig, doch weisen die vorliegenden Berechnungen sowohl auf nationaler wie auch auf internationaler Ebene dem Tourismus eine Bedeutung zu, die ihn auf eine Ebene mit den wichtigsten Branchen der Volkswirtschaft stellt.

Mit dem unstrittigen Bedeutungsgewinn des Tourismus hat die statistische Erfassung dieses gesellschaftlichen Bereichs jedoch nicht Schritt gehalten. Dies gilt zum einen auf der internationalen Ebene, wo dieser Mißstand aber erkannt ist und bei der Europäischen Union, der OECD und der Welttourismusorganisation (WTO) zu verstärkten Anstrengungen auf diesem Gebiet geführt hat. Dies gilt zum anderen im besonderen Maße für die Bundesrepublik Deutschland, wo die Notwendigkeit zur Weiterentwicklung der Tourismusstatistik in den letzten Jahren zwar immer wieder betont worden ist, von seiten des Gesetzgebers statt dessen aber sogar mit einer Reduzierung des tourismusstatistischen Programms reagiert wurde. So wurde im Jahr 1990 die bis dahin durchgeführte Erhebung über Urlaubs- und Erholungsreisen aus dem Programm des Mikrozensus gestrichen.

1.2 Die Tourismusdefinition der Welttourismusorganisation

Im Juni 1991 führte die WTO in Zusammenarbeit mit der kanadischen Regierung in Ottawa eine internationale Konferenz über Reise- und Tourismusstatistik durch, auf der eine Reihe von Empfehlungen zur Tourismusstatistik beschlossen wurden, die im März 1993 auch von der Statistikkommission der Vereinten Nationen angenommen wurden. Diese Empfehlungen beinhalten zum ersten Mal eine allgemeingültige umfassende Definition des Tourismus, die allerdings von dem Tourismusbegriff im allgemeinen Sprachgebrauch abweicht. Der Tourismus umfaßt nach dieser Definition „die Aktivitäten von Personen, die an Orte außerhalb ihrer gewohnten Umgebung reisen und sich dort zu Freizeit-, Geschäfts- oder bestimmten anderen Zwecken nicht länger als ein Jahr ohne Unterbrechung aufhalten" (Welttourismusorganisation, o. Jg., S. 2). Demnach zählen zum Tourismus nicht nur private Reisen, sondern auch Dienst- und Geschäftsreisen. Ebenso werden auch Tagesreisen, die also nicht mit einer Übernachtung verbunden sind, soweit sie bestimmte Bedingungen erfüllen, in die Definition des Tourismus miteinbezogen.

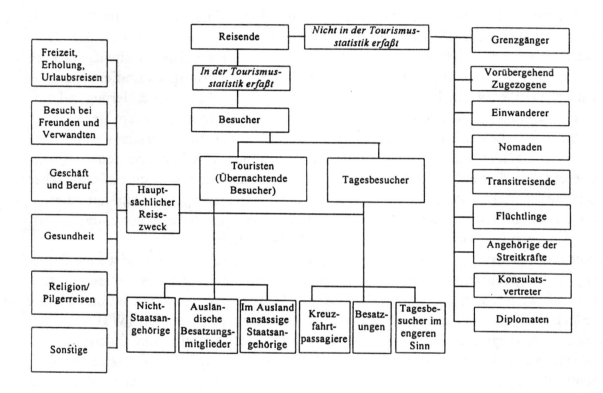

Abb 1: Die Tourismusdefinition der Welttourismusorganisation (*Quelle*: WTO, o. Jg.)

Die zentrale Bezugskategorie für die Tourismusdefinition der WTO ist der Besucher (*visitor*). Ein Besucher ist nach der Definition der WTO eine Person, die für die Dauer von nicht mehr als 12 Monaten ihre gewohnte Umgebung verläßt, um an einen anderen Ort oder in ein anderes Land zu reisen, und deren hauptsächlicher Reisezweck ein anderer ist als die Ausübung einer Tätigkeit, die von dem besuchten Ort/Land entgolten wird (vgl. o.Jg., S. 3). Diese Definition grenzt sich einerseits durch das zeitliche Kriterium (weniger als 12 Monate) von Wanderungsbewegungen ab. Durch die Erwähnung des vom Zielort/-land geleisteten Entgelts sollen andererseits Pendler aus der Definition ausgeschlossen werden. Besucher, die wenigstens eine Nacht in einem Beherbergungsbetrieb oder einer Privatunterkunft am besuchten Ort bzw. in dem besuchten Land verbringen, werden als Touristen (übernachtende Besucher) bezeichnet. Besucher, die am besuchten Ort/in dem besuchten Land nicht übernachten, gelten als Tagesbesucher. Es sei noch einmal wiederholt, daß beide Gruppen in die (weit gefaßte) Tourismusdefinition der WTO einbezogen sind (vgl. Übersicht):

Neben diesen grundlegenden Definitionen enthalten die WTO-Empfehlungen zur Tourismusstatistik auch Konzepte und Klassifikationen zur statistischen Erfassung von touristischen Aktivitäten. Mit Hilfe der drei Arten von Reiseverkehrsströmen

- Binnenreiseverkehr (*domestic tourism*) = Reisen von Inländern im Inland
- Einreiseverkehr (*inbound tourism*) = Reisen von Ausländern ins Inland
- Ausreiseverkehr (*outbound tourism*) = Reisen von Inländern ins Ausland

lassen sich folgende drei Grundformen des Tourismus unterscheiden:

- Inlandstourismus (*internal tourism*) = Binnenreiseverkehr und Einreiseverkehr
- Nationaler Tourismus (*national tourism*) = Binnenreiseverkehr und Ausreiseverkehr
- Internationaler Tourismus (*international tourism*) = Einreisverkehr und Ausreiseverkehr

Die tourismusstatistischen Arbeitsgruppen des Statistischen Amtes der Europäischen Gemeinschaften (Eurostat) wie auch der OECD haben sich darauf verständigt, die Empfehlungen der WTO zur Grundlage ihrer Arbeiten zu machen. Dies gilt auch für die Tourismusstatistik des Statistischen Bundesamtes.

1.3 Die konzeptionellen Grundlagen der amtlichen Tourismusstatistik

Die zentrale Tourismusstatistik im Datenangebot des Statistischen Bundesamts ist heute die Statistik der Beherbergung im Reiseverkehr. Daneben bestand bis 1990 die Statistik der Urlaubs- und Erholungsreisen, durchgeführt als Zusatzerhebung im Rahmen des Mikrozensus. Beide ergänzten sich sinnvoll und waren sozusagen die zwei Pfeiler im Gebäude der amtlichen Tourismusstatistik.

Die Beherbergungsstatistik setzt bei den Beherbergungsbetrieben selbst an, sie ist also angebotsseitig ausgerichtet. Sie erfaßt die Betriebe im Inland. Methodisch liegt ihr das Inlandskonzept zugrunde. Sie gibt Auskunft über den Inlandstourismus, also über den Binnenreiseverkehr und den Einreiseverkehr nach den Bezeichnungen der WTO-Empfehlungen.

Im Gegensatz dazu setzte die Statistik der Urlaubs- und Erholungsreisen bei den reisenden Personen bzw. den Haushalten selbst an. Eingepaßt in das Angebots-/Nachfrageschema war diese Statistik als nachfrageseitig zu charakterisieren. Im Unterschied zur Beherbergungsstatistik lag ihr das Inländerkonzept zugrunde. Sie bezog sich auf den nationalen Tourismus, indem sie sowohl den Binnenreiseverkehr als auch den Ausreiseverkehr abbildete.

Beide Statistiken bildeten ein kohärentes System der Tourismusstatistik, Inlands- und Inländerkonzept, angebots- und nachfrageseitige Statistik ergänzten sich sinnvoll. Ein wenig salopp könnte man sagen, daß seit dem Wegfall der Zusatzerhebung über Urlaubs- und Erholungsreisen die amtliche deutsche Tourismusstatistik auf einem Bein hinkt.

1.3.1 Die Statistik der Beherbergung im Reiseverkehr

Mit dem Gesetz über die Statistik der Beherbergung im Reiseverkehr (Beherbergungsstatistikgesetz – BeherbStatG) vom 14. Juli 1980 (BGBl. 1 Nr. 38, S. 953 f.) wurde die Beherbergungsstatistik in Deutschland teilweise neu konzipiert (vgl. dazu auch Reeb, 1980, S. 834 ff.). Die wichtigste Modifikation lag in einer Neuabgrenzung des Berichtskreises. Während das alte Fremdenverkehrsstatistikgesetz die Durchführung der Beherbergungsstatistik nur in bestimmten Berichtsgemeinden vorsah, für die der Fremdenverkehr von besonderer wirtschaftlicher Bedeutung war, wurde der Erfassungsbereich durch das Beherbergungsstatistikgesetz nun auf alle Gemeinden ausgedehnt. Anstelle des gemeindebezogenen Auswahlkriteriums wurde eine betriebsgrößenbezogene Abschneidegrenze eingeführt. Danach sind zur Beherbergungsstatistik berichtspflichtig alle Betriebe, „die nach Einrichtung und Zweckbestimmung dazu dienen, mehr als acht Gäste gleichzeitig vorübergehend zu beherbergen" (§ 5 BeherbStatG). Auskunftspflichtig sind die Inhaber oder Leiter der Beherbergungsstätten. Der Erhebungsweg verläuft von den berichtspflichtigen Betrieben zu den Statistischen Landesämtern, die für die eigentliche Erhebungsarbeit zuständig sind. Die Ergebnisse werden dort für die einzelnen Länder aufbereitet und veröffentlicht. Die von den Landesämtern übermittelten Ergebnisse werden dann im Statistischen Bundesamt zusammengefaßt und als Bundesergebnis veröffentlicht. Die Beherbergungsstatistik wird also als dezentrale Statistik durchgeführt.

Seit ihrer Neukonzipierung im Jahr 1980 besteht die Beherbergungsstatistik aus zwei Teilen, und zwar aus

– der laufenden monatlichen Erhebung sowie
– der sechsjährlichen Kapazitätserhebung.

1.3.1.1 Die monatliche Beherbergungsstatistik

In der laufenden monatlichen Berichterstattung der Beherbergungsstatistik werden als Erhebungsmerkmale die Ankünfte und Übernachtungen von Gästen in den berichtspflichtigen Betrieben erfaßt, bei Gästen aus dem Ausland auch deren Herkunftsland.

Aus der Zahl der Übernachtungen und Ankünfte wird durch Division ein rechnerischer Wert für die durchschnittliche Aufenthaltsdauer der Gäste ermittelt. Erhoben wird darüber hinaus die Zahl der Gästebetten und Wohneinheiten sowie bei Campingplätzen die Zahl der Stellplätze. Als rechnerischer Wert zur Beschreibung der Kapazitätsauslastung wird die durchschnittliche Auslastung aller Gästebetten wie auch die durchschnittliche Auslastung der im jeweiligen Monat angebotenen Betten ermittelt.

Die berichtspflichtigen Betriebe sind nach verschiedenen Merkmalen gegliedert, was eine sehr detaillierte Darstellung der nur relativ wenigen Erhebungsmerkmale ermöglicht.

In der räumlichen Gliederung bietet die Beherbergungsstatistik Ergebnisse auf allen administrativen Ebenen an – vom Bund bis zu den Gemeinden. Sie stellt insofern ein flexibles Informationsinstrument dar für die verschiedenen tourismuspolitischen Akteure wie auch für das Marketing. Ein Datenangebot wird also bereitgestellt sowohl für die Zuständigkeitsbereiche von Bundes- oder Länderministerien als auch beispielsweise für die der kommunalen Fremdenverkehrsämter. Von besonderem Interesse ist das Datenangebot in einer zusätzlichen nichtadministrativen räumlichen Gliederung, nämlich den sogenannten Reisegebieten. Deren Abgrenzungen sind abgestimmt auf die Zuständigkeitsbereiche der regionalen Fremdenverkehrsverbände, die gerade auf dem Gebiet der Tourismuswerbung eine bedeutsame Rolle spielen. Eine Übersicht über die Zahl der Reisegebiete sowie deren quantitative Bedeutung – gemessen an der Bettenkapazität sowie der Zahl der Übernachtungen im Jahr 1995 – gibt Tab. 1.

Tab. 1: Reisegebiete in der Bundesrepublik Deutschland – Bettenkapazität und Zahl der Übernachtungen 1995

Reisegebiet	Anzahl Betten[1]	Anzahl Übernachtungen (in Tsd.)
Schleswig-Holstein	186.443	21.988
– Nordsee	65.244	8.160
– Ostsee	81.104	9.135
– Holsteinische Schweiz	8.822	971
– Übriges Schleswig-Holstein	31.273	3.722
Hamburg	28.113	4.165
Niedersachsen	252.866	32.898
– Ostfriesische Inseln	41.311	5.674
– Ostfriesische Küste	29.417	3.463
– Ems – Hümmling	7.924	953
– Emsland – Grafschaft Bentheim	4.487	590
– Oldenburger Land	8.990	1.122
– Osnabrücker Bäderland – Dümmer	10.355	1.624
– Cuxhavener Küste – Unterelbe	17.304	2.074
– Bremer Umland	6.157	648
– Steinhuder Meer	1.901	206
– Weserbergland – Solling	17.813	2.870

Tab. 1: Fortsetzung

Reisegebiet	Anzahl Betten[1])	Anzahl Übernachtungen (in Tsd.)
– Nördliche Lüneburger Heide	23.458	3.178
– Südliche Lüneburger Heide	10.093	1.158
– Hannover – Hildesheim – Braunschweig	23.530	2.573
– Harzvorland – Elm – Lappwald	8.458	1.029
– Harz	33.130	4.829
– Südniedersachsen	4.539	517
– Elbufer – Drawehn	3.999	390
Bremen	8.181	1.058
Nordrhein-Westfalen	259.065	35.982
– Niederrhein – Ruhrland	60.179	8.181
– Bergisches Land	20.272	2.461
– Siebengebirge	16.473	2.135
– Eifel	21.080	2.607
– Sauerland	47.787	6.507
– Siegerland	6.883	1.183
– Westfälisches Industriegebiet	17.883	2.217
– Münsterland	17.987	2.455
– Teutoburger Wald	50.521	8.236
Hessen	189.554	26.321
– Weser – Diemel – Fulda	11.259	1.164
– Waldecker Land	23.827	3.935
– Werra – Meißner – Land	6.365	971
– Kurhessisches Bergland	6.407	817
– Waldhessen (Hersfeld – Rotenburg)	7.960	1.110
– Marburg – Biedenkopf	4.314	580
– Lahn – Dill, Westerwald und Taunus	4.342	458
– Westerwald – Lahn – Taunus	4.055	527
– Vogelsberg und Wetterau	13.749	2.046
– Rhön	11.575	1.357
– Kinzigtal – Spessart – Südlicher Vogelsberg	13.293	2.035
– Main und Taunus	42.278	6.032
– Rheingau – Taunus	15.551	2.340
– Odenwald – Bergstraße – Neckartal – Ried	24.579	2.950
Rheinland-Pfalz	150.112	17.587
– Rheintal	18.559	1.968
– Rheinhessen	8.319	944
– Eifel – Ahr	30.657	3.918
– Mosel – Saar	31.402	3.487
– Hunsrück – Nahe – Glan	18.788	2.390
– Westerwald – Lahn – Taunus	14.977	1.843
– Pfalz	27.410	3.037
Baden-Württemberg	293.930	38.931
– Nördlicher Schwarzwald	46.488	6.109

Statistisches Bundesamt, Tourismus in Zahlen, 2000/2001

Tab. 1: Fortsetzung

Reisegebiet	Anzahl Betten[1]	Anzahl Übernachtungen (in Tsd.)
– Mittlerer Schwarzwald	41.650	5.508
– Südlicher Schwarzwald	57.112	8.263
– Weinland zwischen Rhein und Neckar	21.324	2.871
– Neckartal – Odenwald – Madonnenländchen	8.536	1.122
– Taubertal	6.628	1.156
– Neckar – Hohenlohe – Schwäbischer Wald	12.946	1.351
– Schwäbische Alb	32.841	3.473
– Mittlerer Neckar	30.102	3.377
– Württembergisches Allgäu – Oberschwaben	13.272	2.620
– Bodensee	20.796	2.743
– Hegau	2.235	339
Bayern	550.996	72.855
– Rhön	14.557	3.009
– Frankenwald	5.028	704
– Spessart	5.503	579
– Würzburg mit Umgebung	4.645	666
– Steigerwald	1.855	168
– Fränkische Schweiz	4.955	480
– Fichtelgebirge mit Steinwald	8.771	930
– Nürnberg mit Umgebung	18.269	2.215
– Oberpfälzer Wald	8.275	826
– Oberes Altmühltal	2.730	297
– Unteres Altmühltal	4.408	491
– Bayerischer Wald	62.842	7.206
– Augsburg mit Umgebung	4.753	531
– München mit Umgebung	45.414	7.013
– Ammersee- und Würmsee-Gebiet	5.102	733
– Bodensee-Gebiet	4.064	470
– Westallgäu	5.496	861
– Allgäuer Alpenvorland	4.825	529
– Staffelsee mit Ammer-Hügelland	5.358	785
– Inn- und Mangfall-Gebiet	6.340	1.136
– Chiemsee mit Umgebung	9.365	1.301
– Salzach-Hügelland	2.955	359
– Oberallgäu	39.606	5.556
– Ostallgäu	16.211	2.329
– Werdenfelser Land mit Ammergau	18.406	2.645
– Kochel- und Walchensee mit Umgebung	2.736	352
– Isarwinkel	6.169	1.059
– Tegernsee-Gebiet	10.919	1.727
– Schliersee-Gebiet	6.799	822
– Ober-Inntal	3.257	284
– Chiemgauer Alpen	19.927	2.782
– Berchtesgadener Alpen mit Reichenhaller Land	21.493	3.065
– Übriges Bayern	169.963	20.946

Statistisches Bundesamt, Tourismus in Zahlen, 2000/2001

Tab. 1: Fortsetzung

Reisegebiet	Anzahl Betten[1]	Anzahl Übernachtungen (in Tsd.)
Saarland	15.143	2.094
– Nordsaarland	5.005	760
– Bliesgau	654	211
– Übriges Saarland	9.484	1.123
Berlin	45.130	7.530
Brandenburg	60.282	6.545
– Prignitz	2.392	270
– Uckermark	5.258	549
– Havelland	10.573	1.145
– Fläming	1.815	200
– Ruppiner Schweiz	4.634	468
– Barnim – Oderbruch – Märkische Schweiz – Schorfheide	9.494	1.162
– Südliche Märkische Seenlandschaft	6.627	703
– Beeskow – Starkower Land, Scharmützelsee	8.488	871
– Spreewald – Niederlausitz	11.001	1.177
Mecklenburg-Vorpommern	97.798	9.936
– Rügen/Hiddensee	21.768	2.239
– Vorpommern	31.738	3.279
– Mecklenburgische Ostseeküste	22.037	2.529
– Westmecklenburg	8.045	677
– Mecklenburgische Schweiz und Seenplatte	14.210	1.212
Sachsen	82.261	10.145
– Stadt Dresden	9.739	1.620
– Stadt Chemnitz	2.820	229
– Stadt Leipzig	7.992	1.043
– Oberlausitz – Niederschlesien	10.533	1.119
– Sächsische Schweiz	8.345	1.173
– Sächsisches Elbland	5.518	631
– Erzgebirge	15.583	1.882
– Mittelsachsen	12.446	1.193
– Westsachsen	2.275	218
– Vogtland	7.010	1.037
Sachsen-Anhalt	47.843	5.007
– Harz und Harzvorland	13.036	1.421
– Halle, Saale, Unstrut	10.862	1.357
– Anhalt – Wittenberg	10.304	944
– Magdeburg, Elbe – Börde – Heide	9.831	996
– Altmark	3.810	290
Thüringen	70.368	7.579
– Thüringer Wald	30.943	3.489
– Saaleland	16.014	1.887

Statistisches Bundesamt, Tourismus in Zahlen, 2000/2001

Tab. 1: Fortsetzung

Reisegebiet	Anzahl Betten[1]	Anzahl Übernachtungen (in Tsd.)
– Ostthüringen	6.628	554
– Thüringer Kernland	8.763	940
– Nordthüringen	8.020	708
Deutschland	2.338.085	300.621

[1] Stand: August; Betten insgesamt

Ein weiteres Gliederungsmerkmal sind die Betriebsarten. Die Gruppierung der Beherbergungsstätten erfolgt dabei auf der Grundlage der durch die Klassifikation der Wirtschaftszweige (Ausgabe 1993) vorgegebenen Kriterien. Tab. 2 gibt einen Überblick über die relevanten Betriebsarten und zeigt gleichzeitig deren relatives Gewicht an der Gesamtzahl der Übernachtungen. Dabei zeigt sich, daß gut 57% aller Übernachtungen in den vier Betriebsarten der Hotellerie (Hotels, Gasthöfe, Pensionen, Hotels garnis) getätigt werden, 45% allein in Hotels und Hotels garnis.

Tab. 2: Gästeübernachtungen in Beherbergungsstätten nach Betriebsarten – Deutschland 1995

Betriebsart	Anzahl in Tsd.	Anteil in %
Hotels	102.175	34,0
Gasthöfe	20.797	6,9
Pensionen	16.399	5,5
Hotels garnis	32.998	11,0
Erholungs-, Ferien- und Schulungsheime	27.033	9,0
Ferienzentren	5.918	2,0
Ferienhäuser und -wohnungen	28.703	9,5
Hütten, Jugendherbergen	13.735	4,6
Sanatorien, Kurkrankenhäuser	52.863	17,6
Betriebe insgesamt	300.621	100,0

Zum Berichtskreis der Beherbergungsstatistik gehören auch die Sanatorien und Kurkrankenhäuser zumindest dann, wenn davon auszugehen ist, daß die dort untergebrachten Personen überwiegend in der Lage sind, während ihres Aufenthaltes den Anstaltsbereich zu verlassen und die gemeindlichen Fremdenverkehrseinrichtungen in Anspruch zu nehmen. Gut ein Sechstel aller erfaßten Übernachtungen entfiel 1995 auf die Sanatorien und Kurkrankenhäuser, deren Klientel insbesondere für die Heilbäder einen wichtigen Nachfragefaktor darstellt.

Die Fremdenverkehrsgemeinden der Bundesrepublik werden aufgrund von landesrechtlichen Vorschriften durch verschiedene Prädikate charakterisiert. Die Beherbergungsstatistik folgt dieser Einteilung, indem sie ihre Ergebnisse auch in der Gliederung nach Gemeindegruppen (zusammengefaßt nach den jeweiligen Prädikaten) präsentiert.

Statistisches Bundesamt, Tourismus in Zahlen, 2000/2001

Diese Ergebnisdarstellung ermöglicht Rückschlüsse auf unterschiedliche Arten des Tourismus. Von besonderem Interesse sind diese Angaben für den Bereich des Kur- und Bäderwesens. Da der Prozeß der Prädikatisierung in den neuen Bundesländern 1995 noch nicht abgeschlossen war, wurden die Ergebnisse der Beherbergungsstatistik nach diesem Gliederungsmerkmal bisher nur für das frühere Bundesgebiet ausgewiesen (vgl. Tab. 3).

Tab. 3: Gästeübernachtungen in Beherbergungsstätten nach Gemeindegruppen – Früheres Bundesgebiet 1995

Gemeindegruppe	Anzahl in Tsd.	Anteil in %
Mineral- und Moorbäder	46.246	17,8
Heilklimatische Kurorte	18.028	6,9
Kneippkurorte	12.550	4,8
Heilbäder zusammen	76.824	29,6
Seebäder	23.330	9,0
Luftkurorte	24.736	9,5
Erholungsorte	24.863	9,6
Sonstige Gemeinden	109.726	42,3
Gemeindegruppen insgesamt	259.479	100,0

Ein weiteres Gliederungskriterium ist die Größe der Beherbergungsstätten. Dabei werden die Betriebe gruppiert nach der Anzahl der zur Verfügung stehenden Betten. Die Ergebnisdarstellung nach Betriebsgrößenklassen dürfte insbesondere für Strukturanalysen innerhalb des Beherbergungsgewerbes von Interesse sein. Tab. 4 zeigt das Übernachtungsaufkommen nach – hier stark zusammengefaßten – Betriebsgrößenklassen. Gut die Hälfte aller Übernachtungen finden inzwischen in Betrieben mit mehr als 100 Betten statt. Betrachtet man die Entwicklung der letzten elf Jahre – dieser Vergleich kann sinnvoll nur für das frühere Bundesgebiet vorgenommen werden – so zeigt sich ein deutlicher Trend hin zu den großen Beherbergungseinheiten auf Kosten sowohl der kleinen wie auch der mittleren Betriebsgrößen.

Tab. 4: Gästeübernachtungen in Beherbergungsstätten nach zusammengefaßten Betriebsgrößenklassen

Betriebe mit ... bis ... Gästebetten	Früheres Bundesgebiet 1984		1995		Deutschland 1995	
	Anzahl in Tsd.	Anteil in %	Anzahl in Tsd.	Anteil in %	Anzahl in Tsd.	Anteil in %
9-19	24.291	11,7	23.220	8,9	25.666	8,5
20-99	96.538	46,4	105.943	40,8	121.280	40,3
100 und mehr	87.125	41,9	130.316	50,2	153.674	51,1

Statistisches Bundesamt, Tourismus in Zahlen, 2000/2001

Dies sind nur die wichtigsten Gliederungsmerkmale der Beherbergungsstatistik. Auf weitere Kriterien wie die Ausstattungsklasse, die Durchschnittspreisklasse der Betriebe oder die Einwohnergrößenklasse, die Bettendichte (Betten je 1.000 Einwohner) oder die Übernachtungsdichte (Übernachtungen je Einwohner) der Gemeinden soll hier nicht weiter eingegangen werden. Es sei nur darauf hingewiesen, daß die verschiedenen Erhebungs- und Gliederungsmerkmale in zahlreichen unterschiedlichen Kombinationen verfügbar sind.

Tab. 5: Ankünfte und Übernachtungen von Auslandsgästen nach ausgewählten Herkunftsländern 1995

Herkunftsland	Ankünfte Anzahl in Tsd.	Anteil in %	Übernachtungen Anzahl in Tsd.	Anteil in %
Belgien	543,4	3,9	1.347,0	4,2
Dänemark	533,8	3,9	1.063,5	3,3
Frankreich	754,2	5,5	1.557,7	4,9
Großbritannien und Nordirland	1.283,2	9,3	2.952,4	9,2
Italien	730,9	5,3	1.657,0	5,2
Niederlande	1.797,4	13,0	5.055,6	15,8
Österreich	592,8	4,3	1.286,7	4,0
Schweden	551,3	4,0	953,9	3,0
Schweiz	801,4	5,8	1.664,8	5,2
Japan	811,9	5,9	1.306,5	4,1
USA	1.535,9	11,1	3.186,4	9,9
Ausland insgesamt	13.806,9	100,0	32.026,3	100,0

Ein bedeutsames Erhebungsmerkmal sei zum Schluß noch gesondert erwähnt. Es war bereits darauf hingewiesen worden, daß bei Gästen aus dem Ausland auch das Herkunftsland erfaßt wird. Maßgeblich ist dabei übrigens nicht die Nationalität, sondern das Land, in dem der Gast seinen ständigen Wohnsitz hat. Die Beherbergungsstatistik bietet damit auch ein wichtiges Informationsinstrument für das Auslandsmarketing des deutschen Fremdenverkehrs. Tab. 5 zeigt die Ankünfte und Übernachtungen von Auslandsgästen nach ausgewählten Herkunftsländern 1995. Die Zahl der Ankünfte wird gemeinhin als Indikator für die Zahl der Gäste angesehen. Beide Größen sind allerdings nicht identisch, da es bei Quartierwechseln während einer Reise (z.B. bei Rundreisen) zu Mehrfachzählungen derselben Gäste kommt.

Auf drei Herkunftsländer entfällt rund ein Drittel aller ausländischen Gäste, und zwar sowohl bei den Ankünften wie auch bei den Übernachtungen. An der Spitze liegen die Niederlande, auf die 15,8% der Übernachtungen ausländischer Gäste entfallen, gefolgt von den USA (9,9%) sowie Großbritannien und Nordirland (9,2%).

Die Bundesergebnisse der Beherbergungsstatistik werden zuerst als Pressemitteilung in der Regel vor Ablauf des zweiten Folgemonats auf den Berichtsmonat veröffentlicht. Ausführliche Ergebnisse werden in der Fachserie 6, Reihe 7.1, der Veröffentlichungen des Statistischen Bundesamtes im darauffolgenden Monat herausgegeben. Die Statistischen Landesämter veröffentlichen ihre Länderergebnisse in ihren Statistischen

Berichten unter der Kennziffer G IV 1. Jeweils im Frühsommer erscheint in der Zeitschrift des Statistischen Bundesamtes „Wirtschaft und Statistik" eine zusammenfassende Darstellung der Ergebnisse der Beherbergungsstatistik des abgelaufenen Jahres (vgl. Spörel, 1996, S. 435 ff.)

1.3.1.2 Die Kapazitätserhebung im Beherbergungsgewerbe

Ergänzend zu der laufenden monatlichen Beherbergungsstatistik wird im Abstand von jeweils sechs Jahren eine Kapazitätserhebung im Beherbergungsgewerbe durchgeführt (vgl. Krockow/Wedel, 1984, S. 245 ff.). Rechtsgrundlage ist wie bei der monatlichen Erhebung das Beherbergungsstatistikgesetz. Dementsprechend gleich sind auch die Vorschriften zum Berichtsfirmenkreis (Betriebe mit neun und mehr Betten) sowie zur Auskunftspflicht. Auch die Gliederungsmerkmale für die Ergebnisdarstellung entsprechen weitgehend denen in der monatlichen Beherbergungsstatistik, weshalb sie an dieser Stelle nicht noch einmal wiederholt werden sollen. Die Zielsetzung dieser Erhebung liegt darin, Informationen zu gewinnen über Umfang, Struktur und Qualität des Beherbergungsangebots.

Erhebungsmerkmal ist zum einen die Art der Beherbergungsstätten. Dabei ordnen sich die Betriebe aufgrund vorgegebener Definitionsmerkmale bestimmten Betriebsarten zu. Diese Zuordnung wird für die einzelnen Betriebe dann auch in der monatlichen Statistik übernommen. Erfaßt wird weiterhin die Ausstattung der Beherbergungsstätten, z.B. mit Speise- und Restaurationsräumen, sonstigen Aufenthaltsräumen, Sport- und Freizeiteinrichtungen, medizinischen Kureinrichtungen, Konferenz- und Tagungsräumen. In einem dritten Fragenblock wird nach der Anzahl, Ausstattung und dem Preis der Gästezimmer und Wohneinheiten in den Beherbergungsstätten gefragt.

Mit einem gesonderten Erhebungsvordruck werden die Kapazitäten im Campingbereich erfaßt. Hier wird u.a. gefragt nach der Art des Campingplatzes (Reiseverkehrscamping oder Dauercamping), der Zahl der vorhandenen Stellplätze, der Ausstattung mit Sport- und Freizeiteinrichtungen sowie mit Ver- und Entsorgungseinrichtungen.

Kapazitätserhebungen nach dem derzeitigen Beherbergungsstatistikgesetz haben bisher in den Jahren 1981, 1987 und 1993 stattgefunden. In der Erhebung des Jahres 1993 waren zum ersten Mal auch die Beherbergungsbetriebe der neuen Bundesländer miteinbezogen. Zu den Ergebnissen vgl. Spörel (1994, S. 998 ff.).

1.4 Weitere tourismusrelevante Erhebungen und Veröffentlichungen des Statistischen Bundesamtes

Aus der Sicht der Statistik handelt es sich beim Tourismus um einen typischen Querschnittsbereich. Touristische Leistungen sind nicht nur einem bestimmten Wirtschaftsbereich zuzuordnen, sondern sie werden von einer Vielzahl von Wirtschaftszweigen erbracht. Dementsprechend sind auch in einer größeren Anzahl von Fachstatistiken des Statistischen Bundesamtes tourismusrelevante Informationen enthalten. Ein Problem, das bei der Auswertung dieser Angaben für touristische Fragestellungen häufig auftaucht, liegt darin, daß es zumeist nur schwer oder gar nicht möglich ist, abzuschätzen, wie groß der touristische Anteil an der Leistungserstellung eines Wirtschaftsbereiches ist. Denn seien es nun das Gaststättengewerbe oder die Verkehrsträger – um nur zwei für den Tourismus bedeutsame Bereiche zu nennen –, in der Regel werden die Leistungen sowohl an Touristen als auch Nichttouristen abgegeben (Ortsansässige oder Reisende, die nicht unter die Tourismus-Definition der WTO fallen). Die wichtigsten in Frage kommenden Statistiken seien hier dennoch kurz aufgeführt.

1.4.1 Verkehrsstatistiken

Definitionsgemäß ist die touristische Aktivität immer mit einem Ortswechsel verbunden. Die Nachfrage nach Verkehrsleistungen ist insofern ein wichtiger Teilbereich der touristischen Nachfrage insgesamt. Tourismusrelevante Daten zum Verkehrsbereich bieten die folgenden Statistiken an:

- Luftfahrtstatistik,
- Statistiken des Straßenverkehrs,
- Eisenbahnstatistik,
- Binnenschiffahrtsstatistik.

Unter touristischem Aspekt dürften die Angaben der Luftfahrtstatistik von besonderem Interesse sein. Hier wird u.a. die Zahl der Reisenden im Flugverkehr nachgewiesen; bis zum Jahr 1994 erfolgte dabei auch ein gesonderter Nachweis des Pauschalflugreiseverkehrs für alle ausländischen Zielgebiete. Da für den Bereich der EU eine Abgrenzung von Linien- und Pauschalflugverkehr nicht mehr möglich ist, wird hier nur noch ein Nachweis aller Fluggäste im Linienverkehr durchgeführt. Die Daten werden in der Untergliederung sowohl nach Herkunfts- als auch nach Endzielflugplätzen angeboten.

Im Rahmen der Statistiken des Straßenverkehrs sind vor allem die Angaben aus der Statistik der öffentlichen Personenbeförderung von Interesse. Dort wird sowohl die Zahl der beförderten Personen als auch die der Personenkilometer nachgewiesen und dies nach den Verkehrsarten „Linienverkehr" und „Gelegenheitsverkehr". Seit 1984 werden in dieser Statistik allerdings nur noch Unternehmen, die über mindestens sechs Kraftomnibusse verfügen bzw. Straßenbahn- oder Obusverkehr betreiben, erfaßt.

Tourismusrelevant im Rahmen der Eisenbahnstatistik sind vor allem die auch hier erfaßten Merkmale „beförderte Personen" und „Personenkilometer".

Die Binnenschiffahrtsstatistik informiert u.a. über die Zahl der Beschäftigten und den Umsatz in diesem Verkehrszweig.

Es sei hier noch darauf hingewiesen, daß amtliche Statistiken zum Verkehrsbereich nicht nur vom Statistischen Bundesamt veröffentlicht werden. Wichtige Quellen für tourismusrelevante Verkehrsdaten sind daneben das Bundesministerium für Verkehr sowie das Kraftfahrt-Bundesamt.

1.4.2 Gastgewerbestatistiken

Der größte Anbieter touristischer Leistungen im jeweiligen Fremdenverkehrsort oder -gebiet ist das Gastgewerbe. Es besteht aus den beiden Teilbereichen Beherbergungsgewerbe und Gaststättengewerbe. Doch anders als bei der zuvor behandelten Beherbergungsstatistik, die mit ihren Erhebungsmerkmalen „Ankünfte" und „Übernachtungen" eindeutig touristische Tatbestände erfaßt, stellt sich für die Statistiken des Gastgewerbes das Problem, daß die hier erfaßten Merkmale nicht in vollem Umfang dem Tourismus zuzuordnen sind. Das gilt in besonderem Maße für den Bereich des Gaststättengewerbes, das seine Leistungen außer an Touristen immer auch an die am Ort ansässige Bevölkerung abgibt. Von Ort zu Ort zwar unterschiedlich, dürfte der nichttouristische Anteil der Nachfrage hier aber sicherlich sehr hoch sein. Dieser Anteil dürfte beim Beherbergungsgewerbe zwar geringer sein, doch wenn man bedenkt, daß dieser Wirtschaftszweig Umsätze in nicht unerheblichem Maß auch mit Gaststättendienstleistungen erzielt, so wird deutlich, daß sich das Problem der Identifikation des touristischen Anteils an der Leistungserstellung auch hier durchaus stellt.

Eine wichtige Datenquelle für das Gastgewerbe ist die in unregelmäßigen Abständen (zuletzt 1993) durchgeführte Handels- und Gaststättenzählung (HGZ). Zum Berichtskreis dieser Erhebung zählen Unternehmen mit einem Jahresumsatz von mindestens 25.000 DM. Erfaßt werden u.a. die Zahl der Unternehmen und Arbeitsstätten, die dort tätigen Personen, der Umsatz gegliedert nach ausgeübten wirtschaftlichen Tätigkeiten sowie im Gastgewerbe die Zahl der Fremdenzimmer, Fremdenbetten, Ferienhäuser und -wohnungen. Die Ergebnisdarstellung erfolgt in tiefer regionaler Gliederung nach einer großen Anzahl von Gliederungsmerkmalen.

Die Ergebnisse der HGZ bilden auch die Grundlage für die Auswahl der Unternehmen zu den im Stichprobenverfahren erhobenen Gastgewerbestatistiken. Dabei werden monatlich Meßzahlen über die Entwicklung von Umsatz und Beschäftigung ausgewiesen. In zweijährlichem Abstand werden darüber hinaus Daten über Beschäftigung, Umsatz, Waren- und Materialeingang bzw. -bestand, Investitionen, Aufwendungen für gemietete und gepachtete Sachanlagen, Verkaufserlöse aus dem Abgang von Sachanlagen sowie die Bruttolohn- und -gehaltsumme erfaßt.

1.4.3 Die Einkommens- und Verbrauchsstichprobe

Im Abstand von fünf Jahren (zuletzt 1993) wird auf freiwilliger Grundlage die Einkommens- und Verbrauchsstichprobe (EVS) durchgeführt. In einer Stichprobe werden hier bei rund 0,3% der Haushalte aller Bevölkerungsschichten (zuletzt 1993 rd. 70.000 Haushalte) Daten über Einnahmen (nach Quellen), Ausgaben nach Arten und Verwendungszweck, die Ausstattung mit langlebigen Gebrauchsgütern sowie Vermögensformen und -bestände erhoben. Für die Tourismusstatistik bietet die EVS einerseits Daten über Reiseausgaben, gegliedert nach verschiedenen Ausgabearten. Andererseits werden aber auch Angaben über die Reisetätigkeit selbst erhoben, und zwar zu den Merkmalen Reisedauer, Reiseziel, Reiseart, Verkehrsmittel sowie Unterkunftsart. Der Wert dieser tourismusrelevanten Daten aus der EVS wird bisher allerdings noch entscheidend gemindert durch die lange Aufbereitungszeit der Ergebnisse, die aus der komplizierten Auswertung der von den Haushalten geführten Haushaltsbücher resultiert.

1.4.4 Die Querschnittsveröffentlichung „Tourismus in Zahlen"

Die hier neben der Beherbergungsstatistik aufgeführten weiteren tourismusrelevanten Statistiken stellen nur eine Auswahl aus dem in Frage kommenden Publikationsprogramm des Statistischen Bundesamts dar. Auch erfolgte ihre Beschreibung an dieser Stelle bewußt kursorisch. Für weitergehende Informationen sei auf die seit 1988 erscheinende Veröffentlichung des Statistischen Bundesamtes „Tourismus in Zahlen" verwiesen. In dieser Publikation ist eine große Zahl von tourismusrelevanten Daten aus den verschiedenen Fachstatistiken sowohl des Statistischen Bundesamtes als auch anderer nationaler und internationaler Organisationen zusammengestellt. Es findet sich darin auch eine eingehende Beschreibung der unterschiedlichen Fachstatistiken des Statistischen Bundesamtes sowie ein Abdruck der Empfehlungen der WTO zur Tourismusstatistik. Die Veröffentlichung erscheint jährlich und wendet sich an Interessenten in Politik, Wirtschaft, Verbänden, Wissenschaft und Hochschule.

1.5 Weiterentwicklung der Tourismusstatistik

1.5.1 Aktivitäten im internationalen Rahmen

Im internationalen Rahmen sind vor allem drei Organisationen auf dem Gebiet der Tourismusstatistik tätig, die WTO, die OECD und das Statistische Amt der Europäischen Gemeinschaften (Eurostat).

Das wichtigste Ereignis für die methodologischen Arbeiten der WTO war die schon erwähnte Konferenz von Ottawa über Tourismusstatistik im Juni 1991. Die folgenden Jahre waren geprägt vor allem von Aktivitäten zur weltweiten Verbreitung und Umsetzung der Ergebnisse dieser Konferenz. Dem dienten zum einen eine Reihe von Regionalseminaren in verschiedenen Teilen der Erde, bei denen Tourismusstatistiker über die in Ottawa beschlossenen grundlegenden Methoden und Konzepte informiert wurden. Unterstützt wurden diese Bemühungen zum anderen durch die Erstellung von fünf Handbüchern zu verschiedenen Aspekten der Tourismusstatistik.

Daneben beschäftigt sich die WTO zunehmend mit den ökonomischen Aspekten des Tourismus. Dazu zählt eine bessere Einbindung des Tourismus in das System der Volkswirtschaftlichen Gesamtrechnungen (VGR) u.a. durch die Entwicklung eines Satellitensystems für diesen Bereich. Für die erste Hälfte des Jahres 1998 ist eine internationale Konferenz zu diesem Themenkomplex geplant.

Die ökonomische Analyse und die Integration des Tourismus in das System der VGR bilden auch den Schwerpunkt der methodischen Arbeiten der OECD zur Tourismusstatistik. Bereits im Jahr 1991 wurde dazu ein Handbuch vorgelegt, in dem ein an die VGR angelehntes Tabellensystem zur Erfassung des Tourismus entwickelt wurde (vgl. OECD, 1991). Dieses Handbuch befindet sich derzeit in der Phase der praktischen Erprobung. Ein erstes Zwischenergebnis mit Angaben für drei ausgewählte OECD-Länder (Österreich, Kanada, Spanien) wurde 1996 vorgelegt (OECD, 1996).

Von zunehmender Bedeutung für die praktische Arbeit der Mitgliedsländer sind die Aktivitäten des Statistischen Amts der Europäischen Gemeinschaften (Eurostat). Diese münden häufig in Rechtsakte in Form von Richtlinien und Verordnungen und sind damit – anders als die Beschlüsse in den Gremien von OECD oder WTO – für die Mitgliedsländer unmittelbar verbindlich. Für den Bereich der Tourismusstatistik ist die vom Ministerrat am 23. November 1995 verabschiedete Richtlinie über die Erhebung statistischer Daten im Bereich des Tourismus von zentraler Bedeutung. Sie verpflichtet die Mitgliedsländer zur Übermittlung bestimmter statistischer Ergebnisse, die im Anhang der Richtlinie im einzelnen aufgeführt sind. Diese betreffen zum einen Angaben über die Kapazitäten der Beherbergungsbetriebe und ihre Inanspruchnahme, die in Deutschland weitgehend aus dem bestehenden Programm der Beherbergungsstatistik bereitgestellt werden können. Sie beziehen sich zum anderen aber auch auf das Reiseverhalten der Bevölkerung. Der überwiegende Teil der Daten dieses Bereichs betrifft Urlaubsreisen mit einer Dauer von 5 oder mehr Tagen. Daneben werden in geringerem Maße aber auch Angaben über Kurzreisen (2–4 Tage) sowie Dienst- und Geschäftsreisen gefordert. Diese Daten können aus dem bestehenden Programm der amtlichen Statistik in Deutschland derzeit nicht bereitgestellt werden.

1.5.2 Aktivitäten im nationalen Rahmen

In ihrer Koalitionsvereinbarung für die 13. Legislaturperiode haben die Regierungsparteien CDU, CSU und F.D.P. das Ziel formuliert, die „staatlichen Statistiken ... auf das absolut Notwendige zu reduzieren" (Das Parlament, 1994, S. 4). Diese Zielvorgabe stellt logischerweise für jegliche Aktivitäten zur Weiterentwicklung der amtlichen

Tourismusstatistik eine äußerst scharfe Restriktion dar. Eine Ausweitung der Tourismusstatistik, wie sie beispielsweise in den tourismuspolitischen Programmen von CDU/CSU und SPD gefordert wird, aber auch von dem aus Vertretern der wichtigen Verbände der Tourismuswirtschaft gebildeten Arbeitskreis „Tourismusstatistiken" (vgl. Statistisches Bundesamt, 1989), steht insofern in deutlichem Gegensatz zu dem formulierten Ziel der Bundesregierung. Bei der derzeitigen Lage der öffentlichen Haushalte dürften finanzielle Restriktionen allerdings ein zusätzliches Hindernis zur Umsetzung solcher Intentionen darstellen.

Eine Erweiterung des derzeitigen tourismusstatistischen Programms ist dennoch von der EU-Richtlinie über die Erhebung statistischer Daten im Bereich des Tourismus zu erwarten. Sie verpflichtet die Mitgliedstaaten wie erwähnt zur Bereitstellung von Daten über das Reiseverhalten der Bevölkerung. Gefordert sind Angaben zu den folgenden Merkmalen:

- Reisende
- Reisen
- Übernachtungen
- Reisedauer
- Organisation der Reise
- Verkehrsmittel
- Unterkunftsart
- Reiseausgaben

Diese Ergebnisse sind für Urlaubsreisen von 5 und mehr Tagen Dauer, aber auch – weniger detailliert – für Kurzreisen sowie Dienst- und Geschäftsreisen bereitzustellen. Die Periodizität der meisten Ergebnisse ist jährlich, einige Eckgrößen sind vierteljährlich zu erheben. Nach dem jetzigen Stand der Beratungen zur Umsetzung der Richtlinie ist vorgesehen, die Erhebung und Aufbereitung dieser Daten im Rahmen einer Ausschreibung an ein Institut zu vergeben.

Literatur

Beherbergungsstatistikgesetz – BeherbStatG (1980): Bundesgesetzblatt (BGBl.) I, Nr. 38, S. 953 f.

Das Parlament (25.11.1994), Nr. 47, S. 4.

Krockow, A., E. Wedel (1984): Beherbergungskapazität 1981. In: Wirtschaft und Statistik, Heft 3, S. 245–252.

OECD, Tourism Committee (1991): Manual on Tourism Economic Accounts. Paris.

OECD (1996): OECD Tourism Statistics – Design and Application for Policy. Paris.

Reeb, A. (1980): Inhalt und Aufbau der neuen Statistik der Beherbergung im Reiseverkehr. In: Wirtschaft und Statistik, Heft 12, S. 834–842.

Spörel, U. (1994): Beherbergungskapazität 1993. In: Wirtschaft und Statistik, Heft 12, S. 998–1004.

Spörel, U. (1996): Inlandstourismus 1995 – Ergebnisse der Beherbergungsstatistik. In: Wirtschaft und Statistik, Heft 7, S. 435–440.

Statistisches Bundesamt (Hrsg.) (1989): Bericht des Arbeitskreises „Tourismusstatistiken" zur Neukonzeption der Tourismusstatistiken. Wiesbaden.

Welttourismusorganisation (o. Jg.): Empfehlungen zur Tourismusstatistik. Hrsg. der deutschen Fassung u.a. Statistisches Bundesamt, Wiesbaden.

Weitere Literatur

Statistisches Bundesamt: Beschäftigte und Umsatz im Gastgewerbe (Meßzahlen). Fachserie 6, Reihe 4.1 (monatlich).

Statistisches Bundesamt: Beschäftigung, Umsatz, Wareneingang, Lagerbestand und Investitionen im Gastgewerbe. Fachserie 6, Reihe 4.2 (zweijährlich).

Statistisches Bundesamt: Handels- und Gaststättenzählung 1993. Fachserie 6, „Zusammenfassende Übersichten" und „Gastgewerbe".

Statistisches Bundesamt: Beherbergung im Reiseverkehr. Fachserie 6, Reihe 7.1 (monatlich).

Statistisches Bundesamt: Beherbergungskapazität. Fachserie 6, Reihe 7.2 (sechsjährlich).

Statistisches Bundesamt: Eisenbahnverkehr. Fachserie 8, Reihe 2 (monatlich und jährlich).

Statistisches Bundesamt: Straßenpersonenverkehr. Fachserie 8, Reihe 3 (vierteljährlich und jährlich).

Statistisches Bundesamt: Binnenschiffahrt. Fachserie 8, Reihe 4 (monatlich und jährlich).

Statistisches Bundesamt: Luftverkehr. Fachserie 8, Reihe 6 (monatlich und jährlich).

Statistisches Bundesamt: Tourismus in Zahlen. Thematische Querschnittsveröffentlichung (jährlich).

Erschienen in: Tourismus-Management, herausgegeben von Günther Haedrich, Claude Kaspar, Kristiane Klemm und Edgar Kreilkamp (3. Auflage, Berlin/New York 1998)

1999 – Rekordjahr im deutschen Inlandstourismus

Ergebnisse der Beherbergungsstatistik

Vorbemerkung

Die Statistik der Beherbergung im Reiseverkehr ist derzeit die wichtigste amtliche Datenquelle für empirische Aussagen über die Entwicklung des Tourismus in Deutschland.[1] Sie informiert monatlich über die Zahl der Ankünfte und Übernachtungen von Gästen sowie über die Zahl der im Berichtsmonat angebotenen Fremdenbetten und Wohneinheiten in Beherbergungsstätten, die mehr als acht Gäste gleichzeitig vorübergehend beherbergen können.[2] Bei Gästen aus dem Ausland wird eine Aufgliederung nach Herkunftsländern vorgenommen. Erfaßt werden darüber hinaus auch die Ankünfte und Übernachtungen auf Campingplätzen sowie die dort zur Verfügung stehenden Stellplätze.

Den Daten der Beherbergungsstatistik kommt eine wichtige Indikatorfunktion zu für die Entwicklung des mit Übernachtungen verbundenen Tourismus im Inland. Umfassende Daten über das Angebot des Beherbergungsgewerbes nach Betriebsarten, Ausstattungsklassen und anderen Merkmalen sowie über Campingplätze bietet darüber hinaus in sechsjährlichem Turnus die Kapazitätserhebung im Beherbergungsgewerbe, die zuletzt zum Stichtag 1. Januar 1999 durchgeführt wurde und deren Ergebnisse in Kürze veröffentlicht werden.

Im November 1995 hat der Rat der Europäischen Union (EU) eine Richtlinie zur Tourismusstatistik verabschiedet, die die Mitgliedsländer zur Bereitstellung statistischer Ergebnisse zu diesem Bereich verpflichtet.[3] Dabei handelt es sich zum einen um Angaben zur Kapazität der Beherbergungsbetriebe und deren Inanspruchnahme, die in Deutschland aus dem bestehenden Programm der Beherbergungsstatistik abgedeckt werden können. Zum anderen werden Angaben zur touristischen Nachfrage gefordert, die sich auf das Reiseverhalten der Bevölkerung beziehen. Sie beinhalten sowohl Urlaubs- und Erholungsreisen von fünf und mehr Tagen Dauer als auch Kurzreisen (zwei bis vier Tage Dauer) und Geschäftsreisen. Diese Ergebnisse werden jährlich in der Querschnittsveröffentlichung „Tourismus in Zahlen" veröffentlicht.

[1] Zum Datenangebot der amtlichen Statistik im Bereich Tourismus siehe Spörel, U.: „Die amtliche deutsche Tourismusstatistik" in Haedrich, G./Kaspar, C./Klemm, K./Kreilkamp, E. (Hrsg.): „Tourismus-Management", Berlin, New York 1998, S. 127 ff.
[2] Siehe Gesetz über die Statistik der Beherbergung im Reiseverkehr (Beherbergungsstatistikgesetz – BeherbStatG) vom 14. Juli 1980 (BGBl. I S. 953).
[3] Richtlinie Nr. 95/57/EG des Rates vom 23. November 1995 über die Erhebung statistischer Daten im Bereich des Tourismus; Teil C (Amtsbl. der EG Nr. L 291, S. 32, vom 6. Dezember 1995).

Seit der Aufnahme der Beherbergungsstatistik in den neuen Bundesländern zur Mitte des Jahres 1991 zeigen sich in den Entwicklungslinien und Strukturen der Ergebnisse für die beiden Teilgebiete sehr große Unterschiede. Zwar ist im Zeitablauf seitdem zu beobachten, daß sich die Strukturen tendenziell einander annähern, doch sind die Unterschiede immer noch so groß, daß eine ausschließliche Betrachtung der Gesamtergebnisse auf Bundesebene wesentliche Divergenzen in Entwicklung und Strukturen der beiden Teilgebiete verschleiern würde. Aus diesem Grund werden die Ergebnisse der Beherbergungsstatistik in diesem Beitrag wie schon in den Vorjahren häufig auch für die beiden Teilgebiete gesondert dargestellt und kommentiert.

Der Beherbergungsstatistik liegt das Inlandskonzept zugrunde. Sie erfaßt die Übernachtungen in inländischen Beherbergungsbetrieben. Diese fallen an bei Reisen von Inländern im Inland oder bei Reisen von Ausländern ins Inland (dem sog. Incoming-Tourismus). Nicht erfaßt werden die Übernachtungen von Inländern bei deren Reisen ins Ausland (siehe dazu Schaubild 1). Diese Unterscheidung ist wichtig bei einem Vergleich der Ergebnisse der Beherbergungsstatistik mit Ergebnissen von Erhebungen über das Reiseverhalten der Bevölkerung. Letzteren liegt in der Regel das Inländer-Konzept zugrunde, das heißt sie erfassen die Reisen von Inländern, und zwar sowohl die Reisen

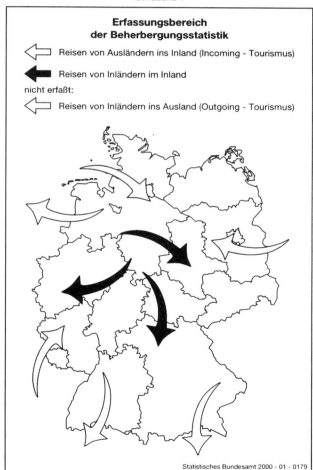

Schaubild 1

von Inländern im Inland als auch deren Reisen ins Ausland. Die Ergebnisse solcher Erhebungen können also durchaus von denen der Beherbergungsstatistik abweichen, ohne daß das in logischem Widerspruch zueinander stehen muß.

1999 erstmals mehr als 100 Mill. Gäste – Höchststand auch bei den Übernachtungen mit 308 Mill.

1999 war ein Rekordjahr für das deutsche Beherbergungsgewerbe. Erstmals konnten die Beherbergungsbetriebe mit neun oder mehr Betten in Deutschland über 100 Mill. Gäste (101,7 Mill.) begrüßen (siehe Tabelle 1). Das waren 5,6% mehr als 1998. Und auch bei den Übernachtungen wurde mit 308,0 Mill. ein neuer Höchststand festgestellt. Es waren 7,6 Mill. Übernachtungen mehr als im bisherigen Rekordjahr 1995, in dem erstmals die 300 Mill.-Grenze überschritten wurde. Gegenüber 1998 stieg die Zahl der Übernachtungen um 4,6%.

Tabelle 1: Entwicklung der Ankünfte und Übernachtungen in Beherbergungsstätten

Jahr	Ankünfte		Übernachtungen	
	1 000	Veränderung gegenüber dem Vorjahr in %	1 000	Veränderung gegenüber dem Vorjahr in %
1992	84 113	x	293 827	x
1993	82 362	− 2.1	288 930	− 1.7
1994	84 146	+ 2.2	291 159	+ 0.8
1995	88 079	+ 4.7	300 411	+ 3.2
1996	89 916	+ 2.1	298 940	+ 0.5
1997	92 619	+ 3.0	287 170	− 3.9
1998	96 270	+ 3.9	294 498	+ 2.6
1999	101 654	+ 5.6	308 028	+ 4.6

Überdurchschnittliche Entwicklung in den neuen Bundesländern

Wie schon in den Vorjahren entwickelte sich der Tourismus in den neuen Ländern und Berlin-Ost noch besser als im früheren Bundesgebiet. 17,8 Mill. Gäste wurden 1999 in den neuen Bundesländern gezählt (+ 10,3% gegenüber 1998). Sie brachten es auf 54,1 Mill. Übernachtungen. Das entspricht einem Plus von 10,9% (siehe Tabelle 2). Die Beherbergungsbetriebe in den alten Bundesländern kamen auf 83,9 Mill. Gäste (+ 4,6%) und 254,0 Mill. Übernachtungen (+ 3,3%). An der Spitze der Rangliste aller Bundesländer stand 1999 wie schon im Vorjahr wieder Mecklenburg-Vorpommern mit einem Zuwachs bei den Übernachtungen von 17,6%, gefolgt von Berlin (+ 14,6%), das insbesondere in der zweiten Hälfte des Jahres 1999, also nach dem Umzug von Regierung und Parlament, einen enormen Anstieg der Übernachtungszahlen zu verzeichnen hatte. An dritter Stelle folgt das Land Thüringen mit einem Plus von 11,8% bei den Übernachtungen. Hier dürften sich die positiven Effekte aus dem Status der Kulturstadt Europas nicht nur auf Weimar selbst ausgewirkt haben, sondern auch auf das Bundesland Thüringen insgesamt. Weimar allein erzielte 1999 Zuwachsraten bei den Gästen und Übernachtungen von mehr als 50%.

Hotels und Hotels garnis erzielen überdurchschnittliche Zuwächse

Unter den verschiedenen Betriebsarten des Beherbergungsgewerbes erzielten die Hotels und Hotels garnis mit zusammen + 5,2% wie schon in den Vorjahren wieder einen überdurchschnittlichen Zuwachs bei den Übernachtungen (siehe Tabelle 3). Bei dieser Betriebsart kann insbesondere in den Städten ein hoher Anteil von Geschäftsreisenden vermutet werden. Doch auch bei den für den Urlaubstourismus typischen Betriebsarten wie Ferienzentren, -häusern, -wohnungen oder auch Gasthöfen und Pensionen wurden 1999 steigende Übernachtungszahlen registriert.

Tabelle 2: Übernachtungen in Beherbergungsstätten 1999 nach Bundesländern

Land	Übernachtungen			Durchschnittliche Aufenthaltsdauer
	1 000	Anteil	Veränderung gegenüber 1998	
		%	%	Tage
Baden-Württemberg	38 029	12,3	+ 4,6	2,9
Bayern	70 882	23,0	+ 3,4	3,3
Berlin	9 477	3,1	+ 14,6	2,3
Brandenburg	7 857	2,6	+ 7,0	2,8
Bremen	1 249	0,4	+ 8,9	1,9
Hamburg	4 655	1,5	+ 3,2	1,8
Hessen	24 015	7,8	+ 5,0	2,6
Mecklenburg-Vorpommern	15 616	5,1	+ 17,6	4,1
Niedersachsen	32 637	10,6	+ 1,0	3,5
Nordrhein-Westfalen	35 629	11,6	+ 2,5	2,5
Rheinland-Pfalz	17 861	5,8	+ 5,5	2,9
Saarland	2 054	0,7	− 0,1	3,3
Sachsen	13 473	4,4	+ 5,3	2,8
Sachsen-Anhalt	5 397	1,8	+ 5,5	2,5
Schleswig-Holstein	20 538	6,7	+ 0,3	4,9
Thüringen	8 658	2,8	+ 11,8	2,9
Deutschland	308 028	100	+ 4,6	3,0
nachrichtlich:				
Früheres Bundesgebiet	253 963	82,4	+ 3,3	3,0
Neue Länder und Berlin-Ost	54 065	17,6	+ 10,9	3,0

Tabelle 3: Übernachtungen in Beherbergungsstätten 1999 nach Betriebsarten

Land	Übernachtungen			Durchschnittliche Aufenthaltsdauer
	1 000	Anteil	Veränderung gegenüber 1998	
		%	%	Tage
Insgesamt	308 028	100	+ 4,6	3,0
Hotels	114 884	37,3	+ 5,5	2,1
Gasthöfe	20 109	6,5	+ 3,6	2,3
Pensionen	15 377	5,0	+ 1,7	3,9
Hotels garnis	34 981	11,4	+ 4,1	2,5
Hotellerie zusammen	185 311	60,2	+ 4,7	2,3
Erholungs-, Ferien- und Schulungsheime	26 613	8,6	+ 0,8	3,9
Ferienzentren, -häuser, -wohnungen	37 016	12,0	+ 2,1	6,8
Hütten, Jugendherbergen u. ä. Einrichtungen	14 077	4,6	+ 1,4	2,6
Sonstiges Beherbergungsgewerbe zusammen	77 705	25,2	+ 1,6	4,4
Beherbergungsgewerbe	263 017	85,4	+ 3,8	2,6
Sanatorien, Kurkrankenhäuser	45 012	14,6	+ 9,8	22,5
nachrichtlich:				
Hotels, Hotels garnis zusammen	149 865	48,7	+ 5,2	2,2
Gasthöfe, Pensionen sowie Ferienzentren, -häuser, -wohnungen zusammen	72 462	23,5	+ 2,4	4,0

Anzeichen für positive Tendenz beim Urlaubstourismus

Eine positive Tendenz beim Urlaubstourismus läßt sich auch aus den Ergebnissen für die einzelnen Gemeindegruppen ableiten. Seebäder (+4,9%), Luftkurorte (+1,2%) und Erholungsorte (+3,4%), auf die sich der typische Urlaubstourismus in besonderem Maße konzentriert, verbuchten mehr noch als im Vorjahr steigende Übernachtungszahlen (siehe Tabelle 4). Mit einem Plus von 3,3%

Tabelle 4: Übernachtungen in Beherbergungsstätten 1999 nach Gemeindegruppen

Gemeindegruppe	Übernachtungen			Durchschnittliche Aufenthaltsdauer
	insgesamt	Anteil	Veränderung gegenüber 1998	
	1 000	%		Tage
Mineral- und Moorbäder	39 239	12,7	+ 5,1	6,9
Heilklimatische Kurorte	17 534	5,7	+ 0,2	5,3
Kneippkurorte	10 347	3,4	+ 2,2	5,6
Heilbäder zusammen	67 121	21,8	+ 3,3	6,2
Seebäder	31 342	10,2	+ 4,9	6,5
Luftkurorte	24 046	7,8	+ 1,2	4,3
Erholungsorte	32 537	10,6	+ 3,4	3,7
Sonstige Gemeinden	152 982	49,7	+ 5,9	2,1
Insgesamt	308 028	100	+ 4,6	3,0

konnten auch die Heilbäder wieder einen spürbaren Zuwachs erzielen. Das Niveau des Jahres 1995, also der Zeit vor dem massiven Einbruch im Kurbereich der Jahre 1996/97, konnte damit allerdings noch nicht wieder erreicht werden.

Camping-Tourismus profitiert vom schönen Wetter

Ein Plus gab es 1999 auch beim Camping-Tourismus. Nach Rückgängen in drei aufeinanderfolgenden Jahren stieg hier die Zahl der Gäste um 9,3% und die Zahl der Übernachtungen um 7,1% (siehe Schaubild 2). Dabei dürfte das schöne Wetter des letzten Jahres eine wesentliche Ursache für die günstige Entwicklung gewesen sein. Auch beim Camping war die Steigerung in den neuen Ländern und Berlin-Ost mit 17,3% deutlich höher als im früheren Bundesgebiet, wo die Übernachtungen auf den Campingplätzen um 4,2% zunahmen.

Mehr noch als der übrige Tourismus konzentriert sich der Campingtourismus sehr stark auf wenige Bundesländer, und zwar zum einen auf die Flächenländer an der Nord- und Ostseeküste (Mecklenburg-Vorpommern, Niedersachsen, Schleswig-Holstein) und zum anderen auf die beiden süddeutschen Länder Bayern und Baden-Württemberg (siehe Tabelle 5). Auf diese fünf Bundesländer entfielen knapp drei Viertel (73,0%) aller Campingübernachtungen in Deutschland.

Tabelle 5: Übernachtungen auf Campingplätzen 1999 nach Bundesländern

Land	Übernachtungen			Durchschnittliche Aufenthaltsdauer
	1 000	Anteil	Veränderung gegenüber 1998	
		%		Tage
Baden-Württemberg	2 516	11,8	+ 1,6	3,6
Bayern	4 158	19,5	+ 6,2	4,0
Berlin	116	0,5	+ 16,8	2,9
Brandenburg	759	3,6	+ 11,0	2,9
Bremen	.	.	.	.
Hamburg	.	.	.	.
Hessen	1 008	4,7	+ 4,2	3,2
Mecklenburg-Vorpommern	3 338	15,6	+ 20,0	3,9
Niedersachsen	3 125	14,6	+ 5,3	4,6
Nordrhein-Westfalen	857	4,0	+ 7,1	3,0
Rheinland-Pfalz	1 784	8,4	+ 1,1	3,6
Saarland	91	0,4	+ 19,5	2,8
Sachsen	434	2,0	+ 15,9	2,7
Sachsen-Anhalt	274	1,3	+ 10,3	2,9
Schleswig-Holstein	2 464	11,5	+ 2,0	5,3
Thüringen	341	1,6	+ 15,4	3,1
Deutschland	21 334	100	+ 7,1	3,8
nachrichtlich:				
Früheres Bundesgebiet	16 152	75,7	+ 4,2	4,0
Neue Länder und Berlin-Ost	5 182	24,3	+ 17,3	3,4

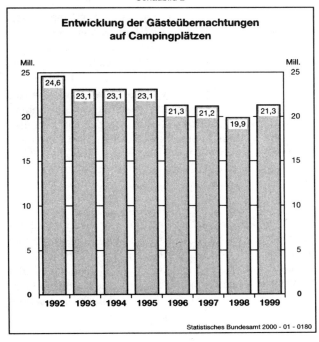

Schaubild 2

Entwicklung der Gästeübernachtungen auf Campingplätzen

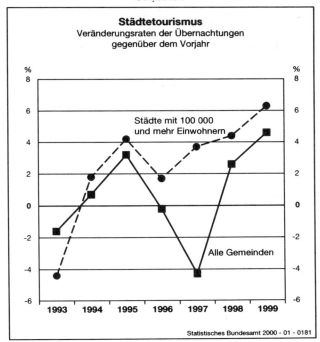

Schaubild 3

Städtetourismus
Veränderungsraten der Übernachtungen gegenüber dem Vorjahr

Statistisches Bundesamt, Tourismus in Zahlen, 2000/2001

Anhaltend günstige Entwicklung im Städtetourismus

Ein Teilsegment des Tourismusmarktes, das sich in den letzten Jahren zumeist überdurchschnittlich entwickelt hat, ist der Städtetourismus. So stieg auch 1999 die Zahl der Übernachtungen in Großstädten (mit mehr als 100 000 Einwohnern) mit 6,3 % wieder deutlich stärker als im Durchschnitt aller Gemeinden (siehe Schaubild 3). Hierbei schlägt sich die Entwicklung sowohl von geschäftlich als auch von privat motivierten Städtereisen nieder.

Incoming-Tourismus mit stabilen Zuwachsraten

Bereits im sechsten Jahr hintereinander konnte bei den Übernachtungen ausländischer Gäste wieder eine Zunahme registriert werden (siehe Schaubild 4). Deren Zahl erhöhte sich 1999 um 3,7 % auf 35,7 Mill. und überstieg damit nach neun Jahren erstmals den bisherigen Höchstwert aus dem Jahr 1990, der damals allerdings allein für das frühere Bundesgebiet gemessen wurde.

Tabelle 6: Ankünfte und Übernachtungen von Auslandsgästen in Beherbergungsstätten 1999

Ständiger Wohnsitz[1]	Ankünfte	Übernachtungen insgesamt	Veränderung 1999 gegenüber 1998		Anteil an allen Übernachtungen von Auslandsgästen
	1 000			%	
Europa	11 446	25 777	+	991	+ 4,0	72,1
darunter:						
Belgien	632	1 509	+ 37	+ 2,5	4,2
Dänemark	653	1 219	+ 60	+ 5,2	3,4
Finnland	166	358	+ 39	+ 12,3	1,0
Frankreich	824	1 649	+ 34	+ 2,1	4,6
Griechenland	100	269	+ 13	+ 4,9	0,8
Großbritannien und Nordirland	1 599	3 383	+ 155	+ 4,8	9,5
Irland	56	138	+ 20	+ 16,8	0,4
Italien	999	2 091	+ 176	+ 9,2	5,9
Luxemburg	92	245	+ 20	+ 8,7	0,7
Niederlande	1 923	5 269	+ 212	+ 4,2	14,7
Norwegen	230	395	− 4	− 1,0	1,1
Österreich	724	1 573	+ 121	+ 8,3	4,4
Polen	311	878	− 3	− 0,3	2,5
Portugal	78	199	− 14	− 6,5	0,6
Russische Föderation	195	602	− 100	− 14,2	1,7
Schweden	684	1 140	+ 47	+ 4,3	3,2
Schweiz	955	1 906	+ 110	+ 6,1	5,3
Spanien	399	851	+ 50	+ 6,3	2,4
Tschechische Republik	188	473	+ 28	+ 6,2	1,3
Ungarn	143	381	+ 18	+ 5,0	1,1
Afrika	139	393	+ 27	+ 7,3	1,1
Amerika	2 387	5 184	+ 209	+ 4,2	14,5
dar.: Vereinigte Staaten	2 016	4 316	+ 248	+ 6,1	12,1
Asien	1 616	3 301	+ 105	+ 3,3	9,2
dar.: Japan	818	1 346	+ 15	+ 1,1	3,8
Australien und Ozeanien	138	298	− 14	− 4,6	0,8
Nicht näher bezeichnetes Ausland	411	777	− 45	− 5,5	2,2
Insgesamt	16 137	35 730	+ 1 275	+ 3,7	100

[1]) Grundsätzlich ist der ständige Wohnsitz, nicht die Staatsangehörigkeit (Nationalität) maßgebend.

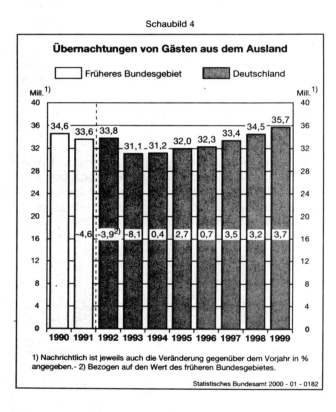

Schaubild 4: Übernachtungen von Gästen aus dem Ausland

1999 konnten für alle wichtigen Herkunftsländer des deutschen Beherbergungsgewerbes Steigerungen der Übernachtungszahlen festgestellt werden (siehe Tabelle 6). Das größte Plus wurde wie schon im Vorjahr bei den Gästen aus den Vereinigten Staaten festgestellt, deren Übernachtungen gegenüber dem Vorjahr um 248 000 (+ 6,1 %) zunahmen. Die zunehmende Stärke des Dollar, die das Reiseland Deutschland für diese Gästegruppe preiswerter macht, dürfte eine wesentliche Rolle für diese Entwicklung gespielt haben. Spürbare Zuwächse der Übernachtungszahlen wurden auch für die Niederlande (+ 212 000 Übernachtungen; + 4,2 %), Italien (+ 176 000; + 9,2 %), Großbritannien und Nordirland (+ 155 000; + 4,8 %), Österreich (+ 121 000; + 8,3 %), die Schweiz (+ 110 000; + 6,1 %) und Dänemark (+ 60 000; + 5,2 %) festgestellt.

Gemessen an der Zahl der Übernachtungen sind die Niederlande nach wie vor das wichtigste Herkunftsland für das deutsche Beherbergungsgewerbe. Die Niederländer brachten es 1999 auf 5,3 Mill. Übernachtungen in deutschen Beherbergungsbetrieben. An zweiter Stelle liegen die Vereinigten Staaten (4,3 Mill. Übernachtungen), gefolgt von Großbritannien und Nordirland (3,4 Mill. Übernachtungen). Nach der Zahl der Ankünfte haben inzwischen die Gäste aus den Vereinigten Staaten den Spitzenplatz erobert (2,0 Mill.), vor den Gästen aus den Niederlanden (1,9 Mill.) und denen aus Großbritannien und Nordirland (1,6 Mill.).

Neue Bundesländer mit niedrigerem Incoming-Tourismus

Der Anteil ausländischer Gäste an der Gesamtzahl der Übernachtungen ist in Deutschland mit 11,6 % nicht sehr hoch. Er ist in den letzten Jahren auch relativ konstant geblieben (1992: 11,5 %). Auffallend ist hier das starke West-Ost-Gefälle: Während der Anteil ausländischer Gäste an der Gesamtzahl der Übernachtungen im früheren Bundesgebiet bei 12,9 % lag und gegenüber 1992 zumindest leicht angestiegen ist (1992: 12,0 %), lag er 1999 in den neuen Ländern und Berlin-Ost mit 5,6% nicht einmal halb so hoch und ist hier gegenüber 1992 (6,9%) sogar noch zurückgegangen (siehe Schaubild 5).

Neue Bundesländer: Verdoppelung der Übernachtungszahlen von 1992 bis 1999

Zehn Jahre nach der deutschen Einheit bietet es sich an, einen Blick auf die Tourismusentwicklung der zurückliegenden Jahre in Deutschland zu werfen. Aus der Beherbergungsstatistik liegen dazu Ergebnisse für ganz Deutschland ab dem Jahr 1992 vor. In diesem Zeitraum (1992 bis 1999) hat sich in den neuen Ländern und Berlin-Ost die Zahl der Übernachtungen von 27,0 Mill. auf 54,1 Mill. verdoppelt (siehe das nebenstehende Schaubild 6). Ihr Anteil an der Gesamtzahl der Übernachtungen in Deutschland erhöhte sich in dieser Zeit von 9,2 auf 17,6%. Diese Entwicklung verlief teilweise durchaus zu Ungunsten der alten Bundesländer. Hier ging die Zahl der Übernachtungen im selben Zeitraum um 12,8 Mill. auf 254,0 Mill. zurück. Ihr Anteil verringerte sich entsprechend von 90,8 auf 82,4%.

Größte Zuwächse der Übernachtungszahlen in Mecklenburg-Vorpommern

Alle fünf neuen Länder konnten im Zeitraum von 1992 bis 1999 deutliche Steigerungen der Übernachtungszahlen erzielen. Die höchsten Zuwächse erreichte Mecklenburg-Vorpommern, wo die Übernachtungen von 1992 bis 1999 um 9,0 Mill. (+134,5%) zunahmen (siehe Schaubild 7 auf S. 250). Nach den absoluten Zuwächsen folgte an zweiter Stelle Sachsen (+6,7 Mill. Übernachtungen; +99,6%) vor Brandenburg (+4,2 Mill.; +114,5%), Thüringen (+3,5 Mill.; +68,3%) und Sachsen-Anhalt (+2,4 Mill.; +82,6%). Dem-

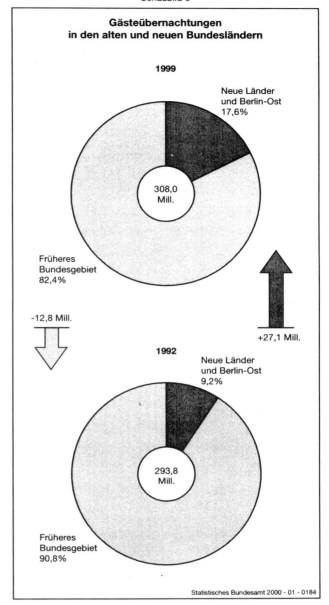

gegenüber war die Entwicklung in den Flächenländern im früheren Bundesgebiet nicht expansiv. In Bayern verringerte sich die Zahl der Übernachtungen von 1992 bis 1999 mit einem Minus von 5,7 Mill. (−7,5%) absolut am stärksten, es folgten Hessen (−3,9 Mill.; −13,9%), Baden-Württemberg (−2,2 Mill.;−5,5%), Schleswig-Holstein (−1,6 Mill.; −7,2%), Nordrhein-Westfalen (−0,6 Mill.; −1,7%), Rheinland-Pfalz (−0,3 Mill.; −1,7%) und Niedersachsen (−0,2 Mill.; −0,5%).

Zu den „Gewinnern" der Entwicklung im Tourismus zählten auch die drei Stadtstaaten Berlin, Hamburg und Bremen, deren Übernachtungen sich in dem angegebenen Zeitraum von 1992 bis 1999 jeweils um zweistellige Veränderungsraten erhöhten. Absolut waren die Zuwächse in Berlin am höchsten (+1,8 Mill. Übernachtungen; +23,7%). Aber auch Hamburg (+0,6 Mill.; +15,1%) und Bremen (+0,2 Mill.; +19,6%) konnten ihre Übernachtungszahlen deutlich steigern. Hier schlägt sich die schon zuvor beschriebene generell günstige Entwicklung im Städtetourismus nieder.

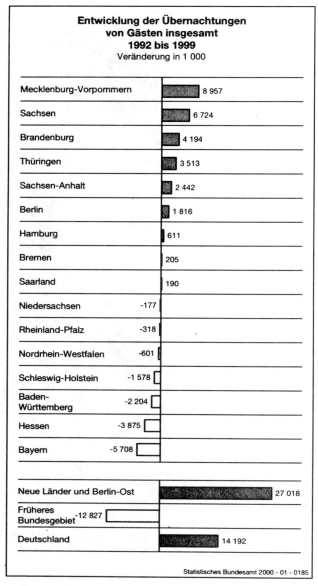

Fremdenverkehrsintensität:
Die neuen Bundesländer holen stark auf

Trotz dieser insgesamt sehr positiven Entwicklung des Tourismus in den neuen Ländern liegt die Zahl der dort stattfindenden Gästeübernachtungen nicht nur absolut, sondern auch relativ, das heißt bezogen auf die Zahl der Einwohner, immer noch unter dem Wert für das frühere Bundesgebiet. Während 1999 im Westen Deutschlands rechnerisch auf 1 000 Einwohner 3 800 Gästeübernachtungen entfielen, waren das in den östlichen Bundesländern und Berlin-Ost 3 544. Die Differenz hat sich in dem Zeitraum seit 1992 allerdings wesentlich verringert. 1992 kamen in den neuen Ländern und Berlin-Ost auf 1 000 Einwohner nur 1 713 Übernachtungen, während die entsprechende Relation im früheren Bundesgebiet 4 137 betrug.

Mecklenburg-Vorpommern auf Platz eins in der Rangliste der Fremdenverkehrsintensität

In der nach der Höhe der Fremdenverkehrsintensität geordneten Rangliste der Bundesländer hat Mecklenburg-Vorpommern zwischen 1992 und 1999 den größten Sprung nach vorn gemacht (siehe Schaubild 8). 1992 entfielen dort auf 1 000 Einwohner 3 520 Übernachtungen. Damit stand dieses Bundesland in der Rangliste noch an der siebten Position. Bis 1999 stieg dieser Wert auf 8 700 Übernachtungen je 1 000 Einwohner, und damit weist Mecklenburg-

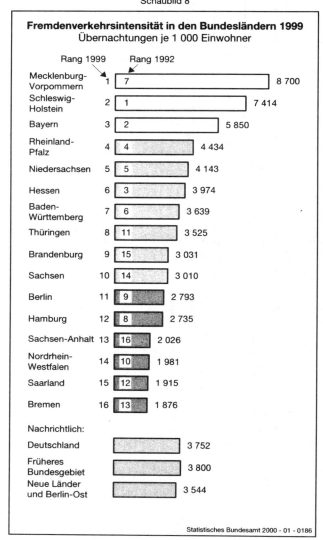

Vorpommern nun die höchste Fremdenverkehrsintensität aller Bundesländer auf. Schleswig-Holstein, das bis 1998 noch an der Spitze der Rangliste gestanden hatte, ist mit einem Wert von 7 414 nun an die zweite Stelle zurückgefallen. Ebenso hat auch Bayern einen Rangplatz eingebüßt und liegt mit einem Wert von 5 850 nun an dritter Position. Neben Mecklenburg-Vorpommern konnten sich auch die übrigen vier neuen Länder in der Rangliste der Fremdenverkehrsintensität verbessern, und zwar Thüringen von der elften auf die achte Position, Brandenburg von Rang 15 auf Rang 9, Sachsen von 14 auf 10 und Sachsen-Anhalt von 16 auf 13.

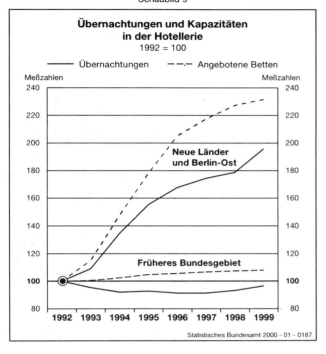

Schaubild 9

Starker Ausbau der Übernachtungskapazitäten in den 90er Jahren

Der betrachtete Zeitraum von 1992 bis 1999 war insbesondere in den neuen Bundesländern aber auch geprägt von einem starken Ausbau der Übernachtungskapazitäten gemessen an der Anzahl der Betten. Allein in der Hotellerie (Hotels, Gasthöfe, Pensionen, Hotels garnis) stieg die Zahl der Betten um mehr als das Doppelte (131,6% – siehe Schaubild 9). Die Zunahme der Kapazitäten lag somit noch höher als die Zunahme der Übernachtungsnachfrage. Die Folge davon war eine rasant abnehmende Auslastung der Kapazitäten in der Hotellerie der neuen Bundesländer von 39,8% im Jahr 1992 auf 29,2% im Jahr 1998 (siehe Schaubild 10). 1999 konnte für die Hotellerie der neuen Bundesländer erstmals wieder ein Anstieg der Kapazitätsauslastung (auf 31,2%) festgestellt werden.

Auch im früheren Bundesgebiet wurden in dem betrachteten Zeitraum von 1992 bis 1999 die Bettenkapazitäten der Hotellerie ausgeweitet. Die Zunahme war mit 8,0% allerdings nicht annähernd so groß wie in den neuen Ländern. Da im früheren Bundesgebiet aber im Zeitraum von 1992 bis 1997 die Zahl der Übernachtungen rückläufig war, nahm auch hier die Kapazitätsauslastung ab. Sie verringerte sich von 38,8% im Jahr 1992 auf 32,7% im Jahr 1997. Eine positive Wende in der Entwicklung der Kapazitätsauslastung konnte hier allerdings schon im Jahr 1998 registriert werden. Der Wert der Kapazitätsauslastung stieg bis zum Jahr 1999 wieder auf 33,9% an.

Günstige Aussichten für den Inlandstourismus auch im Jahr 2000

Die ersten für den Berichtsmonat Januar vorliegenden Ergebnisse der Beherbergungsstatistik zeigen, daß sich die positive Entwicklung des Vorjahres auch zu Beginn des Jahres 2000 weiter fortgesetzt hat. Die Übernachtungen stiegen in diesem Monat gegenüber dem Januar 1999 um 6,9%. Und dieser Zuwachs wurde sowohl von Gästen aus dem Inland (+7,1%) wie auch von Gästen aus dem Ausland (+5,6%) getragen. Sicherlich schlagen sich in diesem Ergebnis auch positive Effekte im Zusammenhang mit den zahlreichen Veranstaltungen im Rahmen der Millenniums-Feiern nieder. Doch unabhängig von diesem einmaligen Sonderfaktor lassen auch andere prognostizierte günstige Rahmenbedingungen weitere Zuwächse im Inlandstourismus für das Jahr 2000 erwarten. So wird für dieses Jahr mit einer weiteren Belebung des weltwirtschaftlichen Wachstums gerechnet[4], wovon positive Impulse für den Incoming-Tourismus erwartet werden können. Und auch für Deutschland selbst wird für das Jahr 2000 mit einem höheren Wirtschaftswachstum gerechnet als im Vorjahr[5]. Von besonderer Bedeutung insbesondere für die private Reisetätigkeit dürfte dabei die von der Bundesregierung in ihrem Jahreswirtschaftsbericht 2000 geäußerte Erwartung „erstmals seit langem wieder spürbar ansteigen(der)" verfügbarer Einkommen[6] sein.

Die nach dem „Berliner Verfahren" vorgenommene Saisonbereinigung der Zeitreihe der Übernachtungszahlen für Deutschland zeigt für die Trend-Konjunktur-Komponente seit dem Ende des Jahres 1997 einen ungewöhnlich stabil nach oben gerichteten Verlauf (siehe Schaubild 11 auf S. 252). Wenn keine gravierenden Veränderungen der Rahmenbedingungen für den Inlandstourismus in Deutsch-

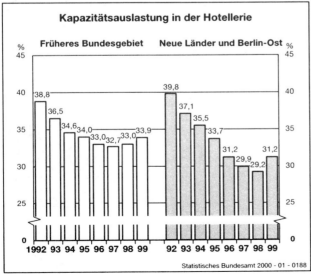

Schaubild 10

---
[4] Siehe Bundesministerium der Finanzen: „Arbeitsplätze schaffen – Zukunftsfähigkeit gewinnen", Jahreswirtschaftsbericht 2000 der Bundesregierung, Tz. 147. Sachverständigenrat zur Begutachtung der gesamtwirtschaftlichen Entwicklung: „Wirtschaftspolitik unter Reformdruck", Jahresgutachten 1999/2000, Tz. 197. OECD-Wirtschaftsausblick Nr. 66, Paris 1999, S. 1 ff.
[5] Siehe Bundesministerium der Finanzen: Jahreswirtschaftsbericht 2000, a.a.O., Tz. 142 sowie die in Tz. 145 genannten weiteren Prognosen.
[6] A.a.O., Tz. 143.

Schaubild 11

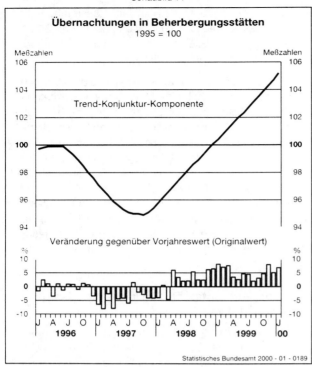

land eintreten, ist die Vermutung begründet, daß sich der dargestellte Trend auch im Jahr 2000 weiter fortsetzen wird und das Beherbergungsgewerbe in Deutschland auch in diesem Jahr mit weiter steigenden Übernachtungszahlen rechnen kann.

Dipl.-Volkswirt Ulrich Spörel

Erschienen in: Statistisches Bundesamt,
Wirtschaft und Statistik,
Heft 4 / 2000

Branchenentwicklung im Gastgewerbe 1999

Vorbemerkung

Der folgende Beitrag informiert über die konjunkturelle Entwicklung der Unternehmen des Gastgewerbes in Deutschland im Jahr 1999. Er basiert auf den Ergebnissen der monatlichen Gastgewerbestatistik, in der die Umsätze sowie die Anzahl der Voll- und Teilzeitbeschäftigten ermittelt werden. Die Erhebung wird in Form einer Stichprobe durchgeführt, in die Unternehmen mit einem Jahresumsatz von mindestens 25 000 DM einbezogen sind; dabei werden die Umsätze ohne Umsatzsteuer erhoben. Die Ergebnisse der Stichprobe werden als Meßzahlen auf der Basis 1995 = 100 dargestellt.

Die Gliederung der Ergebnisse basiert auf der Klassifikation der Wirtschaftszweige, Ausgabe 1993 (WZ 93), die ihrerseits auf der NACE, Rev. 1[1] aufbaut. Das Gastgewerbe gliedert sich danach in fünf Gruppen. Schwerpunktmäßig Beherbergungsleistungen bieten die Unternehmen der Wirtschaftsgruppe „Hotels, Gasthöfe, Pensionen und Hotels garnis" an, die im folgenden abgekürzt als „Hotellerie" bezeichnet werden, sowie das „Sonstige Beherbergungsgewerbe", zu dem u. a. Ferienhäuser, -wohnungen, Erholungs-, Ferien- und Schulungsheime, Campingplätze und Jugendherbergen gehören. Die Bewirtung von Gästen mit Speisen und Getränken ist der Schwerpunkt der Tätigkeiten in den beiden Wirtschaftsgruppen der „Restaurants, Cafés, Eisdielen und Imbißhallen" einerseits – im folgenden abgekürzt als „Speisegastronomie" bezeichnet – sowie dem „Sonstigen Gaststättengewerbe" andererseits, das Schankwirtschaften (umgangssprachlich auch als Kneipen bezeichnet), Bars, Diskotheken und Trinkhallen umfaßt. In einer fünften Wirtschaftsgruppe des Gastgewerbes sind „Kantinen und Caterer" zusammengefaßt.

Der Anteil des Gastgewerbes an den Umsätzen aller Unternehmen in Deutschland lag 1998 bei rund 1,3 %.[2] Auf Grund der hohen Personalintensität und des großen Anteils von Teilzeitbeschäftigten ist das Gewicht dieses Wirtschaftsbereichs bei der Beschäftigung mit knapp 3,3 % wesentlich größer. Mehr als die Hälfte aller Erwerbstätigen in diesem Bereich sind Frauen.[3]

Geringfügige nominale Umsatzsteigerungen im Gastgewerbe

Die Umsätze der Unternehmen des Gastgewerbes stiegen im Jahr 1999 nominal geringfügig um 0,2 % gegenüber dem entsprechenden Wert des Vorjahres an. Real, also bereinigt um Preissteigerungen, nahmen sie um 1,0 % ab. Wie schon in den Jahren zuvor verlief die Entwicklung im Gastgewerbe ungünstiger als die gesamtwirtschaftliche Entwicklung in Deutschland, gemessen an der Veränderung des Bruttoinlandsprodukts (siehe Tabelle 1). Auch im Vergleich zum Privaten Verbrauch war die Entwicklung ungünstiger. Andererseits ist dies das beste Umsatzergebnis im Gastgewerbe seit dem Jahr 1993, in dem zum letzten Mal eine nominale Umsatzsteigerung für diesen Wirtschaftsbereich festgestellt worden war.

Kein eindeutig positiver Trend in der Gastgewerbekonjunktur

Betrachtet man die konjunkturelle Entwicklung im Gastgewerbe im Verlauf des Jahres 1999, so zeigen sich ab dem zweiten Quartal Erholungstendenzen. Der seit dem März 1998 andauernde nominale Umsatzrückgang hielt auch noch im ersten Quartal 1999 (–1,5 %) an (siehe Tabelle 2). Im zweiten Quartal konnte dann aber zumindest der weitere Umsatzrückgang gestoppt werden, und im folgenden dritten Quartal konnte seit langer Zeit zum ersten Mal wieder eine spürbare Umsatzsteigerung (nominal +1,4 %, real +0,2 %) erwirtschaftet werden. Auch das vierte Quartal brachte dem Gastgewerbe zwar noch ein Umsatzplus gegenüber dem vergleichbaren Vorjahresquartal, das lag mit +0,5 % aber schon wieder niedriger als im dritten Quartal.

Schaubild 1 zeigt den Verlauf der Trend-Konjunktur-Komponente für die Umsatzentwicklung im Gastgewerbe nach der Bereinigung der Zeitreihe um saisonale und kalenderbedingte Einflüsse sowie die Restkomponente. Danach hatte sich die nach unten gerichtete Entwicklung der Trend-Konjunktur-Komponente der nominalen Umsatzentwicklung im letzten Quartal des Jahres 1998 ins Positive gewendet. Doch diese Entwicklung war nur vorüber-

---

[1] Die Abkürzung steht für «Nomenclature générale des activités économiques dans les Communautés européennes» (Statistische Systematik der Wirtschaftszweige in der Europäischen Gemeinschaft).
[2] Ergebnis der Umsatzsteuerstatistik 1998.

[3] Ergebnis des Mikrozensus 1999.

Tabelle 1: Entwicklung des Gastgewerbeumsatzes[1] im Vergleich zum Bruttoinlandsprodukt und zum Privaten Verbrauch

Jahr	Gastgewerbeumsatz				Bruttoinlandsprodukt[3]		Privater Verbrauch[3]	
	nominal	real	nominal	real	nominal	real	nominal	real
	Meßzahlen 1995 = 100		Veränderung gegenüber dem Vorjahr in %					
1994	100	102,3	– 0,8	– 1,4	+ 4,9	+ 2,3	+ 3,6	+ 1,0
1995	100	100	± 0,0	– 2,1	+ 3,8	+ 1,7	+ 4,0	+ 2,1
1996	97,6	96,5	– 2,4	– 3,5	+ 1,8	+ 0,8	+ 2,7	+ 0,8
1997	97,1	95,0	– 0,5	– 1,5	+ 2,2	+ 1,5	+ 2,5	+ 0,7
1998	95,6	92,2	– 1,6	– 2,9	+ 3,2	+ 2,2	+ 3,2	+ 2,3
1999[2]	95,7	91,3	+ 0,2	– 1,0	+ 2,5	+ 1,5	+ 2,9	+ 2,1

[1] Hochgerechnete Ergebnisse der repräsentativen Stichprobenerhebung. – Umsatz ohne Umsatzsteuer. – [2] Vorläufige Ergebnisse für das Gastgewerbe, Stand: Januar 2000. – [3] Stand: April 2000.

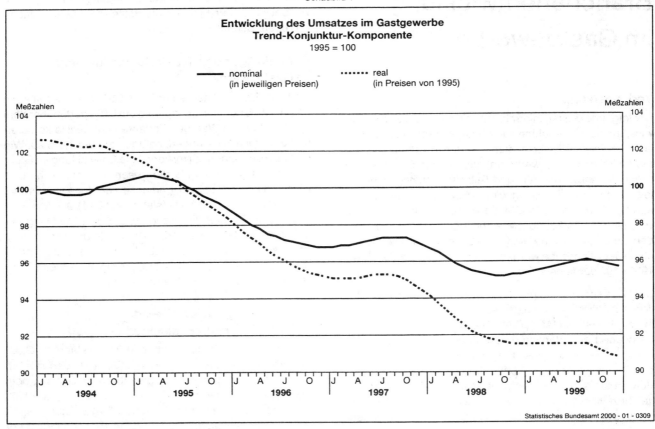

Schaubild 1
Entwicklung des Umsatzes im Gastgewerbe
Trend-Konjunktur-Komponente
1995 = 100

gehend. Seit dem September 1999 neigt sich der Trend wieder nach unten.

Bei der realen Umsatzentwicklung des Gastgewerbes ist der Verlauf der Trend-Konjunktur-Komponente seit 1995 stärker als der der nominalen Umsatzentwicklung nach unten gerichtet. Gestiegene Preise erklären diesen Sachverhalt. Nur in der ersten Jahreshälfte 1997 und noch einmal vom vierten Quartal 1998 bis zum dritten Quartal 1999 konnte der negative Trend der Konjunktur zumindest vorübergehend gestoppt werden – ohne daß es allerdings zu einer wirklichen Trendumkehr gekommen wäre. Danach setzte sich der negative Konjunkturtrend bis zum aktuellen Rand wieder durch.

Gaststättengewerbe größter Teilbereich des Gastgewerbes

57,3 % des Gastgewerbeumsatzes wurden im Gaststättengewerbe erzielt (siehe Schaubild 2). Davon entfielen auf die Speisegastronomie (Restaurants, Cafés, Eisdielen, Imbißhallen) 45,0 % und auf das Sonstige Gaststättengewerbe 12,3 %. Gut ein Drittel des Gastgewerbeumsatzes konzentrierten die beiden – sehr unterschiedlich dimensionierten – Teilbereiche des Beherbergungsgewerbes auf sich. Die Hotellerie (Hotels, Gasthöfe, Pensionen, Hotels garnis) ist mit einem Umsatzanteil von 31,9 % die zweitgrößte Wirtschaftsgruppe des Gastgewerbes, wohingegen auf den relativ heterogenen Bereich des Sonstigen Beherbergungsgewerbes nur ein Umsatzanteil von 2,2 % entfiel. Die Kantinen und Caterer trugen mit einem Anteil

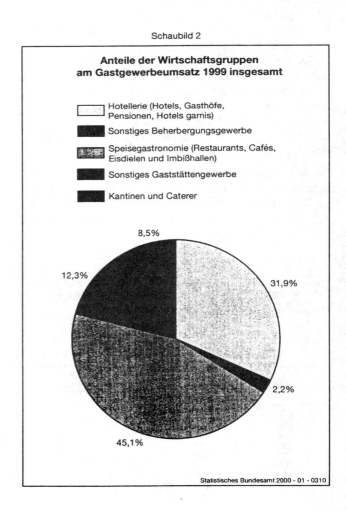

Schaubild 2
Anteile der Wirtschaftsgruppen am Gastgewerbeumsatz 1999 insgesamt

Tabelle 2: Monatliche und vierteljährliche Entwicklung des Gastgewerbeumsatzes[1])

Berichtszeitraum	Gastgewerbeumsatz			
	in jeweiligen Preisen (nominal)		in Preisen des Jahres 1995 (real)	
	Meßzahlen 1995 = 100	Veränderung gegenüber dem entsprechenden Vorjahreszeitraum in %	Meßzahlen 1995 = 100	Veränderung gegenüber dem entsprechenden Vorjahreszeitraum in %
1996	97,6	− 2,4	96,5	− 3,5
1. Vierteljahr	86,5	− 1,1	86,4	− 1,0
2. Vierteljahr	101,9	− 3,4	101,1	− 2,0
3. Vierteljahr	105,5	− 2,4	102,9	− 3,6
4. Vierteljahr	96,5	− 2,6	95,5	− 3,9
Januar	81,4	− 1,7	81,5	− 3,0
Februar	83,8	− 1,8	83,5	− 3,1
März	94,3	+ 0,1	94,3	− 0,9
April	96,0	− 2,1	95,9	− 2,4
Mai	106,8	− 3,7	106,0	− 4,7
Juni	102,8	− 4,1	101,5	− 4,9
Juli	104,3	− 3,0	101,1	− 4,2
August	106,4	− 1,0	103,1	− 2,3
September	106,0	− 2,8	104,4	− 4,0
Oktober	104,5	− 2,8	102,8	− 4,0
November	89,4	− 2,1	89,1	− 3,4
Dezember	95,4	− 2,9	94,6	− 4,3
1997	97,1	− 0,5	95,0	− 1,5
1. Vierteljahr	84,9	− 1,8	83,6	− 4,7
2. Vierteljahr	100,9	− 1,0	99,1	− 2,0
3. Vierteljahr	106,3	+ 0,8	103,0	+ 0,1
4. Vierteljahr	96,4	− 0,1	94,3	− 1,3
Januar	80,7	− 0,9	79,7	− 2,2
Februar	81,3	− 3,0	79,8	− 4,4
März	92,6	− 1,8	91,3	− 3,2
April	93,5	− 2,6	92,4	− 3,6
Mai	106,3	− 0,5	104,4	− 1,5
Juni	102,9	+ 0,1	100,5	− 1,0
Juli	103,6	− 0,7	99,8	− 1,3
August	107,1	+ 0,7	103,4	+ 0,3
September	108,1	+ 2,0	105,7	+ 1,2
Oktober	103,6	− 0,9	101,4	− 1,4
November	89,4	± 0,0	87,6	− 1,7
Dezember	96,3	+ 0,9	94,0	− 0,6
1998	95,6	− 1,6	92,2	− 2,9
1. Vierteljahr	84,9	± 0,0	83,1	− 0,6
2. Vierteljahr	99,4	− 1,5	96,1	− 3,0
3. Vierteljahr	103,2	− 2,9	98,3	− 4,6
4. Vierteljahr	94,6	− 1,9	91,5	− 3,0
Januar	82,0	+ 1,6	80,3	+ 0,8
Februar	82,4	+ 1,4	80,4	+ 0,8
März	90,4	− 2,4	88,5	− 3,1
April	92,5	− 1,1	89,7	− 2,9
Mai	105,9	− 0,4	102,4	− 1,9
Juni	99,8	− 3,0	96,1	− 4,4
Juli	101,2	− 2,3	95,8	− 4,0
August	104,5	− 2,4	98,8	− 4,4
September	104,0	− 3,8	100,2	− 5,2
Oktober	101,1	− 2,4	97,5	− 3,8
November	87,3	− 2,3	84,6	− 3,4
Dezember	95,5	− 0,8	92,4	− 1,7
1999[2])	95,7	+ 0,2	91,3	− 1,0
1. Vierteljahr	83,6	− 1,5	80,7	− 2,9
2. Vierteljahr	99,5	+ 0,1	95,1	− 1,0
3. Vierteljahr	104,6	+ 1,4	98,5	+ 0,2
4. Vierteljahr	95,1	+ 0,5	90,8	− 0,8
Januar	81,4	− 0,7	78,7	− 2,0
Februar	79,5	− 3,5	76,5	− 4,9
März	90,0	− 0,4	86,9	− 1,8
April	93,0	+ 0,5	89,3	− 0,4
Mai	105,7	− 0,2	101,1	− 1,3
Juni	99,8	± 0,0	95,0	− 1,1
Juli	102,9	+ 1,7	96,4	+ 0,6
August	104,4	− 0,1	97,3	− 1,5
September	106,4	+ 2,5	101,8	+ 1,6
Oktober	102,0	+ 0,9	97,4	− 0,1
November	87,6	+ 0,3	83,5	− 1,3
Dezember	95,7	+ 0,2	91,5	− 1,0

[1]) Hochgerechnete Ergebnisse der repräsentativen Stichprobenerhebung. – Umsatz ohne Umsatzsteuer. – [2]) Vorläufige Ergebnisse, Stand: Januar 2000.

Hotellerie profitierte von der günstigen Entwicklung des Inlandstourismus

Die Umsatzentwicklung verlief in den einzelnen Teilbereichen des Gastgewerbes sehr unterschiedlich (siehe Tabelle 3). Die günstige Entwicklung im Inlandstourismus 1999[4]) schlug sich nieder in deutlichen Umsatzsteigerungen in der Hotellerie (nominal + 2,5 %, real + 1,4 %), und auch das Sonstige Beherbergungsgewerbe konnte zumindest nominal ein leichtes Umsatzplus von 0,2 % (real − 1,0 %) erzielen.

Tabelle 3: Struktur und Entwicklung des Umsatzes 1999 in den Wirtschaftszweigen des Gastgewerbes[1])

Prozent

Nr. der Klassifikation[2])	Wirtschaftszweig	Anteil des Wirtschaftszweiges am nominalen Gesamtumsatz des Gastgewerbes	Umsatzentwicklung 1999 gegenüber 1998	
			nominal	real
55.1	Hotels, Gasthöfe, Pensionen und Hotels garnis	31,9	+ 2,5	+ 1,4
55.11	Hotels, Gasthöfe, Pensionen	27,8	+ 2,8	+ 1,6
55.11.1	dar.: Hotels	21,7	+ 3,4	+ 2,3
55.12	Hotels garnis	4,2	+ 0,7	− 0,6
55.2	Sonstiges Beherbergungsgewerbe	2,2	+ 0,2	− 1,0
55.3	Restaurants, Cafés, Eisdielen und Imbißhallen	45,1	− 0,6	− 1,8
	darunter:			
55.30.1	Restaurants mit herkömmlicher Bedienung	29,1	− 1,1	− 2,2
55.30.2	Restaurants mit Selbstbedienung	6,7	+ 3,9	+ 2,7
55.30.3	Cafés	2,5	− 4,0	− 5,0
55.30.5	Imbißhallen	5,0	− 3,3	− 4,3
55.4	Sonstiges Gaststättengewerbe	12,3	− 3,7	− 4,8
55.40.1	dar.: Schankwirtschaften	9,7	− 3,3	− 4,4
55.5	Kantinen und Caterer	8,5	+ 1,7	− 0,2
55.51	Kantinen	2,3	− 3,2	− 5,0
55.52	Caterer	6,3	+ 3,6	+ 1,6
55	Gastgewerbe	100	+ 0,2	− 1,0

[1]) Hochgerechnete Ergebnisse der repräsentativen Stichprobenerhebung. – Umsatz ohne Umsatzsteuer. – Vorläufige Ergebnisse, Stand: Januar 2000. – [2]) Klassifikation der Wirtschaftszweige, Ausgabe 1993 (WZ 93).

Anhaltende Umsatzsteigerungen der Cateringunternehmen

Die Kantinen und Caterer hatten schon in den beiden Vorjahren ihren Umsatz entgegen der Gesamtentwicklung im Gastgewerbe jeweils spürbar steigern können. 1999 konnten sie ihre Umsätze nominal noch einmal ausweiten (+ 1,7 %), real war dagegen ein leichter Rückgang (−0,2 %) zu verzeichnen. Dabei konnten die Cateringunternehmen für sich genommen ihre Umsätze wieder deutlich steigern (nominal + 3,6 %, real + 1,6 %).

Umsatzverluste im Gaststättengewerbe gegenüber dem Vorjahr abgeschwächt

Demgegenüber mußten auch 1999 beide Teilbereiche des Gaststättengewerbes Umsatzrückgänge hinnehmen. Sie waren bei der Speisegastronomie (nominal −0,6 %, real

von 8,5 % zum Gastgewerbeumsatz bei. Deren Umsatzanteil ist in den letzten Jahren spürbar angestiegen. 1994 lag er noch bei 7,0 %.

[4]) Siehe Spörel, U.: „1999 – Rekordjahr im deutschen Inlandstourismus" in WiSta 4/2000, S. 245 ff.

−1,8%) weniger stark ausgeprägt als im Sonstigen Gaststättengewerbe (nominal −3,7%, real −4,8%), und sie haben sich gegenüber dem Vorjahr in beiden Bereichen abgeschwächt.

Fast-Food-Bereich erzielte Umsatzsteigerungen gegen den negativen Trend in der Gastronomie insgesamt

Wie bereits in den Vorjahren konnten sich die Restaurants mit Selbstbedienung deutlich von den Umsatzrückgängen im gesamten Gaststättengewerbe absetzen. Dieser häufig auch als Fast-Food-Gastronomie bezeichnete Zweig des Gaststättengewerbes konnte seine Umsätze 1999 nominal um +3,9% und real um +2,7% erhöhen. Sein Anteil an den gesamten Restaurantumsätzen [WZ 55.30.1[5]) und 55.30.2[6]) zusammengenommen] liegt inzwischen bei 18,7%. 1994 betrug er noch 14,9%.

Größere Unternehmen erzielten eine deutlich bessere Umsatzentwicklung

Das Gastgewerbe ist ein Wirtschaftszweig, der immer noch in sehr starkem Maße mittelständisch geprägt ist. Mehr als die Hälfte (1999: 50,9%) des Branchenumsatzes wurde von Unternehmen erwirtschaftet, die weniger als 1 Mill. DM

Tabelle 4: Entwicklung des Gastgewerbeumsatzes 1999 nach Größenklassen in jeweiligen Preisen[1])
Prozent

Größenklasse von ... bis unter ... DM Umsatz	Umsatzanteil der Größenklasse 1999	Veränderung des Umsatzes 1999 gegenüber 1998
unter 250 000	17,3	− 3,7
250 000 − 1 Mill.	33,6	− 1,6
1 Mill. − 5 Mill.	21,6	− 0,2
5 Mill. − 25 Mill.	8,6	− 0,4
25 Mill. − 100 Mill.	4,4	+ 0,9
100 Mill. und mehr	11,5	+ 5,0
Neugründungen	3,0	x
Insgesamt ...	100	+ 0,2

[1]) Hochgerechnete Ergebnisse der repräsentativen Stichprobenerhebung. − Umsatz ohne Umsatzsteuer. − Vorläufige Ergebnisse, Stand: Dezember 1999.

Jahresumsatz erzielten (siehe Tabelle 4). Bezieht man die Umsatzgrößenklasse bis 5 Mill. DM mit ein, so entfielen auf diese Unternehmen bereits knapp drei Viertel (72,5%) des Gastgewerbeumsatzes. In der Entwicklung verschieben sich die Relationen allerdings tendenziell zugunsten der größeren Unternehmen. So war die Umsatzentwicklung 1999 um so günstiger, je größer der Umsatz in der jeweiligen Unternehmensklasse war. Die stärksten Umsatzrückgänge wurden in den Größenklassen mit weniger als 1 Mill. DM Jahresumsatz registriert. In den mittleren Klassen mit 1 Mill. bis unter 25 Mill. DM Jahresumsatz waren die Umsatzeinbußen geringer. Demgegenüber konnten in der Unternehmensgrößenklasse 25 Mill. bis unter 100 Mill. DM Umsatzsteigerungen von 0,9% erzielt werden. Die Unternehmen der Klasse mit mehr als 100 Mill. DM Jahresumsatz konnten ihr Ergebnis sogar deutlich um 5,0% verbessern.

Diese günstigere Entwicklung bei den umsatzstarken Unternehmen war auch schon in den zurückliegenden Jahren zu beobachten. So konnten im Zeitraum von 1994 bis 1999 die Unternehmen mit einem Jahresumsatz von 25 Mill. DM und mehr ihren Anteil am gesamten Umsatz im Gastgewerbe von 11,6 auf 15,9% steigern. Demgegenüber ist der Anteil der kleineren Unternehmen mit weniger als 1 Mill. DM Jahresumsatz in demselben Zeitraum von 55,0 auf 50,9% abgesunken.

Fast ein Viertel der Beschäftigten im Gastgewerbe sind Selbständige und mithelfende Familienangehörige

Der mittelständische Charakter des Gastgewerbes spiegelt sich auch wider in dem sehr hohen Anteil von Selbständigen und mithelfenden Familienangehörigen. 1999 betrug dieser Anteil 23,7% [zum Vergleich: gesamtwirtschaftlicher Durchschnitt: 10,7% (Ergebnis des Mikrozensus 1999)]. Die meisten Beschäftigten waren im Bereich der Speisegastronomie tätig (46,2%). Ein gutes Viertel (26,8%) arbeitete in der Hotellerie. Auf das Sonstige Gaststättengewerbe entfiel ein Anteil von 17,0%. Kantinen und Caterer (7,8%) sowie das Sonstige Beherbergungsgewerbe (2,2%) erreichten zusammen 10% Beschäftigungsanteil.

Tabelle 5: Struktur und Entwicklung der Beschäftigten 1999 in den Wirtschaftszweigen des Gastgewerbes[1])
Prozent

Nr. der Klassifikation[2])	Wirtschaftszweig	Anteil des Wirtschaftszweiges an der Gesamtzahl der Beschäftigten im Gastgewerbe	Veränderung 1999 gegenüber 1998		
			alle Beschäftigte	Vollbeschäftigte	Teilzeitbeschäftigte
55.1	Hotels, Gasthöfe, Pensionen und Hotels garnis	26,8	− 3,9	+ 1,0	− 13,2
55.11	Hotels, Gasthöfe, Pensionen	23,5	− 3,2	+ 1,5	− 12,6
55.11.1	dar.: Hotels	16,9	− 2,2	+ 1,8	− 13,2
55.12	Hotels garnis	3,3	− 8,6	− 2,5	− 16,4
55.2	Sonstiges Beherbergungsgewerbe	2,2	− 5,8	− 2,2	− 10,3
55.3	Restaurants, Cafés, Eisdielen und Imbißhallen	46,2	− 6,8	− 1,8	− 11,6
55.30.1	Restaurants mit herkömmlicher Bedienung	30,0	− 6,9	− 1,5	− 12,6
55.30.2	Restaurants mit Selbstbedienung	5,8	− 2,3	+ 0,4	− 4,2
55.30.3	Cafés	3,0	− 11,6	− 4,9	− 17,3
55.30.5	Imbißhallen	5,2	− 8,3	− 3,4	− 12,6
55.4	Sonstiges Gaststättengewerbe	17,0	− 10,5	− 3,1	− 14,8
55.40.1	dar.: Schankwirtschaften	13,3	− 10,5	− 2,5	− 15,9
55.5	Kantinen und Caterer	7,8	− 3,3	− 5,6	− 0,4
55.51	Kantinen	2,5	− 6,6	− 6,0	− 7,3
55.52	Caterer	5,3	− 1,6	− 5,5	+ 3,5
55	Gastgewerbe ...	100	− 6,4	− 1,3	− 11,9

[1]) Hochgerechnete Ergebnisse der repräsentativen Stichprobenerhebung. − Vorläufige Ergebnisse, Stand: Januar 2000. − [2]) Klassifikation der Wirtschaftszweige, Ausgabe 1993 (WZ 93).

---

[5]) Restaurants mit herkömmlicher Bedienung.
[6]) Restaurants mit Selbstbedienung.

Starker Beschäftigungsrückgang vor allem bei den Teilzeitbeschäftigten

Wie schon in den Vorjahren ging auch 1999 die Beschäftigung im Gastgewerbe zurück (−6,4%). Dabei ist in diesem Jahr mehr noch als in früheren eine Differenzierung in Vollzeit- und Teilzeitbeschäftigte von Bedeutung.[7] Seit dem Monat April war ein erheblicher Rückgang bei den Teilzeitbeschäftigten im Gastgewerbe festzustellen, ihre Zahl hat sich im Jahresdurchschnitt um 11,9% verringert. Von diesem starken Rückgang waren mit Ausnahme der Cateringunternehmen alle Teilbereiche des Gastgewerbes betroffen. Hier dürften sich die Neuregelungen im Bereich der sogenannten geringfügigen Beschäftigung („630 DM-Jobs") ausgewirkt haben, die im April 1999 in Kraft getreten sind. Der Anteil der Teilzeitbeschäftigten an der Gesamtzahl der Beschäftigten im Gastgewerbe verringerte sich dadurch von 48,5% (1998) auf 45,5%.

Die Zahl der Vollbeschäftigten ging 1999 gegenüber 1998 zwar auch zurück (−1,3%), der Rückgang hat sich im Vergleich zu den Vorjahren jedoch abgeschwächt (zum Vergleich 1997: −3,4%; 1998: −3,2%). Im Bereich der Hotellerie (+1,0%) wie auch bei den Restaurants mit Selbstbedienung (+0,4%) konnte sogar eine leichte Zunahme der Zahl der Vollbeschäftigten festgestellt werden.

Dipl.-Volkswirt Ulrich Spörel

---

[7] Für eine weitergehende Analyse der Beschäftigungsentwicklung im Gastgewerbe siehe Linkert, K.: „Entwicklung der Beschäftigung im Handel und Gastgewerbe 1999" in WiSta 4/2000, S. 239 ff.

Erschienen in: Statistisches Bundesamt,
Wirtschaft und Statistik,
Heft 6 / 2000

Entwicklung der Beschäftigung im Handel und Gastgewerbe 1999

Vorbemerkung

Der Beitrag untersucht die Beschäftigung im Groß- und Einzelhandel sowie im Gastgewerbe. Besondere Aufmerksamkeit wird dabei auf die Unterscheidung in Voll- und Teilzeitbeschäftigte gelegt, nicht zuletzt, weil zum 1. April 1999 die Sozialversicherungspflicht auch auf die Beschäftigten mit sogenannten 630 DM-Jobs („geringfügig" Beschäftigte) ausgeweitet wurde. Die Untersuchung stützt sich auf die monatlichen Ergebnisse der Stichprobe für die Bereiche Groß- und Einzelhandel[1][2] sowie Gastgewerbe, die das Statistische Bundesamt spätestens etwa sieben Wochen nach dem Ende jedes Berichtsmonats veröffentlicht. Zu den Beschäftigten zählen hier sowohl die Selbständigen als auch Arbeitnehmer/-innen und Auszubildende. Die „geringfügig" Beschäftigten werden in den Handels- und Gastgewerbestatistiken als Teilzeitbeschäftigte gezählt, ohne gesondert ausgewiesen zu werden.

Handel und Gastgewerbe beschäftigen etwa 20 % aller Erwerbstätigen. Den monatlichen statistischen Ergebnissen darüber kommt daher zum einen konjunkturpolitische Bedeutung zu. Zum anderen sind die Ergebnisse aus der Sicht der Arbeitsmarktpolitik gefragt, da Handel und Gastgewerbe im Hinblick auf die Arbeitszeitgestaltung flexibel agieren.

Einzelhandel

Seit 1994 Abbau um 13,5 % bei Vollzeitbeschäftigten, Ausweitung um 9 % bei Teilzeitbeschäftigten

Der Einzelhandel beschäftigte im Jahresdurchschnitt 1999 rund 3 Mill. Erwerbstätige, das waren 3,6 % weniger als 1994 (siehe Tabelle 1). In diesem Zeitraum stieg der Umsatz

---

[1]) Zur Entwicklung der Umsätze im Einzelhandel 1999 siehe Lambertz, J.: „Entwicklung im Einzelhandel im Jahr 1999" in WiSta 3/2000, S. 177 ff. Zur Entwicklung der Umsätze im Großhandel 1999 siehe ders.: „Entwicklung im Großhandel im Jahr 1999" in diesem Heft, S. 235 ff.
[2]) Die Abgrenzung der Bereiche entspricht der Klassifikation der Wirtschaftszweige, Ausgabe 1993. Großhandel = Nr. 51.2 – 51.7, Einzelhandel = Nr. 52 ohne 52.7 und Gastgewerbe = Nr. 55.

Tabelle 1: Beschäftigungsentwicklung im Einzelhandel (ohne Kfz und Tankstellen)

Jahr	Beschäftigte insgesamt		Vollzeitbeschäftigte		Teilzeitbeschäftigte	
	1995 = 100	Veränderung gegenüber Vorjahr in %	1995 = 100	Veränderung gegenüber Vorjahr in %	1995 = 100	Veränderung gegenüber Vorjahr in %
1994	99,9	–	103,6	–	95,6	–
1995	100	+ 0,1	100	– 3,4	100	+ 4,6
1996	99,0	– 1,0	96,5	– 3,5	101,8	+ 1,9
1997	97,6	– 1,4	92,6	– 4,0	103,8	+ 1,9
1998	97,3	– 0,2	90,2	– 2,6	105,6	+ 1,7
1999	96,3	– 1,1	89,6	– 0,7	104,1	– 1,4

Tabelle 2: Umsatzentwicklung im Handel und Gastgewerbe

Jahr	Einzelhandel (ohne Kfz und Tankstellen)		Großhandel (ohne Kfz)		Gastgewerbe	
	1995 = 100	Veränderung gegenüber Vorjahr in %	1995 = 100	Veränderung gegenüber Vorjahr in %	1995 = 100	Veränderung gegenüber Vorjahr in %
1994	98,9	–	98,3	–	100	–
1995	100	+ 1,2	100	+ 1,7	100	+ 0,0
1996	100,3	+ 0,2	97,9	– 2,1	97,6	– 2,4
1997	99,0	– 1,2	100,9	+ 3,1	97,1	– 0,5
1998	100,1	+ 1,0	101,5	+ 0,6	95,6	– 1,6
1999	101,0	+ 1,0	101,7	+ 0,2	95,3	– 0,2

im Einzelhandel nominal[3] um rund 2 % (siehe Tabelle 2). Gleichzeitig hat ein Strukturwandel in der Zusammensetzung von Vollzeit- und Teilzeitarbeitsplätzen stattgefunden. Die Zahl der Vollzeitbeschäftigten sank innerhalb der letzten fünf Jahre um 13,5 %, die der Teilzeitarbeitsplätze stieg dagegen um 9 %. 1998 wurde erstmals im Einzelhandel eine Teilzeitquote von 50 % überschritten.

Gebremster Abbau von Vollzeitarbeitsplätzen; erstmals auch Abbau von Teilzeitarbeitsplätzen

Im Jahresdurchschnitt 1999 waren 1,1 % weniger Personen im Einzelhandel beschäftigt als noch im Jahr 1998. Damit wurden mehr Arbeitsplätze eingespart als 1998 (–0,2 %), aber etwa erneut in einer Größenordnung, wie 1996 (–1,0 %) und 1997 (–1,4 %; jeweils gegenüber dem Vorjahr) festgestellt. Trotz der Einsparungen an Personal kam es im Jahr 1999 zu keinem Umsatzrückgang, die Umsätze stiegen um 1,0 %, ebenso wie im Jahr 1998 gegenüber 1997.

Die Veränderung des Bestandes an Voll- und Teilzeitbeschäftigten im Jahr 1999 entsprach nicht mehr ganz dem

---

[3]) In diesem Beitrag wird jeweils nur die nominale Umsatzentwicklung dargestellt.

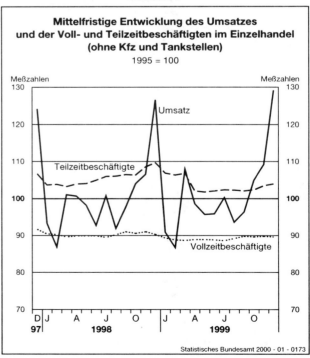

Schaubild 1

Mittelfristige Entwicklung des Umsatzes und der Voll- und Teilzeitbeschäftigten im Einzelhandel (ohne Kfz und Tankstellen)
1995 = 100

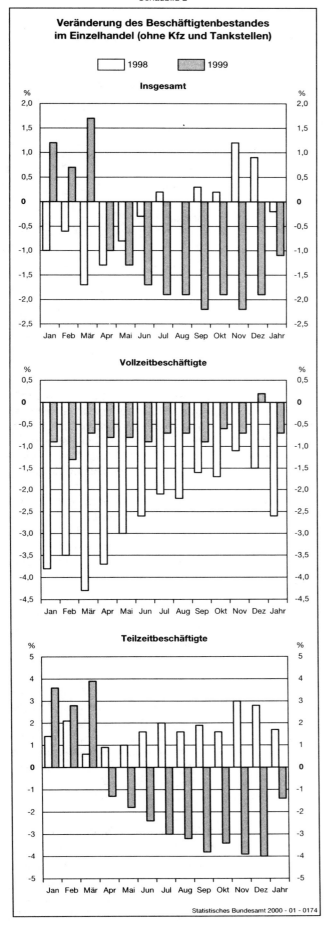

Schaubild 2: Veränderung des Beschäftigtenbestandes im Einzelhandel (ohne Kfz und Tankstellen)

Trend der vorangegangenen Jahre: Der kontinuierliche Abbau der Vollzeitbeschäftigten von 1994 bis 1998 in einer Größenordnung von jährlich durchschnittlich 3 % wurde im Jahr 1999 abgebremst (–0,7 %), und die Zahl der Teilzeitbeschäftigten stieg nicht mehr wie in den Vorjahren, sondern sie sank um – 1,4 %.

Betrachtet man die Veränderung der Anzahl der Beschäftigten – die, anders als der Umsatz, weniger saisonalen Schwankungen ausgesetzt ist (siehe Schaubild 1) – über das Jahr 1999, so entsprach die Entwicklung der Voll- und Teilzeitbeschäftigten noch bis einschließlich März 1999 dem bis dahin festgestellten Trend. Ab April 1999 setzte erstmals seit Anfang 1994 ein Abbau der Teilzeitbeschäftigten ein (siehe Schaubild 2). Zugleich verringerte sich fast bis zum Jahresende 1999 die Zahl der Vollzeitbeschäftigten weiter, aber in Größenordnungen, die weitaus geringer als die Veränderungsraten im Laufe des Jahres 1998 waren. Im Dezember 1999 – im Dezember liegen die Umsätze erfahrungsgemäß wegen des Weihnachtsgeschäftes um etwa 25 % über dem Monatsdurchschnitt – war sogar ein Anstieg der Zahl der Vollzeitbeschäftigten um 0,2 % festzustellen (siehe Schaubild 2), die erste Personalaufstockung seit 1994.

Expansion der Beschäftigten 1999 nur im „Einzelhandel mit Waren verschiedener Art"

In fast allen Branchen des Einzelhandels sank im Jahr 1999 die Zahl der Teilzeitbeschäftigten (siehe Tabelle 3). Nur im

Tabelle 3: Beschäftigte im Einzelhandel (ohne Kfz und Tankstellen) nach Wirtschaftsgruppen
Veränderung 1999 gegenüber 1998 in %

Nr. der Klassifikation[1])	Einzelhandelsbereich (EH = Einzelhandel)	Beschäftigte insgesamt	Vollzeit-	Teilzeit-	Umsatz nominal
			beschäftigte		
52.1	EH mit Waren verschiedener Art (in Verkaufsräumen)	+ 2,0	+ 0,7	+ 2,8	+ 1,6
52.2	Fach-EH mit Nahrungsmitteln, Getränken und Tabakwaren (in Verkaufsräumen)	– 6,6	– 2,5	– 10,7	– 6,2
52.3	Apotheken; Fach-EH mit medizinischen, orthopädischen und kosmetischen Artikeln (in Verkaufsräumen)	+ 1,0	+ 2,3	– 0,1	+ 6,9
52.4	Sonstiger Fach-EH (in Verkaufsräumen)	– 2,7	– 1,7	– 4,0	– 0,8
52.5	EH mit Antiquitäten und Gebrauchtwaren (in Verkaufsräumen)	+ 2,2	+ 4,6	– 1,1	+12,3
52.6	EH (nicht in Verkaufsräumen)	– 5,8	– 2,0	–11,9	+ 1,0
52	EH (ohne Handel mit Kraftfahrzeugen und ohne Tankstellen; Reparatur von Gebrauchsgütern)	– 1,1	– 0,7	– 1,4	+ 1,0

[1]) Klassifikation der Wirtschaftszweige, Ausgabe 1993.

„Einzelhandel mit Waren verschiedener Art" (dazu zählen die Waren- und Kaufhäuser), in dem etwa 37 % der Beschäftigten im Einzelhandel tätig sind und in dem von Filialunternehmen[4]) rund 75 % des Umsatzes in dieser Branche

---
[4]) Als solche werden in den Handelsstatistiken die sog. Mehrländerunternehmen bezeichnet, die Filialen in mindestens zwei Bundesländern haben.

erzielt werden, stieg die Zahl der Teilzeitbeschäftigten um 2,8%. Zugleich wurden in dieser Branche aber auch mehr Vollzeitbeschäftigte eingestellt (+0,7%). Für diese Branche hat sich die Personalausweitung offensichtlich „gelohnt", denn sie schnitt im Jahr 1999 mit einem Umsatzwachstum von +1,6% überdurchschnittlich gut ab. Im sogenannten „Sonstigen Facheinzelhandel", der ein tiefgegliedertes, aber nicht breitgefächertes Warensortiment anbietet und der über etwa 40% der Beschäftigten im Einzelhandel verfügt, sank dagegen nicht nur die Zahl der Teilzeitbeschäftigten um 4,0%, sondern auch die der Vollzeitarbeitsplätze um 1,7%. Zugleich verbuchte diese Branche einen Umsatzrückgang von 0,8% gegenüber 1998.

Großhandel

Seit 1994 Abbau von Arbeitsplätzen um 7%

Der Großhandel beschäftigte im Jahresdurchschnitt 1999 rund 1,2 Mill. Erwerbstätige. Er baute seit 1994 rund 7% Arbeitsplätze ab (siehe Tabelle 4), gleichzeitig stieg der Umsatz um 3,5% (siehe Tabelle 2). Der Abbau von Arbeitsplätzen betraf sowohl die Teilzeit- als auch die Vollzeitarbeitsplätze, im Umfang waren aber die Vollzeitarbeits-

Schaubild 3

Mittelfristige Entwicklung des Umsatzes und der Voll- und Teilzeitbeschäftigten im Großhandel
1995 = 100

Statistisches Bundesamt 2000 - 01 - 0175

Tabelle 4: Beschäftigungsentwicklung im Großhandel (ohne Kfz)

Jahr	Beschäftigte insgesamt		Vollzeitbeschäftigte		Teilzeitbeschäftigte	
	1995 = 100	Veränderung gegenüber Vorjahr in %	1995 = 100	Veränderung gegenüber Vorjahr in %	1995 = 100	Veränderung gegenüber Vorjahr in %
1994	100.1	–	100.6	–	97.8	–
1995	100	– 0.1	100	– 0.6	100	+ 2.2
1996	97.2	– 2.8	97.2	– 2.8	97.3	– 2.7
1997	96.6	– 0.6	96.1	– 1.1	99.1	+ 1.9
1998	95.7	– 1.0	94.7	– 1.5	100.4	+ 1.3
1999	93.4	– 2.3	93.4	– 1.4	93.7	– 6.7

plätze (–7%) stärker betroffen als die Teilzeitarbeitsplätze (–4%). Damit war im Großhandel keine deutlich erkennbare Ausrichtung der Personalpolitik auf eine Ausweitung der Teilzeitarbeitsplätze zu Lasten von Vollzeitarbeitsplätzen zu erkennen. Die Teilzeitquote der Beschäftigten im Großhandel belief sich 1999 auf rund 18%.

1999 Rückgang der Beschäftigten um 2,3%, Abbau von Teilzeitarbeitsplätzen um 6,7%

Die im Großhandel im Jahr 1999 erzielte Umsatzausweitung fiel mit einem Plus von 0,2% im Vergleich zur Entwicklung in den letzten beiden Jahren (1998: +0,6% und 1997: +3,1%) niedrig aus (siehe Tabelle 2). Einschneidend anders als in den letzten Jahren verlief aber die Entwicklung der Beschäftigtenzahl im Jahr 1999 (siehe Schaubild 3). Der Rückgang um 2,3% ist wesentlich stärker als 1998 (–1,0%) und 1997 (–0,6%). Die Abnahme der Vollzeitarbeitsplätze im Jahr 1999 um 1,4% entsprach zwar in etwa dem Niveau der Jahre 1997 und 1998. Der Abbau von Teilzeitarbeitsplätzen im Jahr 1999 um –6,7% fiel jedoch weit größer aus, als das, was per saldo zwischen 1994 und 1998 an zusätzlichen Teilzeitarbeitsplätzen geschaffen wurde.

Die Veränderung des Beschäftigungsstandes im Großhandel im Laufe des Jahres 1999 war nicht unähnlich der im Einzelhandel. Ab April 1999 begann offensichtlich auch hier eine neue Ausrichtung der Beschäftigungspolitik. Im Vergleich zum Umfang des Personalabbaus von Beginn des Jahres 1998 bis zum März 1999 überstiegen die Personalreduzierungen ab April 1999 bis zum Jahresende 1999 diesen bei weitem. Die Ergebnisse über die Entwicklung der Teilzeitbeschäftigten geben dafür die Erklärung (siehe auch Schaubild 4 auf S. 242). Nachdem noch im ersten Quartal 1999 die Zahl der Teilzeitbeschäftigten um 2% ausgeweitet worden war, sank sie im April 1999 um annähernd 8% und in einigen folgenden Monaten des Jahres sogar noch stärker, um bis zu rund 10%.

Die Veränderung der Zahl der Vollzeitbeschäftigten im Großhandel ab April 1999 entspricht weitgehend der im Einzelhandel. Anders als im ersten Quartal 1999 war in keinem der folgenden Monate mehr ein Abbau von Vollzeitarbeitsplätzen festzustellen, der größer war als im Laufe des Jahres 1998. Bis zum Jahresende 1999 sparten die Unternehmer im Großhandel immer weniger Vollzeitarbeitsplätze ein. Stellt man nun die Veränderung der Zahl der Voll- und Teilzeitbeschäftigten der des Umsatzes gegenüber, so fällt es schwer, eine Korrelation zwischen dem „Input" (=Beschäftigte) und dem „Output" mit den großen saisonalen Schwankungen festzustellen (siehe Schaubild 3).

In einigen Großhandelsbranchen zweistelliger Rückgang der Zahl der Teilzeitbeschäftigten

Im Jahr 1999 baute der „Großhandel mit Rohstoffen, Halbwaren, Altmaterial und Reststoffen", der etwa 30% der Beschäftigten im Großhandel auf sich konzentriert, am stärksten Personal ab (insgesamt: –4,1%, Vollzeitbeschäf-

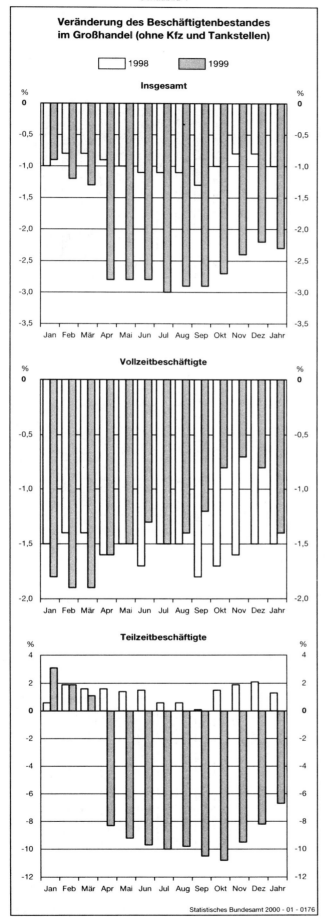

Schaubild 4

Veränderung des Beschäftigtenbestandes im Großhandel (ohne Kfz und Tankstellen)

tigte: −2,9%, Teilzeitbeschäftigte: −12,9%) und steigerte trotzdem seinen Umsatz um 1,0% gegenüber 1998.

In anderen Großhandelsbranchen, die dem Produktionsverbindungshandel zuzuordnen sind, sank die Zahl der Teilzeitbeschäftigten ebenfalls in zweistelliger Größenordnung. Nur im „Großhandel mit Maschinen, Ausrüstungen und Zubehör" wurden mehr Vollzeitbeschäftigte (+1,4%) eingestellt, so daß der Personalbestand dort letztlich so gut wie unverändert blieb. Diese Branche erzielte im Jahr 1999 ein beachtliches Umsatzplus in Höhe von 2,5%. Der „Sonstige Großhandel", der ein breitgefächertes Warensortiment anbietet, erhöhte als einzige Großhandelsbranche den Bestand an Beschäftigten, und zwar insgesamt um 0,7%. Er stellte mehr Teilzeitbeschäftigte (+4,9%) ein und baute Vollzeitarbeitsplätze (−0,8%) ab. Die Umsatzentwicklung in dieser Branche korreliert nicht mit der Aufstockung des Personalbestandes, der Umsatz fiel um 1,0% niedriger aus als 1998.

Tabelle 5: Beschäftigte im Großhandel (ohne Kfz) nach Wirtschaftsgruppen
Veränderung 1999 gegenüber 1998 in %

Nr. der Klassifikation[1]	Großhandelsbereich (GH = Großhandel)	Beschäftigte insgesamt	Vollzeit-	Teilzeit-	Umsatz nominal
			beschäftigte		
51.2	GH mit landwirtschaftlichen Grundstoffen und lebenden Tieren	− 3,3	− 1,0	−10,2	− 6,4
51.3	GH mit Nahrungsmitteln, Getränken und Tabakwaren	− 1,6	− 0,7	− 4,6	− 2,6
51.4	GH mit Gebrauchs- und Verbrauchsgütern	− 2,8	− 1,7	− 6,4	+ 2,9
51.5	GH mit Rohstoffen, Halbwaren, Altmaterial und Reststoffen	− 4,1	− 2,9	−12,9	+ 1,0
51.6	GH mit Maschinen, Ausrüstungen und Zubehör	− 0,1	+ 1,4	−10,2	+ 2,5
51.7	Sonstiger GH	+ 0,7	− 0,8	+ 4,9	− 1,0
51	GH insgesamt (ohne Handel mit Kraftfahrzeugen)	− 2,3	− 1,4	− 6,7	+ 0,2

[1] Klassifikation der Wirtschaftszweige, Ausgabe 1993.

Gastgewerbe

Seit 1994 Rückgang der Zahl der Voll- und Teilzeitbeschäftigten um 13%

Das Gastgewerbe beschäftigte im Durchschnitt des Jahres 1999 1,2 Mill. Personen, davon gingen rund 45% einer Teilzeitbeschäftigung nach. Auch wenn der Inlandstourismus, von dem die Entwicklung im Gastgewerbe auch stark abhängt, im Jahr 1999 gegenüber 1994 rund 6% Übernachtungen und rund 21% Übernachtungsgäste mehr verbuchen konnte, fiel der Umsatz im Gastgewerbe in diesem Zeitraum um 4,7% (siehe Tabelle 2). Gleichzeitig reduzierte das Gastgewerbe die Zahl seiner Beschäftigten zwischen 1994 und 1999 um 13% (Vollzeitbeschäftigte: −14%, Teilzeitbeschäftigte: −12%).

Rückgang der Beschäftigtenzahl um 6,4%

Im Jahr 1999 verbuchte das Gastgewerbe nur noch einen geringen Umsatzrückgang um 0,2% gegenüber 1998 bei einem gleichzeitigen erheblichen Personalabbau (siehe Tabelle 6). Der Rückgang der Beschäftigtenzahl im Jahr

Tabelle 6: Beschäftigungsentwicklung im Gastgewerbe

Jahr	Beschäftigte insgesamt		Vollzeitbeschäftigte		Teilzeitbeschäftigte	
	1995 = 100	Veränderung gegenüber Vorjahr in %	1995 = 100	Veränderung gegenüber Vorjahr in %	1995 = 100	Veränderung gegenüber Vorjahr in %
1994	102.1	–	103.1	–	100.8	–
1995	100	– 2.1	100	– 3.0	100	– 0.9
1996	97.2	– 2.8	95.4	– 4.6	99.3	– 0.7
1997	96.7	– 0.5	92.6	– 3.0	101.7	+ 2.4
1998	95.1	– 1.7	90.1	– 2.7	101.1	– 0.5
1999	89.0	– 6.4	88.9	– 1.4	89.2	– 11.8

1999 allein (–6,4 % gegenüber 1998) entspricht im Umfang dem im gesamten Zeitraum von 1994 bis 1998 festgestellten. Wie im Handel sank die Zahl der Vollzeitarbeitsplätze 1999 im Vergleich zur Entwicklung in den vorangegangenen Jahren in der Größenordnung weniger stark (–1,4 %). Die Teilzeitarbeitsplätze fielen dagegen im Umfang auf ein Niveau zurück, das weit unter dem in den letzten Jahren lag. Ihre Zahl reduzierte sich innerhalb eines Jahres um 11,8 % mit der Folge, daß im Jahr 1999 die Teilzeitquote im Gastgewerbe von 48 % (1998) auf etwa 45 % absackte.

Bereits im ersten Quartal 1999, als der Umsatz um 1,8 % niedriger als im entsprechenden Vorjahresquartal ausfiel (siehe Schaubild 5), wurde die Zahl der Beschäftigten um knapp 3 %, etwa doppelt so stark wie noch im ersten Quartal 1998, verringert. Ab April 1999 überstiegen die negativen Veränderungsraten des Beschäftigungsstandes aber bei weitem die im Jahr 1998 festgestellten Größenordnungen. Auch im Gastgewerbe erklärt die Entwicklung der Zahl der Teilzeitbeschäftigten diesen Sachverhalt (siehe auch Schaubild 6). Ab Beginn des Jahres 1999 wurden zwar bereits – anders als Anfang 1998 – Teilzeitarbeitsplätze abgebaut, ab April 1999 beliefen sich die Veränderungsraten

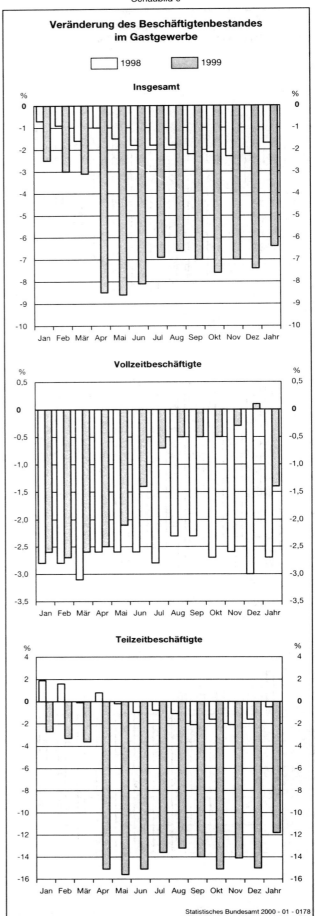

gegenüber dem Vorjahresmonat stets in einer zweistelligen Größenordnung. Diese Entwicklung hatte zwar Auswirkungen auf die Gesamtzahl der Beschäftigten, die ab diesem Zeitpunkt um rund 7% und mehr unter dem Vorjahresniveau lag, aber auf die Umsatzergebnisse des Gastgewerbes wirkte sich das nicht entsprechend negativ aus. Im zweiten und vierten Quartal wurde das Umsatzergebnis des Vorjahres nur knapp verfehlt (–0,2 bzw. –0,1%), im dritten Quartal erzielte das Gastgewerbe sogar eine Umsatzsteigerung um 1,1%.

Hinsichtlich der Entwicklung der Zahl der Vollzeitbeschäftigten hebt sich das Gastgewerbe vom Handel insofern ab, als hier ab April 1999 der Unterschied beim Abbau der Vollzeitarbeitsplätze gegenüber dem Vorjahr am auffallendsten ist. Im Dezember 1999 beschäftigte das Gastgewerbe dann – wie auch der Einzelhandel – mehr Vollzeitbeschäftigte als noch ein Jahr zuvor, wenngleich der Dezember im Gastgewerbe üblicherweise nicht zu den umsatzstärksten Monaten eines Jahres gehört und nur ein Umsatz erzielt wird, der etwa dem Jahresdurchschnitt entspricht.

Personalabbau in allen Branchen des Gastgewerbes

Das Gaststättengewerbe, in dem rund 65% der Beschäftigten im Gastgewerbe einer Tätigkeit nachgehen, baute die Zahl seiner Beschäftigten im Jahresdurchschnitt 1999 um 8,5%, die Zahl der Teilzeitbeschäftigten um 12,6% und die der Vollzeitbeschäftigten um 2,1% jeweils gegenüber dem Bestand im Jahresdurchschnitt 1998 ab, gleichzeitig sank der Umsatz um 1,6% (siehe Tabelle 7). In den beiden Branchen des Beherbergungsgewerbes überstieg der Rückgang der Zahl der Teilzeitbeschäftigten innerhalb der Jahresfrist jeweils auch die 10%-Marke. Nur in der Hotellerie war der Abbau der Teilzeitarbeitsplätze begleitet von der Schaffung zusätzlicher Vollzeitarbeitsplätze (+1,0%). Die Hotellerie ist zugleich neben den „Kantinen und Caterern" die Branche, die im Jahr 1999 ihren Umsatz steigern konnte (um 1,9 bzw. um 1,5%).

treten der neuen Regelungen für die 630 DM-Jobs offensichtlich Auswirkungen auf die Beschäftigungssituation im Handel und Gastgewerbe hatte. Im Handel und Gastgewerbe fielen im Jahr 1999 rund 100 000 Teilzeitarbeitsplätze weg, rund dreimal soviel wie gleichzeitig an Vollzeitarbeitsplätzen abgebaut wurden.

Diese Entwicklung resultiert im wesentlichen aus der ab April 1999. Ab diesem Zeitpunkt sank im Laufe des Jahres 1999 die Zahl der Teilzeitbeschäftigten im Handel und Gastgewerbe erheblich unter das Beschäftigungsniveau des Vorjahres. Gleichzeitig wurden weiterhin, wie in den letzten fünf Jahren, Vollzeitarbeitsplätze abgebaut, doch das Ausmaß des Abbaus solcher Arbeitsplätze verringerte sich stetig bis zum Jahresende 1999. Im Dezember 1999 waren im Gastgewerbe und im Einzelhandel sogar mehr Vollzeitbeschäftigte tätig als noch vor einem Jahr.

Weitere Aufschlüsse über die Auswirkungen der neuen gesetzlichen Bestimmungen für die sogenannten 630 DM-Jobs auf die Entwicklung der Beschäftigtenzahl können die Ergebnisse der Beschäftigtenstatistik vermitteln. Diese Ergebnisse stehen allerdings in der Regel erst mit einem time-lag von gut einem halben Jahr zur Verfügung, so daß ein Rückblick auf die Entwicklung der Beschäftigtenzahlen anhand von Ergebnissen einer anderen Statistik im Jahr 1999 nicht vor Mitte des Jahres 2000 gemacht werden kann.

Dipl.-Volkswirt Karin Linkert

Erschienen in: Statistisches Bundesamt, Wirtschaft und Statistik, Heft 4 / 2000

Tabelle 7: Beschäftigte im Gastgewerbe nach Wirtschaftsgruppen
Veränderung 1999 gegenüber 1998 in %

Nr. der Klassifikation[1])	Gastgewerbe	Beschäftigte insgesamt	Vollzeitbeschäftigte	Teilzeitbeschäftigte	Umsatz nominal
55.1	Hotels, Gasthöfe, Pensionen und Hotels garnis	– 3,9	+ 1,0	– 13,0	+ 1,9
55.2	Sonstiges Beherbergungsgewerbe	– 5,6	– 2,1	– 10,0	– 0,4
	Beherbergungsgewerbe zusammen	– 4,2	+ 0,8	– 12,7	+ 1,8
55.3	Restaurants, Cafés, Eisdielen und Imbißhallen	– 6,9	– 1,9	– 11,9	– 1,0
55.4	Sonstiges Gaststättengewerbe	–10,0	– 2,9	– 14,1	– 3,7
	Gaststättengewerbe zusammen	– 8,5	– 2,1	– 12,6	– 1,6
55.5	Kantinen und Caterer	– 3,4	– 5,5	– 0,9	+ 1,5
55	Gastgewerbe	– 6,4	– 1,4	– 11,8	– 0,2

[1]) Klassifikation der Wirtschaftszweige, Ausgabe 1993.

Zusammenfassung

Die Veränderung des Beschäftigtenbestandes im Handel und Gastgewerbe im Jahr 1999 belegt, daß das Inkraft-

Handel, Gastgewerbe und Tourismus im Gesamtsystem der Wirtschaftsstatistik

Vorbemerkung

Zur Beobachtung der konjunkturellen Entwicklung im Einzelhandel, im Großhandel, im Kraftfahrzeughandel einschließlich Tankstellen und im Gastgewerbe stehen monatlich Ergebnisse der amtlichen Statistik über die Entwicklung der Umsätze und der Beschäftigten zur Verfügung. Einen weiteren Beitrag leistet die monatliche Beherbergungsstatistik mit der Erfassung der Übernachtungen im Tourismus. Alle diese Ergebnisse werden mit hoher Aktualität veröffentlicht. In den nachfolgend abgedruckten Aufsätzen „Entwicklung im Binnenhandel im Jahr 1998", „Branchenentwicklung im Gastgewerbe 1998" und „Inlandstourismus 1998"[1]) wird die Entwicklung im zurückliegenden Jahr beschrieben. Dieser Beitrag gibt einen Überblick über die relative Bedeutung der wirtschaftlichen Aktivitäten im Handel, im Gastgewerbe und im Tourismus zur Erklärung der gesamtwirtschaftlichen Entwicklung.

Etwa ein Drittel aller Unternehmen sind im Handel und Gastgewerbe tätig

In Deutschland ist etwa ein Drittel der schätzungsweise rund 2,5 Mill. Unternehmen mit dem Schwerpunkt der Tätigkeit dem Handel und Gastgewerbe zuzuordnen. In Anlehnung an die Ergebnisse der Handels- und Gaststättenzählung 1993 verteilen sich die Unternehmen[2]) auf die Wirtschaftsbereiche wie folgend: Am stärksten, zu rund 400 000, sind die Einzelhandelsunternehmen vertreten, die privaten Haushalten Konsum- und Gebrauchsgüter anbieten. Das Gastgewerbe ist mit rund 230 000 Unternehmen der zweitgrößte Bereich. Es umfaßt Unternehmen, die schwerpunktmäßig Gastgewerbeleistungen und/oder Beherbergungsleistungen anbieten. Als Mittler zwischen Einzelhandel und Produzenten oder zwischen In- und Ausland, teilweise auch nur zwischen den Produzenten oder beschränkt auf die Großhandelsebene, fungieren etwa 120 000 Großhandelsunternehmen. Ähnliche Tätigkeiten üben die rund 70 000 Handelsvermittlungsunternehmen aus, allerdings anders als die Großhandelsunternehmen nicht in eigenem, sondern in fremdem Namen und auf fremde Rechnung. Handel mit Kraftfahrzeugen und Serviceleistungen rund um das Auto und Krafträder erbringen rund 60 000 Unternehmen.

In diese Aufzählung paßt systematisch nicht ganz die Erwähnung der Anzahl der Beherbergungsbetriebe, die durch das Angebot von 9 und mehr Betten den Tourismus fördern und bedingen. Über deren Anzahl liegen sogar recht genaue, aktuelle Informationen aus der monatlichen Beherbergungsstatistik vor: Am 1. Juli 1998 gab es davon insgesamt 55 779. Bei den erwähnten Beherbergungsbetrieben handelt es sich aber nicht um Unternehmen, sondern um fachliche Einheiten, die unabhängig vom Schwerpunkt der Tätigkeit des Unternehmens erfaßt werden.

Handel und Gastgewerbe beschäftigt rund 5,0 Mill. Erwerbstätige, darunter überwiegend Frauen

Im Handel und Gastgewerbe gehen nach den Ergebnissen des Mikrozensus 1998 rund 5,0 Mill. Erwerbstätige der insgesamt 27 Mill. Erwerbstätigen im Unternehmensbereich einer Beschäftigung nach. Besondere Aufmerksamkeit verdienen Handel und Gastgewerbe als Arbeitgeber deshalb, weil in diesem Bereich zu 60 % Frauen tätig sind. Unter dem Verkaufspersonal sind es sogar 80 %. Ein großes

[1]) Folgt voraussichtlich in WiSta 6/1999.
[2]) Mit einem Jahresumsatz von über 25 000 DM.

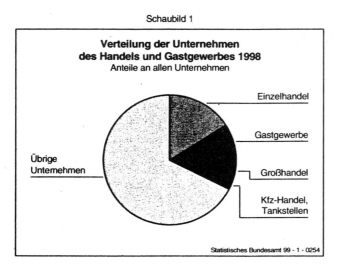

Schaubild 1

Verteilung der Unternehmen des Handels und Gastgewerbes 1998
Anteile an allen Unternehmen

Tabelle 1: Erwerbstätige im Handel und Gastgewerbe
Ergebnis des Mikrozensus 1998
Mill.

Gegenstand der Nachweisung	Insgesamt	Männer	Frauen
Erwerbstätige insgesamt	35,9	20,5	15,4
dar.: Unternehmenssektor	26,9	16,8	9,8
dar.: Handel und Gastgewerbe	4,9	2,1	2,8
Ausgewählte Berufsgruppen			
Verkaufspersonal	1,6	0,3	1,3
darunter:			
nur 21 Stunden	0,5	0,0	0,5
21 bis 31 Stunden	0,3	0,0	0,3
Groß- und Einzelhandelskaufleute	1,1	0,5	0,1
Warenkaufleute	0,4	0,3	0,1
Hotel- und Gaststättenbedarf	0,6	0,2	0,4
Sonder-Arbeitszeiten[1]) im Handel und Gastgewerbe	2,8	1,1	1,7
Samstagsarbeit	0,9	0,4	0,5
Sonn- und/oder Feiertagsarbeit	1,8	0,8	1,0
Abendarbeit	0,4	0,2	0,2
Nachtarbeit	0,5	0,2	0,3
Wechselschicht			

[1]) Ohne Differenzierung ständig, regelmäßig/gelegentlich. – Mehrfachnennung war möglich.

Tabelle 2: Umsatzentwicklung des Großhandels[1]), Einzelhandels[2]) und Gastgewerbes
1995 = 100

Jahr	Großhandel Umsatz		Einzelhandel Umsatz		Kfz-Handel, Tankstellen Umsatz		Privater Verbrauch in konstanten Preisen	Gastgewerbe Umsatz		Bruttoinlands-produkt in konstanten Preisen
	in jeweiligen Preisen	in konstanten Preisen	in jeweiligen Preisen	in konstanten Preisen	in jeweiligen Preisen	in konstanten Preisen		in jeweiligen Preisen	in konstanten Preisen	
1996	97,9	98,5	100,2	99,2	104,3	103,2	101,6	97,5	96,3	101,3
1997	100,9	99,7	99,1	97,3	107,7	106,5	102,1	97,1	94,8	103,5
1998[3])	102,1	103,8	99,7	97,8	102,0	110,3	104,0	95,1	91,4	106,4

[1]) Ohne Großhandel mit Kraftfahrzeugen. – [2]) Ohne Einzelhandel mit Kraftfahrzeugen und Tankstellen. – [3]) Vorläufiges Ergebnis.

Angebot an Teilzeitarbeitsmöglichkeiten halten insbesondere der Einzelhandel und das Gastgewerbe bereit, und diese Möglichkeiten werden von über der Hälfte der dort Erwerbstätigen genutzt. Allerdings müssen sie als Dienstleistende auch häufig Arbeitszeiten in Kauf nehmen, die außerhalb der üblichen Bürozeiten liegen. Fast 60 % der Erwerbstätigen arbeiteten samstags, 34 % am Abend und 10 % in Wechselschicht.

Handel und Gastgewerbe erzielen rund 30 % des Produktionswertes der Unternehmen und rund 10 % der Bruttowertschöpfung

Gemessen am Produktionswert der Unternehmen in der gewerblichen Wirtschaft tragen Handel und Gastgewerbe mit ihren Umsätzen zu etwa 30 % zu der Gesamtleistung bei. Hinsichtlich der Bruttowertschöpfung ist das Gewicht geringer. Hier belief sich der Beitrag des Handels und Gastgewerbes 1998 auf rund 10 %. Ursächlich für das starke Auseinanderklaffen des Beitrages des Handels und des Gastgewerbes zum Produktionswert und zur Wertschöpfung ist der im Handel hohe Einsatz von bezogenen Vorleistungen. Im Großhandel lag der Anteil der bezogenen Vorleistungen bei 85 %, im Einzelhandel bei etwa 80 % und im Gastgewerbe bei etwa 60 %.

Handel und Gastgewerbe erklären zu gut 40 % die Ausgaben im Privaten Verbrauch

Der Darstellung der Entwicklung des Privaten Verbrauchs kommt in den Volkswirtschaftlichen Gesamtrechnungen bei der Verwendungsrechnung des Bruttoinlandsproduktes eine herausragende Bedeutung zu. Ergebnisse aller Bereiche des Handels und Gastgewerbes fließen in die Berechnung des Privaten Verbrauchs ein; vor allem die Ergebnisse der Einzelhandels- und Gastgewerbestatistik. Auch Ergebnisse des Großhandels finden teilweise Berücksichtigung, weil der Großhandel auch Einzelhandel betreibt und auch für die privatwirtschaftliche Nutzung Leistungen (z. B. Lieferungen von Heizöl) erbringt, die zusätzlich dem Privaten Verbrauch zuzuordnen sind. Einen weiteren Beitrag vermag schließlich auch die Beherbergungsstatistik für die Berechnung von Ergebnissen der Volkswirtschaftlichen Gesamtrechnungen nach dem Inländer- und Inlandskonzept zu leisten. Mit ihren Angaben zur Entwicklung der Übernachtungen im Tourismus, insbesondere nach dem Herkunftsland der Gäste in der Gliederung nach In- und Ausländern, liefert sie Anhaltspunkte für eine entsprechende Differenzierung der Ausgaben im Gastgewerbe.

Bei den Berechnungen des Privaten Verbrauchs sinkt der Anteil der Ausgaben für Waren und Dienstleistungen im Handel und Gastgewerbe stetig. Derzeit erklären diese Waren und Dienstleistungen die Ausgaben der privaten Haushalte zu 40 %, wobei das verfügbare Einkommen zunehmend für andere Angebote wie Freizeitgestaltung, Sport, Fitness und Urlaub verwendet wird.

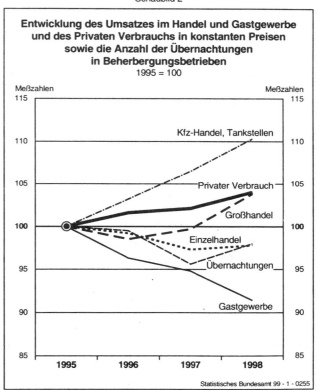

Schaubild 2

Entwicklung des Umsatzes im Handel und Gastgewerbe und des Privaten Verbrauchs in konstanten Preisen sowie die Anzahl der Übernachtungen in Beherbergungsbetrieben
1995 = 100

Betrachtet man die Entwicklung im Großhandel, Einzelhandel, Kfz-Bereich und Gastgewerbe, so entspricht fast kein Bereich der Dynamik der Entwicklung des Privaten Verbrauchs. Die Ausnahme bildet der Kfz-Bereich, in dem die Expansion der Umsätze sogar stärker als der Private Verbrauch war.

Dipl.-Volkswirt Karin Linkert

Erschienen in: Statistisches Bundesamt,
Wirtschaft und Statistik,
Heft 5 / 1999

Ergebnisse der Kapazitätserhebung im Reiseverkehr 1999

Der Tourismus ist zum einen die Branche, deren Schwerpunkt der Tätigkeit darin liegt, in- und ausländischen Gästen Übernachtungsangebote zu unterbreiten. Besondere Bedeutung kommt ihm insbesondere in den industriell weniger erschlossenen, aber landschaftlich schönen und zum Teil auch heilklimatisch nutzbaren Gebieten zu. Dort eröffnen bisweilen nur Angebote von Tourismuseinrichtungen sowie die Förderung des Tourismus die Möglichkeit, Arbeitsplätze für die Bevölkerung zu schaffen und zu erhalten. Darüber hinaus trägt der Tourismus mittelbar aber auch zur Steigerung der Nachfrage in anderen Branchen bei. Touristen steigern u.a. die Nachfrage im Einzelhandel, im Gaststättengewerbe, im Verkehr, in der Autoproduktion, nach Dienstleistungen und nach Infrastruktureinrichtungen.

Die Beobachtung der Entwicklung der Nachfrage, der Anzahl der Gäste und der Übernachtungen im Tourismus und des Angebotes an Beherbergungseinrichtungen in Deutschland gehört schon seit 1952 zum Arbeitsprogramm der amtlichen Statistik. Das methodische Konzept zur Erfassung des Tourismus in der Beherbergungsstatistik wurde nachhaltig im Jahr 1980 verändert. Aufgegeben wurde das sogenannte Konzentrationsprinzip, das vorsah, nur in den größten Fremdenverkehrsgemeinden, gemessen an der Zahl der Übernachtungen im Reiseverkehr, die Entwicklung des Tourismus zu verfolgen. Statt dessen wurde für die Beobachtung des Tourismus eine flächendeckende Erhebung mit einer Totalerfassung aller Betriebe zugrunde gelegt, allerdings mit einer sogenannten Abschneidegrenze. Die Festlegung der Abschneidegrenze – hier: Erfassung aller Betriebe, die mehr als acht Betten gleichzeitig zur vorübergehenden Beherbergung von Gästen anbieten können – orientierte sich am Gaststättengesetz, das vorsieht, daß solche Betriebe genehmigungspflichtig sind.

Das Beherbergungsstatistikgesetz von 1980[1] regelt nicht nur das neue Konzept, sondern auch die Periodizität und Inhalte der Erhebungen: Monatlich ist u. a. die Entwicklung der Nachfrage durch Ergebnisse über die Zahl der Ankünfte und der Übernachtungen der inländischen und der ausländischen Gäste nach Herkunftsländern darzustellen[2]. Im Abstand von sechs Jahren liefert eine sogenannte Kapazitätserhebung Informationen über das Angebot an Kapazitäten im Reiseverkehr und die Struktur der Beherbergungseinrichtungen. Eine solche Kapazitätserhebung wurde zuletzt zum Stichtag 1. Januar 1999 dezentral in den Statistischen Ämtern der Länder durchgeführt. Die Ergebnisse der Länder sind vom Statistischen Bundesamt zum Bundesergebnis zusammengefaßt worden.

In einer umfangreichen Veröffentlichung[3] sind bereits fachlich und regional tief gegliederte Ergebnisse aus dieser Kapazitätserhebung für 1999 präsentiert worden. Diese Publikation läßt auch zu, die beachtlichen Veränderungen der Kapazitäten der Beherbergungsbetriebe und deren Ausstattung im früheren Bundesgebiet seit 1981 und in den neuen Bundesländern seit 1993 nachzuvollziehen. Der vorliegende Beitrag präsentiert nach einigen methodischen Erläuterungen die wichtigsten Ergebnisse der Bestandsaufnahme zum 1. Januar 1999. Die Auswahlkriterien orientierten sich dabei an Fragestellungen derjenigen Leser, die an einem Gesamtüberblick über das Angebot an Fremdenverkehrseinrichtungen in Deutschland interessiert sind:

Welche Übernachtungskapazitäten werden in Deutschland angeboten?

Welche Übernachtungsmöglichkeiten gibt es?

Wie ist die Ausstattung der angebotenen Gästehäuser und Gästezimmer?

Wie ist das Preisniveau für eine Übernachtung?

Welche Angebote unterbreiten Campingplätze?

Methodische Erläuterungen[4]

In der Beherbergungsstatistik und damit auch in der Kapazitätserhebung werden alle Angebote an Beherbergungseinheiten und die darin verfügbaren Betten[5] erfaßt. Zu den Beherbergungseinheiten zählen zum einen Gästezimmer und zum anderen Wohneinheiten, die sich von den Gästezimmern definitorisch dadurch unterscheiden, daß der Gast in einer Wohneinheit kein oder lediglich ein im Umfang sehr eingeschränktes Dienstleistungsangebot erwarten kann. Erhebungseinheit ist der Betrieb in der Abgrenzung einer fachlichen Einheit, der mindestens neun Betten gleichzeitig anbieten kann. Die Erfassung der als "Beherbergungsstätten" bezeichneten Betriebe orientiert sich ausschließlich daran, daß sie Reisenden Übernachtungsmöglichkeiten für den nur vorübergehenden Aufenthalt unterbreiten. Unerheblich ist dabei, ob ein solcher Betrieb die Beherbergungsmöglichkeiten mit Gewinnerzielungsabsicht anbietet oder nicht. Dieses Konzept umfaßt nicht nur die Betriebe von Unternehmen, die – gemessen an dem Schwerpunkt der Wertschöpfung – dem Wirtschaftszweig Bereich H: Gastgewerbe [entsprechend der in der amtlichen Statistik verwendeten Klassifikation der Wirtschaftszweige[6]] zugeordnet werden, sondern auch Betriebe aus anderen Wirtschaftszweigen, beispielsweise Ferien- oder Schulungsheime von Banken. Auch Einrich-

---
[1] Gesetz über die Statistik der Beherbergung im Reiseverkehr (BeherbStatG) vom 14. Juli 1980 (BGBl. I S. 953).
[2] Siehe Fachserie 6 „Binnenhandel, Gastgewerbe, Tourismus", Reihe 7.1 „Beherbergung im Reiseverkehr sowie Umsatz und Beschäftigte im Gastgewerbe".
[3] Fachserie 6 „Binnenhandel, Gastgewerbe, Tourismus", Reihe 7.2 „Beherbergungskapazität 1999", Statistisches Bundesamt (Hrsg.), Wiesbaden, Juni 2000.
[4] Ausführliche Erläuterungen siehe Fußnote 3.
[5] Einschl. sonstiger Schlafgelegenheiten bei Normalbelegung, ohne behelfsmäßige Schlafgelegenheiten, wie z. B. Schlafcouchen oder Kinderbetten.
[6] Klassifikation der Wirtschaftszweige, Ausgabe 1993 (WZ 93), Herausgeber: Statistisches Bundesamt.

tungen, die der Rekonvaleszenz dienen, wie Kurkrankenhäuser und Sanatorien, sind in die Beherbergungsstatistik einbezogen. Allerdings gilt das nur für solche Einrichtungen, die überwiegend Gäste aufnehmen, die in der Lage sind, das Angebot an Kur- oder auch anderer Infrastruktureinrichtungen einer Gemeinde oder in der Umgebung nutzen zu können.

Auf Campingplätzen werden zwei Arten von Stellplätzen unterschieden, zum einen Stellplätze für den Reiseverkehr, die Gästen nur zum vorübergehenden Aufenthalt zur Verfügung stehen, zum anderen sogenannte Dauerstellplätze, die Gäste für einen längeren Zeitraum mieten können. Da Dauerstellplätze nicht dem Reiseverkehr zur Verfügung stehen, sieht das Konzept für die Erfassung der Kapazitä-

Schaubild 1

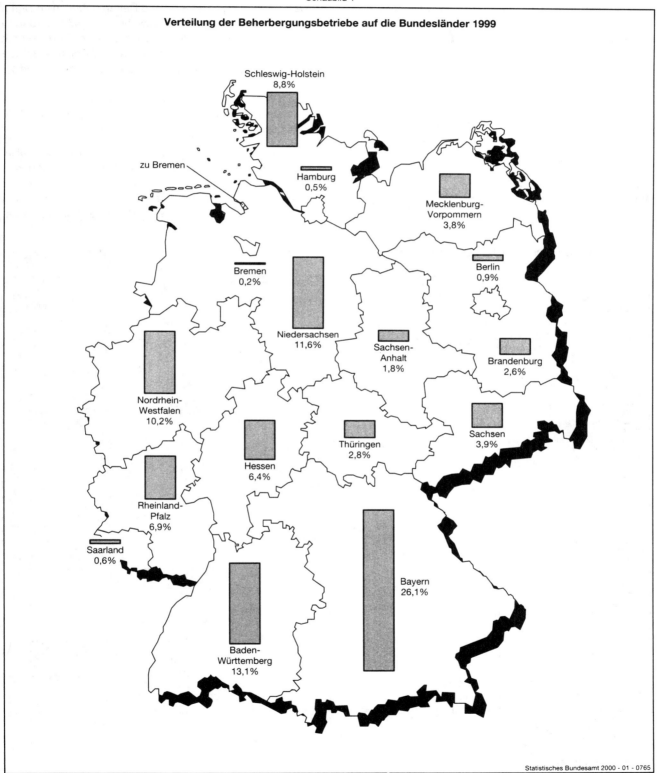

Verteilung der Beherbergungsbetriebe auf die Bundesländer 1999

Statistisches Bundesamt 2000 - 01 - 0765

ten auf den Campingplätzen vor, nur Stellplätze im Reiseverkehr auszuweisen.

Ergebnisse der Kapazitätserhebung 1999

Am 1. Januar 1999 boten rund 55 000 Betriebe in Deutschland Gästezimmer an

Bundesweit wurden am 1. Januar 1999 insgesamt 54 557 Gastgeber oder Betriebe gezählt, die 1,228 Mill. Gästezimmer (einschl. Wohneinheiten)[7] mit 2,457 Mill. Betten oder Schlafgelegenheiten anboten. Im Durchschnitt verfügte damit jeder Betrieb in Deutschland über 22,5 Gästezimmer und 45 Betten, das bedeutet jedes Zimmer war im Durchschnitt ein Zweibettzimmer.

Die weitaus meisten Betriebe in Deutschland haben ihren Sitz in Bayern (26,1 %). Die 14 217 bayrischen Gastgeber[8] bieten 284 442 Zimmer und 565 186 Betten an. Nach Bayern folgen Baden-Württemberg (13,1 % der Betriebe, 12,1 % des Bettenangebots), Niedersachsen (11,6 %; 10,7 %), Nordrhein-Westfalen (10,2 %; 11,0 %), Schleswig-Holstein (8,8 %; 7,3 %), Rheinland Pfalz (6,9 %; 6,3 %) und Hessen (6,4 %; 7,4 %). Sachsen (3,9 %; 4,6 %) ist das Land mit dem anteilig höchsten Angebot an Betrieben unter den neuen Bundesländern, allerdings dicht gefolgt von Mecklenburg-Vorpommern (3,8 %; 5,4 %). Es überrascht nicht, daß die Stadtstaaten Bremen (0,2 %; 0,3 %) und Hamburg (0,5 %; 1,1 %) – als Großstädte ohnehin eher das Ziel von Geschäftsreisenden als von Urlaubsreisenden – vergleichsweise nur wenige Betriebe und Betten anbieten. In Berlin (0,9 %; 2,2 %) kann eine Auswahl unter 472 Betrieben getroffen werden, diese verfügen aber im Durchschnitt über die größten Bettenkapazitäten (114,7 Betten je Betrieb – Bundesgebiet: 45,0 je Betrieb; siehe auch Schaubild 1).

Die höchste Fremdenverkehrsintensität: 74 Betten je 1 000 Einwohner in Mecklenburg-Vorpommern

Die in Schaubild 1 dargestellte Verteilung der Betriebe auf die Länder vernachlässigt, daß die Flächen der Länder und deren Einwohnerzahlen unterschiedlich sind. Für die Intensität des Fremdenverkehrs wird daher der Quotient aus der Anzahl der angebotenen Betten je 1 000 Einwohner

---

[7] Nachfolgend werden die Begriffe „Beherbergungseinheiten", „Gästezimmer" und „Zimmer" synonym verwendet, wenn nicht anders erwähnt jeweils einschl. der Wohneinheiten.
[8] Zusätzlich zum Begriff „Betrieb" wird nachfolgend auch der Begriff „Gastgeber" synonym gebraucht.

Tabelle 1: Betriebe, Beherbergungseinheiten und Betten 1999 nach Bundesländern, Gemeindegruppen und Betriebsarten
Stand: 1.1.1999

Gegenstand der Nachweisung	Betriebe insgesamt	%	Beherbergungseinheiten insgesamt	je Betrieb	Betten insgesamt	je Betrieb	je Beherbergungseinheit
Beherbergungsgewerbe	53 363	97,8	1 082 458	20,3	2 272 034	42,6	2,1
Sanatorien, Kurkrankenhäuser	1 194	2,2	145 998	122,3	185 042	155,0	1,3
Insgesamt	54 557	100	1 228 456	22,5	2 457 076	45,0	2,0
nach Ländern							
Baden-Württemberg	7 169	13,1	162 708	22,7	297 357	41,5	1,8
Bayern	14 217	26,1	284 442	20,0	565 186	39,8	2,0
Berlin	472	0,9	28 150	59,6	54 160	114,7	1,9
Brandenburg	1 400	2,6	35 860	25,6	74 957	53,5	2,1
Bremen	88	0,2	4 826	54,8	8 465	96,2	1,8
Hamburg	262	0,5	15 045	57,4	27 200	103,8	1,8
Hessen	3 498	6,4	106 090	30,3	182 670	52,2	1,7
Mecklenburg-Vorpommern	2 050	3,8	51 629	25,2	132 420	64,6	2,6
Niedersachsen	6 307	11,6	119 195	18,9	262 999	41,7	2,2
Nordrhein-Westfalen	5 559	10,2	151 833	27,3	269 361	48,5	1,8
Rheinland-Pfalz	3 784	6,9	74 556	19,7	154 190	40,7	2,1
Saarland	305	0,6	8 136	26,7	13 801	45,2	1,7
Sachsen	2 113	3,9	57 826	27,4	112 493	53,2	1,9
Sachsen-Anhalt	1 003	1,8	25 464	25,4	49 993	49,8	2,0
Schleswig-Holstein	4 784	8,8	66 390	13,9	178 444	37,3	2,7
Thüringen	1 546	2,8	36 306	23,5	73 380	47,5	2,0
nach Gemeindegruppen							
Mineral- und Moorbäder	4 219	7,7	153 621	36,4	228 537	54,2	1,5
Heilklimatische Kurorte	3 472	6,4	61 949	17,8	126 924	36,6	2,0
Kneippkurorte	1 714	3,1	41 635	24,3	74 193	43,3	1,8
Heilbäder zusammen	9 405	17,2	257 205	27,3	429 654	45,7	1,7
Seebäder	5 611	10,3	86 829	15,5	243 218	43,3	2,8
Luftkurorte	5 352	9,8	90 244	16,9	209 642	39,2	2,3
Erholungsorte	7 555	13,8	129 754	17,2	303 287	40,1	2,3
Sonstige Gemeinden	26 634	48,8	664 424	24,9	1 271 275	47,7	1,9
nach Betriebsarten							
Hotels	12 865	23,6	494 104	38,4	889 399	69,1	1,8
Gasthöfe	11 093	20,3	131 104	11,8	245 552	22,1	1,9
Pensionen	5 347	9,8	72 858	13,6	135 550	25,4	1,9
Hotels garnis	9 712	17,8	171 058	17,6	306 344	31,5	1,8
Zusammen	39 017	71,5	869 124	22,3	1 576 845	40,4	1,8
Erholungs- und Ferienheime, Schulungsheime	2 652	4,9	85 725	32,3	205 718	77,6	2,4
Ferienzentren	83	0,2	13 402	161,5	56 836	684,8	4,2
Ferienhäuser, -wohnungen	10 101	18,5	86 260	8,5	307 626	30,5	3,6
Hütten, Jugendherbergen, jugendherbergsähnliche Einrichtungen	1 510	2,8	27 947	18,5	125 009	82,8	4,5
Zusammen	14 346	26,3	213 334	14,9	695 189	48,5	3,3
Sanatorien, Kurkrankenhäuser	1 194	2,2	145 998	122,3	185 042	155	1,3

verwendet. Die Spannweite der für alle Länder berechneten Kennziffern reicht vom Höchstwert von 74 Gästebetten in Mecklenburg-Vorpommern bis zu 13 Gästebetten je 1 000 Einwohner im Saarland (siehe Schaubild 2).

Bei dieser Betrachtung wird allerdings das je nach Saison stark schwankende Angebot an Betten ignoriert, weil ein ganzjährig konstant gleich hohes Angebot an Betten unterstellt wird, was nicht der Realität entspricht. Die Gastgeber reagieren zum einen mit ihrem Angebot flexibel auf eine schwache oder starke Nachfrage – dann wird erforderlichenfalls noch ein normalerweise privat genutzter Wohnraum als Gästezimmer angeboten –, zum anderen sind die Betriebe nicht immer durchgängig ganzjährig geöffnet. Anfang 1999 wurde ermittelt, daß 73% der Betriebe, die etwa 80% der Bettenkapazitäten auf sich konzentrieren, ganzjährig geöffnet sind. Lediglich 3% der Be-

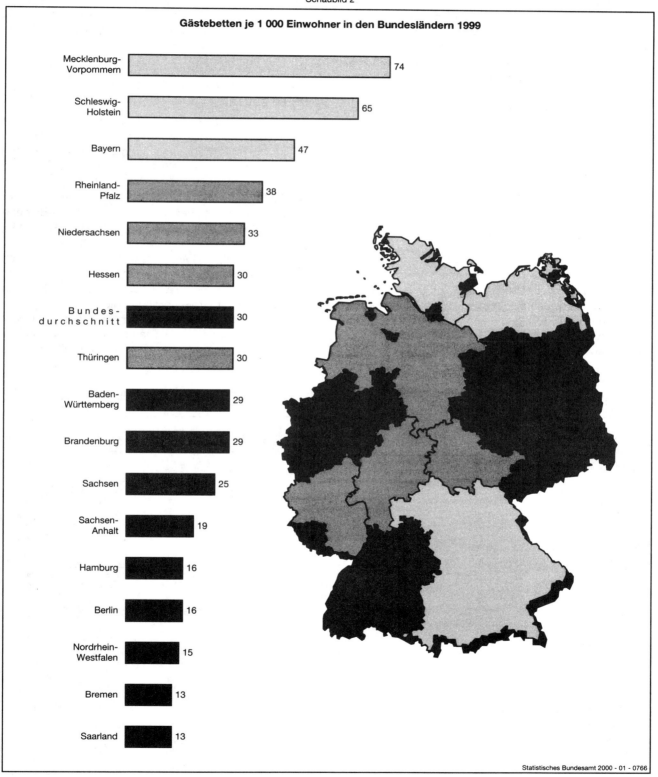

Schaubild 2

Gästebetten je 1 000 Einwohner in den Bundesländern 1999

Statistisches Bundesamt 2000 - 01 - 0766

triebe, die insgesamt nur 38 000 Betten anbieten, sind noch nicht einmal ein halbes Jahr geöffnet.

Mehr als 50 % der Beherbergungsbetriebe in prädikatisierten Gemeinden

Insbesondere für die Touristen, die konkrete Vorstellungen haben, welches Klima sie in Deutschland bevorzugen, oder gezielt unter den verschiedenen Arten von Kurorten auswählen wollen, kann die Untergliederung der Betriebe nach sogenannten Gemeindegruppen ein geeigneter Wegweiser für die richtige Auswahl sein. Der verwendete Katalog der Gemeindegruppen basiert auf Einstufungen der Gemeinden von Amts wegen nach festgelegten Kriterien. Diese führen dazu, daß Gemeinden als Heilbäder, in der Differenzierung nach Mineral- und Moorbädern, Heilklimatischen und Kneippkurorten, als Seebäder, als Luftkurorte oder als Erholungsorte eingestuft bzw. prädikatisiert werden (siehe Tabelle 1).

51,2 % der Betriebe sind in solchen prädikatisierten Gemeinden, darunter am häufigsten in den als „Erholungsorten" eingestuften, angesiedelt. Groß ist auch die Auswahl an Betrieben in Seebädern, in Luftkurorten und in Mineral- und Moorbädern.

Gastgeber der Hotellerie bieten rund 72 % der Gästezimmer an

Die Beherbergungsstatistik gliedert die Betriebe – abhängig von deren Angebot an Dienstleistungen – nach Betriebsarten. Diese orientieren sich an der Gliederung der WZ 93 und den dort gegebenen Definitionen für die Abgrenzung der einzelnen Betriebsarten. Die einzelnen Betriebsarten unterscheiden sich zum Beispiel dadurch, ob ein Betrieb zusätzlich auch ein Restaurant betreibt und welche Dienstleistungen er den Gästen anbietet.

72 % der Gastgeber sind Betriebe der Hotellerie; dazu zählen Hotels, Gasthöfe, Pensionen und Hotels garnis. Sie bieten insgesamt rund 869 000 Gästezimmer mit 1 577 000 Betten an. Bei einem Drittel der Betriebe in der Hotellerie handelt es sich um Hotels. Sie bieten im Durchschnitt 69,1 Betten je Betrieb an. 28 % der Betriebe zählen zu den Gasthöfen (insgesamt 11 093), deren durchschnittliche Bettenkapazität mit 22,1 Betten je Betrieb erheblich geringer ist. Die rund 9 700 Hotels garnis verfügen im Schnitt über 31,5 Betten, also über mehr als die Gasthöfe (siehe Tabelle 1 und Schaubild 3).

Die 46 größten Betriebe haben mehr als 71 000 Betten

Die Größe der in der Kapazitätserhebung erfaßten Betriebe beginnt bei einem Angebot von 9 Betten und reicht bis zur Klasse von über 1 000 Betten. Zu dieser obersten Klasse gehörten am 1. Januar 1999 46 Betriebe; sie verfügten zusammen über 71 175 Betten, das sind im Durchschnitt 1 547,3 Betten je Betrieb. Neben diesen wenigen, sehr großen Betrieben gibt es in der Hotellerie 9 264 Betriebe mit einer Kapazität zwischen 9 und 14 Betten. Bei einem Betrieb dieser Größe kümmern sich wohl häufig der Inhaber und/oder dessen Familienangehörige noch persönlich oder mit wenig zusätzlichem Personal um das Wohl ihrer Übernachtungsgäste. Meist handelt es sich bei den Betrieben dieser Größenordnung nicht um sogenannte Hotels, sondern um Gasthöfe oder um Hotels garnis. Bei der Betriebsart Gasthof resultiert die Wertschöpfung des Betriebes stärker aus dem gleichzeitigen Betrieb eines

Tabelle 2: Betriebe, Beherbergungseinheiten und Betten nach Ausstattung und Betriebsgrößen
Stand: 1.1.1999

Gegenstand der Nachweisung	Betriebe		Beherbergungseinheiten		Betten		
	insgesamt	%	insgesamt	je Betrieb	insgesamt	je Betrieb	je Beherbergungseinheit
Insgesamt	54 557	100	1 228 456	22,5	2 457 076	45,0	2,0
nach Ausstattung							
Betriebe mit ausschließlich (Hotel-) Dienstleistungsangebot	38 097	69,8	1 010 737	26,5	1 731 362	45,4	1,7
Klasse 1	8 905	23,4	413 134	46,4	701 186	78,7	1,7
Klasse 2	22 861	60,0	500 188	21,9	847 415	37,1	1,7
Klasse 3	2 185	5,7	35 445	16,2	61 950	28,4	1,7
Klasse 4	4 146	10,9	61 970	14,9	120 811	29,1	1,9
Betriebe mit überwiegend (Hotel-) Dienstleistungsangebot	3 464	6,3	65 990	19,1	146 441	42,3	2,2
Klasse 1	638	18,4	21 683	34,0	44 196	69,3	2,0
Klasse 2	2 217	64,0	35 434	16,0	77 160	34,8	2,2
Klasse 3	210	6,1	2 918	13,9	7 225	34,4	2,5
Klasse 4	399	11,5	5 955	14,9	17 860	44,8	3,0
Betriebe ohne (Hotel-) Dienstleistungsangebot	12 996	23,8	151 729	11,7	579 273	44,6	3,8
nach Betriebsgrößen							
Betriebe mit ... Betten							
9 – 14	13 503	24,8	74 162	5,5	155 497	11,5	2,1
15 – 29	19 315	35,4	197 615	10,2	399 892	20,7	2,0
30 – 99	16 845	30,9	430 131	25,5	857 935	50,9	2,0
100 – 249	3 853	7,1	307 897	79,9	581 194	150,8	1,9
250 – 499	807	1,5	141 360	175,2	266 837	330,7	1,9
500 – 999	188	0,3	54 611	290,5	124 546	662,5	2,3
1 000 und mehr	46	0,1	22 680	493,0	71 175	1 547,3	3,1
Betriebe mit ... bis ... Beherbergungseinheiten							
bis 7	16 602	30,4	84 466	5,1	239 392	14,4	2,8
8 – 15	17 982	33,0	194 594	10,8	415 725	23,1	2,1
16 – 99	18 046	33,1	596 092	33,0	1 194 087	66,2	2,0
100 und mehr	1 927	3,5	353 304	183,3	607 872	315,4	1,7

Restaurationsbetriebes und bei den Hotels garnis wird höchstens ein Frühstück angeboten (siehe Tabelle 2).

83 Ferienzentren mit rund 56 800 Betten oder Schlafgelegenheiten

Neben der Hotellerie unterbreitet die sogenannte Parahotellerie mit insgesamt 15 540 Betrieben alternative Angebote an Übernachtungsmöglichkeiten in Gästezimmern oder in Wohneinheiten (siehe Tabelle 1 und Schaubild 3). Diese Einrichtungen bieten den Gästen wenige oder so gut wie keine Dienstleistungen an. Sie stellen deshalb im Schnitt eine preisgünstigere Unterkunftsmöglichkeit dar als die Gästezimmer der Hotellerie. Zur Parahotellerie zählen die 2 652 Erholungs-, Ferien- und Schulungsheime sowie die 1 510 Hütten, Jugendherbergen und jugendherbergsähnlichen Einrichtungen, ferner die Ferienzentren sowie Ferienhäuser und -wohnungen. Zur Parahotellerie werden zusätzlich 1 194 Sanatorien und Kurkrankenhäuser mit 185 000 Betten gerechnet.

Anfang 1999 gab es in Deutschland 83 Ferienzentren, unter denen die modernen häufig viele Möglichkeiten für die Freizeitgestaltung und/oder eine Infrastruktur wie ein kleines Dorf anbieten. Ihre Kapazitäten umfassen insgesamt 13 402 Beherbergungseinheiten mit 56 836 Betten. 44 dieser Ferienzentren sind in den neuen Bundesländern angesiedelt.

Jedes dritte Zimmer in einem komfortabel ausgestatteten Betrieb der Klasse 1

In Gastgeberverzeichnissen werden die Gastgeberbetriebe der Hotellerie oder der Parahotellerie, soweit sie dem Reiseverkehr frei zugänglich sind, häufig mit Sternen oder durch andere Bezeichnungen, wie Luxusklasse, oder als Gastgeber für gehobene, mittlere und einfache Ansprüche klassifiziert. Losgelöst von diesen Klassifikationen, denen nicht immer bundesweit vergleichbare Zuordnungskriterien zugrunde liegen, wurden für die Klassifikation der in der Kapazitätserhebung erfaßten Betriebe

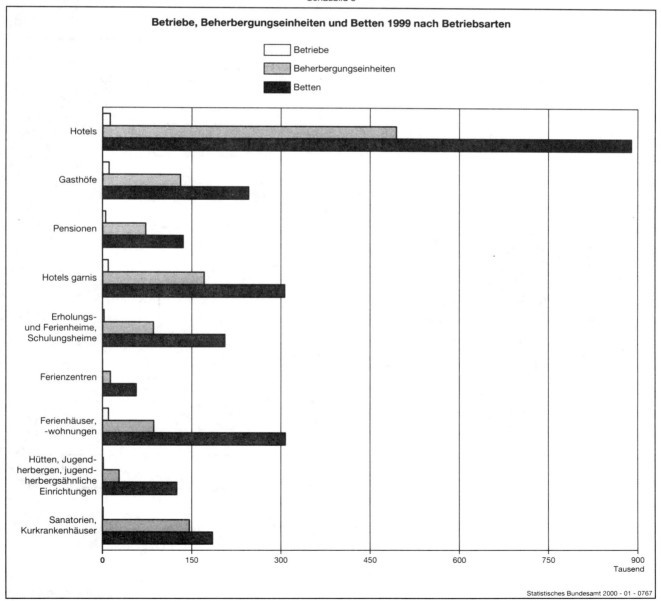

Schaubild 3

Betriebe, Beherbergungseinheiten und Betten 1999 nach Betriebsarten

eigene, möglichst objektive Kriterien erarbeitet, die sich schwerpunktmäßig an der Sanitärausstattung der Beherbergungsbetriebe und teilweise auch an der Zimmereinrichtung ausrichten. Rund 9 500 Betriebe mit insgesamt 435 000 Beherbergungseinheiten, also etwa ein Drittel aller Beherbergungseinheiten, wurden in die beste Klasse 1[9]) eingestuft. Ihr Leistungsangebot umfaßt nicht nur die Ausstattung aller oder fast aller Zimmer mit einem Bad oder einer Dusche und WC, sondern auch noch mit drei weiteren der folgenden Ausstattungsmerkmale: Telefon, Fernsehgerät, Kühlschrank/Minibar oder Safe. Einheiten in dieser Ausstattung werden allgemein auch als solche für gehobene Ansprüche bezeichnet. Nur rund 4 500 Betriebe mit 68 000 Beherbergungseinheiten sind der niedrigsten Klasse 4 zugeordnet worden. In dieser verfügen weniger als die Hälfte der Zimmer über eine eigene sanitäre Ausstattung.

Jeder dritte Betrieb mit einer Sport- oder Freizeiteinrichtung ausgestattet

Anfang 1999 bot etwa jeder dritte Gastgeber in Deutschland eine Sport- oder Freizeiteinrichtung an. In diesen 18 190 Betrieben standen folgende Angebote zur Verfügung: zu 51 % eine Sauna oder ein Solarium, zu 44 % ein Kinderspielplatz/-zimmer, zu 30 % ein Sport-/Fitnessraum, zu 25 % ein Hallen-/Frei-/Thermalbad und zu 22 % eine Kegel- oder Bowlingbahn. Einen Tennisplatz oder eine Tennishalle boten 1 361 Betriebe (7 %) ihren Gästen an.

Von 78 % der Gastgeber werden betriebseigene Parkplätze oder Garagen bereitgestellt. Für Veranstalter von Konferenzen, Seminaren oder sonstigen Tagungen stehen in 16 302 Betrieben (in 30 % aller Beherbergungsbetriebe) entsprechende Tagungsräume mit insgesamt 1 480 000 Teilnehmerplätzen zur Verfügung (siehe Schaubild 4).

---

[9]) Klasse 1 – mindestens 85 % der Beherbergungseinheiten haben gehobene Ausstattung (Bad/Dusche und WC sowie mindestens 3 der folgenden Merkmale: Telefon, Fernsehapparat, Kühlschrank /Minibar, Safe).
Klasse 2 – mindestens 75 % der Gästezimmer haben Bad oder Dusche und WC.
Klasse 3 – 50 bis unter 75 % der Gästezimmer haben Bad oder Dusche und WC.
Klasse 4 – weniger als 50 % der Gästezimmer haben Bad oder Dusche und WC.

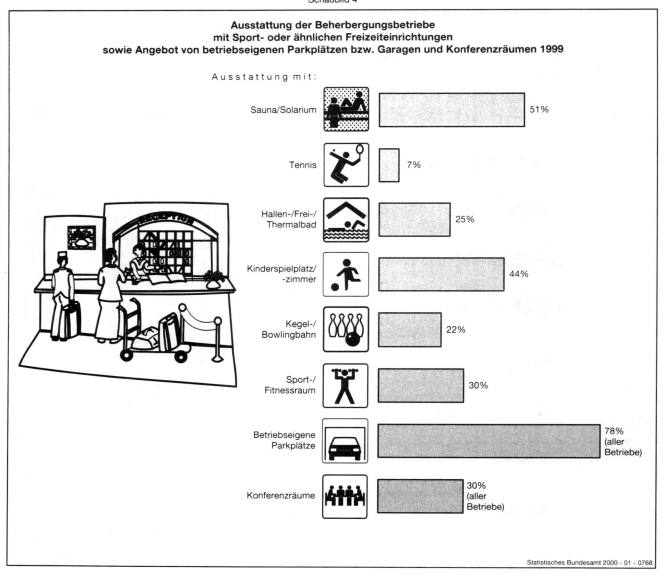

Schaubild 4

Ausstattung der Beherbergungsbetriebe mit Sport- oder ähnlichen Freizeiteinrichtungen sowie Angebot von betriebseigenen Parkplätzen bzw. Garagen und Konferenzräumen 1999

Die Preise für eine Übernachtung reichen von unter 40 DM bis weit über 200 DM

Eine Fülle von Faktoren beeinflussen die Höhe des Preises, u. a. die Beherbergungsart, die Ausstattung des Zimmers und/oder des Betriebes, die Lage des Betriebes, wie zum Beispiel in einer Großstadt, in einer prädikatisierten Gemeinde, oder auch die Jahreszeit.

Bei der Bestandsaufnahme der Betriebe und der Zimmer wurde in der Hotellerie der Preis mit Frühstück erfragt. Es sollte der Preis angegeben werden, der normalerweise von den Gästen verlangt und in den Gästezimmern im Aushang genannt wird. Bei den anderen Betrieben im sonstigen Beherbergungsgewerbe führte die Befragung der Betriebe nach dem Übernachtungspreis – hier allerdings ohne Frühstück – nicht immer zu den erwarteten Auskünften. In diesen Fällen werden ersatzweise Schätzwerte eingesetzt. Von der Ermittlung der Übernachtungspreise in den Sanatorien und Kurkliniken wurde gänzlich Abstand genommen (siehe die Schaubilder 5 und 6).

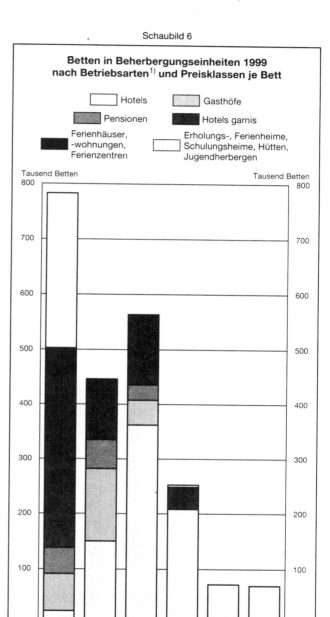

2 416 Campingplätze mit rund 200 000 Stellplätzen im Reiseverkehrscamping

In ganz Deutschland verteilt gibt es insgesamt 2 416 Campingplätze mit rund 200 000 Stellplätzen. Die Größe der Campingplätze reicht von unter 10 bis zu weit über 150 Stellplätzen. Auf etwa 60 % der Plätze ist die Hälfte und mehr der zur Verfügung stehenden Belegungsfläche an „Dauercamper" vermietet; nur etwa 40 % der Campingplätze, zu diesen zählen insbesondere die großen, bieten ihre Stellplätze überwiegend an Touristen an.

Bayern ist das Bundesland mit den meisten Campingplätzen (371 Campingplätze; anteilig 15,4 % aller Campingplätze), auf den nächsten Plätzen folgen Niedersachsen (295; 12,2 %) sowie Schleswig-Holstein (276; 11,4 %) (siehe Schaubild 7 und Tabelle 3).

Auf mehr als der Hälfte der Campingplätze sind u. a. folgende Einrichtungen anzutreffen: ein Einzelhandelsgeschäft oder ein Kiosk, ein Restaurationsbetrieb oder eine

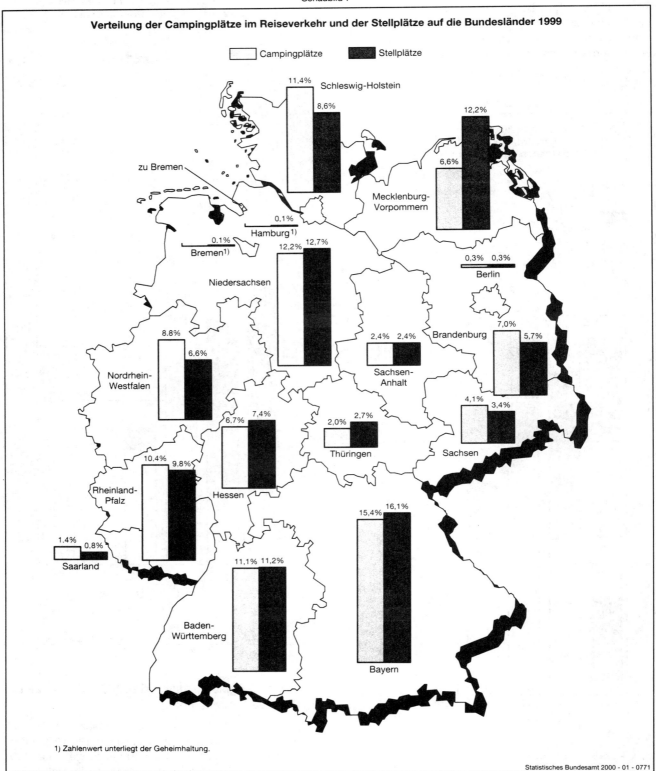

Schaubild 7

Verteilung der Campingplätze im Reiseverkehr und der Stellplätze auf die Bundesländer 1999

1) Zahlenwert unterliegt der Geheimhaltung.

Statistisches Bundesamt 2000 - 01 - 0771

Tabelle 3: Campingplätze im Reiseverkehr nach Ländern, Stellplätzen, Angebot an Versorgungs- und Freizeiteinrichtungen und nach Öffnungszeiten
Stand: 1.1.1999

Gegenstand der Nachweisung	Campingplätze Anzahl	%
Insgesamt	2 416	100
nach Bundesländern		
Baden-Württemberg	269	11,1
Bayern	371	15,4
Berlin	7	0,3
Brandenburg	168	7,0
Bremen	.	.
Hamburg	.	.
Hessen	162	6,7
Mecklenburg-Vorpommern	160	6,6
Niedersachsen	295	12,2
Nordrhein-Westfalen	212	8,8
Rheinland-Pfalz	251	10,4
Saarland	35	1,4
Sachsen	100	4,1
Sachsen-Anhalt	59	2,4
Schleswig-Holstein	276	11,4
Thüringen	48	2,0
nach der Anzahl der Stellplätze		
mit ... bis unter ... Stellplätzen für Reiseverkehr		
unter 10	251	10,4
10 – 25	454	18,8
25 – 50	553	22,9
50 – 100	581	24,0
100 – 150	271	11,2
150 und mehr	306	12,7
nach dem Angebot an Versorgungs- und Freizeiteinrichtungen		
mit Versorgungseinrichtungen insgesamt	2 265	93,8
und zwar:		
Einzelhandelsgeschäft/Kiosk	1 430	59,2
Restaurationsbetrieb	1 263	52,3
Waschmaschine	1 714	70,9
Entsorgung von chemischen Toiletten	1 756	72,7
mit Sport und Freizeitanlagen	1 825	75,5
und zwar:		
Kinderspielplatz	1 663	68,8
Hallen-/Freibad	515	21,3
Sauna/Solarium	245	10,1
Minigolfanlage	259	10,7
Sport- und Fitnessraum	126	5,2
Tennisplätze/-halle	213	8,8
Wassersporteinrichtungen (z. B. Bootsverleih)	554	22,9
nach Öffnungszeiten		
Öffnungsdauer von ... bis unter ... Monaten		
unter 6	287	11,9
6 – 12	1 154	47,8
ganzjährig	975	40,4

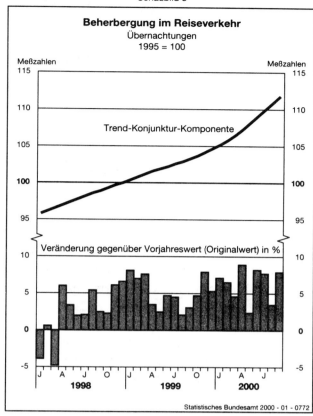

Schaubild 8

Waschmaschine. Auf 76 % der Campingplätze stehen Sport- und Freizeitanlagen für die Campingurlauber zur Verfügung. Die Palette des Angebots umfaßt am häufigsten einen Kinderspielplatz; es folgen Möglichkeiten für den Wassersport. Auf über 200 Campingplätzen kann eine Minigolfanlage, ein Tennisplatz oder eine Tennishalle genutzt werden.

Schlußbemerkung

Im Jahr 1999 überstieg die Zahl der Gäste in Deutschland mit 101,7 Mill. erstmals die 100-Millionen-Grenze, und mit den 308,0 Mill. Übernachtungen wurde ein weiterer Rekord verbucht[10]). Die angebotene Bettenkapazität war im Jahresdurchschnitt zu 36,1 % ausgelastet. Die ersten Ergebnisse für das Jahr 2000 weisen auf die Fortsetzung der expansiven Entwicklung des Tourismus hin. Alles deutet darauf hin, daß auch die Weltausstellung EXPO 2000 in Hannover den Tourismus in Deutschland begünstigt hat. Von Januar bis September 2000 stiegen die Übernachtungszahlen um 6,2 %, die der ausländischen Gäste sogar um 10,3 %. Im Zeitraum Januar bis September 2000 belief sich die durchschnittliche Bettenauslastung auf 39,1 % (siehe Schaubild 8).

Die Gastgewerbestatistik, eine Statistik, in der die Umsätze der Unternehmen im Gastgewerbe – darunter auch im Beherbergungsgewerbe – erfaßt werden, belegt ebenfalls diesen positiven Trend. Im Jahr 1999 stieg der Umsatz im Beherbergungsgewerbe erstmals seit drei Jahren, und zwar nominal um 2,8 % und real (d. h. nach Ausschaltung von Preisveränderungen) um 1,6 % gegenüber dem Vorjahresergebnis. Vom Januar bis Oktober 2000 wuchs der Umsatz der Beherbergungsbetriebe sogar um nominal +6,0 % und real +4,7 % gegenüber dem entsprechenden Vorjahreszeitraum.

Dipl.-Volkswirt Karin Linkert

Erschienen in: Statistisches Bundesamt,
Wirtschaft und Statistik,
Heft 12/2000

---

[10]) Siehe Spörel, U.: „1999 – Rekordjahr im deutschen Inlandstourismus" in WiSta 4/2000, S. 245 ff.

Statistisches Bundesamt

Mitteilung für die Presse

17. Dezember 1999

Sommerreisesaison 1999: 7 % mehr Flüge ins Ausland

In der Sommerreisesaison 1999 (April bis Oktober) starteten von deutschen Flughäfen 336 800 Flugzeuge mit Ziel im Ausland, das sind 7,0 % mehr als im gleichen Vorjahreszeitraum. Die Starts inländischer Flüge (228 300) hingegen stagnierten (- 0,1 %).

Von den Auslandsflügen gingen 89 % (299 300) in europäische Zielländer, 6,7 % mehr als im entsprechenden Vorjahreszeitraum. Bei den Flügen nach Übersee steht der amerikanische Kontinent mit 16 300 Flügen an erster Stelle (+ 6,0 %) vor Afrika (10 800; + 24,1 %) und Asien (10 300; + 3,5 %).

Die höchste Auslastung der angebotenen Sitze im Interkontinentalverkehr wiesen mit 84,9 % die Flüge auf den amerikanischen Kontinent auf, gefolgt von Flügen nach Afrika (79,6 %) und Asien (76,0 %); Flüge in das europäische Ausland waren im Durchschnitt nur zu 68,6 % ausgelastet.

Auf innereuropäischen Routen wiesen Zielländer mit überwiegendem Tourismusflugverkehr eine höhere Auslastung der Sitze auf als die Flugverbindungen, bei denen neben dem Tourismus auch der Geschäftsreiseverkehr eine größere Rolle spielt: So betrug im Sommerflugplan 1999 die Auslastung für Spanien 82,6 %, Griechenland 80,4 % und die Türkei 75,5 % während die entsprechenden Werte für Grossbritannien (64,1 %), Italien (63,5 %), Österreich (60,8 %), Frankreich (58,1 %) und die Schweiz (49,0 %) deutlich niedriger ausfielen.

Statistisches Bundesamt, Tourismus in Zahlen, 2000/2001

Statistisches Bundesamt

Mitteilung für die Presse

Zahl der Woche

7. März 2000

Als "Kulturstadt Europas" hatte Weimar 1999 56 % mehr Gäste

Der Titel "Kulturstadt Europas" hat, wie das Statistische Bundesamt mitteilt, dem Fremdenverkehrsgewerbe der Stadt Weimar einen starken Gästezuwachs beschert. Die Hotels, Pensionen und sonstigen Beherbergungseinrichtungen konnten 1999 312 000 Gäste begrüßen, 56 % mehr als 1998. Die Zahl der Übernachtungen stieg ebenfalls um 56 % auf 574 000. Besonders groß war der Anstieg bei Gästen aus dem Ausland: 38 000 Gäste waren 1999 aus dem Ausland nach Weimar gereist, gut zwei Drittel (+ 68 %) mehr als im Vorjahr. Sie brachten es auf 79 000 Übernachtungen (+ 75 %).

Die Ereignisse um die Kulturstadt Europas dürften sich auch positiv auf den Tourismus in der weiteren Umgebung Weimars ausgewirkt haben. So konnten die Beherbergungsbetriebe im Land Thüringen 1999 2,97 Mill. Gäste begrüßen, 13 % mehr als 1998 (8,66 Mill. Übernachtungen, + 11,8 %). Bundesweit stiegen die Ankünfte um rund 6 % und die Übernachtungen um rund 5 %.

Statistisches Bundesamt, Tourismus in Zahlen, 2000/2001

Statistisches Bundesamt

Mitteilung für die Presse

Zahl der Woche

14. März 2000

Neue Länder als Reiseziel immer beliebter

Wie das Statistische Bundesamt mitteilt, buchten die Gäste in Hotels, Pensionen und anderen Beherbergungsbetrieben mit neun oder mehr Betten in den neuen Ländern und Berlin-Ost 54,0 Mill. Übernachtungen im Jahr 1999, doppelt so viele wie 1992 (27,0 Mill.). Der Anteil der Übernachtungen in den neuen Ländern an den Übernachtungen in Deutschland stieg von 9 % (1992) auf 18 % (1999).

An der Spitze der neuen Länder stand Mecklenburg-Vorpommern (1999: 15,6 Mill. Übernachtungen, 135 % gegenüber 1992) vor Sachsen (13,5 Mill. Übernachtungen, + 100 %), Thüringen (8,7 Mill., + 68 %), Brandenburg (7,9 Mill., + 115 %) und Sachsen-Anhalt (5,4 Mill., + 83%).

Statistisches Bundesamt, Tourismus in Zahlen, 2000/2001

Statistisches Bundesamt

Mitteilung für die Presse

15. März 2000

Reiselustige Senioren - Ausgaben für Pauschalreisen im 1. Halbjahr 1998

Wie das Statistische Bundesamt aufgrund von Ergebnissen der **Einkommens- und Verbrauchsstichprobe** mitteilt, geben Senioren einen überdurchschnittlichen Teil ihrer Verbrauchsausgaben für Pauschalreisen aus: Seniorenhaushalte in Deutschland verwendeten im ersten Halbjahr 1998 mehr als 4 % ihrer Ausgaben für den Privaten Verbrauch auf entsprechende Angebote der Reiseveranstalter. Haushalte von Pensionären wendeten für Pauschalreisen 1 416 DM auf, Rentnerhaushalte 750 DM.

Der Durchschnittswert der Ausgaben für Pauschalreisen aller Haushalte in Deutschland lag im ersten Halbjahr 1998 bei 720 DM und damit bei 3 % der Ausgaben des Privaten Verbrauchs. Zum Vergleich: Im gesamten Jahr 1993 buchten die Haushalte in Deutschland für 660 DM Pauschalreisen.

Unter Erwerbstätigen hatten die Haushalte von Beamten mit 1 164 DM die höchsten Ausgaben, gefolgt von Selbständigen- (912 DM) und Angestelltenhaushalten (858 DM). Arbeiterhaushalte wendeten mit 450 DM weniger als zwei Drittel der durchschnittlichen Ausgaben aller Haushalte für Pauschalreisen auf. Die Ausgaben für Pauschalreisen der Haushalte von Arbeitslosen waren mit durchschnittlich 312 DM gering.

Mit steigendem Einkommen wachsen die Ausgaben für Pauschalreisen überproportional: Haushalte mit einem monatlichen Haushaltsnettoeinkommen über 10 000 DM gaben für Pauschalreisen mehr als zwölfmal so viel aus (1 776 DM) wie Haushalte mit einem Einkommen unter 1 800 DM (144 DM).

Die Ausgaben für Pauschalreisen der Haushalte in den neuen Ländern und Berlin-Ost (690 DM) lagen bei 95 % des Ausgabenniveaus der Haushalte im früheren Bundesgebiet (726 DM). Beim Privaten Verbrauch insgesamt liegt die Ost-West-Relation bei 80 %.

Im Rahmen der in fünfjährigem Abstand durchgeführten Einkommens- und Verbrauchsstichprobe werden Haushalte in Deutschland zu sämtlichen Einnahmen und Ausgaben befragt. Unter der Position Freizeit, Unterhaltung und Kultur wurden auch Ausgaben für Pauschalreisen nachgewiesen. Darin finden sich alle pauschal gebuchten Reisen von der Tagesexkursion über längere Urlaubsreisen bis zur Safari. Selbst organisierte Reisen sind in dieser Position nicht enthalten.

Die Ergebnisse des gesamten Jahres 1998 sind für Mitte 2000 vorgesehen.

Statistisches Bundesamt, Tourismus in Zahlen, 2000/2001

Ausgaben für Pauschalreisen in privaten Haushalten 1), Deutschland, 1. Halbjahr 1998

-Ergebnis der Einkommens- und Verbrauchsstichprobe-

Haushalte	im Monatsdurchschnitt	im Halbjahr	Anteil am Privaten Verbrauch
	DM		%
Haushalte insgesamt	120	720	3,0
nach sozialer Stellung der Haupteinkommensbezieher			
Selbständige	152	912	2,8
Arbeitnehmer	122	732	2,8
Beamte	194	1164	3,3
Angestellte	143	858	3,1
Arbeiter	75	450	1,9
Arbeitslose	52	312	1,9
Nichterwerbstätige	124	744	3,9
Rentner	125	750	4,1
Pensionäre	236	1416	4,2
nach dem Haushaltstyp			
Alleinlebende	77	462	3,1
Frauen	85	510	3,5
Männer	60	360	2,4
Alleinerziehende	61	366	2,1
Paare ohne Kinder	170	1020	3,8
Paare mit einem Kind	99	594	2,1
Paare mit 2 oder mehr Kindern	109	654	2,0
Haushaltsnettoeinkommen von ... bis unter ... DM			
unter 1800	24	144	1,7
1800 - 2500	61	366	2,9
2500 - 3000	71	426	2,8
3000 - 4000	96	576	3,0
4000 - 5000	112	672	2,9
5000 - 7000	141	846	3,0
7000 - 10000	190	1140	3,1
10000 - 35000	296	1776	3,6
nach Alter der Haupteinkommensbezieher von ... bis unter ... Jahre			
unter 25	45	270	2,0
25 - 35	73	438	2,0
35 - 45	95	570	2,2
45 - 55	150	900	3,1
55 - 65	155	930	3,6
65 - 70	167	1002	4,4
70 und mehr	121	726	4,0

1) Ohne Haushalte mit einem monatlichen Haushaltsnettoeinkommen von 35 000 DM und mehr und ohne Personen in Anstalten und Gemeinschaftsunterkünften

Statistisches Bundesamt, Tourismus in Zahlen, 2000/2001

Statistisches Bundesamt

Mitteilung für die Presse

Zahl der Woche

2. Mai 2000

2,0 Mill. Gäste aus den USA im Jahr 1999

Wie das Statistische Bundesamt mitteilt, konnten die Hotels, Pensionen und sonstigen Beherbergungsbetriebe mit neun und mehr Betten in Deutschland 1999 2,0 Mill. Gäste aus den USA begrüßen. Das waren 3,1 % mehr als im Vorjahr und insgesamt die größte Zahl seit 1990. Gemessen an der Zahl der Gäste stehen damit die USA an der Spitze der wichtigsten Herkunftsländer für das deutsche Beherbergungsgewerbe, gefolgt von den Niederlanden (1,9 Mill. Gäste), Großbritannien und Nordirland (1,6 Mill.), Italien und der Schweiz (je 1,0 Mill.).

Da die Niederländer länger in den deutschen Beherbergungsbetrieben verweilen als die Amerikaner, bringen sie es auf 5,3 Mill. Übernachtungen und liegen damit vor den Gästen aus den USA, die im Jahr 1999 4,3 Mill. mal in deutschen Beherbergungsbetrieben übernachteten. Wie bei der Rangfolge der Gäste liegt auch bei den Übernachtungszahlen Großbritannien und Nordirland (3,4 Mill.) an dritter Stelle vor Italien (2,1 Mill.) und der Schweiz (1,9 Mill.).

Statistisches Bundesamt, Tourismus in Zahlen, 2000/2001

Statisches Bundesamt

Mitteilung für die Presse

Zahl der Woche

26. September 2000

Zum Welttourismus-Tag:
Immer mehr Touristen aus außereuropäischen Ländern besuchen Deutschland

Wie das Statistische Bundesamt mitteilt, konnten die Hotels, Pensionen und andere Beherbergungsbetriebe in Deutschland in den ersten sieben Monaten dieses Jahres 10,0 Mill. Gäste aus dem Ausland begrüßen, die hier 22,0 Mill. mal übernachteten. Das waren im Vergleich zum entsprechenden Vorjahreszeitraum 9,4 % mehr Gäste und 8,8 % mehr Übernachtungen.

Besonders stark nahm der Tourismus aus den außereuropäischen Ländern zu. So übernachteten die Gäste aus asiatischen Ländern von Januar bis Juli 2000 rund 2,1 Mill. mal, 16,4 % mehr als in den ersten sieben Monaten 1999. Bei den Gästen vom amerikanischen Kontinent erhöhte sich die Übernachtungszahl im angegebenen Zeitraum um 13,9 % auf 3,5 Mill. Und auch bei den Gästen aus Australien, Neuseeland und Ozeanien (0,2 Mill. Übernachtungen, + 13,6 %) und Afrika (0,2 Mill. Übernachtungen, + 12,0 %) konnten zweistellige Zuwachsraten registriert werden. Die Übernachtungen von Gästen aus europäischen Ländern nahmen um 6,4 % zu (15,6. Mill. Übernachtungen).

Die wichtigsten außereuropäischen Herkunftsländer für die deutsche Hotellerie sind die Vereinigten Staaten (Januar bis Juli 2000: 2,9 Mill. Übernachtungen; + 13,5 %) und Japan (0,8 Mill.; + 16,2 %).

Der derzeit niedrig bewertete Euro hat das Reisen nach Deutschland für Touristen von außerhalb der Euro-Zone spürbar billiger gemacht. Gleichzeitig dürfte die Expo in Hannover ein Anreiz für eine Reise nach Deutschland sein. So hat sich die Zahl der Übernachtungen ausländischer Gäste allein in den beiden ersten Monaten der Expo (Juni und Juli 2000) um 14,4 % gegenüber dem entsprechenden Vorjahreszeitraum erhöht. Bei den Gästen aus den außereuropäischen Ländern wurde sogar eine Zunahme um 20,9 % festgestellt.

Statistisches Bundesamt, Tourismus in Zahlen, 2000/2001

1 Allgemeine Rahmenbedingungen des Tourismus

Die Entwicklung der touristischen Nachfrage sowie die Veränderung des touristischen Angebots unterliegen zahlreichen Einflußfaktoren aus allen Bereichen des gesellschaftlichen Lebens. Teilweise sind die Einflußfaktoren auf das touristische Angebot und die touristische Nachfrage identisch. Es lassen sich folgende Hauptbereiche nennen:

– gesellschaftliche Einflüsse

– staatliche Einflüsse

– Umwelteinflüsse

– wirtschaftliche Einflußfaktoren

– Einflüsse des Nachfrageverhaltens auf das Angebot bzw. Wirkungen des Angebots auf die Nachfrage

– unternehmerische/betriebliche Einflüsse auf die Angebotsseite bzw. Einflüsse des Verhaltens der Individuen auf die touristische Nachfrage.[1]

Die Übersichten dieses Kapitels zählen nicht zu der Tourismusstatistik im engeren Sinn. Doch können die im folgenden zusammengetragenen Angaben über die Bevölkerung, über Arbeitszeit und Freizeit, Einkommensentwicklung und Reiseausgaben, kulturelle Angebote und Sport sowie über Umweltaspekte als Abbild einiger wichtiger Einflußfaktoren für das Reiseverhalten der Bevölkerung angesehen werden. Projektionen über eine Veränderung der Rahmenbedingungen, wie sie im Abschnitt "Bevölkerung" dargestellt werden, geben darüber hinaus Anhaltspunkte für zukünftige Entwicklungstrends, was vor allem für die Anbieter touristischer Leistungen von Interesse sein dürfte.

1.1 Bevölkerung

Wichtige Einflußgrößen für touristische Aktivitäten sind Struktur und Entwicklung der Bevölkerung.

Die erste Übersicht dieses Abschnitts ist eine Abbildung des Bevölkerungsstandes in Deutschland. Für das frühere Bundesgebiet ist die Grundlage die letzte Volkszählung von 1987. Für die neuen Länder und Berlin-Ost wurde das zentrale Einwohnerregister zugrunde gelegt (Stand: 3.10.1990). Die Fortschreibung wurde in den Statistischen Landesämtern aufgrund der Ergebnisse der Statistik der natürlichen Bevölkerungsbewegung und der Wanderungsstatistik durchgeführt.

Die weiteren Tabellen dieses Abschnitts weisen die Ergebnisse der Modellrechnungen zur Bevölkerungsentwicklung entsprechend der 9. koordinierten Bevölkerungsvorausberechnung bis 2050 nach.

Der Bevölkerungsstand zum 31.12.1997 ist Grundlage für die Berchnungen. Da der Verlauf der maßgeblichen Einflußgrößen mit zunehmenden Abstand vom Basiszeitpunkt immer schwerer vorhersehbar ist, haben solche langfristigen Rechnungen Modellcharakter. Sie sind bei einem Zeitraum von mehreren Jahrzehnten hinweg keine Prognosen, die die Zukunft vorhersagen, sondern eine Fortschreibung bestimmter gesetzter Annahmen.

Entscheidenden Einfluß auf die Bevölkerungsentwicklung haben die drei Komponenten Geburten, Sterbefälle und Wanderungen. Für Vorausberechnungen werden deshalb Annahmen zur künftigen Geburtenhäufigkeit, zur Sterblichkeit (bzw. Lebenserwartung) sowie zu den Wanderungen benötigt.

Folgende Annahmen liegen der 9. koordinierten Bevölkerungsvorausberechnung zugrunde:

– Die Geburtenhäufigkeit im früheren Bundesgebiet bleibt auf dem gegenwärtig niedrigen Niveau von knapp 1 400 Kindern je 1 000 Frauen (zur Erhaltung der Bevölkerungszahl erforderlich wären 2 100 Kinder je 1 000 Frauen). In den neuen Ländern dürfte sich die noch deutlich geringere Geburtenhäufigkeit bis etwa zum Jahr 2005 an diejenige im Westen Deutschlands angleichen und dann ebenfalls auf diesem Niveau konstant bleiben.

– Die Lebenserwartung nimmt weiter zu. Bis 2050 wird im Westen und Osten Deutschlands die durchschnittliche Lebenserwartung neugeborener Jungen voraussichtlich 78,1 Jahre und die neugeborener Mädchen 84,5 Jahre betragen. Zu Beginn des Vorausberechnungszeitraumes lagen die entsprechenden Werte für das frühere Bundesgebiet bei 74,4 bzw. 80,5 Jahre und für die neuen Länder einschl. Berlin-Ost bei 72,4 bzw. 79,5 Jahre.

– Bei den Wanderungen wurden langfristige Zuwanderungsüberschüsse nach zwei Varianten pro Jahr angenommen. Für Berechnungen nach Variante 1 wird ein jährlicher Zuwanderungsüberschuß von ca. 100 000 Personen angesetzt, nach Variante 2 werden im Jahr 200 000 Personen mehr zuwandern als fortziehen.

  Der größte Teil davon wird auf die ausländische Bevölkerung entfallen.

Diese Annahmen bestimmen zusammen mit dem gegenwärtigen Altersaufbau den künftigen Bevölkerungsstand in Deutschland und seine Struktur.

Die Veränderung der Altersstruktur (schwächere Besetzung der jüngeren Altersjahrgänge als der älteren bis 2050) beschreibt der sogenannte Altenquotient: Er gibt das Verhältnis der Bevölkerung im Rentenalter zu derjenigen im Erwerbsalter an.

Bei Beginn des Rentenalters ab 60 Jahren - siehe auch Tab. 1.1.2 - erhöht sich dieser Quotient von heute 40 auf 80 im Jahr 2050 (Variante 1) bzw. auf 75 (Variante 2).

Würde sich die Grenze zwischen Erwerbs- und Rentenalter von 60 auf 65 Jahre verschieben - siehe auch Tab. 1.1.3 - verdoppelt sich der Altenquotient ebenfalls (nach Variante 1 von 25 auf 56 bzw. nach Variante 2 von 25 auf 52).

Schaubild 1 zeigt den Altersaufbau der Bevölkerung in Deutschland und spiegelt die demographischen Veränderungen der letzten Jahrzehnte sowie die erwartete Entwicklung der Bevölkerungsvorausberechnung bis zum Jahr 2050 wider.

Ausführliche Ergebnisse der 9. koordinierten Bevölkerungsvorausberechnung enthält die im August 2000 erschienene CD-ROM „Bevölkerungsentwicklung Deutschlands bis 2050".

---

[1] Vgl. Freyer, Walter: Tourismus – Einführung in die Fremdenverkehrsökonomie (sechste Auflage, 1998).

1.1.1 Bevölkerung am 31.12.1998 nach Altersgruppen und Ländern

1 000

Land (i = insgesamt, m = männlich, w = weiblich)		Insgesamt	Davon im Alter von ... bis unter ... Jahren							
			unter 6	6 – 15	15 – 18	18 – 25	25 – 45	45 – 60	60 – 65	65 und mehr
Baden-Württemberg	i	10 426,0	688,1	1 070,6	341,2	809,2	3 339,5	1 948,5	639,1	1 589,9
	m	5 105,5	353,6	549,4	174,6	409,4	1 716,3	979,1	315,5	607,6
	w	5 320,5	334,6	521,1	166,6	399,8	1 623,2	969,3	323,5	982,3
Bayern	i	12 086,5	777,4	1 215,3	390,2	917,9	3 841,8	2 308,6	730,5	1 904,8
	m	5 896,3	399,5	623,4	200,2	464,4	1 967,4	1 162,6	356,4	722,3
	w	6 190,3	377,9	591,9	190,1	453,5	1 874,4	1 146,0	374,0	1 182,5
Berlin	i	3 398,8	167,1	310,1	109,9	269,9	1 148,6	708,4	214,8	469,9
	m	1 648,5	86,0	159,1	56,8	135,4	594,1	355,2	103,5	158,5
	w	1 750,3	81,2	151,1	52,1	134,6	554,5	353,3	111,3	311,4
Brandenburg	i	2 590,4	94,2	287,3	116,1	220,7	809,8	509,8	182,9	369,5
	m	1 276,5	48,3	147,0	59,8	118,2	423,5	256,8	88,7	134,2
	w	1 313,9	45,9	140,3	56,3	102,5	386,3	253,0	94,2	235,3
Bremen	i	668,0	37,0	56,1	19,3	50,2	207,0	134,4	45,3	118,7
	m	322,0	19,0	28,7	9,8	25,2	106,9	67,7	21,8	42,9
	w	345,9	17,9	27,4	9,5	25,0	100,1	66,7	23,4	75,7
Hamburg	i	1 700,1	92,8	136,6	45,2	130,2	569,8	333,2	109,1	283,4
	m	821,5	47,6	70,5	23,6	65,4	293,9	166,3	52,5	101,8
	w	878,6	45,2	66,0	21,6	64,8	275,9	166,9	56,6	181,6
Hessen	i	6 035,1	369,0	568,3	185,1	449,0	1 934,2	1 188,8	375,5	965,2
	m	2 954,6	189,1	291,8	95,1	225,7	992,0	601,1	185,9	373,9
	w	3 080,6	179,8	276,5	90,0	223,4	942,2	587,7	189,6	591,3
Mecklenburg-Vorpommern	i	1 798,7	65,1	209,2	85,2	164,2	562,2	341,5	123,3	248,1
	m	887,5	33,6	107,4	43,6	88,6	294,6	172,2	58,8	88,6
	w	911,2	31,5	101,8	41,5	75,6	267,6	169,3	64,6	159,4
Niedersachsen	i	7 865,8	510,1	796,4	253,4	591,9	2 431,6	1 493,3	509,6	1 279,5
	m	3 843,6	261,6	409,9	130,0	301,1	1 246,1	757,8	252,2	484,8
	w	4 022,2	248,4	386,5	123,4	290,8	1 185,4	735,5	257,4	794,8
Nordrhein-Westfalen	i	17 975,5	1 130,3	1 802,5	569,9	1 328,8	5 637,3	3 406,8	1 176,0	2 923,9
	m	8 733,8	579,7	923,8	293,1	672,8	2 878,1	1 701,0	576,2	1 109,2
	w	9 241,7	550,6	878,7	276,8	656,0	2 759,2	1 705,9	599,8	1 814,6
Rheinland-Pfalz	i	4 025,0	250,1	412,1	131,7	295,8	1 252,7	751,6	257,1	673,9
	m	1 972,3	128,5	210,9	68,0	150,8	645,7	381,8	127,0	259,6
	w	2 052,7	121,6	201,2	63,7	145,0	607,0	369,8	130,0	414,3
Saarland	i	1 074,2	59,5	102,9	33,6	75,9	331,0	208,5	74,8	188,1
	m	520,4	30,4	53,0	17,4	38,5	168,9	104,9	36,1	71,3
	w	553,8	29,1	49,9	16,2	37,4	162,1	103,5	38,7	116,8
Sachsen	i	4 489,4	158,5	448,4	182,4	378,7	1 303,2	919,4	315,0	783,9
	m	2 170,2	81,2	230,5	93,5	201,5	681,0	457,0	150,4	275,2
	w	2 319,2	77,3	217,9	88,9	177,2	622,2	462,4	164,6	508,8
Sachsen-Anhalt	i	2 674,5	95,1	280,4	111,9	218,6	802,1	543,2	187,0	436,1
	m	1 298,5	49,0	144,2	57,6	116,7	416,0	271,2	89,0	154,8
	w	1 376,0	46,1	136,2	54,3	101,9	386,1	272,0	98,0	281,4
Schleswig-Holstein	i	2 766,1	174,0	268,2	83,1	200,0	851,8	555,7	189,5	443,7
	m	1 351,5	89,5	137,7	42,8	102,3	437,7	280,5	94,5	166,5
	w	1 414,5	84,5	130,5	40,4	97,7	414,1	275,3	95,0	277,2
Thüringen	i	2 462,8	89,0	258,5	106,4	211,4	746,0	497,1	165,5	388,8
	m	1 201,3	45,5	132,4	54,7	112,8	388,2	249,0	79,1	139,5
	w	1 261,5	43,5	126,1	51,7	98,6	357,8	248,1	86,4	249,3
Deutschland	i	**82 037,0**	**4 757,2**	**8 222,8**	**2 764,6**	**6 312,5**	**25 768,6**	**15 848,9**	**5 294,9**	**13 067,5**
	m	40 004,1	2 442,1	4 219,7	1 420,5	3 228,7	13 250,4	7 964,2	2 587,8	4 890,8
	w	42 032,9	2 315,2	4 003,1	1 344,1	3 083,9	12 518,2	7 884,7	2 707,1	8 176,7
Nachrichtlich: Früheres Bundesgebiet	i	66 747,3	4 205,7	6 608,3	2 112,3	5 003,4	21 096,1	12 794,9	4 240,1	10 686,5
	m	32 539,2	2 159,1	3 391,3	1 085,3	2 531,7	10 808,3	6 436,6	2 084,0	4 043,0
	w	34 208,0	2 046,7	3 216,9	1 027,1	2 471,8	10 287,7	6 358,3	2 156,2	6 643,4
Neue Länder und Berlin-Ost	i	15 289,7	551,5	1 614,5	652,3	1 309,1	4 672,5	3 054,0	1 054,8	2 381,0
	m	7 464,9	283,0	828,3	335,2	697,0	2 442,1	1 527,7	503,8	847,8
	w	7 824,8	268,5	786,2	317,0	612,1	2 230,4	1 526,4	551,0	1 533,2

Methodische Anmerkungen siehe „Fortschreibung des Bevölkerungsstandes" im Anhang.

Modellrechnung zur Entwicklung der Bevölkerung Deutschlands bis 2050
Ab 2010 Ergebnisse der 9. koordinierten Bevölkerungsvorausberechnung

1.1.2 Altenquotient mit Altersgrenze 60 Jahre

Art der Nachweisung		1.1. des Jahres					
		1999	2010	2020	2030	2040	2050
Variante 1 (langfristiger Zuwanderungssaldo 100 000 Personen im Jahr)							
Bevölkerungsstand	1 000	82 037,0	81 085,9	78 791,8	75 186,6	70 457,2	64 973,3
	(1.1.)1999 = 100	100	98,8	96,0	91,6	85,9	79,2
unter 20	1 000	17 583,6	15 373,1	13 688,8	12 711,9	11 436,0	10 303,1
	%	21,4	19,0	17,4	16,9	16,2	15,9
	1999 = 100	100	87,4	77,8	72,3	65,0	58,6
20 bis unter 60	1 000	46 091,0	45 060,7	42 256,8	36 118,3	33 488,8	30 365,3
	%	56,2	55,6	53,6	48,0	47,5	46,7
	1999 = 100	100	97,8	91,7	78,4	72,7	65,9
60 und mehr	1 000	18 362,4	20 652,2	22 846,2	26 356,4	25 532,5	24 304,9
	%	22,4	25,5	29,0	35,1	36,2	37,4
	1999 = 100	100	112,5	124,4	143,5	139,0	132,4
Belastungsquotienten							
Auf 100 20- bis unter 60jährige kommen							
unter 20jährige		38,1	34,1	32,4	35,2	34,1	33,9
60jährige und Ältere		39,8	45,8	54,1	73,0	76,2	80,0
zus. ...		78,0	79,9	86,5	108,2	110,4	114,0
Variante 2 (langfristiger Zuwanderungssaldo 200 000 Personen im Jahr)							
Bevölkerungsstand	1 000	82 037,0	81 497,3	80 339,1	77 976,9	74 545,6	70 381,4
	(1.1.)1999 = 100	100	99,3	97,9	95,1	90,9	85,8
unter 20	1 000	17 583,6	15 474,0	14 103,3	13 430,1	12 388,2	11 462,4
	%	21,4	19,0	17,6	17,2	16,6	16,3
	1999 = 100	100	88,0	80,2	76,4	70,5	65,2
20 bis unter 60	1 000	46 091,0	45 358,1	43 349,4	38 065,4	36 206,3	33 719,5
	%	56,2	55,7	54,0	48,8	48,6	47,9
	1999 = 100	100	98,4	94,1	82,6	78,6	73,2
60 und mehr	1 000	18 362,4	20 665,2	22 886,3	26 481,4	25 951,2	25 199,5
	%	22,4	25,4	28,5	34,0	34,8	35,8
	1999 = 100	100	112,5	124,6	144,2	141,3	137,2
Belastungsquotienten							
Auf 100 20- bis unter 65jährige kommen							
unter 20jährige		38,1	34,1	32,5	35,3	34,2	34,0
65jährige und Ältere		39,8	45,6	52,8	69,6	71,7	74,7
zus. ...		78,0	79,7	85,3	104,8	105,9	108,7

Methodische Anmerkungen siehe „Bevölkerungsvorausberechnungen" im Anhang

Modellrechnung zur Entwicklung der Bevölkerung Deutschlands bis 2050
Ab 2010 Ergebnisse der 9. koordinierten Bevölkerungsvorausberechnung

1.1.3 Altenquotient mit Altersgrenze 65 Jahre

Art der Nachweisung		1.1. des Jahres					
		1999	2010	2020	2030	2040	2050
Variante 1 (langfristiger Zuwanderungssaldo 100 000 Personen im Jahr)							
Bevölkerungsstand	1 000	82 037,0	81 085,9	78 791,8	75 186,6	70 457,2	64 973,3
	(1.1.)1999 = 100	100	98,8	96,0	91,6	85,9	79,2
unter 20	1 000	17 583,6	15 373,1	13 688,8	12 711,9	11 436,0	10 303,1
	%	21,4	19,0	17,4	16,9	16,2	15,9
	1999 = 100	100	87,4	77,8	72,3	65,0	58,6
20 bis unter 65	1 000	51 385,9	49 359,5	47 903,6	42 526,8	37 784,3	35 054,4
	%	62,6	60,9	60,8	56,6	53,6	54,0
	1999 = 100	100	96,1	93,2	82,8	73,5	68,2
65 und mehr	1 000	13 067,5	16 353,4	17 199,5	19 948,0	21 237,0	19 615,9
	%	15,9	20,2	21,8	26,5	30,1	30,2
	1999 = 100	100	125,1	131,6	152,7	162,5	150,1
Belastungsquotienten							
Auf 100 20- bis unter 60jährige kommen							
unter 20jährige		34,2	31,1	28,6	29,9	30,3	29,4
65jährige und Ältere		25,4	33,1	35,9	46,9	56,2	56,0
zus. ...		59,6	64,3	64,5	76,8	86,5	85,4
Variante 2 (langfristiger Zuwanderungssaldo 200 000 Personen im Jahr)							
Bevölkerungsstand	1 000	82 037,0	81 497,3	80 339,1	77 976,9	74 545,6	70 381,4
	(1.1.)1999 = 100	100	99,3	97,9	95,1	90,9	85,8
unter 20	1 000	17 583,6	15 474,0	14 103,3	13 430,1	12 388,2	11 462,4
	%	21,4	19,0	17,6	17,2	16,6	16,3
	1999 = 100	100	88,0	80,2	76,4	70,5	65,2
20 bis unter 65	1 000	51 385,9	49 661,7	49 009,8	44 533,1	40 693,2	38 725,7
	%	62,6	60,9	61,0	57,1	54,6	55,0
	1999 = 100	100	96,6	95,4	86,7	79,2	75,4
65 und mehr	1 000	13 067,5	16 361,6	17 226,0	20 013,7	21 464,2	20 193,2
	%	15,9	20,1	21,4	25,7	28,8	28,7
	1999 = 100	100	125,2	131,8	153,2	164,3	154,5
Belastungsquotienten							
Auf 100 20- bis unter 65jährige kommen							
unter 20jährige		34,2	31,2	28,8	30,2	30,4	29,6
65jährige und Ältere		25,4	32,9	35,1	44,9	52,7	52,1
zus. ...		59,6	64,1	63,9	75,1	83,2	81,7

Methodische Anmerkungen siehe „Bevölkerungsvorausberechnungen" im Anhang

Statistisches Bundesamt, Tourismus in Zahlen, 2000/2001

Schaubild 1

Altersaufbau der Bevölkerung in Deutschland

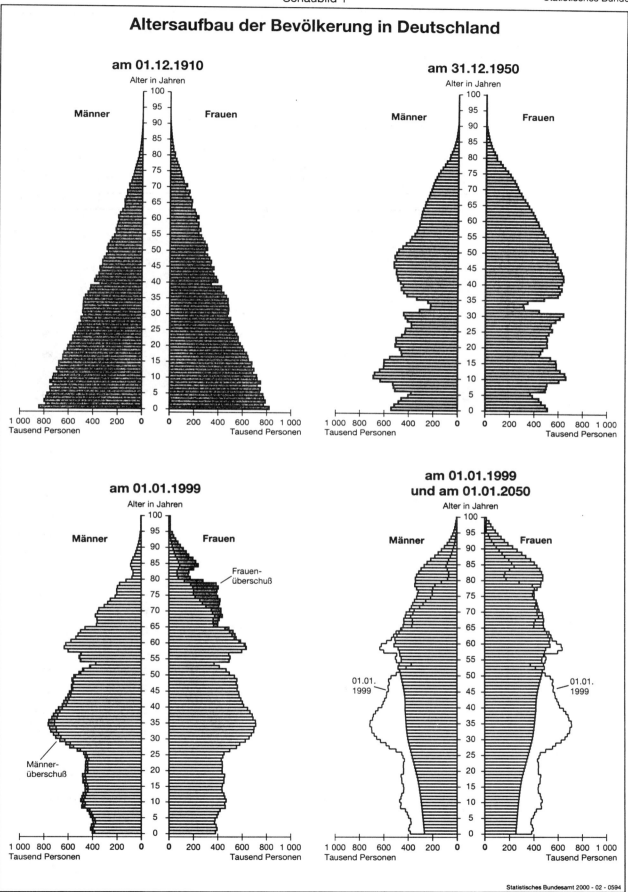

1.2 Arbeitszeit und Freizeit

Mit Ausnahme der Dienst- und Geschäftsreisen ist Tourismus vor allem eine Freizeitaktivität. Die Veränderung der Relation von Arbeitszeit und Freizeit ist deshalb auch eine wichtige Determinante für die Tourismusentwicklung überhaupt.

Als Indikator wird im folgenden die Entwicklung der tarifvertraglichen Urlaubsdauer im früheren Bundesgebiet und seit 1991 auch in den neuen Ländern und Berlin-Ost (Tabelle 1.2.1) dargestellt, die als eine Bestimmungsgröße vor allem für die Urlaubs- und Erholungsreisen der deutschen Bevölkerung angesehen werden kann. Die durchschnittliche tarifliche Wochenarbeitszeit (Tabelle 1.2.2) dürfte dagegen vor allem für die Möglichkeit von Kurzreisen und Tagesausflügen von Interesse sein.

1.2.1 Tarifvertragliche Urlaubsdauer

Jahr	Anspruch auf eine Urlaubsdauer von ... bis unter ... Wochen[1]				Durchschnittliche Urlaubsdauer in Arbeitstagen
	3 - 4	4 - 5	5 - 6	6	
	hatten ... % der tariflich erfaßten Arbeitnehmer				
Früheres Bundesgebiet					
1975	15	55	30	0	23
1980	5	22	69	4	26
1985	2	5	31	62	29
1988	1	5	26	68	29
1989	1	5	26	68	29
1990	1	4	25	70	29
1991	1	4	25	70	29
1992	-	4	25	71	29
1993	-	2	20	78	29
1994	-	2	19	79	29,5
1995	-	1	20	79	29,5
1996	-	1	20	79	29,5
1997	-	1	20	79	29,5
1998	-	1	19	80	29,5
1999	-	1	19	80	29,5
Neue Länder und Berlin-Ost					
1991	-	35	40	25	26
1992	-	25	48	27	27
1993	-	3	65	32	27
1994	-	2	65	33	27,5
1995	-	2	51	47	28,5
1996	-	1	43	56	29
1997	-	1	45	54	29
1998	-	1	44	55	29
1999	-	1	44	55	29

1) 1 Woche = 5 Arbeitstage.

Quelle: Tarifarchiv des Bundesministeriums für Arbeit und Sozialordnung, Bonn

Früheres Bundesgebiet
1.2.2 Durchschnittliche tarifliche Wochenarbeitszeit der Arbeiter und Angestellten
Stunden

Jahr[1]	Arbeiter	Angestellte
1960	44,19	44,58
1965	42,11	43,20
1970	40,73	41,51
1975	40,10	40,07
1980	40,06	40,02
1985	39,55	39,70
1988	38,94	39,14
1989	38,51	38,65
1990	38,11	38,26
1991	37,95	38,06
1992	37,87	38,03
1993	37,50	37,78
1994	37,22	37,64
1995	37,05	37,55
1996	36,78	37,37
1997	36,76	37,36
1998	36,74	37,35
1999	36,74	37,34

[1] Durchschnitt aus 4 Monatswerten.

Methodische Anmerkungen siehe „Indizes der tariflichen Wochenarbeitszeiten und der Tariflöhne und -gehälter in der gewerblichen Wirtschaft sowie bei Gebietskörperschaften".

1.3 Preisindex für die Lebenshaltung, Reiseausgaben und Einkommensentwicklung, Ausgaben für Freizeitgüter

Der Abschnitt beginnt mit einer Tabelle, die die Entwicklung des Preisindex für die Lebenshaltung – Touristische Leistungen – widerspiegelt.

Eine wichtige Einflußgröße für die Reiseintensität ist die Einkommenshöhe der privaten Haushalte. Der Zusammenhang zwischen Reiseausgaben und den verfügbaren Einkommen wird in der amtlichen Statistik in den Einkommens- und Verbrauchsstichproben (EVS) untersucht. Die folgende Tabelle 1.3.2 stellt Ergebnisse für das Jahr 1998 der in mehrjährlichem unregelmäßigem Turnus durchgeführten Erhebung dar.

Es folgen Angaben der amtlichen Statistik zu Wirtschaftsrechnungen ausgewählter privater Haushalte (Tabellen 1.3.3 und 1.3.4) nach Haushaltstypen.

Abgeschlossen wird der Abschnitt mit einer Übersicht zu den Ausgaben für Freizeitgüter (Tabelle 1.3.5).

1.3.1 Preisindex für die Lebenshaltung
– Touristische Leistungen –
1995 = 100

Jahr	Beherbergungs- und Gaststättendienstleistungen	davon		Freizeit, Unterhaltung, Kultur	
	insgesamt	Verpflegungs-dienstleistungen	Beherbergungs-dienstleistungen	insgesamt	darunter Pauschalreisen
1991	86,9	87,8	82,9	91,9	93,7
1992	91,3	91,8	88,2	95,5	97,8
1993	96,3	96,1	95,4	97,9	100,1
1994	98,6	98,1	98,9	99,0	99,0
1995	**100,0**	**100,0**	**100,0**	**100,0**	**100,0**
1996	101,1	101,2	100,7	100,4	99,4
1997	102,1	102,4	101,1	102,5	100,8
1998	103,6	104,1	101,6	103,1	102,0
1999	104,9	105,5	102,3	103,4	102,1

Methodische Anmerkungen siehe "Statistik der Verbraucherpreise" im Anhang.

Deutschland

1.3.2 Ausgabefähige Jahreseinkommen und -einnahmen privater Haushalte sowie Aufwendungen für den Privaten Verbrauch 1998*)

DM je Haushalt und Monat

Gegenstand der Nachweisung	Haushalte insgesamt	Ausgabefähige Einkommen und Einnahmen	Aufwendungen für den Privaten Verbrauch	
			Insgesamt	dar. Pauschalreisen
Haushalte insgesamt	36 780	5 211	4 031	124
nach dem monatlichen Haushaltsnettoeinkommen				
von ... bis unter ... DM				
unter 800	113	384	1 728	/
800 - 1 200	698	1 078	1 219	(22)
1 200 - 1 800	2 642	1 532	1 581	36
1 800 - 2 500	4 323	2 191	2 115	62
2 500 - 5 000	14 086	3 731	3 297	100
5 000 und mehr	14 918	8 364	5 862	186
nach der sozialen Stellung des/der Haupteinkommensbeziehers(in)				
Landwirt	205	7 215	5 535	72
Selbständiger[1]	2 043	8 676	5 563	167
Beamter	1 734	8 160	5 953	186
Angestellter	10 452	6 288	4 617	146
Arbeiter	7 240	5 065	4 001	83
Nichterwerbstätiger[2]	15 107	3 700	3 192	117
nach dem Alter des/der Haupteinkommensbeziehers(in)				
von ... bis unter ... Jahren				
unter 25	980	2 983	2 540	48
25 - 35	5 972	4 744	3 690	81
35 - 45	7 783	5 880	4 419	105
45 - 55	6 085	6 642	4 867	148
55 - 65	6 961	5 654	4 409	164
65 und mehr	9 000	3 873	3 227	130
nach der Haushaltsgröße				
Haushalte mit ... Person(en)				
1	12 996	3 070	2 491	82
2	12 484	5 613	4 399	160
3	5 389	6 649	5 005	135
4	4 426	7 458	5 571	135
dar. Ehepaare mit 2 Kindern	3 994	7 440	5 552	139
dar. Paare mit 2 Kindern[3]	3 176	6 972	5 258	117
5 und mehr	1 485	8 646	6 293	126
dar. Ehepaare mit 3 Kindern	980	8 393	6 190	130
dar. Paare mit 3 Kindern[3]	771	8 052	5 924	105

*) Ohne Haushalte mit einem monatlichen Haushaltsnettoeinkommen von 35 000 DM und mehr und ohne Personen in Anstalten und Gemeinschaftsunterkünften.
1) Gewerbetreibender, freiberuflich Tätiger.
2) Einschl. Arbeitsloser.
3) Ehepaare und zusammenlebende Paare mit ledigen Kindern unter 18 Jahren.

Methodische Anmerkungen siehe „Einkommens- und Verbrauchsstichproben" im Anhang.

Früheres Bundesgebiet

1.3.2 Ausgabefähige Jahreseinkommen und -einnahmen privater Haushalte sowie Aufwendungen für den Privaten Verbrauch 1998*)

DM je Haushalt und Monat

Gegenstand der Nachweisung	Haushalte insgesamt	Ausgabefähige Einkommen und Einnahmen	Aufwendungen für den Privaten Verbrauch	
			Insgesamt	dar. Pauschalreisen
Haushalte insgesamt	29 954	5 448	4 192	123
nach dem monatlichen Haushaltsnettoeinkommen				
von ... bis unter ... DM				
unter 800	(96)	(146)	(1 970)	/
800 - 1 200	542	1 070	1 242	(24)
1 200 - 1 800	1 923	1 532	1 602	35
1 800 - 2 500	3 246	2 196	2 127	53
2 500 - 5 000	11 030	3 738	3 321	93
5 000 und mehr	13 118	8 484	5 954	183
nach der sozialen Stellung des/der Haupteinkommensbeziehers(in)				
Landwirt	194	7 063	5 471	58
Selbständiger[1]	1 730	8 799	5 706	172
Beamter	1 582	8 352	6 052	186
Angestellter	8 576	6 494	4 730	141
Arbeiter	5 794	5 268	4 154	83
Nichterwerbstätiger[2]	12 078	3 905	3 348	115
nach dem Alter des/der Haupteinkommensbeziehers(in)				
von ... bis unter ... Jahren				
unter 25	748	3 138	2 733	49
25 - 35	5 040	4 867	3 781	80
35 - 45	6 279	6 091	4 540	102
45 - 55	4 897	6 968	5 051	150
55 - 65	5 634	6 018	4 682	163
65 und mehr	7 357	4 083	3 379	128
nach der Haushaltsgröße				
Haushalte mit ... Person(en)				
1	10 800	3 223	2 599	80
2	10 045	5 948	4 643	160
3	4 271	6 937	5 154	132
4	3 520	7 779	5 810	137
dar. Ehepaare mit 2 Kindern	3 167	7 748	5 775	141
dar. Paare mit 2 Kindern[3]	2 567	7 232	5 444	116
5 und mehr	1 318	8 812	6 371	124
dar. Ehepaare mit 3 Kindern	878	8 537	6 252	127
dar. Paare mit 3 Kindern[3]	702	8 200	5 977	107

*) Ohne Haushalte mit einem monatlichen Haushaltsnettoeinkommen von 35 000 DM und mehr und ohne Personen in Anstalten und Gemeinschaftsunterkünften.
1) Gewerbetreibender, freiberuflich Tätiger.
2) Einschl. Arbeitsloser.
3) Ehepaare und zusammenlebende Paare mit ledigen Kindern unter 18 Jahren.

Methodische Anmerkungen siehe „Einkommens- und Verbrauchsstichproben" im Anhang.

Neue Länder und Berlin-Ost

1.3.2 Ausgabefähige Jahreseinkommen und -einnahmen privater Haushalte sowie Aufwendungen für den Privaten Verbrauch 1998*)

DM je Haushalt und Monat

Gegenstand der Nachweisung	Haushalte insgesamt	Ausgabefähige Einkommen und Einnahmen	Aufwendungen für den Privaten Verbrauch	
			Insgesamt	dar. Pauschalreisen
Haushalte insgesamt	6 826	4 130	3 346	126
nach dem monatlichen Haushaltsnettoeinkommen				
von ... bis unter ... DM				
unter 800	/	/	/	/
800 - 1 200	168	1 097	1 184	/
1 200 - 1 800	731	1 520	1 501	42
1 800 - 2 500	1 026	2 179	2 076	84
2 500 - 5 000	3 056	3 708	3 221	127
5 000 und mehr	1 823	7 304	5 236	192
nach der sozialen Stellung des/der Haupteinkommensbeziehers(in)				
Landwirt	/	/	/	/
Selbständiger[1]	272	6 389	4 398	(121)
Beamter	148	6 779	5 015	186
Angestellter	1 912	5 405	4 179	162
Arbeiter	1 443	4 300	3 472	84
Nichterwerbstätiger[2]	3 039	2 904	2 579	120
nach dem Alter des/der Haupteinkommensbeziehers(in)				
von ... bis unter ... Jahren				
unter 25	201	2 587	2 096	(54)
25 - 35	947	4 159	3 347	87
35 - 45	1 484	5 022	3 953	118
45 - 55	1 184	5 118	4 029	133
55 - 65	1 366	3 986	3 290	156
65 und mehr	1 644	2 905	2 504	134
nach der Haushaltsgröße				
Haushalte mit ... Person(en)				
1	2 185	2 296	1 965	86
2	2 418	4 179	3 447	153
3	1 154	5 503	4 361	141
4	910	6 167	4 729	129
dar. Ehepaare mit 2 Kindern	830	6 223	4 778	130
dar. Paare mit 2 Kindern[3]	611	5 801	4 542	122
5 und mehr	159	6 970	5 509	135
dar. Ehepaare mit 3 Kindern	99	6 490	5 282	142
dar. Paare mit 3 Kindern[3]	72	6 045	5 013	(112)

*) Ohne Haushalte mit einem monatlichen Haushaltsnettoeinkommen von 35 000 DM und mehr und ohne Personen in Anstalten und Gemeinschaftsunterkünften.
1) Gewerbetreibender, freiberuflich Tätiger.
2) Einschl. Arbeitsloser.
3) Ehepaare und zusammenlebende Paare mit ledigen Kindern unter 18 Jahren.
Methodische Anmerkungen siehe „Einkommens- und Verbrauchsstichproben" im Anhang.

1.3.3 Jährliche Ausgaben ausgewählter privater Haushalte für Reisen nach Haushaltstypen
DM

Jahr	Reiseausgaben insgesamt je Haushalt	Ausgaben je Haushalt von Haushalten mit Reisen							
		insgesamt[1]	Pauschalreisen	Unterkunft, ggf. mit Verpflegung, auf anderen Reisen	übrige Ausgaben				
					zusammen	anderweitige Verpflegung	eigenes Kfz	fremde Verkehrsmittel	sonstige Aufwendungen
Haushaltstyp 1[2]									
Früheres Bundesgebiet									
1986	715,68	1 339,51	163,96	609,65	565,90	356,27	46,98	100,55	62,10
1987	914,64	1 561,02	317,85	530,72	712,45	390,82	51,36	100,90	169,36
1988	807,12	1 145,56	204,33	441,98	499,24	302,51	26,59	79,74	90,41
1989	784,56	1 451,97	257,23	584,37	610,36	386,59	42,49	108,23	73,05
1990	778,20	1 285,52	306,99	460,22	518,32	292,04	63,96	97,22	65,10
1991	930,60	1 456,07	288,89	622,24	544,94	286,75	57,53	75,81	124,85
1992	1 091,16	1 977,40	460,51	781,45	735,43	412,64	51,32	93,26	178,20
1993	997,08	1 735,29	508,65	550,73	675,91	401,83	63,45	102,39	108,23
1994	1 068,96	1 715,78	395,23	586,45	734,11	437,52	71,05	57,90	167,63
1995	1 073,76	1 692,03	440,37	577,95	673,71	359,55	70,26	157,36	86,54
1996	1 191,48	2 031,87	533,84	702,34	795,70	473,80	77,44	86,56	157,90
1997	1 181,64	1 762,26	311,87	609,52	840,87	528,34	81,05	113,85	117,64
1998	1 156,44	1 916,21	330,35	586,99	998,87	614,69	95,37	104,55	184,26
Neue Länder und Berlin-Ost									
1991	821,52	1 094,76	457,31	388,96	248,49	131,80	18,47	47,62	50,60
1992	1 006,08	1 158,28	439,73	251,80	466,75	223,94	45,68	100,91	96,21
1993	1 415,04	1 637,28	370,54	593,22	673,52	373,65	83,97	99,76	116,13
1994	1 880,04	2 404,33	957,72	670,18	776,43	441,80	105,36	100,14	129,12
1995	1 986,12	2 547,63	804,50	716,84	1 026,28	546,97	150,37	124,35	204,59
1996	2 189,52	3 006,56	1 157,50	801,72	1 047,35	451,77	117,21	177,68	300,68
1997	2 153,40	2 993,41	1 071,64	942,65	979,12	462,18	129,62	98,40	288,93
1998	2 138,52	3 220,74	1 386,36	785,98	1 048,39	400,64	108,84	100,55	438,37
Haushaltstyp 2[3]									
Früheres Bundesgebiet									
1986	1 676,64	1 871,43	200,75	771,75	898,92	538,04	163,01	95,10	102,77
1987	1 551,60	1 884,33	254,92	769,75	859,65	533,37	155,19	77,29	93,80
1988	1 827,96	2 042,76	300,10	853,54	889,12	572,44	142,40	66,21	108,07
1989	1 742,28	2 034,60	379,62	789,11	865,87	554,03	140,91	73,99	96,94
1990	1 904,64	2 100,33	328,25	793,64	978,44	631,84	155,47	85,89	105,25
1991	2 044,08	2 248,06	300,62	903,35	1 044,08	641,02	202,57	65,88	134,62
1992	2 337,72	2 593,98	399,22	889,73	1 305,03	772,53	204,06	144,70	183,74
1993	2 434,08	2 765,34	474,95	956,81	1 333,58	763,46	213,89	162,73	193,51
1994	2 271,48	2 520,09	357,23	993,74	1 169,11	687,29	209,44	107,53	164,85
1995	2 574,48	2 964,20	657,58	1 001,61	1 305,00	787,71	206,26	124,00	187,02
1996	2 406,36	2 688,24	495,26	958,48	1 234,50	686,25	194,59	161,41	192,24
1997	2 438,04	2 590,77	404,13	961,97	1 224,66	708,92	215,65	103,69	196,40
1998	2 543,52	2 743,69	585,39	940,04	1 218,25	673,98	199,20	129,06	216,00
Neue Länder und Berlin-Ost									
1991	630,72	700,84	134,09	276,66	290,09	124,23	45,39	17,51	102,96
1992	1 023,84	1 134,46	72,97	620,00	441,49	281,78	85,41	10,65	63,65
1993	1 275,84	1 393,15	196,91	632,35	563,89	324,80	98,73	33,67	106,69
1994	1 598,16	1 715,03	214,25	735,12	765,65	423,46	155,37	56,38	130,44
1995	2 035,32	1 928,75	395,74	756,27	776,74	462,08	127,07	52,49	135,10
1996	1 997,52	2 409,10	533,92	939,84	935,34	503,33	175,06	76,89	180,06
1997	2 026,32	2 177,49	385,50	947,28	844,71	458,87	148,91	75,96	160,97
1998	1 948,56	2 279,81	507,93	942,22	829,66	413,72	152,29	80,77	182,88

1) Nur Haushalte, die im betreffenden Jahr eine Reise von 5 Tagen oder mehr durchgeführt haben und die alle 12 Monate des Jahres zur Statistik berichtet haben.
2) 2-Personen-Haushalte von Rentenempfängern (Im früheren Bundesgebiet repräsentiert dieser Haushaltstyp ein geringeres Einkommensniveau.).
3) 4-Personen-Haushalte von Arbeitern und Angestellten mit mittlerem Einkommen.

1.3.3 Jährliche Ausgaben ausgewählter privater Haushalte für Reisen nach Haushaltstypen
DM

Jahr	Reiseausgaben insgesamt je Haushalt	Ausgaben je Haushalt von Haushalten mit Reisen							
		insgesamt[1]	Pauschalreisen	Unterkunft, ggf. mit Verpflegung, auf anderen Reisen	übrige Ausgaben				
					zusammen	anderweitige Verpflegung	eigenes Kfz	fremde Verkehrsmittel	sonstige Aufwendungen
Haushaltstyp 3[2]									
Früheres Bundesgebiet									
1986	3 450,00	3 423,12	608,36	1 307,98	1 506,78	835,52	247,33	226,18	197,75
1987	3 283,08	3 357,08	521,32	1 333,01	1 502,75	891,76	247,93	162,79	200,27
1988	3 422,28	3 358,87	457,85	1 449,03	1 451,99	877,56	246,19	150,02	178,21
1989	3 666,72	3 602,52	569,49	1 461,70	1 571,33	933,45	258,33	188,98	190,57
1990	3 816,84	3 836,03	553,76	1 481,36	1 800,91	1 032,61	282,99	242,17	243,14
1991	4 144,20	3 990,28	634,86	1 512,69	1 842,73	1 071,54	317,40	200,84	252,96
1992	4 466,88	4 359,99	870,12	1 564,37	1 925,50	1 081,62	310,54	235,89	297,46
1993	4 466,40	4 404,37	881,85	1 542,59	1 979,93	1 089,25	293,77	266,33	330,58
1994	4 451,52	4 341,13	828,80	1 438,27	2 074,06	1 139,56	310,39	332,45	291,66
1995	4 531,80	4 514,40	902,41	1 541,21	2 070,78	1 168,78	349,39	237,96	314,65
1996	4 626,96	4 583,10	901,70	1 564,22	2 117,18	1 160,44	375,96	292,90	287,89
1997	4 804,08	4 652,87	1 005,20	1 576,77	2 070,91	1 169,18	345,79	221,27	334,67
1998	4 962,72	4 732,67	969,14	1 566,11	2 197,42	1 120,74	391,99	344,72	339,97
Neue Länder und Berlin-Ost									
1991	1 322,52	1 360,63	190,46	597,33	572,84	298,72	87,37	21,44	165,32
1992	1 643,64	1 690,27	280,50	724,55	685,22	408,31	116,49	41,87	118,55
1993	1 934,52	1 924,72	155,39	893,11	876,21	485,16	170,95	60,21	159,89
1994	2 390,64	2 572,30	447,54	1 162,98	961,78	556,80	167,12	57,70	180,17
1995	2 536,20	2 552,26	459,85	1 038,04	1 054,38	582,36	181,41	84,52	206,09
1996	2 595,60	2 714,02	533,19	1 149,44	1 031,39	570,92	178,92	92,56	188,99
1997	3 069,12	3 265,01	748,48	1 340,45	1 176,08	637,52	185,30	118,54	234,72
1998	3 135,60	3 265,06	940,24	1 206,31	1 118,51	609,57	183,82	103,43	221,69

1) Nur Haushalte, die im betreffenden Jahr eine Reise von 5 Tagen oder mehr durchgeführt haben und die alle 12 Monate des Jahres zur Statistik berichtet haben.
2) 4-Personen-Haushalte von Beamten und Angestellten mit höherem Einkommen.

Methodische Anmerkungen siehe "Wirtschaftsrechnungen ausgewählter privater Haushalte" im Anhang.

1.3.4 Jährliche Urlaubsausgaben ausgewählter privater Haushalte nach Haushaltstypen
% des ausgabefähigen Einkommens

Jahr	Haushaltstyp		
	1[1]	2[2]	3[3]
Früheres Bundesgebiet			
1986	5,9	4,1	4,4
1987	6,8	3,9	4,2
1988	4,9	4,2	4,1
1989	5,7	4,0	4,3
1990	4,8	3,8	4,2
1991	5,2	3,8	4,2
1992	6,9	4,2	4,4
1993	5,7	4,4	4,3
1994	5,5	4,1	4,3
1995	5,3	4,6	4,4
1996	6,2	4,0	4,3
1997	5,3	3,8	4,3
1998	5,7	3,9	4,2
Neue Länder und Berlin-Ost			
1991	5,0	1,9	2,7
1992	4,5	2,6	2,9
1993	5,4	2,9	3,0
1994	7,4	3,4	3,9
1995	7,7	3,7	3,6
1996	8,8	4,3	3,7
1997	8,1	3,7	4,2
1998	8,4	3,8	4,1

1) 2-Personen-Haushalte von Rentenempfängern (Im früheren Bundesgebiet repräsentiert dieser Haushaltstyp ein geringeres Einkommensniveau.).
2) 4-Personen-Haushalte von Arbeitern und Angestellten mit mittlerem Einkommen.
3) 4-Personen-Haushalte von Beamten und Angestellten mit höherem Einkommen.

Methodische Anmerkungen siehe "Wirtschaftsrechnungen ausgewählter privater Haushalte" im Anhang.

Statistisches Bundesamt, Tourismus in Zahlen, 2000/2001

1.3.5 Ausgaben ausgewählter privater Haushalte für Freizeitgüter
DM je Haushalt und Monat

Jahr	Insgesamt	Urlaub	Davon entfielen auf Freizeitgüter (ohne Urlaub)									
			zusammen	Bücher, Zeitungen, Zeitschriften	Fernsehen, Rundfunk u.ä. einschl. Gebühren	Aufwendungen für Kraftfahrzeuge[1]	Sport- und Campingartikel, einschl. Sportveranstaltungen	Gartenpflege und Tierhaltung	Spiele und Spielwaren	Besuch von Theater- und Kinoveranstaltungen u.ä.	Foto- und Kinogeräte, einschl. Filmen u.ä.	Werkzeuge	sonstige Freizeitgüter[2]

Früheres Bundesgebiet

Haushaltstyp 1[3]

1992	276	91	185	35	37	32	10	30	3	3	5	2	28
1993	276	83	193	36	42	36	9	32	3	2	5	3	26
1994	294	89	205	38	42	39	9	33	3	2	4	3	31
1995	299	89	210	40	44	41	10	32	3	3	4	3	30
1996	310	99	211	39	44	44	12	33	2	3	4	2	27
1997	312	98	213	39	46	44	11	33	3	3	4	3	27
1998	307	96	210	40	46	46	11	31	3	3	5	2	23

Haushaltstyp 2[4]

1992	732	195	538	55	89	95	94	46	36	17	19	7	80
1993	752	203	549	59	88	99	98	47	38	17	20	7	76
1994	761	189	572	60	85	104	112	51	36	18	18	7	80
1995	791	215	577	63	84	112	91	49	39	20	19	6	94
1996	803	201	603	66	79	115	115	50	40	22	18	6	92
1997	847	203	644	66	91	119	121	54	38	23	21	8	103
1998	840	212	628	67	87	115	111	51	40	24	19	8	106

Haushaltstyp 3[5]

1992	1 232	372	860	100	118	128	184	70	39	27	30	9	155
1993	1 232	372	860	104	118	132	177	72	41	31	28	8	150
1994	1 261	371	890	107	118	142	177	79	44	30	31	10	151
1995	1 247	378	870	104	111	144	157	71	45	33	29	10	166
1996	1 294	386	909	107	106	151	172	77	43	37	30	11	174
1997	1 301	400	900	108	107	151	161	73	44	39	32	10	176
1998	1 343	414	930	107	109	146	177	74	44	40	31	9	191

Neue Länder und Berlin-Ost

Haushaltstyp 1[3]

1992	261	84	177	32	39	32	9	33	4	4	7	3	15
1993	341	118	223	37	50	39	21	37	4	4	8	4	18
1994	389	157	232	38	57	44	12	41	3	5	8	4	21
1995	415	166	250	39	58	49	14	43	3	5	9	4	25
1996	436	182	254	41	55	50	15	49	3	4	7	5	25
1997	440	179	261	39	58	53	15	53	3	6	6	4	23
1998	438	178	260	40	55	52	14	53	2	7	8	3	24

Haushaltstyp 2[4]

1992	489	85	404	44	78	91	49	35	27	11	14	7	48
1993	554	106	447	45	96	100	53	38	29	15	16	6	48
1994	592	133	458	46	85	112	60	42	30	15	14	8	46
1995	632	170	463	48	85	112	57	46	27	16	15	8	50
1996	651	166	484	50	83	113	60	50	26	19	14	7	60
1997	677	169	508	50	86	117	75	55	24	19	14	8	60
1998	674	162	511	52	85	117	66	54	24	20	16	8	69

Haushaltstyp 3[5]

1992	650	137	513	58	109	98	68	42	32	17	17	8	65
1993	710	161	549	61	110	111	80	50	30	19	18	11	59
1994	741	199	542	58	101	124	65	52	30	21	17	10	64
1995	784	211	572	56	100	131	79	61	28	23	18	10	66
1996	820	216	604	60	99	135	87	68	24	24	17	11	78
1997	849	256	594	57	98	136	82	70	25	24	17	10	74
1998	868	261	607	59	97	133	85	71	22	28	18	9	86

1) Hier wurden 30% der laufenden monatlichen Aufwendungen für das Kraftfahrzeug außerhalb des Urlaubs berücksichtigt.
2) Z.B. Schreib- und Rechenmaschinen, Musikinstrumente.
3) 2-Personen-Haushalte von Rentenempfängern (im früheren Bundesgebiet repräsentiert dieser Haushaltstyp ein geringeres Einkommensniveau).
4) 4-Personen-Haushalte von Arbeitern und Angestellten mit mittlerem Einkommen.
5) 4-Personen-Haushalte von Beamten und Angestellten mit höherem Einkommen.

Methodische Anmerkungen siehe "Wirtschaftsrechnungen ausgewählter privater Haushalte" im Anhang.

1.4 Kultur, Sport, Messen und Ausstellungen

In diesem Abschnitt stammen die Angaben zu den einzelnen Einrichtungen aus den Aufzeichnungen der jeweils als Quelle angegebenen Institution.

Die M u s e u m s s t a t i s t i k des Instituts für Museumskunde der Staatlichen Museen Preußischer Kulturbesitz erfaßt die allgemein zugänglichen und nicht kommerziell ausgerichteten musealen Einrichtungen, bei denen eine Sammlung oder Ausstellung von Objekten mit kultureller, historischer oder allgemein wissenschaftlicher Zielsetzung vorhanden ist.

Angaben über T h e a t e r , die ortsfesten Privattheater mit eigenem Ensemble sowie die selbständigen Kulturorchester mit eigenem Etat werden vom Deutschen Städtetag aufgrund einer Umfrage zusammengestellt.

Die Angaben zum S p o r t beruhen auf Erhebungen des Deutschen Sportbundes. Sportliche Aktivitäten, die außerhalb von Sportvereinen ausgeübt werden, bleiben dabei unberücksichtigt.

Quelle für die Übersicht zu M e s s e n und A u s s t e l l u n g e n in Deutschland ist der Ausstellungs- und Messe-Ausschuß der Deutschen Wirtschaft.

1.4.1 Museen nach Ländern und Trägern*)

Land / Träger	Museen 1996	Museen 1997	Museen 1998	Ausstellungen 1996	Ausstellungen 1997	Ausstellungen 1998	Besuche 1996	Besuche 1997	Besuche 1998
	Anzahl						1 000		
Deutschland	4 113	4 274	4 451	8 394	8 766	9 201	90 556	92 686	95 343
nach Ländern									
Baden-Württemberg	742	753	769	1 024	996	1 068	13 052	13 148	13 567
Bayern	688	714	776	983	1 015	1 151	16 907	17 231	17 841
Berlin	117	116	123	276	327	324	6 510	7 058	7 665
Brandenburg	153	170	176	428	464	447	2 829	2 808	2 914
Bremen	20	22	25	79	59	72	1 100	923	1 009
Hamburg	39	37	41	99	98	110	1 962	2 184	2 144
Hessen	333	335	329	625	690	681	4 604	4 568	4 629
Mecklenburg-Vorpommern	91	98	124	283	327	394	2 551	2 391	3 064
Niedersachsen	431	443	452	826	856	868	6 859	6 794	7 237
Nordrhein-Westfalen	485	482	492	1 246	1 318	1 353	11 885	12 609	12 908
Rheinland-Pfalz	221	285	289	339	385	420	3 779	4 274	3 989
Saarland	44	49	45	88	113	85	378	383	359
Sachsen	270	275	311	853	859	886	7 747	7 670	8 139
Sachsen-Anhalt	169	173	171	479	470	490	2 675	2 860	2 457
Schleswig-Holstein	145	161	165	313	346	396	3 032	3 263	3 007
Thüringen	165	161	163	453	443	456	4 686	4 522	4 414
Nachrichtlich:									
Früheres Bundesgebiet	3 218	3 346	3 453	5 792	6 071	6 411	67 107	69 119	71 394
Neue Länder und Berlin-Ost	895	928	998	2 602	2 695	2 790	23 448	23 567	23 949
nach Trägern[1]									
Staatliche Träger	397	407	423	818	902	927	24 625	25 443	26 869
Gebietskörperschaften	1 894	1 955	2 008	4 903	5 095	5 296	27 724	26 569	27 161
Andere Formen öffentlichen Rechts	236	242	262	394	416	480	12 137	13 119	14 072
Vereine	870	922	983	1 277	1 393	1 423	9 642	10 834	10 460
Gesellschaften/Genossenschaften	143	141	159	149	150	164	7 278	6 988	7 162
Stiftungen des privaten Rechts	51	50	52	144	144	163	1 704	1 645	1 903
Privatpersonen	242	276	280	156	177	195	4 111	4 644	4 516
Mischformen privat und öffentlich	280	281	284	553	489	553	3 335	3 443	3 198

*) Ohne Museen, die keine Angaben über Besuche machen konnten bzw. geschlossen waren (1996: 927, 1997: 945, 1998: 925).

1) Die Verteilung der Museen ist angelehnt an die Klassifikation des Deutschen Städtetages.

Quelle: Institut für Museumskunde der Staatlichen Museen zu Berlin - Preußischer Kulturbesitz, Berlin

1.4.2 Museen nach Museumsarten und Zahl der Besuche*)

Museumsart	Museen									Besuche 1998
	1996	1997	1998	Davon mit mehr als ... bis ... Besuchen						
				bis 10 000	10 000 - 20 000	20 000 - 50 000	50 000 - 100 000	100 000 - 500 000	mehr als 500 000	
	Anzahl									1 000
Volks- und Heimatkundemuseen	1 958	2 003	2 077	1 662	204	143	47	21	–	18 653
Kunstmuseen	445	453	467	234	65	98	35	34	1	15 298
Schloß- und Burgmuseen	196	198	206	53	41	60	23	25	4	12 765
Naturkundliche Museen	201	208	213	112	33	34	19	14	1	6 630
Naturwissenschaftliche und technische Museen	437	473	509	299	81	71	29	26	3	14 394
Historische und archäologische Museen	235	253	266	136	26	50	22	28	4	13 202
Kulturgeschichtliche Spezialmuseen	542	582	616	439	78	59	25	15	–	8 513
Sonstige museale Einrichtungen[1]	99	104	97	20	23	25	16	12	1	5 887
Insgesamt	**4 113**	**4 274**	**4 451**	**2 955**	**551**	**540**	**216**	**175**	**14**	**95 343**

*) Ohne Museen, die keine Besucherangaben machen konnten bzw. geschlossen waren (1996: 927, 1997: 945, 1998: 925).

1) Sammelmuseen oder mehrere Museen in einem Gebäude.

Quelle: Institut für Museumskunde der Staatlichen Museen zu Berlin - Preußischer Kulturbesitz, Berlin

1.4.3 Theater 1997/98

Land	Gemeinden mit Theatern	Theaterunternehmen insgesamt	Theaterunternehmen Spielstätten[1]	Veranstaltungen am Ort	Gastspiele nach außerhalb	Besuche der eigenen und fremden Veranstaltungen am Ort (einschl. geschlossener Veranstaltungen) insgesamt	Opern und Ballette	Operetten, Musicals	Schauspiele	Kinder- und Jugendstücke	Konzerte	sonstige Veranstaltungen
	Anzahl					1 000						
Deutschland	122	152	682	64 574	7 371	20 680[2]	6 427	2 994	6 113	2 491	1 174	1 308
Baden-Württemberg	14	14	81	7 202	830	2 431	877	241	777	246	162	128
Bayern	15	19	79	6 810	489	2 779	937	365	1 042	216	125	94
Berlin	1	9	24	4 020	189	1 859	636	558	323	131	85	126
Brandenburg	6	8	29	3 016	230	440	46	47	112	107	19	109
Bremen	2	2	9	1 064	11	403	136	93	89	50	18	18
Hamburg	1	3	11	1 567	93	916	364	32	466	24	9	22
Hessen	6	8	35	3 497	241	1 304[2]	398	162	379	151	67	26
Mecklenburg-Vorpommern	8	7	47	2 757	253	523	86	60	142	133	53	49
Niedersachsen	9	10	48	4 292	677	1 426	385	168	516	193	113	51
Nordrhein-Westfalen	21	25	104	9 706	798	3 618	1 253	497	1 143	401	104	219
Rheinland-Pfalz	5	5	15	1 748	298	624	178	99	201	111	24	10
Saarland	1	1	5	606	14	237	80	51	58	27	19	3
Sachsen	12	17	65	7 308	1 085	1 950	622	331	386	300	165	147
Sachsen-Anhalt	10	14	77	5 116	1 514	768[2]	105	77	150	160	61	163
Schleswig-Holstein	3	3	17	1 745	148	582	143	90	160	99	70	20
Thüringen	8	7	36	4 120	501	818	181	124	168	142	80	124

Land	Plätze am 1.1.1998[3] dem Publikum angeboten	Plätze am 1.1.1998[3] je 1000 Einwohner[4]	Ausgaben	Eigene Einnahmen[5]	Zuweisungen[6]	Betriebszuschuß je Besuch[7]
	Anzahl		1 000 DM			DM
Deutschland	250 243	9,6	4 654 305	648 390	3 946 859	168,22
Baden-Württemberg	30 297	13,3	515 504	69 836	443 727	155,67
Bayern	32 383	11,7	547 744	97 048	449 441	147,91
Berlin	15 583	4,5	472 431	83 828	376 548	204,53
Brandenburg	5 420	11,2	110 429	6 870	100 547	220,89
Bremen	2 536	3,8	75 351	9 408	63 262	158,95
Hamburg	5 318	3,1	199 285	47 496	150 946	162,40
Hessen	13 864	9,9	297 663	37 648	260 015	153,37
Mecklenburg-Vorpommern	10 022	18,2	118 901	10 578	107 621	188,39
Niedersachsen	24 030	15,5	315 916	40 648	264 683	159,19
Nordrhein-Westfalen	45 730	6,6	862 137	120 442	731 081	168,32
Rheinland-Pfalz	4 818	8,5	121 257	17 289	103 699	139,62
Saarland	2 543	13,6	56 051	6 862	49 189	184,92
Sachsen	21 354	13,4	434 920	58 096	375 100	179,91
Sachsen-Anhalt	14 970	17,6	202 950	14 206	177 424	170,61
Schleswig-Holstein	8 901	18,5	119 334	12 743	105 094	138,20
Thüringen	12 474	21,8	204 432	15 932	188 482	214,49

Land	Theaterorchester Orchester	Theaterorchester Mitglieder	Kulturorchester Orchester	Kulturorchester Mitglieder	Kulturorchester Konzerte	Privattheater Spielstätten	Privattheater Plätze	Privattheater Veranstaltungen	Privattheater Besuche
	Anzahl								
Deutschland	68	4 997	55	4 166	5 303	206	63 232	44 897	11 431 059
Baden-Württemberg	6	494	10	483	613	32	12 036	7 754	2 077 169
Bayern	8	576	4	350	328	41	6 954	6 852	834 363
Berlin	5	465	3	298	288	20	7 246	4 429	909 904
Brandenburg	2	128	3	183	415	2	169	523	25 111
Bremen	1	54	1	99	31	5	1 102	1 306	212 995
Hamburg	–	–	2	194	131	28	12 857	7 482	3 022 368
Hessen	5	381	–	–	–	7	1 806	2 073	362 723
Mecklenburg-Vorpommern	3	258	1	76	262	2	550	484	36 781
Niedersachsen	6	371	1	54	104	7	1 176	1 157	111 190
Nordrhein-Westfalen	5	327	15	1 372	1 030	51	17 109	10 666	3 489 835
Rheinland-Pfalz	3	187	2	173	134	3	649	711	167 367
Saarland	1	83	–	–	–	2	589	206	18 464
Sachsen	9	660	7	553	1 418	3	545	813	130 795
Sachsen-Anhalt	6	373	3	148	342	–	–	–	–
Schleswig-Holstein	3	201	–	–	–	1	45	103	2 728
Thüringen	5	439	3	183	207	2	399	338	29 266

1) Einschl. Konzertsälen und Freilichtbühnen öffentlicher Theater.
2) Einschl. Besuche, die nicht nach Sparten gliederbar sind. Der Nachweis der Frankfurter Oper (120 500) und des Theaters Halberstadt/Quedlinburg (92 965) erfolgt nur in der Spalte "Insgesamt".
3) Einschl. Plätzen in Konzertsälen und Freilichtbühnen.
4) Bezogen auf die Einwohnerzahl vom 1.1.1998 der Gemeinden, die ein Theater besitzen.
5) Ohne Zuweisungen, Zuschüsse und Einnahmen aus Schuldenaufnahmen.
6) Einschl. Zuschüssen von privaten Stellen.
7) Betriebsausgaben abzüglich Betriebseinnahmen; Angaben einschl. der Landesbühnen mit den Besuchern und Besucherinnen in übrigen Spielorten.

Quelle: Deutscher Städtetag, Köln

Statistisches Bundesamt, Tourismus in Zahlen, 2000/2001

1.4.4 Festspiele in der Spielzeit 1997/98*)

Gemeinde / Theater	Plätze	Vor-stellungen	Besucher/-innen	Zuweisungen insgesamt	davon Bund	davon Land	davon Gemeinde	davon Sonstige
	Anzahl			1 000 DM				
Gemeinden mit 1 000 000 und mehr Einwohnern								
Berlin								
Spandauer Sommerfestspiele	600	60	8 813	60	–	60	–	–
Berliner Festspiele	.	41	15 320	–	–	–	–	–
Gemeinden mit 100 000 bis unter 200 000 Einwohnern								
Recklinghausen								
Ruhrfestspiele	.	86	46 159	4 996	600	2 270	2 126	–
Gemeinden mit 50 000 bis unter 100 000 Einwohnern								
Ratingen								
Naturbühne Blauer See	1 400	30	7 697	–	–	–	–	–
Hanau								
Brüder-Grimm-Märchenfestspiele	1 000	84	64 000	300	–	–	300	–
Ludwigsburg								
Schloßfestspiele	.	101	58 481	3 253	–	1 538	1 408	307
Bayreuth								
Richard-Wagner-Festspiele	1 925	30	57 750	8 517	3 194	3 194	1 419	710
Weimar								
Kunstfest Weimar	.	47	24 050	.	.	.	.	.
Wetzlar								
Wetzlarer Festspiele	–	–	–	94	–	14	80	–
Rosengärtchen	1 495	8	6 560	–	–	–	–	–
Lottehof	300	3	506	–	–	–	–	–
Stadthalle	1 064	5	1 472	–	–	–	–	–
Stadthaus	200	6	584	–	–	–	–	–
Heidenheim an der Brenz								
Opernfestspiele	730	13	7 069	636	–	186	450	–
Wittenberg								
Lutherfestspiele	300	13	2 200	376	–	–	250	126
Passau								
Festspiele								
Europäische Wochen	.	111	37 565	1 271	80	735	350	106
Gemeinden mit 20 000 bis unter 50 000 Einwohnern								
Gotha								
Sommerfestival im Ekhof-Theater	165	20	2 121	150	–	–	150	–
Willich								
Festspiele Schloß Neersen	–	–	–	239	–	–	139	100
Freilichtbühne	500	53	22 233	–	–	–	–	–
Studiobühne	120	8	731	–	–	–	–	–
Dreieich								
Burgfestspiele								
Dreieichenhain	878	26	11 207	300	–	–	300	–
Ettlingen								
Schloßfestspiele Ettlingen	.	178	57 249	1 659	–	278	1 381	–
Bensheim								
Sommertheater Schloß Auerbach	250	25	6 000	10	–	–	8	2
Schwäbisch Hall								
Freilichtspiele	1 700	108	61 324	1 021	–	321	700	–
Bad Hersfeld								
Festspiele	–	–	–	1 736	250	591	895	–
Stiftsruine	1 622	58	59 468	–	–	–	–	–
Schloß Eichhof	232	39	8 630	–	–	–	–	–
Bad Vilbel								
Burgfestspiele	650	81	36 031	349	–	–	349	–

*) Selbständige Festspielunternehmen, die überwiegend im Sommer spielen. Sofern öffentliche Theater Festwochen und dgl. veranstalten, sind diese bei den öffentlichen Theatern nachgewiesen.

1.4.4 Festspiele in der Spielzeit 1997/98*)

Gemeinde / Theater	Plätze	Vorstellungen	Besucher/ -innen	Zuweisungen insgesamt	davon Bund	davon Land	davon Gemeinde	Sonstige
	Anzahl			1 000 DM				
noch: Gemeinden mit 20 000 bis unter 50 000 Einwohnern								
Heppenheim								
Festspiele Heppenheim	1 040	51	34 400	54	–	4	50	–
Calw								
Klosterspiele Hirsau	1 333	5	2 502	196	–	4	187	5
Schwetzingen								
Schwetzinger Festspiele	–	–	–	561	–	561	–	–
Rokokotheater	512	17	6 959	–	–	–	–	–
Konzertsaal	334	21	6 330	–	–	–	–	–
St. Pankratius	447	2	600	–	–	–	–	–
Weilheim								
Weilheimer Theatersommer	304	41	11 152	850	–	750	100	–
Gemeinden mit 10 000 bis unter 20 000 Einwohnern								
Mayen								
Burgfestspiele Mayen	–	–	–	520	–	400	–	120
Hauptbühne	524	76	32 379	–	–	–	–	–
Kleine Bühne	150	18	2 270	–	–	–	–	–
Xanten								
Freilichtspiele Amphitheater	2 000	16	3 394	31	–	20	1	10
Weißenburg in Bayern								
Festspielsommer im Bergwaldtheater	1 691	12	12 651	271	45	16	210	–
Eutin								
Eutiner Sommerspiele	1 886	25	39 696	297	–	122	100	75
Eltville am Rhein								
Burghofspiele	.	38	20 000	–	–	–	–	–
Bad Segeberg								
Karl-May-Spiele	9 000	73	213 249	–	–	–	–	–
Feuchtwangen								
Kreuzgangspiele	585	86	42 526	583	–	250	248	85
Bad Gandersheim								
Gandersheimer Domfestspiele	–	–	–	754	–	285	389	80
Freilichtbühne vor dem Dom	980	50	37 790	–	–	–	–	–
Klosterkirche Brunshausen	100	6	618	–	–	–	–	–
Bad Wildbad								
Rossini in Wildbad	368	13	3 567	457	–	129	320	8
Wunsiedel								
Luisenburg-Festspiele	1 769	86	134 585	1 112	–	689	170	253
Gemeinden unter 10 000 Einwohnern								
Tecklenburg								
Freilichtspiele	2 437	66	89 863	160	–	80	10	70
Oppenheim								
Theaterfestspiele	420	15	4 015	83	–	39	39	5
Rheinsberg								
Kammeroper Schloß Rheinsberg	–	–	–	910	–	900	10	–
Schloßhof	1 000	12	7 600	–	–	–	–	–
Heckentheater	618	6	3 800	–	–	–	–	–
St. Laurentius-Kirche	200	6	480	–	–	–	–	–
Putbus								
Rossini Opernfestival	500	9	2 860	70	–	40	–	30
Ötigheim								
Volksschauspiele	–	–	–	430	–	384	26	20
Freilichtbühne	3 647	24	59 622	–	–	–	–	–
Kleine Bühne	85	29	2 261	–	–	–	–	–
Bad Lauchstädt								
Theater-Sommer	456	41	14 538	520	–	470	–	50
Röttingen								
Festspiele Röttingen	850	62	36 000	266	–	93	138	35
Jagsthausen								
Burgfestspiele	959	81	59 385	488	–	388	10	90

*) Selbständige Festspielunternehmen, die überwiegend im Sommer spielen. Sofern öffentliche Theater Festwochen und dgl. veranstalten, sind diese bei den öffentlichen Theatern nachgewiesen.

Quelle: Deutscher Bühnenverein - Bundesverband Deutscher Theater, Köln

1.4.5 Deutscher Sportbund 1999
Vereine und Mitglieder

Landessportbund / Spitzenverband	Vereine	Aktive und passive Mitglieder männlich	Aktive und passive Mitglieder weiblich	unter 15 männlich	unter 15 weiblich	15 - 26 männlich	15 - 26 weiblich	27 - 40 männlich	27 - 40 weiblich	41 und mehr männlich	41 und mehr weiblich
nach Landessportbünden											
Deutschland	87 052	14 289 837	8 972 549	3 080 785	2 272 801	2 776 396	1 606 421	3 149 627	2 043 087	5 283 029	3 050 240
Baden-Württemberg	10 952	2 216 756	1 372 015	465 167	356 325	398 259	242 114	462 443	310 357	890 887	463 219
Bayern	11 300	2 584 385	1 589 297	499 519	369 418	526 820	304 526	609 226	399 278	948 820	516 075
Berlin	1 982	343 542	179 971	66 101	37 101	78 580	37 281	88 194	39 130	110 667	66 459
Brandenburg	2 497	182 392	85 471	46 807	22 276	48 774	19 251	39 373	18 013	47 438	25 931
Bremen	434	103 458	72 632	20 818	17 402	16 419	9 343	20 713	13 349	45 508	32 538
Hamburg	766	288 231	199 364	49 851	36 806	54 436	37 475	66 636	46 606	117 308	78 477
Hessen	7 766	1 283 973	819 801	247 931	196 052	228 039	143 628	284 939	193 779	523 064	286 342
Mecklenburg-Vorpommern	1 639	128 300	64 437	36 425	19 395	34 586	14 088	27 638	13 052	29 651	17 902
Niedersachsen	9 026	1 604 887	1 175 496	372 791	313 738	302 242	205 851	339 347	259 117	590 507	396 790
Nordrhein-Westfalen	20 342	3 014 455	1 902 601	712 356	520 163	569 634	319 031	647 702	407 948	1 084 763	655 279
Rheinland-Pfalz	6 180	929 181	558 847	190 216	144 062	168 254	97 234	204 097	129 682	366 614	187 869
Saarland	2 106	270 392	172 350	54 392	41 625	46 220	27 796	63 817	39 943	105 963	62 986
Sachsen	3 628	332 796	179 318	82 068	41 529	86 677	37 745	76 130	39 038	87 921	61 006
Sachsen-Anhalt	2 781	259 433	111 698	55 902	25 401	63 417	22 634	59 319	23 868	80 795	39 795
Schleswig-Holstein	2 652	503 316	380 854	125 097	106 105	89 611	63 091	103 302	85 975	185 306	125 683
Thüringen	3 001	244 340	108 577	55 344	25 403	64 428	25 333	56 751	23 952	67 817	33 889
nach ausgewählten Spitzenverbänden											
Aero	.	64 608	6 615	2 563	821	9 545	1 060	.	.	52 500	4 734
Amateur-Boxen	.	45 027	8 493	5 578	679	16 883	2 466	11 468	2 778	11 098	2 570
Badminton	.	137 498	96 784	21 393	20 684	40 699	31 038	46 812	30 727	28 594	14 335
Basketball	.	149 860	57 347	36 776	15 028	72 529	26 955	26 049	10 198	14 506	5 166
Behindertensport	.	159 933	133 695	10 583	7 305	9 826	7 331	17 449	16 827	122 075	102 232
Billard	.	40 772	6 308	2 095	1 034	11 440	2 063	15 867	1 994	11 370	1 217
Bob und Schlitten	.	5 042	2 009	878	476	1 048	531	1 076	418	2 040	584
Eissport	.	132 759	42 901	18 616	14 014	20 958	7 487	32 540	8 752	60 645	12 648
Fechten	.	16 304	8 445	5 369	2 502	4 498	2 637	2 839	1 625	3 598	1 681
Fußball[1]	.	5 434 109	876 839	1 367 899	214 514	483 666	.	3 582 544	662 325	.	.
Gehörlosensport	.	7 974	4 196	618	476	1 811	983	2 805	1 468	2 740	1 269
Gewichtheben	.	31 056	11 209	1 550	465	7 006	2 463	13 867	5 843	8 633	2 438
Golf	.	188 376	129 878	9 624	5 457	12 954	6 144	71 941	49 803	93 857	68 474
Handball	.	526 707	308 167	118 485	100 091	128 271	96 380	131 976	69 943	147 975	41 753
Hockey	.	42 085	21 015	13 909	7 474	11 337	6 484	7 361	3 361	9 478	3 696
Judo	.	182 783	84 036	109 795	51 439	38 363	18 275	19 631	9 258	14 994	5 064
Kanu	.	72 994	38 232	11 554	6 962	61 440	31 270	16 391	6 065	2 942	1 214
Karate	.	71 831	33 403	32 692	16 025	19 805	10 099	16 391	6 065	2 942	1 214
Kegeln	.	184 715	83 253	9 706	5 831	21 201	10 501	46 396	22 294	107 412	44 627
Lebensrettungsgesellschaft	.	309 498	245 288	111 841	111 189	67 557	53 552	58 086	40 420	72 014	40 127
Leichtathletik	.	447 284	402 694	124 460	136 345	91 564	83 470	79 761	75 643	151 499	107 236
Radsport	.	112 827	38 599	9 399	6 573	20 106	6 443	27 493	8 793	55 829	16 790
Rasenkraftsport	.	6 388	2 979	543	392	1 513	854	1 873	779	2 459	954
Reiten	.	232 510	503 666	24 468	153 038	26 863	156 542	55 650	123 651	125 529	70 435
Ringen	.	64 340	10 671	11 760	1 963	17 213	2 619	21 418	3 160	13 949	2 929
Rollsport	.	14 345	13 614	3 189	6 511	5 687	2 928	2 903	2 007	2 566	2 168
Rudern	.	54 208	24 568	5 544	2 930	11 181	5 542	11 677	5 577	25 806	10 519
Schach	.	89 208	5 326	10 122	1 772	18 433	1 788	24 938	928	35 715	838
Schützen[2]	.	1 203 538	383 232	45 753	20 023	126 369	44 788	542 097	162 370	489 319	156 051
Schwimmen	.	308 613	326 655	144 446	156 549	52 087	51 581	42 073	44 177	70 007	74 348
Segeln	.	147 436	44 162	.	.	147 436	44 162	-	-	.	.
Ski	.	382 963	295 006	62 410	56 408	73 664	61 894	90 559	76 092	156 330	100 612
Sportfischer	.	629 829	24 402	31 262	2 158	104 395	4 906	114 349	5 888	379 823	11 450
Squash Rackets	.	14 802	4 436	824	579	2 796	1 144	7 482	2 181	3 700	532
Taekwondo	.	28 764	14 387	13 116	7 708	9 371	4 254	4 770	1 953	1 507	472
Tanzsport	.	95 843	158 344	7 990	44 266	15 395	33 436	25 221	32 625	47 237	48 017
Tennis	.	1 249 568	857 817	163 008	124 834	250 395	160 259	237 875	177 723	598 290	395 001
Tischtennis	.	542 826	164 194	92 954	41 116	153 999	46 757	127 997	39 276	167 876	37 045
Triathlon	.	19 363	5 216	791	564	4 392	1 477	9 565	2 276	4 615	899
Turnen	.	1 424 872	3 365 584	590 963	978 732	170 068	402 038	187 278	765 206	476 563	1 219 608
Volleyball	.	254 395	279 474	24 571	62 751	67 677	100 789	91 503	73 315	70 644	42 619

1) Mitglieder über 18 Jahre sind in der Spalte "27 - 40" enthalten.
2) Mitglieder ab 21 Jahre sind in der Spalte "27 - 40" enthalten.

Quelle: Deutscher Sportbund, Frankfurt am Main

1.4.6 Messen und Ausstellungen in Deutschland 1999*)

Stadt — Veranstaltung	Ausstellungs-zeitraum	Belegte Brutto-fläche	Vermie-tete Stand-fläche[1]	Aussteller insgesamt	Aussteller Inland	Aussteller Ausland	Besucher/-innen insgesamt	dar. Aus-länder/-innen
		1 000 m²		Anzahl				
Augsburg								
Interlift	12.10. – 15.10.	22,0	11,9	259	135	124	12 589	5 841
Berlin								
FRUIT LOGISTIKA	21.01. – 23.01.	10,8	6,1	413	142	271	6 863	2 917
Internationale Grüne Woche Berlin	22.01. – 31.01.	105,0	49,7	1 578	1 106	472	485 096	9 217
ITB Berlin	06.03. – 10.03.	146,0	82,8	7 374	1 481	5 873	111 801	22 137
SHOWTECH	01.06. – 03.06.	18,0	8,0	309	230	79	6 446	844
Internationale Funkausstellung Berlin	28.08. – 05.09.	175,0	103,7	885	474	411	376 552	19 204
Dortmund								
Inter-tabac	10.09. – 12.09.	11,2	4,6	123	105	18	3 813	637
Düsseldorf								
boot Düsseldorf	16.01. – 24.01.	190,0	92,0	1 681	1 064	617	367 328	31 223
CPD (Frühjahr) Igedo Dessous[2]	07.02. – 10.02.	165,5	83,4	1 918	1 209	709	50 133	13 779
CPD (Herbst) Igedo Dessous[2]	01.08. – 04.08.	157,5	81,9	1 812	1 075	737	48 108	16 659
EuroShop	20.02. – 24.02.	178,5	96,5	1 587	913	674	92 377	44 064
GDS – Internationale Schuhmesse (Frühjahr)	11.03. – 14.03.	160,3	84,7	1 798	227	1 571	49 822	32 833
GDS – Internationale Schuhmesse (Herbst)	09.09. – 12.09.	156,1	87,4	1 883	227	1 656	50 735	34 601
ProWein	21.03. – 23.03.	45,6	21,7	2 081	699	1 382	15 901	2 226
BEAUTY INTERNATIONAL[2]	26.03. – 28.03.	44,0	21,1	588	500	88	46 400	3 341
EUROCARGO	13.04. – 15.04.	13,4	7,1	287	257	30	9 403	846
interpack	06.05. – 12.05.	194,2	136,8	2 503	972	1 531	160 882	80 924
GIFA	09.06. – 15.06.	84,5	46,3	840	379	461	54 801	25 976
MINETIME	09.06. – 15.06.	35,0	15,1	345	232	113	19 572	3 425
METEC	09.06. – 15.06.	28,9	14,9	319	156	163	14 679	6 180
THERMPROCESS	09.06. – 15.06.	16,7	9,0	292	182	110	6 850	2 487
CARAVAN SALON	25.09. – 03.10.	128,4	70,4	491	360	131	162 326	12 986
INTERKAMA	18.10. – 23.10.	110,3	52,0	1 253	920	333	56 973	17 662
A+A Arbeitsschutz + Arbeitsmedizin	02.11. – 05.11.	99,0	42,7	1 191	675	516	50 474	7 066
REHA International	03.11. – 06.11.	70,0	29,1	944	646	298	62 124	8 014
MEDICA	17.11. – 20.11.	185,4	97,4	3 221	1 557	1 664	124 533	33 250
Essen								
IPM Internat. Fachmesse f. Pflanzen, Gartenbautechnik	29.01. – 31.01.	91,0	39,1	1 178	746	432	51 456	7 615
EQUTANA	06.03. – 14.03.	72,7	30,6	798	596	202	268 260	23 875
FIBO intern. Für Fitness u. Freizeit	22.04. – 25.04.	72,0	26,4	441	343	98	67 960	14 951
METPACK	04.05. – 08.05.	21,0	9,6	206	55	151	5 926	4 012
IKK-Intern. Fachmesse Kälte – Klimatechnik	07.10. – 09.10.	52,0	25,7	690	342	348	19 066	9 342
ESSEN MOTER-SHOW	26.11. – 05.12.	89,4	38,8	459	400	59	351 000	–
Frankfurt/Main								
Heimtextil	13.01. – 16.01.	254,9	143,9	2 844	720	2 124	72 471	32 337
Paperworld, Christmas-, Beautyworld	30.01. – 03.02.	235,0	123,3	3 278	1 151	2 127	78 810	33 760
Ambiente – Int. Frankfurter Messe u.a.	19.02. – 23.02.	300,5	186,3	4 996	2 316	2 680	122 775	33 480
Musikmesse/Pro Light & Sound	03.03. – 07.03.	133,6	62,4	2 065	952	1 113	91 691	17 810
ISH – Int. Fachmesse Sanitär, Heizung, Klima	23.03. – 27.03.	251,5	160,5	2 267	1 193	1 074	228 854	45 657
Techtextil Int. Fachmesse f. Techn. Textilien u. Vliesstoffe	13.04. – 15.04.	32,7	17,2	715	258	457	16 798	7 253
interstoff Seasson (Frühjahr)	13.04. – 15.04.	10,5	4,4	270	28	242	10 773	4 729
interstoff Seasson (Herbst)	11.10. – 13.10.	10,5	3,7	308	24	284	2 656	1 165
FUR & FASHION Frankfurt[2]	15.04. – 18.04.	20,1	11,4	288	165	123	10 298	5 046
Franchise – Int. Franchise Messe	22.04. – 25.04.	10,5	5,2	254	50	204	9 396	648
RESALE Intern. Messe für gebrauchte Maschinen u. Anl.	25.04. – 27.04.	20,3	10,0	483	366	117	7 226	3 829
Marketing-Services	05.05. – 08.05.	43,5	18,4	996	902	94	19 804	–
Infobase Int. Messe f. Information u. Kommunikation	18.05. – 20.05.	7,0	2,2	169	128	41	6 115	115
Tendence Int. Frankfurter Herbstmesse	27.08. – 31.08.	291,5	173,4	4 640	2 550	2 090	104 928	19 769
IAA – Int. Automobil-Ausstellung Pkw u. Motorräder[2]	16.09. – 26.09.	225,0	144,1	1 144	670	474	896 200	–
Frankfurter Buchmesse[2]	13.10. – 18.10.	190,0	79,9	6 724	2 458	4 266	282 651	–
Friedrichshafen								
AERO Int. Fachmesse f. Allgemeine Luftfahrt	21.04. – 25.04.	85,0	23,4	428	323	105	45 735	10 519
OutDoor – Europäische Outdoor Fachmesse	19.08. – 22.08.	45,8	16,1	421	170	251	7 955	3 413
EUROBIKE-Int. Fahrradmesse	02.09. – 05.09.	66,0	27,7	456	209	247	19 498	5 849
INTERBOOT-Int. Wassersportausstellung	18.09. – 26.09.	68,5	33,9	521	391	130	103 422	23 787
Fakuma – Int. Fachmesse f. Kunststoffverarbeitung	19.10. – 23.10.	53,0	29,1	1 049	804	245	34 610	7 960
Hamburg								
INTERNORGA Hamburg	12.03. – 17.03.	65,9	40,6	865	750	115	104 638	4 709
hanseboot – Int. Bootsausstellung m. art.	30.10. – 07.11.	69,6	37,2	916	732	184	136 577	7 102
Hannover								
DOMOTEX HANNOVER	16.01. – 19.01.	156,0	91,1	1 065	357	708	39 378	17 051
CeBIT – Welt-Centrum Büro	18.03. – 24.03.	542,5	398,9	7 402	4 514	2 888	698 319	121 508
HANNOVER MESSE	19.04. – 24.04.	431,2	271,3	7 689	4 095	3 594	282 435	68 632
LIGNA HANNOVER	10.05. – 15.05.	244,2	140,3	1 874	936	938	108 367	41 613
INTERGEO	01.09. – 03.09.	15,5	6,7	179	154	25	11 153	569
BIOTECHNICA	05.10. – 07.10.	19,8	10,8	810	595	215	9 999	2 120
AGRITECHNICA	07.11. – 13.11.	195,0	119,5	1 344	900	444	226 491	29 670
Idar-Oberstein								
INTERGEM-Int. Fachmesse f. Edelsteine u. Edelsteinschmuck	01.10. – 04.10.	4,0	1,8	134	129	5	2 960	645
Karlsruhe								
Hortec Karlsruhe	24.09. – 26.09.	21,0	6,6	180	164	16	7 556	680

*) Überregionale Veranstaltungen; Zahlen ermittelt nach den Richtlinien der Gesellschaft zur freiwilligen Kontrolle von Messe- und Ausstellungszahlen (FKM-Verfahren).

[1] Hallenflächen und Freigeländeflächen.
[2] Nicht unter Kontrolle des FKM-Verfahrens.

Quelle: Ausstellungs- und Messe-Ausschuß der Deutschen Wirtschaft e.V. – AUMA, Köln

1.4.6 Messen und Ausstellungen in Deutschland 1999*)

Stadt / Veranstaltung	Ausstellungs-zeitraum	Belegte Brutto-fläche	Vermietete Stand-fläche[1]	Aussteller insgesamt	Aussteller Inland	Aussteller Ausland	Besucher/-innen insgesamt	Besucher/-innen dar. Ausländer/-innen
		1 000 m²		Anzahl				
Köln								
INTERNATIONALE MÖBELMESSE	18.01. – 24.01.	275,0	176,2	1 628	590	1 038	129 677	23 476
ISM – Int. Süßwaren-Messe	31.01. – 04.02.	74,0	45,0	1 147	256	891	27 324	14 424
Herren-Mode-Woche (Frühjahr)	05.02. – 07.02.	167,0	72,0	1 229	575	654	49 743	19 236
Herren-Mode-Woche (Herbst)	30.07. – 01.08.	167,0	75,4	1 193	584	609	41 973	15 442
Kind + Jugend (Frühjahr)	12.02. – 14.02.	50,0	15,4	390	264	126	7 734	2 240
Kind + Jugend (Herbst)	20.08. – 22.08.	50,0	27,0	518	242	276	10 477	4 849
DOMOTECHNICA	22.02. – 25.02.	217,0	128,1	1 467	356	1 111	72 394	31 240
Internationale Eisenwarenmesse	07.03. – 10.03.	275,0	147,7	3 298	1 158	2 140	96 123	35 451
FARBE Intern. Fachmesse für Farbe, Gestaltung, Bautenschutz	25.03. – 28.03.	57,0	27,6	427	345	82	64 661	10 315
IDS – Internationale Dental-Schau	13.04. – 17.04.	75,0	34,3	1 086	538	548	58 513	11 926
interzum – Möbelfertigung und Holzausbau	07.05. – 11.05.	165,0	87,0	1 583	431	1 152	59 343	33 232
SPOGA-GAFA	05.09. – 07.09.	237,5	128,9	2 152	745	1 407	48 129	17 939
IFMA	23.09. – 26.09.	73,0	22,6	649	269	380	40 046	6 934
Anuga	09.10. – 14.10.	275,0	148,7	5 585	1 212	4 373	183 768	73 482
fsb-areal-IRW-	27.10. – 29.10.	101,0	30,3	767	470	297	25 651	7 198
Leipzig								
Leipziger Mode Messe (Frühjahr)	13.02. – 15.02.	36,0	14,0	678	579	99	10 694	1 016
Leipziger Mode Messe (Herbst)	07.08. – 09.08.	36,0	12,9	667	579	88	9 096	882
TerraTec – Fachmesse u. Forum globale Umweltmärkte	02.03. – 05.03.	42,3	14,7	629	551	78	17 699	903
Leipziger Buchmesse[2]	25.03. – 28.03.	39,9	9,0	1 691	1 004	687	50 381	1 108
Leipziger Messe AUTO MOBIL INTERNATIONAL	10.04. – 18.04.	124,5	55,5	470	357	113	272 893	4 639
MIDORA Leipziger Uhren- und Schmuckmesse	28.08. – 30.08.	19,3	8,1	248	194	54	4 630	417
EXPOPHARM Intern. Pharmazeutische Fachmesse	30.09. – 03.10.	28,0	14,2	361	320	41	13 711	823
Bau- Fachmesse Leipzig	20.10. – 24.10.	116,8	54,3	1 491	1 286	205	93 009	4 743
GASTE – Int. Fachmesse f. Gastronomie	14.11. – 18.11.	41,0	17,7	507	478	29	27 287	1 910
München								
BAU – Int. Fachmesse f. Baustoffe, Bausysteme, Bauerneuerung	19.01. – 24.01.	140,0	99,1	1 578	995	583	196 827	17 714
ispo – Int. Fachmesse f. Sportartikel u. Sportmode (Winter)	07.02. – 10.02.	142,0	76,6	1 462	453	1 009	36 897	19 467
ispo – Int. Fachmesse f. Sportartikel u. Sportmode (Sommer)	01.08. – 04.08.	140,8	75,4	1 553	464	1 089	33 105	15 232
inhorgenta münchen	26.02. – 01.03.	76,0	39,4	1 287	889	398	25 652	5 464
I.H.M. – Int. Handwerksmesse	18.03. – 24.03.	150,6	78,2	1 900	1 556	344	206 722	10 336
IFAT Intern. Fachmesse für Umwelt und Entsorgung	04.05. – 08.05.	165,0	100,8	2 026	1 566	460	100 147	17 025
Transport – Int. Fachmesse f. Logistik, Güter-, Personenverkehr	08.06. – 12.06.	59,0	34,7	907	658	249	32 804	4 593
LASER – Int. Fachmesse u. Int. Kongreß	14.06. – 18.06.	33,0	14,2	773	398	375	15 062	3 225
INTER AIRPORT	07.09. – 10.09.	50,0	21,5	512	199	313	9 200	4 464
GOLF EUROPE-München	03.10. – 05.10.	16,5	8,5	293	144	149	3 570	1 499
SYSTEMS – Int. Fachmesse f. Informationstechnologie	18.10. – 22.10.	127,0	70,7	2 553	2 344	209	132 226	7 934
Productronica – Int. Fachmesse der Elektronik-Fertigung	09.11. – 12.11.	132,0	70,5	1 793	1 116	677	56 339	14 085
Nürnberg								
Int. Spielwarenmesse m. Fachmesse Modellbau, Hobby	04.02. – 10.02.	145,0	101,8	2 793	1 268	1 525	50 787	16 673
BIO FACH Weltfachmesse für Naturkost und Naturwaren	18.02. – 21.02.	32,0	16,1	1 257	572	685	15 384	4 154
IWA – Int. Messe f. Jagd- u. Sportwaffen	12.03. – 15.03.	44,5	23,3	913	285	628	15 216	6 471
HOLZ-HANDWERK Fachmesse f. Maschinen u. Fertigungsbau	18.03. – 21.03.	43,6	26,2	587	503	84	43 727	2 186
Altenpflege Int. Fachmesse m. Kongreß	23.03. – 25.03.	46,8	24,7	652	606	46	38 355	1 151
EUROPEAN COATINGS SHOW	13.04. – 15.04.	33,4	16,5	569	318	251	10 682	4 179
Hotel- und Gaststätten-Ausstellung Nürnberg	17.04. – 21.04.	36,9	16,2	386	361	25	35 226	–
SMT/ES&S/Hybrid[2]	04.05. – 06.05.	24,5	11,9	526	368	158	25 467	7 362
Stuck-Putz-Trockenbau Nürnberg	06.05. – 09.05.	29,3	14,8	268	254	14	23 332	2 100
Stone+tec Nürnberg	03.06. – 06.06.	87,0	47,3	1 188	462	726	46 052	10 592
EUROTEFA Europäische Fachmesse für Orient-Teppiche	19.09. – 21.09.	15,0	6,2	64	55	9	3 867	–
POWTECH	05.10. – 07.10.	29,4	15,1	627	496	131	10 281	1 984
BRAU Nürnberg	10.11. – 12.11.	76,0	39,8	1 570	1 155	415	36 804	8 465
Offenbach								
Internationale Lederwarenmesse (Frühjahr)	20.02. – 22.02.	18,0	11,7	303	203	100	4 621	1 059
Internationale Lederwarenmesse (Herbst)	28.08. – 30.08.	18,2	11,8	308	194	114	4 407	829
Modeforum Offenbach	17.04. – 19.04.	16,6	10,3	233	163	70	3 614	686
Modeforum Offenbach	16.10. – 18.10.	17,0	10,2	241	160	81	3 494	646
Pirmasens								
PLW Pirmasenser Lederwoche Int. (Frühjahr)[2]	20.04. – 21.04.	9,0	3,4	93	68	25	–	–
IMS Int. Messe f. Schuhfabrikation[2]	15.09. – 18.09.	30,0	8,0	180	141	39	8 000	3 920
PLW Pirmasenser Lederwoche Int. (Herbst)[2]	19.10. – 20.10.	9,0	3,2	76	27	103	–	–
Saarbrücken								
Internationale Saarmesse[2]	17.04. – 25.04.	53,6	33,2	572	501	71	188 000	–
Sinsheim								
Control Int. Fachmesse f. Qualitätssicherung	04.05. – 07.05.	30,0	16,6	667	589	78	20 294	1 827
MOTEK Int. Fachmesse f. Montage- u. Handhabungstechnik	21.09. – 24.09.	29,0	17,0	608	527	81	26 730	3 208
Stuttgart								
Fensterbau Stuttgart	18.02. – 20.02.	51,1	22,6	502	397	105	46 815	–
Interschul/didacta Bildungsmesse	01.03. – 05.03.	55,1	21,8	754	686	68	73 103	5 117
DACH + WAND	12.05. – 15.05.	65,0	32,3	516	409	107	41 782	5 402
CAT ENGINEERING	08.06. – 11.06.	15,5	4,6	272	258	14	14 818	1 334
Wiesbaden								
IKF/INTERKONDICA	16.01. – 19.01.	17,9	5,7	193	171	22	15 018	–

*) Überregionale Veranstaltungen; Zahlen ermittelt nach den Richtlinien der Gesellschaft zur freiwilligen Kontrolle von Messe- und Ausstellungszahlen (FKM-Verfahren).

1) Hallenflächen und Freigeländeflächen.
2) Nicht unter Kontrolle des FKM-Verfahrens.

Quelle: Ausstellungs- und Messe-Ausschuß der Deutschen Wirtschaft e.V. – AUMA, Köln

1.5 Umwelt

Der Tourismus ist für die Wechselwirkungen zwischen wirtschaftlicher Entwicklung und Umwelt beispielhaft.

Auf der einen Seite verursacht der Tourismus Umweltbelastungen, vor allem durch Flächeninanspruchnahme, Emissionen von Schadstoffen, Ressourcenverbrauch und Störung der Naturräume in den Zielgebieten.

Auf der anderen Seite sind die intakte Natur und Landschaft ein bedeutsamer Faktor des touristischen Angebots. Zu ihrer Erhaltung sind bestimmte landschaftlich reizvolle Gebiete als Schutzgebiete ausgewiesen worden. Die erste Tabelle stellt die unterschiedlichen Naturschutzflächen dar, die folgende Tabelle bietet Informationen zur Fläche und regionalen Verteilung der Schutzgebiete Naturparke und Nationalparke. Die Definitionen dieser Schutzgebiete lauten:

N a t u r p a r k e sind einheitlich zu entwickelnde und zu pflegende großräumige Gebiete, die sich wegen ihrer landschaftlichen Voraussetzung für die Erholung besonders eignen. Sie sind nach den Grundsätzen und Zielen der Raumordnung und Landesplanung für die Erholung oder den Fremdenverkehr vorgesehen.

N a t i o n a l p a r k e sind rechtsverbindlich festgesetzte großräumige Gebiete von besonderer Eigenart, die zum überwiegenden Teil die Voraussetzung eines Naturschutzgebietes erfüllen und vornehmlich der Erhaltung eines ar-tenreichen heimischen Pflanzen- und Tierbestandes dienen.

Die anschließende Flächennutzungsstatistik zeigt in einem Vergleich der Jahre 1981, 1993 und 1997 die Aufteilung der Gesamtfläche nach Nutzungsarten.

Wie Umfragen belegen, hat die Umweltsituation für viele Touristen eine steigende Bedeutung. Umweltschädigungen werden in zunehmendem Maße zur Kenntnis genommen. Die Messung und statistische Darstellung von Umweltschäden ist jedoch schwierig und muß sicherlich in Zukunft weiterentwickelt werden. Als ein Problemfeld, das auch gerade in der tourismuspolitischen Diskussion häufig genannt wird, soll hier auf die Waldschäden in den abschließenden Übersichten dieses Abschnitts näher eingegangen werden. Die Quelle für die Angaben ist der Waldschadensbericht des Bundesministeriums für Ernährung, Landwirtschaft und Forsten.

1.5.1 Naturschutzflächen 2000*)

Land	Nationalparke	Biosphären-reservate	Naturschutz-gebiete[1]	Naturparke	Feuchtgebiete von internationaler Bedeutung	Naturwald-reservate
			km^2			
Baden-Württemberg	–	–	740	3 545	11	42
Bayern	450	1 328	1 473	20 816	320	62
Berlin	–	–	17	40	–	–
Brandenburg[2]	106	2 326	1 082	6 380	123	11
Bremen	–	–	19	–	–	–
Hamburg	117	117	46	–	124	1
Hessen	–	636	368	6 204	2	12
Mecklenburg-Vorpommern	1 154	929	622	2 545	325	16
Niedersachsen	2 500	2 969	1 416	8 061	2 533	38
Nordrhein-Westfalen	–	–	1 034	10 011	268	14
Rheinland-Pfalz	–	1 798	304	4 519	3	13
Saarland	–	–	35	1 020	–	8
Sachsen	93	301	440	1 495	–	5
Sachsen-Anhalt[3]	59	2 219	468	990	14[3]	13
Schleswig-Holstein[4]	2 730	2 855	399	1 962	2 990	7
Thüringen	76	656	241	–	...	11
Deutschland	**7 285**	**16 134**	**8 704**	**67 588**	**6 712**	**250**

*) Die einzelnen Typen der Schutzflächen können nicht summiert werden, da sie sich zum Teil überschneiden. – Stand: 1.4.2000.
1) Stand 1.1.1999.
2) Das Naturschutzgebiet Nationalpark „Unteres Odertal" (106 km²) ist mit berücksichtigt, da die betreffende Verordnung nach wie vor Bestand hat.
3) Einschl. des Anteils von Thüringen.
4) Die Gesamtfläche der Naturschutzgebiete in Schleswig-Holstein beträgt 2 026 km²; darin enthalten sind 1 627 km² Watt- und Wasserflächen, die statistisch nicht zur Landesfläche gehören.

Quelle: Bundesamt für Naturschutz (BFN), Bonn

1.5.2 Naturparke und Nationalparke*)

Name	Land	Gründungsjahr	Fläche in km²
Naturparke			
Altmühltal	Bayern	1969	2 962
Arnsberger Wald	Nordrhein-Westfalen	1961	482
Augsburg - Westliche Wälder	Bayern	1974	1 175
Aukrug	Schleswig-Holstein	1970	384
Bayerische Rhön	Bayern	1967	1 240
Bayerischer Spessart	Bayern	1963	1 710
Bayerischer Wald	Bayern	1967	2 068
Bergisches Land	Nordrhein-Westfalen	1973	1 910
Bergstraße - Odenwald	Hessen/Bayern	1960	1 676
	Hessen		1 277
	Bayern		400
Dahme - Heideseen	Brandenburg	1998	590
Diemelsee	Nordrhein-Westfalen/Hessen	1965	334
	Nordrhein-Westfalen		124
	Hessen		210
Drömling	Sachsen-Anhalt	1990	278
Dümmer	Niedersachsen/Nordrhein-Westfalen	1972	472
	Niedersachsen		340
	Nordrhein-Westfalen		132
Ebbegebirge	Nordrhein-Westfalen	1964	777
Eggegebirge und südlicher Teutoburger Wald	Nordrhein-Westfalen	1965	680
Elbufer - Drawehn	Niedersachsen	1968	750
Elm - Lappwald	Niedersachsen	1977	470
Erzgebirge/Vogtland	Sachsen	1991	1 495
Feldberger Seenlandschaft	Mecklenburg-Vorpommern	1997	360
Fichtelgebirge	Bayern	1971	1 028
Fränkische Schweiz - Veldensteiner Forst	Bayern	1968	2 310
Frankenhöhe	Bayern	1974	1 105
Frankenwald	Bayern	1973	1 023
Habichtswald	Hessen	1969	474
Harz	Niedersachsen	1960	950
Haßberge	Bayern	1974	804
Hessenreuther und Manteler Wald	Bayern	1999	270
Hessische Rhön	Hessen	1962	700
Hessischer Spessart	Hessen	1962	730
Hochtaunus	Hessen	1962	1 200
Hohe Mark	Nordrhein-Westfalen	1963	1 041
Hoher Fläming	Brandenburg	1998	827
Hoher Vogelsberg	Hessen	1957	384
Hohes Venn (Nordeifel)	Nordrhein-Westfalen/Rheinland-Pfalz	1960	1 751
	Nordrhein-Westfalen		1 346
	Rheinland-Pfalz		405
Holsteinische Schweiz	Schleswig-Holstein	1986	635
Homert	Nordrhein-Westfalen	1965	550
Hüttener Berge	Schleswig-Holstein	1971	219
Insel Usedom	Mecklenburg-Vorpommern	1999	720
Kottenforst - Ville	Nordrhein-Westfalen	1959	880
Lauenburgische Seen	Schleswig-Holstein	1960	474
Lüneburger Heide	Niedersachsen	1921	200
Märkische Schweiz	Brandenburg	1990	205
Mecklenburgische Schweiz und Krummerower See	Mecklenburg-Vorpommern	1997	674
Mecklenburgisches Elbetal	Mecklenburg-Vorpommern	1998	426
Meißner - Kaufunger Wald	Hessen	1962	421

*) Stand: 1.4.2000.

Quelle: Bundesamt für Naturschutz (BFN), Bonn

1.5.2 Naturparke und Nationalparke *)

Name	Land	Gründungsjahr	Fläche in km²
Münden	Niedersachsen	1959	374
Nassau	Rheinland-Pfalz	1963	530
Neckartal - Odenwald	Baden-Württemberg	1980	1 300
Niederlausitzer Heidelandschaft	Brandenburg	1996	490
Niederlausitzer Landrücken	Brandenburg	1997	587
Nördlicher Teutoburger Wald - Wiehengebirge	Niedersachsen/Nordrhein-Westfalen	1962	1 220
	Niedersachsen		970
	Nordrhein-Westfalen		250
Nördlicher Oberpfälzer Wald	Bayern	1975	641
Nossentiner/Schwinzer Heide	Mecklenburg-Vorpommern	1994	365
Obere Donau	Baden-Württemberg	1980	857
Oberer Bayerischer Wald	Bayern	1965	1 738
Oberpfälzer Wald	Bayern	1985	817
Pfälzerwald	Rheinland-Pfalz	1958	1 793
Rhein - Taunus	Hessen	1968	808
Rhein - Westerwald	Rheinland-Pfalz	1962	447
Rothaargebirge	Nordrhein-Westfalen	1965	1 355
Saale - Unstrut - Triasland	Sachsen-Anhalt	2000	712
Saar - Hunsrück	Rheinland-Pfalz/Saarland	1980	1 938
	Rheinland-Pfalz		918
	Saarland		1 020
Schlaubetal	Brandenburg	1996	227
Schönbuch	Baden-Württemberg	1974	156
Schwäbisch-Fränkischer Wald	Baden-Württemberg	1979	904
Schwalm - Nette	Nordrhein-Westfalen	1965	435
Siebengebirge	Nordrhein-Westfalen	1958	48
Solling - Vogler	Niedersachsen	1963	528
Steigerwald	Bayern	1972	1 280
Steinhuder Meer	Niedersachsen	1974	310
Steinwald	Bayern	1987	246
Stromberg - Heuchelberg	Baden-Württemberg	1980	328
Südeifel	Rheinland-Pfalz	1958	426
Südheide	Niedersachsen	1964	500
Uckermärkische Seen	Brandenburg	1997	895
Weserbergland - Schaumburg - Hameln	Niedersachsen	1975	1 116
Westensee	Schleswig-Holstein	1970	250
Westhavelland	Brandenburg	1998	1 290
Wildeshauser Geest	Niedersachsen	1984	1 554
Nationalparke			
Bayerischer Wald	Bayern	1970	243
Berchtesgaden	Bayern	1978	208
Hainich	Tjhüringen	1997	76
Hamburgisches Wattenmeer	Hamburg	1990	117
Harz	Niedersachsen	1994	158
Hochharz	Sachsen-Anhalt	1990	59
Jasmund	Mecklenburg-Vorpommern	1990	30
Müritz-Nationalpark	Mecklenburg-Vorpommern	1990	319
Niedersächsisches Wattenmeer	Niedersachsen	1986	2 342
Sächsische Schweiz	Sachsen	1990	93
Schleswig-Holsteinisches Wattenmeer	Schleswig-Holstein	1985	2 730
Unteres Odertal	Brandenburg	1995	106
Vorpommerische Boddenlandschaft	Mecklenburg-Vorpommern	1990	805

*) Stand: 1.4.2000.

Quelle: Bundesamt für Naturschutz (BFN), Bonn

1.5.3 Bodenfläche nach Nutzungsarten und Ländern*)

Land	Jahr[1]	Bodenfläche insgesamt	Gebäude- und Freifläche[2]	Betriebsfläche[3]	Erholungsfläche[4]	Verkehrsfläche[5]	Landwirtschaftsfläche[6]	Waldfläche[7]	Wasserfläche[8]	Flächen anderer Nutzung[9]
		km²	Anteil an der Bodenfläche insgesamt in %							
Deutschland	1993	356 970	5,8	0,7	0,6	4,6	54,7	29,3	2,2	2,1
	1997	357 028	6,1	0,7	0,7	4,7	54,1	29,4	2,2	2,1
Baden-Württemberg	1981	35 751	5,6	0,3	0,4	4,8	50,7	36,4	0,9	1,0
	1993	35 752	6,3	0,3	0,6	5,2	48,1	37,6	1,0	0,9
	1997	35 752	6,6	0,3	0,6	5,2	47,5	37,8	1,0	0,9
Bayern	1981	70 548	3,6	0,3	0,2	4,0	53,7	34,4	1,8	1,9
	1993	70 548	4,4	0,4	0,3	4,3	52,3	34,5	1,8	2,0
	1997	70 548	4,8	0,4	0,4	4,4	51,6	34,6	1,9	2,0
Berlin	1993	889	42,8	0,8	10,9	12,4	6,7	17,5	6,4	2,5
	1997	892	38,9	0,8	11,0	15,1	7,0	17,6	6,6	3,1
Brandenburg	1993	29 476	3,7	1,2	0,3	3,3	50,2	34,7	3,4	3,1
	1997	29 476	4,0	1,3	0,3	3,4	50,0	34,9	3,4	2,9
Bremen	1981	404	28,6	0,6	5,6	11,8	36,3	1,7	11,4	4,0
	1993	404	32,7	0,5	7,4	11,9	31,3	1,9	11,5	2,8
	1997	404	33,1	0,6	7,3	12,0	30,8	1,9	11,5	2,8
Hamburg	1981	755	33,5	1,1	7,5	10,9	31,9	4,2	8,0	2,9
	1993	755	34,5	1,4	8,0	11,6	29,1	4,5	8,1	2,8
	1997	755	35,3	1,1	8,1	11,7	28,2	4,5	8,2	2,8
Hessen	1981	21 114	5,5	0,3	0,4	6,2	46,3	39,5	1,2	0,7
	1993	21 114	6,8	0,4	0,7	6,5	43,8	39,8	1,3	0,8
	1997	21 115	7,0	0,4	0,8	6,5	43,4	39,9	1,3	0,8
Mecklenburg-Vorpommern	1993	23 424	3,1	0,2	0,2	2,5	64,8	21,2	5,5	2,5
	1997	23 170	3,4	0,2	0,2	2,5	64,6	21,2	5,5	2,3
Niedersachsen	1981	47 431	4,9	1,0	0,4	4,5	65,1	20,6	2,0	1,5
	1993	47 352	6,1	0,8	0,7	4,8	62,7	20,8	2,1	2,1
	1997	47 612	6,4	0,8	0,7	4,8	62,0	21,0	2,2	2,1
Nordrhein-Westfalen	1981	34 066	9,7	0,9	0,8	5,9	55,7	24,5	1,5	1,0
	1993	34 072	11,3	1,0	1,2	6,4	52,6	24,7	1,7	1,0
	1997	34 079	11,8	1,0	1,2	6,5	51,8	24,7	1,8	1,1
Rheinland-Pfalz[10]	1981	19 847	4,6	0,4	0,4	5,1	48,1	38,8	1,2	1,5
	1993	19 852	4,9	0,5	1,4	5,9	43,8	40,5	1,4	1,6
	1997	19 853	5,2	0,5	1,5	6,0	43,4	40,6	1,4	1,5
Saarland	1981	2 570	8,1	2,4	0,5	5,4	48,1	33,2	0,8	1,5
	1993	2 570	11,2	0,9	0,7	6,0	45,5	33,4	0,9	1,3
	1997	2 570	11,5	1,0	0,8	6,0	45,1	3,4	0,9	1,3
Sachsen	1993	18 409	5,6	2,0	0,5	3,6	57,0	26,4	1,8	3,0
	1997	18 413	6,1	2,0	0,6	3,7	56,4	26,4	1,8	3,0
Sachsen-Anhalt	1993	20 446	4,0	1,0	0,4	3,5	63,6	21,2	1,7	4,6
	1997	20 447	4,5	1,0	0,4	3,6	63,2	21,2	1,7	4,4
Schleswig-Holstein	1981	15 720	5,0	0,5	0,6	3,8	75,6	8,7	4,5	1,3
	1993	15 731	5,5	0,6	0,7	4,0	73,5	9,2	4,7	1,9
	1997	15 771	5,7	0,6	0,7	4,0	73,0	9,3	4,8	2,0
Thüringen	1993	16 175	3,7	0,3	0,4	3,8	54,5	31,8	1,2	4,4
	1997	16 172	4,1	0,3	0,4	3,9	54,1	31,9	1,2	4,2
Nachrichtlich:										
Früheres Bundesgebiet	1981	248 687	5,5	0,6	0,5	4,8	55,8	29,7	1,8	1,4
	1993	248 636	6,5	0,6	0,7	5,2	53,4	30,1	1,9	1,6
	1997	248 945	6,9	0,6	0,8	5,3	52,8	30,2	1,9	1,6
Neue Länder und Berlin-Ost	1993	108 334	4,1	0,9	0,4	3,3	57,6	27,3	2,9	3,4
	1997	108 083	4,4	1,0	0,4	3,4	57,2	27,4	2,9	3,2

*) Ergebnisse der Flächenerhebung nach Art der tatsächlichen Nutzung. Stichtag 31.12. des Vorjahres.
1) Der Zeitvergleich ist durch die Umstellung auf die neue Nutzungsartensystematik des automatisierten Liegenschaftskatasters stellenweise beeinträchtigt.
2) Flächen mit Gebäuden (Gebäudeflächen) und unbebaute Flächen (Freiflächen), die den Zwecken der Gebäude untergeordnet sind (Vor- und Hausgärten, Spiel- und Stellplätze, Betriebsgelände usw.).
3) Unbebaute Flächen, die gewerblich oder industriell (Halden, Lagerplätze usw.) bzw. für Zwecke der Ver- und Entsorgung genutzt werden.
4) Unbebaute Flächen, die dem Sport, der Erholung und der Freizeitgestaltung dienen, auch Kleingärten, Wochenend- und Campingplätze, Grünanlagen usw.
5) Unbebaute Flächen, die dem Straßen-, Schienen- oder Luftverkehr (einschl. Trenn-, Seiten- und Schutzstreifen und Plätze für Fahrzeuge, Märkte und Veranstaltungen), sowie Landflächen, die dem Verkehr auf den Wasserstraßen dienen.
6) Unbebaute Flächen, die dem Ackerbau, der Wiesen- und Weidewirtschaft, dem Garten-, Obst- oder Weinbau dienen sowie Moor und Heide.
7) Unbebaute Flächen, die mit Bäumen und Sträuchern bewachsen sind, auch Waldblößen, Pflanzschulen, Wildäsungsflächen usw.
8) Flächen, die ständig oder zeitweise mit Wasser bedeckt sind, gleichgültig, ob das Wasser in natürlichen oder künstlichen Betten abfließt oder steht; auch Böschungen, Uferbefestigungen usw.
9) Unbebaute Flächen, die nicht mit einer der vorgenannten Nutzungsarten bezeichnet werden können (Übungsgelände, Felsen, Dünen usw.).
10) Seit 1993 einschließlich des gemeinschaftlichen deutsch-luxemburgischen Hoheitsgebietes.

Methodische Anmerkungen siehe "Bodennutzung und Ernte" im Anhang.

1.5.4 Waldschäden nach Ländern*)
Prozent

Land	Waldschäden nach Schadstufen[1] der Probebäume											
	Schadstufe 0 (ohne Schadmerkmale)				Schadstufe 1 (schwach geschädigt)				Schadstufe 2 - 4 (deutliche Schäden)			
	1996	1997	1998	1999	1996	1997	1998	1999	1996	1997	1998	1999
Baden-Württemberg	25	40	.[2]	.[3]	40	41	.[2]	.[3]	35	19	24	25
Bayern	47	42	40	39	37	39	41	42	16	19	19	19
Berlin	37	28	28	29	50	52	60	53	13	20	12	18
Brandenburg	48	49	52	57	41	41	38	36	11	10	10	7
Bremen	58	68	74	.	29	24	20	.	13	8	6	.
Hamburg	49	50	44	46	35	34	35	36	16	16	21	18
Hessen	26	24	25	27	39	43	39	46	35	33	36	27
Mecklenburg-Vorpommern	56	50	51	49	38	40	40	40	6	10	9	11
Niedersachsen	48	48	54	.[4]	37	37	33	.[4]	15	15	13	13
Nordrhein-Westfalen	.[5]	42	45	33	.[5]	38	34	43	.[5]	20	21	24
Rheinland-Pfalz	36	38	32	29	42	38	43	46	22	24	25	25
Saarland	47	44	50	49	32	37	35	37	21	19	15	14
Sachsen	52	44	44	42	30	37	37	36	18	19	19	22
Sachsen-Anhalt	57	60	56	56	29	26	29	28	14	14	16	15
Schleswig-Holstein	43	47	42	39	30	30	30	35	27	23	28	26
Thüringen	27	24	28	29	36	38	41	42	37	38	31	29
Deutschland	**39**	**37**	**38**	**37**	**39**	**41**	**41**	**41**	**22**	**22**	**21**	**22**

*) Ergebnisse der Waldschadenserhebungen 1996, 1997, 1998 und 1999.
1) Der Gesundheitszustand der Bäume wird durch die Begutachtung der Baumkronen während der Vegetationszeit ermittelt.
2) Für 1998 kein Einzelergebnis für die Schadstufen 0 und 1. Zusammengefaßt ergibt sich ein Wert von 76 %.
3) Für 1999 kein Einzelergebnis für die Schadstufen 0 und 1. Zusammengefaßt ergibt sich ein Wert von 75 %.
4) Für 1999 kein Einzelergebnis für die Schadstufen 0 und 1. Zusammengefaßt ergibt sich ein Wert von 87 %.
5) Wegen zu geringen Stichprobenumfangs kein Ergebnis für Nordrhein-Westfalen.

Quelle: Bundesministerium für Ernährung, Landwirtschaft und Forsten, Bonn

1.5.5 Waldschäden nach Baumarten und Altersstufen*)
Prozent

Baumart	Anteil der Schadstufen[1] an den Probebäumen				
	insgesamt			unter 60 Jahren	60 Jahre und mehr
	0	1	2 - 4		
1996					
Fichte	43	35	22	8	33
Kiefer	43	43	14	7	19
Sonstige Nadelbäume[2]	41	30	29	4	58
Buche	26	44	30	12	33
Eiche	13	40	47	27	52
Sonstige Laubbäume[3]	50	35	15	.	.
1997					
Fichte	37	40	23	6	35
Kiefer	43	44	13	5	20
Sonstige Nadelbäume[2]	38	40	22	4	42
Buche	23	47	30	12	37
Eiche	14	39	47	19	56
Sonstige Laubbäume[3]	50	36	14	.	.
1998					
Fichte	36	38	26	6	40
Kiefer	45	45	10	4	16
Sonstige Nadelbäume[2]	40	35	25	5	46
Buche	24	47	29	5	35
Eiche	20	43	37	8	47
Sonstige Laubbäume[3]	54	33	13	.	.
1999					
Fichte	36	39	25	5	37
Kiefer	42	45	13	7	18
Sonstige Nadelbäume[2]	43	33	24	.	.
Buche	21	47	32	7	39
Eiche	20	36	44	19	53
Sonstige Laubbäume[3]	52	37	11	.	.

*) Ergebnisse der Waldschadenserhebungen 1996, 1997, 1998 und 1999.
1) Der Gesundheitszustand der Bäume wird durch die Begutachtung der Baumkronen während der Vegetationszeit ermittelt.
2) Vor allem Tanne, Lärche und Douglasie.
3) Vor allem Esche, Ahorn, Birke, Erle, Hainbuche, Linde und Pappel.

Quelle: Bundesministerium für Ernährung, Landwirtschaft und Forsten, Bonn

2 Teilbereiche des Tourismus

Das Kapitel 2 ist das "Kernstück" dieses Heftes. Hier sind die eigentlichen tourismusbezogenen Daten für Deutschland zusammengestellt. Innerhalb dieses Kapitels kommt wiederum den Daten der Beherbergungsstatistik die größte Bedeutung zu. Diese Statistik kann derzeit als die wichtigste Datensammlung für empirische Aussagen über die Entwicklung des Tourismus angesehen werden. Im Abschnitt 2.1 werden in den Beherbergungsstätten erhobene Daten dargestellt, im folgenden Abschnitt 2.2 Angaben zum Campingtourismus. Es schließen sich an die Abschnitte zur Gastgewerbestatistik, über Reisebüros und Reiseveranstalter, über landwirtschaftliche Betriebe und Forstbetriebe mit Vermietung von Unterkünften, über den Kurtourismus, die Jugendherbergen sowie über Tagesreisen.

2.1 Beherbergung

Das Beherbergungsgewerbe ist ein bedeutender Teilbereich des touristischen Angebots. Die vielfältigen Formen der Beherbergungsstätten entsprechen den unterschiedlichen Bedürfnissen nach Inanspruchnahme von Unterkunftsleistungen. Erfaßt werden allerdings nur Betriebe, die über neun und mehr Betten verfügen. Zu den gewerblichen Beherbergungsbetrieben zählen Hotels, Gasthöfe, Pensionen und Hotels garnis. Diese auch als klassische Hotellerie bezeichneten Beherbergungsstätten werden ergänzt durch Erholungs- und Ferienheime, Schulungsheime sowie Ferienzentren, Ferienhäuser und -wohnungen, durch Hütten, Jugendherbergen sowie Sanatorien und Kurkrankenhäuser.

Dem Abschnitt vorangestellt ist eine Graphik zur konjunkturellen Entwicklung der Übernachtungen im Beherbergungsgewerbe seit Januar 1995 sowie eine lange Reihe der Ankünfte und Übernachtungen von Gästen in Beherbergungsstätten seit 1992.

Daten zum Beherbergungsangebot finden sich in den Übersichten 2.1.1 bis 2.1.8, wobei das Zahlenmaterial der Tabellen 2.1.1 bis 2.1.4 aus den im 6-Jahres-Turnus stattfindenden Kapazitätserhebungen stammt und die Betriebe insgesamt und die Betten insgesamt abbildet. Die übrigen Tabellen zum Beherbergungsangebot stellen im Gegensatz dazu die geöffneten Betriebe und die angebotenen Betten dar, wobei Betriebe, die zum Beispiel aus saisonalen Gründen geschlossen haben, nicht berücksichtigt sind. Die Daten dazu sind der laufenden monatlichen Beherbergungsstatistik entnommen.

Die folgenden Tabellen - mit Ausnahme der Übersicht 2.1.16, die sowohl Angebots- als auch Nachfragedaten darstellt, - geben Auskunft über die Nachfrage nach Beherbergungsleistungen. Sie berichten über Ankünfte und Übernachtungen in Beherbergungsstätten nach unterschiedlichen Merkmalen, z. B. nach Betriebsarten, Gemeindegruppen, Herkunftsländern. Ab Tabelle 2.1.15 ist ein übergeordnetes Merkmalskriterium für Daten der Beherbergungsstatistik in tiefer regionaler Gliederung (z. B. nach Reisegebieten, Landkreisen oder Gemeinden) angegeben.

Die Ergebnisse der Beherbergungsstatistik für das Berichtsjahr 1999 werden in diesem Heft in der zusammenfassenden Abhandlung „1999 – Rekordjahr im deutschen Inlandstourismus" dargestellt.

Statistisches Bundesamt, Tourismus in Zahlen, 2000/2001

Konjunkturelle Entwicklung der Übernachtungen im Beherbergungsgewerbe
Meßzahlen 1995 = 100

Bei der unten dargestellten konjunkturellen Entwicklung handelt es sich um Ergebnisse der Zeitreihenanalyse nach dem „Berliner Verfahren" (Version 4). Dieses Verfahren zerlegt die Originalwerte (Originalreihe) in eine Trend-Konjunktur-Komponente, eine Saison- und Kalender-Komponente sowie eine Restkomponente. Die Trend-Konjunktur-Komponente des Berliner Verfahrens wird häufig als Konjunkturindikator eingesetzt, da sie die mittel- bis langfristige „Grundtendenz" der Reihe anzeigt.

Grundsätzlich ist zu beachten, daß die Zeitreihenkomponenten am aktuellen Rand (etwa für die letzten drei Monate) mit gewissen Unsicherheiten über die Entwicklung behaftet sind.

Das „Berliner Verfahren" ist aus der Zusammenarbeit der technischen Universität Berlin mit dem Deutschen Institut für Wirtschaftsforschung in Berlin hervorgegangen.

Literaturhinweis: B. Nullau, S. Heiler, P. Wäsch, B. Meissner, D. Filip: Das „Berliner Verfahren". Ein Beitrag zur Zeitreihenanalyse. In: DIW-Beiträge zur Strukturforschung, Heft 7, Berlin 1969.

Beherbergung im Reiseverkehr
Übernachtungen
Meßzahlen 1995 = 100

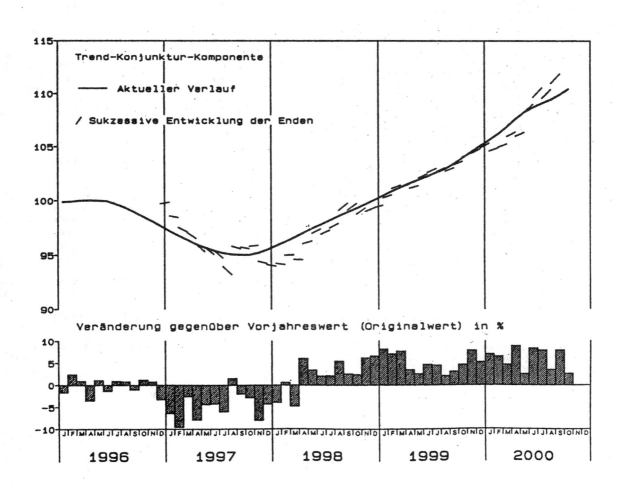

Statistisches Bundesamt, Tourismus in Zahlen, 2000/2001

Entwicklung der Ankünfte und Übernachtungen von Gästen in Beherbergungsstätten*)

Zeitraum1)		Ankünfte				Übernachtungen			
		aller Gäste		darunter mit ständigen Wohnsitz außerhalb der Bundesrepublik Deutschland		aller Gäste		darunter mit ständigen Wohnsitz außerhalb der Bundesrepublik Deutschland	
		Anzahl in 1000	% 2)	Anzahl in 1000	% 2)	Anzahl in 1000	% 2)	Anzahl in 1000	% 2)
1992		84 113	x	14 515	x	293 827	x	33 822	x
1993		82 362	-2,1	13 208	-9,0	288 930	-1,7	31 067	-8,1
1994		84 146	2,2	13 368	1,2	291 159	0,8	31 199	0,4
1995		88 079	4,7	13 798	3,2	300 411	3,2	32 007	2,6
1996		89 916	2,1	14 146	2,5	298 940	-0,5	32 141	0,4
1997		92 619	3,0	14 890	5,3	287 170	-3,9	33 386	3,9
1998		96 269	3,9	15 592	4,7	294 494	2,6	34 460	3,2
1999		101 648	5,6	16 143	3,5	308 038	4,6	35 742	3,7
1992	SHJ	50 931	4,3	9 247	-3,5	185 907	4,0	21 246	-4,0
1992/93	WHJ	32 998	0,4	5 003	-6,6	108 110	0,9	11 931	-5,8
1993	SHJ	49 560	-2,7	8 285	-10,4	181 746	-2,2	19 398	-8,7
1993/94	WHJ	33 079	0,2	4 942	-1,2	107 312	-0,7	11 798	-1,1
1994	SHJ	50 409	1,7	8 308	0,3	182 005	0,1	19 136	-1,3
1994/95	WHJ	34 901	5,5	5 259	6,4	112 400	4,7	12 431	5,4
1995	SHJ	52 596	4,3	8 455	1,8	186 689	2,6	19 400	1,4
1995/96	WHJ	35 541	1,8	5 330	1,4	112 969	0,5	12 518	0,7
1996	SHJ	54 183	3,0	8 777	3,8	187 173	0,3	19 616	1,1
1996/97	WHJ	36 422	2,5	5 567	4,4	106 916	-5,4	12 837	2,5
1997	SHJ	55 855	3,1	9 225	5,1	181 654	-2,9	20 438	4,2
1997/98	WHJ	37 398	2,7	5 828	4,7	105 315	-1,5	13 159	2,5
1998	SHJ	58 136	4,1	9 671	4,8	187 128	3,0	21 135	3,4
1998/99	WHJ	39 794	6,4	6 164	5,8	112 007	6,4	13 787	4,8
1999	SHJ	60 864	4,7	9 886	2,2	193 748	3,5	21 748	2,9
1999/00	WHJ	42 423	6,6	6 435	4,4	119 577	6,8	14 355	4,1
2000	SHJ	65 154	7,0	11 281	14,1	204 361	5,5	24 669	13,4
1999	Januar	5 472	6,7	844	5,6	15 945	8,2	1 902	6,0
	Februar	6 095	6,5	1 028	12,1	17 986	7,1	2 497	10,4
	März	7 308	5,6	1 156	4,9	20 487	7,7	2 600	5,7
	April	7 997	7,5	1 209	2,7	23 176	3,5	2 579	-0,9
	Mai	10 081	2,2	1 506	3,8	29 677	2,6	3 278	6,6
	Juni	9 903	4,5	1 571	4,0	30 358	4,7	3 305	4,8
	Juli	9 912	6,2	1 838	2,7	34 405	4,5	4 095	3,3
	August	10 044	4,7	1 795	3,1	36 763	2,0	4 203	3,6
	September	10 744	5,4	1 677	-2,5	32 724	3,1	3 552	-4,0
	Oktober	10 180	5,3	1 500	2,8	29 820	4,6	3 314	4,1
	November	7 506	7,4	1 114	8,5	19 176	7,9	2 434	9,4
	Dezember	6 407	8,0	905	0,6	17 520	5,3	1 982	-0,1
2000	Januar	5 783	5,7	871	3,2	17 063	7,0	2 001	5,2
	Februar	6 681	9,6	1 081	5,1	19 158	6,5	2 492	-0,2
	März	7 641	4,6	1 211	4,8	21 431	4,6	2 752	5,8
	April	8 407	5,1	1 253	3,6	25 230	8,9	2 694	4,5
	Mai	10 550	4,7	1 669	10,8	30 409	2,5	3 649	11,3
	Juni	10 823	9,3	1 826	16,2	32 905	8,4	3 772	14,1
	Juli	10 758	8,5	2 171	18,2	37 100	7,8	4 786	16,9
	August	10 600	5,5	1 982	10,4	38 057	3,5	4 622	10,0
	September	11 994	11,6	2 007	19,7	35 300	7,9	4 249	19,6
	Oktober	10 429	2,4	1 626	8,4	30 590	2,6	3 590	8,3
	Jan.-Okt.	93 665	6,8	15 697	11,1	287 243	5,9	34 608	10,5

*) Die Ergebnisse sind nach dem aktuellen Stand rückkorrigiert. Die Summen für die Jahre, SHJ und WHJ können von der Addition der entsprechenden Monatswerte abweichen.

1) SHJ = Sommerhalbjahr (Mai bis Oktober), WHJ = Winterhalbjahr (November bis April). - 2) Veränderungsraten gegenüber dem Vorjahreszeitraum.

Aktuelle Ergebnisse der Beherbergungsstatistik
Januar bis Oktober 2000
Ankünfte, Übernachtungen und durchschnittliche Aufenthaltsdauer in Beherbergungsstätten

Gegenstand der Nachweisung	Ankünfte Anzahl	Veränderung gegenüber dem Vorjahreszeitraum %	Übernachtungen Anzahl	Veränderung gegenüber dem Vorjahrszeitraum %	Durchschnittliche Aufenthaltsdauer[1] Tage
Nach zusammengefaßten Gästegruppen					
Bundesrepublik Deutschland	77 968 579	+ 5,9	252 634 960	+ 5,3	3,2
Anderer Wohnsitz	15 696 669	+ 11,1	34 607 847	+ 10,5	2,2
nach Betriebsarten					
Hotels	50 474 599	+ 6,4	106 767 772	+ 6,7	2,1
Gasthöfe	7 789 175	+ 3,5	17 994 058	+ 3,1	2,4
Pensionen	3 546 282	+ 14,2	13 566 425	+ 7,3	3,8
Hotels garnis	13 601 210	+ 9,8	34 455 954	+ 8,4	2,5
Hotellerie zusammen	75 211 266	+ 7,1	172 784 209	+ 6,7	2,3
Erholungs- und Ferienheime, Schulungsheime	5 997 779	+ 1,1	23 002 596	− 1,5	3,8
Ferienzentren	1 636 837	+ 17,5	8 293 923	+ 15,5	5,1
Ferienhäuser, -wohnungen	3 717 999	+ 6,5	28 383 296	+ 3,6	7,6
Hütten, Jugendherbergen, jugendherbergsähnliche Einrichtungen	5 188 871	+ 5,5	13 199 161	+ 3,7	2,5
Sonst. Beherbergungsgewerbe zusammen	16 541 486	+ 5,1	72 878 976	+ 3,1	4,4
Vorsorge- und Reha-Kliniken[1]	1 912 496	+ 9,9	41 579 622	+ 7,3	21,7
nach Gemeindegruppen					
Mineral- und Moorbäder	5 284 657	+ 7,6	36 020 137	+ 5,7	6,8
Heilklimatische Kurorte	3 152 114	+ 4,7	16 397 162	+ 1,9	5,2
Kneippkurorte	1 740 062	+ 5,6	9 576 582	+ 3,5	5,5
Heilbäder zusammen	10 176 833	+ 6,5	61 993 881	+ 4,3	6,1
Seebäder	4 659 488	+ 5,4	31 066 387	+ 5,4	6,7
Luftkurorte	5 357 078	+ 5,6	22 923 330	+ 3,3	4,3
Erholungsorte	8 183 558	+ 5,4	30 194 328	+ 4,3	3,7
Sonstige Gemeinden	65 288 291	+ 7,2	141 064 881	+ 7,4	2,2

[1] Diese Betriebsart wird an anderer Stelle dieser Veröffentlichung unter der alten Bezeichnung „Sanatorien, Kurkrankenhäuser" nachgewiesen.

Aktuelle Ergebnisse der Beherbergungsstatistik
Januar bis Oktober 2000
Ankünfte, Übernachtungen und durchschnittliche Aufenthaltsdauer in Beherbergungsstätten

Gegenstand der Nachweisung	Ankünfte	Veränderung gegenüber dem Vorjahreszeitraum	Übernachtungen	Veränderung gegenüber dem Vorjahrszeitraum	Durchschnittliche Aufenthaltsdauer[1]
	Anzahl	%	Anzahl	%	Tage

nach Beriebsgrößenklassen (Zahl der Gästebetten)

Betriebe mit ... bis ... Gästebetten					
9 – 11	1 017 982	+ 2,8	4 289 103	+ 1,8	4,2
12 – 14	1 768 350	+ 3,9	6 865 025	+ 1,7	3,9
15 – 19	3 175 380	+ 2,4	10 972 004	+ 1,7	3,5
20 – 29	7 019 259	+ 3,1	21 813 909	+ 2,3	3,1
30 – 99	31 556 429	+ 5,4	88 020 499	+ 4,5	2,8
100 – 249	26 433 174	+ 7,8	84 527 441	+ 6,9	3,2
250 – 499	13 291 767	+ 11,5	40 678 781	+ 9,8	3,1
500 – 999	6 375 711	+ 4,3	19 165 029	+ 5,3	3,0
1 000 und mehr	3 027 196	+ 14,1	10 911 016	+ 12,1	3,6

nach Gemeindegrößenklassen

Gemeinden mit ... bis ... unter Einwohnern					
unter 2 000	8 566 834	+ 6,7	35 651 170	+ 6,1	4,2
2 000 – 5 000	11 198 046	+ 5,6	47 940 185	+ 4,7	4,3
5 000 – 10 000	11 921 523	+ 5,8	50 433 828	+ 4,5	4,2
10 000 – 20 000	11 932 087	+ 5,4	42 237 595	+ 4,3	3,5
20 000 – 50 000	12 717 395	+ 5,8	34 587 626	+ 5,3	2,7
50 000 – 100 000	6 251 970	+ 4,7	14 902 890	+ 4,5	2,4
100 000 und mehr	31 077 393	+ 9,0	61 489 513	+ 9,7	2,0
Insgesamt	**93 665 248**	**+ 6,8**	**287 242 807**	**+ 5,9**	**3,1**

[1] Rechnerischer Wert Übernachtungen/Ankunft.

Beherbergungskapazität am 1. Januar
2.1.1 Betriebe, Beherbergungseinheiten und Betten/Schlafgelegenheiten

Gegenstand der Nachweisung	FB / NB / D[1]	Jahr	Betriebe	Beherbergungs-einheiten	Betten/Schlafge-legenheiten	Beherbergungs einheiten	Betten/Schlafgelegenheiten	
			Anzahl			je Betrieb		je Beherbergungs-einheit
Insgesamt	FB	1981	49 655	842 108	1 602 161	17,0	32,3	1,9
	FB	1987	47 396	884 888	1 713 410	18,7	36,2	1,9
	FB	1993	45 833	942 683	1 838 423	20,6	40,1	2,0
	NB	1993	4 069	102 515	234 646	25,2	57,7	2,3
	D	1993	49 902	1 045 198	2 073 069	20,9	41,5	2,0
	FB	1999	46 325	1 011 743	1 995 939	21,8	43,1	2,0
	NB	1999	8 232	216 713	461 137	26,3	56,0	2,1
	D	1999	54 557	1 228 456	2 457 076	22,5	45,0	2,0
nach Ländern								
Baden-Württemberg	–	1981	8 089	145 124	256 137	17,9	31,7	1,8
	–	1987	7 352	144 422	258 939	19,6	35,2	1,8
	–	1993	7 368	158 254	286 540	21,5	38,9	1,8
	–	1999	7 169	162 708	297 357	22,7	41,5	1,8
Bayern	–	1981	15 004	239 618	451 908	16,0	30,1	1,9
	–	1987	14 695	256 432	496 568	17,5	33,8	1,9
	–	1993	13 897	265 624	520 665	19,1	37,5	2,0
	–	1999	14 217	284 442	565 186	20,0	39,8	2,0
Berlin	–	1993	435	22 344	42 472	51,4	97,6	1,9
	–	1999	472	28 150	54 160	59,6	114,7	1,9
Brandenburg	–	1993	604	14 061	33 757	23,3	55,9	2,4
	–	1999	1 400	35 860	74 957	25,6	53,5	2,1
Bremen	–	1981	100	2 853	4 626	28,5	46,3	1,6
	–	1987	86	3 301	5 574	38,4	64,8	1,7
	–	1993	90	4 062	7 220	45,1	80,2	1,8
	–	1999	88	4 826	8 465	54,8	96,2	1,8
Hamburg	–	1981	335	10 966	18 508	32,7	55,2	1,7
	–	1987	308	11 786	20 057	38,3	65,1	1,7
	–	1993	243	12 730	22 833	52,4	94,0	1,8
	–	1999	262	15 045	27 200	57,4	103,8	1,8
Hessen	–	1981	4 595	93 519	164 764	20,4	35,9	1,8
	–	1987	4 293	97 080	173 361	22,6	40,4	1,8
	–	1993	3 723	99 073	173 843	26,6	46,7	1,8
	–	1999	3 498	106 090	182 670	30,3	52,2	1,7
Mecklenburg-Vorpommern	–	1993	1 021	25 138	62 572	24,6	61,3	2,5
	–	1999	2 050	51 629	132 420	25,2	64,6	2,6
Niedersachsen	–	1981	5 964	92 658	188 664	15,5	31,6	2,0
	–	1987	5 728	95 910	197 863	16,7	34,5	2,1
	–	1993	5 734	104 676	222 170	18,3	38,7	2,1
	–	1999	6 307	119 195	262 999	18,9	41,7	2,2
Nordrhein-Westfalen	–	1981	6 557	115 758	206 441	17,7	31,5	1,8
	–	1987	6 057	125 052	226 112	20,6	37,3	1,8
	–	1993	5 825	141 090	248 399	24,2	42,6	1,8
	–	1999	5 559	151 833	269 361	27,3	48,5	1,8
Rheinland-Pfalz	–	1981	4 133	67 115	131 611	16,2	31,8	2,0
	–	1987	4 143	72 401	145 930	17,5	35,2	2,0
	–	1993	3 825	72 417	147 865	18,9	38,7	2,0
	–	1999	3 784	74 556	154 190	19,7	40,7	2,1
Saarland	–	1981	297	6 032	9 839	20,3	33,1	1,6
	–	1987	299	6 358	10 593	21,3	35,4	1,7
	–	1993	335	7 789	13 199	23,3	39,4	1,7
	–	1999	305	8 136	13 801	26,7	45,2	1,7
Sachsen	–	1993	944	24 095	53 028	25,5	56,2	2,2
	–	1999	2 113	57 826	112 493	27,4	53,2	1,9
Sachsen-Anhalt	–	1993	435	11 114	24 999	25,5	57,5	2,2
	–	1999	1 003	25 464	49 993	25,4	49,8	2,0
Schleswig-Holstein	–	1981	4 158	56 141	145 566	13,5	35,0	2,6
	–	1987	4 020	57 394	149 480	14,3	37,2	2,6
	–	1993	4 428	61 163	164 443	13,8	37,1	2,7
	–	1999	4 784	66 390	178 444	13,9	37,3	2,7
Thüringen	–	1993	995	21 568	49 064	21,7	49,3	2,3
	–	1999	1 546	36 306	73 380	23,5	47,5	2,0

1) FB = Früheres Bundesgebiet, NB = Neue Bundesländer und Berlin-Ost, D = Deutschland.

Beherbergungskapazität am 1. Januar
2.1.1 Betriebe, Beherbergungseinheiten und Betten/Schlafgelegenheiten

Gegenstand der Nachweisung	FB / NB / D[1]	Jahr	Betriebe	Beherbergungs-einheiten	Betten/Schlafge-legenheiten	Beherbergungs-einheiten	Betten/Schlafgelegenheiten	
			Anzahl			je Betrieb		je Beherbergungs-einheit
			nach Gemeindegruppen[2]					
Mineral- und Moorbäder	FB	1981	5 435	139 422	210 491	25,7	38,7	1,5
	FB	1987	4 810	138 865	209 633	28,9	43,6	1,5
	FB	1993	4 396	147 389	218 529	33,5	49,7	1,5
	FB	1999	3 998	142 572	212 765	35,7	53,2	1,5
	NB	1999	221	11 049	15 772	50,0	71,4	1,4
	D	1999	4 219	153 621	228 537	36,4	54,2	1,5
Heilklimatische Kurorte	FB	1981	3 670	55 631	108 571	15,2	29,6	2,0
	FB	1987	3 413	55 630	111 118	16,3	32,6	2,0
	FB	1993	3 498	57 802	118 534	16,5	33,9	2,1
	FB	1999	3 410	58 719	121 925	17,2	35,8	2,1
	NB	1999	62	3 230	4 999	52,1	80,6	1,5
	D	1999	3 472	61 949	126 924	17,8	36,6	2,0
Kneippkurorte	FB	1981	1 901	35 825	62 424	18,8	32,8	1,7
	FB	1987	1 825	37 547	66 499	20,6	36,4	1,8
	FB	1993	1 929	43 289	78 421	22,4	40,7	1,8
	FB	1999	1 663	40 281	71 914	24,2	43,2	1,8
	NB	1999	51	1 354	2 279	26,5	44,7	1,7
	D	1999	1 714	41 635	74 193	24,3	43,3	1,8
Heilbäder zusammen	FB	1981	11 006	230 878	381 486	21,0	34,7	1,7
	FB	1987	10 048	232 042	387 250	23,1	38,5	1,7
	FB	1993	9 823	248 480	415 484	25,3	42,3	1,7
	FB	1999	9 071	241 572	406 604	26,6	44,8	1,7
	NB	1999	334	15 633	23 050	46,8	69,0	1,5
	D	1999	9 405	257 205	429 654	27,3	45,7	1,7
Seebäder	FB	1981	4 244	55 688	148 755	13,1	35,1	2,7
	FB	1987	4 285	56 719	154 790	13,2	36,1	2,7
	FB	1993	4 500	59 060	165 535	13,1	36,8	2,8
	FB	1999	4 802	64 076	181 884	13,3	37,9	2,8
	NB	1999	809	22 753	61 334	28,1	75,8	2,7
	D	1999	5 611	86 829	243 218	15,5	43,3	2,8
Luftkurorte	FB	1981	7 112	102 218	214 411	14,4	30,1	2,1
	FB	1987	6 913	102 608	224 622	14,8	32,5	2,2
	FB	1993	5 399	84 740	193 475	15,7	35,8	2,3
	FB	1999	5 280	87 969	204 788	16,7	38,8	2,3
	NB	1999	72	2 275	4 854	31,6	67,4	2,1
	D	1999	5 352	90 244	209 642	16,9	39,2	2,3
Erholungsorte	FB	1981	6 113	82 152	173 392	13,4	28,4	2,1
	FB	1987	5 969	88 456	193 988	14,8	32,5	2,2
	FB	1993	5 843	92 350	209 571	15,8	35,9	2,3
	FB	1999	6 343	102 008	240 386	16,1	37,9	2,4
	NB	1999	1 212	27 746	62 901	22,9	51,9	2,3
	D	1999	7 555	129 754	303 287	17,2	40,1	2,3
Sonstige Gemeinden	FB	1981	21 180	371 172	684 117	17,5	32,3	1,8
	FB	1987	20 181	405 063	752 760	20,1	37,3	1,9
	FB	1993	20 268	458 053	854 358	22,6	42,2	1,9
	FB	1999	20 829	516 118	962 277	24,8	46,2	1,9
	NB	1999	5 805	148 306	308 998	25,5	53,2	2,1
	D	1999	26 634	664 424	1 271 275	24,9	47,7	1,9

1) FB = Früheres Bundesgebiet, NB = Neue Bundesländer und Berlin-Ost, D = Deutschland.
2) Daten nach Gemeindegruppen liegen bis einschl. 1993 nur für das Frühere Bundesgebiet vor.

Beherbergungskapazität am 1. Januar
2.1.1 Betriebe, Beherbergungseinheiten und Betten/Schlafgelegenheiten

Gegenstand der Nachweisung	FB / NB / D[1]	Jahr	Betriebe	Beherbergungs-einheiten	Betten/Schlafge-legenheiten	Beherbergungs-einheiten	Betten/Schlafgelegenheiten	
			Anzahl			je Betrieb		je Beherbergungs-einheit

nach Gemeindegrößenklassen

Gegenstand der Nachweisung	FB/NB/D	Jahr	Betriebe	Beherbergungs-einheiten	Betten/Schlafgelegenheiten	Beh.-einh. je Betrieb	Betten je Betrieb	Betten je Beh.-einh.
Gemeinden mit ... bis unter ... Einwohnern								
unter 2 000	FB	1981	8 308	111 362	240 721	13,4	29,0	2,2
	FB	1987	7 735	101 705	230 367	13,1	29,8	2,3
	FB	1993	7 196	91 927	222 991	12,8	31,0	2,4
	NB	1993	1 861	30 596	82 462	16,4	44,3	2,7
	D	1993	9 057	122 523	305 453	13,5	33,7	2,5
	FB	1999	7 339	94 208	234 808	12,8	32,0	2,5
	NB	1999	2 539	47 025	116 964	18,5	46,1	2,5
	D	1999	9 878	141 233	351 772	14,3	35,6	2,5
2 000 - 5 000	FB	1981	10 636	145 598	294 987	13,7	27,7	2,0
	FB	1987	9 876	144 121	304 536	14,6	30,8	2,1
	FB	1993	9 400	145 038	316 088	15,4	33,6	2,2
	NB	1993	891	19 625	47 483	22,0	53,3	2,4
	D	1993	10 291	164 663	363 571	16,0	35,3	2,2
	FB	1999	9 509	148 963	333 443	15,7	35,1	2,2
	NB	1999	2 066	51 224	115 506	24,8	55,9	2,3
	D	1999	11 575	200 187	448 949	17,3	38,8	2,2
5 000 - 10 000	FB	1981	10 834	166 533	335 117	15,4	30,9	2,0
	FB	1987	10 409	175 140	358 364	16,8	34,4	2,0
	FB	1993	9 896	175 180	363 580	17,7	36,7	2,1
	NB	1993	354	9 546	21 510	27,0	60,8	2,3
	D	1993	10 250	184 726	385 090	18,0	37,6	2,1
	FB	1999	9 600	177 690	374 914	18,5	39,1	2,1
	NB	1999	1 117	28 660	59 612	25,7	53,4	2,1
	D	1999	10 717	206 350	434 526	19,3	40,5	2,1
10 000 - 20 000	FB	1981	8 606	158 721	284 716	18,4	33,1	1,8
	FB	1987	8 064	163 339	295 878	20,3	36,7	1,8
	FB	1993	7 652	170 643	307 699	22,3	40,2	1,8
	NB	1993	233	6 512	14 109	27,9	60,6	2,2
	D	1993	7 885	177 155	321 808	22,5	40,8	1,8
	FB	1999	7 749	182 608	332 946	23,6	43,0	1,8
	NB	1999	703	16 855	32 364	24,0	46,0	1,9
	D	1999	8 452	199 463	365 310	23,6	43,2	1,8
20 000 - 50 000	FB	1981	5 438	99 289	174 604	18,3	32,1	1,8
	FB	1987	5 151	105 396	187 288	20,5	36,4	1,8
	FB	1993	5 359	126 306	221 245	23,6	41,3	1,8
	NB	1993	301	7 548	16 491	25,1	54,8	2,2
	D	1993	5 660	133 854	237 736	23,6	42,0	1,8
	FB	1999	5 624	141 778	255 759	25,2	45,5	1,8
	NB	1999	809	21 165	41 026	26,2	50,7	1,9
	D	1999	6 433	162 943	296 785	25,3	46,1	1,8
50 000 - 100 000	FB	1991	2 050	43 044	75 855	21,0	37,0	1,8
	FB	1987	2 086	46 803	82 174	22,4	39,4	1,8
	FB	1993	2 082	52 518	92 477	25,2	44,4	1,8
	NB	1993	121	5 491	11 014	45,4	91,0	2,0
	D	1993	2 203	58 009	103 491	26,3	47,0	1,8
	FB	1999	2 182	60 261	107 389	27,6	49,2	1,8
	NB	1999	251	9 151	17 440	36,5	69,5	1,9
	D	1999	2 433	69 412	124 829	28,5	51,3	1,8
100 000 und mehr	FB	1981	3 783	117 561	196 161	31,1	51,9	1,7
	FB	1987	4 075	148 384	254 803	36,4	62,5	1,7
	FB	1993	4 248	181 071	314 343	42,6	74,0	1,7
	NB	1993	308	23 197	41 577	75,3	135,0	1,8
	D	1993	4 556	204 268	355 920	44,8	78,1	1,7
	FB	1999	4 322	206 235	356 680	47,7	82,5	1,7
	NB	1999	747	42 633	78 225	57,1	104,7	1,8
	D	1999	5 069	248 068	434 905	49,1	85,8	1,7

1) FB = Früheres Bundesgebiet, NB = Neue Bundesländer und Berlin-Ost, D = Deutschland.

Beherbergungskapazität am 1. Januar
2.1.1 Betriebe, Beherbergungseinheiten und Betten/Schlafgelegenheiten

Gegenstand der Nachweisung	FB / NB / D[1]	Jahr	Betriebe	Beherbergungs-einheiten	Betten/Schlafge-legenheiten	Beherbergungs-einheiten	Betten/Schlafgelegenheiten	
			Anzahl			je Betrieb	je Beherbergungs-einheit	

nach Bettengrößenklassen der Gemeinden

Gemeinden mit ... bis unter ... Gästebetten								
unter 150	FB	1981	8 480	93 826	173 015	11,1	20,4	1,8
	FB	1987	7 637	89 909	170 114	11,8	22,3	1,9
	FB	1993	7 491	90 811	177 342	12,1	23,7	2,0
	NB	1993	1 951	25 616	62 941	13,1	32,3	2,5
	D	1993	9 442	116 427	240 283	12,3	25,4	2,1
	FB	1999	7 481	91 224	182 534	12,2	24,4	2,0
	NB	1999	2 725	34 710	77 710	12,7	28,5	2,2
	D	1999	10 206	125 934	260 244	12,3	25,5	2,1
150 - 300	FB	1981	5 057	72 219	138 395	14,3	27,4	1,9
	FB	1987	5 090	78 076	152 346	15,3	29,9	2,0
	FB	1993	4 733	78 873	154 847	16,7	32,7	2,0
	NB	1993	581	13 346	33 876	23,0	58,3	2,5
	D	1993	5 314	92 219	188 723	17,4	35,5	2,0
	FB	1999	4 866	82 329	166 416	16,9	34,2	2,0
	NB	1999	1 164	25 664	57 370	22,0	49,3	2,2
	D	1999	6 030	107 993	223 786	17,9	37,1	2,1
300 - 600	FB	1981	6 764	102 675	204 400	15,2	30,2	2,0
	FB	1987	6 066	104 810	210 900	17,3	34,8	2,0
	FB	1993	5 952	110 940	224 693	18,6	37,8	2,0
	NB	1993	516	14 013	33 094	27,2	64,1	2,4
	D	1993	6 468	124 953	257 787	19,3	39,9	2,1
	FB	1999	5 948	118 621	237 345	19,9	39,9	2,0
	NB	1999	1 294	33 734	71 003	26,1	54,9	2,1
	D	1999	7 242	152 355	308 348	21,0	42,6	2,0
600 - 2 000	FB	1981	12 645	231 009	445 839	18,3	35,3	1,9
	FB	1987	11 824	232 727	461 834	19,7	39,1	2,0
	FB	1993	11 633	249 746	496 522	21,5	42,7	2,0
	NB	1993	638	24 519	56 321	38,4	88,3	2,3
	D	1993	12 271	274 265	552 843	22,4	45,1	2,0
	FB	1999	11 635	271 507	538 365	23,3	46,3	2,0
	NB	1999	1 516	54 476	112 612	35,9	74,3	2,1
	D	1999	13 151	325 983	650 977	24,8	49,5	2,0
2 000 und mehr	FB	1981	16 709	342 379	640 512	20,5	38,3	1,9
	FB	1987	16 779	379 366	718 216	22,6	42,8	1,9
	FB	1993	16 024	412 313	785 019	25,7	49,0	1,9
	NB	1993	383	25 021	48 414	65,3	126,4	1,9
	D	1993	16 407	437 334	833 433	26,7	50,8	1,9
	FB	1999	16 395	448 062	871 279	27,3	53,1	1,9
	NB	1999	1 533	68 129	142 442	44,4	92,9	2,1
	D	1999	17 928	516 191	1 013 721	28,8	56,5	2,0

1) FB = Früheres Bundesgebiet, NB = Neue Bundesländer und Berlin-Ost, D = Deutschland.

Beherbergungskapazität am 1. Januar
2.1.1 Betriebe, Beherbergungseinheiten und Betten/Schlafgelegenheiten

Gegenstand der Nachweisung	FB / NB / D[1]	Jahr	Betriebe	Beherbergungs-einheiten	Betten/Schlafge-legenheiten	Beherbergungs-einheiten	Betten/Schlafgelegenheiten	
			Anzahl			je Betrieb		je Beherbergungs-einheit

nach der Bettendichte der Gemeinden

Gemeinden mit ... bis unter ... Gästebetten je 1 000 Einwohnern (Bettendichte)								
unter 10	FB	1981	5 328	90 294	151 151	16,9	28,4	1,7
	FB	1987	4 432	76 530	128 155	17,3	28,9	1,7
	FB	1993	3 852	66 982	113 772	17,4	29,5	1,7
	NB	1993	712	20 474	37 953	28,8	53,3	1,9
	D	1993	4 564	87 456	151 725	19,2	33,2	1,7
	FB	1999	3 703	66 690	115 229	18,0	31,1	1,7
	NB	1999	634	8 955	16 213	14,1	25,6	1,8
	D	1999	4 337	75 645	131 442	17,4	30,3	1,7
10 - 20	FB	1981	6 672	128 681	222 137	19,3	33,3	1,7
	FB	1987	6 696	152 316	266 906	22,7	39,9	1,8
	FB	1993	6 789	168 046	299 343	24,8	44,1	1,8
	NB	1993	520	16 082	31 601	30,9	60,8	2,0
	D	1993	7 309	184 128	330 944	25,2	45,3	1,8
	FB	1999	6 974	184 414	331 289	26,4	47,5	1,8
	NB	1999	1 537	41 185	76 849	26,8	50,0	1,9
	D	1999	8 511	225 599	408 138	26,5	48,0	1,8
20 - 80	FB	1981	11 237	188 100	358 039	16,7	31,9	1,9
	FB	1987	10 722	208 207	398 353	19,4	37,2	1,9
	FB	1993	11 374	265 082	496 702	23,3	43,7	1,9
	NB	1993	1 074	22 738	53 410	21,2	49,7	2,3
	D	1993	12 448	287 820	550 112	23,1	44,2	1,9
	FB	1999	12 085	311 946	581 475	25,8	48,1	1,9
	NB	1999	2 876	72 815	148 061	25,3	51,5	2,0
	D	1999	14 961	384 761	729 536	25,7	48,8	1,9
80 - 300	FB	1981	12 336	214 868	410 037	17,4	33,2	1,9
	FB	1987	11 719	218 806	427 934	18,7	36,5	2,0
	FB	1993	10 734	222 707	433 519	20,7	40,4	1,9
	NB	1993	919	20 262	52 230	22,0	56,8	2,6
	D	1993	11 653	242 969	485 749	20,9	41,7	2,0
	FB	1999	10 414	226 033	445 754	21,7	42,8	2,0
	NB	1999	1 523	42 167	87 160	27,7	57,2	2,1
	D	1999	11 937	268 200	532 914	22,5	44,6	2,0
300 - 1 500	FB	1981	12 108	190 095	389 117	15,7	32,1	2,0
	FB	1987	11 715	198 054	412 456	16,9	35,2	2,1
	FB	1993	10 556	182 248	396 134	17,3	37,5	2,2
	NB	1993	806	22 130	56 195	27,5	69,7	2,5
	D	1993	11 362	204 378	452 329	18,0	39,8	2,2
	FB	1999	9 972	175 026	398 757	17,6	40,0	2,3
	NB	1999	1 331	40 285	100 676	30,3	75,6	2,5
	D	1999	11 303	215 311	499 433	19,0	44,4	2,3
1 500 und mehr	FB	1981	1 974	30 070	71 680	15,2	36,3	2,4
	FB	1987	2 112	30 975	79 606	14,7	37,7	2,6
	FB	1993	2 528	37 618	98 953	14,9	39,1	2,6
	NB	1993	38	829	3 257	21,8	85,7	3,9
	D	1993	2 566	38 447	102 210	15,0	39,8	2,7
	FB	1999	3 177	47 634	123 435	15,0	38,9	2,6
	NB	1999	331	11 306	32 178	34,2	97,2	2,8
	D	1999	3 508	58 940	155 613	16,8	44,4	2,6

[1] FB = Früheres Bundesgebiet, NB = Neue Bundesländer und Berlin-Ost, D = Deutschland.

Beherbergungskapazität am 1. Januar
2.1.1 Betriebe, Beherbergungseinheiten und Betten/Schlafgelegenheiten

Gegenstand der Nachweisung	FB / NB / D[1]	Jahr	Betriebe	Beherbergungs-einheiten	Betten/Schlafge-legenheiten	Beherbergungs-einheiten	Betten/Schlafgelegenheiten	
			Anzahl			je Betrieb		je Beherbergungs-einheit
nach Betriebsarten								
Hotels	FB	1981	9 306	256 118	432 910	27,5	46,5	1,7
	FB	1987	9 982	306 324	530 370	30,7	53,1	1,7
	FB	1993	10 587	354 544	624 527	33,5	59,0	1,8
	NB	1993	1 171	49 870	93 934	42,6	80,2	1,9
	D	1993	11 758	404 414	718 461	34,4	61,1	1,8
	FB	1999	10 319	385 543	685 297	37,4	66,4	1,8
	NB	1999	2 546	108 561	204 102	42,6	80,2	1,9
	D	1999	12 865	494 104	889 399	38,4	69,1	1,8
Gasthöfe	FB	1981	13 688	152 220	268 423	11,1	19,6	1,8
	FB	1987	11 745	132 941	238 141	11,3	20,3	1,8
	FB	1993	9 902	119 016	217 006	12,0	21,9	1,8
	NB	1993	673	10 711	21 950	15,9	32,6	2,0
	D	1993	10 575	129 727	238 956	12,3	22,6	1,8
	FB	1999	9 393	113 549	209 802	12,1	22,3	1,8
	NB	1999	1 700	17 555	35 750	10,3	21,0	2,0
	D	1999	11 093	131 104	245 552	11,8	22,1	1,9
Pensionen	FB	1981	7 739	90 127	157 567	11,6	20,4	1,7
	FB	1987	5 953	76 065	133 507	12,8	22,4	1,8
	FB	1993	5 081	66 017	118 009	13,0	23,2	1,8
	NB	1993	419	6 220	12 722	14,8	30,4	2,0
	D	1993	5 500	72 237	130 731	13,1	23,8	1,8
	FB	1999	4 180	60 278	110 004	14,4	26,3	1,8
	NB	1999	1 167	12 580	25 546	10,8	21,9	2,0
	D	1999	5 347	72 858	135 550	13,6	25,4	1,9
Hotels garnis	FB	1981	10 964	141 092	240 712	12,9	22,0	1,7
	FB	1987	10 422	139 259	241 426	13,4	23,2	1,7
	FB	1993	9 048	136 295	238 698	15,1	26,4	1,8
	NB	1993	431	9 444	19 602	21,9	45,5	2,1
	D	1993	9 479	145 739	258 300	15,4	27,2	1,8
	FB	1999	8 980	153 564	272 506	17,1	30,3	1,8
	NB	1999	732	17 494	33 838	23,9	46,2	1,9
	D	1999	9 712	171 058	306 344	17,6	31,5	1,8
Zusammen	FB	1981	41 697	639 557	1 099 612	15,3	26,4	1,7
	FB	1987	38 102	654 589	1 143 444	17,2	30,0	1,7
	FB	1993	34 618	675 872	1 198 240	19,5	34,6	1,8
	NB	1993	2 694	76 245	148 208	28,3	55,0	1,9
	D	1993	37 312	752 117	1 346 448	20,2	36,1	1,8
	FB	1999	32 872	712 934	1 277 609	21,7	38,9	1,8
	NB	1999	6 145	156 190	299 236	25,4	48,7	1,9
	D	1999	39 017	869 124	1 576 845	22,3	40,4	1,8
Erholungs- und Ferien-heime, Schulungs-heime	FB	1981	1 724	49 339	116 698	28,6	67,7	2,4
	FB	1987	2 110	64 562	153 298	30,6	72,7	2,4
	FB	1993	2 143	69 814	165 658	32,6	77,3	2,4
	NB	1993	490	8 400	24 892	17,1	50,8	3,0
	D	1993	2 633	78 214	190 550	29,7	72,4	2,4
	FB	1999	2 122	74 277	168 527	35,0	79,4	2,3
	NB	1999	530	11 448	37 191	21,6	70,2	3,2
	D	1999	2 652	85 725	205 718	32,3	77,6	2,4
Ferienzentren	FB	1981	35	8 000	31 168	228,5	890,5	3,9
	FB	1987	27	5 597	22 706	207,3	841,0	4,1
	FB	1993	27	5 787	24 675	214,3	913,9	4,3
	NB	1993	10	1 108	4 665	110,8	466,5	4,2
	D	1993	37	6 895	29 340	186,4	793,0	4,2
	FB	1999	39	10 521	45 136	269,8	1 157,3	4,3
	NB	1999	44	2 881	11 700	65,5	265,9	4,1
	D	1999	83	13 402	56 836	161,5	684,8	4,2

1) FB = Früheres Bundesgebiet, NB = Neue Bundesländer und Berlin-Ost, D = Deutschland.

Beherbergungskapazität am 1. Januar
2.1.1 Betriebe, Beherbergungseinheiten und Betten/Schlafgelegenheiten

Gegenstand der Nachweisung	FB / NB / D[1]	Jahr	Betriebe	Beherbergungseinheiten	Betten/Schlafgelegenheiten	Beherbergungseinheiten	Betten/Schlafgelegenheiten	
			Anzahl			je Betrieb		je Beherbergungseinheit
Ferienhäuser, -wohnungen	FB	1981	4 119	38 146	137 953	9,3	33,5	3,6
	FB	1987	5 196	49 202	180 123	9,5	34,7	3,7
	FB	1993	7 053	61 986	224 894	8,8	31,9	3,6
	NB	1993	492	7 261	25 686	14,8	52,2	3,5
	D	1993	7 545	69 247	250 580	9,2	33,2	3,6
	FB	1999	9 126	73 391	259 194	8,0	28,4	3,5
	NB	1999	975	12 869	48 432	13,2	49,7	3,8
	D	1999	10 101	86 260	307 626	8,5	30,5	3,6
Hütten, Jugendherbergen, jugendherbergsähnl. Einrichtungen	FB	1981	1 090	18 896	98 885	17,3	90,7	5,2
	FB	1987	1 043	18 626	94 711	17,9	90,8	5,1
	FB	1993	1 019	18 479	87 887	18,1	86,2	4,8
	NB	1993	267	4 340	20 013	16,3	75,0	4,6
	D	1993	1 286	22 819	107 900	17,7	83,9	4,7
	FB	1999	1 141	20 505	93 537	18,0	82,0	4,6
	NB	1999	369	7 442	31 472	20,2	85,3	4,2
	D	1999	1 510	27 947	125 009	18,5	82,8	4,5
Zusammen	FB	1981	6 968	114 381	384 704	16,4	55,2	3,4
	FB	1987	8 376	137 987	450 838	16,5	53,8	3,3
	FB	1993	10 242	156 066	503 114	15,2	49,1	3,2
	NB	1993	1 259	21 109	75 256	16,8	59,8	3,6
	D	1993	11 501	177 175	578 370	15,4	50,3	3,3
	FB	1999	12 428	178 694	566 394	14,4	45,6	3,2
	NB	1999	1 918	34 640	128 795	18,1	67,2	3,7
	D	1999	14 346	213 334	695 189	14,9	48,5	3,3
Sanatorien, Kurkrankenhäuser	FB	1981	990	88 170	117 845	89,1	119,0	1,3
	FB	1987	918	92 312	119 128	100,6	129,8	1,3
	FB	1993	973	110 745	137 069	113,8	140,9	1,2
	NB	1993	116	5 161	11 182	44,5	96,4	2,2
	D	1993	1 089	115 906	148 251	106,4	136,1	1,3
	FB	1999	1 025	120 115	151 936	117,2	148,2	1,3
	NB	1999	169	25 883	33 106	153,2	195,9	1,3
	D	1999	1 194	145 998	185 042	122,3	155,0	1,3

nach Betriebsgrößenklassen (Zahl der Gästebetten)

Betriebe mit ... bis ... Gästebetten	FB / NB / D	Jahr	Betriebe	Beherbergungseinheiten	Betten/Schlafgelegenheiten	Beherbergungseinheiten je Betrieb	Betten/Schlafgelegenheiten je Betrieb	Betten/Schlafgelegenheiten je Beherbergungseinheit
9 – 11	FB	1981	8 804	47 821	87 496	5,4	9,9	1,8
	FB	1987	7 027	37 831	69 966	5,4	10,0	1,8
	FB	1993	6 095	31 111	60 759	5,1	10,0	2,0
	NB	1993	303	1 507	3 033	5,0	10,0	2,0
	D	1993	6 398	32 618	63 792	5,1	10,0	2,0
	FB	1999	5 622	26 877	56 152	4,8	10,0	2,1
	NB	1999	739	3 748	7 417	5,1	10,0	2,0
	D	1999	6 361	30 625	63 569	4,8	10,0	2,1
12 – 14	FB	1981	7 855	54 832	101 015	7,0	12,9	1,8
	FB	1987	6 905	47 143	88 918	6,8	12,9	1,9
	FB	1993	6 240	40 009	80 360	6,4	12,9	2,0
	NB	1993	388	2 297	4 982	5,9	12,8	2,2
	D	1993	6 628	42 306	85 342	6,4	12,9	2,0
	FB	1999	6 233	37 786	80 228	6,1	12,9	2,1
	NB	1999	909	5 751	11 700	6,3	12,9	2,0
	D	1999	7 142	43 537	91 928	6,1	12,9	2,1

[1] FB = Früheres Bundesgebiet, NB = Neue Bundesländer und Berlin-Ost, D = Deutschland.

Beherbergungskapazität am 1. Januar
2.1.1 Betriebe, Beherbergungseinheiten und Betten/Schlafgelegenheiten

Gegenstand der Nachweisung	FB / NB / D[1]	Jahr	Betriebe	Beherbergungs- einheiten	Betten/Schlafge- legenheiten	Beherbergungs- einheiten je Betrieb	Betten/Schlafgelegenheiten je Betrieb	Betten/Schlafgelegenheiten je Beherbergungs- einheit
15 - 19	FB	1981	8 754	80 927	146 646	9,2	16,8	1,8
	FB	1987	8 020	72 296	134 721	9,0	16,8	1,9
	FB	1993	7 355	63 482	123 657	8,6	16,8	1,9
	NB	1993	498	3 822	8 360	7,7	16,8	2,2
	D	1993	7 853	67 304	132 017	8,6	16,8	2,0
	FB	1999	7 340	60 780	123 350	8,3	16,8	2,0
	NB	1999	1 120	9 169	18 771	8,2	16,8	2,0
	D	1999	8 460	69 949	142 121	8,3	16,8	2,0
20 - 29	FB	1981	9 979	130 096	234 982	13,0	23,5	1,8
	FB	1987	9 721	123 840	229 963	12,7	23,7	1,9
	FB	1993	9 459	116 172	223 997	12,3	23,7	1,9
	NB	1993	784	8 240	18 693	10,5	23,8	2,3
	D	1993	10 243	124 412	242 690	12,1	23,7	2,0
	FB	1999	9 330	110 449	221 384	11,8	23,7	2,0
	NB	1999	1 525	17 217	36 387	11,3	23,9	2,1
	D	1999	10 855	127 666	257 771	11,8	23,7	2,0
30 - 99	FB	1981	11 998	313 832	578 298	26,2	48,2	1,8
	FB	1987	13 010	337 685	640 275	26,0	49,2	1,9
	FB	1993	13 374	350 241	670 708	26,2	50,2	1,9
	NB	1993	1 597	33 707	82 220	21,1	51,5	2,4
	D	1993	14 971	383 948	752 928	25,6	50,3	2,0
	FB	1999	13 941	363 353	706 548	26,1	50,7	1,9
	NB	1999	2 904	66 778	151 387	23,0	52,1	2,3
	D	1999	16 845	430 131	857 935	25,5	50,9	2,0
100 - 249	FB	1981	-	-	-	-	-	-
	FB	1987	2 222	167 566	327 403	75,4	147,3	2,0
	FB	1993	2 675	210 908	397 694	78,8	148,7	1,9
	NB	1993	363	23 498	53 178	64,7	146,5	2,3
	D	1993	3 038	234 406	450 872	77,2	148,4	1,9
	FB	1999	3 071	247 421	460 877	80,6	150,1	1,9
	NB	1999	782	60 476	120 317	77,3	153,9	2,0
	D	1999	3 853	307 897	581 194	79,9	150,8	1,9
250 - 499	FB	1981	-	-	-	-	-	-
	FB	1987	367	59 888	120 328	163,2	327,9	2,0
	FB	1993	485	81 863	158 876	168,8	327,6	1,9
	NB	1993	91	14 777	32 059	162,4	352,3	2,2
	D	1993	576	96 640	190 935	167,8	331,5	2,0
	FB	1999	624	110 109	205 693	176,5	329,6	1,9
	NB	1999	183	31 251	61 144	170,9	334,1	2,0
	D	1999	807	141 360	266 837	175,2	330,7	1,9
500 - 999	FB	1981	-	-	-	-	-	-
	FB	1987	103	27 895	69 582	270,8	675,6	2,5
	FB	1993	121	34 066	78 454	281,5	648,4	2,3
	NB	1993	41	12 532	27 586	305,7	672,8	2,2
	D	1993	162	46 598	106 040	287,6	654,6	2,3
	FB	1999	132	38 825	87 365	294,1	661,9	2,3
	NB	1999	56	15 786	37 181	281,9	663,9	2,4
	D	1999	188	54 611	124 546	290,5	662,5	2,3
1 000 und mehr	FB	1981	-	-	-	-	-	-
	FB	1987	21	10 744	32 254	511,6	1 535,9	3,0
	FB	1993	29	14 831	43 918	511,4	1 514,4	3,0
	NB	1993	4	2 135	4 535	533,8	1 133,8	2,1
	D	1993	33	16 966	48 453	514,1	1 468,3	2,9
	FB	1999	32	16 143	54 342	504,5	1 698,2	3,4
	NB	1999	14	6 537	16 833	466,9	1 202,4	2,6
	D	1999	46	22 680	71 175	493,0	1 547,3	3,1

1) FB = Früheres Bundesgebiet, NB = Neue Bundesländer und Berlin-Ost, D = Deutschland.

Beherbergungskapazität am 1. Januar
2.1.1 Betriebe, Beherbergungseinheiten und Betten/Schlafgelegenheiten

Gegenstand der Nachweisung	FB / NB / D[1)]	Jahr	Betriebe	Beherbergungseinheiten	Betten/Schlafgelegenheiten	Beherbergungseinheiten	Betten/Schlafgelegenheiten	
			Anzahl			je Betrieb		je Beherbergungseinheit

nach Betriebsgrößenklassen (Zahl der Beherbergungseinheiten)

Betriebe mit ... bis ... Beherbergungseinheiten								
unter 5	FB	1981	2 677	8 864	34 655	3,3	12,9	3,9
	FB	1987	2 849	9 459	38 814	3,3	13,6	4,1
	FB	1993	3 695	12 041	49 852	3,3	13,5	4,1
	NB	1993	295	1 007	4 646	3,4	15,7	4,6
	D	1993	3 990	13 048	54 498	3,3	13,7	4,2
	FB	1999	4 816	15 240	66 979	3,2	13,9	4,4
	NB	1999	475	1 622	7 220	3,4	15,2	4,5
	D	1999	5 291	16 862	74 199	3,2	14,0	4,4
5	FB	1981	4 041	20 205	45 528	5,0	11,3	2,3
	FB	1987	3 470	17 350	41 524	5,0	12,0	2,4
	FB	1993	3 244	16 220	41 125	5,0	12,7	2,5
	NB	1993	241	1 205	3 612	5,0	15,0	3,0
	D	1993	3 485	17 425	44 737	5,0	12,8	2,6
	FB	1999	3 212	16 060	42 599	5,0	13,3	2,7
	NB	1999	520	2 600	7 022	5,0	13,5	2,7
	D	1999	3 732	18 660	49 621	5,0	13,3	2,7
6 – 7	FB	1981	9 068	58 540	118 116	6,5	13,0	2,0
	FB	1987	7 775	50 253	105 671	6,5	13,6	2,1
	FB	1993	6 820	44 017	98 629	6,5	14,5	2,2
	NB	1993	535	3 454	9 621	6,5	18,0	2,8
	D	1993	7 355	47 471	108 250	6,5	14,7	2,3
	FB	1999	6 448	41 645	97 377	6,5	15,1	2,3
	NB	1999	1 131	7 299	18 195	6,5	16,1	2,5
	D	1999	7 579	48 944	115 572	6,5	15,2	2,4
8 – 9	FB	1981	6 905	58 243	113 096	8,4	16,4	1,9
	FB	1987	6 274	52 924	107 008	8,4	17,1	2,0
	FB	1993	5 579	47 033	99 699	8,4	17,9	2,1
	NB	1993	451	3 789	9 858	8,4	21,9	2,6
	D	1993	6 030	50 822	109 557	8,4	18,2	2,2
	FB	1999	5 286	44 535	97 564	8,4	18,5	2,2
	NB	1999	982	8 270	19 495	8,4	19,9	2,4
	D	1999	6 268	52 805	117 059	8,4	18,7	2,2
10 – 15	FB	1981	12 340	148 711	283 805	12,1	23,0	1,9
	FB	1987	11 388	137 617	270 726	12,1	23,8	2,0
	FB	1993	10 476	126 709	254 955	12,1	24,3	2,0
	NB	1993	946	11 484	30 723	12,1	32,5	2,7
	D	1993	11 422	138 193	285 678	12,1	25,0	2,1
	FB	1999	9 928	120 169	247 073	12,1	24,9	2,1
	NB	1999	1 786	21 620	51 593	12,1	28,9	2,4
	D	1999	11 714	141 789	298 666	12,1	25,5	2,1
16 – 99	FB	1981	13 896	416 384	781 756	30,0	56,3	1,9
	FB	1987	14 716	450 805	866 348	30,6	58,9	1,9
	FB	1993	14 797	475 096	923 635	32,1	62,4	1,9
	NB	1993	1 430	46 487	107 942	32,5	75,5	2,3
	D	1993	16 227	521 583	1 031 577	32,1	63,6	2,0
	FB	1999	15 110	499 140	977 089	33,0	64,7	2,0
	NB	1999	2 936	96 952	216 998	33,0	73,9	2,2
	D	1999	18 046	596 092	1 194 087	33,0	66,2	2,0
100 und mehr	FB	1981	728	131 161	225 145	180,2	309,3	1,7
	FB	1987	924	166 480	283 319	180,2	306,6	1,7
	FB	1993	1 222	221 567	370 528	181,3	303,2	1,7
	NB	1993	171	35 089	68 244	205,2	399,1	1,9
	D	1993	1 393	256 656	438 772	184,2	315,0	1,7
	FB	1999	1 525	274 954	467 258	180,3	306,4	1,7
	NB	1999	402	78 350	140 614	194,9	349,8	1,8
	D	1999	1 927	353 304	607 872	183,3	315,4	1,7

1) FB = Früheres Bundesgebiet, NB = Neue Bundesländer und Berlin-Ost, D = Deutschland.

Beherbergungskapazität am 1. Januar
2.1.1 Betriebe, Beherbergungseinheiten und Betten/Schlafgelegenheiten

Gegenstand der Nachweisung	FB / NB / D[1]	Jahr	Betriebe	Beherbergungs-einheiten	Betten/Schlafge-legenheiten	Beherbergungs-einheiten	Betten/Schlafgelegenheiten	
			Anzahl			je Betrieb		je Beherbergungs-einheit
			nach Ausstattungsklassen[2])					
Betriebe mit ausschl. (Hotel-) Dienstleistungs-angebot								
Klasse 1	FB	1981	9 559	273 912	440 629	28,7	46,1	1,6
	FB	1987	15 392	343 900	715 737	28,3	46,5	1,6
	FB	1993	21 583	618 542	1 027 468	28,7	47,6	1,7
	NB	1993	1 328	49 346	91 677	37,2	69,0	1,9
	D	1993	22 911	667 888	1 119 145	29,2	48,8	1,7
	FB	1999	6 863	325 928	549 965	47,5	80,1	1,7
	NB	1999	2 042	87 206	151 221	42,7	74,1	1,7
	D	1999	8 905	413 134	701 186	46,4	78,7	1,7
Klasse 2	FB	1981	9 148	168 919	280 351	18,5	30,6	1,7
	FB	1987	8 591	144 903	244 830	16,9	28,5	1,7
	FB	1993	5 871	88 110	151 928	15,0	25,9	1,7
	NB	1993	251	5 105	9 946	20,3	39,6	1,9
	D	1993	6 122	93 215	161 874	15,2	26,4	1,7
	FB	1999	19 659	427 372	716 935	21,7	36,5	1,7
	NB	1999	3 202	72 816	130 480	22,7	40,7	1,8
	D	1999	22 861	500 188	847 415	21,9	37,1	1,7
Klasse 3	FB	1981	22 706	284 376	489 197	12,5	21,5	1,7
	FB	1987	13 605	169 550	293 544	12,5	21,6	1,7
	FB	1993	6 540	84 484	146 945	12,9	22,5	1,7
	NB	1993	1 020	19 060	39 085	18,7	38,3	2,1
	D	1993	7 560	103 544	186 030	13,7	24,6	1,8
	FB	1999	2 015	32 920	57 009	16,3	28,3	1,7
	NB	1999	170	2 525	4 941	14,9	29,1	2,0
	D	1999	2 185	35 445	61 950	16,2	28,4	1,7
Klasse 4	FB	1981	845	13 183	34 202	15,6	40,5	2,6
	FB	1987	517	8 896	24 827	17,2	48,0	2,8
	FB	1993	346	7 202	19 139	20,8	55,3	2,7
	NB	1993	271	5 474	13 963	20,2	51,5	2,6
	D	1993	617	12 676	33 102	20,5	53,6	2,6
	FB	1999	3 661	54 179	101 896	14,8	27,8	1,9
	NB	1999	485	7 791	18 915	16,1	39,0	2,4
	D	1999	4 146	61 970	120 811	14,9	29,1	1,9
Zusammen	FB	1981	42 258	740 390	1 244 379	17,5	29,4	1,7
	FB	1987	38 105	758 249	1 278 938	19,9	33,6	1,7
	FB	1993	34 340	798 338	1 345 480	23,2	39,2	1,7
	NB	1993	2 870	78 985	154 671	27,5	53,9	2,0
	D	1993	37 210	877 323	1 500 151	23,6	40,3	1,7
	FB	1999	32 198	840 399	1 425 805	26,1	44,3	1,7
	NB	1999	5 899	170 338	305 557	28,9	51,8	1,8
	D	1999	38 097	1 010 737	1 731 362	26,5	45,4	1,7

1) FB = Früheres Bundesgebiet, NB = Neue Bundesländer und Berlin-Ost, D = Deutschland.
2) Bis 1993:
Klasse 1 = mindestens 75 % der Gästezimmer haben Bad oder Dusche und WC;
Klasse 2 = mindestens 50 % der Gästezimmer haben Bad oder Dusche;
Klasse 3 = alle Gästezimmer haben mindestens fließendes Warmwasser;
Klasse 4 = sonstige sanitäre Ausstattung der Gästezimmer; Betriebe ohne (Hotel-)Dienstleistungsangebot = ausschließlich oder überwiegend Wohneinheiten.

1999 neue Definition:
Klasse 1 = mindestens 85 % der Beherbergungseinheiten haben gehobene Ausstattung (= Bad/Dusche und WC sowie mindestens 3 der folgenden Merkmale: Telefon, Fernsehapparat, Kühlschrank/Minibar, Safe)
Klasse 2 = mindestens 75 % der Gästezimmer haben Bad/Dusche und WC.
Klasse 3 = 50 % bis unter 75 % der Gästezimmer haben Bad/Dusche und WC.
Klasse 4 = weniger als 50 % der Gästezimmer haben Bad/Dusche und WC
Betriebe ohne (Hotel-)Dienstleistungsangebot = ausschließlich oder überwiegend Wohneinheiten.

Beherbergungskapazität am 1. Januar
2.1.1 Betriebe, Beherbergungseinheiten und Betten/Schlafgelegenheiten

Gegenstand der Nachweisung	FB / NB / D[1]	Jahr	Betriebe	Beherbergungs-einheiten	Betten/Schlafge-legenheiten	Beherbergungs-einheiten	Betten/Schlafgelegenheiten	
			Anzahl			je Betrieb		je Beherbergungs-einheit
Betriebe mit überwieg. (Hotel-) Dienstleistungsangebot								
Klasse 1	FB	1981	412	8 102	16 481	19,7	40,0	2,0
	FB	1987	942	17 182	36 451	18,2	38,7	2,1
	FB	1993	1 639	28 116	59 741	17,2	36,4	2,1
	NB	1993	83	4 067	8 063	49,0	97,1	2,0
	D	1993	1 722	32 183	67 804	18,7	39,4	2,1
	FB	1999	483	15 659	31 554	32,4	65,3	2,0
	NB	1999	155	6 024	12 642	38,9	81,6	2,1
	D	1999	638	21 683	44 196	34,0	69,3	2,0
Klasse 2	FB	1981	294	4 435	9 096	15,1	30,9	2,1
	FB	1987	401	5 632	12 127	14,0	30,2	2,2
	FB	1993	359	4 863	10 350	13,5	28,8	2,1
	NB	1993	16	544	1 369	34,0	85,6	2,5
	D	1993	375	5 407	11 719	14,4	31,3	2,2
	FB	1999	1 895	27 320	58 115	14,4	30,7	2,1
	NB	1999	322	8 114	19 045	25,2	59,1	2,3
	D	1999	2 217	35 434	77 160	16,0	34,8	2,2
Klasse 3	FB	1981	867	8 830	22 122	10,2	23,2	2,3
	FB	1987	788	8 898	21 683	11,3	27,5	2,4
	FB	1993	506	5 615	13 870	11,1	27,4	2,5
	NB	1993	87	1 702	4 305	19,6	49,5	2,5
	D	1993	593	7 317	18 175	12,3	30,6	2,5
	FB	1999	194	2 526	6 224	13,0	32,1	2,5
	NB	1999	16	392	1 001	24,5	62,6	2,6
	D	1999	210	2 918	7 225	13,9	34,4	2,5
Klasse 4	FB	1981	34	541	1 840	15,9	54,1	3,4
	FB	1987	39	637	2 291	16,3	58,7	3,6
	FB	1993	54	1 144	4 346	21,2	80,5	3,8
	NB	1993	27	1 315	4 838	48,7	179,2	3,7
	D	1993	81	2 459	9 184	30,4	113,4	3,7
	FB	1999	344	4 585	12 706	13,3	36,9	2,8
	NB	1999	55	1 370	5 154	24,9	93,7	3,8
	D	1999	399	5 955	17 860	14,9	44,8	3,0
Zusammen	FB	1981	1 607	21 908	47 539	13,6	29,6	2,2
	FB	1987	2 170	32 349	72 552	14,9	33,4	2,2
	FB	1993	2 558	39 738	88 307	15,5	34,5	2,2
	NB	1993	213	7 628	18 575	35,8	87,2	2,4
	D	1993	2 771	47 366	106 882	17,1	38,6	2,3
	FB	1999	2 916	50 090	108 599	17,2	37,2	2,2
	NB	1999	548	15 900	37 842	29,0	69,1	2,4
	D	1999	3 464	65 990	146 441	19,1	42,3	2,2
Betriebe ohne (Hotel-) Dienstleistungsangebot	FB	1981	5 790	79 810	310 243	13,8	53,6	3,9
	FB	1987	7 121	94 290	361 920	13,2	50,8	3,8
	FB	1993	8 935	104 607	404 636	11,7	45,3	3,9
	NB	1993	986	15 902	61 400	16,1	62,3	3,9
	D	1993	9 921	120 509	466 036	12,1	47,0	3,9
	FB	1999	11 211	121 254	461 535	10,8	41,2	3,8
	NB	1999	1 785	30 475	117 738	17,1	66,0	3,9
	D	1999	12 996	151 729	579 273	11,7	44,6	3,8

[1] FB = Früheres Bundesgebiet, NB = Neue Bundesländer und Berlin-Ost, D = Deutschland.

Beherbergungskapazität am 1. Januar
2.1.1 Betriebe, Beherbergungseinheiten und Betten/Schlafgelegenheiten

Gegenstand der Nachweisung	FB / NB / D[1]	Jahr	Betriebe	Beherbergungs-einheiten	Betten/Schlafge-legenheiten	Beherbergungs-einheiten	Betten/Schlafgelegenheiten	
			Anzahl			je Betrieb		je Beherbergungs-einheit

nach Preisklassen[2]

Gegenstand	FB/NB/D	Jahr	Betriebe	Beh.-einh.	Betten	Einh./Betrieb	Betten/Betrieb	Betten/Einh.
Betriebe mit einem durchschnittl. Übernachtungspreis je Person von ... bis unter ... DM								
unter 20	FB	1981	24 151	269 695	657 955	11,2	27,2	2,4
	FB	1987	16 848	189 718	528 424	11,3	31,4	2,8
	FB	1993	6 415	75 480	284 089	11,8	44,3	3,8
	NB	1993	1 274	17 972	67 010	14,1	52,6	3,7
	D	1993	7 689	93 452	351 099	12,2	45,7	3,8
20 - 30	FB	1981	16 406	250 101	437 711	15,2	26,7	1,8
	FB	1987	16 167	220 894	419 420	13,7	25,9	1,9
	FB	1993	9 835	109 903	262 333	11,2	26,7	2,4
	NB	1993	811	14 194	35 215	17,5	43,4	2,5
	D	1993	10 646	124 097	297 548	11,7	27,9	2,4
30 - 40	FB	1981	5 542	139 455	223 327	25,2	40,3	1,6
	FB	1987	7 300	148 358	256 148	20,3	35,1	1,7
	FB	1993	9 904	127 601	250 547	12,9	25,3	2,0
	NB	1993	585	12 421	26 851	21,2	45,9	2,2
	D	1993	10 489	140 022	277 398	13,3	26,4	2,0
40 - 60	FB	1981	2 775	110 961	170 798	40,0	61,5	1,5
	FB	1987	4 999	173 829	271 884	34,8	54,4	1,6
	FB	1993	10 885	213 532	368 522	19,6	33,9	1,7
	NB	1993	726	23 213	45 812	32,0	63,1	2,0
	D	1993	11 611	236 745	414 334	20,4	35,7	1,8
60 - 100	FB	1981	705	55 834	87 083	79,2	123,5	1,6
	FB	1987	1 772	105 479	163 216	59,5	92,1	1,5
	FB	1993	6 701	222 867	371 045	33,3	55,4	1,7
	NB	1993	532	18 447	33 850	34,7	63,6	1,8
	D	1993	7 233	241 314	404 895	33,4	56,0	1,7
100 und mehr	FB	1981	76	16 062	25 287	211,3	332,7	1,6
	FB	1987	310	46 610	74 318	150,4	239,7	1,6
	FB	1993	2 093	193 300	301 887	92,4	144,2	1,6
	NB	1993	141	16 268	25 908	115,4	183,7	1,6
	D	1993	2 234	209 568	327 795	93,8	146,7	1,6
unter 40	FB	1999	18 837	211 347	628 871	11,2	33,4	3,0
	NB	1999	3 116	45 712	154 127	14,7	49,5	3,4
	D	1999	21 953	257 059	782 998	11,7	35,7	3,0
40 - 60	FB	1999	13 728	209 368	400 749	15,3	29,2	1,9
	NB	1999	2 654	42 634	87 919	16,1	33,1	2,1
	D	1999	16 382	252 002	488 668	15,4	29,8	1,9
60 - 100	FB	1999	10 062	260 452	460 592	25,9	45,8	1,8
	NB	1999	1 986	66 030	122 911	33,2	61,9	1,9
	D	1999	12 048	326 482	583 503	27,1	48,4	1,8
100 - 150	FB	1999	2 117	129 436	218 267	61,1	103,1	1,7
	NB	1999	261	26 184	45 291	100,3	173,5	1,7
	D	1999	2 378	155 620	263 558	65,4	110,8	1,7
150 - 200	FB	1999	348	41 336	69 737	118,8	200,4	1,7
	NB	1999	28	5 756	9 552	205,6	341,1	1,7
	D	1999	376	47 092	79 289	125,2	210,9	1,7
200 und mehr	FB	1999	208	39 689	65 787	190,8	316,3	1,7
	NB	1999	18	4 514	8 231	250,8	457,3	1,8
	D	1999	226	44 203	74 018	195,6	327,5	1,7

[1] FB = Früheres Bundesgebiet, NB = Neue Bundesländer und Berlin-Ost, D = Deutschland.
[2] 1999 neue Preisklassengliederung und ohne Sanatorien und Kurkrankenhäuser.

Beherbergungskapazität am 1. Januar
2.1.2 Gästezimmer, Wohneinheiten und Betten/Schlafgelegenheiten

Gegenstand der Nachweisung	FB / NB / D[1]	Jahr	Beherbergungseinheiten insgesamt	davon Gästezimmer	davon Wohneinheiten	Betten/Schlafgelegenheiten insgesamt	davon in Gästezimmern	davon in Wohneinheiten
Insgesamt	FB	1981	842 108	759 946	82 162	1 602 161	1 280 701	321 460
	FB	1987	884 888	787 550	97 338	1 713 410	1 334 087	379 323
	FB	1993	942 683	834 231	108 452	1 838 423	1 414 077	424 346
	NB	1993	102 515	86 234	16 281	234 646	170 276	64 370
	D	1993	1 045 198	920 465	124 733	2 073 069	1 584 353	488 716
	FB	1999	1 011 743	886 924	124 819	1 995 939	1 513 272	482 667
	NB	1999	216 713	185 328	31 385	461 137	336 662	124 475
	D	1999	1 228 456	1 072 252	156 204	2 457 076	1 849 934	607 142
nach Betriebsarten								
Hotels	FB	1981	256 118	255 207	911	432 910	430 084	2 826
	FB	1987	306 324	304 578	1 746	530 370	524 282	6 088
	FB	1993	354 544	352 958	1 586	624 527	619 082	5 445
	NB	1993	49 870	49 293	577	93 934	92 050	1 884
	D	1993	404 414	402 251	2 163	718 461	711 132	7 329
	FB	1999	385 543	382 805	2 738	685 297	677 483	7 814
	NB	1999	108 561	105 707	2 854	204 102	195 235	8 867
	D	1999	494 104	488 512	5 592	889 399	872 718	16 681
Gasthöfe	FB	1981	152 220	151 686	534	268 423	266 475	1 948
	FB	1987	132 941	132 276	665	238 141	235 547	2 594
	FB	1993	119 016	118 174	842	217 006	214 139	2 867
	NB	1993	10 711	10 432	279	21 950	20 753	1 197
	D	1993	129 727	128 606	1 121	238 956	234 892	4 064
	FB	1999	113 549	112 375	1 174	209 802	205 701	4 101
	NB	1999	17 555	16 894	661	35 750	33 373	2 377
	D	1999	131 104	129 269	1 835	245 552	239 074	6 478
Pensionen	FB	1981	90 127	89 103	1 024	157 567	153 893	3 674
	FB	1987	76 065	74 629	1 436	133 507	128 676	4 831
	FB	1993	66 017	64 504	1 513	118 009	112 844	5 165
	NB	1993	6 220	6 028	192	12 722	12 126	596
	D	1993	72 237	70 532	1 705	130 731	124 970	5 761
	FB	1999	60 278	58 524	1 754	110 004	103 944	6 060
	NB	1999	12 580	11 936	644	25 546	23 283	2 263
	D	1999	72 858	70 460	2 398	135 550	127 227	8 323
Hotels garnis	FB	1981	141 092	139 303	1 789	240 712	235 129	5 583
	FB	1987	139 259	136 316	2 943	241 426	232 549	8 877
	FB	1993	136 295	133 337	2 958	238 698	229 980	8 718
	NB	1993	9 444	8 496	948	19 602	17 092	2 510
	D	1993	145 739	141 833	3 906	258 300	247 072	11 228
	FB	1999	153 564	149 452	4 112	272 506	260 545	11 961
	NB	1999	17 494	16 560	934	33 838	30 849	2 989
	D	1999	171 058	166 012	5 046	306 344	291 394	14 950
Zusammen	FB	1981	639 557	635 299	4 258	1 099 612	1 085 581	14 031
	FB	1987	654 589	647 799	6 790	1 143 444	1 121 054	22 390
	FB	1993	675 872	668 973	6 899	1 198 240	1 176 045	22 195
	NB	1993	76 245	74 249	1 996	148 208	142 021	6 187
	D	1993	752 117	743 222	8 895	1 346 448	1 318 066	28 382
	FB	1999	712 934	703 156	9 778	1 277 609	1 247 673	29 936
	NB	1999	156 190	151 097	5 093	299 236	282 740	16 496
	D	1999	869 124	854 253	14 871	1 576 845	1 530 413	46 432

1) FB = Früheres Bundesgebiet, NB = Neue Bundesländer und Berlin-Ost, D = Deutschland.

Beherbergungskapazität am 1. Januar
2.1.2 Gästezimmer, Wohneinheiten und Betten/Schlafgelegenheiten

Gegenstand der Nachweisung	FB / NB / D[1]	Jahr	Beherbergungseinheiten insgesamt	davon Gästezimmer	davon Wohneinheiten	Betten/Schlafgelegenheiten insgesamt	davon in Gästezimmern	davon in Wohneinheiten
Erholungs- und Ferienheime, Schulungsheime	FB	1981	49 339	32 722	16 617	116 698	66 787	49 911
	FB	1987	64 562	44 404	20 158	153 298	87 667	65 631
	FB	1993	69 814	50 713	19 101	165 658	93 346	72 312
	NB	1993	8 400	5 755	2 645	124 892	14 086	10 806
	D	1993	78 214	56 468	21 746	190 550	107 432	83 118
	FB	1999	74 277	57 432	16 845	168 527	99 011	69 516
	NB	1999	11 448	6 175	5 273	37 191	14 309	22 882
	D	1999	85 725	63 607	22 118	205 718	113 320	92 398
Ferienzentren	FB	1981	8 000	665	7 335	31 168	1 666	29 502
	FB	1987	5 597	1 264	4 333	22 706	3 197	19 509
	FB	1993	5 787	509	5 278	24 675	1 055	23 620
	NB	1993	1 108	543	565	4 665	1 966	2 699
	D	1993	6 895	1 052	5 843	29 340	3 021	26 319
	FB	1999	10 521	2 691	7 830	45 136	7 303	37 833
	NB	1999	2 881	804	2 077	11 700	1 903	9 797
	D	1999	13 402	3 495	9 907	56 836	9 206	47 630
Ferienhäuser, -wohnungen	FB	1981	38 146	1 270	36 876	137 953	2 440	135 513
	FB	1987	49 202	1 847	47 355	180 123	3 477	176 646
	FB	1993	61 986	2 773	59 213	224 894	5 418	219 476
	NB	1993	7 261	222	7 039	25 686	551	25 135
	D	1993	69 247	2 995	66 252	250 580	5 969	244 611
	FB	1999	73 391	3 176	70 215	259 194	5 987	253 207
	NB	1999	12 869	332	12 537	48 432	744	47 688
	D	1999	86 260	3 508	82 752	307 626	6 731	300 895
Hütten, Jugendherbergen, jugendherbergsähnl. Einrichtungen	FB	1981	18 896	1 897	16 999	98 885	6 808	92 077
	FB	1987	18 626	566	18 060	94 711	1 284	93 427
	FB	1993	18 479	1 202	17 277	87 887	2 880	85 007
	NB	1993	4 340	377	3 963	20 013	916	19 097
	D	1993	22 819	1 579	21 240	107 900	3 796	104 104
	FB	1999	20 505	2 160	18 345	93 537	5 203	88 334
	NB	1999	7 442	1 498	5 944	31 472	5 169	26 303
	D	1999	27 947	3 658	24 289	125 009	10 372	114 637
Zusammen	FB	1981	114 381	36 554	77 827	384 704	77 701	307 003
	FB	1987	137 987	48 081	89 906	450 838	95 625	355 213
	FB	1993	156 066	55 197	100 869	503 114	102 699	400 415
	NB	1993	21 109	6 897	14 212	75 256	17 519	57 737
	D	1993	177 175	62 094	115 081	578 370	120 218	458 152
	FB	1999	178 694	65 459	113 235	566 394	117 504	448 890
	NB	1999	34 640	8 809	25 831	128 795	22 125	106 670
	D	1999	213 334	74 268	139 066	695 189	139 629	555 560
Sanatorien, Kurkrankenhäuser	FB	1981	88 170	88 093	77	117 845	117 419	426
	FB	1987	92 312	91 670	642	119 128	117 408	1 720
	FB	1993	110 745	110 061	684	137 069	135 333	1 736
	NB	1993	5 161	5 088	73	11 182	10 736	446
	D	1993	115 906	115 149	757	148 251	146 069	2 182
	FB	1999	120 115	118 309	1 806	151 936	148 095	3 841
	NB	1999	25 883	25 422	461	33 106	31 797	1 309
	D	1999	145 998	143 731	2 267	185 042	179 892	5 150

[1] FB = Früheres Bundesgebiet, NB = Neue Bundesländer und Berlin-Ost, D = Deutschland.

Beherbergungskapazität am 1. Januar
2.1.2 Gästezimmer, Wohneinheiten und Betten/Schlafgelegenheiten

Gegenstand der Nachweisung	FB / NB / D[1]	Jahr	Beherbergungseinheiten			Betten/Schlafgelegenheiten		
			insgesamt	davon		insgesamt	davon in	
				Gästezimmer	Wohneinheiten		Gästezimmern	Wohneinheiten
nach der Anzahl der Betten/Schlafgelegenheiten								
Beherbergungseinheiten mit ... Bett(en)/ Schlafgelegenheit(en)								
1	FB	1981	303 459	297 415	6 044	303 495	297 415	6 080
	FB	1987	309 373	302 319	7 054	309 373	302 319	7 054
	FB	1993	320 676	315 024	5 652	320 676	315 024	5 652
	NB	1993	19 987	19 495	492	19 987	19 495	492
	D	1993	340 663	334 519	6 144	340 663	334 519	6 144
	FB	1999	336 369	331 092	5 277	336 369	331 092	5 277
	NB	1999	55 103	54 275	828	55 103	54 275	828
	D	1999	391 472	385 367	6 105	391 472	385 367	6 105
2	FB	1981	442 227	421 880	20 347	884 526	843 760	40 766
	FB	1987	467 836	442 462	25 374	935 672	884 924	50 748
	FB	1993	504 599	477 018	27 581	1 009 198	954 036	55 162
	NB	1993	60 322	56 274	4 048	120 644	112 548	8 096
	D	1993	564 921	533 292	31 629	1 129 842	1 066 584	63 258
	FB	1999	540 787	506 707	34 080	1 081 574	1 013 414	68 160
	NB	1999	126 066	118 503	7 563	252 132	237 006	15 126
	D	1999	666 853	625 210	41 643	1 333 706	1 250 420	83 286
3 und mehr	FB	1981	96 422	40 651	55 771	414 140	139 526	274 614
	FB	1987	107 679	42 769	64 910	468 365	146 844	321 521
	FB	1993	117 408	42 189	75 219	508 549	145 017	363 532
	NB	1993	22 206	10 465	11 741	94 015	38 233	55 782
	D	1993	139 614	52 654	86 960	602 564	183 250	419 314
	FB	1999	134 587	49 125	85 462	577 996	168 766	409 230
	NB	1999	35 544	12 550	22 994	153 902	45 381	108 521
	D	1999	170 131	61 675	108 456	731 898	214 147	517 751
nach Preisklassen[2]								
Beherbergungseinheiten mit einem Übernachtungspreis von ... bis unter ... DM								
unter 30	FB	1981	213 964	192 562	21 402	314 791	252 937	61 854
	FB	1987	132 513	115 168	17 345	183 999	145 820	38 179
	FB	1993	37 738	28 039	9 699	56 474	34 914	21 560
	NB	1993	7 018	3 422	3 596	18 487	6 003	12 484
	D	1993	44 756	31 461	13 295	74 961	40 917	34 044
30 - 40	FB	1981	155 931	142 967	12 964	277 270	229 928	47 342
	FB	1987	113 612	102 991	10 621	192 885	159 559	33 326
	FB	1993	43 796	38 810	4 986	65 845	51 384	14 461
	NB	1993	5 790	3 851	1 939	13 041	6 867	6 174
	D	1993	49 586	42 661	6 925	78 886	58 251	20 635
40 - 60	FB	1981	220 299	197 367	22 932	449 196	355 578	93 618
	FB	1987	236 842	207 987	28 855	459 283	346 840	112 443
	FB	1993	140 643	121 090	19 553	237 147	174 548	62 599
	NB	1993	14 629	10 387	4 242	35 879	20 121	15 758
	D	1993	155 272	131 477	23 795	273 026	194 669	78 357
60 - 80	FB	1981	119 575	105 868	13 707	262 706	202 075	60 631
	FB	1987	156 014	135 160	20 854	337 209	243 853	93 356
	FB	1993	148 815	122 121	26 694	307 653	205 453	102 200
	NB	1993	15 888	13 137	2 751	36 902	25 989	11 313
	D	1993	164 703	135 258	29 445	344 955	231 442	113 513

[1] FB = Früheres Bundesgebiet, NB = Neue Bundesländer und Berlin-Ost, D = Deutschland.
[2] 1999 neue Preisklassengliederung und ohne Sanatorien und Kurkrankenhäuser.

Beherbergungskapazität am 1. Januar
2.1.2 Gästezimmer, Wohneinheiten und Betten/Schlafgelegenheiten

Gegenstand der Nachweisung	FB / NB / D[1)]	Jahr	Beherbergungseinheiten			Betten/Schlafgelegenheiten		
				davon			davon in	
			insgesamt	Gästezimmer	Wohneinheiten	insgesamt	Gästezimmern	Wohneinheiten
80 - 150	FB	1981	106 824	96 588	10 236	240 656	190 412	50 244
	FB	1987	182 747	164 909	17 838	407 339	320 061	87 278
	FB	1993	336 849	297 281	39 568	697 429	522 095	175 334
	NB	1993	35 296	32 320	2 976	80 415	66 734	13 681
	D	1993	372 145	329 601	42 544	777 844	588 829	189 015
150 und mehr	FB	1981	25 515	24 594	921	57 542	49 771	7 771
	FB	1987	63 160	61 335	1 825	132 695	117 954	14 741
	FB	1993	234 842	226 890	7 952	473 875	425 683	48 192
	NB	1993	23 894	23 117	777	49 522	44 562	4 960
	D	1993	258 736	250 007	8 729	523 397	470 245	53 152
unter 60	FB	1999	108 758	86 937	21 821	164 988	109 737	55 251
	NB	1999	15 138	8 596	6 542	30 808	12 772	18 036
	D	1999	123 896	95 533	28 363	195 796	122 509	73 287
60 - 100	FB	1999	244 033	193 803	50 230	500 200	319 787	180 413
	NB	1999	48 492	38 499	9 993	104 350	67 268	37 082
	D	1999	292 525	232 302	60 223	604 550	387 055	217 495
100 - 150	FB	1999	240 583	206 066	34 517	532 681	383 924	148 757
	NB	1999	62 999	54 269	8 730	144 465	106 784	37 681
	D	1999	303 582	260 335	43 247	677 146	490 708	186 438
150 - 200	FB	1999	138 426	128 712	9 714	300 409	250 771	49 638
	NB	1999	36 186	32 264	3 922	84 361	64 938	19 423
	D	1999	174 612	160 976	13 636	384 770	315 709	69 061
200 - 250	FB	1999	64 728	61 148	3 580	140 137	121 654	18 483
	NB	1999	15 319	14 205	1 114	35 433	28 755	6 678
	D	1999	80 047	75 353	4 694	175 570	150 409	25 161
250 und mehr	FB	1999	95 100	91 949	3 151	205 588	179 304	26 284
	NB	1999	12 696	12 073	623	28 614	24 348	4 266
	D	1999	107 796	104 022	3 774	234 202	203 652	30 550

1) FB = Früheres Bundesgebiet, NB = Neue Bundesländer und Berlin-Ost, D = Deutschland.

Beherbergungskapazität am 1. Januar
2.1.3 Ausstattung der Gästezimmer und Wohneinheiten

Gegenstand der Nachweisung	BE / BT[1]	FB / NB / D[2]	Jahr	Gästezimmer insgesamt	davon mit Bad oder Dusche mit WC	davon mit Bad oder Dusche ohne WC	nur mit fließendem Warmwasser mit WC	nur mit fließendem Warmwasser ohne WC	sonstige Gästezimmer[3]	Wohneinheiten insgesamt	davon mit ... Räumen 1	davon mit ... Räumen 2	davon mit ... Räumen 3 und mehr
Insgesamt	BE	FB	1981	759 946	375 271	58 488	29 817	287 692	8 678	82 162	43 897	17 985	20 280
		FB	1987	787 550	524 928	47 515	25 813	182 761	6 533	97 338	47 805	25 426	24 107
		FB	1993	834 231	685 888	30 081	15 996	96 784	5 482	108 452	48 171	31 081	29 200
		NB	1993	86 234	57 464	1 454	2 557	19 799	4 960	16 281	8 518	3 870	3 893
		D	1993	920 465	743 352	31 535	18 553	116 583	10 442	124 733	56 689	34 951	33 093
		FB	1999	886 924	816 805	–	–	–	70 119	124 819	54 700	35 284	34 835
		NB	1999	185 328	175 636	–	–	–	9 692	31 385	12 395	11 301	7 689
		D	1999	1 072 252	992 441	–	–	–	79 811	156 204	67 095	46 585	42 524
	BT	FB	1981	1 280 701	621 780	98 071	47 125	487 555	26 170	321 460	154 153	66 122	101 185
		FB	1987	1 334 087	882 349	80 103	40 721	310 240	20 674	379 323	158 934	94 125	126 264
		FB	1993	1 414 077	1 155 056	51 432	25 321	166 298	15 970	424 346	161 739	112 827	149 780
		NB	1993	170 276	107 660	2 813	5 292	40 847	13 664	64 370	31 251	14 141	18 978
		D	1993	1 584 353	1 262 716	54 245	30 613	207 145	29 634	488 716	192 990	126 968	168 758
		FB	1999	1 513 272	1 385 547	–	–	–	127 725	482 667	186 202	120 124	176 341
		NB	1999	336 662	312 552	–	–	–	24 110	124 475	44 614	40 385	39 476
		D	1999	1 849 934	1 698 099	–	–	–	151 835	607 142	230 816	160 509	215 817

nach der Anzahl der Betten/Schlafgelegenheiten

mit ... Bett(en)/Schlafgelegenheit(en)	BE / BT[1]	FB / NB / D[2]	Jahr	Gästezimmer insgesamt	mit Bad oder Dusche mit WC	mit Bad oder Dusche ohne WC	nur mit fließendem Warmwasser mit WC	nur mit fließendem Warmwasser ohne WC	sonstige Gästezimmer[3]	Wohneinheiten insgesamt	1	2	3 und mehr
1	BE	FB	1981	297 415	146 737	21 943	14 680	112 219	1 836	6 044	5 801	78	165
		FB	1987	302 319	196 071	17 920	12 377	74 610	1 341	7 054	6 806	202	46
		FB	1993	315 024	254 513	10 892	7 846	40 021	1 752	5 652	5 503	103	46
		NB	1993	19 495	14 002	302	497	3 942	752	492	479	10	3
		D	1993	334 519	268 515	11 194	8 343	43 963	2 504	6 144	5 982	113	49
		FB	1999	331 092	301 988	–	–	–	29 104	5 277	5 151	111	15
		NB	1999	54 275	52 739	–	–	–	1 536	828	786	36	6
		D	1999	385 367	354 727	–	–	–	30 640	6 105	5 937	147	21
2	BE	FB	1981	421 880	213 820	33 876	13 797	157 339	3 048	20 347	16 583	2 921	843
		FB	1987	442 462	305 755	27 091	12 273	95 046	2 297	25 374	19 117	5 654	603
		FB	1993	477 018	401 777	17 572	7 429	48 664	1 576	27 581	19 534	6 919	1 128
		NB	1993	56 274	39 059	1 000	1 667	12 258	2 290	4 048	2 988	850	210
		D	1993	533 292	440 836	18 572	9 096	60 922	3 866	31 629	22 522	7 769	1 338
		FB	1999	506 707	473 580	–	–	–	33 127	34 080	22 840	10 333	907
		NB	1999	118 503	113 355	–	–	–	5 148	7 563	4 411	2 886	266
		D	1999	625 210	586 935	–	–	–	38 275	41 643	27 251	13 219	1 173
3 und mehr	BE	FB	1981	40 651	14 714	2 669	1 340	18 134	3 794	55 771	21 513	14 986	19 272
		FB	1987	42 769	23 102	2 504	1 163	13 105	2 895	64 910	21 882	19 570	23 458
		FB	1993	42 189	29 598	1 617	721	8 099	2 154	75 219	23 134	24 059	28 026
		NB	1993	10 465	4 403	152	393	3 599	1 918	11 741	5 051	3 010	3 680
		D	1993	52 654	34 001	1 769	1 114	11 698	4 072	86 960	28 185	27 069	31 706
		FB	1999	49 125	41 237	–	–	–	7 888	85 462	26 709	24 840	33 913
		NB	1999	12 550	9 542	–	–	–	3 008	22 994	7 198	8 379	7 417
		D	1999	61 675	50 779	–	–	–	10 896	108 456	33 907	33 219	41 330

nach Preisklassen[4]

Beherbergungseinheiten mit einem Übernachtungspreis von ... bis unter ... DM	BE / BT[1]	FB / NB / D[2]	Jahr	insgesamt	mit Bad oder Dusche mit WC	mit Bad oder Dusche ohne WC	nur mit fließendem Warmwasser mit WC	nur mit fließendem Warmwasser ohne WC	sonstige Gästezimmer[3]	Wohneinheiten insgesamt	1	2	3 und mehr
unter 30	BE	FB	1981	192 562	37 068	13 040	10 070	128 720	3 646	21 402	18 802	1 466	1 134
		FB	1987	115 168	26 748	8 371	7 338	70 288	2 423	17 345	15 572	877	896
		FB	1993	28 039	8 379	1 201	1 336	16 240	883	9 699	8 729	454	516
		NB	1993	3 422	437	49	150	1 923	863	3 596	2 442	561	593
		D	1993	31 461	8 816	1 250	1 486	18 163	1 746	13 295	11 171	1 015	1 109
	BT	FB	1981	252 937	43 899	15 605	13 020	173 154	7 259	61 854	51 990	4 339	5 525
		FB	1987	145 820	32 077	9 908	8 881	90 651	4 303	38 179	32 472	2 345	3 362
		FB	1993	34 914	10 372	1 417	1 520	20 020	1 585	21 560	18 391	1 167	2 002
		NB	1993	6 003	605	82	229	3 051	2 036	12 484	7 297	2 163	3 024
		D	1993	40 917	10 977	1 499	1 749	23 071	3 621	34 044	25 688	3 330	5 026
30 – 40	BE	FB	1981	142 967	53 015	13 688	7 471	67 321	1 472	12 964	9 392	1 737	1 835
		FB	1987	102 991	45 569	9 062	5 921	41 387	1 052	10 621	8 157	1 373	1 091
		FB	1993	38 810	15 511	3 123	2 659	16 945	572	4 986	4 149	442	395
		NB	1993	3 851	615	136	227	2 200	673	1 939	1 083	488	368
		D	1993	42 661	16 126	3 259	2 886	19 145	1 245	6 925	5 232	930	763
	BT	FB	1981	229 963	70 984	21 323	11 334	122 091	4 196	47 342	32 959	5 895	8 488
		FB	1987	159 559	63 753	13 211	9 303	70 441	2 851	33 326	24 278	4 321	4 727
		FB	1993	51 384	19 352	3 854	3 571	23 164	1 443	14 461	11 209	1 199	2 053
		NB	1993	6 867	1 080	168	379	3 717	1 523	6 174	3 018	1 759	3 024
		D	1993	58 251	20 432	4 022	3 950	26 881	2 966	20 635	14 227	2 958	3 450

1) BE = Beherbergungseinheiten, BT = Betten.
2) FB = Früheres Bundesgebiet, NB = Neue Bundesländer und Berlin-Ost, D = Deutschland.
3) 1999 einschl. Gästezimmer mit Bad oder Dusche ohne WC sowie nur mit fließendem Warmwasser mit und ohne WC.
4) 1999 neue Preisklassengliederung und ohne Sanatorien und Kurkrankenhäuser.

Beherbergungskapazität am 1. Januar
2.1.3 Ausstattung der Gästezimmer und Wohneinheiten

Gegenstand der Nachweisung	BE / BT[1]	FB / NB / D[2]	Jahr	Gästezimmer insgesamt	davon mit Bad oder Dusche mit WC	davon mit Bad oder Dusche ohne WC	davon nur mit fließendem Warmwasser mit WC	davon nur mit fließendem Warmwasser ohne WC	sonstige Gästezimmer[3]	Wohneinheiten insgesamt	davon mit 1 Raum	davon mit 2 Räumen	davon mit 3 und mehr Räumen
40 – 60	BE	FB	1981	197 367	99 229	20 254	7 885	68 290	1 709	22 932	11 087	6 169	5 676
		FB	1987	207 987	131 853	16 599	7 922	50 344	1 269	28 855	14 477	8 404	5 974
		FB	1993	121 090	79 228	7 719	4 851	28 376	916	19 553	11 772	4 395	3 386
		NB	1993	10 387	2 610	264	627	5 581	1 305	4 242	2 174	1 138	930
		D	1993	131 477	81 838	7 983	5 478	33 957	2 221	23 795	13 946	5 533	4 316
	BT	FB	1981	355 578	161 557	37 031	13 599	137 351	6 040	93 618	44 064	22 243	27 311
		FB	1987	346 840	201 562	29 289	13 857	98 075	4 057	112 443	52 824	29 363	30 256
		FB	1993	174 548	105 222	11 417	7 453	48 210	2 246	62 599	33 097	13 889	15 613
		NB	1993	20 121	4 819	476	1 177	10 596	3 053	15 758	7 905	4 133	5 720
		D	1993	194 669	110 041	11 893	8 630	58 806	5 299	78 357	41 002	18 022	19 333
60 – 80	BE	FB	1981	105 868	76 601	8 509	3 174	16 756	828	13 707	2 839	5 314	5 554
		FB	1987	135 160	107 061	9 029	3 174	15 156	740	20 854	6 132	8 111	6 611
		FB	1993	122 121	89 594	8 024	3 217	20 500	786	26 694	11 125	8 604	6 965
		NB	1993	13 137	6 103	362	664	4 920	1 088	2 751	1 257	713	781
		D	1993	135 258	95 697	8 386	3 881	25 420	1 874	29 445	12 382	9 317	7 746
	BT	FB	1981	202 075	136 339	17 398	6 093	38 591	3 654	60 631	13 002	20 558	27 071
		FB	1987	243 853	182 357	17 988	5 558	34 482	3 468	93 356	28 330	30 767	34 259
		FB	1993	205 453	142 364	14 236	5 704	40 430	2 719	102 200	39 029	30 744	32 427
		NB	1993	25 989	10 420	699	1 388	10 523	2 959	11 313	5 237	2 714	3 362
		D	1993	231 442	152 784	14 935	7 092	50 953	5 678	113 513	44 266	33 458	35 789
80 – 150	BE	FB	1981	96 588	85 914	2 787	1 087	6 089	711	10 236	1 468	3 149	5 619
		FB	1987	164 909	152 945	4 400	1 402	5 287	875	17 838	3 151	6 308	8 379
		FB	1993	297 281	270 761	8 789	2 788	13 416	1 527	39 568	10 816	15 120	13 632
		NB	1993	32 320	25 241	557	832	4 879	811	2 976	1 363	692	921
		D	1993	329 601	296 002	9 346	3 620	18 295	2 338	42 544	12 179	15 812	14 553
	BT	FB	1981	190 412	162 709	6 368	2 574	14 850	3 911	50 244	8 627	12 150	29 467
		FB	1987	320 061	287 543	9 578	2 948	15 127	4 865	87 278	17 124	25 679	44 475
		FB	1993	522 095	465 375	17 601	5 000	30 277	3 842	175 334	48 196	57 330	69 808
		NB	1993	66 734	48 886	1 176	1 987	11 750	2 935	13 681	6 487	2 519	4 675
		D	1993	588 829	514 261	18 777	6 987	42 027	6 777	189 015	54 683	59 849	74 483
150 und mehr	BE	FB	1981	24 594	23 426	210	130	516	312	921	309	150	462
		FB	1987	61 335	60 752	54	56	299	174	1 825	316	353	1 156
		FB	1993	226 890	222 415	1 225	1 145	1 307	798	7 952	1 580	2 066	4 306
		NB	1993	23 117	22 458	86	57	296	220	777	199	278	300
		D	1993	250 007	244 873	1 311	1 202	1 603	1 018	8 729	1 779	2 344	4 606
	BT	FB	1981	49 771	46 292	346	505	1 518	1 110	7 771	3 511	937	3 323
		FB	1987	117 954	115 057	129	174	1 464	1 130	14 741	3 906	1 650	9 185
		FB	1993	425 683	412 371	2 907	2 073	4 197	4 135	48 192	11 817	8 498	27 877
		NB	1993	44 562	41 850	212	132	1 210	1 158	4 960	1 307	853	2 800
		D	1993	470 245	454 221	3 119	2 205	5 407	5 293	53 152	13 124	9 351	30 677

1) BE = Beherbergungseinheiten, BT = Betten.
2) FB = Früheres Bundesgebiet, NB = Neue Bundesländer und Berlin-Ost, D = Deutschland.
3) 1999 einschl. Gästezimmer mit Bad oder Dusche ohne WC sowie nur mit fließendem Warmwasser mit und ohne WC.

Beherbergungskapazität am 1. Januar
2.1.3 Ausstattung der Gästezimmer und Wohneinheiten

Gegenstand der Nachweisung	BE / BT[1]	FB / NB / D[2]	Jahr	Gästezimmer insgesamt	davon mit Bad oder Dusche mit WC	davon mit Bad oder Dusche ohne WC	davon nur mit fließendem Warmwasser mit WC	davon nur mit fließendem Warmwasser ohne WC	sonstige Gästezimmer[3]	Wohneinheiten insgesamt	davon mit 1 Raum	davon mit 2 Räumen	davon mit 3 und mehr Räumen
unter 60	BE	FB	1999	86 937	56 177	–	–	–	30 760	21 821	17 573	2 760	1 488
		NB	1999	8 596	5 118	–	–	–	3 478	6 542	4 525	1 295	722
		D	1999	95 533	61 295	–	–	–	34 238	28 363	22 098	4 055	2 210
	BT	FB	1999	109 737	68 649	–	–	–	41 088	55 251	40 098	7 940	7 213
		NB	1999	12 772	6 805	–	–	–	5 967	18 036	11 063	4 120	2 853
		D	1999	122 509	75 454	–	–	–	47 055	73 287	51 161	12 060	10 066
60 - 100	BE	FB	1999	193 803	167 284	–	–	–	26 519	50 230	21 841	16 274	12 115
		NB	1999	38 499	34 298	–	–	–	4 201	9 993	4 432	3 221	2 340
		D	1999	232 302	201 582	–	–	–	30 720	60 223	26 273	19 495	14 455
	BT	FB	1999	319 787	267 474	–	–	–	52 313	180 413	71 726	53 279	55 408
		NB	1999	67 268	57 036	–	–	–	10 232	37 082	16 275	10 866	9 941
		D	1999	387 055	324 510	–	–	–	62 545	217 495	88 001	64 145	65 349
100 - 150	BE	FB	1999	206 066	198 516	–	–	–	7 550	34 517	10 337	11 656	12 524
		NB	1999	54 269	52 951	–	–	–	1 318	8 730	2 594	3 759	2 377
		D	1999	260 335	251 467	–	–	–	8 868	43 247	12 931	15 415	14 901
	BT	FB	1999	383 924	364 493	–	–	–	19 431	148 757	46 244	41 336	61 177
		NB	1999	106 784	101 959	–	–	–	4 825	37 681	11 847	14 231	11 603
		D	1999	490 708	466 452	–	–	–	24 256	186 438	58 091	55 567	72 780
150 - 200	BE	FB	1999	128 712	127 393	–	–	–	1 319	9 714	2 237	2 881	4 596
		NB	1999	32 264	32 045	–	–	–	219	3 922	609	1 880	1 433
		D	1999	160 976	159 438	–	–	–	1 538	13 636	2 846	4 761	6 029
	BT	FB	1999	250 771	245 716	–	–	–	5 055	49 638	13 697	11 192	24 749
		NB	1999	64 938	63 641	–	–	–	1 297	19 423	3 666	7 323	8 434
		D	1999	315 709	309 357	–	–	–	6 352	69 061	17 363	18 515	33 183
200 - 250	BE	FB	1999	61 148	60 814	–	–	–	334	3 580	1 130	645	1 805
		NB	1999	14 205	14 075	–	–	–	130	1 114	168	446	500
		D	1999	75 353	74 889	–	–	–	464	4 694	1 298	1 091	2 305
	BT	FB	1999	121 654	120 016	–	–	–	1 638	18 483	5 962	2 488	10 033
		NB	1999	28 755	28 088	–	–	–	667	6 678	1 231	1 594	3 853
		D	1999	150 409	148 104	–	–	–	2 305	25 161	7 193	4 082	13 886
250 und mehr	BE	FB	1999	91 949	91 626	–	–	–	323	3 151	623	334	2 194
		NB	1999	12 073	12 025	–	–	–	48	623	62	311	250
		D	1999	104 022	103 651	–	–	–	371	3 774	685	645	2 444
	BT	FB	1999	179 304	176 429	–	–	–	2 875	26 284	7 145	1 925	17 214
		NB	1999	24 348	24 115	–	–	–	233	4 266	527	1 155	2 584
		D	1999	203 652	200 544	–	–	–	3 108	30 550	7 672	3 080	19 798

1) BE = Beherbergungseinheiten, BT = Betten.
2) FB = Früheres Bundesgebiet, NB = Neue Bundesländer und Berlin-Ost, D = Deutschland.
3) 1999 einschl. Gästezimmer mit Bad oder Dusche ohne WC sowie nur mit fließendem Warmwasser mit und ohne WC.

Beherbergungskapazität am 1. Januar
2.1.4 Ausstattung der Beherbergungsbetriebe

Betriebsarten	FB/NB/D[1]	Jahr	Betriebe insgesamt	Darunter mit eigenen Sport- oder ähnlichen Freizeiteinrichtungen								eigenen medizinischen Kureinrichtungen	Räumen für Konferenzen, Tagungen, Seminare o. ä.
				zusammen	und zwar mit								
					Hallen-/ Frei-/ Thermalbad	Sauna/ Solarium	Kegel-/ Bowlingbahn	Sport-/ Fitnessraum	Tennisplatz/ -halle	sonstigen Einrichtungen	Kinderspielplatz/ -zimmer		
Hotels	FB	1981	9 306	3 712	1 530	1 883	1 727	911	298	851	–	337	–
	FB	1987	9 982	4 452	1 801	2 546	2 029	1 007	414	773	–	384	6 964
	FB	1993	10 587	4 665	1 703	2 739	1 910	1 285	438	–	1 043	436	6 676
	NB	1993	1 171	459	71	260	118	184	40	–	236	12	897
	D	1993	11 758	5 124	1 774	2 999	2 028	1 469	478	–	1 279	448	7 573
	FB	1999	10 319	4 965	1 713	3 224	1 921	1 431	427	–	1 336	388	6 312
	NB	1999	2 546	1 233	194	924	239	502	121	–	395	48	2 071
	D	1999	12 865	6 198	1 907	4 148	2 160	1 933	548	–	1 731	436	8 383
Gasthöfe	FB	1981	13 688	2 462	410	496	1 556	178	85	527	–	21	–
	FB	1987	11 745	2 315	253	567	1 449	155	82	376	–	47	5 220
	FB	1993	9 902	2 081	206	551	1 124	212	89	–	628	31	3 231
	NB	1993	673	130	12	40	32	21	8	–	68	3	346
	D	1993	10 575	2 211	218	591	1 156	233	97	–	696	34	3 577
	FB	1999	9 393	2 017	166	528	1 012	172	67	–	790	23	2 321
	NB	1999	1 700	352	19	127	79	61	16	–	175	2	510
	D	1999	11 093	2 369	185	655	1 091	233	83	–	965	25	2 831
Pensionen	FB	1981	7 739	1 323	472	701	57	306	58	527	–	205	–
	FB	1987	5 953	1 323	466	841	68	290	63	387	–	196	609
	FB	1993	5 081	1 266	360	724	62	365	55	–	469	194	557
	NB	1993	419	119	14	40	16	26	10	–	66	–	158
	D	1993	5 500	1 385	374	764	78	391	65	–	535	194	715
	FB	1999	4 180	1 236	365	773	43	365	45	–	496	145	418
	NB	1999	1 167	299	28	130	12	66	20	–	154	3	190
	D	1999	5 347	1 535	393	903	55	431	65	–	650	148	608
Hotels garnis	FB	1981	10 964	1 107	430	672	82	208	47	280	–	123	–
	FB	1987	10 422	1 066	379	710	52	191	39	195	–	156	567
	FB	1993	9 048	1 107	318	713	49	253	55	–	251	123	616
	NB	1993	431	58	4	19	6	11	5	–	31	1	93
	D	1993	9 479	1 165	322	732	55	264	60	–	282	124	709
	FB	1999	8 980	1 370	343	907	57	329	62	–	418	131	698
	NB	1999	732	139	12	78	11	35	10	–	48	3	164
	D	1999	9 712	1 509	355	985	68	364	72	–	466	134	862
Zusammen	FB	1981	41 697	8 604	2 842	3 752	3 422	1 603	488	2 185	–	686	–
	FB	1987	38 102	9 156	2 899	4 664	3 598	1 643	598	1 731	–	783	13 360
	FB	1993	34 618	9 119	2 587	4 727	3 145	2 115	637	–	2 391	784	11 080
	NB	1993	2 694	766	101	359	172	242	63	–	401	16	1 494
	D	1993	37 312	9 885	2 688	5 086	3 317	2 357	700	–	2 792	800	12 574
	FB	1999	32 872	9 588	2 587	5 432	3 033	2 297	601	–	3 040	687	9 749
	NB	1999	6 145	2 023	253	1 259	341	664	167	–	772	56	2 935
	D	1999	39 017	11 611	2 840	6 691	3 374	2 961	768	–	3 812	743	12 684
Erholungs- und Ferienheime, Schulungsheime	FB	1981	1 724	882	214	173	139	373	71	583	–	156	–
	FB	1987	2 110	1 060	239	232	232	370	104	646	–	103	1 118
	FB	1993	2 143	1 180	230	261	237	544	160	–	702	92	1 377
	NB	1993	490	205	20	31	33	62	25	–	142	3	263
	D	1993	2 633	1 385	250	292	270	606	185	–	844	95	1 640
	FB	1999	2 122	1 213	223	342	269	515	138	–	752	56	1 464
	NB	1999	530	342	30	67	66	146	43	–	258	2	380
	D	1999	2 652	1 555	253	409	335	661	181	–	1 010	58	1 844
Ferienzentren	FB	1981	35	35	19	18	20	18	19	29	–	7	–
	FB	1987	27	27	17	16	17	9	18	13	–	5	18
	FB	1993	27	27	18	18	15	9	17	–	24	5	16
	NB	1993	10	10	1	2	4	7	3	–	7	–	9
	D	1993	37	37	19	20	19	16	20	–	31	5	25
	FB	1999	39	39	29	33	25	15	29	–	37	7	29
	NB	1999	44	44	17	14	16	23	7	–	40	3	26
	D	1999	83	83	46	47	41	38	36	–	77	10	55

1) FB = Früheres Bundesgebiet, NB = Neue Bundesländer und Berlin-Ost, D = Deutschland.

Beherbergungskapazität am 1. Januar
2.1.4 Ausstattung der Beherbergungsbetriebe

Betriebsarten	FB / NB / D[1]	Jahr	Betriebe insgesamt	Darunter mit eigenen Sport- oder ähnlichen Freizeiteinrichtungen								eigenen medizinischen Kureinrichtungen	Räumen für Konferenzen, Tagungen, Seminare o. ä.
				zusammen	und zwar mit								
					Hallen-/ Frei-/ Thermalbad	Sauna/ Solarium	Kegel-/ Bowlingbahn	Sport-/ Fitnessraum	Tennisplatz/ -halle	sonstigen Einrichtungen	Kinderspielplatz/ -zimmer		
Ferienhäuser, -wohnungen	FB	1981	4 119	948	304	464	39	251	79	472	–	51	–
	FB	1987	5 196	1 083	337	694	51	233	98	397	–	63	123
	FB	1993	7 053	1 858	348	874	48	401	153	–	1 169	93	149
	NB	1993	492	142	32	13	22	17	19	–	122	2	36
	D	1993	7 545	2 000	380	887	70	418	172	–	1 291	95	185
	FB	1999	9 126	2 810	430	1 227	57	520	160	–	1 982	103	170
	NB	1999	975	403	49	135	33	68	34	–	315	3	77
	D	1999	10 101	3 213	479	1 362	90	588	194	–	2 297	106	247
Hütten, Jugendherbergen, jugendherbergsähnl. Einrichtungen	FB	1981	1 090	430	34	24	17	76	23	366	–	1	–
	FB	1987	1 043	358	23	17	11	54	25	298	–	1	468
	FB	1993	1 019	329	19	22	7	88	43	–	245	3	491
	NB	1993	267	152	8	12	30	68	33	–	87	1	134
	D	1993	1 286	481	27	34	37	156	76	–	332	4	625
	FB	1999	1 141	419	24	29	7	92	31	–	332	1	552
	NB	1999	369	219	12	23	34	84	47	–	154	1	213
	D	1999	1 510	638	36	52	41	176	78	–	486	2	765
Zusammen	FB	1981	6 968	2 295	571	679	215	718	192	1 450	–	215	–
	FB	1987	8 376	2 528	616	959	311	666	245	1 354	–	172	1 727
	FB	1993	10 242	3 394	615	1 175	307	1 042	373	–	2 140	193	2 033
	NB	1993	1 259	509	61	58	89	154	80	–	358	6	442
	D	1993	11 501	3 903	676	1 233	396	1 196	453	–	2 498	199	2 475
	FB	1999	12 428	4 481	706	1 631	358	1 142	358	–	3 103	167	2 215
	NB	1999	1 918	1 008	108	239	149	321	131	–	767	9	696
	D	1999	14 346	5 489	814	1 870	507	1 463	489	–	3 870	176	2 911
Sanatorien, Kurkrankenhäuser	FB	1981	990	810	610	534	134	614	68	251	–	963	–
	FB	1987	918	771	617	520	147	490	64	221	–	900	247
	FB	1993	973	836	628	531	164	660	84	–	103	934	408
	NB	1993	116	94	16	47	9	76	9	–	57	108	35
	D	1993	1 089	930	644	578	173	736	93	–	160	1 042	443
	FB	1999	1 025	928	744	664	177	814	89	–	234	977	586
	NB	1999	169	162	117	128	15	156	15	–	72	164	121
	D	1999	1 194	1 090	861	792	192	970	104	–	306	1 141	707
Insgesamt	FB	1981	49 655	11 709	4 023	4 965	3 771	2 935	748	3 886	–	1 864	–
	FB	1987	47 396	12 455	4 132	6 143	4 056	2 799	907	3 306	–	1 855	15 334
	FB	1993	45 833	13 349	3 830	6 433	3 616	3 817	1 094	–	4 634	1 911	13 521
	NB	1993	4 069	1 369	178	464	270	472	152	–	816	130	1 971
	D	1993	49 902	14 718	4 008	6 897	3 886	4 289	1 246	–	5 450	2 041	15 492
	FB	1999	46 325	14 997	4 037	7 727	3 568	4 253	1 048	–	6 377	1 831	12 550
	NB	1999	8 232	3 193	478	1 626	505	1 141	313	–	1 611	229	3 752
	D	1999	54 557	18 190	4 515	9 353	4 073	5 394	1 361	–	7 988	2 060	16 302

1) FB = Früheres Bundesgebiet, NB = Neue Bundesländer und Berlin-Ost, D = Deutschland.

2.1.5 Geöffnete Betriebe, angebotene Betten/Schlafgelegenheiten, durchschnittliche Auslastung und angebotene Wohneinheiten nach Betriebsarten 1999

Betriebsart	Deutschland				Früheres Bundesgebiet				Neue Länder und Berlin-Ost			
	geöffnete Betriebe[1)2)]	angebotene Betten/Schlafgelegenheiten		angebotene Wohneinheiten[2)]	geöffnete Betriebe[1)2)]	angebotene Betten/Schlafgelegenheiten		angebotene Wohneinheiten[2)]	geöffnete Betriebe[1)2)]	angebotene Betten/Schlafgelegenheiten		angebotene Wohneinheiten[2)]
		zusammen[2)]	durchschnittliche Auslastung[3)]			zusammen[2)]	durchschnittliche Auslastung[3)]			zusammen[2)]	durchschnittliche Auslastung[3)]	
	Anzahl		%	Anzahl			%	Anzahl			%	Anzahl
Hotels	13 198	887 713	36,0	12 462	10 627	692 282	36,8	9 830	2 571	195 431	33,1	2 632
Gasthöfe	10 046	237 727	23,9	2 515	8 989	211 990	23,8	2 115	1 057	25 737	24,6	400
Pensionen	6 477	149 749	30,0	4 204	4 750	112 669	31,3	2 862	1 727	37 080	26,0	1 342
Hotels garnis	8 945	286 643	34,7	8 564	8 191	248 146	35,3	7 210	754	38 497	30,7	1 354
Hotellerie zusammen	**38 666**	**1 561 845**	**33,4**	**27 745**	**32 558**	**1 265 100**	**33,9**	**22 017**	**6 109**	**296 745**	**31,2**	**5 728**
Erholungs- und Ferienheime, Schulungsheime	2 646	203 383	38,8	23 537	2 178	171 076	39,6	19 898	468	32 307	33,9	3 639
Ferienzentren	65	42 488	47,2	7 582	30	32 766	50,4	5 695	35	9 722	34,5	1 887
Ferienhäuser, -wohnungen	10 048	321 551	27,8	83 972	8 969	264 723	28,6	70 306	1 079	56 828	23,6	13 666
Hütten, Jugendherbergen, jugendherbergsähnliche Einrichtungen	1 513	125 358	33,0	19 304	1 079	89 852	33,6	13 695	434	35 506	31,2	5 609
Sonst. Beherbergungsgewerbe zusammen	**14 272**	**692 780**	**33,2**	**134 395**	**12 256**	**558 417**	**34,1**	**109 594**	**2 016**	**134 363**	**28,8**	**24 801**
Sanatorien, Kurkrankenhäuser	1 102	176 087	70,8	4 349	931	142 495	70,0	3 855	171	33 592	74,2	494
Insgesamt	**54 040**	**2 430 699**	**36,1**	**166 489**	**45 745**	**1 966 012**	**36,6**	**135 466**	**8 296**	**464 700**	**33,8**	**31 023**

1) Ganz oder teilweise geöffnet.
2) Stand: Juli.
3) Rechnerischer Wert (Übernachtungen/angebotene Bettentage) x 100.

Methodische Anmerkungen siehe "Statistik der Beherbergung im Reiseverkehr" im Anhang.

2.1.6 Geöffnete Betriebe, angebotene Betten/Schlafgelegenheiten und durchschnittliche Auslastung nach Ländern

Land	1992			1995			1999		
	Geöffnete Betriebe[1)2)]	Angebotene Betten/Schlafgelegenheiten		Geöffnete Betriebe[1)2)]	Angebotene Betten/Schlafgelegenheiten		Geöffnete Betriebe[1)2)]	Angebotene Betten/Schlafgelegenheiten	
		zusammen[2)]	durchschnittliche Auslastung[3)]		zusammen[2)]	durchschnittliche Auslastung[3)]		zusammen[2)]	durchschnittliche Auslastung[3)]
	Anzahl		%	Anzahl		%	Anzahl		%
Baden-Württemberg	7 144	265 218	43,4	7 051	282 605	39,3	7 057	293 817	36,8
Bayern	13 948	505 506	43,2	13 971	536 226	38,5	14 172	552 816	35,7
Berlin	425	41 955	50,2	421	44 351	46,1	504	55 873	47,1
Brandenburg	581	33 557	35,3	1 003	54 344	36,8	1 394	73 040	31,6
Bremen	77	7 218	42,9	85	7 744	37,1	79	8 305	41,2
Hamburg	249	21 989	51,0	261	26 157	44,5	256	27 099	47,1
Hessen	3 639	167 342	47,2	3 508	175 985	42,3	3 299	177 909	37,5
Mecklenburg-Vorpommern	975	59 872	44,6	1 488	83 411	40,2	2 191	140 031	33,9
Niedersachsen	6 032	223 750	44,3	5 919	244 791	40,3	6 357	264 083	35,9
Nordrhein-Westfalen	5 664	239 015	42,9	5 541	250 796	40,8	5 269	258 510	38,5
Rheinland-Pfalz	3 867	147 353	34,9	3 775	148 521	33,4	3 750	153 721	32,7
Saarland	303	12 615	42,0	308	13 975	42,6	304	14 599	39,5
Sachsen	862	48 251	40,1	1 380	76 322	38,9	2 061	111 366	34,2
Sachsen-Anhalt	375	21 971	39,0	863	42 183	33,2	1 024	50 739	30,0
Schleswig-Holstein	4 515	163 230	42,4	4 628	170 537	40,0	4 827	177 277	35,7
Thüringen	877	44 372	34,7	1 338	61 753	34,7	1 496	71 514	34,2
Insgesamt	**49 533**	**2 003 214**	**42,8**	**51 540**	**2 219 701**	**39,2**	**54 040**	**2 430 699**	**36,1**

1) Ganz oder teilweise geöffnet.
2) Stand: Juli.
3) Rechnerischer Wert (Übernachtungen/angebotene Bettentage) x 100.

Methodische Anmerkungen siehe „Statistik der Beherbergung im Reiseverkehr" im Anhang.

2.1.7 Geöffnete Betriebe, angebotene Betten/Schlafgelegenheiten und durchschnittliche Auslastung nach Gemeindegruppen

Gemeindegruppe	Früheres Bundesgebiet 1985			Deutschland 1998			Deutschland 1999		
	Geöffnete Betriebe[1)2)]	Angebotene Betten/Schlafgelegenheiten		Geöffnete Betriebe[1)4)]	Angebotene Betten/Schlafgelegenheiten		Geöffnete Betriebe[1)4)]	Angebotene Betten/Schlafgelegenheiten	
		zusammen[2)]	durchschnittliche Auslastung[3)]		zusammen[4)]	durchschnittliche Auslastung[3)]		zusammen[4)]	durchschnittliche Auslastung[3)]
	Anzahl		%	Anzahl		%	Anzahl		%
Mineral- und Moorbäder	4 902	205 859	55,7	4 202	224 589	47,0	4 118	221 510	49,7
Heilklimatische Kurorte	3 438	106 299	39,8	3 615	130 018	37,9	3 542	130 284	38,0
Kneippkurorte	1 960	68 773	42,8	1 731	74 572	39,0	1 669	73 143	40,3
Heilbäder zusammen	**10 300**	**380 931**	**48,9**	**9 548**	**429 179**	**42,9**	**9 329**	**424 937**	**44,5**
Seebäder	4 285	153 597	40,6	5 795	246 108	38,3	5 754	253 304	38,2
Luftkurorte	7 155	224 661	33,7	5 424	205 622	32,8	5 336	205 382	33,1
Erholungsorte	6 170	190 576	31,6	7 283	285 934	31,8	7 356	292 982	32,2
Sonstige Gemeinden	19 898	709 379	34,6	26 197	1 237 845	33,1	26 265	1 254 094	34,3
Gemeindegruppen insgesamt	**47 808**	**1 659 144**	**37,9**	**54 247**	**2 404 688**	**35,2**	**54 040**	**2 430 699**	**36,1**

1) Ganz oder teilweise geöffnet.
2) Stand: August.
3) Rechnerischer Wert (Übernachtungen/angebotene Bettentage) x 100.
4) Stand: Juli.

Methodische Anmerkungen siehe „Statistik der Beherbergung im Reiseverkehr" im Anhang.

2.1.8 Beherbergungsstätten, Gästebetten und Kapazitätsauslastung nach Betriebsarten und Betriebsgrößenklassen*)

Betriebsart — Betriebe mit ... bis ... Gästebetten	Juli 1999				Jan. - Dez. 1999
	geöffnete Betriebe[1)]		angebotene Betten/Schlafgelegenheiten		durchschnittliche Auslastung der angebotenen Betten/Schlafgelegenheiten[2)]
	Anzahl	Veränderung gegenüber Vorjahresmonat %	Anzahl	Veränderung gegenüber Vorjahresmonat %	%
Hotels						
9 - 11	412	- 1,2	4 165	- 1,3	23,1	19,8
12 - 14	690	- 1,0	8 853	- 1,3	24,7	20,7
15 - 19	1 269	+ 0,1	21 114	+ 0,1	26,5	22,8
20 - 29	2 446	+ 0,6	57 958	+ 0,7	29,5	25,4
30 - 99	6 158	+ 0,3	319 978	+ 0,8	37,0	31,6
100 - 249	1 638	+ 0,8	240 250	+ 0,7	43,4	39,5
250 - 499	457	+ 6,8	147 664	+ 5,9	44,3	41,7
500 - 999	.	.	.	.	.	.
1 000 und mehr	.	.	.	.	.	.
Zusammen	13 198	+ 0,5	887 713	+ 1,5	40,0	36,0
Gasthöfe						
9 - 11	1 421	- 3,3	14 217	- 3,2	24,7	16,6
12 - 14	1 748	- 4,2	22 300	- 3,9	25,7	17,8
15 - 19	2 107	- 0,8	34 527	- 1,1	27,9	19,8
20 - 29	2 465	- 0,6	56 608	- 0,5	31,5	23,1
30 - 99	2 196	+ 1,1	95 667	+ 1,4	35,7	26,8
100 - 249	.	.	.	.	.	.
250 - 499	.	.	.	.	.	.
500 - 999	.	.	.	.	.	.
Zusammen	10 046	- 1,3	237 727	+ 0,1	32,2	23,9

*) Anzahl der vorhandenen Gästebetten.
1) Ganz oder teilweise geöffnet.
2) Rechnerischer Wert (Übernachtungen/angebotene Bettentage) x 100.

2.1.8 Beherbergungsstätten, Gästebetten und Kapazitätsauslastung nach Betriebsarten und Betriebsgrößenklassen*)

Betriebsart / Betriebe mit ... bis ... Gästebetten	Juli 1999				Jan. - Dez. 1999	
	geöffnete Betriebe[1]		angebotene Betten/Schlafgelegenheiten		durchschnittliche Auslastung der angebotenen Betten/Schlafgelegenheiten[2]	
	Anzahl	Veränderung gegenüber Vorjahresmonat %	Anzahl	Veränderung gegenüber Vorjahresmonat	%	
Pensionen						
9 - 11	936	- 3,1	9 377	- 2,9	36,5	24,6
12 - 14	1 111	+ 0,1	14 141	- 0,3	35,8	24,4
15 - 19	1 340	+ 0,0	22 048	+ 0,0	37,4	25,4
20 - 29	1 610	- 0,1	37 039	+ 0,3	42,3	29,4
30 - 99	1 424	+ 1,2	60 329	+ 0,9	46,4	33,0
100 - 249	.	.	.	.	.	.
250 - 499	.	.	.	.	.	.
Zusammen	6 477	- 0,2	149 749	- 0,1	42,6	30,0
Hotels garnis						
9 - 11	1 106	- 10,1	11 092	- 9,9	42,6	26,4
12 - 14	1 316	- 4,3	16 780	- 4,3	43,9	28,1
15 - 19	1 584	- 3,7	26 254	- 3,2	42,6	28,8
20 - 29	1 929	+ 0,8	44 791	+ 0,8	42,2	30,9
30 - 99	2 600	+ 0,6	124 951	+ 1,0	41,1	35,6
100 - 249	374	+ 2,7	51 794	+ 1,8	43,7	40,8
250 - 499	32	+ 6,7	8 649	- 3,4	44,1	41,3
500 - 999	.	.	.	.	.	.
1 000 und mehr	.	.	.	.	.	.
Zusammen	8 945	- 2,2	286 643	0,0	42,2	34,7
Hotellerie						
9 - 11	3 875	- 5,1	38 851	- 4,9	32,5	21,6
12 - 14	4 865	- 2,8	62 074	- 2,8	32,8	22,4
15 - 19	6 300	- 1,2	103 943	- 1,2	33,4	23,8
20 - 29	8 450	+ 0,2	196 396	+ 0,3	35,4	26,7
30 - 99	12 378	+ 0,6	600 925	+ 0,9	38,6	31,8
100 - 249	2 170	+ 1,1	311 740	+ 1,2	43,5	39,5
250 - 499	496	+ 6,4	157 840	+ 4,9	44,2	41,6
500 - 999	113	+ 5,6	69 464	+ 3,3	47,5	45,2
1 000 und mehr	19	+ 5,6	20 599	- 4,0	45,3	42,4
Zusammen	38 666	- 0,7	1 561 832	+ 0,9	39,5	33,4
Erholungs- und Ferienheime, Schulungsheime						
9 - 11	22	- 29,0	230	- 27,7	30,6	20,2
12 - 14	31	- 18,4	401	- 19,3	44,5	26,7
15 - 19	99	+ 8,8	1 657	+ 8,4	35,3	23,5
20 - 29	280	- 4,8	6 754	- 4,3	38,7	27,2
30 - 99	1 623	- 1,2	91 202	- 0,2	48,9	37,4
100 - 249	505	+ 4,1	68 905	+ 3,0	53,3	42,2
250 - 499	61	+ 1,7	19 207	+ 0,7	57,9	42,2
500 - 999	.	.	.	.	.	.
1 000 und mehr	.	.	.	.	.	.
Zusammen	2 646	- 0,7	203 383	+ 0,9	50,6	38,8
Ferienzentren						
12 - 14	.	.	.	.	.	.
20 - 29	.	.	.	.	.	.
30 - 99	17	+ 21,4	1 030	+ 28,9	46,0	28,8
100 - 249	13	- 7,1	2 359	- 12,1	44,2	24,5
250 - 499	6	0,0	2 267	+ 1,7	47,6	23,6
500 - 999	12	+ 9,1	8 550	+ 7,8	65,6	35,9
1 000 und mehr	14	- 6,7	28 240	- 4,6	70,8	54,6
Zusammen	65	+ 1,6	42 488	- 1,9	66,4	47,2

*) Anzahl der vorhandenen Gästebetten.
[1] Ganz oder teilweise geöffnet.
[2] Rechnerischer Wert (Übernachtungen/angebotene Bettentage) x 100.

2.1.8 Beherbergungsstätten, Gästebetten und Kapazitätsauslastung nach Betriebsarten und Betriebsgrößenklassen*)

Betriebsart / Betriebe mit ... bis ... Gästebetten	Juli 1999				Jan. - Dez. 1999	
	geöffnete Betriebe[1]		angebotene Betten/Schlafgelegenheiten		durchschnittliche Auslastung der angebotenen Betten/Schlafgelegenheiten[2]	
	Anzahl	Veränderung gegenüber Vorjahresmonat %	Anzahl	Veränderung gegenüber Vorjahresmonat	%	
Ferienhäuser, -wohnungen						
9 - 11	1 772	- 4,3	17 588	- 4,2	54,7	27,6
12 - 14	2 125	- 0,4	26 818	- 0,3	54,9	27,8
15 - 19	1 942	+ 0,2	31 551	+ 0,1	55,3	28,4
20 - 29	1 989	+ 2,1	45 183	+ 1,4	53,4	27,9
30 - 99	1 770	+ 3,1	81 788	+ 3,2	52,4	28,3
100 - 249	302	+ 3,4	44 087	+ 4,9	48,7	26,4
250 - 499	88	- 5,4	28 058	- 5,1	49,2	25,9
500 - 999	49	+ 14,0	30 752	+ 12,7	46,2	26,2
1 000 und mehr	11	0,0	15 726	+ 1,0	57,6	34,8
Zusammen	10 048	+ 0,2	321 551	2,1	52,0	27,8
Hütten, Jugendherbergen, jugendherbergsähnl. Einr.						
9 - 11	12	+ 9,1	121	+ 8,0	17,2	12,4
12 - 14	.	.	.	.	.	.
15 - 19	52	- 7,1	883	- 6,8	23,6	16,0
20 - 29	.	.	.	.	.	.
30 - 99	759	+ 2,3	39 356	+ 2,7	41,2	26,4
100 - 249	449	- 1,3	64 074	- 1,6	53,4	36,0
250 - 499	30	+ 7,1	9 858	+ 6,8	68,4	44,9
500 - 999	.	.	.	.	.	.
1 000 und mehr	.	.	.	.	.	.
Zusammen	1 513	+ 0,3	125 358	+ 0,5	50,1	33,0
Sonstiges Beherbergungsgewerbe						
9 - 11	1 807	- 4,6	17 949	- 4,4	54,1	27,4
12 - 14	.	.	.	.	.	.
15 - 19	2 093	+ 0,3	34 091	+ 0,3	53,6	27,8
20 - 29	2 459	+ 0,8	56 471	+ 0,2	49,5	26,9
30 - 99	4 169	+ 1,3	213 376	+ 1,7	48,8	31,9
100 - 249	1 269	+ 1,8	179 425	+ 1,5	52,1	35,9
250 - 499	185	- 1,1	59 390	- 1,1	55,1	33,7
500 - 999	93	+ 9,4	59 300	+ 7,9	51,2	30,7
1 000 und mehr	.	.	.	.	.	.
Zusammen	14 272	+ 0,1	692 780	+ 1,2	52,2	33,2
Sanatorien, Kurkrankenhäuser						
9 - 11	4	0,0	35	- 2,8	61,8	50,8
12 - 14	.	.	.	.	.	.
15 - 19	8	- 11,1	139	- 9,7	40,3	33,7
20 - 29	28	+ 16,7	649	+ 15,9	55,4	50,2
30 - 99	328	- 2,1	20 565	- 3,2	64,6	55,5
100 - 249	549	+ 0,9	92 873	+ 1,7	79,1	72,1
250 - 499	158	+ 2,6	47 582	+ 3,1	80,4	74,1
500 - 999	23	+ 9,5	13 032	+ 2,9	77,4	72,4
1 000 und mehr	.	.	.	.	.	.
Zusammen	1 102	+ 0,5	176 087	1,4	77,6	70,8

*) Anzahl der vorhandenen Gästebetten.
[1] Ganz oder teilweise geöffnet.
[2] Rechnerischer Wert (Übernachtungen/angebotene Bettentage) x 100.

Statistisches Bundesamt, Tourismus in Zahlen, 2000/2001

2.1.8 Beherbergungsstätten, Gästebetten und Kapazitätsauslastung nach Betriebsarten und Betriebsgrößenklassen*)

Betriebsart Betriebe mit ... bis ... Gästebetten	Juli 1999				Jan. - Dez. 1999	
	geöffnete Betriebe[1])		angebotene Betten/Schlafgelegenheiten		durchschnittliche Auslastung der angebotenen Betten/Schlafgelegenheiten[2])	
	Anzahl	Veränderung gegenüber Vorjahresmonat	Anzahl	Veränderung gegenüber Vorjahresmonat		
		%		%	%	
Betriebe zusammen						
9 - 11	5 686	- 4,9	56 835	- 4,8	39,4	23,4
12 - 14	7 037	- 2,2	89 494	- 2,2	39,5	24,0
15 - 19	8 401	- 0,8	138 173	- 0,9	38,4	24,8
20 - 29	10 937	+ 0,3	253 516	+ 0,3	38,6	26,8
30 - 99	16 875	+ 0,7	834 866	+ 1,0	41,8	32,4
100 - 249	3 988	+ 1,3	584 038	+ 1,4	51,8	43,7
250 - 499	839	+ 4,0	264 812	+ 3,2	53,1	45,9
500 - 999	229	+ 7,5	141 796	+ 5,1	51,8	42,2
1 000 und mehr	48	+ 2,1	67 169	- 3,3	59,9	46,5
Insgesamt	**54 040**	**- 0,5**	**2 430 699**	**+ 1,0**	**45,9**	**36,1**

*) Anzahl der vorhandenen Gästebetten.
[1]) Ganz oder teilweise geöffnet.

[2]) Rechnerischer Wert (Übernachtungen/angebotene Bettentage) x 100.
Methodische Anmerkungen siehe „Statistik der Beherbergung im Reiseverkehr" im Anhang.

2.1.9 Ankünfte und Übernachtungen in Beherbergungsstätten nach Betriebsarten 1999

Betriebsart	Deutschland			Früheres Bundesgebiet			Neue Länder und Berlin-Ost		
	Ankünfte	Übernachtungen		Ankünfte	Übernachtungen		Ankünfte	Übernachtungen	
	1 000		%[1])	1 000		%[1])	1 000		%[1])
Hotels	55 248	114 884	+ 5,5	44 919	91 775	+ 4,3	10 329	23 110	+ 10,5
Gasthöfe	8 681	20 109	+ 3,6	7 736	17 893	+ 3,3	945	2 216	+ 6,5
Pensionen	3 969	15 337	+ 1,7	2 783	11 956	+ 0,1	1 186	3 382	+ 7,6
Hotels garnis	13 972	34 981	+ 4,1	12 189	30 780	+ 3,6	1 782	4 200	+ 7,9
Hotellerie zusammen	**81 870**	**185 311**	**+ 4,7**	**67 627**	**152 404**	**+ 3,7**	**14 243**	**32 907**	**+ 9,6**
Erholungs- und Ferienheime, Schulungsheime	6 868	26 613	+ 0,8	5 846	23 193	+ 0,5	1 022	3 420	+ 2,7
Ferienzentren	1 420	7 045	+ 1,8	1 234	6 033	- 0,6	186	1 011	+ 19,0
Ferienhäuser, -wohnungen	3 994	29 971	+ 2,2	3 238	25 725	- 0,1	757	4 247	+ 19,5
Hütten, Jugendherbergen, jugendherbergsähnliche Einrichtungen	5 502	14 077	+ 1,4	4 298	10 556	+ 0,7	1 204	3 521	+ 3,6
Sonst. Beherbergungsgewerbe zusammen	**17 785**	**77 705**	**+ 1,6**	**14 616**	**65 506**	**+ 0,2**	**3 169**	**12 199**	**+ 9,6**
Sanatorien, Kurkrankenhäuser	2 000	45 012	+ 9,8	1 610	36 053	+ 8,0	390	8 959	+ 17,9
Insgesamt	**101 655**	**308 028**	**+ 4,6**	**83 853**	**253 963**	**+ 3,3**	**17 802**	**54 065**	**+ 10,9**

[1]) Veränderung gegenüber dem Vorjahr.

Methodische Anmerkungen siehe „Statistik der Beherbergung im Reiseverkehr" im Anhang.

Schaubild 2

Kapazitätsauslastung in der Hotellerie in den alten und neuen Bundesländern

Statistisches Bundesamt

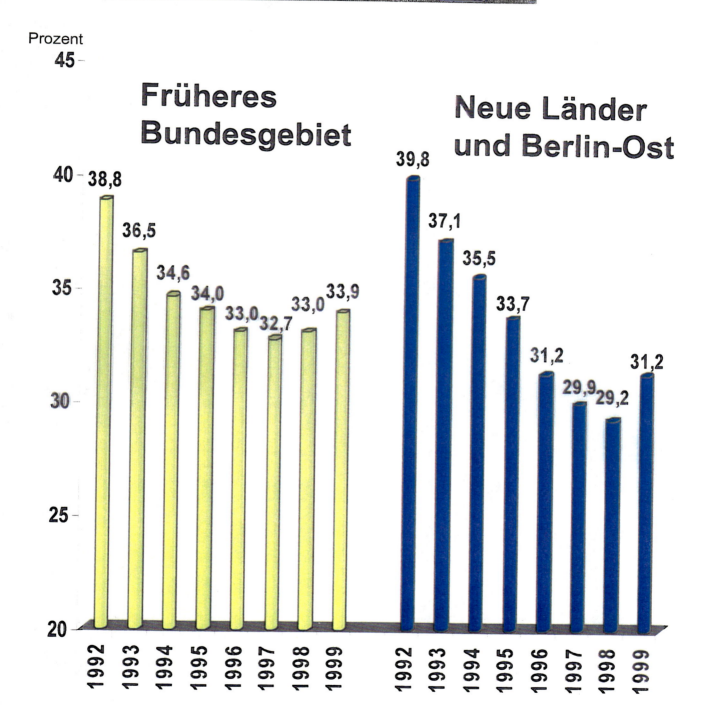

Statistisches Bundesamt, Tourismus in Zahlen, 2000/2001

Schaubild 3

Übernachtungen und Kapazitäten in der Hotellerie

Statistisches Bundesamt

1992 = 100

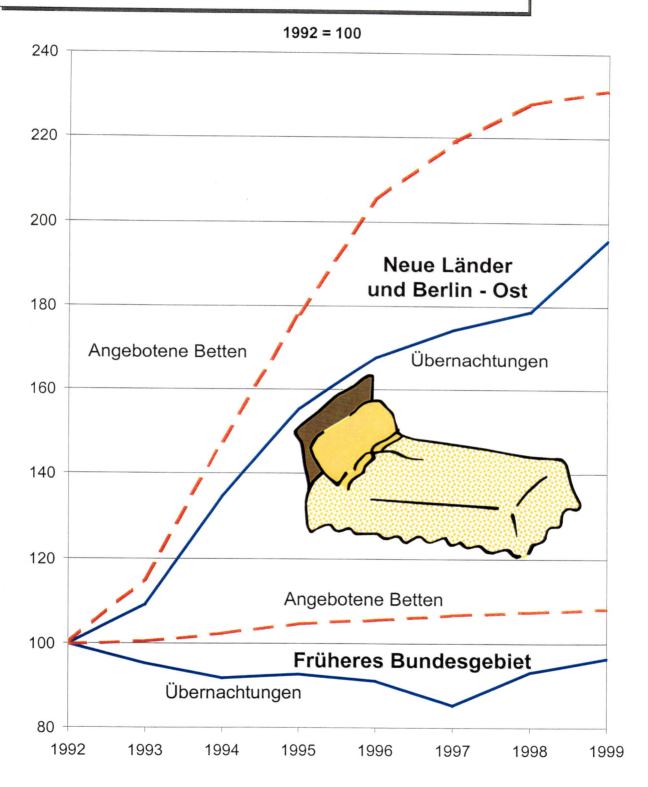

Statistisches Bundesamt, Tourismus in Zahlen, 2000/2001

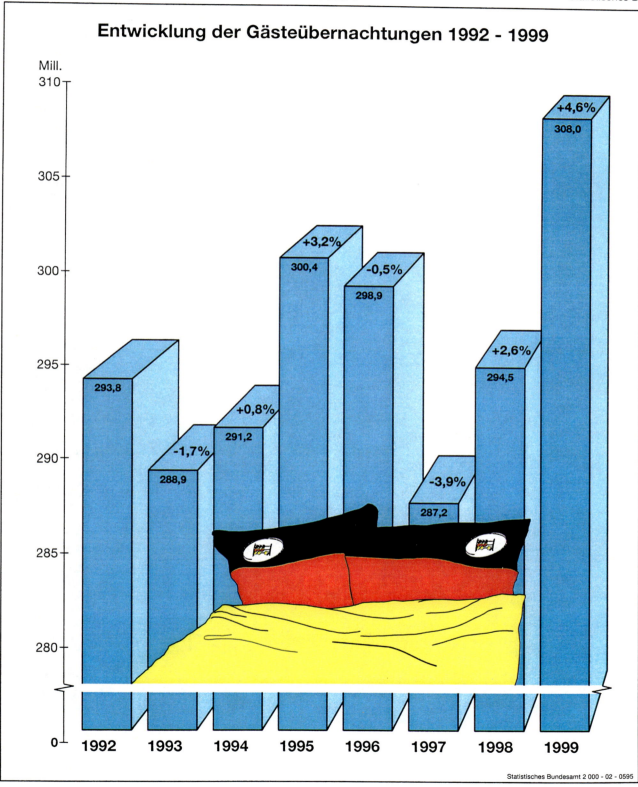

Schaubild 5

Verteilung der Übernachtungen auf die Bundesländer 1999

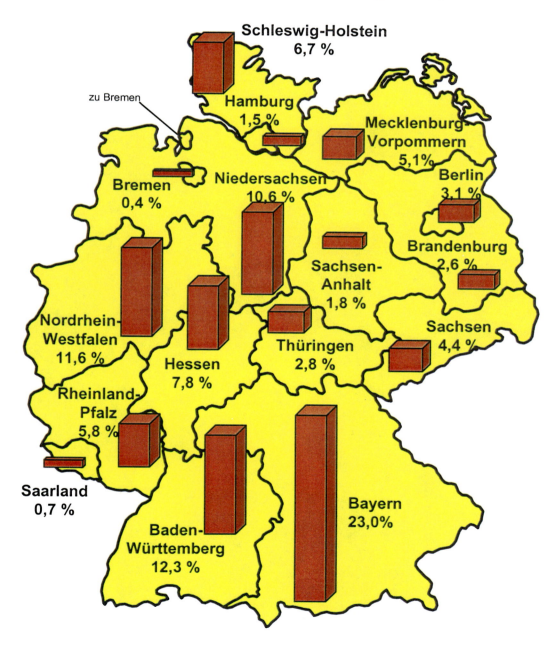

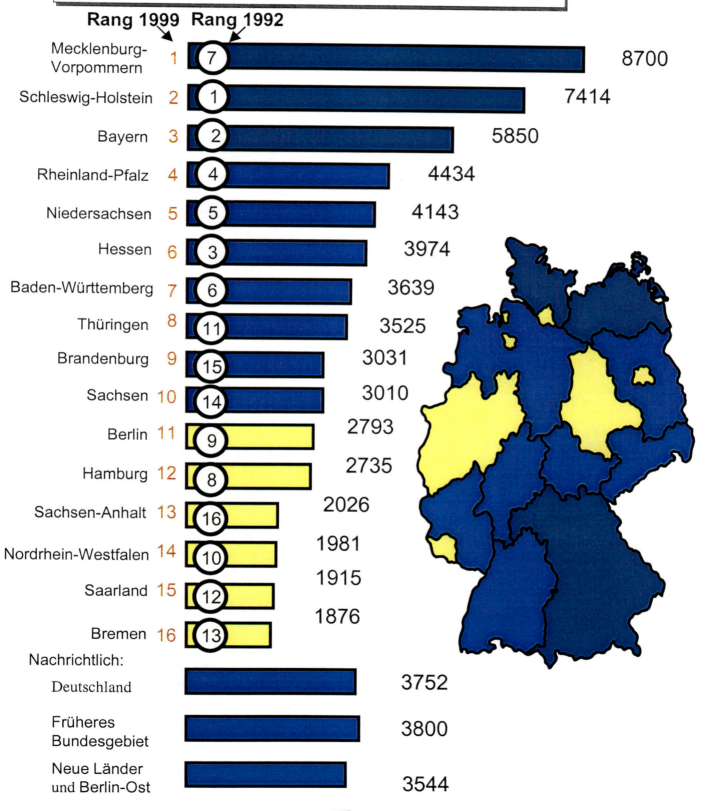

Schaubild 7

Statistisches Bundesamt

Zahl der Übernachtungen von Gästen aus dem Ausland in Mio.

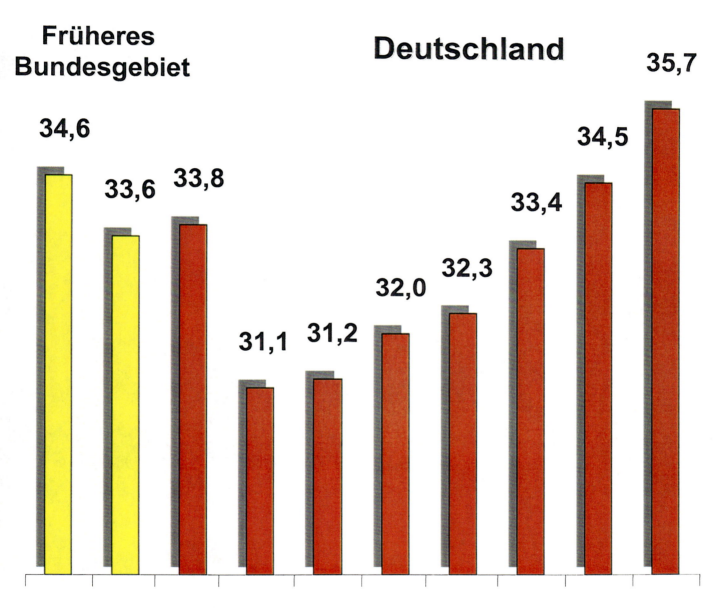

Schaubild 8

Deutschland
Übernachtungen von ausländischen Gästen

Statistisches Bundesamt

Übernachtungen 1999 in Mio.
Anteile in %

Veränderungen 1999 gegenüber 1998

Land	Übernachtungen (Mio.)	Anteil	Veränderung
Niederlande	5,27	14,7 %	+ 4,2 %
USA	4,32	12,1 %	+ 6,1 %
Großbritannien und Nordirland	3,38	9,5 %	+ 4,8 %
Italien	2,09	5,9 %	+ 9,2 %
Schweiz	1,91	5,3 %	+ 6,1 %
Frankreich	1,65	4,6 %	+ 2,1 %
Österreich	1,57	4,4 %	+ 8,3 %
Belgien	1,51	4,2 %	+ 2,5 %
Japan	1,35	3,8 %	+ 1,1 %
Dänemark	1,22	3,4 %	+ 5,2 %
Schweden	1,14	3,2 %	+ 4,3 %

Statistisches Bundesamt, Tourismus in Zahlen, 2000/2001

Schaubild 9

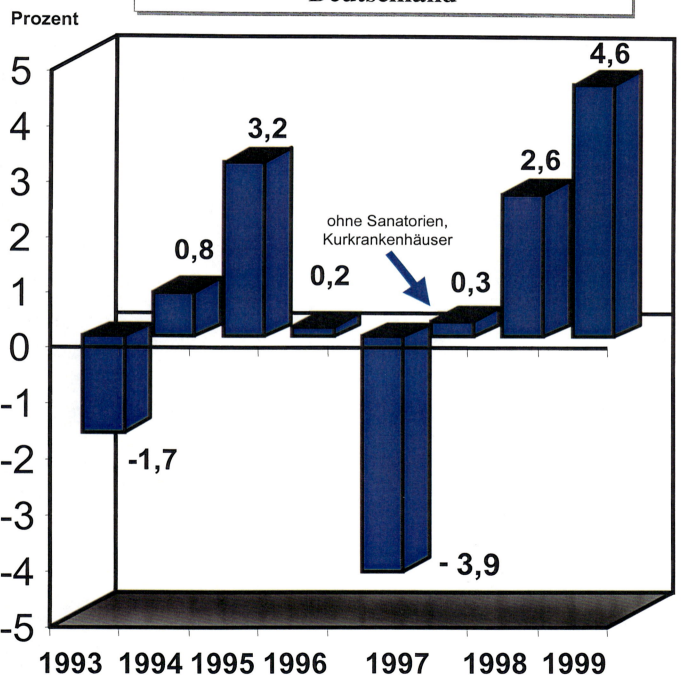

2.1.10 Ankünfte und Übernachtungen in Beherbergungsstätten nach Betriebsgrößenklassen und zusammengefaßten Gästegruppen 1999

Betriebe mit ... bis ... Gästebetten — Ständiger Wohnsitz der Gäste innerhalb / außerhalb der Bundesrepublik Deutschland	Deutschland				Früheres Bundesgebiet				Neue Länder und Berlin-Ost			
	Ankünfte	Übernachtungen			Ankünfte	Übernachtungen			Ankünfte	Übernachtungen		
	1 000	1 000	%[1]		1 000	1 000	%[1]		1 000	1 000	%[1]	
9 – 11												
Bundesrepublik Deutschland	1 034	4 321	–	3,8	839	3 814	–	4,5	194	506	+	2,1
Anderer Wohnsitz	79	240	–	1,1	73	226	–	1,1	5	14	–	1,0
Zusammen	1 112	4 560	–	3,6	913	4 040	–	4,3	200	520	+	2,0
12 – 14												
Bundesrepublik Deutschland	1 760	6 896	–	0,9	1 434	6 043	–	1,5	326	853	+	3,7
Anderer Wohnsitz	153	426	+	0,4	144	399	–	0,1	9	27	+	7,2
Zusammen	1 913	7 322	–	0,8	1 578	6 442	–	1,4	335	879	+	3,8
15 – 19												
Bundesrepublik Deutschland	3 203	11 030	+	1,0	2 637	9 568	+	0,2	566	1 462	+	7,2
Anderer Wohnsitz	301	798	–	0,7	285	752	–	0,1	16	45	–	9,8
Zusammen	3 504	11 827	+	0,9	2 922	10 320	+	0,1	582	1 508	+	6,6
20 – 29												
Bundesrepublik Deutschland	6 989	21 671	+	1,5	5 783	18 636	+	0,7	1 206	3 034	+	6,6
Anderer Wohnsitz	746	1 870	+	2,4	707	1 761	+	2,4	39	109	+	1,1
Zusammen	7 734	23 541	+	1,6	6 489	20 397	+	0,8	1 245	3 144	+	6,4
30 – 99												
Bundesrepublik Deutschland	30 221	84 847	+	3,3	24 895	70 769	+	2,6	5 326	14 077	+	7,2
Anderer Wohnsitz	4 230	9 829	+	3,3	3 998	9 194	+	3,4	233	635	+	1,1
Zusammen	34 452	94 676	+	3,3	28 893	79 964	+	2,7	5 558	14 712	+	7,0
100 – 249												
Bundesrepublik Deutschland	23 946	81 380	+	6,7	19 570	65 998	+	4,9	4 377	15 382	+	15,3
Anderer Wohnsitz	4 569	9 526	+	3,6	4 227	8 740	+	3,1	342	786	+	10,1
Zusammen	28 516	90 907	+	6,4	23 797	74 738	+	4,7	4 719	16 168	+	15,0
250 – 499												
Bundesrepublik Deutschland	10 897	36 932	+	8,3	8 420	28 505	+	7,6	2 477	8 427	+	10,8
Anderer Wohnsitz	3 194	6 229	+	6,9	2 893	5 539	+	6,9	302	690	+	7,4
Zusammen	14 091	43 161	+	8,1	11 313	34 044	+	7,5	2 778	9 117	+	10,6
500 – 999												
Bundesrepublik Deutschland	5 256	16 756	+	8,7	3 590	11 276	+	4,2	1 666	5 480	+	19,4
Anderer Wohnsitz	1 980	4 290	+	4,3	1 757	3 768	+	3,3	222	522	+	12,7
Zusammen	7 235	21 046	+	7,8	5 347	15 044	+	4,0	1 888	6 002	+	18,8
1 000 und mehr												
Bundesrepublik Deutschland	2 212	8 467	+	0,4	1 788	6 634	–	0,6	425	1 833	+	4,2
Anderer Wohnsitz	886	2 522	+	0,3	813	2 340	–	0,3	72	182	+	8,3
Zusammen	3 098	10 989	+	0,4	2 601	8 974	–	0,5	497	2 015	+	4,6
Betriebe insgesamt												
Bundesrepublik Deutschland	85 518	272 298	+	4,7	68 956	221 244	+	3,3	16 562	51 054	+	11,1
Anderer Wohnsitz	16 137	35 730	+	3,7	14 897	32 719	+	3,4	1 240	3 011	+	7,0
Insgesamt	101 655	308 028	+	4,6	83 853	253 963	+	3,3	17 802	54 065	+	10,9

[1] Veränderung gegenüber Vorjahr.

Methodische Anmerkungen siehe „Statistik der Beherbergung im Reiseverkehr" im Anhang

2.1.11 Ankünfte und Übernachtungen in Beherbergungsstätten nach Gemeindegruppen

Gemeindegruppe	Früheres Bundesgebiet 1985			Deutschland 1998			Deutschland 1999		
	Ankünfte	Übernachtungen		Ankünfte	Übernachtungen		Ankünfte	Übernachtungen	
	Anzahl	Anzahl	%[1]	Anzahl	Anzahl	%[1]	Anzahl	Anzahl	%[1]
Mineral- und Moorbäder	4 268 960	39 307 600	+ 4,9	5 364 746	37 327 697	+ 3,3	5 700 857	39 238 947	+ 5,1
Heilklimatische Kurorte	2 288 928	14 854 697	+ 0,4	3 243 475	17 498 886	− 0,5	3 312 442	17 534 352	+ 0,2
Kneippkurorte	1 535 676	10 198 531	+ 2,1	1 786 228	10 124 427	− 0,4	1 837 148	10 347 391	+ 2,2
Heilbäder zusammen	**8 093 564**	**64 360 828**	**+ 3,4**	**10 394 449**	**64 951 010**	**+ 1,7**	**10 850 447**	**67 120 690**	**+ 3,3**
Seebäder	1 948 489	17 032 050	− 0,2	4 390 942	29 879 320	+ 3,3	4 788 909	31 342 372	+ 4,9
Luftkurorte	4 931 428	26 094 607	− 0,9	5 417 347	23 623 142	+ 1,2	5 591 434	24 046 087	+ 1,2
Erholungsorte	4 601 003	20 072 073	+ 0,5	8 344 486	31 101 490	+ 1,2	8 754 045	32 537 215	+ 3,4
Sonstige Gemeinden	39 101 137	85 522 343	+ 3,9	67 882 914	144 988 825	+ 3,3	71 669 827	152 981 752	+ 5,9
Insgesamt	**58 675 621**	**213 081 901**	**+ 2,5**	**96 430 138**	**294 543 787**	**+ 2,6**	**101 654 662**	**308 028 116**	**+ 4,6**

[1] Veränderung gegenüber dem Vorjahr.

Methodische Anmerkungen siehe „Statistik der Beherbergung im Reiseverkehr" im Anhang.

2.1.12 Übernachtungen in Beherbergungsstätten nach Ländern*)
1 000

Land	Früheres Bundesgebiet					Deutschland		
	1960	1970	1980	1985	1990	1992	1995	1999
Baden-Württemberg	23 812,2	34 500,1	45 034,2	32 200,2	38 836,7	40 232,8	38 931,3	38 029,0
Bayern	34 995,6	48 672,3	73 197,1	60 891,8	73 770,8	76 589,7	72 854,8	70 882,1
Berlin	3 405,8	2 869,3	3 461,4	5 468,7	7 243,6	7 661,1	7 529,6	9 477,4
Brandenburg	−	−	−	−	−	3 662,7	6 544,7	7 856,6
Bremen	687,3	768,3	751,3	784,8	974,0	1 043,9	1 058,3	1 249,3
Hamburg	2 539,5	2 979,6	2 922,3	2 979,1	3 961,8	4 044,4	4 164,5	4 654,8
Hessen	14 084,8	21 296,9	27 510,2	24 388,7	27 394,4	26 890,0	26 321,2	24 015,0
Mecklenburg-Vorpommern	−	−	−	−	−	6 658,8	9 936,2	15 615,9
Niedersachsen	14 983,0	20 841,7	27 615,9	23 568,8	30 525,3	32 814,2	32 898,2	32 637,1
Nordrhein-Westfalen	16 978,6	23 950,6	30 822,7	28 590,9	34 617,6	36 230,2	35 981,7	35 628,6
Rheinland-Pfalz	7 560,7	10 061,0	14 680,9	15 667,3	17 518,1	18 178,5	17 586,9	17 860,8
Saarland	378,3	593,0	1 197,8	1 219,3	1 492,3	1 863,9	2 093,8	2 054,3
Sachsen	−	−	−	−	−	6 749,4	10 144,8	13 473,4
Sachsen-Anhalt	−	−	−	−	−	2 955,3	5 007,5	5 397,2
Schleswig-Holstein	9 787,4	18 134,9	22 769,9	16 322,3	19 390,2	22 116,1	21 988,3	20 538,4
Thüringen	−	−	−	−	−	5 145,4	7 579,3	8 658,8
Insgesamt	**129 213,2**	**184 667,5**	**249 963,8**	**213 081,9**	**255 724,9**	**293 836,5**	**300 621,1**	**308 028,1**
Nachrichtlich:								
Früheres Bundesgebiet	−	−	−	−	−	266 789,6	259 479,3	253 962,9
Neue Länder und Berlin-Ost	−	−	−	−	−	27 046,8	41 141,8	54 065,2

*) Bis 1970 Übernachtungen in Fremdenverkehrsgemeinden mit mindestens 3 000 Übernachtungen im Jahr, seit 1971 mit mindestens 5 000 Übernachtungen im Jahr, seit 1981 in Beherbergungsstätten mit 9 und mehr Gästebetten; seit 1984 einschl. Jugendherbergen und Kinderheime.

Methodische Anmerkungen siehe „Statistik der Beherbergung im Reiseverkehr" im Anhang.

2.1.13 Ankünfte und Übernachtungen in Beherbergungsstätten nach Ländern und zusammengefaßten Gästegruppen

Land / Ständiger Wohnsitz der Gäste innerhalb / außerhalb der Bundesrepublik Deutschland[1]	Früheres Bundesgebiet 1985 Ankünfte (1 000)	Übernachtungen (1 000)	%[2]	Deutschland 1993 Ankünfte (1 000)	Übernachtungen (1 000)	%[2]	Deutschland 1999 Ankünfte (1 000)	Übernachtungen (1 000)	%[2]
Baden-Württemberg									
Bundesrepublik Deutschland	7 129	28 979	− 0,9	9 181	34 732	− 2,2	10 728	33 141	+ 4,6
Anderer Wohnsitz	2 010	4 221	+ 7,6	1 902	4 339	− 8,0	2 252	4 888	+ 4,1
Zusammen	9 140	33 200	+ 0,1	11 084	39 071	− 2,9	12 981	38 029	+ 4,6
Bayern									
Bundesrepublik Deutschland	12 001	53 671	+ 1,6	15 711	67 071	− 1,9	17 353	62 405	+ 3,4
Anderer Wohnsitz	3 454	7 221	+ 4,4	3 456	7 391	− 9,9	4 100	8 477	+ 3,8
Zusammen	15 455	60 892	+ 2,0	19 167	74 462	− 2,8	21 453	70 882	+ 3,4
Berlin[3]									
Bundesrepublik Deutschland	1 548	4 401	+ 13,5	2 282	5 458	− 3,3	3 189	6 924	+ 16,7
Anderer Wohnsitz	354	1 068	+ 15,4	703	1 834	− 8,9	982	2 553	+ 9,3
Zusammen	1 902	5 469	+ 13,9	2 985	7 292	− 4,8	4 171	9 477	+ 14,6
Brandenburg									
Bundesrepublik Deutschland	−	−	−	1 265	3 782	+ 11,0	2 619	7 455	+ 7,6
Anderer Wohnsitz	−	−	−	76	225	− 12,3	161	402	− 3,3
Zusammen	−	−	−	1 340	4 007	+ 9,4	2 780	7 857	+ 7,0
Bremen									
Bundesrepublik Deutschland	310	569	+ 3,9	416	768	− 2,0	535	972	+ 9,6
Anderer Wohnsitz	98	216	+ 11,1	94	209	− 19,7	125	278	+ 6,5
Zusammen	408	785	+ 5,8	510	977	− 6,4	661	1 249	+ 8,9
Hamburg									
Bundesrepublik Deutschland	1 010	1 887	+ 1,4	1 630	3 001	− 0,6	2 075	3 631	+ 3,4
Anderer Wohnsitz	564	1 093	+ 7,2	507	959	− 6,5	537	1 024	+ 2,7
Zusammen	1 574	2 979	+ 3,5	2 137	3 960	− 2,1	2 612	4 655	+ 3,2
Hessen									
Bundesrepublik Deutschland	4 900	20 095	+ 3,6	5 958	22 767	− 3,0	6 880	19 569	+ 5,5
Anderer Wohnsitz	2 232	4 294	+ 9,3	1 945	4 104	− 7,2	2 301	4 446	+ 2,9
Zusammen	7 132	24 389	+ 4,5	7 903	26 871	− 3,7	9 180	24 015	+ 5,0
Mecklenburg-Vorpommern									
Bundesrepublik Deutschland	−	−	−	2 117	7 399	+ 14,4	3 621	15 283	+ 17,7
Anderer Wohnsitz	−	−	−	84	208	+ 7,3	143	333	+ 11,6
Zusammen	−	−	−	2 201	7 607	+ 14,2	3 764	15 616	+ 17,6
Niedersachsen									
Bundesrepublik Deutschland	5 427	21 915	+ 4,5	7 594	30 505	− 1,5	8 441	30 867	+ 1,0
Anderer Wohnsitz	678	1 653	+ 14,2	723	1 770	− 4,8	797	1 770	+ 1,2
Zusammen	6 105	23 569	+ 5,2	8 317	32 275	− 1,6	9 238	32 637	+ 1,0
Nordrhein-Westfalen									
Bundesrepublik Deutschland	7 268	24 624	+ 1,6	9 669	30 532	− 2,3	11 559	29 979	+ 2,8
Anderer Wohnsitz	1 686	3 967	+ 3,0	1 895	4 778	− 3,7	2 455	5 649	+ 1,4
Zusammen	8 954	28 591	+ 1,8	11 564	35 310	− 2,5	14 014	35 629	+ 2,5

1) 1985 sind die Gäste aus dem Gebiet der ehem. DDR in der Zeile "Anderer Wohnsitz" enthalten.
2) Veränderung gegenüber dem Vorjahr.
3) 1985: Berlin-West.

Statistisches Bundesamt, Tourismus in Zahlen, 2000/2001

2.1.13 Ankünfte und Übernachtungen in Beherbergungsstätten nach Ländern und zusammengefaßten Gästegruppen

Land / Ständiger Wohnsitz der Gäste innerhalb / außerhalb der Bundesrepublik Deutschland[1]	Früheres Bundesgebiet 1985			Deutschland 1993			Deutschland 1999		
	Ankünfte	Übernachtungen		Ankünfte	Übernachtungen		Ankünfte	Übernachtungen	
	1 000	1 000	%[2]	1 000	1 000	%[2]	1 000	1 000	%[2]
Rheinland-Pfalz									
Bundesrepublik Deutschland	3 433	12 022	+ 0,2	3 996	13 637	− 4,7	4 865	14 325	+ 5,3
Anderer Wohnsitz	1 228	3 645	+ 10,0	1 108	3 459	− 10,7	1 251	3 536	+ 6,2
Zusammen	**4 661**	**15 667**	**+ 2,4**	**5 103**	**17 096**	**− 6,0**	**6 116**	**17 861**	**+ 5,5**
Saarland									
Bundesrepublik Deutschland	342	1 101	+ 6,8	502	1 726	+ 0,6	551	1 856	+ 1,0
Anderer Wohnsitz	63	119	+ 4,3	61	144	− 3,0	74	198	− 9,8
Zusammen	**404**	**1 219**	**+ 6,5**	**564**	**1 870**	**+ 0,3**	**625**	**2 054**	**− 0,1**
Sachsen									
Bundesrepublik Deutschland	−	−	−	2 232	6 650	+ 6,0	4 422	12 733	+ 5,6
Anderer Wohnsitz	−	−	−	161	492	+ 3,8	312	740	+ 1,1
Zusammen	−	−	−	**2 393**	**7 142**	**+ 5,8**	**4 734**	**13 473**	**+ 5,3**
Sachsen-Anhalt									
Bundesrepublik Deutschland	−	−	−	1 135	3 199	+ 15,1	2 031	5 123	+ 6,7
Anderer Wohnsitz	−	−	−	56	169	− 4,6	118	275	− 13,3
Zusammen	−	−	−	**1 191**	**3 368**	**+ 13,9**	**2 149**	**5 397**	**+ 5,5**
Schleswig-Holstein									
Bundesrepublik Deutschland	2 620	15 739	− 0,6	3 613	21 254	+ 0,6	3 851	19 809	+ 0,2
Anderer Wohnsitz	321	583	+ 17,0	343	735	− 25,1	357	729	+ 1,8
Zusammen	**2 940**	**16 322**	**0,0**	**3 956**	**21 989**	**− 0,6**	**4 208**	**20 538**	**+ 0,3**
Thüringen									
Bundesrepublik Deutschland	−	−	−	1 874	5 442	+ 11,4	2 798	8 226	+ 11,0
Anderer Wohnsitz	−	−	−	95	253	− 3,1	170	432	+ 29,7
Zusammen	−	−	−	**1 969**	**5 694**	**+ 10,7**	**2 968**	**8 658**	**+ 11,8**
Bundesgebiet									
Bundesrepublik Deutschland	45 989	185 003	+ 1,8	69 176	257 922	− 0,8	85 518	272 258	+ 4,7
Anderer Wohnsitz	12 686	28 079	+ 7,5	13 209	31 069	− 8,1	16 137	35 730	+ 3,7
Insgesamt	**58 676**	**213 082**	**+ 2,5**	**82 385**	**288 991**	**− 1,6**	**101 655**	**308 028**	**+ 4,6**
Nachrichtlich:									
Früheres Bundesgebiet									
Bundesrepublik Deutschland	−	−	−	59 984	230 088	− 2,0	68 956	221 244	+ 3,3
Anderer Wohnsitz	−	−	−	12 551	29 224	− 8,5	14 897	32 719	+ 3,4
Zusammen	−	−	−	**72 535**	**259 312**	**− 2,8**	**83 853**	**253 963**	**+ 3,3**
Neue Länder und Berlin-Ost									
Bundesrepublik Deutschland	−	−	−	9 192	27 834	+ 10,5	16 562	51 054	+ 11,1
Anderer Wohnsitz	−	−	−	658	1 845	− 1,2	1 240	3 011	+ 7,0
Zusammen	−	−	−	**9 849**	**29 679**	**+ 9,7**	**17 802**	**54 065**	**+ 10,9**

[1] 1985 sind die Gäste aus dem Gebiet der ehem. DDR in der Zeile "Anderer Wohnsitz" enthalten.

[2] Veränderung gegenüber dem Vorjahr.

Methodische Anmerkungen siehe "Statistik der Beherbergung im Reiseverkehr" im Anhang

2.1.14 Ankünfte und Übernachtungen in Beherbergungsstätten nach Herkunftsländern 1999

Herkunftsland (ständiger Wohnsitz)	Deutschland Ankünfte Anzahl	Deutschland Übernachtungen Anzahl	Deutschland Übernachtungen %[1]	Früheres Bundesgebiet Ankünfte Anzahl	Früheres Bundesgebiet Übernachtungen Anzahl	Früheres Bundesgebiet Übernachtungen %[1]	Neue Länder und Berlin-Ost Ankünfte Anzahl	Neue Länder und Berlin-Ost Übernachtungen Anzahl	Neue Länder und Berlin-Ost Übernachtungen %[1]
Bundesrepublik Deutschland	85 517 571	272 298 005	+ 4,7	68 955 854	221 243 776	+ 3,3	16 561 717	51 054 229	+ 11,1
Ausland									
Europa									
Baltische Staaten	77 701	185 838	– 2,2	66 288	160 420	– 5,5	10 813	25 418	+ 24,7
Belgien	631 791	1 509 140	+ 2,5	594 767	1 425 533	+ 1,7	37 024	83 607	+ 19,2
Dänemark	653 263	1 219 266	+ 5,2	559 245	1 042 441	+ 4,2	94 018	176 825	+ 11,3
Finnland	166 319	358 141	+ 12,3	149 571	322 299	+ 10,8	16 748	35 842	+ 28,5
Frankreich	824 114	1 649 269	+ 2,1	766 219	1 517 115	+ 2,0	57 895	132 154	+ 2,8
Griechenland	100 453	268 859	+ 4,9	94 880	254 031	+ 4,0	5 573	14 828	+ 22,3
Großbrit. u. Nordirland	1 598 816	3 383 249	+ 4,8	1 517 270	3 186 588	+ 5,5	81 546	196 661	– 5,5
Irland, Republik	55 731	137 845	+ 16,8	52 315	128 491	+ 16,9	3 416	9 354	+ 15,7
Island	23 597	49 819	+ 1,7	22 793	47 825	+ 2,2	804	1 994	– 8,4
Italien	998 648	2 090 562	+ 9,2	935 514	1 930 330	+ 9,5	63 134	160 232	+ 5,5
Luxemburg	91 627	244 801	+ 8,7	84 687	228 506	+ 6,8	6 940	16 295	+ 44,4
Niederlande	1 923 077	5 269 317	+ 4,2	1 801 337	4 960 901	+ 3,5	121 740	308 416	+ 17,8
Norwegen	229 649	394 703	– 1,0	202 567	348 137	– 2,0	27 082	46 566	+ 7,2
Österreich	723 543	1 572 980	+ 8,3	657 330	1 395 239	+ 8,3	66 213	177 741	+ 8,7
Polen	311 119	878 462	– 0,3	261 069	713 997	– 0,4	50 050	164 465	+ 0,4
Portugal	77 904	198 765	– 6,5	72 356	181 597	+ 0,2	5 548	17 168	– 45,4
Rußland	194 895	601 738	– 14,2	164 000	474 315	– 17,4	30 895	127 423	+ 0,2
Schweden	684 258	1 139 969	+ 4,3	587 688	976 531	+ 3,2	96 570	163 438	+ 11,1
Schweiz	954 881	1 906 289	+ 6,1	880 565	1 730 704	+ 5,6	74 316	175 585	+ 11,9
Spanien	399 245	850 807	+ 6,3	373 217	787 570	+ 5,9	26 028	63 237	+ 11,5
Tschechische Republik	188 006	473 490	+ 6,2	163 517	404 895	+ 7,2	24 489	68 595	+ 0,5
Türkei	114 340	282 717	– 2,1	109 725	266 406	+ 1,3	4 615	16 311	– 37,0
Ungarn	143 055	381 033	+ 5,0	132 120	349 850	+ 6,1	10 935	31 183	– 6,0
Sonstige europ. Länder	280 854	730 179	– 2,6	248 140	633 130	– 1,2	32 714	97 049	– 10,6
Zusammen	11 446 286	25 777 238	+ 4,0	10 497 180	23 466 851	+ 3,8	949 106	2 310 387	+ 5,6
Afrika									
Republik Südafrika	48 377	123 147	+ 12,3	46 491	116 692	+ 12,1	1 886	6 455	+ 14,4
Sonstige afrik. Länder	90 320	270 224	+ 5,2	85 601	255 146	+ 6,1	4 719	15 078	– 8,6
Zusammen	138 697	393 371	+ 7,3	132 092	371 838	+ 8,0	6 605	21 533	– 2,7
Asien									
Arabische Golfstaaten	93 174	296 427	– 4,1	91 137	290 351	– 3,7	2 037	6 076	– 18,6
China, Volksrep., und Hongkong	177 467	397 309	+ 2,4	166 193	369 482	+ 2,3	11 274	27 827	+ 2,7
Israel	116 570	304 810	+ 1,1	108 889	283 959	– 0,6	7 681	20 851	+ 32,3
Japan	818 002	1 346 188	+ 1,1	763 941	1 240 723	– 0,3	54 061	105 465	+ 21,7
Südkorea	59 969	128 757	+ 39,7	57 774	120 285	+ 35,7	2 195	8 472	+ 139,5
Taiwan	69 003	155 969	+ 4,5	65 992	149 763	+ 2,7	3 011	6 206	+ 75,7
Sonstige asiat. Länder	282 165	671 071	+ 7,6	271 165	637 321	+ 6,7	11 000	33 750	+ 26,4
Zusammen	1 616 350	3 300 531	+ 3,3	1 525 091	3 091 884	+ 2,2	91 259	208 647	+ 22,2
Amerika									
Kanada	151 149	325 682	+ 4,2	140 509	296 037	+ 2,9	10 640	29 645	+ 18,0
USA	2 016 453	4 315 606	+ 6,1	1 913 489	4 051 372	+ 5,7	102 964	264 234	+ 13,6
Mittelamerika und Karibik	44 606	113 776	– 2,6	41 421	104 852	– 5,3	3 185	8 924	+ 45,0
Brasilien	81 296	206 400	– 20,1	77 352	196 785	– 20,4	3 944	9 615	– 12,4
Sonstige südamerik. Länder	93 415	222 112	– 0,2	87 635	208 123	– 0,5	5 780	13 989	+ 4,0
Zusammen	2 386 919	5 183 576	– 4,2	2 260 406	4 857 169	+ 3,6	126 513	326 407	+ 13,2
Australien, Neuseeland und Ozeanien zusammen	137 837	298 186	– 4,6	126 711	269 240	– 8,3	11 126	28 946	+ 52,1
Ohne Angabe	411 002	777 209	– 5,5	355 498	662 189	– 4,9	55 504	115 020	– 8,8
Ausland zusammen	16 137 091	35 730 111	+ 3,7	14 896 978	32 719 171	+ 3,4	1 240 113	3 010 940	+ 7,0
Ankünfte/Übern. insgesamt	101 654 662	308 028 116	+ 4,6	83 852 832	253 962 947	+ 3,3	17 801 830	54 065 169	+ 10,9

[1] Veränderung gegenüber dem Vorjahr.

Methodische Anmerkungen siehe "Statistik der Beherbergung im Reiseverkehr" im Anhang.

Statistisches Bundesamt, Tourismus in Zahlen, 2000/2001

Daten der Beherbergungsstatistik in tiefer regionaler Gliederung
2.1.15 Ankünfte und Übernachtungen in Beherbergungsstätten nach Reisegebieten *)

Reisegebiet	Früheres Bundesgebiet				Deutschland				
	1985		1990		1999				
	Ankünfte	Übernachtungen	Ankünfte	Übernachtungen	Ankünfte	Übernachtungen			
						insgesamt		dar. von Auslandsgästen	
	Anzahl	Anzahl	Anzahl	Anzahl	Anzahl	Anzahl	%¹⁾	Anzahl	%¹⁾
Baden-Württemberg									
Nördlicher Schwarzwald	1 419 416	6 384 122	1 630 824	6 639 456	1 675 659	5 811 579	+ 3,9	605 287	+ 0,8
Mittlerer Schwarzwald	1 112 364	4 737 714	1 300 476	5 379 160	1 392 008	4 895 393	+ 4,2	569 255	+ 1,3
Südlicher Schwarzwald	1 535 375	7 039 262	1 909 808	8 313 178	1 994 949	7 323 995	+ 2,2	816 499	+ 6,2
Schwarzwald zusammen	4 067 155	18 161 098	4 841 108	20 331 794	5 062 616	18 030 967	+ 3,3	1 991 041	+ 3,1
Weinland zwischen Rhein und Neckar	–	–	1 395 924	2 837 366	1 579 031	3 183 082	+ 8,5	861 386	+ 7,2
Bergstraße-Rheinebene-Kraichgau	1 059 949	2 025 625	–	–	–	–	–	–	–
Neckartal-Odenwald-Madonnenländchen	208 187	945 346	243 197	1 178 564	249 138	921 415	+ 3,0	45 639	+ 14,2
Taubertal	171 414	908 374	215 962	1 102 139	210 287	890 639	+ 4,1	34 970	+ 0,4
Neckar-Hohenlohe-Schwäbischer Wald	470 474	1 283 192	480 944	1 354 295	625 140	1 465 310	+ 6,9	133 106	– 1,9
Schwäbische Alb-Ost	502 245	1 128 839	644 154	1 463 143	1 645 246ᵃ⁾	3 719 027ᵃ⁾	+ 3,6	465 688ᵃ⁾	+ 2,4
Schwäbische Alb-West	521 901	1 491 214	708 452	2 019 991	–	–		–	
Mittlerer Neckar	–	–	1 449 933	3 025 049	2 245 254	4 372 383	+ 6,0	1 030 571	+ 4,9
Stuttgarter-Bucht-Stromberg-Heckengäu-Enztal	1 139 791	2 538 792	–	–	–	–		–	
Neckarland-Schwaben zusammen	4 073 961	10 321 382	5 138 566	12 980 547	6 554 096	14 551 856	+ 5,7	2 571 360	+ 4,9
Württembergisches Allgäu-Oberschwaben	305 547	2 121 570	402 974	2 444 197	462 915	2 391 647	+ 9,8	81 339	+ 10,6
Bodensee	623 653	2 276 881	753 456	2 738 058	816 823	2 735 171	+ 2,7	228 487	+ 0,8
Hegau	69 254	319 297	80 272	342 089	84 075	319 313	+ 6,7	15 749	+ 13,4
Bodensee-Oberschwaben zusammen	998 454	4 717 748	1 236 702	5 524 344	1 363 813	5 446 131	+ 5,9	325 575	+ 3,7
Zusammen	**9 139 570**	**33 200 228**	**11 216 376**	**38 836 685**	**12 980 525**	**38 028 954**	**+ 4,6**	**4 887 976**	**+ 4,1**
Bayern									
Rhön	333 177	2 662 309	414 933	2 914 451	371 281	2 276 696	+ 8,6	85 149	+ 38,5
Frankenwald	99 939	691 327	155 636	743 683	123 814	594 802	+ 10,1	18 882	+ 87,9
Spessart	196 712	608 509	213 961	630 355	214 352	536 200	+ 2,1	41 438	+ 5,2
Würzburg mit Umgebung	317 576	492 632	421 598	691 169	428 703	696 405	+ 6,8	119 380	+ 11,3
Steigerwald	119 937	143 462	133 593	171 435	108 548	163 071	+ 7,3	49 937	+ 10,6
Fränkische Schweiz	112 245	498 037	143 614	581 664	133 210	450 746	+ 7,6	9 100	+ 9,2
Fichtelgebirge mit Steinwald	192 363	969 821	245 564	1 077 594	201 350	796 196	– 0,2	22 946	+ 25,3
Nürnberg mit Umgebung	954 886	1 737 906	1 149 679	2 160 747	1 335 165	2 542 042	– 0,5	663 436	+ 0,8
Oberpfälzer Wald	136 727	661 374	166 289	818 073	172 797	745 780	+ 0,8	15 141	– 10,9
Oberes Altmühltal	120 871	264 934	137 370	307 657	166 890	393 009	+ 9,2	25 403	+ 4,4
Unteres Altmühltal	164 966	318 847	217 483	429 932	242 337	516 315	+ 4,2	43 001	+ 5,3
Bayerischer Wald	719 178	5 183 034	945 136	6 787 012	1 036 821	6 539 979	– 0,1	211 816	– 7,9
Augsburg mit Umgebung	276 413	528 239	359 355	665 994	350 905	621 360	+ 7,5	159 521	+ 14,5
München mit Umgebung	3 071 409	6 541 538	4 037 496	7 900 050	4 097 776	8 429 601	+ 6,1	3 336 406	+ 4,2
Ammersee- und Würmseegebiet	148 003	702 419	194 068	811 425	232 166	682 043	+ 2,7	68 044	+ 1,8
Bodensee-Gebiet	155 215	500 780	184 427	561 935	186 602	543 746	– 1,7	67 845	+ 2,3
Westallgäu	79 900	743 177	81 991	787 673	80 342	795 642	+ 7,6	16 855	+ 12,8
Allgäuer Alpenvorland	127 517	529 443	157 023	565 943	146 975	436 814	– 2,1	31 742	+ 10,6
Staffelsee mit Ammerhügelland	110 982	743 574	148 813	831 933	128 560	686 718	+ 0,4	27 110	+ 1,3
Inn-, Mangfallgebiet	231 605	1 026 992	276 876	1 175 383	256 839	899 940	+ 7,8	90 382	+ 15,8
Chiemsee mit Umgebung	142 678	1 061 990	184 399	1 267 802	189 189	1 164 890	+ 1,4	49 978	– 10,4
Salzach-Hügelland	78 941	368 916	98 736	402 843	97 423	348 267	+ 4,1	13 733	+ 41,4
Oberallgäu	571 382	4 917 278	745 952	5 904 847	767 913	5 107 904	– 1,5	243 524	+ 2,8
Ostallgäu	259 329	1 726 652	345 532	2 062 493	394 417	1 915 667	– 1,6	201 032	+ 7,9
Werdenfelser Land mit Ammergau	509 099	2 575 689	729 366	3 054 195	508 999	2 360 087	– 3,0	269 459	– 6,4
Kochel- und Walchensee mit Umgebung	58 219	303 417	82 766	360 914	73 527	273 458	+ 0,4	10 596	– 3,4
Isarwinkel	90 099	1 018 885	113 546	1 002 908	129 328	782 069	+ 3,4	24 133	– 4,3
Tegernsee-Gebiet	223 952	1 748 477	246 442	1 867 539	213 656	1 377 506	– 5,3	49 807	– 12,2
Schliersee-Gebiet	132 510	794 653	145 936	815 869	124 660	630 456	– 3,4	13 278	– 21,5
Ober-Inntal	68 582	301 790	86 554	341 883	72 411	257 209	– 0,8	15 383	+ 13,4
Chiemgauer Alpen	304 619	2 533 785	379 019	3 016 317	373 839	2 500 357	0,0	95 941	+ 0,9
Berchtesgadener Alpen mit Reichenhaller Land	377 590	3 219 276	421 513	3 273 984	395 368	2 628 336	+ 0,4	105 665	+ 4,5
Übriges Bayern	4 968 103	14 772 648	6 674 669	19 785 101	8 097 192	22 188 782	+ 7,5	2 281 049	+ 4,1
Zusammen	**15 454 724**	**60 891 810**	**20 039 335**	**73 770 803**	**21 453 355**	**70 882 093**	**+ 3,4**	**8 477 112**	**+ 3,8**

*) Fehlende Angaben aufgrund der Neugliederung der Reisegebiete.
1) Veränderung gegenüber dem Vorjahr.
a) Schwäbische Alb.

Daten der Beherbergungsstatistik in tiefer regionaler Gliederung
2.1.15 Ankünfte und Übernachtungen in Beherbergungsstätten nach Reisegebieten *)

Reisegebiet	Früheres Bundesgebiet				Deutschland					
	1985		1990		1999					
	Ankünfte	Über-nachtungen	Ankünfte	Über-nachtungen	Ankünfte	Übernachtungen				
						insgesamt		dar. von Auslandsgästen		
	Anzahl	Anzahl	Anzahl	Anzahl	Anzahl	Anzahl	%[1]	Anzahl	%[1]	
Berlin[2]	1 901 838	5 468 736	2 868 339	7 243 638	4 180 726	9 477 402	+ 14,6	2 553 279	+ 9,3	
Brandenburg										
Prignitz	–	–	–	–	90 850	287 547	+ 22,5	8 645	+ 35,3	
Ruppiner Land	–	–	–	–	296 523	820 075	+ 18,0	30 739	+ 26,1	
Uckermark	–	–	–	–	183 077	606 565	0,0	11 472	– 38,0	
Barnim	–	–	–	–	198 726	739 610	+ 0,2	15 770	– 17,7	
Märkische Schweiz - Oderbruch	–	–	–	–	182 519	667 428	+ 14,7	43 022	+ 67,9	
Oder - Spree	–	–	–	–	262 071	771 076	– 0,8	35 768	– 14,5	
Dahme - Seengebiet	–	–	–	–	197 384	489 123	+ 10,6	31 720	– 9,6	
Spreewald	–	–	–	–	321 500	851 035	– 3,0	18 799	– 50,8	
Niederlausitz	–	–	–	–	127 858	309 379	– 2,1	11 032	– 12,4	
Elbe Elster Land	–	–	–	–	50 723	189 735	+ 4,9	3 232	+ 26,9	
Fläming	–	–	–	–	387 438	989 441	+ 12,5	89 668	– 6,0	
Havelland	–	–	–	–	219 979	654 710	+ 0,5	50 679	+ 0,3	
Potsdam	–	–	–	–	261 831	480 919	+ 32,6	51 374	+ 13,2	
Zusammen	–	–	–	–	2 780 479	7 856 643	+ 7,0	401 920	– 3,3	
Bremen	407 860	784 800	502 877	973 981	660 715	1 249 347	+ 8,9	277 660	+ 6,5	
Hamburg	1 573 938	2 979 109	2 092 387	3 961 779	2 611 877	4 654 762	+ 3,2	1 024 180	+ 2,7	
Hessen										
Kassel-Land[3]	460 330	1 112 372	511 407	1 133 131	580 047	1 189 088	+ 8,6	124 448	+ 9,4	
Waldecker Land[4]	361 628	2 964 375	463 271	3 492 631	635 212	2 930 114	+ 7,4	278 569	+ 4,9	
Werra-Meißner-Land[5]	149 965	960 085	233 599	1 112 445	152 460	731 038	– 1,9	22 726	– 3,0	
Ederbergland	73 296	384 986	86 380	448 689	–	–	–	–	–	
Kurhessisches Bergland	160 708	858 242	187 250	947 291	170 133	680 723	– 1,3	51 584	+ 11,7	
Waldhessen (Hersfeld-Rotenburg)	275 462	1 036 599	410 673	1 306 937	341 282	923 255	+ 2,7	93 731	+ 8,8	
Marburg-Biedenkopf	160 671	663 268	158 012	628 801	181 638	512 811	+ 1,2	38 675	– 3,4	
Lahn-Dill	222 188	591 529	230 120	613 820	250 632	517 292	+ 2,1	70 208	+ 6,8	
Westerwald-Lahn-Taunus	134 068	506 234	159 452	530 997	153 774	457 546	+ 0,6	39 741	+ 4,4	
Vogelsberg und Wetterau	409 868	2 062 689	492 179	2 325 663	442 322	1 652 486	+ 7,3	95 698	+ 6,2	
Rhön	306 738	1 017 797	385 294	1 267 385	423 379	1 165 864	+ 0,5	45 240	– 12,5	
Spessart-Kinzigtal-Vogelsberg[6]	226 711	1 794 488	296 176	2 014 804	315 268	1 426 520	+ 1,4	71 076	+ 1,9	
Main und Taunus	2 591 797	5 574 333	2 935 275	6 357 842	3 429 950	6 779 657	+ 6,8	2 553 077	+ 2,7	
Rheingau-Taunus	741 416	2 307 746	836 677	2 357 303	849 723	2 070 051	+ 4,6	430 120	– 1,3	
Odenwald-Bergstraße-Neckartal	857 509	2 553 930	943 939	2 856 697	1 254 408	2 978 799	+ 5,9	531 028	+ 4,6	
Zusammen	7 132 355	24 388 673	8 329 704	27 394 436	9 180 228	24 015 044	+ 5,0	4 445 921	+ 2,9	
Mecklenburg-Vorpommern										
Rügen/Hiddensee	–	–	–	–	760 082	4 122 719	+ 21,1	42 522	+ 11,9	
Vorpommern	–	–	–	–	1 055 460	4 903 178	+ 20,4	64 008	– 8,0	
Mecklenburgische Ostseeküste	–	–	–	–	998 849	3 870 707	+ 13,9	168 953	+ 24,7	
Westmecklenburg	–	–	–	–	368 149	963 943	+ 16,6	27 566	+ 12,7	
Meckl. Schweiz u. Seenplatte	–	–	–	–	581 946	1 755 303	+ 11,2	29 637	– 3,3	
Zusammen	–	–	–	–	3 764 486	15 615 850	+ 17,6	332 686	+ 11,6	
Niedersachsen										
Nordsee	484 950	2 318 359	–	–	–	–	–	–	–	
Nordseeinseln	414 718	4 291 557	–	–	–	–	–	–	–	
Ostfriesische Inseln	–	–	614 892	5 452 509	674 420	5 353 887	– 0,6	11 359	– 2,1	
Ostfriesische Küste	–	–	582 284	2 689 544	768 301	3 790 924	– 1,1	52 718	– 4,8	
Ems-Hümmling	–	–	248 891	783 674	321 344	1 119 971	+ 5,4	44 123	+ 7,7	
Emsland-Grafschaft Bentheim	–	–	206 264	561 182	228 078	596 557	+ 1,3	59 114	+ 8,4	
Oldenburger Land	–	–	411 795	1 013 674	499 885	1 233 271	+ 3,8	49 544	– 1,8	
Osnabrücker Bäderland-Dümmer	–	–	434 970	1 464 724	469 160	1 637 530	+ 3,5	79 966	+ 13,6	
Cuxhavener Küste-Unterelbe	–	–	411 392	1 718 972	517 754	2 393 857	+ 4,9	40 602	+ 17,4	
Bremer Umland	–	–	341 618	664 046	354 701	701 302	+ 8,4	69 783	+ 13,5	
Steinhuder Meer	–	–	85 202	213 506	88 092	217 258	+ 3,2	11 616	– 1,8	
Weserbergland	340 902	2 103 904	–	–	–	–	–	–	–	
Weserbergland-Solling	–	–	494 856	2 684 830	541 438	2 194 212	+ 2,8	86 611	+ 1,0	
Lüneburger Heide	813 120	2 515 372	–	–	–	–	–	–	–	
Nördliche Lüneburger Heide	–	–	810 588	2 586 984	1 029 828	3 479 194	– 1,7	116 673	+ 1,1	
Südliche Lüneburger Heide	–	–	405 321	1 100 955	457 781	1 201 388	+ 4,1	127 895	+ 1,1	
Hannover-Hildesheim-Braunschweig	–	–	1 246 822	2 317 735	1 615 407	2 895 478	+ 2,8	612 392	+ 5,0	
Harzvorland-Elm-Lappwald	–	–	352 461	1 037 648	258 885	783 746	– 1,9	64 126	– 7,4	
Harz	1 064 433	5 343 254	1 180 728	5 260 511	961 123	4 111 142	– 0,6	255 744	– 7,8	
Südniedersachsen	–	–	340 607	566 317	335 389	570 218	– 1,2	82 802	– 1,8	
Elbufer-Drawehn	–	–	121 039	408 456	116 837	357 199	– 1,1	5 247	– 44,3	
Übriges Niedersachsen	2 987 315	6 996 307	–	–	–	–	–	–	–	
Zusammen	6 105 438	23 568 753	8 289 730	30 525 267	9 238 423	32 637 139	+ 1,0	1 770 315	+ 1,2	

*) Fehlende Angaben aufgrund der Neuregelung der Reisegebiete.
1) Veränderung gegenüber dem Vorjahr.
2) 1985 und 1990: nur Berlin-West.
3) 1985 und 1990: Weser-Diemel-Fulda.
4) 1985 und 1990: Waldeck.
5) 1985 und 1990: Werra-Meißner-Kaufunger-Wald.
6) 1985 und 1990: Kinzigtal-Spessart-Südlicher Vogelsberg.

Daten der Beherbergungsstatistik in tiefer regionaler Gliederung
2.1.15 Ankünfte und Übernachtungen in Beherbergungsstätten nach Reisegebieten *)

Reisegebiet	Früheres Bundesgebiet				Deutschland					
	1985		1990		1999					
	Ankünfte	Übernachtungen	Ankünfte	Übernachtungen	Ankünfte	Übernachtungen				
						insgesamt		dar. von Auslandsgästen		
	Anzahl	Anzahl	Anzahl	Anzahl	Anzahl	Anzahl	%[1]	Anzahl	%[1]	
Nordrhein-Westfalen										
Niederrhein-Ruhrland	2 692 944	5 425 589	3 589 172	7 504 804	4 817 884	9 164 277	+ 4,2	2 599 621	+ 2,6	
Bergisches Land	761 388	2 076 277	951 927	2 448 762	2 153 685	3 032 135	+ 4,6	412 194	+ 2,9	
Siebengebirge	703 518	1 723 869	933 794	2 202 140	1 064 897	2 275 887	+ 3,6	377 461	+ 3,8	
Eifel	685 479	1 943 256	782 598	2 477 290	965 835	2 627 004	+ 2,2	494 339	+ 14,5	
Sauerland	1 334 812	5 747 886	1 487 435	6 145 794	1 649 629	6 068 231	+ 1,7	824 318	- 2,5	
Siegerland	131 125	351 668	153 073	414 303	222 121	1 064 215	+ 5,4	51 856	- 1,5	
Wittgensteiner Land	71 708	644 311	81 646	778 138	-	-	-	-	-	
Westfälisches Industriegebiet	669 928	1 479 164	911 735	1 948 915	1 378 906	2 604 664	+ 2,0	360 235	- 3,8	
Münsterland	590 455	1 371 564	841 217	2 132 535	1 007 781	2 317 651	- 2,6	152 859	- 2,5	
Teutoburger Wald	1 312 892	7 827 292	1 542 450	8 564 948	1 652 908	6 474 236	+ 1,6	376 358	- 8,5	
Zusammen	8 954 249	28 590 876	11 275 047	34 617 629	14 013 646	35 628 600	+ 2,5	5 649 241	+ 1,4	
Rheinland-Pfalz										
Rheintal	727 734	1 854 200	838 365	2 135 307	808 123	1 946 978	+ 0,1	461 592	- 0,2	
Rheinhessen	461 915	864 538	543 866	1 058 975	691 172	1 181 769	+ 9,7	366 527	+ 6,0	
Eifel/Ahr	754 610	3 406 649	876 099	3 592 709	1 066 158	3 701 427	+ 6,7	982 690	+ 3,3	
Mosel/Saar	897 578	2 899 878	1 014 790	3 282 949	1 237 039	3 834 042	+ 5,6	921 931	+ 7,6	
Hunsrück/Nahe/Glan	421 371	2 112 056	493 554	2 379 471	507 407	2 126 939	+ 4,8	352 083	+ 15,5	
Westerwald/Lahn/Taunus	448 538	1 796 694	545 671	2 030 619	523 372	1 657 387	+ 6,7	101 546	+ 5,1	
Pfalz	949 220	2 733 316	1 109 897	3 038 114	1 283 142	3 412 238	+ 5,8	349 344	+ 11,9	
Zusammen	4 660 966	15 667 331	5 422 242	17 518 144	6 116 413	17 860 780	+ 5,5	3 535 713	+ 6,2	
Saarland										
Nordsaarland	88 248	448 196	117 773	543 025	170 233	752 110	+ 5,9	44 450	+ 15,2	
Bliesgau	9 380	195 060	11 643	220 527	10 861	169 806	+ 15,7	810	- 30,1	
Übriges Saarland	306 868	576 029	365 776	728 739	444 009	1 132 377	- 5,6	153 122	- 15,0	
Zusammen	404 496	1 219 285	495 192	1 492 291	625 103	2 054 293	- 0,1	198 382	- 9,8	
Sachsen										
Stadt Dresden	-	-	-	-	1 023 493	2 138 531	+ 3,8	273 052	+ 1,3	
Stadt Chemnitz	-	-	-	-	194 247	386 995	+ 6,7	34 496	+ 11,4	
Stadt Leipzig	-	-	-	-	684 144	1 314 233	+ 5,1	163 395	+ 4,2	
Oberlausitz-Niederschlesien	-	-	-	-	426 511	1 323 641	+ 6,6	46 040	- 12,5	
Sächsische Schweiz	-	-	-	-	296 463	1 228 055	+ 1,9	13 613	+ 6,7	
Sächsisches Elbland	-	-	-	-	385 394	1 304 032	+ 10,1	88 351	+ 12,5	
Erzgebirge	-	-	-	-	779 037	2 421 302	+ 7,0	33 119	+ 4,4	
Sächs. Burgen- u. Heidel.	-	-	-	-	525 167	1 604 275	+ 3,4	54 139	- 12,9	
Westsachsen	-	-	-	-	98 916	214 789	+ 9,4	14 913	- 8,8	
Vogtland	-	-	-	-	320 406	1 537 587	+ 6,8	19 256	+ 1,1	
Zusammen	-	-	-	-	4 733 778	13 473 040	+ 5,3	740 374	+ 1,1	
Sachsen-Anhalt										
Harz und Harzvorland	-	-	-	-	655 752	1 809 365	+ 7,3	63 731	- 2,9	
Halle, Saale, Unstrut	-	-	-	-	431 496	1 020 814	- 2,7	77 359	- 34,2	
Anhalt-Wittenberg	-	-	-	-	378 598	909 561	+ 1,1	55 819	+ 7,0	
Magdeburg, Elbe-Börde-Heide	-	-	-	-	560 541	1 288 222	+ 14,6	73 023	- 6,3	
Altmark	-	-	-	-	122 440	369 216	+ 2,9	4 612	+ 41,3	
Zusammen	-	-	-	-	2 148 827	5 397 178	+ 5,5	274 544	- 13,3	
Schleswig-Holstein										
Nordsee	562 754	5 819 537	751 880	6 962 060	967 670	7 621 382	- 1,6	45 128	- 10,5	
Ostsee	1 408 351	7 308 383	1 739 900	8 535 958	1 848 973	8 599 750	+ 1,2	424 894	+ 5,0	
Holsteinische Schweiz	155 329	852 527	186 742	927 674	166 248	811 417	- 6,2	11 990	- 15,4	
Übriges Schleswig-Holstein	813 753	2 341 853	1 122 169	2 964 542	1 224 691	3 505 834	+ 4,0	247 002	0,0	
Zusammen	2 940 187	16 322 300	3 800 691	19 390 234	4 207 582	20 538 383	+ 0,3	729 014	+ 1,8	
Thüringen										
Thüringer Wald	-	-	-	-	1 183 365	4 102 441	+ 7,7	106 461	+ 1,9	
Saaleland	-	-	-	-	831 510	2 286 733	+ 22,6	203 949	+ 67,7	
Ostthüringen	-	-	-	-	205 984	479 859	+ 4,5	31 810	+ 3,2	
Thüringer Kernland	-	-	-	-	504 826	1 081 359	+ 17,6	74 287	+ 25,6	
Nordthüringen	-	-	-	-	242 814	707 816	+ 2,2	15 287	- 8,9	
Zusammen	-	-	-	-	2 968 499	8 658 208	+ 11,8	431 794	+ 29,7	
Bundesgebiet	58 675 621	213 081 901	74 331 920	255 724 887	101 654 662	308 028 116	+ 4,6	35 730 111	+ 3,7	

*) Fehlende Angaben aufgrund der Neuregelung der Reisegebiete. 1) Veränderung gegenüber dem Vorjahr.

Methodische Anmerkungen siehe "Statistik der Beherbergung im Reiseverkehr" im Anhang.

Daten der Beherbergungsstatistik in tiefer regionaler Gliederung
2.1.16 Geöffnete Betriebe, angebotene Betten/Schlafgelegenheiten, durchschnittliche Auslastung, Ankünfte und Übernachtungen nach kreisfreien Städten/Stadtkreisen und Kreisen/Landkreisen

Kreisfreie Stadt/Stadtkreis — Kreis/Landkreis	Juli 1999		1999		
	Geöffnete Betriebe	Angebotene Betten/Schlafgelegenheiten		Ankünfte	Übernachtungen
	Anzahl	Anzahl	durchschnittliche Auslastung %	Anzahl	

Baden-Württemberg

RB Stuttgart	**1 445**	**67 059**	**35,2**	**3 800 770**	**8 484 506**
Region Mittlerer Neckar	771	40 832	36,0	2 663 971	5 338 800
Stadtkreis					
Stuttgart	146	13 120	42,2	1 106 621	2 030 500
Landkreise					
Böblingen	118	6 855	36,4	379 971	907 351
Esslingen	151	6 521	32,5	415 346	768 891
Göppingen	104	3 793	33,7	177 784	462 953
Ludwigsburg	124	5 499	32,9	339 601	655 778
Rems-Murr-Kreis	128	5 044	28,5	244 648	513 327
Region Franken	483	19 776	35,8	810 648	2 502 309
Stadtkreis					
Heilbronn	23	1 395	36,4	95 507	186 814
Landkreise					
Heilbronn	138	6 189	37,4	241 973	818 006
Hohenlohekreis	63	2 116	31,1	103 884	230 917
Schwäbisch Hall	115	3 904	26,9	158 997	375 933
Main-Tauber-Kreis	144	6 172	41,3	210 287	890 639
Region Ostwürttemberg	191	6 451	28,1	326 151	643 397
Landkreise					
Heidenheim	51	1 587	25,8	79 197	147 228
Ostalbkreis	140	4 864	28,9	246 954	496 169
RB Kalrsruhe	**1 620**	**72 187**	**37,2**	**3 433 270**	**9 539 233**
Region Mittlerer Oberrhein	421	18 917	37,8	1 020 621	2 567 044
Stadtkreise					
Baden-Baden	81	4 280	45,5	248 451	703 237
Karlsruhe	70	4 441	38,4	311 196	614 054
Landkreise					
Karlsruhe	121	5 128	41,0	239 341	756 252
Rastatt	149	5 068	27,5	221 633	493 501
Region Unterer Neckar	427	22 862	36,6	1 550 182	3 011 742
Stadtkreise,					
Heidelberg	71	4 932	45,7	504 609	815 356
Mannheim	50	4 656	41,0	358 463	699 904
Landkreise					
Neckar-Odenwald-Kreis	117	4 657	26,6	124 223	434 567
Rhein-Neckar-Kreis	189	8 617	34,1	562 887	1 061 915
Region Nordschwarzwald	772	30 408	37,3	862 467	3 960 447
Stadtkreis					
Pforzheim	21	1 311	30,6	71 334	144 473
Landkreise					
Calw	320	12 715	35,8	323 241	1 572 726
Enzkreis	70	2 185	26,6	94 728	208 353
Freudenstadt	361	14 197	41,0	373 164	2 034 895

Statistisches Bundesamt, Tourismus in Zahlen, 2000/2001

Daten der Beherbergungsstatistik in tiefer regionaler Gliederung

2.1.16 Geöffnete Betriebe, angebotene Betten/Schlafgelegenheiten, durchschnittliche Auslastung, Ankünfte und Übernachtungen nach kreisfreien Städten/Stadtkreisen und Kreisen/Landkreisen

Kreisfreie Stadt/Stadtkreis Kreis/Landkreis	Juli 1999		1999		
	Geöffnete Betriebe	Angebotene Betten/Schlafgelegenheiten		Ankünfte	Übernachtungen
	Anzahl	Anzahl	durchschnittliche Auslastung %	Anzahl	Anzahl
RB Freiburg	2 848	107 332	36,2	3 841 468	13 615 687
Region Südlicher Oberrhein	1 481	56 757	37,9	2 367 426	7 547 114
Stadtkreis Freiburg im Breisgau	69	4 962	48,4	465 693	875 891
Landkreise					
Breisgau-Hochschwarzwald	753	27 196	40,4	921 312	3 839 355
Emmendingen	170	5 542	33,9	218 619	654 674
Ortenaukreis	489	19 057	32,6	761 802	2 177 194
Region Schwarzwald-Baar-Heuberg	449	19 048	33,2	492 026	2 221 052
Landkreise					
Rottweil	102	3 596	23,3	97 639	292 673
Schwarzwald-Baar-Kreis	281	13 603	37,0	313 948	1 770 852
Tuttlingen	66	1 849	24,4	80 439	157 527
Region Hochrhein-Bodensee	918	31 527	35,1	982 016	3 847 521
Landkreise					
Konstanz	218	8 548	42,7	374 072	1 238 772
Lörrach	314	9 962	31,8	329 252	1 103 771
Waldshut	386	13 017	32,8	278 692	1 504 978
RB Tübingen	1 144	46 485	40,2	1 905 017	6 389 528
Region Neckar-Alb	251	11 016	35,3	485 572	1 401 826
Landkreise					
Reutlingen	128	6 567	38,2	250 000	899 147
Tübingen	57	2 109	32,0	130 821	246 552
Zollernalbkreis	66	2 340	30,3	104 751	256 127
Region Donau-Iller	206	9 002	36,6	488 452	1 187 161
Stadtkreis Ulm	36	2 569	37,3	202 143	348 408
Landkreise					
Alb-Donau-Kreis	84	2 725	29,4	148 567	285 504
Biberach	86	3 708	41,4	137 742	553 249
Region Bodensee-Oberschwaben	687	26 467	43,8	930 993	3 800 541
Landkreise					
Bodenseekreis	424	14 495	40,8	526 826	1 815 712
Ravensburg	180	8 715	51,6	282 350	1 590 393
Sigmaringen	83	3 257	34,5	121 817	394 436
Land insgesamt	7 057	293 063	36,8	12 980 525	38 028 954
Stadtkreise insgesamt	567	41 666	42,3	3 364 017	6 418 637
Landkreise insgesamt	6 490	251 397	35,9	9 616 508	31 610 317
Bayern					
RB Oberbayern	4 812	192 304	39,1	8 982 209	27 115 019
Kreisfreie Städte					
Ingolstadt	39	2 174	43,0	173 961	339 260
München	340	36 503	53,8	3 548 973	7 275 530
Rosenheim	24	1 017	31,4	73 672	114 899

Daten der Beherbergungsstatistik in tiefer regionaler Gliederung
2.1.16 Geöffnete Betriebe, angebotene Betten/Schlafgelegenheiten, durchschnittliche Auslastung, Ankünfte und Übernachtungen nach kreisfreien Städten/Stadtkreisen und Kreisen/Landkreisen

Kreisfreie Stadt/Stadtkreis Kreis/Landkreis	Juli 1999		1999	
	Geöffnete Betriebe	Angebotene Betten/Schlafgelegenheiten	Ankünfte	Übernachtungen
	Anzahl	durchschnittliche Auslastung %	Anzahl	

Landkreise				
Altötting	50	2 057	27,7	105 770	212 844
Berchtesgadener Land	787	22 178	36,8	475 968	2 893 924
Bad Tölz-Wolfratshausen	273	9 939	35,9	280 361	1 284 726
Dachau	47	1 583	29,8	87 892	173 047
Ebersberg	52	1 877	38,7	120 469	255 392
Eichstätt	125	5 257	32,5	282 885	600 195
Erding	45	3 224	37,9	307 591	446 101
Freising	67	3 881	36,8	321 107	514 639
Fürstenfeldbruck	46	1 913	33,9	109 843	230 490
Garmisch-Partenkirchen	694	22 148	36,2	574 682	2 893 884
Landsberg a. Lech	50	1 838	29,0	84 720	189 047
Miesbach	538	17 966	33,7	412 354	2 111 102
Mühldorf a. Inn	36	1 222	25,3	52 955	107 206
München	127	8 203	42,8	596 937	1 272 555
Neuburg-Schrobenhausen	28	756	25,7	38 176	69 197
Pfaffenhofen a.d. Ilm	49	1 497	25,9	88 712	139 909
Rosenheim	454	17 282	35,3	438 834	2 182 702
Starnberg	86	3 622	38,1	191 181	494 074
Traunstein	770	22 756	34,9	469 341	2 855 741
Weilheim-Schongau	85	3 411	37,3	145 825	458 555
RB Niederbayern	**2 350**	**97 594**	**34,9**	**2 244 434**	**12 355 966**
Kreisfreie Städte					
Landshut	17	1 211	38,5	75 486	176 500
Passau	39	2 840	37,5	218 037	371 292
Straubing	21	805	30,4	49 451	87 658
Landkreise					
Deggendorf	98	3 395	25,4	100 271	308 339
Freyung-Grafenau	388	17 932	27,1	272 558	1 761 306
Kelheim	120	5 444	40,7	165 997	799 255
Landshut	55	1 754	22,6	63 977	145 781
Passau	606	28 406	45,2	626 371	4 661 750
Regen	690	23 359	27,5	355 059	2 339 919
Rottal-Inn	126	4 978	46,6	132 559	845 956
Straubing-Bogen	142	6 176	34,2	139 532	765 535
Dingolfing-Landau	48	1 294	20,6	45 136	92 675
RB Oberpfalz	**1 082**	**44 013**	**28,0**	**1 426 199**	**4 407 235**
Kreisfreie Städte					
Amberg	16	675	31,5	44 075	77 702
Regensburg	35	4 358	37,0	325 409	584 105
Weiden i.d. OPf.	15	636	29,9	36 943	67 696
Landkreise					
Amberg-Sulzbach	90	3 063	19,7	79 005	215 552
Cham	398	18 334	30,0	373 220	1 961 259
Neumarkt i.d. OPf.	68	2 973	32,3	170 715	346 123
Neustadt a.d. Waldnaab	135	4 086	21,0	94 068	305 356
Regensburg	78	2 847	23,7	117 110	242 039
Schwandorf	120	3 775	23,3	103 762	313 090
Tirschenreuth	127	3 266	25,2	81 892	294 313
RB Oberfranken	**1 126**	**41 006**	**29,9**	**1 554 907**	**4 395 125**
Kreisfreie Städte					
Bamberg	35	1 978	38,9	154 914	278 469
Bayreuth	31	2 303	37,5	117 829	314 861
Coburg	17	1 140	28,4	60 664	116 457
Hof	22	1 193	23,4	62 371	101 955
Landkreise					
Bamberg	82	3 311	25,8	164 230	309 276
Bayreuth	232	7 323	28,0	194 689	726 758
Coburg	57	2 168	32,4	79 411	252 945
Forchheim	153	4 443	23,4	121 711	366 269
Hof	139	4 441	34,8	125 463	552 885
Kronach	76	2 210	30,6	81 269	248 068
Kulmbach	83	2 666	24,6	119 933	233 813
Lichtenfels	102	4 199	36,9	153 008	555 597
Wunsiedel i. Fichtelgebirge	97	3 631	25,9	119 415	337 772
RB Mittelfranken	**1 014**	**41 928**	**34,5**	**2 529 109**	**5 216 507**
Kreisfreie Städte					
Ansbach	16	626	34,8	28 887	78 123
Erlangen	53	2 917	34,3	173 041	359 087
Fürth	22	1 512	28,9	75 582	168 228
Nürnberg	148	12 479	40,6	973 789	1 829 515
Schwabach	7	235	26,1	13 704	21 439

Statistisches Bundesamt, Tourismus in Zahlen, 2000/2001

Daten der Beherbergungsstatistik in tiefer regionaler Gliederung

2.1.16 Geöffnete Betriebe, angebotene Betten/Schlafgelegenheiten, durchschnittliche Auslastung, Ankünfte und Übernachtungen nach kreisfreien Städten/Stadtkreisen und Kreisen/Landkreisen

Kreisfreie Stadt/Stadtkreis — Kreis/Landkreis	Juli 1999		1999	
	Geöffnete Betriebe	Angebotene Betten/Schlafgelegenheiten	Ankünfte	Übernachtungen
	Anzahl	durchschnittliche Auslastung %	Anzahl	
Landkreise				
Ansbach	239	7 697	31,4	543 166	866 517
Erlangen-Höchstadt	53	2 147	43,2	114 431	334 206
Fürth	32	840	22,8	30 687	69 565
Nürnberger Land	113	3 832	31,7	189 154	434 800
Neustadt a.d. Aisch-Bad Windsheim	92	3 201	34,7	117 067	401 994
Roth	85	2 439	27,0	125 649	236 853
Weißenburg-Gunzenhausen	154	4 004	29,4	143 952	416 180
RB Unterfranken	**1 053**	**43 532**	**35,4**	**1 961 162**	**5 468 538**
Kreisfreie Städte					
Aschaffenburg	18	983	35,3	67 078	125 518
Schweinfurt	14	870	32,6	54 502	103 566
Würzburg	59	4 295	39,7	377 380	618 748
Landkreise					
Aschaffenburg	128	3 790	27,9	170 020	375 740
Bad Kissingen	209	12 040	47,8	334 857	2 011 514
Rhön-Grabfeld	130	5 754	34,0	176 599	701 220
Haßberge	64	1 928	26,0	78 819	180 476
Kitzingen	101	3 292	31,7	232 758	370 325
Miltenberg	95	2 794	25,4	114 460	250 525
Main-Spessart	106	3 847	27,1	150 896	370 470
Schweinfurt	44	1 426	22,3	57 199	112 315
Würzburg	85	2 513	27,8	146 594	248 121
RB Schwaben	**2 762**	**93 047**	**36,2**	**2 755 335**	**11 923 703**
Kreisfreie Städte					
Augsburg	44	3 064	40,8	258 001	454 865
Kaufbeuren	8	391	31,7	23 129	46 177
Kempten (Allgäu)	16	767	34,4	64 567	103 629
Memmingen	14	574	36,4	46 888	72 695
Landkreise					
Aichach-Friedberg	36	1 111	26,8	55 596	105 816
Augsburg	64	2 927	31,3	178 459	334 143
Dillingen a.d. Donau	39	1 378	30,2	51 563	145 629
Günzburg	52	1 868	27,3	99 705	183 805
Neu-Ulm	53	1 987	32,4	142 517	231 409
Lindau (Bodensee)	272	10 488	38,0	274 066	1 373 590
Ostallgäu	471	16 624	34,9	462 348	2 068 386
Unterallgäu	190	7 752	41,0	138 905	1 156 108
Donau-Ries	72	2 457	26,7	117 927	229 513
Oberallgäu	1 431	41 659	37,1	841 664	5 417 938
Land insgesamt	**14 199**	**553 424**	**35,7**	**21 453 355**	**70 882 093**
Kreisfreie Städte insgesamt	1 070	85 545	44,4	7 098 333	13 887 974
Landkreise insgesamt	13 129	467 879	34,1	14 355 022	56 994 119

Berlin

Land insgesamt	**504**	**55 873**	**47,1**	**4 170 726**	**9 477 402**
Nachrichtlich:					
Berlin-West	374	37 863	46,8	2 764 965	6 413 552
Berlin-Ost	130	18 010	47,9	1 405 761	3 063 850

Brandenburg

Kreisfreie Städte					
Brandenburg	17	770	18,8	26 016	51 454
Cottbus	24	2 182	25,6	103 643	204 838
Frankfurt a.d. Oder	16	1 055	24,3	49 224	89 548
Potsdam	27	3 630	37,2	281 831	480 919
Landkreise					
Barnim	87	6 400	34,1	198 726	739 610
Dahme-Spreewald	121	7 192	32,4	270 965	736 860
Elbe-Elster	60	1 876	28,7	50 723	189 735
Havelland	63	2 171	25,3	74 686	196 988
Märkisch-Oderland	99	5 315	36,1	182 519	667 428
Oberhavel	91	4 032	24,6	154 871	336 261
Oberspreewald-Lausitz	75	3 334	28,0	116 213	289 235
Oder-Spree	124	7 225	29,5	216 083	690 390
Ostprignitz-Ruppin	120	4 909	32,4	167 807	545 476
Potsdam-Mittelmark	133	7 924	34,3	311 507	968 434
Prignitz	52	1 836	35,8	64 695	225 885
Spree-Neiße	93	3 955	31,1	152 685	409 742
Teltow-Fläming	84	3 802	31,5	195 208	427 275
Uckermark	108	5 432	33,1	183 077	606 565

Daten der Beherbergungsstatistik in tiefer regionaler Gliederung

2.1.16 Geöffnete Betriebe, angebotene Betten/Schlafgelegenheiten, durchschnittliche Auslastung, Ankünfte und Übernachtungen nach kreisfreien Städten/Stadtkreisen und Kreisen/Landkreisen

Kreisfreie Stadt/Stadtkreis — Kreis/Landkreis	Juli 1999 Geöffnete Betriebe (Anzahl)	1999 Angebotene Betten/Schlafgelegenheiten (Anzahl)	durchschnittliche Auslastung %	Ankünfte (Anzahl)	Übernachtungen (Anzahl)
Land insgesamt	1 394	73 040	31,6	2 780 479	7 856 643
Kreisfreie Städte insgesamt	84	7 637	30,2	440 714	826 759
Landkreise insgesamt	1 310	65 403	31,8	2 339 765	7 029 884
Bremen					
Kreisfreie Städte					
Bremen	60	6 826	39,1	572 690	1 039 436
Bremerhaven	19	1 479	39,1	88 025	209 911
Land insgesamt	79	8 305	39,1	660 715	1 249 347
Hamburg					
Land insgesamt	256	27 099	47,1	2 611 877	4 654 762
Hessen					
RB Darmstadt	1 591	97 890	40,4	6 033 583	14 298 483
Kreisfreie Städte					
Darmstadt	30	3 235	37,7	231 521	443 982
Frankfurt a. Main	158	23 319	45,5	2 265 818	3 920 173
Offenbach a. Main	19	2 150	44,2	183 108	352 852
Wiesbaden	65	5 978	44,7	445 128	979 371
Landkreise					
Bergstraße	161	6 091	31,9	282 862	699 878
Darmstadt-Dieburg	80	3 374	38,6	186 390	478 822
Groß-Gerau	80	5 566	38,5	410 752	798 895
Hochtaunuskreis	125	7 141	44,3	377 668	1 185 074
Main-Kinzig-Kreis	273	10 685	37,6	315 288	1 426 520
Main-Taunus-Kreis	84	4 692	38,4	249 230	623 008
Odenwaldkreis	152	6 431	30,5	142 883	559 222
Offenbach a. Main	85	5 492	34,5	354 126	698 550
Rheingau-Taunus-Kreis	170	8 551	38,5	404 595	1 090 680
Wetteraukreis	109	8 185	47,4	184 234	1 043 458
RB Gießen	427	18 317	32,1	844 132	2 096 479
Landkreise					
Gießen	83	3 129	30,3	182 370	344 000
Lahn-Dill-Kreis	70	3 020	31,0	165 765	342 454
Limburg-Weilburg	78	3 563	36,8	153 774	457 546
Marburg-Biedenkopf	104	4 281	33,5	181 638	512 611
Vogelsbergkreis	92	4 324	28,8	170 585	439 868
RB Kassel	1 281	61 702	34,5	2 302 513	7 620 082
Kreisfreie Stadt					
Kassel	58	4 983	34,0	338 776	619 570
Landkreise					
Fulda	296	10 867	30,1	423 379	1 165 864
Hersfeld-Rotenburg	110	8 022	32,1	341 282	923 255
Kassel	154	6 867	26,8	241 271	569 518
Schwalm-Eder-Kreis	118	5 418	34,9	170 133	680 723
Waldeck-Frankenberg	418	21 193	38,9	635 212	2 930 114
Werra-Meißner-Kreis	128	5 362	38,7	152 460	731 038
Land insgesamt	3 299	177 909	37,5	9 180 228	24 015 044
Kreisfreie Städte insgesamt	330	39 665	43,2	3 464 351	6 315 948
Landkreise insgesamt	2 969	136 244	36,0	5 715 877	17 699 096

Daten der Beherbergungsstatistik in tiefer regionaler Gliederung

2.1.16 Geöffnete Betriebe, angebotene Betten/Schlafgelegenheiten, durchschnittliche Auslastung, Ankünfte und Übernachtungen nach kreisfreien Städten/Stadtkreisen und Kreisen/Landkreisen

Kreisfreie Stadt/Stadtkreis / Kreis/Landkreis	Juli 1999 Geöffnete Betriebe (Anzahl)	Angebotene Betten/Schlafgelegenheiten (Anzahl)	durchschnittliche Auslastung %	1999 Ankünfte (Anzahl)	Übernachtungen (Anzahl)
Mecklenburg-Vorpommern					
Kreisfreie Städte					
Greifswald	20	1 226	28,7	59 384	125 134
Neubrandenburg	14	1 117	27,5	60 082	114 736
Rostock	87	7 863	37,2	391 801	965 340
Schwerin	39	2 508	29,6	152 391	266 451
Stralsund	23	1 847	34,3	106 121	220 501
Wismar	18	1 540	39,4	75 766	210 840
Landkreise					
Bad Doberan	215	13 001	38,4	346 638	1 685 964
Demmin	59	2 508	23,5	65 276	198 123
Güstrow	85	3 626	26,4	121 525	322 372
Ludwigslust	57	1 714	20,9	64 409	125 345
Mecklenburg-Strelitz	92	5 520	26,6	142 889	468 485
Müritz	106	6 042	32,1	192 174	651 587
Nordvorpommern	238	14 616	34,9	325 461	1 703 944
Nordwestmecklenburg	142	9 650	32,3	185 551	1 013 375
Ostvorpommern	355	23 248	37,2	511 569	2 727 450
Parchim	109	5 464	31,0	151 349	572 147
Rügen	489	36 794	34,6	760 082	4 122 719
Uecker-Randow	43	1 747	22,5	52 018	121 337
Land insgesamt	**2 191**	**140 031**	**33,9**	**3 764 486**	**15 615 850**
Kreisfreie Städte insgesamt	201	16 101	34,4	845 545	1 903 002
Landkreise insgesamt	1 990	123 930	30,0	2 918 941	13 712 848
Niedersachsen					
RB Braunschweig	**1 188**	**52 631**	**34,0**	**2 077 683**	**6 428 598**
Kreisfreie Städte					
Braunschweig	47	3 258	31,1	221 746	374 812
Salzgitter	21	1 224	23,5	34 225	105 004
Wolfsburg	24	1 576	44,7	138 595	259 027
Landkreise					
Gifhorn	85	2 497	28,8	94 417	256 632
Göttingen	97	5 101	29,8	306 190	551 342
Goslar	524	23 176	36,5	757 217	3 024 518
Helmstedt	36	1 754	27,8	88 744	176 717
Northeim	102	4 199	29,7	154 853	447 286
Osterode am Harz	212	8 412	37,0	212 386	1 107 919
Peine	14	566	25,9	31 963	53 502
Wolfenbüttel	26	868	23,9	37 347	71 839
RB Hannover	**773**	**38 512**	**34,8**	**1 900 286**	**4 762 072**
Kreisfreie Stadt					
Hannover	80	8 820	36,6	640 101	1 129 683
Landkreise					
Diepholz	55	1 659	26,8	84 107	163 890
Hameln-Pyrmont	157	6 789	45,2	211 989	1 073 481
Hannover	207	10 456	31,2	565 927	1 153 995
Hildesheim	87	3 520	29,5	153 117	370 231
Holzminden	70	2 210	26,2	75 996	190 150
Nienburg (Weser)	36	936	26,3	43 602	87 790
Schaumburg	81	4 122	39,3	125 447	592 852
RB Lüneburg	**1 462**	**61 038**	**36,2**	**2 281 117**	**7 679 305**
Landkreise					
Celle	120	4 988	31,9	236 537	573 241
Cuxhaven	381	17 793	35,8	398 462	2 070 909
Harburg	132	4 705	31,5	249 315	525 815
Lüchow-Dannenberg	89	3 336	25,7	96 437	308 690
Lüneburg	84	3 025	33,4	164 951	355 618
Osterholz	40	1 297	28,2	66 621	130 567
Rotenburg (Wümme)	89	3 676	29,5	179 641	388 938
Soltau-Fallingbostel	236	11 153	47,8	493 534	1 898 282
Stade	84	2 919	31,4	119 292	322 948
Uelzen	153	6 284	39,3	160 089	879 272
Verden	54	1 862	34,1	116 238	225 025
RB Weser-Ems	**2 934**	**111 902**	**37,2**	**2 979 337**	**13 767 164**
Kreisfreie Städte					

Daten der Beherbergungsstatistik in tiefer regionaler Gliederung

2.1.16 Geöffnete Betriebe, angebotene Betten/Schlafgelegenheiten, durchschnittliche Auslastung, Ankünfte und Übernachtungen nach kreisfreien Städten/Stadtkreisen und Kreisen/Landkreisen

Kreisfreie Stadt/Stadtkreis Kreis/Landkreis	Juli 1999		1999	
	Geöffnete Betriebe	Angebotene Betten/Schlafgelegenheiten	Ankünfte	Übernachtungen
	Anzahl	durchschnittliche Auslastung %	Anzahl	
Oldenburg (Oldb)	19	1 382	31,1	91 870	157 005
Osnabrück	31	1 797	38,1	152 989	243 081
Wilhelmshaven	34	1 662	34,8	67 403	204 006
Landkreise					
Ammerland	113	4 647	41,9	209 814	694 642
Aurich	888	27 985	36,8	536 235	3 275 861
Cloppenburg	43	1 328	26,9	62 908	126 356
Emsland	175	10 146	38,5	350 986	1 190 438
Friesland	300	13 745	33,3	245 483	1 525 644
Grafschaft Bentheim	44	2 665	35,6	107 079	345 338
Leer	289	11 046	40,7	213 744	1 480 192
Oldenburg	50	2 037	30,8	114 241	220 173
Osnabrück	197	8 306	42,1	251 121	1 279 387
Vechta	36	987	25,1	55 466	90 279
Wesermarsch	84	5 155	34,8	133 267	619 849
Wittmund	596	17 533	38,7	297 385	2 150 249
Land insgesamt	**6 357**	**264 083**	**35,9**	**9 238 423**	**32 637 139**
Kreisfreie Städte insgesamt	291	21 200	.	1 436 275	2 637 282
Landkreise insgesamt	6 066	242 883	.	7 802 148	29 999 857

Nordrhein-Westfalen

RB Düsseldorf	**951**	**53 865**	**38,7**	**3 799 518**	**7 562 646**
Kreisfreie Städte					
Düsseldorf	196	14 936	42,1	1 228 104	2 293 153
Duisburg	51	2 552	36,0	170 002	331 413
Essen	71	4 655	47,4	347 879	827 256
Krefeld	28	1 790	37,6	114 502	235 320
Mönchengladbach	34	1 744	34,4	111 814	218 032
Mülheim a.d. Ruhr	24	1 191	37,9	84 713	166 310
Oberhausen	19	1 142	40,0	92 516	165 258
Remscheid	19	899	33,9	68 538	107 852
Solingen	27	1 207	30,0	61 245	131 353
Wuppertal	42	2 396	40,5	141 102	340 032
Kreise					
Kleve	110	4 381	34,4	252 883	527 535
Mettmann	106	6 325	37,9	446 694	895 950
Neuss	75	4 546	36,3	328 060	623 081
Viersen	61	2 494	33,2	140 371	293 732
Wesel	88	3 607	32,7	211 095	406 369
RB Köln	**1 253**	**67 231**	**39,3**	**4 302 783**	**9 536 657**
Kreisfreie Städte					
Aachen	53	3 796	49,0	293 042	699 066
Bonn	95	7 160	43,3	562 584	1 132 034
Köln	220	17 559	46,7	1 686 806	2 959 002
Leverkusen	22	1 371	40,3	109 897	213 711
Kreise					
Aachen	105	3 655	32,3	155 994	428 993
Düren	81	2 608	23,8	101 196	217 892
Erftkreis	97	4 008	38,3	216 035	539 385
Euskirchen	133	6 235	33,6	199 568	741 668
Heinsberg	37	1 131	28,3	49 139	117 816
Oberbergischer Kreis	134	6 484	38,5	255 882	906 071
Rheinisch-Bergischer Kreis	79	3 533	34,5	170 327	437 166
Rhein-Sieg-Kreis	197	9 691	33,1	502 313	1 143 853
RB Münster	**621**	**26 409**	**34,9**	**1 511 365**	**3 311 867**
Kreisfreie Städte					
Botttrop	10	456	41,7	37 178	65 877
Gelsenkirchen	14	951	40,2	74 996	137 933
Münster	81	6 637	44,3	387 174	1 065 562
Kreise					
Borken	115	4 678	27,5	243 140	456 738
Coesfeld	82	2 841	29,4	142 735	294 487
Recklinghausen	83	3 970	37,1	277 416	544 151
Steinfurt	162	4 710	30,4	241 685	512 625
Warendorf	74	2 166	30,2	107 041	234 494

Daten der Beherbergungsstatistik in tiefer regionaler Gliederung

2.1.16 Geöffnete Betriebe, angebotene Betten/Schlafgelegenheiten, durchschnittliche Auslastung, Ankünfte und Übernachtungen nach kreisfreien Städten/Stadtkreisen und Kreisen/Landkreisen

Kreisfreie Stadt/Stadtkreis Kreis/Landkreis	Juli 1999		1999	
	Geöffnete Betriebe	Angebotene Betten/Schlafgelegenheiten	Ankünfte	Übernachtungen
	Anzahl	durchschnittliche Auslastung %	Anzahl	
RB Detmold	990	45 191	39,2	1 538 914	6 228 281
Kreisfreie Stadt					
Bielefeld	60	3 719	32,7	249 354	451 184
Kreise					
Gütersloh	92	3 304	28,9	185 959	335 429
Herford	66	3 093	38,0	111 805	424 495
Höxter	165	7 528	44,2	207 428	1 144 317
Lippe	341	14 329	37,9	339 414	1 848 134
Minden-Lübbecke	135	8 013	44,8	238 849	1 315 835
Paderborn	131	5 205	38,9	206 105	708 887
RB Arnsberg	1 455	65 818	38,4	2 861 066	8 989 149
Kreisfreie Städte					
Bochum	35	2 942	40,4	260 455	428 044
Dortmund	61	4 613	36,9	362 368	624 130
Hagen	24	989	32,7	63 476	115 955
Hamm	25	900	33,7	71 309	118 049
Herne	8	292	33,7	16 197	32 423
Kreise					
Ennepe-Ruhr-Kreis	66	2 845	40,4	145 756	404 107
Hochsauerlandkreis	558	25 550	39,2	876 455	3 559 584
Märkischer Kreis	116	4 334	31,9	216 466	492 542
Olpe	162	5 626	28,2	212 188	557 092
Siegen-Wittgenstein	163	6 495	45,9	222 121	1 064 215
Soest	182	8 969	42,9	281 044	1 343 058
Unna	55	2 293	30,4	133 231	249 950
Land insgesamt	5 270	258 514	38,5	14 013 646	35 628 600
Kreisfreie Städte insgesamt	1 220	83 897	42,1	6 595 251	12 858 949
Kreise insgesamt	4 050	174 647	36,7	7 418 395	22 769 651

Rheinland-Pfalz[1]

Kreisfreie Stadt/Stadtkreis Kreis/Landkreis	Geöffnete Betriebe	Angebotene Betten/Schlafgelegenheiten	durchschnittliche Auslastung %	Ankünfte	Übernachtungen
RB Koblenz	1 716	82 340	29,1	2 781 384	8 712 722
Kreisfreie Stadt					
Koblenz	61	3 858	34,9	251 900	491 402
Landkreise					
Ahrweiler	231	11 093	33,2	437 241	1 319 602
Altenkirchen (Ww.)	83	3 651	25,5	134 569	337 518
Bad Kreuznach	126	8 590	32,0	198 522	1 004 772
Birkenfeld	82	4 393	30,4	134 735	485 942
Cochem-Zell	361	17 063	27,1	497 051	1 678 777
Mayen-Koblenz	179	8 127	25,4	277 865	750 540
Neuwied	134	5 229	21,9	159 359	414 346
Rhein-Hunsrück-Kreis	167	7 074	29,6	273 148	762 966
Rhein-Lahn-Kreis	153	7 429	30,0	206 039	802 502
Westerwaldkreis	139	5 833	30,6	210 955	664 355
RB Trier	990	60 544	31,6	1 899 186	6 982 234
Kreisfreie Stadt					
Trier	62	4 095	37,8	312 776	569 212
Landkreise					
Bernkastel-Wittlich	380	23 495	31,4	650 820	2 691 983
Bitburg-Prüm	199	9 798	26,8	270 905	956 401
Daun	139	11 915	37,7	366 005	1 632 985
Trier-Saarburg	210	11 241	27,7	298 680	1 131 653
RB Rheinhessen-Pfalz	1 044	47 259	31,0	2 162 477	5 339 483
Kreisfreie Städte					
Frankenthal/Pf.	8	711	36,2	41 904	94 013
Kaiserslautern	29	1 375	30,9	72 717	155 231
Landau i.d. Pf.	9	527	23,5	26 574	45 138
Ludwigshafen	24	1 980	29,4	105 077	215 264
Mainz	43	4 640	44,2	465 928	727 617
Neustadt a.d.W.	27	1 357	28,0	63 514	140 857
Pirmasens	9	459	25,0	22 593	41 876
Speyer	17	1 131	41,2	95 230	170 280
Worms	22	861	30,3	44 252	96 142
Zweibrücken	7	382	34,0	27 823	47 445

1) Angebotene Betten/Schlafgelegenheiten, Ankünfte und Übernachtungen einschl. Kleinbeherbergungsstätten.

Daten der Beherbergungsstatistik in tiefer regionaler Gliederung

2.1.16 Geöffnete Betriebe, angebotene Betten/Schlafgelegenheiten, durchschnittliche Auslastung, Ankünfte und Übernachtungen nach kreisfreien Städten/Stadtkreisen und Kreisen/Landkreisen

Kreisfreie Stadt/Stadtkreis — Kreis/Landkreis	Juli 1999		1999		
	Geöffnete Betriebe	Angebotene Betten/Schlafgelegenheiten		Ankünfte	Übernachtungen
	Anzahl	Anzahl	durchschnittliche Auslastung %	Anzahl	
Landkreise					
Alzey-Worms	41	1 015	28,5	55 985	104 262
Bad Dürkheim	147	6 543	36,8	291 807	881 315
Donnersbergkreis	28	1 094	25,8	39 783	102 935
Germersheim	40	1 117	23,0	37 959	96 231
Kaiserslautern	63	2 238	25,3	70 224	207 003
Kusel	30	1 113	27,6	47 861	112 147
Südliche Weinstraße	225	9 931	30,7	278 500	1 109 336
Ludwigshafen	28	1 080	25,4	48 612	100 141
Mainz-Bingen	108	4 002	24,2	172 139	352 988
Südwestpfalz	139	5 703	25,6	153 995	539 262
Land insgesamt	**3 750**	**190 143**	**30,4**	**6 843 047**	**21 034 439**
Kreisfreie Städte insgesamt	318	21 376	35,9	1 530 288	2 794 477
Landkreise insgesamt	3 432	168 767	29,7	5 312 759	18 239 962
Saarland					
Kreise					
Stadtverband Saarbrücken	72	3 909	34,9	225 614	483 046
Merzig-Wadern	67	3 156	45,0	97 006	496 427
Neunkirchen	23	1 152	51,3	30 235	220 001
Saarlouis	51	2 028	30,0	87 456	223 554
Saarpfalz-Kreis	48	2 337	42,9	106 718	361 131
St. Wendel	43	2 017	38,9	78 074	270 134
Land insgesamt	**304**	**14 599**	**39,5**	**625 103**	**2 054 293**
Sachsen					
RB Chemnitz	**813**	**38 925**	**33,1**	**1 434 820**	**4 555 050**
Kreisfreie Städte					
Chemnitz	42	3 955	26,7	194 247	386 995
Plauen	19	822	25,5	40 564	76 133
Zwickau	20	1 330	24,7	53 162	118 512
Landkreise					
Annaberg	88	4 955	37,1	194 253	670 115
Chemnitzer Land	44	2 877	26,5	114 344	244 312
Freiberg	109	4 247	29,5	143 649	452 096
Vogtlandkreis	182	9 387	44,0	270 691	1 441 146
Mittlerer Erzgebirgskreis	78	2 710	33,8	102 358	336 426
Mittweida	54	2 174	22,7	70 932	158 807
Stollberg	30	1 112	29,2	43 515	112 728
Aue-Schwarzenberg	97	4 024	31,4	161 351	461 503
Zwickauer Land	50	1 332	20,6	45 754	96 277
RB Dresden	**929**	**50 471**	**35,8**	**2 250 157**	**6 343 340**
Kreisfreie Städte					
Dresden	126	14 582	40,5	1 023 493	2 138 531
Görlitz	19	940	23,9	43 850	82 315
Hoyerswerda	6	423	27,2	16 751	42 003
Landkreise					
Bautzen	71	2 879	22,2	98 964	223 402
Meißen	92	4 626	28,1	172 917	460 590
Niederschl. Oberlausitzkreis	58	2 877	25,1	79 799	222 201
Riesa-Großenhain	37	1 250	26,3	53 220	115 912
Löbau-Zittau	105	4 340	32,0	139 675	474 846
Sächsische Schweiz	203	8 980	40,3	296 463	1 228 055
Weißeritzkreis	135	7 038	40,2	253 803	1 026 249
Kamenz	77	2 536	36,5	71 222	329 236
RB Leipzig	**314**	**21 835**	**32,7**	**1 048 801**	**2 575 050**
Kreisfreie Stadt					
Leipzig	78	10 255	35,0	684 144	1 314 233
Landkreise					
Delitzsch	54	2 700	29,4	95 203	288 102
Döbeln	27	977	15,6	34 123	54 996
Leipziger Land	45	2 435	28,9	92 541	246 423
Muldentalkreis	61	3 303	36,7	88 405	442 681
Torgau-Oschatz	49	2 165	31,4	54 385	228 615

Daten der Beherbergungsstatistik in tiefer regionaler Gliederung

2.1.16 Geöffnete Betriebe, angebotene Betten/Schlafgelegenheiten, durchschnittliche Auslastung, Ankünfte und Übernachtungen nach kreisfreien Städten/Stadtkreisen und Kreisen/Landkreisen

Kreisfreie Stadt/Stadtkreis / Kreis/Landkreis	Juli 1999			1999	
	Geöffnete Betriebe	Angebotene Betten/Schlafgelegenheiten	durchschnittliche Auslastung %	Ankünfte	Übernachtungen
	Anzahl	Anzahl		Anzahl	Anzahl
Land insgesamt	2 056	111 231	34,2	4 733 778	13 473 440
Kreisfreie Städte insgesamt	310	32 307	35,4	2 056 211	4 158 722
Landkreise insgesamt	1 746	78 924	33,7	2 677 567	9 314 718

Sachsen-Anhalt

Kreisfreie Stadt/Stadtkreis / Kreis/Landkreis	Geöffnete Betriebe	Angebotene Betten	Auslastung %	Ankünfte	Übernachtungen
RB Dessau	189	9 673	26,8	378 598	909 561
Kreisfreie Stadt Dessau	16	1 324	25,1	71 105	122 011
Landkreise					
Anhalt-Zerbst	42	1 477	23,9	58 096	118 414
Bernburg	23	862	22,4	40 699	74 531
Bitterfeld	33	1 761	21,2	71 297	131 044
Köthen	15	451	19,7	16 225	33 283
Wittenberg	60	3 798	33,3	121 176	430 278
RB Halle	290	13 377	25,9	530 725	1 262 724
Kreisfreie Stadt Halle (Saale)	40	2 499	25,1	135 090	227 641
Landkreise					
Burgenlandkreis	90	4 063	34,0	149 365	496 306
Mansfelder Land	35	1 224	25,2	48 183	115 468
Merseburg-Querfurt	45	1 605	21,7	59 091	136 365
Saalkreis	21	1 901	18,0	66 680	124 752
Sangerhausen	40	1 544	23,6	51 046	126 442
Weißenfels	19	541	18,4	21 270	25 750
RB Magdeburg	547	27 731	33,2	1 239 504	3 224 893
Kreisfreie Stadt Magdeburg	33	3 971	32,5	271 800	467 024
Landkreise					
Aschersleben-Staßfurt	23	976	28,4	47 628	104 147
Bördekreis	24	1 053	26,9	49 893	102 254
Halberstadt	12	392	26,1	22 782	38 981
Jerichower Land	44	1 506	24,4	70 614	129 206
Ohrekreis	61	3 225	36,0	131 263	402 420
Stendal	41	1 209	27,4	59 382	111 430
Quedlinburg	87	4 424	33,0	170 277	527 751
Schönebeck	22	1 062	44,3	27 314	169 679
Wernigerode	152	7 523	34,8	325 493	914 215
Altmarkkreis Salzwedel	48	2 390	35,4	63 058	257 786
Land insgesamt	1 026	50 781	30,0	2 148 827	5 397 178
Kreisfreie Städte insgesamt	89	7 794	28,9	477 995	816 676
Landkreise insgesamt	937	42 987	30,2	1 670 832	4 580 502

Schleswig-Holstein

Kreisfreie Stadt/Stadtkreis / Kreis/Landkreis	Geöffnete Betriebe	Angebotene Betten	Auslastung %	Ankünfte	Übernachtungen
Kreisfreie Städte					
Flensburg	17	953	38,4	81 406	133 670
Kiel	39	2 855	37,6	208 408	391 321
Lübeck	107	6 793	33,2	381 716	823 429
Neumünster	15	917	32,8	51 306	109 737
Kreise					
Dithmarschen	423	11 954	31,1	223 717	1 358 309
Hzgt. Lauenburg	97	4 263	34,2	152 227	532 729
Nordfriesland	1 865	53 756	33,2	846 654	6 512 827
Ostholstein	1 215	52 812	29,3	929 056	5 638 962
Pinneberg	104	3 871	30,0	170 686	423 586
Plön	257	9 717	27,6	177 164	980 123
Rendsburg-Eckernförde	223	11 251	38,7	324 609	1 587 687
Schleswig-Flensburg	307	10 067	25,8	261 404	946 424
Segeberg	71	4 779	41,1	211 390	716 307
Steinburg	45	1 248	22,9	45 867	104 452
Stormarn	56	2 055	37,2	141 972	278 820

Daten der Beherbergungsstatistik in tiefer regionaler Gliederung

2.1.16 Geöffnete Betriebe, angebotene Betten/Schlafgelegenheiten, durchschnittliche Auslastung, Ankünfte und Übernachtungen nach kreisfreien Städten/Stadtkreisen und Kreisen/Landkreisen

Kreisfreie Stadt/Stadtkreis Kreis/Landkreis	Juli 1999	1999			
	Geöffnete Betriebe	Angebotene Betten/Schlafgelegenheiten		Ankünfte	Übernachtungen
	Anzahl	Anzahl	durchschnittliche Auslastung %	Anzahl	
Land insgesamt	4 841	177 291	31,7	4 207 582	20 538 383
Kreisfreie Städte insgesamt	178	11 518	34,7	722 836	1 458 157
Kreise insgesamt	4 663	165 773	31,5	3 484 746	19 080 226
Thüringen					
Kreisfreie Städte					
Erfurt	50	3 740	39,5	302 092	545 260
Gera	21	1 644	27,8	78 541	167 308
Jena	23	2 016	40,1	148 056	299 613
Suhl	24	1 746	39,5	73 838	250 634
Weimar	38	3 255	49,2	311 995	573 767
Eisenach	37	2 086	32,6	143 694	242 529
Landkreise					
Altenburger Land	36	1 610	26,1	58 744	152 374
Eichsfeld	59	2 238	29,2	63 457	237 661
Gotha	133	7 442	33,8	279 198	894 173
Greiz	63	2 260	21,4	68 699	160 177
Hildburghausen	89	4 100	41,6	115 673	593 000
Ilm-Kreis	110	3 855	27,9	143 611	373 597
Kyffhäuserkreis	45	2 281	24,8	64 561	168 551
Nordhausen	43	2 301	24,2	66 538	205 818
Saale-Holzland-Kreis	58	2 293	41,7	79 567	339 041
Saale-Orla-Kreis	86	3 583	35,1	117 069	433 621
Saalfeld-Rudolstadt	140	6 082	29,2	185 096	622 536
Schmalkalden-Meiningen	145	7 122	32,5	292 587	826 790
Sömmerda	26	1 032	31,4	49 077	110 855
Sonneberg	62	1 842	26,4	65 117	170 712
Unstrut-Hainich-Kreis	52	1 974	33,7	63 778	241 434
Wartburgkreis	96	3 927	46,2	91 665	641 315
Weimarer Land	60	3 085	36,3	105 846	407 442
Land insgesamt	1 496	71 514	34,2	2 968 499	8 658 208
Kreisfreie Städte insgesamt	193	14 487	39,4	1 058 216	2 079 111
Landkreise insgesamt	1 303	57 027	32,8	1 910 283	6 579 097
Deutschland[1]					
Insgesamt	54 079	2 466 900	36,1[2]	102 381 296	311 201 775
Nachrichtlich:					
Früheres Bundesgebiet	45 786	2 002 293	36,6[2]	84 579 466	257 136 606
Neue Länder und Berlin-Ost	8 293	464 607	33,8[2]	17 801 830	54 065 169

1) Abweichende Ergebnisse zu anderen Tabellen der Beherbergungsstatistik aufgrund nachträglich korrigierter Ergebnisse sowie der Einbeziehung der Kleinbeherbergungsstätten in Rheinland-Pfalz bei angebotenen Betten/Schlafgelegenheiten, Ankünften und Übernachtungen.

2) Ohne Berücksichtigung der Kleinbeherbergungsstätten aus Rheinland-Pfalz.

Methodische Anmerkungen siehe "Statistik der Beherbergung im Reise-verkehr" im Anhang.

Daten der Beherbergungsstatistik in tiefer regionaler Gliederung

2.1.17 Ankünfte und Übernachtungen in Beherbergungsstätten 1999 in Städten ab 100 000 Einwohnern

- Rangliste nach **Ankünften** -

Rang	Stadt	Ankünfte Anzahl	% [1]	Übernachtungen Anzahl	% [1]
1	Berlin	4 170 726	+ 15,8	9 477 402	+ 14,6
2	München	3 548 973	+ 4,7	7 275 530	+ 5,7
3	Hamburg	2 611 877	+ 3,5	4 654 762	+ 3,2
4	Frankfurt a.Main	2 265 818	+ 4,9	3 920 173	+ 7,7
5	Köln	1 686 806	+ 4,5	2 959 002	+ 5,3
6	Düsseldorf	1 228 104	− 1,0	2 293 153	− 0,9
7	Stuttgart	1 106 621	+ 2,8	2 030 500	+ 4,1
8	Dresden	1 023 493	+ 6,2	2 138 531	+ 3,8
9	Nürnberg	973 789	+ 3,1	1 829 515	+ 3,2
10	Leipzig	684 144	+ 7,9	1 314 233	+ 5,1
11	Hannover	640 101	− 1,7	1 129 683	− 0,4
12	Bremen	572 690	+ 10,5	1 039 436	+ 6,8
13	Bonn	562 584	+ 2,9	1 132 034	+ 4,1
14	Heidelberg	504 609	+ 1,2	815 356	+ 2,6
15	Mainz	465 817	+ 6,7	727 038	+ 6,4
16	Freiburg i. Breisgau	465 693	+ 0,9	875 891	+ 3,0
17	Wiesbaden	445 128	+ 6,0	979 371	+ 5,4
18	Rostock	391 801	+ 12,3	965 340	+ 11,6
19	Münster	387 174	+ 1,7	1 065 562	− 3,1
20	Lübeck	381 716	+ 3,5	823 429	+ 5,2
21	Würzburg	377 380	+ 10,2	618 748	+ 7,5
22	Dortmund	362 368	+ 4,3	624 130	+ 2,5
23	Mannheim	358 463	+ 10,8	699 904	+ 12,7
24	Essen	347 879	+ 3,9	827 256	+ 2,6
25	Kassel	338 776	+ 11,3	619 570	+ 11,8
26	Regensburg	325 409	+ 4,5	584 105	+ 4,1
27	Karlsruhe	311 196	+ 7,9	614 054	+ 10,2
28	Erfurt	302 092	+ 18,7	545 260	+ 17,6
29	Aachen	293 042	+ 5,4	699 066	+ 6,8
30	Magdeburg	271 800	+ 18,1	467 024	+ 18,1
31	Potsdam	261 831	+ 44,9	480 919	+ 32,6
32	Bochum	260 455	+ 0,2	428 044	− 4,8
33	Augsburg	258 001	+ 5,4	454 865	+ 5,5
34	Koblenz	251 426	+ 5,9	489 172	+ 5,1
35	Bielefeld	249 354	+ 10,4	451 184	+ 9,2
36	Darmstadt	231 521	+ 8,5	443 982	+ 9,1
37	Braunschweig	221 746	+ 6,4	374 812	− 1,2
38	Kiel	208 408	− 1,3	391 321	− 2,3
39	Ulm	202 143	+ 1,7	348 408	+ 3,6
40	Saarbrücken	199 832	+ 9,5	396 326	+ 6,7
41	Chemnitz	194 247	+ 6,8	386 995	+ 6,7
42	Neuss	191 590	+ 5,1	371 139	+ 5,5

[1] Veränderung gegenüber dem Vorjahr.

Daten der Beherbergungsstatistik in tiefer regionaler Gliederung

2.1.17 Ankünfte und Übernachtungen in Beherbergungsstätten 1999 in Städten ab 100 000 Einwohnern

- Rangliste nach **Ankünften** -

Rang	Stadt	Ankünfte Anzahl	Ankünfte %[1]	Übernachtungen Anzahl	Übernachtungen %[1]
43	Göttingen	189 064	− 3,7	321 233	− 1,8
44	Offenbach a.Main	183 108	+ 17,6	352 852	+ 12,8
45	Ingolstadt	173 961	+ 18,5	339 260	+ 21,6
46	Erlangen	173 041	− 4,0	359 087	− 6,3
47	Duisburg	170 002	+ 13,0	331 413	+ 10,9
48	Osnabrück	152 989	+ 31,6	243 081	+ 23,2
49	Schwerin	152 391	+ 12,6	266 451	+ 10,7
50	Wuppertal	141 102	+ 1,1	340 032	+ 0,2
51	Wolfsburg	138 595	+ 9,0	259 027	+ 4,8
52	Halle	135 090	− 4,9	227 641	− 5,1
53	Krefeld	114 502	− 6,0	235 320	− 5,0
54	Mönchengladbach	111 814	+ 0,2	218 032	+ 0,2
55	Leverkusen	109 897	+ 13,4	213 711	+ 14,5
56	Ludwigshafen	104 540	+ 16,8	212 957	+ 13,2
57	Cottbus	103 643	− 4,5	204 838	− 22,1
58	Heilbronn	95 507	+ 8,8	186 814	+ 10,9
59	Oberhausen	92 516	+ 12,2	165 258	+ 14,0
60	Oldenburg	91 870	+ 2,7	157 005	+ 2,3
61	Bremerhaven	88 025	+ 9,6	209 911	+ 20,5
62	Mülheim a. d. Ruhr	84 713	+ 5,0	166 310	+ 4,4
63	Hildesheim	79 684	+ 4,2	131 506	+ 2,8
64	Gera	78 541	+ 3,3	167 308	+ 18,4
65	Paderborn	76 894	+ 18,1	136 071	+ 8,7
66	Fürth	75 582	− 24,3	168 228	− 20,6
67	Gelsenkirchen	74 996	+ 10,4	137 933	+ 15,7
68	Kaiserslautern	72 657	− 1,5	154 795	+ 1,7
69	Pforzheim	71 334	0,0	144 473	+ 3,2
70	Hamm	71 309	+ 1,7	118 049	+ 2,3
71	Bergisch Gladbach	71 092	+ 22,2	152 041	+ 14,5
72	Remscheid	68 538	+ 40,1	107 852	+ 27,1
73	Moers	64 388	+ 8,8	123 957	+ 19,9
74	Hagen	63 476	+ 4,4	115 955	+ 3,3
75	Solingen	61 245	+ 2,6	131 353	+ 0,8
76	Siegen	57 510	+ 2,0	118 473	+ 5,4
77	Reutlingen	56 318	− 3,3	125 703	− 7,9
78	Zwickau	53 162	− 6,2	118 512	− 7,3
79	Recklinghausen	43 150	+ 3,5	82 700	− 4,3
80	Bottrop	37 178	+ 4,8	65 877	− 0,3
81	Salzgitter	34 225	− 7,7	105 004	− 5,1
82	Witten	22 755	+ 2,1	49 714	− 0,8
83	Herne	16 197	+ 27,1	32 423	+ 35,0

[1] Veränderung gegenüber dem Vorjahr.

Methodische Anmerkungen siehe "Statistik der Beherbergung im Reiseverkehr" im Anhang.

Daten der Beherbergungsstatistik in tiefer regionaler Gliederung

2.1.18 Ankünfte und Übernachtungen in Beherbergungsstätten 1999 in Städten ab 100 000 Einwohnern

- Rangliste nach **Ankünften** in den **Ländern** -

Land / Stadt	Ankünfte Anzahl	Ankünfte %[1]	Übernachtungen Anzahl	Übernachtungen %[1]
Baden-Württemberg				
Stuttgart	1 106 621	+ 2,8	2 030 500	+ 4,1
Heidelberg	504 609	+ 1,2	815 356	+ 2,6
Freiburg i. Breisgau	465 693	+ 0,9	875 891	+ 3,0
Mannheim	358 463	+ 10,8	699 904	+ 12,7
Karlsruhe	311 196	+ 7,9	614 054	+ 10,2
Ulm	202 143	+ 1,7	348 408	+ 3,6
Heilbronn	95 507	+ 8,8	186 814	+ 10,9
Pforzheim	71 334	0,0	144 473	+ 3,2
Reutlingen	56 318	− 3,3	125 703	− 7,9
Bayern				
München	3 548 973	+ 4,7	7 275 530	+ 5,7
Nürnberg	973 789	+ 3,1	1 829 515	+ 3,2
Würzburg	377 380	+ 10,2	618 748	+ 7,5
Regensburg	325 409	+ 4,5	584 105	+ 4,1
Augsburg	258 001	+ 5,4	454 865	+ 5,5
Erlangen	173 041	− 4,0	359 087	− 6,3
Ingolstadt	173 961	+ 18,5	339 260	+ 21,6
Fürth	75 582	− 24,3	168 228	− 20,6
Berlin	4 170 726	+ 15,8	9 477 402	+ 14,6
Brandenburg				
Potsdam	261 831	+ 44,9	480 919	+ 32,6
Cottbus	103 643	− 4,5	204 838	− 22,1
Bremen				
Bremen	572 690	+ 10,5	1 039 436	+ 6,8
Bremerhaven	88 025	+ 9,6	209 911	+ 20,5
Hamburg	2 611 877	+ 3,5	4 654 762	+ 3,2
Hessen				
Frankfurt a.Main	2 265 818	+ 4,9	3 920 173	+ 7,7
Wiesbaden	445 128	+ 6,0	979 371	+ 5,4
Kassel	338 776	+ 11,3	619 570	+ 11,8
Darmstadt	231 521	+ 8,5	443 982	+ 9,1
Offenbach a.Main	183 108	+ 17,6	352 852	+ 12,8
Mecklenburg-Vorpommern				
Rostock	391 801	+ 12,3	965 340	+ 11,6
Schwerin	152 391	+ 12,6	266 451	+ 10,7
Niedersachsen				
Hannover	640 101	− 1,7	1 129 683	− 0,4
Braunschweig	221 746	+ 6,4	374 812	− 1,2
Göttingen	189 064	− 3,7	321 233	− 1,8
Wolfsburg	138 595	+ 9,0	259 027	+ 4,8
Osnabrück	152 989	+ 31,6	243 081	+ 23,2
Oldenburg	91 870	+ 2,7	157 005	+ 2,3
Hildesheim	79 684	+ 4,2	131 506	+ 2,8
Salzgitter	34 225	− 7,7	105 004	− 5,1

[1] Veränderung gegenüber dem Vorjahr.

Daten der Beherbergungsstatistik in tiefer regionaler Gliederung
2.1.18 Ankünfte und Übernachtungen in Beherbergungsstätten 1999 in Städten ab 100 000 Einwohnern

- Rangliste nach **Ankünften** in den **Ländern** -

Land / Stadt	Ankünfte Anzahl	Ankünfte %[1]	Übernachtungen Anzahl	Übernachtungen %[1]
Nordrhein-Westfalen				
Köln	1 686 806	+ 4,5	2 959 002	+ 5,3
Düsseldorf	1 228 104	− 1,0	2 293 153	− 0,9
Bonn	562 584	+ 2,9	1 132 034	+ 4,1
Münster	387 174	+ 1,7	1 065 562	− 3,1
Dortmund	362 368	+ 4,3	624 130	+ 2,5
Essen	347 879	+ 3,9	827 256	+ 2,6
Aachen	293 042	+ 5,4	699 066	+ 6,8
Bochum	260 455	+ 0,2	428 044	− 4,8
Bielefeld	249 354	+ 10,4	451 184	+ 9,2
Neuss	191 590	+ 5,1	371 139	+ 5,5
Duisburg	170 002	+ 13,0	331 413	+ 10,9
Wuppertal	141 102	+ 1,1	340 032	+ 0,2
Krefeld	114 502	− 6,0	235 320	− 5,0
Mönchengladbach	111 814	+ 0,2	218 032	+ 0,2
Leverkusen	109 897	+ 13,4	213 711	+ 14,5
Oberhausen	92 516	+ 12,2	165 258	+ 14,0
Mülheim a.d. Ruhr	84 713	+ 5,0	166 310	+ 4,4
Hamm	71 309	+ 1,7	118 049	+ 2,3
Gelsenkirchen	74 996	+ 10,4	137 933	+ 15,7
Paderborn	76 894	+ 18,1	136 071	+ 8,7
Hagen	63 476	+ 4,4	115 955	+ 3,3
Solingen	61 245	+ 2,6	131 353	+ 0,8
Moers	64 388	+ 8,8	123 957	+ 19,9
Bergisch Gladbach	71 092	+ 22,2	152 041	+ 14,5
Siegen	57 510	+ 2,0	118 473	+ 5,4
Remscheid	68 538	+ 40,1	107 852	+ 27,1
Recklinghausen	43 150	+ 3,5	82 700	− 4,3
Bottrop	37 178	+ 4,8	65 877	− 0,3
Witten	22 755	+ 2,1	49 714	− 0,8
Herne	16 197	+ 27,1	32 423	+ 35,0
Rheinland-Pfalz				
Mainz	465 817	+ 6,7	727 038	+ 6,4
Koblenz	251 426	+ 5,9	489 172	+ 5,1
Ludwigshafen	104 540	+ 16,8	212 957	+ 13,2
Kaiserslautern	72 657	− 1,5	154 795	+ 1,7
Saarland				
Saarbrücken	199 832	+ 9,5	396 326	+ 6,7
Sachsen				
Dresden	1 023 493	+ 6,2	2 138 531	+ 3,8
Leipzig	684 144	+ 7,9	1 314 233	+ 5,1
Chemnitz	194 247	+ 6,8	386 995	+ 6,7
Zwickau	53 162	− 6,2	118 512	− 7,3
Sachsen-Anhalt				
Magdeburg	271 800	+ 18,1	467 024	+ 18,1
Halle	135 090	− 4,9	227 641	− 5,1
Schleswig-Holstein				
Lübeck	381 716	+ 3,5	823 429	+ 5,2
Kiel	208 408	− 1,3	391 321	− 2,3
Thüringen				
Erfurt	302 092	+ 18,7	545 260	+ 17,6
Gera	78 541	+ 3,3	167 308	+ 18,4

1) Veränderung gegenüber dem Vorjahr.

Methodische Anmerkungen siehe "Statistik der Beherbergung im Reiseverkehr" im Anhang.

Daten der Beherbergungsstatistik in tiefer regionaler Gliederung

2.1.19 Übernachtungen und Ankünfte in Beherbergungsstätten 1999 in Städten ab 100 000 Einwohnern

- Rangliste nach **Übernachtungen** -

Rang	Stadt	Übernachtungen Anzahl	% [1]	Ankünfte Anzahl	% [1]
1	Berlin	9 477 402	+ 14,6	4 170 726	+ 15,8
2	München	7 275 530	+ 5,7	3 548 973	+ 4,7
3	Hamburg	4 654 762	+ 3,2	2 611 877	+ 3,5
4	Frankfurt a.Main	3 920 173	+ 7,7	2 265 818	+ 4,9
5	Köln	2 959 002	+ 5,3	1 686 806	+ 4,5
6	Düsseldorf	2 293 153	− 0,9	1 228 104	− 1,0
7	Dresden	2 138 531	+ 3,8	1 023 493	+ 6,2
8	Stuttgart	2 030 500	+ 4,1	1 106 621	+ 2,8
9	Nürnberg	1 829 515	+ 3,2	973 789	+ 3,1
10	Leipzig	1 314 233	+ 5,1	684 144	+ 7,9
11	Bonn	1 132 034	+ 4,1	562 584	+ 2,9
12	Hannover	1 129 683	− 0,4	640 101	− 1,7
13	Münster	1 065 562	− 3,1	387 174	+ 1,7
14	Bremen	1 039 436	+ 6,8	572 690	+ 10,5
15	Wiesbaden	979 371	+ 5,4	445 128	+ 6,0
16	Rostock	965 340	+ 11,6	391 801	+ 12,3
17	Freiburg i. Breisgau	875 891	+ 3,0	465 693	+ 0,9
18	Essen	827 256	+ 2,6	347 879	+ 3,9
19	Lübeck	823 429	+ 5,2	381 716	+ 3,5
20	Heidelberg	815 356	+ 2,6	504 609	+ 1,2
21	Mainz	727 038	+ 6,4	465 817	+ 6,7
22	Mannheim	699 904	+ 12,7	358 463	+ 10,8
23	Aachen	699 066	+ 6,8	293 042	+ 5,4
24	Dortmund	624 130	+ 2,5	362 368	+ 4,3
25	Kassel	619 570	+ 11,8	338 776	+ 11,3
26	Würzburg	618 748	+ 7,5	377 380	+ 10,2
27	Karlsruhe	614 054	+ 10,2	311 196	+ 7,9
28	Regensburg	584 105	+ 4,1	325 409	+ 4,5
29	Erfurt	545 260	+ 17,6	302 092	+ 18,7
30	Koblenz	489 172	+ 5,1	251 426	+ 5,9
31	Potsdam	480 919	+ 32,6	261 831	+ 44,9
32	Magdeburg	467 024	+ 18,1	271 800	+ 18,1
33	Augsburg	454 865	+ 5,5	258 001	+ 5,4
34	Bielefeld	451 184	+ 9,2	249 354	+ 10,4
35	Darmstadt	443 982	+ 9,1	231 521	+ 8,5
36	Bochum	428 044	− 4,8	260 455	+ 0,2
37	Saarbrücken	396 326	+ 6,7	199 832	+ 9,5
38	Kiel	391 321	− 2,3	208 408	− 1,3
39	Chemnitz	386 995	+ 6,7	194 247	+ 6,8
40	Braunschweig	374 812	− 1,2	221 746	+ 6,4
41	Neuss	371 139	+ 5,5	191 590	+ 5,1
42	Erlangen	173 041	− 4,0	359 087	− 6,3

[1] Veränderung gegenüber dem Vorjahr.

Daten der Beherbergungsstatistik in tiefer regionaler Gliederung

2.1.19 Übernachtungen und Ankünfte in Beherbergungsstätten 1999 in Städten ab 100 000 Einwohnern

- Rangliste nach **Übernachtungen** -

Rang	Stadt	Übernachtungen Anzahl	%[1]	Ankünfte Anzahl	%[1]
43	Offenbach a.Main	352 852	+ 12,8	183 108	+ 17,6
44	Ulm	348 408	+ 3,6	202 143	+ 1,7
45	Wuppertal	340 032	+ 0,2	141 102	+ 1,1
46	Ingolstadt	339 260	+ 21,6	173 961	+ 18,5
47	Duisburg	331 413	+ 10,9	170 002	+ 13,0
48	Göttingen	321 233	− 1,8	189 064	− 3,7
49	Schwerin	266 451	+ 10,7	152 391	+ 12,6
50	Wolfsburg	259 027	+ 4,8	138 595	+ 9,0
51	Osnabrück	243 081	+ 23,2	152 989	+ 31,6
52	Krefeld	235 320	− 5,0	114 502	− 6,0
53	Halle	227 641	− 5,1	135 090	− 4,9
54	Mönchengladbach	218 032	+ 0,2	111 814	+ 0,2
55	Leverkusen	213 711	+ 14,5	109 897	+ 13,4
56	Ludwigshafen	212 957	+ 13,2	104 540	+ 16,8
57	Bremerhaven	209 911	+ 20,5	88 025	+ 9,6
58	Cottbus	204 838	− 22,1	103 643	− 4,5
59	Heilbronn	186 814	+ 10,9	95 507	+ 8,8
60	Fürth	168 228	− 20,6	75 582	− 24,3
61	Gera	167 308	+ 18,4	78 541	+ 3,3
62	Mülheim a.d. Ruhr	166 310	+ 4,4	84 713	+ 5,0
63	Oberhausen	165 258	+ 14,0	92 516	+ 12,2
64	Oldenburg	157 005	+ 2,3	91 870	+ 2,7
65	Kaiserslautern	154 795	+ 1,7	72 657	− 1,5
66	Bergisch Gladbach	152 041	+ 14,5	71 092	+ 22,2
67	Pforzheim	144 473	+ 3,2	71 334	0,0
68	Gelsenkirchen	137 933	+ 15,7	74 996	+ 10,4
69	Paderborn	136 071	+ 8,7	76 894	+ 18,1
70	Hildesheim	131 506	+ 2,8	79 684	+ 4,2
71	Solingen	131 353	+ 0,8	61 245	+ 2,6
72	Reutlingen	125 703	− 7,9	56 318	− 3,3
73	Moers	123 957	+ 19,9	64 388	+ 8,8
74	Zwickau	118 512	− 7,3	53 162	− 6,2
75	Siegen	118 473	+ 5,4	57 510	+ 2,0
76	Hamm	118 049	+ 2,3	71 309	+ 1,7
77	Hagen	115 955	+ 3,3	63 476	+ 4,4
78	Remscheid	107 852	+ 27,1	68 538	+ 40,1
79	Salzgitter	105 004	− 5,1	34 225	− 7,7
80	Recklinghausen	82 700	− 4,3	43 150	+ 3,5
81	Bottrop	65 877	− 0,3	37 178	+ 4,8
82	Witten	49 714	− 0,8	22 755	+ 2,1
83	Herne	32 423	+ 35,0	16 197	+ 27,1

[1] Veränderung gegenüber dem Vorjahr.

Methodische Anmerkungen siehe "Statistik der Beherbergung im Reiseverkehr" im Anhang.

Daten der Beherbergungsstatistik in tiefer regionaler Gliederung
2.1.20 Übernachtungen und Ankünfte in Beherbergungsstätten 1999 in Städten ab 100 000 Einwohnern

- Rangliste nach **Übernachtungen** in den **Ländern** -

Land / Stadt	Übernachtungen Anzahl	% [1]	Ankünfte Anzahl	% [1]
Baden-Württemberg				
Stuttgart	2 030 500	+ 4,1	1 106 621	+ 2,8
Freiburg im Breisgau	875 891	+ 3,0	465 693	+ 0,9
Heidelberg	815 356	+ 2,6	504 609	+ 1,2
Mannheim	699 904	+ 12,7	358 463	+ 10,8
Karlsruhe	614 054	+ 10,2	311 196	+ 7,9
Ulm	348 408	+ 3,6	202 143	+ 1,7
Heilbronn	186 814	+ 10,9	95 507	+ 8,8
Pforzheim	144 473	+ 3,2	71 334	+ 0,0
Reutlingen	125 703	− 7,9	56 318	− 3,3
Bayern				
München	7 275 530	+ 5,7	3 548 973	+ 4,7
Nürnberg	1 829 515	+ 3,2	973 789	+ 3,1
Würzburg	618 748	+ 7,5	377 380	+ 10,2
Regensburg	584 105	+ 4,1	325 409	+ 4,5
Augsburg	454 865	+ 5,5	258 001	+ 5,4
Erlangen	359 087	− 6,3	173 041	− 4,0
Ingolstadt	339 260	+ 21,6	173 961	+ 18,5
Fürth	168 228	− 20,6	75 582	− 24,3
Berlin	9 477 402	+ 14,6	4 170 726	+ 15,8
Brandenburg				
Potsdam	480 919	+ 32,6	261 831	+ 44,9
Cottbus	204 838	− 22,1	103 643	− 4,5
Bremen				
Bremen	1 039 436	+ 6,8	572 690	+ 10,5
Bremerhaven	209 911	+ 20,5	88 025	+ 9,6
Hamburg	4 654 762	+ 3,2	2 611 877	+ 3,5
Hessen				
Frankfurt a. M.	3 920 173	+ 7,7	2 265 818	+ 4,9
Wiesbaden	979 371	+ 5,4	445 128	+ 6,0
Kassel	619 570	+ 11,8	338 776	+ 11,3
Darmstadt	443 982	+ 9,1	231 521	+ 8,5
Offenbach a.M.	352 852	+ 12,8	183 108	+ 17,6
Mecklenburg-Vorpommern				
Rostock	965 340	+ 11,6	391 801	+ 12,3
Schwerin	266 451	+ 10,7	152 391	+ 12,6
Niedersachsen				
Hannover	1 129 683	− 0,4	640 101	− 1,7
Braunschweig	374 812	− 1,2	221 746	+ 6,4
Göttingen	321 233	− 1,8	189 064	− 3,7
Wolfsburg	259 027	+ 4,8	138 595	+ 9,0
Osnabrück	243 081	+ 23,2	152 989	+ 31,6
Oldenburg	157 005	+ 2,3	91 870	+ 2,7
Hildesheim	131 506	+ 2,8	79 684	+ 4,2
Salzgitter	105 004	− 5,1	34 225	− 7,7

[1] Veränderung gegenüber dem Vorjahr.

Daten der Beherbergungsstatistik in tiefer regionaler Gliederung
2.1.20 Übernachtungen und Ankünfte in Beherbergungsstätten 1999 in Städten ab 100 000 Einwohnern

- Rangliste nach **Übernachtungen** in den **Ländern** -

Land / Stadt	Übernachtungen Anzahl	% [1]	Ankünfte Anzahl	% [1]
Nordrhein-Westfalen				
Köln	2 959 002	+ 5,3	1 686 806	+ 4,5
Düsseldorf	2 293 153	− 0,9	1 228 104	− 1,0
Bonn	1 132 034	+ 4,1	562 584	+ 2,9
Münster	1 065 562	− 3,1	387 174	+ 1,7
Essen	827 256	+ 2,6	347 879	+ 3,9
Aachen	699 066	+ 6,8	293 042	+ 5,4
Dortmund	624 130	+ 2,5	362 368	+ 4,3
Bielefeld	451 184	+ 9,2	249 354	+ 10,4
Bochum	428 044	− 4,8	260 455	+ 0,2
Neuss	371 139	+ 5,5	191 590	+ 5,1
Wuppertal	340 032	+ 0,2	141 102	+ 1,1
Duisburg	331 413	+ 10,9	170 002	+ 13,0
Krefeld	235 320	− 5,0	114 502	− 6,0
Mönchengladbach	218 032	+ 0,2	111 814	+ 0,2
Leverkusen	213 711	+ 14,5	109 897	+ 13,4
Mülheim a.d. Ruhr	166 310	+ 4,4	84 713	+ 5,0
Oberhausen	165 258	+ 14,0	92 516	+ 12,2
Bergisch Gladbach	152 041	+ 14,5	71 092	+ 22,2
Gelsenkirchen	137 933	+ 15,7	74 996	+ 10,4
Paderborn	136 071	+ 8,7	76 894	+ 18,1
Solingen	131 353	+ 0,8	61 245	+ 2,6
Moers	123 957	+ 19,9	64 388	+ 8,8
Siegen	118 473	+ 5,4	57 510	+ 2,0
Hamm	118 049	+ 2,3	71 309	+ 1,7
Hagen	115 955	+ 3,3	63 476	+ 4,4
Remscheid	107 852	+ 27,1	68 538	+ 40,1
Recklinghausen	82 700	− 4,3	43 150	+ 3,5
Bottrop	65 877	− 0,3	37 178	+ 4,8
Witten	49 714	− 0,8	22 755	+ 2,1
Herne	32 423	+ 35,0	16 197	+ 27,1
Rheinland-Pfalz				
Mainz	727 038	+ 6,4	465 817	+ 6,7
Koblenz	489 172	+ 5,1	251 426	+ 5,9
Ludwigshafen	212 957	+ 13,2	104 540	+ 16,8
Kaiserslautern	154 795	+ 1,7	72 657	− 1,5
Saarland				
Saarbrücken	396 326	+ 6,7	199 832	+ 9,5
Sachsen				
Dresden	2 138 531	+ 3,8	1 023 493	+ 6,2
Leipzig	1 314 233	+ 5,1	684 144	+ 7,9
Chemnitz	386 995	+ 6,7	194 247	+ 6,8
Zwickau	118 512	− 7,3	53 162	− 6,2
Sachsen-Anhalt				
Magdeburg	467 024	+ 18,1	271 800	+ 18,1
Halle	227 641	− 5,1	135 090	− 4,9
Schleswig-Holstein				
Lübeck	823 429	+ 5,2	381 716	+ 3,5
Kiel	391 321	− 2,3	208 408	− 1,3
Thüringen				
Erfurt	545 260	+ 17,6	302 092	+ 18,7
Gera	167 308	+ 18,4	78 541	+ 3,3

[1] Veränderung gegenüber dem Vorjahr.

Methodische Anmerkungen siehe "Statistik der Beherbergung im Reiseverkehr" im Anhang.

Daten der Beherbergungsstatistik in tiefer regionaler Gliederung

2.1.21 Rangliste der Gemeinden nach Ankünften inländischer und ausländischer Gäste sowie von Gästen insgesamt in Beherbergungsstätten 1999

Rang	Inländische Gäste Gemeinde	Ankünfte Anzahl	%[1]	Ausländische Gäste Gemeinde	Ankünfte Anzahl	%[1]	Gäste insgesamt Gemeinde	Ankünfte Anzahl	%[1]
1	Berlin	3 188 537	+ 18,5	München	1 470 375	+ 2,3	Berlin	4 170 726	+ 15,8
3	München	2 078 598	+ 6,5	Frankfurt a.Main	1 161 775	+ 1,1	München	3 548 973	+ 4,7
2	Hamburg	2 075 325	+ 4,1	Berlin	982 189	+ 7,7	Hamburg	2 611 877	+ 3,5
4	Köln	1 163 140	+ 6,4	Hamburg	536 552	+ 1,3	Frankfurt a.Main	2 265 818	+ 4,9
5	Frankfurt a.Main	1 104 043	+ 9,3	Köln	523 666	+ 0,4	Köln	1 686 806	+ 4,5
7	Dresden	893 821	+ 6,6	Düsseldorf	437 624	+ 1,2	Düsseldorf	1 228 104	− 1,0
6	Stuttgart	851 488	+ 3,2	Stuttgart	255 133	+ 1,3	Stuttgart	1 106 621	+ 2,8
8	Düsseldorf	790 480	− 2,1	Nürnberg	247 408	+ 6,0	Dresden	1 023 493	+ 6,2
9	Nürnberg	726 381	+ 2,1	Heidelberg	244 403	+ 3,3	Nürnberg	973 789	+ 3,1
10	Leipzig	612 826	+ 8,3	Mainz	211 912	+ 4,6	Leipzig	684 144	+ 7,9
11	Hannover	491 981	− 2,3	Rothenburg o.d.T.	185 296	+ 1,3	Hannover	640 101	− 1,7
12	Bonn	477 173	+ 3,8	Hannover	148 120	0,0	Bremen	572 690	+ 10,5
13	Bremen	459 453	+ 13,0	Dresden	129 672	+ 3,6	Bonn	562 584	+ 2,9
14	Münster	358 119	+ 2,8	Freiburg i. Breisgau	121 012	− 8,9	Heidelberg	504 609	+ 1,2
15	Freiburg i. Breisgau	344 681	+ 4,9	Bremen	113 237	+ 1,4	Mainz	465 817	+ 6,7
16	Rostock	336 755	+ 10,3	Wiesbaden	113 113	− 0,5	Freiburg i. Breisgau	465 693	+ 0,9
17	Wiesbaden	332 015	+ 8,4	Lübeck	98 970	− 3,4	Wiesbaden	445 128	+ 6,0
18	Dortmund	316 149	+ 7,1	Oberding	97 001	+ 9,3	Rostock	391 801	+ 12,3
19	Würzburg	305 374	+ 8,7	Rüdesheim	88 885	+ 0,1	Münster	387 174	+ 1,7
20	Essen	289 224	+ 4,1	Bonn	85 411	− 1,6	Lübeck	381 716	+ 3,5
21	Lübeck	282 746	+ 6,2	Mannheim	83 294	+ 2,0	Würzburg	377 380	+ 10,2
22	Kassel	282 679	+ 11,8	Aachen	82 019	+ 6,5	Dortmund	362 368	+ 4,3
23	Erfurt	281 423	+ 19,0	Medebach	81 576	− 6,9	Mannheim	358 463	+ 10,8
24	Mannheim	275 169	+ 13,8	Baden-Baden	79 176	+ 0,1	Essen	347 879	+ 3,9
25	Weimar	274 168	+ 54,4	Trier	75 910	+ 14,6	Kassel	338 776	+ 11,3
26	Heidelberg	260 206	− 0,7	Regensburg	73 168	+ 4,2	Regensburg	325 409	+ 4,5
27	Karlsruhe	254 731	+ 9,3	Würzburg	72 006	+ 16,8	Rothenburg o.d.T.	314 852	+ 3,5
28	Magdeburg	254 342	+ 20,3	Füssen	71 747	+ 2,8	Weimar	311 995	+ 55,9
29	Mainz	253 905	+ 8,6	Leipzig	71 318	+ 4,9	Karlsruhe	311 196	+ 7,9
30	Regensburg	252 241	+ 4,5	Gunderath	70 685	+ 4,0	Trier	311 055	+ 6,2
31	Willingen	251 638	+ 11,4	Offenbach a.Main	65 950	+ 14,9	Erfurt	302 092	+ 18,7
32	Oberstdorf	250 003	+ 2,5	Augsburg	65 343	+ 16,6	Aachen	293 042	+ 5,4
33	Potsdam	241 055	+ 48,9	Koblenz	65 009	− 1,9	Willingen	292 744	+ 10,5
34	Binz	239 496	+ 13,9	Garmisch-Partenk.	64 108	− 7,5	Magdeburg	271 800	+ 18,1
35	Trier	235 145	+ 3,8	Essen	58 655	+ 3,2	Oberstdorf	266 071	+ 2,9
36	Bochum	234 131	+ 2,5	Karlsruhe	56 465	+ 2,1	Potsdam	261 831	+ 44,9
37	Cuxhaven	226 271	− 9,7	Kassel	56 097	+ 8,9	Bochum	260 455	+ 0,2
38	Aachen	211 023	+ 5,0	Rostock	55 046	+ 26,5	Augsburg	258 001	+ 5,4
39	Bielefeld	209 888	+ 9,7	Darmstadt	51 833	+ 6,7	Koblenz	251 426	+ 5,9
40	Goslar	208 453	+ 2,0	Rust	50 483	+ 46,6	Bielefeld	249 354	+ 10,4
41	Bad Fjüssing	198 823	+ 18,5	Schwangau	48 195	+ 8,8	Baden-Baden	248 451	+ 2,3
42	Augsburg	192 658	+ 2,1	Neuss	47 626	+ 15,0	Binz	244 863	+ 14,3
43	Norderney	192 205	+ 8,7	Ulm	47 307	− 5,4	Goslar	243 035	+ 1,9
44	Koblenz	186 417	+ 9,0	Sindelfingen	47 272	+ 8,0	Darmstadt	231 521	+ 8,5
45	Braunschweig	185 952	+ 4,1	Dortmund	46 219	− 11,6	Cuxhaven	230 751	+ 10,4
46	Timmendorfer Strand	184 290	+ 13,5	Erlangen	44 308	− 13,3	Garmisch-Partenk.	230 699	− 3,5
47	Winterberg	182 519	− 1,4	Kiel	44 065	− 10,4	Oberding	230 080	+ 12,9
48	Darmstadt	179 688	+ 9,1	Ratingen	43 933	− 7,3	Braunschweig	221 746	+ 6,4
49	Chemnitz	178 561	+ 7,0	Boppard	43 302	+ 12,0	Winterberg	220 928	− 0,6
50	Passau	177 454	+ 0,8	Willingen	41 106	+ 5,6	Passau	218 037	+ 2,8
51	Bad Kissingen	175 986	+ 12,0	Kelsterbach	40 781	+ 2,7	Kiel	208 408	− 1,3
52	Baden-Baden	169 275	+ 3,4	Passau	40 583	+ 12,1	Ulm	202 143	+ 1,7
53	Saarbrücken	168 835	+ 11,7	Freising	40 150	+ 44,4	Bad Füssing	200 938	+ 15,6
54	Garmisch-Partek.	166 591	− 1,8	Bielefeld	39 466	+ 14,6	Saarbrücken	199 832	+ 9,5
55	Bad Griesbach	165 215	+ 10,4	Kirchheim	39 289	+ 7,5	Medebach	199 255	+ 9,8
56	Kiel	164 343	+ 1,5	Winterberg	38 409	+ 3,5	Bad Kissingen	195 837	+ 17,0
57	Bad Neuenahr-Ahrweiler	161 541	+ 5,5	Weimar	37 827	+ 67,6	Chemnitz	194 247	+ 6,8
58	Braunlage	157 860	+ 4,5	Raunheim	36 803	− 9,6	Norderney	192 699	+ 8,6
59	Göttingen	157 585	− 4,5	Lufwigshafen	36 726	+ 41,7	Neuss	191 590	+ 5,1
60	Ulm	154 836	+ 4,1	Ingolstadt	35 946	+ 9,3	Göttingen	189 064	− 3,7
61	Schwerin	145 678	+ 12,6	Braunschweig	35 794	+ 19,8	Timmendorfer Strand	186 668	+ 13,9
62	Friedrichshafen	145 287	+ 2,5	Goslar	34 582	+ 1,8	Ratingen	183 602	+ 4,5
63	Duisburg	145 129	+ 13,4	Langenhagen	34 324	+ 22,1	Offenbach a.Main	183 108	+ 17,6
64	Kühlungsborn	144 976	+ 17,5	Lindau (Bodensee)	33 123	+ 4,6	Rüdesheim	177 871	− 3,3
65	Neuss	143 964	+ 2,2	Cochem	32 168	+ 15,3	Bad Griesbach	174 327	+ 11,6

1) Veränderung gegenüber dem Vorjahr.

Methodische Anmerkungen siehe "Statistik der Beherbergung im Reiseverkehr" im Anhang.

Daten der Beherbergungsstatistik in tiefer regionaler Gliederung

2.1.22 Rangliste der Gemeinden nach <u>Übernachtungen</u> inländischer und ausländischer Gäste sowie von Gästen insgesamt in Beherbergungsstätten 1999

Rang	Inländische Gäste	Übernachtungen Anzahl	%[1]	Ausländische Gäste	Übernachtungen Anzahl	%[1]	Gäste insgesamt	Übernachtungen Anzahl	%[1]
1	Berlin	6 924 123	+ 16,7	München	3 086 778	+ 4,1	Berlin	9 477 402	+ 14,6
2	München	4 188 752	+ 3,4	Berlin	2 553 279	+ 9,3	München	7 275 530	+ 5,7
3	Hamburg	3 630 582	+ 6,9	Frankfurt a.M.	2 035 609	+ 2,6	Hamburg	4 654 762	+ 3,2
4	Bad Füssing	2 599 574	+ 9,5	Hamburg	1 024 180	+ 2,7	Frankfurt a.M.	3 920 173	+ 7,7
5	Köln	1 951 713	+ 6,0	Köln	1 007 289	+ 4,0	Köln	2 959 002	+ 5,3
6	Frankfurt a.M.	1 802 261	− 3,1	Düsseldorf	914 143	− 0,6	Bad Füssing	2 616 477	+ 7,2
7	Dresden	1 865 479	+ 4,2	Stuttgart	546 897	+ 8,0	Düsseldorf	2 293 153	− 0,9
8	Oberstdorf	1 796 834	− 0,2	Nürnberg	489 736	+ 7,5	Dresden	2 138 531	+ 3,8
9	Stuttgart	1 483 603	+ 2,7	Heidelberg	378 874	+ 4,8	Stuttgart	2 030 500	+ 4,1
10	Binz	1 408 257	+ 12,6	Medebach	369 053	− 5,6	Oberstdorf	1 878 807	− 0,4
11	Bad Kissingen	1 396 384	+ 9,7	Mainz	311 436	+ 5,4	Nürnberg	1 829 515	+ 3,2
12	Düsseldorf	1 379 010	− 1,1	Gunderath	297 948	+ 2,4	Bad Kissingen	1 453 534	+ 11,3
13	Norderney	1 355 026	+ 2,5	Hannover	291 331	+ 4,3	Binz	1 427 862	+ 12,9
14	Nürnberg	1 339 779	+ 1,8	Dresden	273 052	+ 1,3	Norderney	1 357 121	+ 2,3
15	Borkum	1 329 651	− 2,5	Bonn	235 651	+ 1,9	Borkum	1 331 139	− 2,5
16	Cuxhaven	1 319 560	+ 6,1	Wiesbaden	231 675	− 0,3	Cuxhaven	1 330 947	+ 6,4
17	St. Peter Ording	1 224 737	+ 3,0	Bremen	230 080	+ 3,3	Leipzig	1 314 233	+ 5,1
18	Leipzig	1 150 838	+ 5,2	Rothenburg o.d.T.	227 453	+ 2,1	St. Peter Ording	1 229 643	+ 3,2
19	Bad Wildungen	1 127 122	+ 14,7	Freiburg im Breisgau	207 848	− 1,0	Bad Wildungen	1 143 805	+ 14,0
20	Westerland	1 088 723	+ 2,3	Mannheim	172 309	+ 4,1	Bonn	1 132 034	+ 4,1
21	Münster	1 010 707	− 2,5	Leipzig	163 395	+ 4,2	Hannover	1 129 683	− 0,4
22	Bad Griesbach	946 678	+ 0,4	Rüdesheim	163 378	− 2,5	Westerland	1 091 044	+ 1,6
23	Bad Wörishofen	908 709	+ 2,7	Lübeck	158 283	− 3,5	Münster	1 065 562	− 3,1
24	Bonn	896 383	+ 4,6	Garmisch-Partenk.	152 799	− 8,1	Bremen	1 039 436	+ 6,8
25	Bad Salzuflen	881 501	+ 3,3	Baden-Baden	149 659	− 2,3	Bad Griesbach	996 506	+ 3,2
26	Büsum	878 405	− 4,2	Aachen	149 216	+ 7,5	Willingen	987 644	+ 6,7
27	Rostock	868 570	+ 9,7	Leiwen	149 069	+ 8,9	Wiesbaden	979 371	+ 5,4
28	Timmendorfer Strand	848 166	+ 1,5	Winterberg	149 052	+ 2,4	Rostock	865 349	+ 11,6
29	Willingen	844 498	+ 7,1	Stadtkyll	148 466	+ 9,9	Bad Wörishofen	939 382	+ 2,5
30	Hannover	838 352	− 2,0	Willingen	143 146	+ 4,3	Bad Salzuflen	896 372	+ 2,9
31	Bad Oeynhausen	829 970	+ 3,5	Karlsruhe	138 043	+ 7,3	Medebach	884 088	+ 11,3
32	Langeoog	813 456	+ 0,4	Trier	137 909	+ 19,5	Büsum	879 784	− 4,2
33	Bremen	809 356	+ 7,8	Regensburg	136 135	+ 11,7	Freiburg im Breisgau	875 891	+ 3,0
34	Kühlungsborn	774 594	+ 21,9	Offenbach a.M.	134 887	+ 5,8	Timmendorfer Strand	855 250	+ 1,8
35	Grömitz	774 592	+ 11,6	Kell am See	134 201	+ 17,0	Winterberg	852 184	+ 3,0
36	Bad Reichenhall	750 959	+ 4,1	Essen	130 853	+ 7,4	Bad Oeynhausen	847 703	+ 3,9
37	Wiesbaden	747 696	+ 7,3	Sindelfingen	128 467	+ 3,9	Garmisch-Partenk.	840 971	− 4,5
38	Bad Wiessee	725 669	+ 6,0	Kröv	126 393	+ 8,9	Essen	827 256	+ 2,6
39	Baiersbronn	718 935	+ 0,5	Augsburg	120 905	+ 15,5	Lübeck	823 429	+ 5,2
40	Bad Driburg	715 941	+ 2,3	Oberding	119 723	+ 4,7	Heidelberg	815 356	+ 2,6
41	Winterberg	703 132	− 4,1	Darmstadt	117 937	− 0,1	Langeoog	815 121	+ 0,5
42	Braunlage	696 627	+ 0,5	Würzburg	113 348	+ 13,0	Bad Reichenhall	778 951	+ 3,5
43	Essen	696 403	+ 1,8	Boppard	109 960	+ 7,4	Kühlungsborn	776 718	+ 21,8
44	Bodenmais	695 159	− 0,9	Koblenz	108 102	− 1,3	Grömitz	775 627	+ 11,5
45	Heringsdorf	695 138	+ 15,7	Erlangen	107 447	− 14,4	Baiersbronn	768 983	+ 0,9
46	Garmisch-Partenk.	688 172	− 3,7	Füssen	100 644	+ 8,2	Bad Wiessee	752 669	+ 6,2
47	Wangerland	684 331	+ 2,4	Rostock	96 770	+ 32,8	Oberstaufen	751 628	+ 2,6
48	Juist	679 801	+ 1,0	Neuss	95 199	+ 10,0	Braunlage	744 527	− 0,5
49	Oberstaufen	675 506	+ 1,7	Goslar	94 793	+ 1,5	Goslar	737 234	+ 0,4
50	Freiburg im Breisgau	668 043	+ 4,3	Dortmund	94 475	− 13,5	Mainz	727 038	+ 6,4
51	Lübeck	665 146	+ 7,5	Saarburg	88 178	+ 2,1	Bad Driburg	718 015	+ 2,2
52	Bad Birnbach	659 699	+ 6,1	Saarbrücken	87 902	− 2,4	Füssen	714 961	+ 0,5
53	Bad Pyrmont	653 302	+ 1,4	Kassel	83 501	+ 11,5	Bodenmais	706 459	− 0,8
54	Haren	650 131	+ 5,4	Ratingen	82 825	− 6,3	Baden-Baden	703 237	− 1,2
55	Goslar	642 441	+ 0,2	Oberstdorf	81 973	− 3,7	Mannheim	699 904	+ 12,7
56	Bad Neuenahr-Ahrweiler	633 046	+ 4,8	Ulm	81 550	− 3,1	Aachen	699 066	+ 6,8
57	Schönau a. Königsee	619 655	− 1,5	Weimar	78 760	+ 75,0	Heringsdorf	697 753	+ 15,7
58	Bad Mergentheim	614 742	+ 4,6	Kiel	77 286	− 9,0	Wangerland	685 354	+ 2,4
59	Füssen	614 317	− 0,7	Oberstaufen	76 122	+ 11,6	Juist	682 941	+ 1,2
60	Bad Bevensen	598 501	− 0,7	Cochem	75 385	+ 13,8	Bad Pyrmont	665 491	+ 1,4
61	Bad Nauheim	594 844	+ 6,8	Hürth	73 973	+ 49,6	Bad Birnbach	664 149	+ 6,1
62	Hindelang	593 059	+ 9,0	Bielefeld	72 651	+ 12,7	Haren	663 274	+ 5,9
63	Inzell	592 300	− 0,4	Jena	72 523	+ 49,8	Bad Neuenahr-Ahrweiler	657 692	+ 4,8
64	Wyk a. Föhr	591 892	− 4,2	Friedrichshafen	70 708	+ 4,9	Schmallenberg	651 960	+ 2,0
65	Schmallenberg	590 074	+ 2,1	Ingolstadt	70 504	+ 3,5	Schönau a. Königsee	643 983	− 0,9

1) Veränderung gegenüber dem Vorjahr.

Methodische Anmerkungen siehe "Statistik der Beherbergung im Reiseverkehr" im Anhang.

Daten der Beherbergungsstatistik in tiefer regionaler Gliederung

2.1.23 Ankünfte und Übernachtungen 1999 der ausländischen Gäste in Beherbergungsstätten nach wichtigen Herkunftsländern in bevorzugten Gemeinden*)

Herkunftsland / Gemeinde	Land	Ankünfte	Übernachtungen
Baltische Staaten zusammen	–	77 101	185 838
darunter in der Gemeinde:			
München	Bayern	6 260	13 320
Belgien zusammen	–	631 791	1 509 140
darunter in den Gemeinden:			
Berlin	Berlin	24 350	61 361
München	Bayern	17 950	35 385
Köln	Nordrhein-Westfalen	20 211	33 570
Gunderath	Rheinland-Pfalz	7 317	26 942
Frankfurt am Main	Hessen	14 449	25 151
Simmerath	Nordrhein-Westfalen	7 494	24 192
Hamburg	Hamburg	13 701	22 620
Stadtkyll	Rheinland-Pfalz	5 247	20 204
Biersdorf am See	Rheinland-Pfalz	5 397	18 706
Cochem	Rheinland-Pfalz	6 975	18 204
Thalfang	Rheinland-Pfalz	3 492	17 475
Düsseldorf	Nordrhein-Westfalen	10 404	17 406
Schmallenberg	Nordrhein-Westfalen	3 464	13 973
Trier	Rheinland-Pfalz	7 773	13 544
Titisee-Neustadt	Baden-Württemberg	2 995	12 413
Medebach	Nordrhein-Westfalen	2 948	12 396
Monschau	Nordrhein-Westfalen	5 793	11 421
Überhambach	Rheinland-Pfalz	2 601	11 106
Stuttgart	Baden-Württemberg	6 324	10 841
Willingen (Upland)	Hessen	3 466	10 773
Oberstdorf	Bayern	1 841	10 379
Daun	Rheinland-Pfalz	3 423	10 356
Nürnberg	Bayern	6 002	10 062
Rüdesheim am Rhein	Hessen	5 946	10 003
Dänemark zusammen	–	653 263	1 219 266
darunter in den Gemeinden:			
Berlin	Berlin	73 111	172 410
Hamburg	Hamburg	29 035	48 576
Rostock	Mecklenburg-Vorpommern	20 962	31 044
Wangels	Schleswig-Holstein	9 680	28 068
Goslar	Niedersachsen	9 168	27 700
Rüdesheim am Rhein	Hessen	8 345	27 664
München	Bayern	12 396	25 553
Kirchheim	Hessen	20 128	21 153
Köln	Nordrhein-Westfalen	11 130	20 497
Frankfurt am Main	Hessen	10 310	18 069
Lübeck	Schleswig-Holstein	11 430	17 604
Harrislee	Schleswig-Holstein	6 962	15 786
Düsseldorf	Nordrhein-Westfalen	6 712	13 991

*) Gemeinden mit mehr als 10 000 Übernachtungen von Gästen des jeweiligen Herkunftslandes.

Daten der Beherbergungsstatistik in tiefer regionaler Gliederung

2.1.23 Ankünfte und Übernachtungen 1999 der ausländischen Gäste in Beherbergungsstätten nach wichtigen Herkunftsländern in bevorzugten Gemeinden*)

Herkunftsland / Gemeinde	Land	Ankünfte	Übernachtungen
Braunlage	Niedersachsen	2 884	12 657
Bad Segeberg	Schleswig-Holstein	5 228	12 060
Alsfeld	Hessen	10 186	11 981
Bad Lauterberg im Harz	Niedersachsen	2 373	11 121
Eggebek	Schleswig-Holstein	3 405	10 999
Finnland zusammen	–	166 319	358 141
darunter in den Gemeinden:			
Berlin	Berlin	16 337	42 014
München	Bayern	12 436	29 110
Düsseldorf	Nordrhein-Westfalen	10 606	22 438
Hamburg	Hamburg	12 591	21 923
Frankfurt am Main	Hessen	8 954	16 901
Köln	Nordrhein-Westfalen	5 409	12 317
Frankreich zusammen	–	824 114	1 649 269
darunter in den Gemeinden:			
Berlin	Berlin	53 207	131 910
München	Bayern	55 843	108 167
Frankfurt am Main	Hessen	44 956	80 026
Köln	Nordrhein-Westfalen	32 708	57 984
Düsseldorf	Nordrhein-Westfalen	24 909	46 058
Hamburg	Hamburg	27 602	45 256
Stuttgart	Baden-Württemberg	17 119	30 715
Nürnberg	Bayern	14 378	25 263
Hannover	Niedersachsen	8 065	14 926
Aachen	Nordrhein-Westfalen	9 366	14 376
Dresden	Sachsen	8 331	14 257
Freiburg im Breisgau	Baden-Württemberg	8 176	14 069
Bonn	Nordrhein-Westfalen	5 900	12 321
Heidelberg	Baden-Württemberg	7 417	11 912
Mannheim	Baden-Württemberg	6 225	11 859
Bremen	Bremen	7 059	11 772
Mainz	Rheinland-Pfalz	6 505	11 250
Baden-Baden	Baden-Württemberg	5 524	10 545
Griechenland zusammen	–	100 453	268 859
darunter in den Gemeinden:			
München	Bayern	14 969	36 476
Berlin	Berlin	7 948	25 179
Frankfurt am Main	Hessen	10 417	23 425
Düsseldorf	Nordrhein-Westfalen	5 653	14 217
Nürnberg	Bayern	3 155	13 308
Köln	Nordrhein-Westfalen	5 013	12 452

*) Gemeinden mit mehr als 10 000 Übernachtungen von Gästen des jeweiligen Herkunftslandes.

Daten der Beherbergungsstatistik in tiefer regionaler Gliederung

2.1.23 Ankünfte und Übernachtungen 1999 der ausländischen Gäste in Beherbergungsstätten nach wichtigen Herkunftsländern in bevorzugten Gemeinden*)

Herkunftsland / Gemeinde	Land	Ankünfte	Übernachtungen
Großbritannien und Nordirland zusammen	–	1 598 816	3 383 249
darunter in den Gemeinden:			
München	Bayern	171 541	345 732
Frankfurt am Main	Hessen	149 872	269 863
Berlin	Berlin	99 123	247 785
Köln	Nordrhein-Westfalen	92 799	160 856
Hamburg	Hamburg	66 538	120 992
Düsseldorf	Nordrhein-Westfalen	63 716	117 288
Boppard	Rheinland-Pfalz	25 764	73 344
Stuttgart	Baden-Württemberg	26 640	49 075
Nürnberg	Bayern	23 517	42 976
Hannover	Niedersachsen	20 057	35 333
Heidelberg	Baden-Württemberg	19 370	32 486
Aachen	Nordrhein-Westfalen	18 392	29 559
Mainz	Rheinland-Pfalz	19 279	28 634
Rüdesheim am Rhein	Hessen	10 710	28 228
Wiesbaden	Hessen	16 951	27 321
Bremen	Bremen	14 284	26 538
Loreleystadt Sankt Goarshausen	Rheinland-Pfalz	8 687	26 158
Dresden	Sachsen	11 047	25 011
Kamp-Bornhofen	Rheinland-Pfalz	7 828	24 860
Koblenz	Rheinland-Pfalz	11 052	21 196
Sindelfingen	Baden-Württemberg	9 217	20 374
Regensburg	Bayern	5 495	19 895
Altenahr	Rheinland-Pfalz	6 214	18 457
Bonn	Nordrhein-Westfalen	8 433	18 282
Kehl	Baden-Württemberg	7 219	17 647
Oberding	Bayern	12 265	17 486
Karlsruhe	Baden-Württemberg	11 843	16 891
Freising	Bayern	12 922	16 764
Freiburg im Breisgau	Baden-Württemberg	8 362	15 080
Andernach	Rheinland-Pfalz	5 193	14 831
Mannheim	Baden-Württemberg	8 310	14 726
Essen	Nordrhein-Westfalen	6 777	14 482
Garmisch-Partenkirchen	Bayern	4 722	14 388
Leipzig	Sachsen	6 156	14 239
Neuss	Nordrhein-Westfalen	7 852	13 778
Goslar	Niedersachsen	3 844	13 657
Gunderath	Rheinland-Pfalz	2 502	13 641
Trier	Rheinland-Pfalz	7 070	13 237
Mönchengladbach	Nordrhein-Westfalen	5 916	12 969
Rüsselsheim	Hessen	5 681	12 398
Offenbach am Main	Hessen	6 954	12 234
Ratingen	Nordrhein-Westfalen	6 617	12 032
Baden-Baden	Baden-Württemberg	5 290	11 670
Dortmund	Nordrhein-Westfalen	5 356	11 237
Darmstadt	Hessen	4 741	10 318

*) Gemeinden mit mehr als 10 000 Übernachtungen von Gästen des jeweiligen Herkunftslandes.

Daten der Beherbergungsstatistik in tiefer regionaler Gliederung

2.1.23 Ankünfte und Übernachtungen 1999 der ausländischen Gäste in Beherbergungsstätten nach wichtigen Herkunftsländern in bevorzugten Gemeinden*)

Herkunftsland / Gemeinde	Land	Ankünfte	Übernachtungen
Irland, Republik, zusammen	-	55 731	137 845
darunter in der Gemeinde:			
München	Bayern	6 816	15 613
Island zusammen	-	23 597	49 819
Italien zusammen	-	998 648	2 090 562
darunter in den Gemeinden:			
München	Bayern	163 216	340 378
Berlin	Berlin	66 550	190 433
Frankfurt am Main	Hessen	59 461	107 242
Köln	Nordrhein-Westfalen	40 391	95 794
Düsseldorf	Nordrhein-Westfalen	32 892	74 275
Nürnberg	Bayern	29 215	54 797
Hamburg	Hamburg	23 237	40 637
Suttgart	Baden-Württemberg	14 655	29 221
Freiburg im Breisgau	Baden-Württemberg	14 252	22 151
Hannover	Niedersachsen	8 161	18 854
Karlsruhe	Baden-Württemberg	6 150	16 936
Dresden	Sachsen	8 035	15 450
Augsburg	Bayern	9 135	15 268
Garmisch-Partenkirchen	Bayern	6 315	14 469
Heidelberg	Baden-Württemberg	8 922	13 962
Regensburg	Bayern	7 243	11 759
Mannheim	Baden-Württemberg	5 090	11 076
Bonn	Nordrheinn-Westfalen	4 118	10 555
Essen	Nordrheinn-Westfalen	4 340	10 550
Baden-Baden	Baden-Württemberg	6 678	10 308
Luxemburg zusammen	-	91 627	244 801
darunter in den Gemeinden:			
München	Bayern	5 291	10 755
Baiersbornn	Baden-Württemberg	2 107	10 569
Niederlande zusammen	-	1 923 077	5 269 317
darunter in den Gemeinden:			
Medebach	Nordrhein-Westfalen	74 915	340 370
Gunderath	Rheinland-Pfalz	60 589	256 305
Berlin	Berlin	65 601	175 728
Leiwen	Rheinland-Pfalz	20 104	138 418
Winterberg	Nordrhein-Westfalen	34 660	132 022
Stadtkyll	Rheinland-Pfalz	18 970	127 590
Kröv	Rheinland-Pfalz	16 735	119 418
Willingen (Upland)	Hessen	33 221	117 151

*) Gemeinden mit mehr als 10 000 Übernachtungen von Gästen des jeweiligen Herkunftslandes.

Daten der Beherbergungsstatistik in tiefer regionaler Gliederung
2.1.23 Ankünfte und Übernachtungen 1999 der ausländischen Gäste in Beherbergungsstätten nach wichtigen Herkunftsländern in bevorzugten Gemeinden*)

Herkunftsland — Gemeinde	Land	Ankünfte	Übernachtungen
Saarburg	Rheinland-Pfalz	11 990	83 745
München	Bayern	37 594	70 758
Köln	Nordrhein-Westfalen	36 616	62 475
Hamburg	Hamburg	32 927	55 382
Düsseldorf	Nordrhein-Westfalen	29 900	54 763
Frankfurt am Main	Hessen	26 012	48 869
Gerolstein	Rheinland-Pfalz	6 348	45 784
Frankenau	Hessen	6638	44 745
Trier	Rheinland-Pfalz	15 887	39 196
Hallenberg	Nordrhein-Westfalen	11 970	37 266
Schmallenberg	Nordrhein-Westfalen	8 539	33 349
Jena	Thüringen	6 481	32 545
Bischofsmais	Bayern	3 653	31 796
Bad Bentheim	Niedersachsen	11 082	30 380
Neukirchen b. Hl. Blut	Bayern	3 901	28 288
Dahlem	Nordrhein-Westfalen	1 300	28 206
Cochem	Rheinland-Pfalz	10 533	26 238
Braunlage	Niedersachsen	4 394	25 850
Bad Arolsen	Hessen	5 257	25 665
Nürnberg	Bayern	14 721	24 387
Altenahr	Rheinland-Pfalz	16 763	23 838
Gladbeck	Nordrhein-Westfalen	15 934	21 127
Goslar	Niedersachsen	5 803	20 918
Frielendorf	Hessen	2 410	18 106
Inzell	Bayern	2 841	17 862
Bispingen	Niedersachsen	3 666	17 426
Olsberg	Nordrhein-Westfalen	5 366	16 566
Hannover	Niedersachsen	8 963	16 103
Oberstdorf	Bayern	2 820	16 039
Stuttgart	Baden-Württemberg	9 174	15 670
Biersdorf am See	Rheinland-Pfalz	3 596	15 264
Freiburg im Breisgau	Baden-Württemberg	10 480	14 636
Bollendorf	Rheinland-Pfalz	3 720	13 752
Heidelberg	Baden-Württemberg	8 907	13 648
Boppard	Rheinland-Pfalz	4 858	13 643
Löf	Rheinland-Pfalz	3 291	13 519
Velburg	Bayern	9 619	12 894
Bremen	Bremen	7 953	12 779
Dresden	Sachsen	6 573	12 750
Geiselwind	Bayern	12 099	12 679
Schlüsselfeld	Bayern	9 465	12 679
Regensburg	Bayern	10 212	12 636
Sankt Englmar	Bayern	1 834	12 465
Daun	Rheinland-Pfalz	3 034	12 404
Diemelsee	Hessen	3 602	12 303
Beerfelden	Hessen	1 115	12 177
Bad Dürrheim	Baden-Württemberg	375	12 151
Bad Lauterberg im Harz	Niedersachsen	1 690	12 044
Haren (Ems)	Niedersachsen	1 408	12 010
Leipzig	Sachsen	4 426	11 898
Baden-Baden	Baden-Württemberg	7 879	11 657

*) Gemeinden mit mehr als 10 000 Übernachtungen von Gästen des jeweiligen Herkunftslandes.

Daten der Beherbergungsstatistik in tiefer regionaler Gliederung

2.1.23 Ankünfte und Übernachtungen 1999 der ausländischen Gäste in Beherbergungsstätten nach wichtigen Herkunftsländern in bevorzugten Gemeinden*)

Herkunftsland / Gemeinde	Land	Ankünfte	Übernachtungen
Siegsdorf	Bayern	2 808	11 198
Essen	Nordrhein-Westfalen	6 025	10 768
Bad Laasphe	Nordrhein-Westfalen	3 202	10 745
Weimar	Thüringen	5 143	10 550
Aachen	Nordrhein-Westfalen	6 272	10 537
Zöllnitz	Thüringen	1 577	10 325
Todtmoos	Baden-Württemberg	1 708	10 310
Norwegen zusammen	–	**229 649**	**394 703**
darunter in den Gemeinden:			
Berlin	Berlin	23 774	45 261
Hamburg	Hamburg	15 548	24 677
München	Bayern	9 279	18 890
Lübeck	Schleswig-Holstein	8 325	14 083
Frankfurt am Main	Hessen	7 657	13 394
Kiel	Schleswig-Holstein	8 100	12 657
Düsseldorf	Nordrhein-Westfalen	5 895	11 734
Österreich zusammen	–	**723 543**	**1 572 980**
darunter in den Gemeinden:			
München	Bayern	91 576	173 347
Berlin	Berlin	34 555	92 669
Hamburg	Hamburg	23 672	49 752
Frankfurt am Main	Hessen	26 048	45 880
Nürnberg	Bayern	18 431	34 623
Düsseldorf	Nordrhein-Westfalen	14 294	29 682
Köln	Nordrhein-Westfalen	14 609	29 488
Stuttgart	Baden-Württemberg	14 252	27 318
Passau	Bayern	16 329	20 682
Dresden	Sachsen	7 800	16 505
Leipzig	Sachsen	4 604	16 275
Regensburg	Bayern	8 330	13 690
Hannover	Niedersachsen	5 778	12 640
Bremen	Bremen	3 826	11 415
Wismar	Mecklenburg-Vorpommern	1 046	10 306
Polen zusammen	–	**311 119**	**878 462**
darunter in den Gemeinden:			
Berlin	Berlin	20 355	41 064
Kemnitz	Brandenburg	1 137	29 253
Herrenberg	Baden-Württemberg	1 371	25 916
Hamburg	Hamburg	10 542	20 288
München	Bayern	7 854	18 331
Vlotho	Nordrhein-Westfalen	990	15 269
Wolfach	Baden-Württemberg	481	15 143
Bad Wildbad im Schwarzwald	Baden-Württemberg	660	14 604

*) Gemeinden mit mehr als 10 000 Übernachtungen von Gästen des jeweiligen Herkunftslandes.

Daten der Beherbergungsstatistik in tiefer regionaler Gliederung
2.1.23 Ankünfte und Übernachtungen 1999 der ausländischen Gäste in Beherbergungsstätten nach wichtigen Herkunftsländern in bevorzugten Gemeinden*)

Herkunftsland / Gemeinde	Land	Ankünfte	Übernachtungen
Frankfurt am Main	Hessen	7 436	12 759
Schmallenberg	Nordrhein-Westfalen	802	11 246
Portugal zusammen	–	**77 904**	**198 765**
darunter in den Gemeinden:			
München	Bayern	8 148	19 674
Berlin	Berlin	5 926	17 677
Frankfurt am Main	Hessen	6 722	14 202
Hamburg	Hamburg	3 981	10 457
Düsseldorf	Nordrhein-Westfalen	3 778	10 235
Köln	Nordrhein-Westfalen	5 650	10 179
Rußland zusammen	–	**194 895**	**601 738**
darunter in den Gemeinden:			
München	Bayern	14 668	42 979
Berlin	Berlin	13 053	42 956
Frankfurt am Main	Hessen	15 662	33 830
Hamburg	Hamburg	11 271	27 162
Radeburg	Sachsen	822	21 921
Düsseldorf	Nordrhein-Westfalen	6 432	18 140
Köln	Nordrhein-Westfalen	6 689	16 551
Nürnberg	Bayern	3 691	10 238
Schweden zusammen	–	**684 258**	**1 139 969**
darunter in den Gemeinden:			
Berlin	Berlin	66 664	146 347
Lübeck	Schleswig-Holstein	42 071	63 442
Hamburg	Hamburg	34 982	54 079
München	Bayern	20 911	43 848
Wangels	Schleswig-Holstein	14 543	38 434
Düsseldorf	Nordrhein-Westfalen	16 850	31 394
Frankfurt am Main	Hessen	17 105	28 996
Rostock	Mecklenburg-Vorpommern	16 229	26 147
Bremen	Bremen	16 595	22 657
Kassel	Hessen	16 341	19 112
Rüdesheim am Rhein	Hessen	8 900	18 939
Hannover	Niedersachsen	13 607	18 774
Köln	Nordrhein-Westfalen	9 491	18 468
Nürnberg	Bayern	7 421	12 693
Schweiz zusammen	–	**954 881**	**1 906 289**
darunter in den Gemeinden:			
München	Bayern	102 343	194 134
Berlin	Berlin	55 682	141 886

*) Gemeinden mit mehr als 10 000 Übernachtungen von Gästen des jeweiligen Herkunftslandes.

Daten der Beherbergungsstatistik in tiefer regionaler Gliederung

2.1.23 Ankünfte und Übernachtungen 1999 der ausländischen Gäste in Beherbergungsstätten nach wichtigen Herkunftsländern in bevorzugten Gemeinden*)

Herkunftsland / Gemeinde	Land	Ankünfte	Übernachtungen
Hamburg	Hamburg	36 325	69 832
Frankfurt am Main	Hessen	32 589	53 660
Rust	Baden-Württemberg	38 910	47 355
Stuttgart	Baden-Württemberg	28 728	44 354
Köln	Nordrhein-Westfalen	23 189	41 360
Düsseldorf	Nordrhein-Westfalen	17 780	34 168
Dresden	Sachsen	12 809	29 758
Nürnberg	Bayern	16 490	29 544
Freiburg im Breisgau	Baden-Württemberg	15 513	22 986
Schluchsee	Baden-Württemberg	9 060	22 177
Heidelberg	Baden-Württemberg	12 010	18 088
Hannover	Niedersachsen	11 067	17 985
Oberstaufen	Bayern	2 922	16 015
Baden-Baden	Baden-Württemberg	7 560	15 177
Titisee-Neustadt	Baden-Württemberg	7 525	15 151
Hinterzarten	Baden-Württemberg	4 170	13 427
Leipzig	Sachsen	5 267	11 153
Bad Wörishofen	Bayern	1 299	10 080
Spanien zusammen	–	**399 245**	**850 807**
darunter in den Gemeinden:			
München	Bayern	48 571	100 011
Berlin	Berlin	33 693	97 318
Frankfurt am Main	Hessen	47 229	80 189
Düsseldorf	Nordrhein-Westfalen	23 444	48 237
Köln	Nordrhein-Westfalen	21 074	47 526
Hamburg	Hamburg	13 426	28 003
Nürnberg	Bayern	9 632	18 422
Stuttgart	Baden-Württemberg	8 553	16 615
Freiburg im Breisgau	Baden-Württemberg	8 952	13 744
Hannover	Niedersachsen	5 104	11 597
Tschechische Republik zusammen	–	**188 006**	**473 490**
darunter in den Gemeinden:			
München	Bayern	10 033	20 362
Berlin	Berlin	8 169	18 296
Frankfurt am Main	Hessen	4 751	10 226
Türkei zusammen	–	**114 340**	**282 717**
darunter in den Gemeinden:			
München	Bayern	10 580	24 390
Frankfurt am Main	Hessen	10 829	22 289
Berlin	Berlin	5 804	17 337
Düsseldorf	Nordrhein-Westfalen	5 770	14 198
Köln	Nordrhein-Westfalen	5 701	11 819
Hamburg	Hamburg	5 449	11 026

*) Gemeinden mit mehr als 10 000 Übernachtungen von Gästen des jeweiligen Herkunftslandes.

Statistisches Bundesamt, Tourismus in Zahlen, 2000/2001

Daten der Beherbergungsstatistik in tiefer regionaler Gliederung

2.1.23 Ankünfte und Übernachtungen 1999 der ausländischen Gäste in Beherbergungsstätten nach wichtigen Herkunftsländern in bevorzugten Gemeinden*)

Herkunftsland / Gemeinde	Land	Ankünfte	Übernachtungen
Ungarn zusammen	-	143 055	381 033
darunter in den Gemeinden:			
München	Bayern	11 217	25 270
Oberstdorf	Bayern	708	15 293
Berlin	Berlin	4 857	13 712
Europa zusammen	-	11 446 286	25 777 236
Republik Südafrika zusammen	-	90 320	270 224
darunter in den Gemeinden:			
Mainz	Rheinland-Pfalz	8 536	11 004
München	Bayern	4 971	10 947
Afrika zusammen	-	138 697	393 371
Arabische Golfstaaten zusammen	-	93 174	296 427
darunter in den Gemeinden:			
München	Bayern	13 999	65 742
Frankfurt am Main	Hessen	27 518	56 003
Bonn	Nordrhein-Westfalen	3 306	20 891
Düsseldorf	Nordrhein-Westfalen	4 697	15 872
Wiesbaden	Hessen	3 494	11 924
Hamburg	Hamburg	3 924	10 679
China, Volksrepublik, und Hongkong zusammen	-	177 467	397 309
darunter in den Gemeinden:			
Frankfurt am Main	Hessen	34 881	56 591
München	Bayern	20 342	38 070
Berlin	Berlin	14 010	31 033
Hamburg	Hamburg	8 657	18 897
Köln	Nordrhein-Westfalen	6 489	12 969
Düsseldorf	Nordrhein-Westfalen	3 948	10 956
Israel zusammen	-	116 570	304 810
darunter in den Gemeinden:			
München	Bayern	22 585	49 277
Berlin	Berlin	9 476	32 195
Frankfurt am Main	Hessen	11 933	22 753
Düsseldorf	Nordrhein-Westfalen	3 888	10 437

*) Gemeinden mit mehr als 10 000 Übernachtungen von Gästen des jeweiligen Herkunftslandes.

Daten der Beherbergungsstatistik in tiefer regionaler Gliederung

2.1.23 Ankünfte und Übernachtungen 1999 der ausländischen Gäste in Beherbergungsstätten nach wichtigen Herkunftsländern in bevorzugten Gemeinden*)

Herkunftsland / Gemeinde	Land	Ankünfte	Übernachtungen
Japan zusammen	–	**818 002**	**1 346 188**
darunter in den Gemeinden:			
Frankfurt am Main	Hessen	98 247	151 478
München	Bayern	81 289	149 532
Berlin	Berlin	46 177	109 857
Rothenburg ob der Tauber	Bayern	92 763	100 675
Düsseldorf	Nordrhein-Westfalen	37 163	76 571
Heidelberg	Baden-Württemberg	57 188	71 983
Füssen	Bayern	34 427	36 725
Hamburg	Hamburg	14 472	32 983
Dresden	Sachsen	16 728	31 229
Köln	Nordrhein-Westfalen	14 597	28 141
Schwangau	Bayern	22 818	24 072
Stuttgart	Baden-Württemberg	9 937	20 052
Nürnberg	Bayern	10 856	19 166
Raunheim	Hessen	17 633	18 448
Rüdesheim am Rhein	Hessen	15 519	16 758
Oberding	Bayern	13 062	15 042
Mainz	Rheinland-Pfalz	9 574	12 826
Wiesbaden	Hessen	6 943	11 753
Bonn	Nordrhein-Westfalen	3 665	10 665
Hannover	Niedersachsen	5 244	10 305
Südkorea zusammen	–	**59 969**	**128 757**
darunter in den Gemeinden:			
München	Bayern	9 246	15 215
Frankfurt am Main	Hessen	8 427	15 212
Taiwan zusammen	–	**69 003**	**155 969**
darunter in den Gemeinden:			
Frankfurt am Main	Hessen	18 830	44 067
Köln	Nordrhein-Westfalen	6 948	14 802
München	Bayern	5 315	13 587
Sonstige asiatische Länder zusammen	–	**282 165**	**671 071**
darunter in den Gemeinden:			
Frankfurt am Main	Hessen	69 513	123 019
München	Bayern	24 980	63 135
Berlin	Berlin	13 085	41 336
Hamburg	Hamburg	11 531	28 898
Düsseldorf	Nordrhein-Westfalen	7 416	19 482
Stuttgart	Baden-Württemberg	4 705	19 247
Schwetzingen	Baden-Württemberg	17 659	18 596

*) Gemeinden mit mehr als 10 000 Übernachtungen von Gästen des jeweiligen Herkunftslandes.

Statistisches Bundesamt, Tourismus in Zahlen, 2000/2001

Daten der Beherbergungsstatistik in tiefer regionaler Gliederung

2.1.23 Ankünfte und Übernachtungen 1999 der ausländischen Gäste in Beherbergungsstätten nach wichtigen Herkunftsländern in bevorzugten Gemeinden*)

Herkunftsland / Gemeinde	Land	Ankünfte	Übernachtungen
Köln	Nordrhein-Westfalen	7 279	17 519
Nürnberg	Bayern	3 757	16 227
Mainz	Rheinland-Pfalz	10 371	14 551
Mannheim	Baden-Württemberg	6 276	10 816
Bonn	Nordrhein-Westfalen	3 102	10 431
Asien zusammen	–	1 616 350	3 300 531
Kanada zusammen	–	151 149	325 682
darunter in den Gemeinden:			
München	Bayern	16 471	33 951
Berlin	Berlin	10 256	33 695
Frankfurt am Main	Hessen	18 775	30 357
Mainz	Rheinland-Pfalz	9 930	13 389
USA zusammen	–	2 016 453	4 315 606
darunter in den Gemeinden:			
München	Bayern	309 688	671 548
Frankfurt am Main	Hessen	238 724	388 271
Berlin	Berlin	112 402	314 049
Stuttgart	Baden-Württemberg	54 536	152 492
Köln	Nordrhein-Westfalen	74 697	130 075
Mainz	Rheinland-Pfalz	89 776	122 158
Heidelberg	Baden-Württemberg	67 822	10 887
Hamburg	Hamburg	50 255	100 847
Düsseldorf	Nordrhein-Westfalen	41 552	88 310
Rothenburg ob der Tauber	Bayern	44 325	60 567
Garmisch-Partenkirchen	Bayern	26 706	56 656
Wiesbaden	Hessen	27 455	56 541
Nürnberg	Bayern	27 351	52 484
Dresden	Sachsen	17 962	41 475
Sindelfingen	Baden-Württemberg	8 856	35 588
Landstuhl	Rheinland-Pfalz	5 708	33 656
Würzburg	Bayern	15 376	28 912
Freiburg im Breisgau	Baden-Württemberg	15 761	28 791
Oberding	Bayern	21 957	27 787
Mannheim	Baden-Württemberg	8 998	26 271
Baden-Baden	Baden-Württemberg	13 735	24 297
Ramstein-Miesenbach	Rheinland-Pfalz	7 692	24 265
Hannover	Niedersachsen	11 258	23 387
Bonn	Nordrhein-Westfalen	8 653	23 030
Kaiserslautern	Rheinland-Pfalz	4 534	22 024
Koblenz	Rheinland-Pfalz	13 466	19 548
Darmstadt	Hessen	6 701	19 465
Oberammergau	Bayern	9 112	18 655
Kelsterbach	Hessen	14 885	17 836
Karlsruhe	Baden-Württemberg	6 585	17 355

*) Gemeinden mit mehr als 10 000 Übernachtungen von Gästen des jeweiligen Herkunftslandes.

Daten der Beherbergungsstatistik in tiefer regionaler Gliederung
2.1.23 Ankünfte und Übernachtungen 1999 der ausländischen Gäste in Beherbergungsstätten nach wichtigen Herkunftsländern in bevorzugten Gemeinden*)

Herkunftsland / Gemeinde	Land	Ankünfte	Übernachtungen
Leipzig	Sachsen	7 512	17 324
Bremen	Bremen	7 356	16 988
Oberstaufen	Bayern	2 607	16 900
Augsburg	Bayern	10 758	16 528
Offenbach am Main	Hessen	4 949	14 869
Regensburg	Bayern	6 165	14 548
Mörfelden-Walldorf	Hessen	6 979	14 276
Freising	Bayern	9 820	13 839
Füssen	Bayern	10 267	13 538
Trier	Rheinland-Pfalz	8 083	13 490
Radebeul	Sachsen	1 370	13 337
Rüdesheim am Rhein	Hessen	8 660	12 953
Viernheim	Hessen	4 434	12 516
Essen	Nordrhein-Westfalen	4 557	12 384
Erlangen	Bayern	3 469	11 830
Berchtesgaden	Bayern	5 952	11 576
Bad Kissingen	Bayern	3 084	11 238
Schwangau	Bayern	8 043	11 203
Bacharach	Rheinland-Pfalz	7 778	11 169
Amberg	Bayern	1 932	11 011
Bamberg	Bayern	4 133	10 637
Neu-Isenburg	Hessen	4 724	10 628
Friedrichshafen	Baden-Württemberg	2 562	10 383
Mittelamerika und Karibik zusammen	–	**44 606**	**113 776**
darunter in den Gemeinden:			
Berlin	Berlin	5 383	15 264
München	Bayern	5 753	12 112
Frankfurt am Main	Hessen	5 812	10 204
Brasilien zusammen	–	**81 296**	**2106 400**
darunter in den Gemeinden:			
München	Bayern	8 823	20 168
Frankfurt am Main	Hessen	8 455	15 937
Berlin	Berlin	5 297	15 223
Mainz	Rheinland-Pfalz	9 220	12 488
Sonstige südamerikanische Länder zusammen	–	**93 415**	**22 212**
darunter in den Gemeinden:			
Berlin	Berlin	9 058	28 701
München	Bayern	10 900	25 309
Frankfurt am Main	Hessen	12 325	21 224
Hamburg	Hamburg	5 112	12 793

*) Gemeinden mit mehr als 10 000 Übernachtungen von Gästen des jeweiligen Herkunftslandes.

Daten der Beherbergungsstatistik in tiefer regionaler Gliederung

2.1.23 Ankünfte und Übernachtungen 1999 der ausländischen Gäste in Beherbergungsstätten nach wichtigen Herkunftsländern in bevorzugten Gemeinden*)

Herkunftsland / Gemeinde	Land	Ankünfte	Übernachtungen
Amerika zusammen	–	2 386 919	5 183 576
Australien, Neuseeland und Ozeanien zusammen	–	137 837	298 186
darunter in den Gemeinden:			
München	Bayern	21 992	43 569
Berlin	Berlin	14 523	41 782
Frankfurt am Main	Hessen	17 358	33 913
Hamburg	Hamburg	5 060	10 887
Köln	Nordrhein-Westfalen	4 950	10 312
Ohne Angabe zusammen	–	411 002	777 209
darunter in den Gemeinden:			
München	Bayern	25 885	47 795
Frankfurt am Main	Hessen	28 311	47 397
Köln	Nordrhein-Westfalen	23 635	45 760
Hamburg	Hamburg	21 965	38 634
Griesbach i. Rottal	Bayern	4 618	33 727
Berlin	Berlin	16 195	32 000
Düsseldorf	Nordrhein-Westfalen	16 235	26 666
Nürnberg	Bayern	5 815	10 671
Oberstaufen	Bayern	1 523	10 051
Ausland zusammen	–	16 137 091	35 730 111

*) Gemeinden mit mehr als 10 000 Übernachtungen von Gästen des jeweiligen Herkunftslandes.

Methodische Anmerkungen siehe "Statistik der Beherbergung im Reiseverkehr" im Anhang.

2.2 Campingtourismus

Das Zahlenmaterial zu diesem Kapitel stammt aus der Beherbergungsstatistik (Fachserie 6, Reihen 7.1 und 7.2). Die erste Tabelle beinhaltet Bestandsdaten aus der in sechsjährlichem Turnus stattfindenden Kapazitätserhebung. Die folgenden Übersichten stellen dagegen Daten der laufenden monatlichen Statistik dar. Es schließen sich zunächst wieder mit Tabelle 2.2.2 Bestandsdaten an. Die Übersichten 2.2.3 und 2.2.4 berichten dagegen über die Ankünfte und Übernachtungen der Gäste auf den Campingplätzen.

Schaubild 10

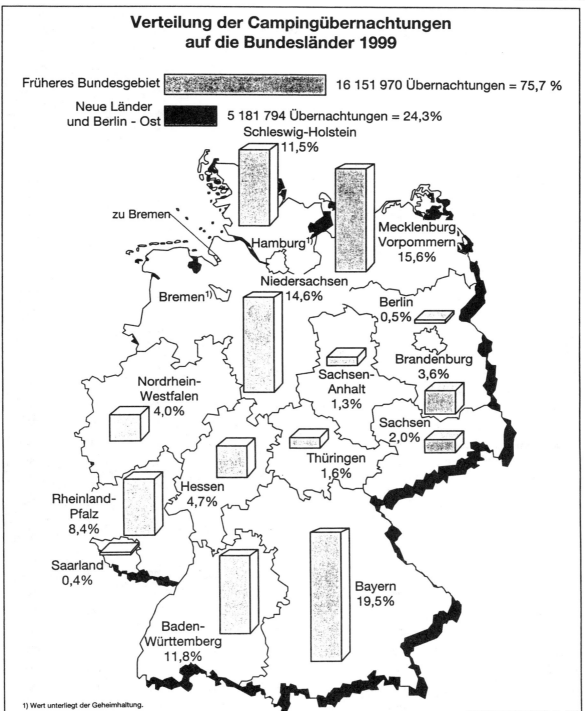

Beherbergungskapazität
2.2.1 Ausstattung der Campingplätze mit Ver-/

Lfd. Nr.	Gegenstand der Nachweisung	FB —— NB —— D[1)]	insgesamt	Camping Ver-/Entsorgungseinrichtungen und zwar aus und zwar					
				zusammen	Einzelhandelsgeschäft/ Kiosk	Aufenthaltsraum für Camper	Restaurationsbetrieb	Waschmaschine	Pkw-Parkplatz für Besucher	Entsorgungseinrichtung für chem. Toiletten
1	Insgesamt	FB	1 880	1 753	1 094	865	1 014	1 397	1 571	1 049
2		NB	536	512	336	151	249	317	462	347
3		D	2 416	2 265	1 430	1 016	1 263	1 714	2 033	1 756

nach

4	Baden-Württemberg		269	247	162	126	150	205	226	211
5	Bayern		371	355	227	192	217	278	313	293
6	Berlin		7	7	5	4	4	4	6	7
7	Brandenburg		168	159	95	42	67	92	143	116
8	Bremen		.	.	.	.	.	.	.	.
9	Hamburg		.	.	.	.	.	.	.	.
10	Hessen		162	155	95	75	88	114	134	123
11	Mecklenburg-Vorpommern		160	152	112	46	72	108	133	97
12	Niedersachsen		295	284	179	128	160	237	257	241
13	Nordrhein-Westfalen		212	203	116	111	99	150	181	166
14	Rheinland-Pfalz		251	230	130	120	153	172	202	181
15	Saarland		35	32	7	9	22	19	30	20
16	Sachsen		100	98	63	31	51	55	90	62
17	Sachsen-Anhalt		59	57	38	16	29	34	52	39
18	Schleswig-Holstein		276	238	172	98	120	216	220	165
19	Thüringen		48	45	27	15	29	27	43	32

nach Ge

20	Mineral- und Moorbäder		74	69	44	30	39	55	62	63
21	Heilklimatische Kurorte		38	37	29	22	28	37	36	36
22	Kneippkurorte		43	42	21	19	23	34	38	40
23	Heilbäder zusammen		155	148	94	71	90	126	136	139
24	Seebäder		136	128	91	43	63	112	105	100
25	Luftkurorte		231	220	149	122	126	185	200	177
26	Erholungsorte		436	406	265	188	232	329	362	334
27	Sonstige Gemeinden		1 458	1 363	831	592	752	962	1 230	1 006

1) FB = Früheres Bundesgebiet, NB = Neue Bundesländer und Berlin-Ost.

am 1. Januar 1999
Entsorgungs- bzw. Sport- und Freizeiteinrichtungen

plätze									
gestattet mit									
	Sport- und Freizeiteinrichtungen								Lfd. Nr.
				und zwar					
zusammen	Kinderspiel-platz	Hallen-/ Freibad	Sauna/ Solarium	Kegel-/ Bowlingbahn	Minigolf-anlage	Sport-/ Fittnessraum	Tennisplatz/ -halle	Wassersport-einrichtung (z.B. Bootsverlei)	
1 369	1 249	388	194	80	220	91	168	315	1
456	414	127	51	55	39	35	45	239	2
1 825	1 663	515	245	135	259	126	213	554	3

Ländern

190	174	72	34	11	31	17	23	28	4
266	227	74	40	22	39	29	37	80	5
7	7	-	-	-	-	-	-	-	6
146	134	36	11	17	5	8	14	95	7
.	.	.	.	.	.	.	.	.	8
.	.	.	.	.	.	.	.	.	9
122	112	43	14	12	22	6	19	27	10
129	113	13	14	9	11	6	9	79	11
232	218	82	40	14	50	14	27	52	12
163	152	37	23	4	17	8	18	34	13
172	158	48	19	13	31	10	24	32	14
25	22	7	2	1	5	1	3	6	15
90	84	42	14	15	15	12	16	34	16
52	47	27	5	6	6	4	4	17	17
192	179	25	22	3	25	6	17	56	18
38	35	9	7	8	2	5	2	13	19

meindegruppen

55	47	20	17	4	8	10	10	9	20
33	31	8	12	1	1	2	1	4	21
30	29	6	3	2	2	3	1	7	22
118	107	34	32	7	11	15	12	20	23
87	84	6	13	2	11	4	2	19	24
174	162	46	27	15	33	16	24	40	25
327	300	92	56	16	62	24	42	97	26
1 119	1 010	337	117	95	142	67	133	378	27

Statistisches Bundesamt, Tourismus in Zahlen, 2000/2001

Beherbergungskapazität
2.2.1 Ausstattung der Campingplätze mit Ver-/

Lfd. Nr.	Gegenstand der Nachweisung	FB / NB / D[1]	insgesamt	Camping und zwar aus Ver-/Entsorgungseinrichtungen						
				zusammen	Einzelhandelsgeschäft/ Kiosk	Aufenthaltsraum für Camper	Restaurationsbetrieb	Waschmaschine	Pkw-Parkplatz für Besucher	Entsorgungseinrichtung für chem. Toiletten

nach Betriebs

Lfd. Nr.	Gegenstand	FB/NB/D	insgesamt	zusammen	Einzelh./Kiosk	Aufenth.	Restaur.	Waschm.	Pkw-Parkpl.	Entsorg.
	Campingplätze mit ... bis unter ... Stellplätzen für Reiseverkehrscamping									
28	unter 10	FB	231	175	40	65	70	107	148	106
29		NB	20	17	2	3	9	3	14	10
30		D	251	192	42	68	79	110	162	116
31	10 - 25	FB	378	346	157	153	141	217	298	245
32		NB	76	64	26	16	26	20	52	33
33		D	454	410	183	169	167	237	350	278
34	25 - 50	FB	432	413	248	190	232	327	373	334
35		NB	121	117	69	36	34	62	101	67
36		D	553	530	317	226	266	389	474	401
37	50 - 100	FB	441	428	307	223	279	380	387	368
38		NB	140	137	100	39	63	82	128	92
39		D	581	565	407	262	342	462	515	460
40	100 - 150	FB	195	191	161	108	134	172	175	172
41		NB	76	76	58	21	44	61	69	58
42		D	271	267	219	129	178	233	244	230
43	150 und mehr	FB	203	200	181	126	158	194	190	184
44		NB	103	101	81	36	73	89	98	87
45		D	306	301	262	162	231	283	288	271

nach der

Lfd. Nr.	Gegenstand	FB/NB/D	insgesamt	zusammen	Einzelh./Kiosk	Aufenth.	Restaur.	Waschm.	Pkw-Parkpl.	Entsorg.
	Campingplätze mit einer Öffnungsdauer von ... bis unter ... Monaten									
46	unter 6	FB	203	159	88	70	67	83	123	100
47		NB	84	71	44	24	21	29	60	32
48		D	287	230	132	94	88	112	183	132
49	6 - 12	FB	848	818	522	401	444	660	730	644
50		NB	306	298	195	71	141	176	268	205
51		D	1 154	1 116	717	472	585	836	998	849
52	ganzjährig	FB	829	776	484	394	503	654	718	665
53		NB	146	143	97	56	87	112	134	110
54		D	975	919	581	450	590	766	852	775

1) FB = Früheres Bundesgebiet, NB = Neue Bundesländer und Berlin-Ost.

Statistisches Bundesamt, Tourismus in Zahlen, 2000/2001

am 1. Januar 1999
Entsorgungs- bzw. Sport- und Freizeiteinrichtungen

plätze gestattet mit									Lfd. Nr.
Sport- und Freizeiteinrichtungen									
	und zwar								
zusammen	Kinderspiel-platz	Hallen-/ Freibad	Sauna/ Solarium	Kegel-/ Bowlingbahn	Minigolf-anlage	Sport-/ Fittnessraum	Tennisplatz/ -halle	Wassersport-einrichtung (z.B. Bootsverlei)	

größenklassen

zusammen	Kinderspielplatz	Hallen-/Freibad	Sauna/Solarium	Kegel-/Bowlingbahn	Minigolf-anlage	Sport-/Fittnessraum	Tennisplatz/-halle	Wassersporteinrichtung	Lfd. Nr.
114	96	29	5	7	5	3	8	19	28
11	11	4	2	2	2	2	1	1	29
125	107	33	7	9	7	5	9	20	30
224	185	52	18	7	18	8	11	41	31
54	47	13	5	5	1	2	6	21	32
278	232	65	23	12	19	10	17	62	33
327	304	83	37	19	47	13	38	60	34
94	82	23	5	9	2	9	10	43	35
421	386	106	42	28	49	22	48	103	36
353	330	97	51	14	54	28	43	81	37
129	113	40	11	20	6	5	12	75	38
482	443	137	62	34	60	33	55	156	39
167	160	51	38	15	32	14	21	50	40
72	68	25	11	6	9	10	6	42	41
239	228	76	49	21	41	24	27	92	42
184	174	76	45	18	64	25	47	64	43
96	93	22	17	13	19	7	10	57	44
280	267	98	62	31	83	32	57	121	45

Öffnungsdauer

zusammen	Kinderspielplatz	Hallen-/Freibad	Sauna/Solarium	Kegel-/Bowlingbahn	Minigolf-anlage	Sport-/Fittnessraum	Tennisplatz/-halle	Wassersporteinrichtung	Lfd. Nr.
112	92	28	9	4	15	3	8	31	46
63	53	20	6	7	5	8	10	28	47
175	145	48	15	11	20	11	18	59	48
622	566	147	61	30	96	37	74	163	49
268	242	72	18	30	21	12	22	151	50
890	808	219	79	60	117	49	96	314	51
635	591	213	124	46	109	51	86	121	52
125	119	35	27	18	13	15	13	60	53
760	710	248	151	64	122	66	99	181	54

Methodische Anmerkungen siehe "Statistik der Beherbergung im Reiseverkehr" im Anhang.

2.2.2 Campingplätze und Stellplatzkapazität nach Ländern

Land	Juli 1999						
	Campingplätze			Stellplätze für Urlaubscamping			
	insgesamt	darunter mit Urlaubscamping		insgesamt	darunter angebotene Stellplätze		
		zusammen	darunter geöffnet		zusammen	Veränderung gegenüber dem Vorjahresmonat	Anteil[1]
	Anzahl				%		
Baden-Württemberg	232	231	229	23 168	21 007	− 5,0	90,7
Bayern	399	368	365	33 734	32 572	+ 4,2	96,6
Berlin	7	7	7	697	667	− 2,9	95,7
Brandenburg	170	170	168	11 976	11 567	+ 0,3	96,6
Bremen	.	.	.	.	.	.	.
Hamburg	.	.	.	.	.	.	.
Hessen	175	175	166	16 527	15 311	+ 20,0	92,6
Mecklenburg-Vorpommern	167	165	164	27 323	24 967	− 4,3	91,4
Niedersachsen	397	300	275	25 530	23 584	− 1,5	92,4
Nordrhein-Westfalen	422	230	194	14 279	12 365	− 4,4	86,5
Rheinland-Pfalz	251	249	249	21 466	18 682	− 4,4	87,0
Saarland	38	36	31	1 613	1 506	+ 11,1	93,4
Sachsen	93	93	91	6 970	6 345	+ 3,3	91,0
Sachsen-Anhalt	63	63	62	4 932	4 705	+ 8,5	95,4
Schleswig-Holstein	277	234	228	16 258	16 174	− 0,9	99,5
Thüringen	52	50	50	3 940	3 650	+ 6,0	92,6
Bundesgebiet	**2 748**	**2 376**	**2 283**	**208 962**	**193 492**	**+ 0,3**	**92,6**
Nachrichtlich:							
Früheres Bundesgebiet	2 202	1 834	1 747	153 361	141 798	+ 0,7	92,5
Neue Länder und Berlin-Ost	546	542	536	55 601	51 694	− 0,6	93,0

1) Anteil an den Stellplätzen für Urlaubscamping insgesamt.

Methodische Anmerkungen siehe "Statistik der Beherbergung im Reiseverkehr" im Anhang.

2.2.3 Ankünfte und Übernachtungen auf Campingplätzen nach Ländern und zusammengefaßten Gästegruppen

Land / Ständiger Wohnsitz der Gäste innerhalb/außerhalb der Bundesrepublik Deutschland[1]	Früheres Bundesgebiet 1985 Ankünfte Anzahl	Übernachtungen Anzahl	%[2]	Deutschland 1993 Ankünfte Anzahl	Übernachtungen Anzahl	%[2]	Deutschland 1999 Ankünfte Anzahl	Übernachtungen Anzahl	%[2]
Baden-Württemberg									
Bundesrepublik Deutschland	374 425	1 635 987	− 5,2	514 800	2 035 074	− 3,7	493 961	1 925 791	− 0,3
Anderer Wohnsitz	252 642	808 135	− 1,2	229 767	701 562	− 16,2	199 834	590 100	+ 8,0
Zusammen	**627 067**	**2 444 122**	**− 3,9**	**744 567**	**2 736 636**	**− 7,3**	**693 795**	**2 515 891**	**+ 1,6**
Bayern									
Bundesrepublik Deutschland	576 802	2 751 417	+ 2,4	816 451	3 909 965	− 2,4	780 558	3 537 006	+ 7,0
Anderer Wohnsitz	296 832	775 487	+ 9,1	257 406	716 678	− 18,0	246 314	620 578	+ 2,0
Zusammen	**873 634**	**3 526 904**	**+ 3,8**	**1 073 857**	**4 626 643**	**− 5,2**	**1 026 872**	**4 157 584**	**+ 6,2**
Berlin									
Bundesrepublik Deutschland	.	.	.	31 017	98 770	− 5,3	23 944	73 264	+ 14,9
Anderer Wohnsitz	.	.	.	24 356	64 044	− 25,4	15 795	42 351	+ 20,2
Zusammen	.	.	.	**55 373**	**162 814**	**− 14,4**	**39 739**	**115 615**	**+ 16,8**
Brandenburg									
Bundesrepublik Deutschland	−	−	−	226 125	804 514	− 12,6	246 184	724 796	+ 10,9
Anderer Wohnsitz	−	−	−	14 115	43 850	− 15,3	13 659	34 388	+ 14,2
Zusammen	−	−	−	**240 240**	**848 364**	**− 12,7**	**259 843**	**759 184**	**+ 11,0**
Bremen									
Bundesrepublik Deutschland	.	.	.	.	.	.	.	.	.
Anderer Wohnsitz	.	.	.	.	.	.	.	.	.
Zusammen	.	.	.	.	.	.	.	.	.
Hamburg									
Bundesrepublik Deutschland	.	.	.	.	.	.	.	.	.
Anderer Wohnsitz	.	.	.	.	.	.	.	.	.
Zusammen	.	.	.	.	.	.	.	.	.
Hessen									
Bundesrepublik Deutschland	229 143	1 043 515	− 0,7	254 135	918 931	+ 3,8	258 191	856 012	+ 5,2
Anderer Wohnsitz	76 314	238 438	− 9,4	75 675	212 210	− 18,3	59 475	151 894	− 1,3
Zusammen	**305 457**	**1 281 953**	**− 2,4**	**329 810**	**1 131 141**	**− 1,2**	**317 666**	**1 007 906**	**− 4,2**
Mecklenburg-Vorpommern									
Bundesrepublik Deutschland	−	−	−	714 658	2 692 986	− 0,8	848 188	3 289 720	+ 20,0
Anderer Wohnsitz	−	−	−	13 327	35 377	− 30,5	17 893	48 395	+ 21,1
Zusammen	−	−	−	**727 985**	**2 728 363**	**− 1,4**	**886 081**	**3 338 115**	**+ 20,0**
Niedersachsen									
Bundesrepublik Deutschland	470 847	2 658 463	− 9,4	580 111	3 224 167	− 1,6	600 260	2 894 144	+ 5,2
Anderer Wohnsitz	104 817	351 045	− 10,5	109 007	361 599	− 19,7	84 262	230 781	+ 6,1
Zusammen	**575 664**	**3 009 508**	**− 9,6**	**689 118**	**3 585 766**	**− 3,8**	**684 522**	**3 124 925**	**+ 5,3**
Nordrhein-Westfalen									
Bundesrepublik Deutschland	176 994	572 696	− 3,1	218 624	686 083	− 0,8	227 589	674 196	+ 9,9
Anderer Wohnsitz	99 764	328 766	− 19,4	74 231	265 514	− 17,5	57 736	182 336	− 2,1
Zusammen	**276 758**	**901 462**	**− 9,8**	**292 855**	**951 597**	**− 6,1**	**285 325**	**856 532**	**+ 7,1**
Rheinland-Pfalz									
Bundesrepublik Deutschland	449 782	2 453 237	+ 16,1	309 801	1 065 802	+ 2,6	298 948	978 672	− 1,0
Anderer Wohnsitz	254 520	1 167 952	+ 6,8	216 494	945 617	− 10,1	192 564	805 459	+ 3,9
Zusammen	**704 302**	**3 621 189**	**+ 12,9**	**526 295**	**2 011 419**	**− 3,8**	**491 512**	**1 784 131**	**+ 1,1**
Saarland									
Bundesrepublik Deutschland	.	.	.	21 494	86 080	− 12,4	27 581	78 440	+ 15,6
Anderer Wohnsitz	.	.	.	4 494	14 679	− 28,1	4 827	12 921	+ 50,2
Zusammen	.	.	.	**25 988**	**100 759**	**− 15,1**	**32 408**	**91 361**	**+ 19,5**
Sachsen									
Bundesrepublik Deutschland	−	−	−	152 802	463 447	+ 11,8	143 274	394 769	+ 14,5
Anderer Wohnsitz	−	−	−	18 220	49 773	− 4,2	15 053	39 137	+ 31,2
Zusammen	−	−	−	**171 022**	**513 220**	**+ 10,0**	**158 327**	**433 906**	**+ 15,9**

1) 1985 sind die Gäste aus dem Gebiet der ehem. DDR in der Zeile "Anderer Wohnsitz" enthalten.
2) Veränderung gegenüber dem Vorjahr.

2.2.3 Ankünfte und Übernachtungen auf Campingplätzen nach Ländern und zusammengefaßten Gästegruppen

Land / Ständiger Wohnsitz der Gäste innerhalb/außerhalb der Bundesrepublik Deutschland[1]	Früheres Bundesgebiet 1985			Deutschland 1993			Deutschland 1999		
	Ankünfte	Übernachtungen		Ankünfte	Übernachtungen		Ankünfte	Übernachtungen	
	Anzahl		%[2]	Anzahl		%[2]	Anzahl		%[2]
Sachsen-Anhalt									
Bundesrepublik Deutschland	–	–	–	81 676	257 639	– 10,4	86 195	256 679	+ 10,2
Anderer Wohnsitz	–	–	–	6 171	13 676	– 27,6	7 407	17 798	+ 12,2
Zusammen	–	–	–	87 847	271 315	– 11,5	93 602	274 477	+ 10,3
Schleswig-Holstein									
Bundesrepublik Deutschland	.	.	.	451 574	2 827 227	– 9,6	424 330	2 362 968	+ 2,2
Anderer Wohnsitz	.	.	.	65 033	145 135	– 31,9	43 193	100 789	– 2,8
Zusammen	.	.	.	516 607	2 972 362	– 11,0	467 523	2 463 757	+ 2,0
Thüringen									
Bundesrepublik Deutschland	–	–	–	136 720	383 788	– 26,0	100 169	307 525	+ 13,8
Anderer Wohnsitz	–	–	–	14 084	39 285	– 19,9	11 219	33 590	+ 32,0
Zusammen	–	–	–	150 804	423 073	– 25,5	111 388	341 115	+ 15,4
Bundesgebiet									
Bundesrepublik Deutschland	2 678 345	13 679 657	– 0,9	4 531 955	19 510 360	– 3,7	4 578 432	18 408 417	+ 7,5
Anderer Wohnsitz	1 202 230	3 925 963	– 0,2	1 138 713	3 640 539	– 16,9	978 594	2 925 347	+ 4,9
Insgesamt	3 880 575	17 605 620	– 0,8	5 670 668	23 150 899	– 6,0	5 557 026	21 333 764	+ 7,1
Nachrichtlich: **Früheres Bundesgebiet**									
Bundesrepublik Deutschland	–	–	–	3 208 635	14 873 251	– 3,2	3 145 213	13 409 892	+ 4,3
Anderer Wohnsitz	–	–	–	1 066 235	3 441 860	– 16,7	909 234	2 742 078	+ 3,9
Insgesamt	–	–	–	4 274 870	18 315 111	– 6,1	4 054 447	16 151 970	+ 4,2
Neue Länder und Berlin-Ost									
Bundesrepublik Deutschland	–	–	–	1 323 320	4 637 109	– 5,2	1 433 219	4 998 525	+ 17,2
Anderer Wohnsitz	–	–	–	72 478	198 679	– 19,4	69 360	183 269	+ 21,5
Insgesamt	–	–	–	1 395 798	4 835 788	– 5,9	1 502 579	5 181 794	+ 17,3

1) 1985 sind die Gäste aus dem Gebiet der ehem. DDR in der Zeile "Anderer Wohnsitz" enthalten.
2) Veränderung gegenüber dem Vorjahr.

Methodische Anmerkungen siehe "Statistik der Beherbergung im Reiseverkehr" im Anhang.

2.2.4 Ankünfte und Übernachtungen auf Campingplätzen nach Herkunftsländern 1999

Herkunftsland (ständiger Wohnsitz)	Deutschland Ankünfte Anzahl	Deutschland Übernachtungen Anzahl	Deutschland Übernachtungen %[1]	Früheres Bundesgebiet Ankünfte Anzahl	Früheres Bundesgebiet Übernachtungen Anzahl	Früheres Bundesgebiet Übernachtungen %[1]	Neue Länder und Berlin-Ost Ankünfte Anzahl	Neue Länder und Berlin-Ost Übernachtungen Anzahl	Neue Länder und Berlin-Ost Übernachtungen %[1]
Bundesrepublik Deutschland	4 578 432	18 408 417	+ 7,5	3 145 213	13 409 892	+ 4,3	1 433 219	4 998 525	+ 17,2
Ausland									
Europa									
Baltische Staaten	2 038	4 091	+ 10,3	1 694	3 616	+ 1,5	344	475	+ 227,6
Belgien	27 698	87 607	− 1,3	26 616	84 587	− 1,6	1 082	3 020	+ 10,7
Dänemark	97 379	215 797	+ 8,0	89 186	197 455	+ 6,4	8 193	18 342	+ 30,2
Finnland	16 344	25 415	+ 11,2	14 209	22 244	+ 6,3	2 135	3 171	+ 64,6
Frankreich	30 291	67 724	− 6,6	28 215	63 436	− 5,8	2 076	4 288	− 17,7
Griechenland	648	1 507	− 12,6	619	1 437	− 8,4	29	70	− 55,4
Großbrit. und Nordirland	55 006	169 255	− 0,2	51 329	152 387	− 1,5	3 677	16 868	+ 18,9
Irland, Republik	2 816	11 518	+ 3,2	2 690	11 255	+ 9,7	126	263	− 71,0
Island	1 281	2 258	+ 82,5	1 226	2 190	+ 97,1	55	68	− 46,0
Italien	49 744	91 429	+ 21,6	47 061	86 357	+ 21,9	2 683	5 072	+ 16,5
Luxemburg	3 745	10 092	+ 25,8	2 969	8 870	+ 15,8	776	1 222	+ 236,6
Niederlande	499 896	1 828 246	+ 4,7	469 639	1 738 313	+ 3,9	30 257	89 933	+ 24,1
Norwegen	15 162	27 060	+ 10,6	13 833	24 676	+ 9,5	1 329	2 384	+ 23,3
Österreich	19 731	45 595	+ 13,0	16 756	37 842	+ 8,8	2 975	7 753	+ 39,5
Polen	10 329	23 497	− 10,1	9 154	20 310	− 13,0	1 175	3 187	+ 13,5
Portugal	1 817	4 362	+ 20,8	1 710	4 179	+ 23,3	107	183	− 17,9
Rußland	1 004	2 498	− 6,1	753	1 876	− 10,8	251	622	+ 11,9
Schweden	40 043	63 879	+ 11,0	35 573	55 587	+ 9,4	4 470	8 292	+ 22,5
Schweiz	33 319	86 794	+ 7,0	30 109	78 762	+ 5,4	3 210	8 032	+ 27,0
Spanien	12 228	28 430	+ 9,1	11 529	26 780	+ 9,1	699	1 650	+ 9,2
Tschechische Republik	5 499	12 058	+ 18,5	4 284	9 081	+ 14,5	1 215	2 977	+ 32,3
Türkei	438	1 099	− 3,0	367	921	− 15,2	71	178	+ 278,7
Ungarn	3 581	6 647	+ 2,8	3 308	5 961	− 0,1	273	686	+ 38,0
Sonstige europ. Länder	3 546	8 709	− 17,0	3 168	7 500	− 20,3	378	1 209	+ 11,1
Zusammen	**933 583**	**2 825 567**	**+ 5,0**	**865 997**	**2 645 622**	**+ 4,0**	**67 586**	**179 945**	**+ 23,1**
Afrika									
Republik Südafrika	2 786	4 803	+ 3,8	2 745	4 708	+ 4,9	41	95	− 30,7
Sonstige afrikan. Länder	360	709	+ 19,0	325	601	+ 15,1	35	108	+ 45,9
Zusammen	**3 146**	**5 512**	**+ 5,6**	**3 070**	**5 309**	**+ 6,0**	**76**	**203**	**− 3,8**
Asien									
Arabische Golfstaaten	167	386	+ 145,9	165	378	+ 147,1	2	8	+ 100,0
China, Volksrep., und Hongkong	640	924	+ 36,9	628	895	+ 44,6	12	29	− 48,2
Israel	649	1 075	+ 8,9	639	1 061	+ 9,6	10	14	− 26,3
Japan	480	1 216	+ 53,9	434	1 133	+ 52,3	46	83	+ 80,4
Südkorea	1 333	1 472	+ 95,5	1 318	1 457	+ 104,1	15	15	− 61,5
Taiwan	102	187	+ 122,6	98	183	+ 154,2	4	4	− 66,7
Sonstige asiatische Länder	623	958	− 14,5	596	924	− 12,0	27	34	− 51,4
Zusammen	**3 994**	**6 218**	**+ 36,2**	**3 878**	**6 031**	**+ 39,6**	**116**	**187**	**− 24,0**
Amerika									
Kanada	2 813	4 900	+ 1,1	2 649	4 581	+ 13,2	164	319	− 11,6
USA	8 787	15 217	+ 2,4	8 368	14 445	+ 2,9	419	772	− 7,0
Mittelamerika und Karibik	277	502	− 21,8	234	444	− 21,0	43	58	− 27,5
Brasilien	198	439	− 29,1	175	380	− 32,1	23	59	0,0
Sonstige südamerikanische Länder	929	1 644	− 13,8	896	1 590	− 11,3	33	54	− 52,6
Zusammen	**13 004**	**22 702**	**+ 1,2**	**12 322**	**21 440**	**+ 2,1**	**682**	**1 262**	**− 12,6**
Australien, Neuseeland und Ozeanien zusammen	19 672	35 696	+ 0,2	18 935	34 438	+ 1,9	737	1 258	− 32,1
Ohne Angabe	5 195	29 652	− 6,6	5 032	29 238	− 5,4	163	414	− 50,5
Ausland zusammen	**978 594**	**2 925 347**	**+ 4,9**	**909 234**	**2 742 078**	**+ 3,9**	**69 360**	**183 269**	**+ 21,5**
Ankünfte/Übern. insgesamt	**5 557 026**	**21 333 764**	**+ 7,1**	**4 054 447**	**16 151 970**	**+ 4,2**	**1 502 579**	**5 181 794**	**+ 17,3**

[1] Veränderung gegenüber dem Vorjahr.

Methodische Anmerkungen siehe "Statistik der Beherbergung im Reiseverkehr" im Anhang.

2.3 Gastgewerbe

Das Gastgewerbe - mit den Untergliederungen Gaststätten- und Beherbergungsgewerbe - ist ein zentraler Bereich der Tourismuswirtschaft. Doch werden im Gesamtbereich Gastgewerbe nicht ausschließlich touristische Aktivitäten erfaßt. Zum Beispiel werden im Gaststättengewerbe von Ortsansässigen nachgefragte Leistungen einbezogen, die nicht dem Bereich Tourismus zuzurechnen sind.

Dem Abschnitt vorangestellt sind zwei Graphiken zur konjunkturellen Entwicklung des Umsatzes seit Januar 1995 sowie eine lange Reihe zur Umsatzentwicklung und der Zahl der Beschäftigten seit 1995.

Die Daten der Übersichten sind amtlichen Fachstatistiken, die Tatbestände des Bereichs Gastgewerbe abbilden, entnommen. Dazu zählen Gastgewerbestatistik, Mikrozensus, Umsatzsteuerstatistik sowie die Statistik der Konkurs- und Vergleichsverfahren. Da die einzelnen Fachstatistiken unterschiedlichen Erhebungskriterien unterliegen, sind die Zahlen nicht in jedem Fall vergleichbar.

Die Entwicklung im Gastgewerbe wird in den Aufsätzen "Branchenentwicklung im Gastgewerbe 1999" sowie "Entwicklung der Beschäftigung im Handel und Gastgewerbe 1999" dargestellt. Die zwei Aufsätze sind in diesem Heft in dem dem Tabellenteil vorangestellten Textteil abgedruckt.

Konjunkturelle Entwicklung der Umsätze im Gastgewerbe
Meßzahlen 1995 = 100

Bei der nebenstehend dargestellten konjunkturellen Entwicklung handelt es sich um Ergebnisse der Zeitreihenanalyse nach dem „Berliner Verfahren" (Version 4). Dieses Verfahren zerlegt die Originalwerte (Originalreihe) in eine Trend-Konjunktur-Komponente, eine Saison- und Kalender-Komponente sowie eine Restkomponente. Die Trend-Konjunktur-Komponente des Berliner Verfahrens wird häufig als Konjunkturindikator eingesetzt, da sie die mittel- bis langfristige „Grundtendenz" der Reihe anzeigt.

Grundsätzlich ist zu beachten, daß die Zeitreihenkomponenten am aktuellen Rand (etwa für die letzten drei Monate) mit gewissen Unsicherheiten über die Entwicklung behaftet sind.

Das „Berliner Verfahren" ist aus der Zusammenarbeit der technischen Universität Berlin mit dem Deutschen Institut für Wirtschaftsforschung in Berlin hervorgegangen.

Literaturhinweis: B. Nullau, S. Heiler, P. Wäsch, B. Meissner, D. Filip: Das „Berliner Verfahren". Ein Beitrag zur Zeitreihenanalyse. In: DIW-Beiträge zur Strukturforschung, Heft 7, Berlin 1969.

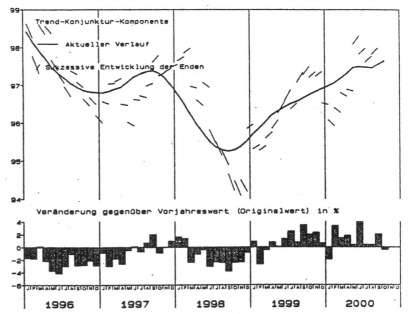

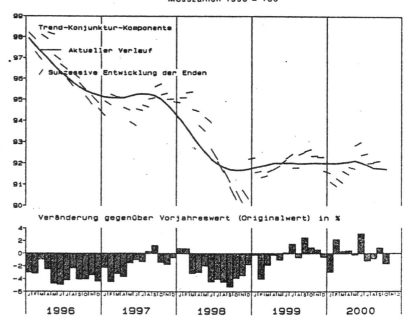

Statistisches Bundesamt, Tourismus in Zahlen, 2000/2001

Entwicklung des Umsatzes (nominal/real) und der Beschäftigtenzahl im Gastgewerbe*)

Meßzahlen 1995 = 100

Berichts-zeitraum		Umsatz				Beschäftigte			
		in jeweiligen Preisen		in Preisen des Jahres 1995		insgesamt		darunter: Teilzeitbeschäftigte	
		1995 = 100	% 1)	1995 = 100	% 1)	1995 = 100	% 1)	1995 = 100	% 1)
1994		100,0	x	102,3	x	102,1	x	100,8	x
1995		100,0	0,0	100,0	-2,2	100,0	-2,1	100,0	-0,9
1996		97,6	-2,4	96,5	-3,5	97,2	-2,8	99,3	-0,7
1997		97,1	-0,5	95,0	-1,5	96,7	-0,5	101,7	2,4
1998		95,6	-1,6	92,2	-2,9	95,1	-1,7	101,1	-0,5
1999		96,5	1,0	92,1	-0,2	89,4	-6,0	89,4	-11,5
1997	1. Halbjahr	92,9	-1,4	91,3	-2,7	95,9	-0,7	100,4	2,1
	2. Halbjahr	101,4	0,4	98,6	-0,6	97,5	-0,3	102,9	2,5
1998	1. Halbjahr	92,2	-0,8	89,6	-1,9	94,7	-1,3	100,9	0,5
	2. Halbjahr	98,9	-2,5	94,9	-3,8	95,5	-2,1	101,4	-1,5
1999	1. Halbjahr	92,2	0,0	88,5	-1,2	89,8	-5,2	92,0	-8,8
	2. Halbjahr	100,9	2,0	95,6	0,7	88,9	-6,9	86,9	-14,3
2000	1. Halbjahr	93,6	1,5	89,0	0,6	86,3	-3,9	85,2	-7,4
1996	1. Quartal	86,5	-1,1	86,4	-1,0	94,1	-2,3	95,4	0,0
	2. Quartal	101,9	-3,4	101,1	-2,0	99,1	-2,7	101,2	-0,6
	3. Quartal	105,5	-2,4	102,9	-3,6	99,6	-3,5	101,6	-1,3
	4. Quartal	96,5	-2,6	95,5	-3,9	95,9	-2,9	99,1	-1,0
1997	1. Quartal	84,9	-1,8	83,6	-4,7	93,0	-1,2	96,7	1,4
	2. Quartal	100,9	-1,0	99,1	-2,0	98,8	-0,3	104,1	2,9
	3. Quartal	106,3	0,8	103,0	0,1	99,5	-0,1	104,5	2,9
	4. Quartal	96,4	-0,1	94,3	-1,3	95,6	-0,3	101,3	2,2
1998	1. Quartal	84,9	0,0	83,1	-0,6	92,0	-1,1	97,8	1,1
	2. Quartal	99,4	-1,5	96,1	-3,0	97,4	-1,4	104,0	-0,1
	3. Quartal	103,2	-2,9	98,3	-4,6	97,6	-1,9	103,1	-1,3
	4. Quartal	94,6	-1,9	91,5	-3,0	93,4	-2,3	99,6	-1,7
1999	1. Quartal	84,3	-0,7	81,4	-2,0	89,9	-2,3	95,2	-2,7
	2. Quartal	100,1	0,7	95,7	-0,4	89,8	-7,8	88,7	-14,7
	3. Quartal	105,6	2,3	99,4	1,1	91,4	-6,4	89,4	-13,3
	4. Quartal	96,2	1,7	91,8	0,3	86,4	-7,5	84,3	-15,4
2000	1. Quartal	85,1	0,9	81,3	-0,1	83,6	-7,0	82,3	-13,6
	2. Quartal	102,1	2,0	96,8	1,1	89,1	-0,8	88,1	-0,7
	3. Quartal	106,5	0,9	99,0	-0,4	89,9	-1,6	87,5	-2,1
1999	Januar	82,7	0,9	80,1	-0,2	89,7	-1,8	95,3	-1,5
	Februar	80,2	-2,7	77,2	-4,0	89,2	-2,4	94,5	-2,9
	März	90,0	-0,4	86,9	-1,8	90,9	-2,7	95,9	-3,3
	April	93,2	0,8	89,5	-0,2	88,7	-7,8	88,4	-13,8
	Mai	106,0	0,1	101,4	-1,0	90,2	-8,2	89,3	-15,3
	Juni	101,1	1,3	96,2	0,1	90,3	-7,6	88,6	-14,7
	Juli	103,7	2,5	97,2	1,5	91,2	-6,4	90,0	-13,0
	August	105,3	0,8	98,2	-0,6	91,8	-6,0	90,0	-13,0
	September	107,6	3,5	102,7	2,5	91,1	-6,6	88,4	-13,8
	Oktober	103,1	2,0	98,4	0,9	88,7	-7,4	85,8	-15,4
	November	89,3	2,3	85,1	0,6	85,4	-7,2	83,7	-14,6
	Dezember	96,1	0,6	91,9	-0,5	85,0	-8,0	83,3	-16,1
2000	Januar	81,1	-1,9	77,8	-2,9	82,5	-8,0	80,6	-15,4
	Februar	82,9	3,4	78,9	2,2	83,3	-6,6	82,1	-13,1
	März	91,3	1,4	87,2	0,3	85,1	-6,4	84,2	-12,2
	April	94,9	1,8	89,9	0,4	88,0	-0,8	87,2	-1,4
	Mai	106,4	0,4	101,2	-0,2	89,6	-0,7	88,9	-0,4
	Juni	105,1	4,0	99,2	3,1	89,5	-0,9	88,1	-0,6
	Juli	104,1	0,4	96,1	-1,1	89,7	-1,6	87,7	-2,6
	August	105,7	0,4	97,4	-0,8	90,1	-1,9	87,8	-2,4
	September	109,8	2,0	103,6	0,9	90,0	-1,2	87,2	-1,4
	Oktober	102,7	-0,4	96,8	-1,6	89,9	1,3	88,0	2,5

*) Auf die Grundgesamtheit hochgerechnete Ergebnisse der repräsentativen Stichprobenbefragung. Die Ergebnisse werden - bedingt durch Nachmeldungen - monatlich rückwirkend (bis 24 Monate) korrigiert.

1) Veränderungsraten gegenüber dem Vorjahreszeitraum.

Statistisches Bundesamt, Tourismus in Zahlen, 2000/2001

2.3.1 Umsatz, Rohertrag, Beschäftigte, Bruttolohn- und -gehaltsumme sowie Investitionen im Gastgewerbe*)
Ergebnisse der Jahreserhebung 1997

Wirtschaftsgliederung	Umsatz			Rohertrag		Beschäftigte je Unternehmen am 31.12.	Bruttolohn- und -gehaltsumme		Investitionen	
	insgesamt	je Unternehmen	je Beschäftigten	insgesamt	Anteil am Umsatz		insgesamt	je Beschäftigten	insgesamt	je 1 000 DM Umsatz
	Mill. DM	1 000 DM		Mill. DM	%	Anzahl	Mill. DM	DM	Mill. DM	DM
Gastgewerbe insgesamt	81 384	417	72	57 177	70,3	6	19 210	16 937	3 991	78
Hotels, Gasthöfe, Pensionen und Hotels garnis	25 437	766	86	20 294	79,8	9	6 639	22 482	1 894	103
Sonstiges Beherbergungsgewerbe	1 797	227	72	1 532	85,3	3	422	16 880	283	252
Beherbergungsgewerbe	27 234	662	85	21 826	80,1	8	7 060	22 042	2 177	111
Restaurants, Cafés, Eisdielen und Imbißhallen	36 901	409	70	24 567	66,6	6	8 289	15 687	1 323	59
Sonstiges Gaststättengewerbe	10 869	188	53	7 010	64,5	4	1 802	8 773	346	76
Gaststättengewerbe	47 770	323	65	31 577	66,1	5	10 092	13 751	1 669	62
Kantinen und Caterer	6 381	1 063	80	3 774	59,1	13	2 058	25 725	146	29

*) Nur Unternehmen ab 25 000 DM Jahresumsatz.

Methodische Anmerkungen siehe "Gastgewerbestatistik" im Anhang.

2.3.2 Unternehmensinsolvenzen im Gastgewerbe 1998 nach Wirtschaftszweigen

Nummer der Systematik	Wirtschaftszweig	Früheres Bundesgebiet				Neue Länder und Berlin-Ost			Deutschland		
		Konkursverfahren			Eröffnete Vergleichsverfahren	Gesamtvollstreckungsverfahren			Insolvenzen [1]		
										dagegen Vorjahr	
		eröffnet	mangels Masse abgelehnt	zusammen		eröffnet	mangels Masse abgelehnt	zusammen	insgesamt	insgesamt	Zu-(+) bzw. Ab-(-) nahme
		Anzahl									%
55	Gastgewerbe	160	1 096	1 256	–	77	486	563	1 819	1 679	+ 8,3
55.1	Hotels, Gasthöfe, Pensionen u. Hotels garnis	34	174	208	–	42	101	143	351	353	– 0,6
55.2	Sonst. Beherbergungsgewerbe	6	4	10	–	3	3	6	16	15	+ 6,7
55.3	Restaurants, Cafés, Eisdielen u. Imbißhallen	62	615	677	–	27	311	338	1 015	929	+ 9,3
55.4	Sonst. Gaststättengewerbe	51	268	319	–	2	54	56	375	327	+ 14,7
55.5	Kantinen u. Caterer	7	35	42	–	3	17	20	62	55	+ 12,7

[1] Vermindert um die Zahl der Anschlußkonkurse.

Methodische Anmerkungen siehe "Statistik der Konkurs- und Vergleichsverfahren".

2.3.3 Erwerbstätige nach Wirtschaftsbereichen und Stellung im Beruf
1 000

Wirtschaftsbereich (i = insgesamt, m = männlich, w = weiblich)		Erwerbs-tätige ins-gesamt	Davon									Dar. mit norm. gel. Arbeitsz. unter 36 Std.
			Selbständige			Mith. Fam.-Angeh.	Beamte	Ange-stellte	Auszub. in kfm. u. techn. Ausb.-Berufen	Arbeiter	Auszub. in ge-werbl. Ausb.-Berufen	
			zu-sammen	ohne Beschäftigte(n)	mit Beschäftigte(n)							
1996												
Hotels, Gasthöfe, Pensionen und Hotels garnis	i	457	92	31	61	12	–	158	12	155	29	105
	m	172	53	14	39	/	–	57	/	47	10	17
	w	285	39	17	22	9	–	102	9	108	19	88
Sonstiges Beherbergungs-gewerbe	i	34	/	/	/	/	/	15	/	12	/	10
	m	12	/	/	/	–	/	6	–	/	/	/
	w	22	/	/	/	/	–	9	/	8	/	9
Restaurants, Cafés, Eisdielen und Imbißhallen	i	433	110	34	76	18	/	113	/	180	10	123
	m	206	74	20	54	/	/	46	/	76	/	31
	w	227	36	14	22	13	–	67	/	105	5	91
Sonstiges Gaststättengewerbe	i	129	40	14	26	/	–	37	/	45	/	39
	m	59	24	8	16	/	–	17	/	15	/	12
	w	70	16	7	9	/	–	20	/	30	/	28
Kantinen und Caterer	i	62	5	/	/	/	/	17	–	39	/	22
	m	16	/	/	/	/	/	7	–	7	/	/
	w	46	/	/	/	/	–	10	–	32	/	20
1997												
Hotels, Gasthöfe, Pensionen und Hotels garnis	i	362	68	24	43	8	/	132	14	114	26	90
	m	136	36	10	26	/	/	49	/	35	11	16
	w	226	32	15	17	6	–	84	11	79	15	74
Sonstiges Beherbergungs-gewerbe	i	32	6	/	/	–	–	17	/	9	/	11
	m	11	/	/	/	–	–	6	/	/	–	/
	w	21	/	/	/	–	–	11	/	6	/	10
Restaurants, Cafés, Eisdielen und Imbißhallen	i	400	96	29	67	13	/	110	/	168	11	132
	m	186	64	18	46	/	/	46	/	66	/	36
	w	215	32	12	21	8	–	64	/	102	7	95
Sonstiges Gaststättengewerbe	i	276	74	28	45	9	/	87	/	96	8	86
	m	131	45	14	30	/	/	41	/	38	/	27
	w	145	29	14	15	7	/	46	/	58	/	59
Kantinen und Caterer	i	63	/	/	/	/	/	17	/	40	/	25
	m	17	/	/	/	–	–	7	/	8	/	/
	w	46	/	/	/	/	/	10	–	32	/	22

Statistisches Bundesamt, Tourismus in Zahlen, 2000/2001

2.3.3 Erwerbstätige nach Wirtschaftsbereichen und Stellung im Beruf
1 000

Wirtschaftsbereich (i = insgesamt, m = männlich, w = weiblich)		Erwerbstätige insgesamt	Davon									Dar. mit norm. gel. Arbeitsz. unter 36 Std.[1]
			Selbständige			Mith. Fam.-Angeh.	Beamte	Ange-stellte	Auszub. in kfm. u. techn. Ausb.-Berufen	Arbeiter	Auszub. in ge-werbl. Ausb.-Berufen	
			zu-sammen	ohne	mit							
				Beschäftigte(n)								
1998												
Hotels, Gasthöfe, Pensionen und Hotels garnis	i	338	61	18	43	8	/	128	17	100	24	72
	m	128	34	8	27	/	–	47	/	31	9	11
	w	210	27	11	16	6	/	81	12	69	14	61
Sonstiges Beherbergungs-gewerbe	i	24	/	/	/	/	–	10	/	9	/	7
	m	9	/	/	/	/	–	/	–	/	/	/
	w	15	/	/	/	/	–	6	/	6	/	6
Restaurants, Cafés, Eisdielen und Imbißhallen	i	552	140	43	98	22	/	160	/	212	15	165
	m	260	89	22	66	7	–	70	/	85	8	44
	w	292	51	20	31	15	/	91	/	127	7	121
Sonstiges Gaststättengewerbe	i	137	40	17	23	6	–	41	/	47	/	44
	m	60	22	8	14	/	–	17	/	17	/	11
	w	77	18	9	9	/	–	24	/	29	/	32
Kantinen und Caterer	i	79	10	/	5	/	/	22	–	44	/	26
	m	26	/	/	/	/	–	9	–	11	/	/
	w	53	6	/	/	/	/	13	–	33	/	21
1999												
Hotels, Gasthöfe, Pensionen und Hotels garnis	i	356	55	16	39	6	–	143	15	107	29	82
	m	128	39	6	23	/	–	51	/	30	12	13
	w	227	26	10	16	/	–	92	11	76	18	69
Sonstiges Beherbergungs-gewerbe	i	20	/	/	/	/	/	9	/	7	/	6
	m	7	/	/	/	/	/	/	–	/	/	/
	w	13	/	/	/	/	–	5	/	5	/	5
Restaurants, Cafés, Eisdielen und Imbißhallen	i	585	138	42	96	16	/	177	/	233	16	188
	m	268	88	22	66	/	–	75	/	92	7	48
	w	317	51	20	30	11	/	102	/	141	9	140
Sonstiges Gaststättengewerbe	i	142	44	18	26	/	/	44	/	47	/	48
	m	60	26	9	16	/	/	17	–	15	/	12
	w	82	18	9	10	/	–	27	/	31	/	36
Kantinen und Caterer	i	85	14	5	9	/	–	25	/	42	/	30
	m	28	7	/	/	/	–	10	/	10	/	/
	w	56	7	/	/	/	–	15	/	32	/	25

[1] 1998: Darunter mit normalerweise geleisteter Arbeitszeit unter 32 Stunden.

Methodische Anmerkungen siehe „Mikrozensus" im Anhang.

Statistisches Bundesamt, Tourismus in Zahlen, 2000/2001

2.3.4 Steuerpflichtige und steuerbarer Umsatz bzw. Lieferungen und Leistungen im Gastgewerbe nach Betriebsarten

Betriebsart	Früheres Bundesgebiet				Deutschland			
	1980		1990		1994		1998	
	Steuer-pflichtige[1]	steuerbarer Umsatz	Steuer-pflichtige[1]	steuerbarer Umsatz	Steuer-pflichtige[1]	steuerbarer Umsatz	Steuer-pflichtige[1]	Lieferungen und Leistungen[2]
	Anzahl	1 000 DM	Anzahl	1 000 DM	Anzahl	1 000 DM	Anzahl	1 000 DM
Beherbergungsgewerbe	35 164	12 248 521	43 003	22 715 954	56 124	31 610 665	50 579	29 806 433
Hotels, Gasthöfe, Pensionen und Hotels garnis								
Hotels	8 740	6 335 765	9 430	12 008 123	12 199	16 656 576	11 712	17 161 028
Gasthöfe	12 547	3 161 860	18 650	6 008 207	24 541	8 384 389	21 392	7 159 242
Pensionen	5 718	912 715	6 543	1 633 376	8 533	2 137 284	7 191	1 612 668
Hotels garnis	5 524	1 085 432	4 132	1 367 955	4 142	1 485 441	3 696	1 598 259
Zusammen	32 529	11 495 771	38 755	21 017 661	49 416	28 663 690	43 991	27 531 198
Sonstige Beherbergungsgewerbe								
Jugendherbergen und Hütten	138	36 014	126	27 170	177	137 825	181	80 249
Campingplätze	551	130 204	711	286 109	1 020	645 450	1 024	489 115
Erholungs-, Ferien- und Schulungsheime[3]	466	313 235	444	616 357	636	800 320	476	319 619
Ferienzentren	38	79 557	87	345 500	164	603 127	182	464 867
Ferienhäuser und Ferienwohnungen	965	146 282	1 991	321 077	3 144	548 710	3 086	557 577
Privatquartiere	477	47 458	889	102 080	1 567	211 544	1 254	199 969
Sonstiges Beherbergungsgewerbe a.n.g.	–	–	–	–	–	–	385	163 838
Zusammen	2 635	752 750	4 248	1 698 293	6 708	2 946 975	6 588	2 275 235
Gaststättengewerbe	162 357	31 029 897	178 668	48 453 987	211 146	62 959 855		
Restaurants, Cafés, Eisdielen und Imbißhallen								
Restaurants mit herkömmlicher Bedienung	54 053	13 293 485	69 389	22 586 658	78 489	28 210 333	90 888	32 468 814
Restaurants mit Selbstbedienung[4]	–	–	–	–	659	976 207	1 460	1 684 535
Cafés	5 116	1 563 028	7 074	2 495 423	9 989	3 456 779	9 820	3 236 061
Eisdielen	3 749	594 286	4 443	1 095 895	6 148	1 705 035	6 568	1 876 328
Imbißhallen	8 840	1 964 174	15 922	4 391 444	26 332	6 690 314	24 682	6 469 810
Zusammen	71 758	17 414 973	96 828	30 569 420	121 617	41 038 668	133 418	45 735 547
Sonstiges Gaststättengewerbe								
Schankwirtschaften	77 826	10 857 767	65 350	12 854 221	73 074	16 348 786	53 811	12 283 812
Bars und Vergnügungslokale	5 196	1 437 222	4 768	1 750 988	3 049	974 223	2 229	706 310
Diskotheken und Tanzlokale[5]	–	–	–	–	1 747	1 060 716	2 067	1 208 269
Trinkhallen	5 698	1 113 588	6 703	2 031 024	11 571	3 509 097	8 255	2 600 365
Sonstige Bewirtungsstätten a.n.g.	1 879	206 345	5 019	1 248 334	88	28 365	–	–
Zusammen	90 599	13 614 922	81 840	17 884 567	89 529	21 921 187	66 362	16 798 755
Kantinen und Caterer								
Kantinen	4 968	2 292 420	4 882	3 091 463	5 950	3 627 589	5 435	3 518 165
Caterer[6]	–	–	–	–	952	1 975 895	1 950	2 787 138
Zusammen	4 968	2 292 420	4 882	3 091 463	6 902	5 603 384	7 385	6 305 304
Gastgewerbe insgesamt	202 512	45 813 999	226 553	74 261 404	274 172	100 173 903	257 744	98 646 039

1) Bis 1994: Steuerpflichtige mit jährlichen Lieferungen und Leistungen (bis 1990: steuerbarer Umsatz) über 25 000 DM, 1998: über 32 500 DM.
2) Ohne Umsatzsteuer, entspricht dem Steuerbaren Umsatz.
3) 1980 - 1990 ohne Schulungsheime.
4) 1980 und 1990 in Restaurants mit herkömmlicher Bedienung enthalten.
5) 1980 und 1990 in Bars und Vergnügungslokalen enthalten.
6) 1980 - 1990 in Kantinen enthalten.

Methodische Anmerkungen siehe "Umsatzsteuerstatistik" im Anhang.

2.3.5 Steuerpflichtige sowie deren Lieferungen und Leistungen im Gastgewerbe 1998 nach Ländern

Land	Gastgewerbe insgesamt		Darunter									
			Beherbergungsgewerbe				Gaststättengewerbe					
			zusammen		dar. Hotels, Gasthöfe, Pensionen, Hotels garnis		zusammen		davon			
									Restaurants, Cafés, Eisdielen und Imbißhallen		Sonstiges Gaststättengewerbe	
	Steuer-pflich-tige[1]	Lieferungen und Leistungen[2]	Steuer-pflich-tige[1]	Lieferungen und Leistungen[2]	Steuer-pflich-tige[1]	Lieferungen und Leistungen[2]	Steuer-pflich-tige[1]	Lieferungen und Leistungen[2]	Steuer-pflich-tige[1]	Lieferungen und Leistungen[2]	Steuer-pflich-tige	Lieferungen und Leistungen[2]
	Anzahl	1 000 DM	Anzahl	1 000 DM	Anzahl	1 000 DM	Anzahl	1 000 DM	Anzahl	1 000 DM	Anzahl	1 000 DM
Baden-Württemberg	33 740	12 256 578	7 026	3 387 495	6 482	3 163 965	25 753	8 240 612	21 517	7 270 866	4 236	969 746
Bayern	43 245	20 440 023	14 002	8 296 202	12 406	7 953 853	28 318	11 475 815	20 057	9 310 388	8 261	2 165 427
Berlin	9 062	4 291 773	559	1 078 489	449	999 344	8 069	2 983 626	7 418	2 813 144	651	170 482
Brandenburg	6 498	1 736 663	1 664	570 718	1 483	506 349	4 557	1 030 301	3 428	794 026	1 129	236 275
Bremen	1 831	667 723	168	145 323	159	142 983	1 604	483 846	932	315 968	672	167 878
Hamburg	4 817	2 551 691	368	661 596	282	634 244	4 251	1 788 247	2 427	1 208 576	1 824	579 671
Hessen	19 247	9 361 062	4 174	3 166 340	3 971	3 074 208	14 698	4 191 474	9 113	2 664 749	5 585	1 526 725
Mecklenburg-Vorpommern	5 060	1 690 972	1 376	674 078	1 010	562 544	3 482	911 218	2 949	781 139	533	130 079
Niedersachsen	24 915	9 337 647	5 208	2 840 846	3 902	2 493 805	18 773	6 028 193	9 659	3 532 701	9 114	2 495 492
Nordrhein-Westfalen	55 505	20 772 718	5 177	4 356 684	4 712	4 057 554	48 915	15 166 685	28 022	9 542 193	20 893	5 624 492
Rheinland-Pfalz	16 350	4 848 765	2 373	1 458 588	2 104	1 256 563	13 685	3 258 519	8 559	2 280 906	5 126	977 613
Saarland	4 121	997 408	168	139 951	156	135 063	3 850	809 551	1 732	455 786	2 118	353 765
Sachsen	10 286	2 889 815	2 621	936 850	2 475	889 433	7 231	1 790 127	5 267	1 350 556	1 964	439 571
Sachsen-Anhalt	6 491	1 601 725	912	335 343	831	315 063	5 318	1 128 035	3 913	867 110	1 405	260 925
Schleswig-Holstein	9 622	3 496 649	3 063	1 204 873	1 969	846 677	6 273	2 197 927	4 833	1 753 276	1 440	444 651
Thüringen	6 954	1 704 826	1 720	553 054	1 600	499 549	5 003	1 050 124	3 592	794 161	1 411	255 963
Deutschland	**257 744**	**98 646 039**	**50 579**	**29 806 433**	**43 991**	**27 531 198**	**199 780**	**62 534 302**	**133 418**	**45 735 547**	**66 362**	**16 798 755**

1) Mit Lieferungen und Leistungen über 32 500 DM.
2) Ohne Umsatzsteuer.

Methodische Anmerkungen siehe "Umsatzsteuerstatistik" im Anhang.

Statistisches Bundesamt, Tourismus in Zahlen, 2000/2001

2.4 Reisebüros und Reiseveranstalter

Der Bereich Reisebüros und Reiseveranstalter hat am Wirtschaftsfaktor Tourismus einen bedeutenden Anteil. Reiseveranstalter unterbreiten vor allem das Pauschalreiseangebot, das von der Mehrzahl der Urlaubsreisenden wahrgenommen wird. Reisebüros sind als "Mittler" zwischen den Reisenden und dem touristischen Angebot tätig. Sie informieren und beraten die Reisenden und verkaufen einen gewichtigen Teil aller touristischen Leistungen.

In der Statistik ist dieser Bereich jedoch bisher nur unzureichend abgedeckt. So kann an dieser Stelle nur auf wenig Datenmaterial, das verschiedenen amtlichen Fachstatistiken entnommen ist, zurückgegriffen werden.

Die erste Übersicht dieses Abschnitts ist Gegenstand der Statistik der Konkurs- und Vergleichsverfahren. Der Begriff "Insolvenzverfahren" umfaßt beantragte Konkursverfahren plus eröffnete Vergleichsverfahren abzüglich Anschlußkonkurse. Da die Zahlen aus dem Bereich Reisebüros und Reiseveranstalter allein wenig aussagefähig sind, werden zum Vergleich alle Unternehmen und Freien Berufe herangezogen.

Es folgen Übersichten aus dem Material der Arbeitsstättenzählung und der Umsatzsteuerstatistik.

Die zwei letzten Tabellen dieses Abschnitts sind Bestandteil der Kostenstrukturstatistik.

2.4.1 Insolvenzverfahren im Bereich Reisebüros und Reiseveranstalter

Jahr	Anzahl	Veränderung gegenüber dem Vorjahr %	Zum Vergleich: alle Unternehmen und Freien Berufe	
			Anzahl	Veränderung gegenüber dem Vorjahr %
Deutschland				
1991	118	–	8 837	–
1992	141	+ 19,5	10 920	+ 23,6
1993	210	+ 48,9	15 148	+ 38,7
1994	224	+ 6,7	18 837	+ 24,4
1995	236	+ 5,4	22 344	+ 18,6
1996	241	+ 2,1	25 530	+ 14,3
1997	254	+ 5,4	27 474	+ 7,6
1998	237	– 6,7	27 828	+ 1,3
Früheres Bundesgebiet				
1982	97	–	11 915	–
1983	94	– 3,1	11 845	– 0,6
1984	79	– 16,0	12 018	+ 1,5
1985	112	+ 41,8	13 625	+ 13,4
1986	81	– 27,7	13 500	– 0,9
1987	111	+ 37,0	12 098	– 10,4
1988	78	– 29,7	10 562	– 12,7
1989	96	+ 23,1	9 590	– 9,2
1990	112	+ 16,7	8 730	– 9,0
1991	114	+ 1,8	8 445	– 3,3
1992	128	+ 12,3	9 828	+ 16,4
1993	189	+ 47,7	12 821	+ 30,5
1994	187	– 1,1	14 926	+ 16,4
1995	193	+ 3,2	16 470	+ 10,3
1996	200	+ 3,6	18 111	+ 10,0
1997	218	+ 9,0	19 348	+ 6,8
1998	207	– 5,0	19 213	– 0,7
Neue Länder und Berlin-Ost				
1991	4	–	392	–
1992	13	+ 225,0	1 092	+ 178,6
1993	21	+ 61,5	2 327	+ 113,1
1994	37	+ 76,2	3 911	+ 68,1
1995	43	+ 16,8	5 874	+ 50,2
1996	41	– 4,7	7 419	+ 26,3
1997	36	– 12,2	8 126	+ 9,5
1998	30	– 16,7	8 615	+ 6,0

Methodische Anmerkungen siehe "Statistik der Konkurs- und Vergleichsverfahren" im Anhang.

Früheres Bundesgebiet

2.4.2 Arbeitsstätten und Beschäftigte im Bereich Reisebüros und Reiseveranstalter

Stichtag	Gesamtzahl der		Beschäftigteje Arbeitsstätte	Darunter Arbeitsstätten mit ... Beschäftigten					
				Arbeitstätten/ Beschäftigte	2 - 9		10 - 49		50 - 99	
	Arbeitsstätten	Beschäftigten			Arbeitsstätten	Beschäftigte	Arbeitsstätten	Beschäftigte	Arbeitsstätten	Beschäftigte
6. Juni 1961	1 645	11 842	7	458	908	3 647	253	4 885	21	1 502
27. Mai 1970	2 566	19 491	8	553	1 548	6 131	425	7 686	23	1 440
25. Mai 1987	9 180	44 300	5	2 163	6 181	22 131	789	13 997	31	2 052

Methodische Anmerkungen siehe "Arbeitsstättenzählung" im Anhang.

2.4.3 Steuerpflichtige und Umsatz im Bereich Reisebüros und Reiseveranstalter

Jahr	Reiseveranstalter und Fremdenführung		Reisebüros	
	Steuerpflichtige[1]	Lieferungen und Leistungen[2]	Steuerpflichtige[1]	Lieferungen und Leistungen[2]
	Anzahl	1 000 DM	Anzahl	1 000 DM

Früheres Bundesgebiet

1980	675	1 284 529	2 010	1 268 081
1982	658	2 174 787	2 510	1 631 712
1984	717	2 419 304	3 016	2 142 011
1986	820	2 606 118	3 623	2 641 508
1988	904	1 663 147	4 478	3 820 969
1990	1 023	1 924 946	5 248	5 077 632

Deutschland

1992	1 418	3 368 752	7 063	6 701 216
1994	1 649	4 867 173	8 132	5 606 469
1996	1 772	4 310 422	8 568	5 778 933
1997	1 824	4 249 633	8 736	5 891 164
1998	1 924	17 811 537	9 066	5 996 306

[1] Mit steuerbaren Umsätzen bis 1988 über 20 000 DM, bis 1992 über 25 000 DM, seit 1994 mit Lieferungen, sonstigen Leistungen und Eigenverbrauch (entspricht dem steuerbaren Umsatz) über 25 000 DM, seit 1996 über 32 500 DM.

[2] Ohne Umsatzsteuer.

Methodische Anmerkungen siehe "Umsatzsteuerstatistik" im Anhang.

2.4.4 Umsatz, Gesamtleistung und ausgewählte Kosten der Reisebüros und Reiseveranstalter 1995*)

Gesamtleistung von ... bis unter ... DM	Umsatz im Geschäftsjahr einschl. Umsatzsteuer je Unternehmen	Umsatz im Geschäftsjahr ohne Umsatzsteuer je Unternehmen	Umsatz aus Reiseveranstaltung und -vermittlung	Gesamtleistung je Unternehmen[1]	Personalkosten[2]	Fremdleistungen	Kosten des Fahrzeug- und Schiffsparks[3]	Mieten und Pachten	Steuern[4]	Steuerliche Abschreibungen[5]	Kosten insgesamt
	1 000 DM	1 000 DM	%[6]	1 000 DM	% der Gesamtleistung						

Früheres Bundesgebiet

Reisebüros

25 000 - 50 000	(47,4)	(41,3)	(100,0)	(41,3)	(19,8)	(0,8)	(1,5)	(28,2)	(-)	(2,4)	(91,6)
50 000 - 100 000	81,1	74,5	97,4	75,1	16,1	0,7	4,8	11,3	0,2	5,4	74,5
100 000 - 250 000	183,0	163,4	95,6	163,4	44,7	2,1	1,4	12,9	0,5	4,0	91,7
250 000 - 500 000	406,7	369,9	94,7	369,9	39,4	2,0	2,1	11,3	0,9	3,0	89,9
500 000 - 1 Mill.	731,4	670,0	98,3	670,0	49,0	1,6	1,2	8,2	1,7	3,0	84,4
1 Mill. - 2 Mill.	1 314,4	1 235,9	94,3	1 237,4	36,8	2,3	2,6	5,5	1,0	4,0	85,7
2 Mill. - 10 Mill.	(5 459,3)	(5 079,9)	(90,8)	(5 079,9)	(52,4)	(5,1)	(0,3)	(7,6)	(1,2)	(4,5)	(93,3)

Reiseveranstalter[7]

50 000 - 100 000	81,9	72,4	98,3	72,4	5,6	7,1	17,0	8,9	3,2	8,0	78,5
100 000 - 250 000	214,3	194,5	96,2	194,5	11,7	3,4	21,5	3,8	-	15,9	100,5
250 000 - 500 000	426,5	389,8	90,6	389,8	13,9	5,0	18,3	1,6	0,7	13,9	91,1
500 000 - 1 Mill.	789,1	724,7	90,7	724,7	21,9	5,3	16,5	4,2	0,6	12,2	100,1
1 Mill. - 2 Mill.	1 481,7	1 366,5	91,8	1 366,5	20,4	7,9	11,9	2,5	0,6	9,8	99,9
2 Mill. - 5 Mill.	3 267,4	3 084,1	91,4	3 084,2	17,4	9,2	7,6	3,1	0,3	7,5	100,5
5 Mill. - 10 Mill.	7 890,2	7 421,4	94,8	7 421,4	21,8	9,3	2,9	3,2	1,0	2,2	96,7
10 Mill. - 25 Mill.	(13 797,3)	(13 657,7)	(98,4)	(13 657,7)	(3,4)	(69,7)	(1,0)	(0,9)	(0,7)	(0,8)	(95,9)
25 Mill. - 100 Mill.	(40 245,7)	(38 579,5)	(99,5)	(38 618,0)	(5,0)	(23,3)	(0,1)	(0,6)	(0,2)	(0,2)	(98,7)
100 Mill. - 250 Mill.	(171 581,5)	(169 388,0)	(98,3)	(169 400,3)	(11,8)	(37,1)	(3,1)	(3,7)	(0,0)	(0,4)	(100,7)

Neue Länder und Berlin-Ost

Reisebüros

25 000 - 100 000	(75,7)	(66,4)	(93,6)	(67,4)	(20,9)	(15,5)	(4,8)	(18,8)	(-)	(8,6)	(101,1)
100 000 - 250 000	(176,2)	(154,5)	(97,5)	(154,5)	(23,6)	(1,2)	(2,0)	(10,3)	(0,0)	(6,0)	(76,5)
250 000 - 500 000	(351,3)	(310,0)	(96,6)	(310,0)	(35,8)	(1,8)	(3,0)	(10,1)	(0,1)	(5,3)	(80,4)

Reiseveranstalter[7]

250 000 - 500 000	(372,7)	(340,6)	(95,0)	(340,6)	(8,4)	(2,3)	(23,2)	(9,0)	(-)	(18,0)	(94,5)
500 000 - 1 Mill.	(785,4)	(714,1)	(90,9)	(714,1)	(23,9)	(14,4)	(19,3)	(3,7)	(0,1)	(13,6)	(102,6)
1 Mill. - 2 Mill.	(1 534,9)	(1 415,1)	(82,6)	(1 415,1)	(17,1)	(22,1)	(14,1)	(6,4)	(0,1)	(11,2)	(98,6)
2 Mill. - 5 Mill.	(2 705,8)	(2 549,1)	(95,1)	(2 549,1)	(11,9)	(1,9)	(10,4)	(0,4)	(0,2)	(10,6)	(96,1)

*) Nicht hochgerechnetes Ergebnis.
1) Gesamtleistung = Umsatz ohne Umsatzsteuer plus/minus Bestandsveränderung an selbsthergestellten und bearbeiteten Halb- und Fertigerzeugnissen plus andere aktivierte Eigenleistungen.
2) Ohne Entgelt für tätige Inhaber/innen, tätige Mitinhaber/innen und mithelfende Familienangehörige, die im befragten Unternehmen in keinem vertraglichen Lohn-, Gehalts- oder Ausbildungsverhältnis standen.
3) Ohne Personalkosten, Miete und Abschreibungen.
4) Ohne Umsatz-, Einkommen-, Körperschaft -und Kfz-Steuer. Die Vermögensteuer ist nur von Kapitalgesellschaften sowie Erwerbs- und Wirtschaftsgenossenschaften auszuweisen. Die Kfz-Steuer ist bei den Kosten des Fahrzeug- und Schiffsparks erfaßt.
5) Ohne Sondervergünstigungen sowie ohne geringwertige Wirtschaftsgüter gemäß § 6 Absatz 2 EStG.
6) Anteil vom Umsatz ohne Umsatzsteuer je Unternehmen.
7) Ohne Fremdenführer und Reiseleiter.

Methodische Anmerkungen siehe "Kostenstrukturstatistik" im Anhang.

2.4.5 Beschäftigte und Personalkosten der Reisebüros und Reiseveranstalter je Unternehmen 1995*)

Gesamtleistung von ... bis unter ... DM	Tätige Personen[1] im Durchschnitt des Geschäftsjahres					Personalkosten [2]				
	insgesamt	tätige Inhaber/innen, tätige Mitinhaber/innen und ohne Entgelt mithelfende Familienangehörige	Angestellte (einschließlich Vertreter im Angestelltenverhältnis)[3]	Arbeiter/innen und sonstiges Personal	Auszubildende	Löhne und Gehälter[4]	Sozialkosten			Anteil an den Löhnen und Gehältern
							insgesamt	gesetzliche	übrige	
	Anzahl					1 000 DM				%

Früheres Bundesgebiet

Reisebüros

Gesamtleistung	insgesamt	Inhaber	Angestellte	Arbeiter	Azubi	Löhne	Soz. ges.	gesetzl.	übrige	Anteil
25 000 – 50 000	(1,4)	(1,0)	(0,3)	(0,0)	(–)	(6,7)	(1,5)	(100,0)	(–)	(22,7)
50 000 – 100 000	1,5	1,1	0,4	0,1	–	10,9	1,2	100,0	–	11,4
100 000 – 250 000	2,5	0,6	1,6	0,2	0,1	62,5	10,5	98,2	1,8	16,7
250 000 – 500 000	4,2	0,6	2,4	0,3	0,9	125,0	20,6	92,8	7,2	16,4
500 000 – 1 Mill.	6,8	0,4	5,0	0,3	1,1	279,4	49,1	93,1	6,9	17,6
1 Mill. – 2 Mill.	8,7	0,2	8,0	0,2	0,3	395,9	59,9	95,3	4,7	15,1
2 Mill. – 10 Mill.	(45,5)	(0,4)	(33,5)	(3,2)	(8,4)	(2 193,2)	(467,7)	(90,9)	(9,1)	(21,3)

Reiseveranstalter[5]

Gesamtleistung	insgesamt	Inhaber	Angestellte	Arbeiter	Azubi	Löhne	Soz. ges.	gesetzl.	übrige	Anteil
50 000 – 100 000	1,4	1,3	0,1	0,1	–	3,8	0,3	100,0	–	8,0
100 000 – 250 000	1,9	1,2	0,6	0,1	–	19,6	3,1	90,6	9,4	15,9
250 000 – 500 000	2,5	0,9	0,8	0,7	0,1	46,9	7,4	97,8	2,2	15,7
500 000 – 1 Mill.	4,4	0,7	2,0	1,4	0,3	130,6	27,7	82,6	17,4	21,2
1 Mill. – 2 Mill.	6,7	0,8	2,1	3,4	0,4	236,2	42,0	95,4	4,6	17,8
2 Mill. – 5 Mill.	10,0	0,6	5,0	4,2	0,3	460,8	76,6	97,1	2,9	16,6
5 Mill. – 10 Mill.	21,5	–	12,8	7,3	1,4	1 418,5	196,2	95,0	5,0	13,8
10 Mill. – 25 Mill.	(8,9)	(0,3)	(8,3)	(0,1)	(0,3)	(397,8)	(71,2)	(97,4)	(2,6)	(17,9)
25 Mill. – 100 Mill.	(24,6)	(–)	(24,6)	(–)	(–)	(1 678,5)	(262,1)	(96,2)	(3,8)	(15,6)
100 Mill. – 250 Mill.	(256,0)	(–)	(251,0)	(–)	(5,0)	(15 115,4)	(4 828,9)	(74,2)	(25,8)	(31,9)

Neue Länder und Berlin-Ost

Reisebüros

Gesamtleistung	insgesamt	Inhaber	Angestellte	Arbeiter	Azubi	Löhne	Soz. ges.	gesetzl.	übrige	Anteil
25 000 – 100 000	(1,7)	(1,3)	(0,5)	(–)	(–)	(11,7)	(2,4)	(100,0)	(–)	(20,6)
100 000 – 250 000	(2,4)	(0,9)	(1,3)	(–)	(0,3)	(30,3)	(6,2)	(99,2)	(0,8)	(20,5)
250 000 – 500 000	(3,6)	(0,7)	(2,5)	(–)	(0,4)	(95,6)	(15,5)	(85,1)	(14,9)	(16,2)

Reiseveranstalter[5]

Gesamtleistung	insgesamt	Inhaber	Angestellte	Arbeiter	Azubi	Löhne	Soz. ges.	gesetzl.	übrige	Anteil
250 000 – 500 000	(3,4)	(2,2)	(1,0)	(0,2)	(–)	(24,2)	(4,4)	(99,6)	(0,4)	(18,4)
500 000 – 1 Mill.	(4,9)	(0,8)	(2,5)	(1,7)	(–)	(141,2)	(29,8)	(96,5)	(3,5)	(21,1)
1 Mill. – 2 Mill.	(7,6)	(0,8)	(4,0)	(2,8)	(0,1)	(200,0)	(41,7)	(99,0)	(1,0)	(20,8)
2 Mill. – 5 Mill.	(7,9)	(1,2)	(3,5)	(3,2)	(–)	(255,4)	(48,0)	(100,0)	(–)	(18,8)

---

*) Nicht hochgerechnetes Ergebnis.
1) Umfaßt alle im Unternehmen tätigen Personen.
2) Ohne Entgelt für tätige Inhaber/innen, tätige Mitinhaber/innen und mithelfende Familienangehörige, die im befragten Unternehmen in keinem vertraglichen Lohn-, Gehalts- oder Ausbildungsverhältnis standen.
3) Zu den Angestellten zählen auch Gesellschafter, Vorstandsmitglieder und andere leitende Personen, soweit sie vom befragten Unternehmen Bezüge erhielten, die steuerlich als "Einkünfte aus nichtselbständiger Arbeit" angesehen wurden.
4) Einschließlich Vergütungen an Auszubildende.
5) Ohne Fremdenführer und Reiseleiter.

Methodische Anmerkungen siehe "Kostenstrukturstatistik" im Anhang.

2.5 Landwirtschaftliche Betriebe und Forstbetriebe mit Vermietung von Unterkünften

In landschaftlich reizvollen Gegenden bietet sich für Inhaber von landwirtschaftlichen Betrieben und Forstbetrieben die Möglichkeit, durch Beherbergung von Gästen ein zusätzliches Einkommen zu erzielen. Für die Aktion "Urlaub auf dem Bauernhof" wurden seit den 60er Jahren in größerem Umfang sowohl private als auch öffentlich geförderte Investitionen getätigt, die teils den vorstehend genannten Betrieben, teils der Infrastruktur des Feriengebietes zugute kamen. In den Landwirtschaftszählungen 1971, 1979 und 1991 wurde festgestellt, in welchem Umfang die landwirtschaftlichen Betriebe und Forstbetriebe von der Möglichkeit Gebrauch machen, Unterkünfte an Feriengäste zu vermieten.

2.5.1 Landwirtschaftliche Betriebe und Forstbetriebe mit Vermietung von Unterkünften an Ferien- oder Kurgäste nach Ländern*)

Land	Jahr	Landwirtschaftliche Betriebe[1]			Forstbetriebe[2]		
		insgesamt	darunter mit Vermietung von Unterkünften an Ferien- oder Kurgäste[3]		insgesamt	darunter mit Vermietung von Unterkünften an Ferien- oder Kurgäste[3]	
			zusammen	Übernachtungen je Betrieb		zusammen	Übernachtungen je Betrieb
Früheres Bundesgebiet							
Baden-Württemberg	1971	190 348	3 652	286	11 786	226	361
	1979	152 279	3 131	431	12 931	241	703
	1991	111 250	2 618	457	15 522	189	504
Bayern	1971	329 799	10 777	323	33 247	669	333
	1979	274 273	9 715	379	50 833	1 103	407
	1991	214 860	7 090	476	65 092	1 013	447
Hessen	1971	89 066	1 584	295	3 695	31	297
	1979	66 946	1 301	396	3 334	31	440
	1991	45 740	545	446	3 328	27	418
Niedersachsen	1971	165 248	1 874	294	9 254	91	378
	1979	129 980	1 335	378	9 636	99	415
	1991	95 199	1 104	526	11 439	152	558
Nordrhein-Westfalen	1971	137 268	1 506	353	11 651	122	371
	1979	107 319	783	401	11 811	94	291
	1991	80 363	500	515	12 258	68	360
Rheinland-Pfalz	1971	99 459	1 455	161	5 766	33	149
	1979	74 793	1 492	223	6 605	47	272
	1991	51 506	1 359	249	6 738	34	292
Saarland	1971	8 987	11	80	762	–	–
	1979	5 691	6	751	467	1	.
	1991	2 972	8	240	139	–	–
Schleswig-Holstein	1971	43 245	2 437	326	1 484	17	299
	1979	35 515	1 791	392	1 611	24	433
	1991	27 767	1 594	510	1 955	42	754
Hamburg, Bremen und Berlin-West zusammen	1971	4 081	6	369	170	–	–
	1979	3 152	4	1 556	141	–	–
	1991	2 230	6	237	47	1	.
Zusammen	1971	1 067 501	23 302	305	77 815	1 189	339
	1979	849 948	19 558	379	97 369	1 640	441
	1991	631 887	14 824	459	116 518	1 526	466
Neue Länder und Berlin-Ost							
Berlin-Ost	1991	71	2	.	–	–	–
Brandenburg	1991	5 038	78	436	125	1	.
Mecklenburg-Vorpommern	1991	3 176	63	544	16	1	.
Sachsen	1991	5 515	128	421	34	–	–
Sachsen-Anhalt	1991	4 039	61	.	479	–	–
Thüringen	1991	3 824	62	450	114	–	–
Zusammen	1991	21 663	394	455	768	2	.
Deutschland							
Insgesamt	1991	653 550	15 218	459	117 286	1 528	466

*) Ergebnisse des totalen Teils der Landwirtschaftszählungen 1971, 1979 und 1991. Kreis der einbezogenen Betriebe: Landwirtschaftliche Betriebe mit 1 ha landwirtschaftlich genutzter Fläche (LF) oder mehr sowie unterhalb 1 ha LF mit Mindestanbauflächen ausgewählter Kultur-, Frucht- und Pflanzenarten und/oder Mindestbeständen ausgewählter Tierarten/-kategorien (einschl. Betriebe ohne LF); ferner Forstbetriebe mit 1 ha Waldfläche (WF) oder mehr.

[1] Landwirtschaftlicher Betrieb: Die LF ist gleich oder größer als 10 % der WF.
[2] Forstbetrieb: Die LF ist kleiner als 10 % der WF.
[3] Ohne Unterkünfte, die zu einem Hotel, Gasthof, einer Pension, einem Kurheim oder Sanatorium gehören.

Methodische Anmerkungen siehe "Landwirtschaftszählung" im Anhang.

2.5.2 Landwirtschaftliche Betriebe und Forstbetriebe mit Vermietung von Unterkünften an Ferien- oder Kurgäste nach Größenklassen der landwirtschaftlich genutzten Fläche*)

Anzahl

Landwirtschaftlich genutzte Fläche von ... bis unter ... ha	FB / NB / D[1]	Jahr	Betriebe insgesamt	Darunter mit Vermietung von Unterkünften an Ferien- oder Kurgäste[2] zusammen	davon mit ... bis ... Übernachtungen 1 - 49	50 - 99	100 - 199	200 - 399	400 - 599	600 und mehr	Übernachtungen je Betrieb
				Hauptproduktionsrichtung[3] Landwirtschaftliche Betriebe							
unter 1	FB	1971	55 720	940	190	157	189	223	99	82	495
	FB	1979	42 511	586	165	102	111	112	46	50	249
	FB	1991	33 098	468	104	77	112	96	26	53	184
	NB	1991	3 097	56	6	11	6	8	11	14	38
	D	1991	36 195	524	110	88	118	104	37	67	169
1 - 5	FB	1971	359 311	6 614	962	975	1 400	1 701	744	832	562
	FB	1979	259 348	5 025	658	664	1 014	1 201	594	894	740
	FB	1991	174 972	3 486	407	498	782	772	373	654	246
	NB	1991	7 408	57	21	9	13	9	2	3	117
	D	1991	182 380	3 543	428	507	795	781	375	657	244
5 - 10	FB	1971	212 670	4 118	506	550	851	1 089	501	621	308
	FB	1979	152 966	3 369	328	385	642	884	484	646	387
	FB	1991	100 142	2 346	164	296	472	549	299	566	291
	NB	1991	2 085	25	6	6	8	2	1	3	103
	D	1991	102 227	2 371	170	301	480	551	300	569	289
10 - 20	FB	1971	252 304	5 971	594	779	1 267	1 685	791	855	623
	FB	1979	186 424	5 045	389	547	1 002	1 378	745	984	373
	FB	1991	121 332	3 320	221	353	615	863	430	838	294
	NB	1991	2 068	33	10	4	8	8	1	2	94
	D	1991	123 400	3 353	231	357	623	871	431	840	292
20 - 30	FB	1971	108 068	2 821	250	395	581	784	397	414	315
	FB	1979	103 887	2 781	196	313	516	758	434	564	392
	FB	1991	75 965	2 152	119	262	388	473	322	588	290
	NB	1991	912	11	3	3	2	3	-	-	97
	D	1991	76 877	2 163	122	265	390	476	322	588	289
30 - 50	FB	1971	58 372	1 819	154	205	391	523	258	288	330
	FB	1979	74 562	1 757	148	194	323	500	255	337	377
	FB	1991	75 180	1 683	125	217	270	385	253	433	246
	NB	1991	12	17	7	2	3	1	-	4	204
	D	1991	76 192	1 700	132	219	273	386	253	437	246
50 - 100	FB	1971	17 825	862	67	96	175	250	104	170	373
	FB	1979	25 981	852	40	93	161	245	117	196	460
	FB	1991	43 294	1 104	65	178	207	207	128	319	220
	NB	1991	1 066	17	6	1	6	1	2	1	91
	D	1991	44 360	1 121	71	179	213	208	130	320	218
100 und mehr	FB	1971	3 231	157	15	17	30	39	24	32	421
	FB	1979	4 269	143	11	11	18	37	20	46	600
	FB	1991	7 907	265	16	38	52	54	22	83	147
	NB	1991	4 012	178	23	18	25	33	17	62	133
	D	1991	11 919	443	39	56	77	87	39	145	141
Insgesamt	FB	1971	1 067 501	23 302	2 738	3 174	4 884	6 294	2 918	3 294	305
	FB	1979	849 948	19 558	1 935	2 309	3 787	5 115	2 695	3 717	379
	FB	1991	631 887	14 824	1 221	1 919	2 898	3 399	1 853	3 534	265
	NB	1991	21 663	394	82	53	71	65	34	89	112
	D	1991	653 550	15 218	1 303	1 972	2 969	3 464	1 887	3 623	261
				Hauptproduktionsrichtung[3] Forstbetriebe							
	FB	1971	77 815	1 189	127	143	250	298	158	213	339
	FB	1979	97 369	1 640	165	204	315	397	218	341	441
	FB	1991	116 518	1 526	163	195	292	334	193	349	294
	NBl	1991	768	2	-	-	-	-	-	2	724
	D	1991	117 286	1 528	163	195	292	334	193	351	295

*) Ergebnisse des totalen Teils der Landwirtschaftszählungen 1971, 1979 und 1991.
Kreis der einbezogenen Betriebe: Landwirtschaftliche Betriebe mit 1 ha landwirtschaftlich genutzter Fläche (LF) oder mehr sowie unterhalb 1 ha LF mit Mindestanbauflächen ausgewählter Kultur-, Frucht- und Pflanzenarten und/oder mit Mindestbeständen ausgewählter Tierarten/-kategorien (einschl. Betriebe ohne LF); ferner Forstbetriebe mit 1 ha Waldfläche (WF) oder mehr.

1) FB = Früheres Bundesgebiet, NB = Neue Bundesländer und Berlin-Ost, D = Deutschland.
2) Ohne Unterkünfte, die zu einem Hotel, Gasthof, einer Pension, einem Kurheim oder Sanatorium gehören.
3) Hauptproduktionsrichtung: Kennzeichnung der Betriebe anhand des Verhältnisses der LF zur WF:
- Landwirtschaftlicher Betrieb: Die LF ist gleich oder größer als 10 % der WF.
- Forstbetrieb: Die LF ist kleiner als 10 % der WF.

Methodische Anmerkungen siehe "Landwirtschaftszählung" im Anhang.

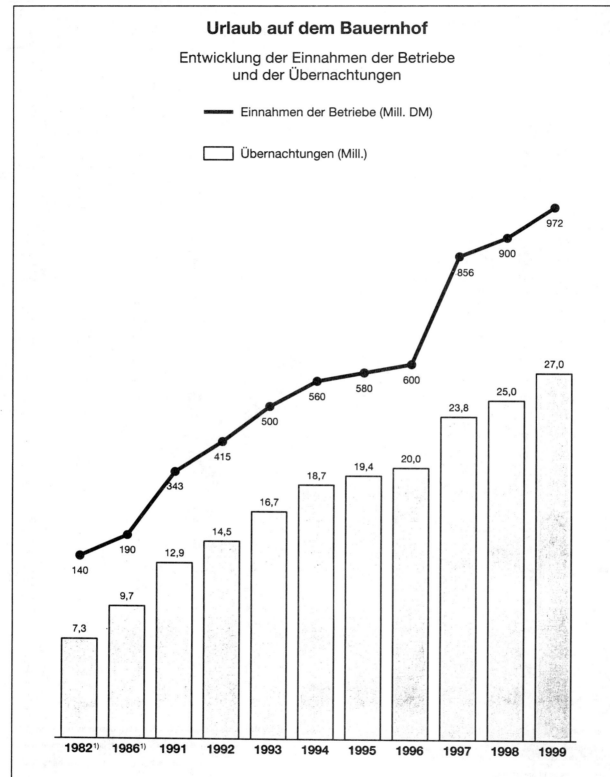

2.6 Kurtourismus

Dem Kurtourismus kommt in Deutschland eine große Bedeutung zu. Heilbäder und Kurorte liegen meist in landschaftlich reizvollen Gegenden, haben eine gut ausgebaute touristische wie auch medizinische Infrastruktur und sind in strukturschwachen Regionen ein wichtiger wirtschafts- und arbeitsmarktpolitischer Faktor.

Aufgrund der Einschränkungen aus der Gesundheitsreform erlitt der Kurbereich in den Jahren 1996/1997 starke Einbußen. In der amtlichen Statistik zeichnet sich seit 1999 bei den Übernachtungen wieder ein spürbarer Zuwachs ab. Diese Entwicklung wird im folgenden Abschnitt, beginnend mit Ergebnissen für das Jahr 1997 dargestellt.

2.6.1 Aktuelle Entwicklung des Kurbereichs in der amtlichen Beherbergungsstatistik

In der amtlichen Beherbergungsstatistik wird der Kurbereich nach zwei Merkmalen abgebildet. Die Daten werden in der Merkmalsgruppe Betriebsarten nach Sanatorien/Kurkrankenhäusern ausgewiesen und in der Merkmalsgruppe Gemeindetypen nach Heilbädern (mit den Untergliederungen Mineral- und Moorbäder, Heilklimatische Kurorte sowie Kneippkurorte) und Seebädern.

Die Ankünfte und Übernachtungen in Sanatorien/ Kurkrankenhäusern werden als Monatswerte in der Tabelle 2.6.1.1. dargestellt. Die Jahre 1997, 1998 und 1999 sowie das erste Halbjahr 2000 werden in der Tabelle 2.6.1.2 für das zweite kurrelevante Merkmal Heilbäder und Seebäder nach Bundesländern nachgewiesen. Die Darstellung für die neuen Länder und Berlin-Ost ist allerdings erst seit 1998 möglich, da in den neuen Bundesländern zu Beginn des Darstellungszeitraums der Prozeß der Vergabe von Gemeindeprädikaten noch nicht abgeschlossen war. Ergänzt wurde dieser Abschnitt mit einer Tabelle 2.6.1.3, die die Übernachtungen in Heil- und Seebädern nach Herkunftsländern darstellt.

2.6.1.1 Entwicklung der Ankünfte und Übernachtungen in Sanatorien/Kurkrankenhäusern

Monat	Ankünfte Anzahl	Ankünfte %[1]	Übernachtungen Anzahl	Übernachtungen %[1]	Durchschnittliche Aufenthaltsdauer[2] Tage
1997 Januar	127 032	− 20,9	2 905 263	− 29,0	22,9
Februar	119 652	− 21,1	2 918 328	− 29,9	24,4
März	122 569	− 22,1	3 325 696	− 26,9	27,1
April	142 916	− 15,5	3 258 254	− 27,7	22,8
Mai	130 271	− 25,0	3 318 135	− 29,3	25,5
Juni	131 686	− 18,4	3 305 400	− 27,3	25,1
Juli	158 017	− 11,1	3 558 657	− 24,4	22,5
August	143 982	− 13,1	3 606 798	− 22,7	25,1
September	149 047	− 7,9	3 433 519	− 24,0	23,0
Oktober	140 802	− 18,1	3 416 757	− 24,7	24,3
November	116 058	− 16,1	2 999 536	− 25,4	25,8
Dezember	86 794	− 7,1	2 290 568	− 24,3	26,4
1997	**1 570 833**	**− 16,6**	**38 383 916**	**− 26,2**	**24,4**
Nachrichtlich:					
Früheres Bundesgebiet 1997	1 303 785	− 19,0	31 821 605	− 28,3	24,4
Neue Länder und Berlin-Ost 1997	267 048	− 2,5	6 562 311	− 14,1	24,6
1998 Januar	117 208	− 7,0	2 456 465	− 15,7	21,0
Februar	121 396	+ 1,6	2 716 417	− 6,9	22,4
März	146 906	+ 19,7	3 319 536	− 0,1	22,6
April	152 209	+ 6,9	3 362 041	+ 3,2	22,1
Mai	154 072	+ 17,6	3 634 061	+ 9,3	23,6
Juni	160 415	+ 20,9	3 601 900	+ 8,8	22,5
Juli	168 668	+ 6,6	3 875 914	+ 8,9	23,0
August	173 976	+ 20,6	4 001 679	+ 10,7	23,0
September	178 767	+ 19,6	3 836 857	+ 11,7	21,5
Oktober	162 740	+ 15,2	3 908 402	+ 14,0	24,0
November	140 318	+ 20,5	3 477 160	+ 15,7	24,8
Dezember	112 636	+ 29,7	2 739 465	+ 19,6	24,3
1998	**1 783 706**	**+ 13,5**	**41 005 934**	**+ 6,8**	**23,0**
Nachrichtlich:					
Früheres Bundesgebiet 1998	1 458 695	+ 11,9	33 407 789	+ 5,0	22,9
Neue Länder und Berlin-Ost 1998	325 011	+ 21,7	7 598 145	+ 15,8	23,4
1999 Januar	136 726	+ 17,8	2 880 337	+ 17,4	21,1
Februar	140 850	+ 17,4	3 101 958	+ 14,0	22,0
März	168 404	+ 15,3	3 679 782	+ 10,4	21,9
April	166 439	+ 9,9	3 682 729	+ 9,5	22,1
Mai	173 540	+ 13,7	3 988 718	+ 9,4	23,0
Juni	182 987	+ 13,4	3 957 546	+ 9,5	21,6
Juli	182 298	+ 8,6	4 225 438	+ 8,9	23,2
August	188 294	+ 8,6	4 282 112	+ 7,2	22,7
September	192 626	+ 8,7	4 105 335	+ 6,8	21,3
Oktober	177 340	+ 8,6	4 221 687	+ 7,7	23,8
November	165 742	+ 17,5	3 805 478	+ 9,2	23,0
Dezember	129 734	+ 15,2	3 002 678	+ 9,6	23,1
1999	**2 000 040**	**+ 12,2**	**45 011 510**	**+ 9,8**	**22,5**
Nachrichtlich:					
Früheres Bundesgebiet 1999	1 609 856	+ 10,4	36 052 683	+ 8,0	22,4
Neue Länder und Berlin-Ost 1999	390 184	+ 20,1	8 958 827	+ 17,9	23,0
2000 Januar	158 358	+ 17,8	3 182 821	+ 10,0	20,1
Februar	166 904	+ 19,5	3 495 762	+ 11,3	20,9
März	189 004	+ 10,6	4 009 198	+ 7,0	21,2
April	182 272	+ 8,7	4 075 552	+ 8,7	22,4
Mai	206 871	+ 15,1	4 369 060	+ 7,7	21,1
Juni	191 981	+ 3,6	4 262 256	+ 6,0	22,2
Januar – Juni 2000	**1 087 455**	**+ 11,0**	**23 480 599**	**+ 8,6**	**21,6**
Nachrichtlich:					
Früheres Bundesgebiet Januar – Juni 2000	878 347	+ 10,6	18 832 139	+ 8,2	21,4
Neue Länder und Berlin-Ost Januar – Juni 2000	209 108	+ 12,5	4 648 460	+ 10,5	22,2

1) Veränderung gegenüber Vorjahresmonat, -zeitraum.   2) Rechnerischer Wert Übernachtungen/Ankünfte.

Methodische Anmerkungen siehe „Statistik der Beherbergung im Reiseverkehr" im Anhang.

2.6.1.2 Entwicklung der Übernachtungen in Heilbädern und Seebädern nach Ländern

Land	Übernachtungen in Heilbädern zusammen		Davon Übernachtungen in						Übernachtungen in Seebädern	
			Mineral- und Moorbädern		Heilklimatischen Kurorten		Kneippkurorten			
	Anzahl	%[1)	Anzahl	%[1)	Anzahl	%[1)	Anzahl	%[1)	Anzahl	%[1)
Früheres Bundesgebiet										
Baden-Württemberg										
1997	11 566 036	− 19,1	6 301 048	− 22,2	3 299 064	− 17,1	1 965 924	− 11,6	−	−
1998	11 964 138	+ 3,4	6 653 475	+ 5,6	3 329 109	+ 0,9	1 981 554	+ 0,8	−	−
1999	12 368 875	+ 3,4	6 827 357	+ 2,6	3 485 270	+ 4,7	2 056 248	+ 3,8	−	−
Januar – Juni 2000	5 951 448	+ 6,1	3 364 224	+ 7,0	1 622 821	+ 4,2	964 403	+ 6,1	−	−
Bayern										
1997	20 978 086	− 15,1	10 357 015	− 22,1	7 855 834	− 3,7	2 765 237	− 15,3	−	−
1998	21 439 952	+ 2,2	10 965 752	+ 5,9	7 724 809	− 1,7	2 749 391	− 0,6	−	−
1999	21 811 166	+ 1,7	11 596 170	+ 5,8	7 483 633	− 3,1	2 731 363	− 0,6	−	−
Januar – Juni 2000	10 332 324	+ 3,9	5 508 399	+ 4,0	3 481 400	+ 2,2	1 342 525	+ 8,4	−	−
Berlin-West										
1997	−	−	−	−	−	−	−	−	−	−
1998	−	−	−	−	−	−	−	−	−	−
1999	−	−	−	−	−	−	−	−	−	−
Januar – Juni 2000	−	−	−	−	−	−	−	−	−	−
Bremen										
1997	−	−	−	−	−	−	−	−	−	−
1998	−	−	−	−	−	−	−	−	−	−
1999	−	−	−	−	−	−	−	−	−	−
Januar – Juni 2000	−	−	−	−	−	−	−	−	−	−
Hamburg										
1997	−	−	−	−	−	−	−	−	−	−
1998	−	−	−	−	−	−	−	−	−	−
1999	−	−	−	−	−	−	−	−	−	−
Januar – Juni 2000	−	−	−	−	−	−	−	−	−	−
Hessen										
1997	7 094 835	− 25,9	5 161 263	− 30,2	1 362 794	− 5,6	570 778	− 21,5	−	−
1998	6 879 656	− 3,0	5 048 944	− 2,2	1 297 678	− 4,8	533 034	− 6,6	−	−
1999	7 234 694	+ 5,2	5 355 028	+ 6,1	1 339 668	+ 3,2	539 998	+ 1,3	−	−
Januar – Juni 2000	3 667 855	+ 7,9	2 746 682	+ 9,4	667 764	+ 4,5	253 409	+ 1,3	−	−
Niedersachsen										
1997	7 578 399	− 15,1	4 214 552	− 18,9	2 561 489	− 8,3	802 358	− 14,4	9 396 449	+ 0,7
1998	7 620 019	+ 0,6	4 287 444	+ 1,8	2 521 003	− 1,6	811 572	+ 1,1	9 534 885	+ 1,5
1999	7 722 210	+ 1,3	4 359 290	+ 1,7	2 509 488	− 0,5	853 432	+ 5,2	9 513 165	− 0,2
Januar – Juni 2000	3 765 835	+ 3,4	2 137 002	+ 5,7	1 204 846	− 1,0	423 987	+ 5,5	3 901 883	+ 5,1
Nordrhein-Westfalen										
1997	7 961 793	− 19,3	4 687 680	− 24,8	1 162 883	− 3,9	2 111 230	− 12,6	−	−
1998	7 853 974	− 1,3	4 627 638	− 1,2	1 171 802	+ 0,8	2 054 534	− 2,7	−	−
1999	8 099 722	+ 3,1	4 850 870	+ 4,8	1 163 263	− 0,6	2 085 589	+ 1,5	−	−
Januar – Juni 2000	4 100 962	+ 6,0	2 460 101	+ 8,3	583 744	+ 3,9	1 057 117	+ 2,2	−	−
Rheinland-Pfalz										
1997	3 594 076	− 15,9	2 395 386	− 18,1	301 660	− 21,7	897 030	− 6,7	−	−
1998	3 661 920	+ 1,9	2 429 441	+ 1,4	300 835	− 0,3	931 644	+ 3,9	−	−
1999	3 785 288	+ 3,4	2 505 923	+ 3,1	301 642	+ 0,3	977 723	+ 4,9	−	−
Januar – Juni 2000	1 749 568	+ 3,3	1 180 836	+ 4,3	136 171	+ 2,2	432 561	+ 1,0	−	−
Saarland										
1997	365 687	− 20,9	−	−	222 948	− 15,0	142 739	− 28,7	−	−
1998	332 174	+ 7,0	−	−	188 287	+ 10,5	143 887	+ 2,8	−	−
1999	374 772	+ 13,0	−	−	207 518	+ 10,4	167 254	+ 16,3	−	−
Januar – Juni 2000	202 225	+ 15,6	−	−	109 842	+ 13,1	92 383	+ 18,6	−	−
Schleswig-Holstein										
1997	1 228 600	− 18,9	527 049	− 26,0	114 725	+ 3,0	586 826	− 15,1	13 219 545	− 4,0
1998	1 200 629	− 2,3	512 371	− 2,8	105 352	− 8,2	582 906	− 0,7	12 875 821	− 2,6
1999	1 200 688	0,0	536 181	+ 4,6	99 096	− 5,9	565 411	− 3,0	12 820 613	− 0,4
Januar – Juni 2000	537 766	+ 1,0	247 653	+ 0,6	37 446	+ 2,6	252 667	+ 1,2	5 057 075	+ 2,0
Früheres Bundesgebiet										
1997	**60 367 512**	**− 18,0**	**33 643 993**	**− 23,3**	**16 881 397**	**− 8,0**	**9 842 122**	**− 13,8**	**22 615 994**	**− 2,1**
1998	**60 952 462**	**+ 1,1**	**34 525 065**	**+ 2,6**	**16 638 875**	**− 1,1**	**9 788 522**	**− 0,5**	**22 410 706**	**− 0,9**
1999	**62 597 415**	**+ 2,7**	**36 030 819**	**+ 4,4**	**16 589 578**	**− 0,3**	**9 977 018**	**+ 1,9**	**22 333 778**	**− 0,3**
Januar – Juni 2000	**30 307 983**	**+ 5,0**	**17 644 897**	**+ 6,1**	**7 844 034**	**+ 2,6**	**4 819 052**	**+ 5,0**	**8 958 958**	**+ 3,3**

1) Veränderung gegenüber Vorjahr.

Statistisches Bundesamt, Tourismus in Zahlen, 2000/2001

2.6.1.2 Entwicklung der Übernachtungen in Heilbädern und Seebädern nach Ländern

Land	Übernachtungen in Heilbädern zusammen		Davon Übernachtungen in						Übernachtungen in Seebädern	
			Mineral- und Moorbädern		Heilklimatischen Kurorten		Kneippkurorten			
	Anzahl	%[1]	Anzahl	%[1]	Anzahl	%[1]	Anzahl	%[1]	Anzahl	%[1]

Neue Länder und Berlin-Ost

Land	Anzahl	%[1]	Anzahl	%[1]	Anzahl	%[1]	Anzahl	%[1]	Anzahl	%[1]
Brandenburg										
1998	430 417	+ 13,7	335 708	+ 14,9	–	–	94 709	+ 9,5	–	–
1999	500 077	+ 16,2	393 920	+ 17,3	–	–	106 157	+ 12,1	–	–
Januar – Juni 2000	253 770	+ 12,5	203 536	+ 14,5	–	–	50 234	+ 4,8	–	–
Mecklenburg-Vorpommern										
1998	125 381	– 3,3	–	–	125 381	– 3,3	–	–	7 468 614	+ 18,5
1999	136 625	+ 9,0	–	–	136 625	+ 9,0	–	–	9 008 594	+ 20,6
Januar – Juni 2000	68 925	+ 17,8	–	–	68 925	+ 17,8	–	–	4 007 521	+ 23,4
Sachsen										
1998	1 441 560	+ 11,2	1 213 945	+ 12,9	–	–	227 615	+ 3,0	–	–
1999	1 663 606	+ 14,2	1 407 583	+ 14,6	–	–	256 023	+ 12,5	–	–
Januar – Juni 2000	802 252	+ 3,1	688 839	+ 3,6	–	–	113 413	+ 0,2	–	–
Sachsen-Anhalt										
1998	734 630	+ 15,9	–	–	734 630	+ 15,9	–	–	–	–
1999	808 149	+ 10,0	–	–	808 149	+ 10,0	–	–	–	–
Januar – Juni 2000	427 059	+ 14,5	–	–	427 059	+ 14,5	–	–	–	–
Thüringen										
1998	1 266 560	+ 12,2	1 252 979	+ 12,4	–	–	13 581	– 3,1	–	–
1999	1 414 818	+ 11,7	1 406 625	+ 12,3	–	–	8 193	– 39,7	–	–
Januar – Juni 2000	933 590	+ 13,0	751 814	+ 15,1	177 787	+ 5,2	3 989	– 4,6	–	–
Neue Länder und Berlin-Ost										
1998	3 998 548	+ 12,1	2 802 632	+ 12,9	860 011	+ 12,6	335 905	+ 4,5	7 468 614	+ 18,5
1999	4 523 275	+ 12,7	3 208 128	+ 13,9	944 774	+ 9,9	370 373	+ 10,3	9 008 594	+ 20,6
Januar – Juni 2000	2 485 596	+ 9,9	1 644 189	+ 9,9	673 771	+ 12,2	167 636	+ 1,4	4 007 521	+ 23,4
Nachrichtlich:										
Deutschland										
1998	64 951 010	+ 1,7	37 327 697	+ 3,3	17 498 886	– 0,5	10 124 427	– 0,4	29 879 320	+ 3,3
1999	67 120 690	+ 3,3	39 238 947	+ 5,1	17 534 352	+ 0,2	10 347 391	+ 2,2	31 342 372	+ 4,9
Januar – Juni 2000	32 793 579	+ 5,4	19 289 086	+ 6,4	8 517 805	+ 3,3	4 986 688	+ 4,9	12 966 479	+ 8,8

1) Veränderung gegenüber Vorjahr.

Methodische Anmerkungen siehe „Statistik der Beherbergung im Reiseverkehr" im Anhang.

2.6.1.3 Übernachtungen in Heilbädern und Seebädern nach Herkunftsländern 1999

Herkunftsland (Ständiger Wohnsitz)	Übernachtungen in Heilbädern zusammen		Davon Übernachtungen in						Übernachtungen in Seebädern	
			Mineral- und Moorbädern		Heilklimatischen Kurorten		Kneippkurorten			
	Anzahl	%[1]	Anzahl	%[1]	Anzahl	%[1]	Anzahl	%[1]	Anzahl	%[1]
Bundesrepublik Deutschland	63 858 217	+ 3,4	37 856 474	+ 5,2	16 239 195	0,0	9 762 548	+ 2,3	31 074 445	+ 4,9
Ausland										
Europa										
Baltische Staaten	19 321	− 11,6	7 459	− 11,4	10 418	− 14,7	1 444	+ 18,9	1 834	+ 38,3
Belgien	221 942	− 1,9	72 649	+ 1,8	99 148	− 4,3	50 145	− 2,0	3 304	− 48,6
Dänemark	131 129	− 7,4	52 918	− 3,9	49 989	− 10,4	28 222	− 8,3	40 181	+ 22,8
Finnland	16 532	+ 22,1	9 510	+ 39,2	4 985	+ 4,9	2 037	+ 4,2	3 479	− 21,5
Frankreich	150 874	− 3,4	66 155	+ 4,3	54 026	− 6,7	30 693	− 11,8	5 037	− 24,0
Griechenland	10 677	− 6,1	5 569	− 12,8	2 815	+ 0,1	2 293	+ 5,9	426	+ 15,8
Großbrit. u. Nordirland	272 889	+ 0,9	108 754	− 0,1	64 448	+ 5,1	99 687	− 0,5	8 931	+ 36,0
Irland, Republik	8 735	+ 42,6	2 945	+ 2,0	4 763	+ 128,6	1 027	− 11,0	318	+ 73,8
Island	2 307	− 4,9	1 394	− 14,0	671	− 20,2	242	− 33,1	399	+ 77,3
Italien	130 226	+ 10,2	66 569	+ 8,4	49 048	+ 12,8	14 609	+ 10,5	2 648	− 2,5
Luxemburg	73 243	+ 9,1	21 502	+ 24,5	37 011	+ 4,1	14 730	+ 3,0	2 886	+ 27,5
Niederlande	737 959	+ 6,4	197 546	+ 7,0	394 452	+ 5,3	145 961	+ 8,2	11 100	− 36,2
Norwegen	21 857	+ 6,3	12 949	+ 19,8	6 283	− 3,3	2 625	− 19,5	7 614	+ 17,9
Österreich	118 546	+ 8,9	67 562	+ 9,1	35 663	+ 13,1	15 321	− 0,9	27 421	+ 70,2
Polen	76 085	− 8,3	46 929	− 3,9	8 906	− 23,8	20 250	− 9,8	18 964	+ 9,6
Portugal	8 396	− 27,5	5 746	− 31,5	1 738	− 13,9	912	− 22,6	273	− 24,8
Rußland	37 445	− 4,9	19 760	− 4,2	12 727	− 4,2	4 958	− 9,6	2 400	− 51,3
Schweden	68 285	+ 7,2	41 734	+ 5,3	20 028	+ 13,8	6 523	+ 1,0	55 577	+ 21,6
Schweiz	271 762	+ 5,1	106 364	+ 9,4	126 079	+ 1,6	39 319	+ 5,8	37 206	− 2,3
Spanien	40 957	+ 11,5	24 089	+ 19,0	12 154	+ 4,4	4 714	− 2,3	1 453	− 13,4
Tschechische Republik	26 685	+ 0,7	16 868	− 3,6	5 705	+ 9,6	4 112	+ 8,7	2 007	− 21,6
Türkei	14 531	+ 15,8	9 265	+ 15,0	3 423	+ 25,1	1 843	+ 5,0	1 204	+ 215,2
Ungarn	40 021	+ 7,1	12 243	+ 28,7	22 866	− 2,1	4 912	+ 9,7	627	− 42,1
Sonstige europ. Länder	43 819	+ 0,6	24 205	− 1,9	11 255	+ 16,9	8 359	− 9,8	6 840	+ 112,3
Zusammen	**2 544 223**	**+ 3,0**	**1 000 684**	**+ 4,8**	**1 038 601**	**+ 2,4**	**504 938**	**+ 0,6**	**242 129**	**+ 8,7**
Afrika										
Republik Südafrika	7 554	+ 29,8	2 680	− 7,0	3 457	+ 113,7	1 417	+ 7,3	589	+ 102,4
Sonstige afrik. Länder	11 213	− 5,3	6 640	+ 0,9	3 097	− 10,0	1 476	− 18,8	471	− 7,6
Zusammen	**18 767**	**+ 6,3**	**9 320**	**− 1,5**	**6 554**	**+ 29,6**	**2 893**	**− 7,8**	**1 060**	**+ 32,3**
Asien										
Arabische Golfstaaten	13 882	− 4,1	9 436	+ 3,3	2 816	− 18,6	1 630	− 13,1	175	− 32,2
China, Volksrep. und Hongkong	13 160	+ 13,4	9 786	+ 18,0	1 755	+ 1,2	1 619	+ 2,7	417	− 27,0
Israel	60 474	− 8,3	33 946	− 15,2	13 653	+ 0,5	12 875	+ 4,6	3 912	+ 579,2
Japan	108 226	− 3,2	66 467	− 6,1	34 738	+ 6,6	7 021	− 16,7	990	− 2,0
Südkorea	9 857	+ 6,6	7 207	− 3,4	1 277	+ 35,4	1 373	+ 63,1	106	+ 253,3
Taiwan	7 118	+ 23,7	4 121	+ 9,5	2 150	+ 45,8	847	+ 64,5	88	+ 100,0
Sonstige asiat. Länder	23 811	+ 29,9	14 629	+ 13,6	5 874	+ 96,5	3 308	+ 34,3	796	− 25,6
Zusammen	**236 528**	**− 0,3**	**145 592**	**− 4,4**	**62 263**	**+ 9,6**	**28 673**	**+ 2,4**	**6 484**	**+ 82,2**
Amerika										
Kanada	22 716	− 6,9	12 032	− 1,4	7 268	− 19,2	3 416	+ 6,4	1 213	+ 49,2
USA	297 278	+ 5,6	126 360	+ 7,9	142 869	+ 1,8	28 049	+ 16,9	5 284	− 22,7
Mittelamerika und Karibik	6 129	− 35,8	3 768	− 45,0	1 329	+ 8,0	1 032	− 29,9	312	+ 171,3
Brasilien	11 100	− 42,6	5 491	− 60,2	2 577	− 10,0	3 032	+ 13,4	395	− 8,6
Sonstige südamerik. Länder	11 797	− 0,7	6 770	+ 7,7	3 001	+ 0,7	2 026	− 22,4	341	− 4,2
Zusammen	**349 020**	**+ 0,7**	**154 421**	**− 1,2**	**157 044**	**+ 0,4**	**37 555**	**+ 10,6**	**7 545**	**− 11,8**
Australien, Neuseeland und Ozeanien zusammen	17 720	+ 7,4	8 586	− 1,7	7 166	+ 30,8	1 968	− 14,0	541	+ 27,0
Ohne Angabe	96 215	− 12,9	63 870	− 15,3	23 529	− 11,2	8 816	+ 3,2	10 168	− 2,2
Ausland zusammen	3 262 473	+ 2,0	1 382 473	+ 1,9	1 295 157	+ 2,4	584 843	+ 1,2	267 927	+ 8,7
Übernachtungen insgesamt	67 120 690	+ 3,3	39 238 947	+ 5,1	17 534 352	+ 0,2	10 347 391	+ 2,2	31 342 372	+ 4,9

[1] Veränderung gegenüber dem Vorjahr.

Methodische Anmerkungen siehe „Statistik der Beherbergung im Reiseverkehr im Anhang.

2.7 Jugendherbergen

Das Deutsche Jugendherbergswerk, Detmold, führt in seinem Wirkungsbereich eine eigene Statistik. Dazu wird regelmäßig ein Jahresbericht herausgegeben. Die hier abgedruckten Tabellen sind nur ein kleiner Teil dieses Zahlenmaterials.

Untergliedert nach der Organisationsform - den Landesverbänden - werden in den Tabellen 2.7.1 und 2.7.3 die Anzahl der Jugendherbergen, ihre Bettenkapazität und die registrierten Übernachtungen dargestellt. Über die Ende 1990 in den Hauptverband aufgenommenen Landesverbände in den neuen Ländern und Berlin-Ost liegen seit 1991 Jahresergebnisse vor. Die Tabelle 2.7.2 zeigt die Entwicklung der Übernachtungen seit 1976 im früheren Bundesgebiet und seit 1991 in Deutschland.

2.7.1 Jugendherbergen, Betten sowie Übernachtungen nach Landesverbänden

Landesverband	Früheres Bundesgebiet 1975			Deutschland 1991			Deutschland 1999		
	Jugendherbergen	Betten	Übernachtungen	Jugendherbergen	Betten	Übernachtungen	Jugendherbergen	Betten	Übernachtungen
Baden	38	4 993	796 364	38	5 451	810 146	37	5 447	669 261
Bayern	120	12 783	1 523 820	99	11 667	1 622 247	87	10 216	1 450 358
Berlin-Brandenburg[1]	3	664	170 748	11	1 356	284 687	16	2 137	375 756
Hannover	58	6 542	938 139	51	5 564	742 811	42	4 748	583 053
Hessen	55	7 808	1 024 358	41	6 310	837 561	38	6 090	766 926
Mecklenburg-Vorpommern	.	.	.	30	3 016	336 129	32	4 149	497 010
Nordmark[2]	51	7 697	1 033 075	51	8 232	1 300 231	50	7 869	1 078 117
Rheinland	43	6 147	970 766	40	6 230	924 594	37	5 765	896 666
Rheinland-Pfalz/Saarland[3]	53	7 219	984 584	46	6 084	841 886	45	6 110	922 120
Sachsen	.	.	.	55	3 835	363 320	33	3 732	440 729
Sachsen-Anhalt	.	.	.	16	1 533	156 722	18	2 412	260 288
Schwaben	35	4 439	522 529	37	4 439	607 536	34	4 548	482 759
Thüringen	.	.	.	23	1 887	55 517	32	3 045	341 980
Unterweser-Ems	57	5 984	820 935	59	6 031	811 178	54	6 293	781 560
Westfalen-Lippe	63	7 358	1 164 913	46	5 691	708 536	45	5 783	640 175
Insgesamt ...	576	71 634	9 950 231	643	77 326	10 403 101	600	78 344	10 186 758

1) Bis 31.12.1990 nur Berlin-West.
2) Teile Niedersachsens, Schleswig-Holsteins und Hamburgs.
3) Bis 1988 zwei Landesverbände.

Quelle: Deutsches Jugendherbergswerk, Detmold

Statistisches Bundesamt, Tourismus in Zahlen, 2000/2001

2.7.2 Entwicklung der Übernachtungen in Jugendherbergen nach Besuchergruppen

Jahr	Insgesamt	Darunter Auslandsgäste	Besuchergruppe							
			Junioren bis 26 Jahre (Einzelwanderer)	Familien	Wandergruppen	Grund-, Haupt- und Sonderschulen	Realschulen und Gymnasien	Hoch- und Fachschulen	Ferien-/ Erholungsfreizeiten, Lehrgänge, Tagungen	Senioren ab 27 Jahren (Einzelwanderer)
Früheres Bundesgebiet										
1976	10 068 660	668 246	910 924	280 309	595 834	3 306 524	1 174 340	402 153	3 299 978	98 598
1977	10 580 742	658 732	971 495	287 826	569 359	3 629 707	1 334 095	406 488	3 283 418	98 354
1978	10 958 099	613 829	959 271	290 142	539 404	4 007 078	1 410 397	425 844	3 229 356	96 607
1979	11 003 312	619 647	1 041 378	303 911	497 681	4 013 437	1 450 664	444 492	3 140 695	111 054
1980	10 805 088	694 010	1 151 426	329 175	501 321	3 733 443	1 417 865	464 802	3 091 151	115 905
1981	10 925 908	687 417	1 202 954	375 552	517 610	3 668 838	1 495 754	517 649	3 018 175	129 376
1982	10 310 206	654 733	1 164 733	392 027	527 338	3 529 391	1 487 398	485 338	2 596 004	127 977
1983	9 489 904	657 334	1 108 831	418 840	488 994	2 431 364	2 103 304	448 261	2 350 866	139 444
1984	9 096 628	727 445	1 114 133	439 628	450 194	2 164 987	1 972 280	464 757	2 328 196	162 453
1985	8 997 644	770 453	1 121 554	507 051	436 364	2 005 244	1 958 946	453 601	2 329 706	185 178
1986	8 803 844	809 913	1 059 540	510 900	432 821	1 871 463	1 935 447	430 647	2 359 803	203 223
1987	8 554 190	899 533	1 046 778	531 781	404 608	1 770 611	1 845 072	429 496	2 330 070	195 774
1988	8 536 090	971 379	1 049 980	596 975	437 430	1 692 681	1 737 504	430 519	2 405 682	185 319
1989	8 840 328	1 106 018	1 084 655	767 348	507 023	1 554 935	1 766 157	442 988	2 477 050	240 192
1990	9 159 762	1 113 672	1 210 661	797 089	486 100	1 590 993	1 737 457	489 352	2 581 443	266 667
Deutschland										
1991	10 403 101	1 166 129	1 294 189	918 233	553 594	1 902 569	2 026 635	533 275	2 813 044	361 562
1992	10 646 814	1 109 792	1 198 265	869 163	509 309	1 921 394	2 354 329	549 820	2 900 369	344 165
1993	10 595 449	1 001 065	1 049 792	896 076	547 174	1 890 207	2 433 587	532 069	2 922 821	323 723
1994	10 463 333	864 981	881 472	836 012	676 234	74 384[1]	4 635 772[2]	375 464	2 690 338	293 657
1995	10 566 550	912 517	895 298	829 610	712 003	86 070[1]	4 734 892[2]	339 351	2 667 878	301 448
1996	10 328 193	857 999	909 792	819 431	739 513	88 061[1]	4 573 193[2]	289 452	2 620 757	287 994
1997	10 245 184	855 038	869 098	847 641	750 155	97 066[1]	4 511 918[2]	284 951	2 581 135	303 220
1998	10 055 784	803 564	840 339	901 752	756 027	84 547[1]	4 412 913[2]	271 290	2 492 618	296 298
1999	10 186 758	812 988	838 112	949 531	751 757	87 629[1]	4 443 430[2]	272 551	2 533 131	310 617

1) Kindergärten, Vorschulen.   2) Schulen.

Quelle: Deutsches Jugendherbergswerk, Detmold

2.7.3 Übernachtungen in Jugendherbergen 1999 nach Landesverbänden und Besuchergruppen

Landesverband	Insgesamt	Besuchergruppe							
		Junioren bis 26 Jahre (Einzelwanderer)	Familien	Wandergruppen	Kindergärten, Vorschulen	Schulen	Hoch- und Fachschulen	Ferien-/ Erholungsfreizeiten, Lehrgänge, Tagungen	Senioren ab 27 Jahren (Einzelwanderer)
Baden	669 261	54 755	71 214	65 128	521	298 784	18 175	130 983	29 701
Bayern	1 450 358	182 282	115 930	79 209	28 417	766 754	55 397	218 421	3 948
Berlin-Brandenburg	375 756	49 669	42 858	26 216	3 149	144 718	19 565	71 308	18 273
Hannover	583 053	40 229	59 143	105 306	2 820	248 028	12 277	88 113	27 137
Hessen	766 926	55 661	36 099	103 469	5 659	312 386	22 603	204 874	26 175
Mecklenburg-Vorpommern	497 010	51 345	80 903	19 167	1 693	167 196	11 054	156 911	8 741
Nordmark[1]	1 078 117	73 987	118 295	91 448	8 623	502 981	19 086	215 514	48 183
Rheinland	896 666	91 755	57 324	55 713	12 517	389 725	28 755	226 660	34 217
Rheinland-Pfalz/Saarland	922 120	49 134	118 977	20 263	4 827	358 775	14 337	332 132	23 675
Sachsen	440 729	49 129	37 482	9 905	775	181 182	12 083	133 248	16 925
Sachsen-Anhalt	260 288	11 562	29 449	16 159	1 352	104 268	7 400	76 285	13 813
Schwaben	482 759	34 710	43 553	52 341	1 053	166 445	16 523	150 093	18 041
Thüringen	341 980	29 532	27 665	8 630	1 301	158 726	12 674	91 941	11 511
Unterweser-Ems	781 560	41 241	66 041	50 682	7 772	350 497	9 416	241 770	14 141
Westfalen-Lippe	640 175	23 121	44 598	48 121	7 150	292 965	13 206	194 878	16 136
Insgesamt	10 186 758	838 112	949 531	751 757	87 629	4 443 430	272 551	2 533 131	310 617
In %	100	8,2	9,3	7,4	0,9	43,6	2,7	24,9	3,0

1) Teile Niedersachsens, Schleswig-Holsteins und Hamburgs.

Quelle: Deutsches Jugendherbergswerk, Detmold

2.8 Tagesreisen

Während in diesem Heft überwiegend touristische Aktivitäten abgebildet werden, die mit Übernachtungsreisen verbunden waren, befaßt sich der folgende Abschnitt ausschließlich mit dem Tagesreiseverkehr. Dargestellt werden einzelne Ergebnisse aus einer Studie des Deutschen Wirtschaftswissenschaftlichen Instituts für Fremdenverkehr an der Universität München (DWIF) zu den Tagesreisen der deutschen Bevölkerung im Jahr 1993. Die Daten wurden auf der Grundlage einer bevölkerungsrepräsentativen Haushaltsbefragung ermittelt. Befragt wurden Personen über 14 Jahre. Es wurde unterschieden zwischen Tagesausflugs- und Tagesgeschäftsreiseverkehr.

2.8.1 Tagesausflüge

Als Tagesausflug wird jedes Verlassen des Wohnumfeldes bezeichnet, mit dem keine Übernachtung verbunden ist und das

– nicht als Fahrt von oder zur Schule, zum Arbeitsplatz zur Berufsausübung vorgenommen wird,

– nicht als Einkaufsfahrt zur Deckung des täglichen Bedarfs dient (z.B. Lebensmittel) und

– nicht einer gewissen Routine oder Regelmäßigkeit unterliegt (z.B. regelmäßige Vereinsaktivitäten im Nachbarort, tägliche Krankenhausbesuche, Arztbesuche, Behördengänge, Gottesdienstbesuche).

2.8.1.1 Tagesausflüge und durchschnittliche Tagesausgaben 1993 nach Zielbundesländern

Zielbundesland	Tagesausflüge in					
	Gemeinden über 100 000 Einwohner		Gemeinden bis 100 000 Einwohner		alle Gemeinden	
	Anzahl Mill.	durchschnittl. Tagesausgaben DM	Anzahl Mill.	durchschnittl. Tagesausgaben DM	Anzahl Mill.	durchschnittl. Tagesausgaben DM
Baden-Württemberg	89,4	48,80	150,8	30,50	240,2	37,30
Bayern	108,9	52,60	230,5	31,40	339,4	38,20
Berlin	67,9	40,60	–	–	67,9	40,60
Brandenburg	9,6	35,00	61,9	26,80	71,5	27,90
Bremen	19,9	42,60	–	–	19,9	42,60
Hamburg	43,0	56,90	–	–	43,0	56,90
Hessen	52,6	53,80	142,2	30,10	194,8	36,50
Mecklenburg-Vorpommern	16,9	61,60	33,7	34,20	50,6	43,30
Niedersachsen	64,3	51,20	141,0	30,90	205,3	37,20
Nordrhein-Westfalen	229,7	42,50	159,6	27,50	389,3	36,30
Rheinland-Pfalz	14,5	40,70	81,3	38,40	95,8	38,70
Saarland	3,9	69,00	9,0	39,40	12,9	48,40
Sachsen	44,4	48,50	66,3	29,20	110,7	37,00
Sachsen-Anhalt	13,7	32,70	39,0	44,60	52,7	41,50
Schleswig-Holstein	21,9	48,10	58,8	34,40	80,7	38,10
Thüringen	6,0	24,60	41,1	30,50	47,1	29,70
Deutschland	**806,6**	**47,20**	**1 215,2**	**31,40**	**2 021,8**	**37,60**

Quelle: Harrer, B., Zeiner, M., Maschke, J., und Scherr, Silvia: Tagesreisen der Deutschen. Heft 46 der Schriftenreihe des Deutschen Wirtschaftswissenschaftlichen Instituts für Fremdenverkehr an der Universität München (DWIF), München 1995

2.8.1.2 Ausflugsintensität und Ausflugshäufigkeit 1993 nach ausgewählten Merkmalen

Ausgewählte Merkmale	Ausflugsintensität %[1]	Ausflugshäufigkeit (Zahl der Ausflüge)	
		pro Kopf und Jahr	pro Ausflügler und Jahr
Quellbundesland			
Baden-Württemberg	85,1	26,3	31,0
Bayern	85,0	28,6	33,7
Berlin	90,4	30,7	34,0
Brandenburg	89,2	19,1	21,5
Bremen	84,2	27,7	33,0
Hamburg	83,2	24,0	28,9
Hessen	83,1	28,5	34,3
Mecklenburg-Vorpommern	93,6	24,6	26,3
Niedersachsen	84,6	26,1	30,9
Nordrhein-Westfalen	82,6	25,5	30,9
Rheinland-Pfalz	81,5	26,5	32,5
Saarland	80,4	22,2	27,6
Sachsen	92,9	26,5	28,6
Sachsen-Anhalt	92,4	18,8	20,4
Schleswig-Holstein	86,9	32,0	36,9
Thüringen	93,4	22,2	23,8
Größe des Haushalts			
1 Person	76,3	22,6	29,8
2 Personen	83,5	22,2	26,7
3 Personen	88,8	28,0	31,7
4 Personen	91,6	31,8	34,8
5 und mehr Personen	88,1	29,1	33,1
Haushaltsnettoeinkommen in DM pro Monat			
bis unter 1 500	70,1	16,8	24,2
1 500 bis unter 2 000	79,8	19,2	24,2
2 000 bis unter 2 500	84,8	23,6	27,9
2 500 bis unter 3 000	88,2	24,4	27,9
3 000 bis unter 3 500	90,0	27,5	30,7
3 500 bis unter 4 000	91,2	29,8	32,7
4 000 bis unter 5 000	92,3	31,6	34,4
5 000 bis unter 6 000	92,6	33,8	36,6
6 000 und mehr	94,1	36,9	39,3
Altersstruktur			
14 bis unter 25	93,8	41,6	44,6
25 bis unter 35	92,3	34,5	37,5
35 bis unter 45	91,9	26,3	28,7
45 bis unter 55	87,1	21,6	24,9
55 bis unter 65	81,0	18,4	22,8
65 und älter	68,3	13,6	20,1
Deutschland	**85,7**	**26,2**	**30,6**

[1] Anteil der Bevölkerung (über 14 Jahre), der 1993 mindestens einen Ausflug unternommen hat.

Quelle: Harrer, B., Zeiner, M., Maschke, J., und Scherr, Silvia: Tagesreisen der Deutschen. Heft 46 der Schriftenreihe des Deutschen Wirtschaftswissenschaftlichen Instituts für Fremdenverkehr an der Universität München (DWIF), München 1995

2.8.2 Tagesgeschäftsreisen

Als **Tagesgeschäftsreise** zählen alle Ortsveränderungen, die – zur Wahrnehmung geschäftlicher Aufgaben – über die Gemeindegrenze, in der sich der ständige Arbeitsplatz des Betroffenen befindet, hinausführen. Hierunter fallen jedoch **nicht**
– Fahrten zum ständigen oder wechselnden Arbeitsplatz (z.B. Montage)
– Fahrten innerhalb der Arbeitsplatzgemeinde.

2.8.2.1 Tagesgeschäftsreisen und durchschnittliche Tagesausgaben 1993 nach Zielbundesländern

Zielbundesland	Tagesgeschäftsreisen in					
	Gemeinden über 100 000 Einwohner		Gemeinden bis 100 000 Einwohner		allen Gemeinden	
	Anzahl Mill.	durchschnittl. Tagesausgaben DM	Anzahl Mill.	durchschnittl. Tagesausgaben DM	Anzahl Mill.	durchschnittl. Tagesausgaben DM
Baden-Württemberg	16,2	49,80	14,0	35,00	30,2	42,90
Bayern	16,6	69,70	14,3	36,80	30,9	54,40
Berlin	6,9	72,50	–	–	6,9	72,50
Brandenburg	0,9	19,80	4,7	24,10	5,6	23,30
Bremen	1,6	62,30	–	–	1,6	62,30
Hamburg	5,4	77,90	–	–	5,4	77,90
Hessen	11,5	63,90	8,9	41,10	20,4	53,80
Mecklenburg-Vorpommern	1,3	51,40	3,5	36,00	4,8	40,20
Niedersachsen	8,4	65,60	3,9	30,00	12,3	54,50
Nordrhein-Westfalen	22,4	51,60	7,5	54,40	29,9	52,20
Rheinland-Pfalz	1,4	67,10	4,6	30,20	6,0	38,90
Saarland	0,5	35,60	0,3	35,60	0,8	35,60
Sachsen	6,3	53,80	3,8	40,30	10,1	48,80
Sachsen-Anhalt	3,3	22,80	3,9	49,20	7,2	36,90
Schleswig-Holstein	1,4	41,50	2,5	55,00	3,9	50,30
Thüringen	0,9	52,30	4,6	59,10	5,5	58,00
Deutschland	**105,0**	**58,50**	**76,5**	**39,90**	**181,5**	**50,70**

Quelle: Harrer, B., Zeiner, M., Maschke, J., und Scherr, Silvia: Tagesreisen der Deutschen. Heft 46 der Schriftenreihe des Deutschen Wirtschaftswissenschaftlichen Instituts für Fremdenverkehr an der Universität München (DWIF), München 1995

2.8.2.2 Tagesgeschäftsreiseintensität und Tagesgeschäftsreisehäufigkeit 1993 nach Quellbundesländern

Quellbundesland	Tagesgeschäftsreiseintensität der Erwerbstätigen 1) %	Tagesgeschäftsreisehäufigkeit (Zahl der Geschäftsreisen pro Tagesgeschäftsreisenden)
Baden-Württemberg	24,0	26,8
Bayern	22,2	22,9
Berlin	16,9	9,2
Brandenburg	27,4	20,9
Bremen	20,2	29,7
Hamburg	21,8	14,6
Hessen	22,6	16,4
Mecklenburg-Vorpommern	25,7	16,8
Niedersachsen	19,0	17,8
Nordrhein-Westfalen	20,4	19,4
Rheinland-Pfalz	22,3	22,0
Saarland	18,3	14,5
Sachsen	20,4	16,6
Sachsen-Anhalt	26,7	19,4
Schleswig-Holstein	22,2	16,0
Thüringen	28,2	15,3
Deutschland	**21,9**	**20,3**

1) Anteil der Erwerbstätigen über 14 Jahre, die 1993 mindestens eine Tagesgeschäftsreise unternommen haben.

Quelle: Harrer, B., Zeiner, M., Maschke, J., und Scherr, Silvia: Tagesreisen der Deutschen. Heft 46 der Schriftenreihe des Deutschen Wirtschaftswissenschaftlichen Instituts für Fremdenverkehr an der Universität München (DWIF), München 1995

3 Reiseverhalten

Mit der Berichtsperiode 1988/89 wurde die jährliche Berichterstattung der amtlichen Statistik zum Reiseverhalten der deutschen Bevölkerung eingestellt. Der Grund für die seitdem in der Berichterstattung entstandene Lücke ist der Wegfall der Gesetzesgrundlage für die Erhebung über Urlaubs- und Erholungsreisen im Rahmen des jährlichen Mikrozensus.

Abgesehen von einer einmaligen Tourismusstichprobe über das Berichtsjahr 1992 auf der rechtlichen Grundlage des § 7 Abs. 2 des Gesetzes über die Statistik für Bundeszwecke (Bundesstatistikgesetz – BStatG), liegen wieder Daten seit dem Berichtjahr 1997 vor. Die Erhebungen für die Jahre 1997/1998 wurden vom Landesamt für Datenverarbeitung und Statistik Nordrhein-Westfalen und für das Jahr 1999 von der GEOPLAN GmbH im Auftrag des Statistischen Bundesamtes durchgeführt, um die in der EG-Richtlinie zur Tourismusstatistik[1] geforderten Daten zur touristischen Nachfrage zu ermitteln.

In vier Erhebungsphasen pro Jahr werden jeweils mindestens **2 500 Personen** erfaßt, die im der Befragung vorausgegangenen Quartal gereist sind. Zwar sind die Daten personenbezogen, doch wird die Befragung nach dem Haushaltskonzept durchgeführt, wobei eine Person des Haushalts über das Reiseverhalten aller Haushaltsmitglieder Auskunft gibt.

Erfragt werden alle Reisen mit mindestens einer Übernachtung. Privatreisen, also Urlaubs- und Erholungsreisen, Besuchsreisen, Reisen zur Kur etc. werden gemäß ihrer Dauer in **längere Reisen** (vier und mehr Übernachtungen) und **Kurzreisen** (eine bis drei Übernachtungen) unterteilt. **Dienst- und Geschäftsreisen** werden nicht unterteilt. Tagesausflüge ohne Übernachtung sind nicht Gegenstand der Erhebung. Während Kurz- und Geschäftsreisen nur für das jeweilige Quartal erfragt werden, werden die längeren Privatreisen für den Zeitraum vom Beginn des Jahres bis zum Ende des jeweiligen Quartals erfaßt. Dadurch soll für die detaillierten Angaben, die bei den längeren Reisen erfragt werden, eine höhere Qualität erreicht werden.

Folgende Merkmale werden erhoben:
- Monat des Beginns der Reise,
- Anzahl der Übernachtungen,
- Ziel der Reise (Inland: Bundesland, Ausland: Staat),
- Veranstaltung der Reise (nur für längere Privatreisen),
- hauptsächlich benutztes Verkehrsmittel (nur für längere Privatreisen),
- Hauptunterkunftsart,
- Reisekosten und Zusatzkosten bzw. Gesamtausgaben[2],
- Personen des Haushalts, die an der Reise teilgenommen haben,
- prozentuale Aufteilung der Kosten auf die beteiligten Personen.

Da dieser Erhebung eine relativ kleine Stichprobe zugrunde liegt, mußten viele Felder gesperrt oder mit einer Fehlerkennzeichnung versehen werden. Die dazu benutzten - zum Teil erhebungs-spezifischen - Symbole haben folgende Bedeutung:

0	weniger als die Hälfte von 1 in der letzten besetzten Stelle, jedoch mehr als nichts
-	nichts vorhanden (genau null)
( )	relativer Standardfehler zwischen 10 % und 20 % Die Aussagefähigkeit des angegebenen Wertes ist eingeschränkt.
[ ]	relativer Standardfehler zwischen 20 % und 30 % Der angegebene Wert erlaubt nur die Abschätzung der Größenordnung des wahren Wertes.
/	relativer Standardfehler über 30 % Die Angabe eines Wertes ist wegen des hohen Fehlers nicht sinnvoll.
x	Tabellenfach gesperrt, weil Aussage nicht sinnvoll
	Abweichungen in den Summen erklären sich aus dem Runden der Einzelwerte.

---

[1] Richtlinie Nr. 95/57/EG des Rates vom 23. November 1995 über die Erhebung statistischer Daten im Bereich des Tourismus; Teil C (ABl. Nr. L 291, S. 32, vom 6.12.1996).

[2] Anzugeben sind die gesamten Kosten einer Reise. Dazu gehören neben der Fahrt-, Übernachtungs- und Verpflegungskosten auch die sonstigen Ausgaben im Urlaub (Souvenirs, Geschenke, Eintrittsgelder, Telefongebühren) und alle vorher für die Reise getätigten Ausgaben (Literatur, Karten, Bekleidung, Schuhe) außer solchen, die als Kapitalanlage angesehen werden können (z.B. Wohnwagen, Kunstgegenstände).

3.1 Reisende im Jahr 1999*) nach Reiseart, Geschlecht und Alter

Merkmal	Personen mit privaten Reisen mit vier und mehr Übernachtungen			
	insgesamt	davon mit Reisen		
		nur im Inland	nur im Ausland	im In- und Ausland
	Mill.			
Insgesamt	50,7	15,5	33,8	[1,4]
davon:				
männlich	25,0	(7,3)	17,1	[0,6]
weiblich	25,7	(8,2)	16,7	[0,8]
davon im Alter von:				
15 – 24 Jahre	(6,8)	[1,8]	(4,7)	/
25 – 44 Jahre	19,8	(5,6)	13,4	/
45 – 64 Jahre	15,2	(4,5)	10,4	/
65 Jahre und älter	(8,9)	[3,5]	(5,3)	/

*) Gereiste Personen, die mindestens 15 Jahre alt waren.

Methodische Anmerkungen siehe „Tourismuserhebung 1999" im Anhang.

3.2 Private Reisen*) mit mindestens vier Übernachtungen im Jahr 1999 nach Abreisemonat, Reisedauer, Veranstalter der Reise, benutztem Verkehrsmittel und Hauptunterkunftsart

Merkmal	Private Reisen		
	insgesamt	davon mit Reiseziel	
		im Inland	im Ausland
	Mill.		
Insgesamt	101,4	33,5	67,9
davon mit Reisebeginn:			
im Januar	3,9	[1,0]	2,9
im Februar	4,6	1,5	3,1
im März	8,7	3,0	5,7
im April	7,3	3,3	4,0
im Mai	9,9	3,1	6,8
im Juni	9,7	2,7	7,0
im Juli	12,8	3,7	9,1
im August	13,3	4,8	8,5
im September	10,3	2,9	7,4
im Oktober	9,2	2,7	6,5
im November	3,8	[1,4]	2,4
im Dezember	7,9	3,4	4,5
davon mit ... Übernachtungen:			
4 – 7	42,5	19,2	23,3
8 – 14	42,7	10,9	31,8
15 – 28	13,0	(2,9)	10,1
29 – 91	(2,7)	/	(2,3)
92 – 365	/	/	/
davon Veranstalter der Reise:			
Reisender selbst	73,2	28,8	44,4
Reisebüro, Reiseveranstalter	28,2	(4,7)	23,5
dar. Pauschalreisen	21,3	[2,8]	18,5
davon mit hauptsächlichem Verkehrsmittel:			
Flugzeug	30,3	/	29,9
Schiff	/	/	[0,9]
Zug	7,9	5,5	[2,4]
Bus, Reisebus	9,5	[2,8]	6,7
Pkw (eigener Wagen oder Mietwagen)	51,2	24,1	27,1
sonstige Verkehrsmittel	/	/	/
davon mit hauptsächlicher Unterkunft in:			
Hotels und ähnlichen Betrieben	49,1	11,8	37,4
sonstigen Beherbergungsbetrieben:	25,7	9,5	16,2
Campingplätze	6,1	/	[4,2]
Ferienhäuser, -wohnungen	16,1	6,7	9,4
sonstige	[3,5]	/	/
speziellen Unterkünften	[2,1]	/	/
privaten Unterkünften:	24,5	11,2	13,3
gemietete Unterkünfte	[4,0]	/	/
Zweitwohnsitz	/	/	/
sonstige private Unterkünfte	18,3	8,3	10,1

*) Gereiste Personen, die mindestens 15 Jahre alt waren.

Methodische Anmerkungen siehe „Tourismuserhebung 1999" im Anhang.

3.3 Übernachtungen bei privaten Reisen*) mit mindestens vier Übernachtungen im Jahr 1999 nach Abreisemonat, Reisedauer, Veranstalter der Reise, benutztem Verkehrsmittel und Hauptunterkunftsart

Merkmal	Übernachtungen insgesamt	davon im Inland	davon im Ausland
	Mill.		
Insgesamt	1 212,8	331,1	881,7
davon mit Reisebeginn:			
im Januar	51,5	[14,7]	36,8
im Februar	49,6	(12,0)	37,6
im März	83,6	23,4	60,2
im April	67,8	22,0	45,8
im Mai	112,7	31,3	81,4
im Juni	120,6	34,1	86,5
im Juli	195,2	45,3	149,9
im August	165,5	53,2	112,3
im September	117,7	27,9	89,8
im Oktober	114,7	26,2	88,5
im November	48,4	/	37,6
im Dezember	85,5	30,1	55,4
davon mit ... Übernachtungen:			
4 - 7	242,3	108,5	133,8
8 - 14	492,2	124,8	367,4
15 - 28	264,2	[60,6]	203,6
29 - 91	(118,4)	/	(101,1)
92 - 365	/	/	/
davon Veranstalter der Reise:			
Reisender selbst	796,5	269,6	527,0
Reisebüro, Reiseveranstalter	416,2	(61,4)	354,7
dar. Pauschalreisen	324,6	[41,2]	283,4
davon mit hauptsächlichem Verkehrsmittel:			
Flugzeug	448,1	/	445,2
Schiff	/	/	[10,6]
Zug	94,0	66,2	[27,7]
Bus, Reisebus	81,6	[24,7]	56,9
Pkw (eigener Wagen oder Mietwagen)	559,3	230,1	329,2
sonstige Verkehrsmittel	/	/	/
davon mit hauptsächlicher Unterkunft in:			
Hotels und ähnlichen Betrieben	530,3	101,4	428,9
sonstigen Beherbergungsbetrieben:	316,9	98,9	218,0
Campingplätze	79,6	/	[57,6]
Ferienhäuser, -wohnungen	184,4	68,3	116,1
sonstige	[52,9]	/	/
speziellen Unterkünften	[34,6]	/	/
privaten Unterkünften:	331,0	109,1	221,9
gemietete Unterkünfte	[49,7]	/	/
Zweitwohnsitz	/	/	/
sonstige private Unterkünfte	219,5	77,8	141,7

*) Gereiste Personen, die mindestens 15 Jahre alt waren.

Methodische Anmerkungen siehe „Tourismuserhebung 1999" im Anhang.

3.4 Reisen*) mit mindestens einer Übernachtung im Jahr 1999 nach dem Reiseziel

Reiseziel	Reisen insgesamt	Private Reisen		Dienst- und Geschäfts- reisen
		insgesamt	darunter mit vier und mehr Übernachtungen	
	Mill.			
Welt insgesamt	146,4	134,3	101,4	(12,1)
Deutschland insgesamt	68,3	60,9	33,5	(7,4)
Baden-Württemberg	7,8	6,9	(3,7)	/
Bayern	15,1	13,4	8,0	/
Berlin	[3,5]	[3,0]	[1,4]	/
Brandenburg	/	/	/	/
Bremen	/	/	/	/
Hamburg	[2,1]	[1,6]	/	/
Hessen	[3,2]	[2,7]	/	/
Mecklenburg-Vorpommern	(4,7)	(4,5)	[3,3]	/
Niedersachsen	6,6	6,1	[3,7]	/
Nordrhein-Westfalen	8,0	6,7	[2,8]	/
Rheinland-Pfalz	[3,2]	[2,9]	/	/
Saarland	/	/	/	/
Sachsen	[2,8]	[2,5]	/	/
Sachsen-Anhalt	/	/	/	/
Schleswig-Holstein	(5,7)	(5,4)	[3,8]	/
Thüringen	[2,3]	[2,2]	/	/
Ausland insgesamt	78,1	73,4	67,9	[4,7]
EU insgesamt	53,5	50,9	46,7	[2,6]
Belgien	/	/	/	/
Dänemark	/	/	/	/
Finnland	/	/	/	/
Frankreich	4,9	4,5	3,9	/
Griechenland	[3,3]	[3,3]	[3,2]	/
Großbritannien und Nordirland	/	/	/	/
Irland	/	/	/	/
Italien	10,7	10,2	9,8	/
Luxemburg	/	/	/	/
Niederlande	[3,2]	[3,0]	[2,3]	/
Österreich	10,8	10,3	8,9	/
Portugal	/	/	/	/
Schweden	/	/	/	/
Spanien	13,2	12,8	12,5	/
EFTA insgesamt	(3,7)	[3,4]	[3,0]	/
Island	/	/	/	/
Norwegen	/	/	/	/
Schweiz (einschl. Liechtenstein)	[3,2]	[2,9]	[2,5]	/
Andere europäische Länder	9,8	9,2	8,5	/
darunter:				
Polen	/	/	/	/
Slowakei	/	/	/	/
Tschechische Republik	/	/	/	/
Türkei	[2,9]	[2,8]	[2,7]	/
Ungarn	/	/	/	/
Afrika insgesamt	[3,3]	[3,1]	[3,1]	/
Nordamerika insgesamt	[3,4]	[2,9]	[2,9]	/
Kanada	/	/	/	/
Vereinigte Staaten	[2,1]	[2,0]	[2,0]	/
Zentral- und Südamerika insgesamt	/	/	/	/
Asien insgesamt	/	/	/	/
dar. Japan	/	/	/	/
Australien, Ozeanien und andere Gebiete	/	/	/	/
darunter:				
Australien	/	/	/	/
Neuseeland	/	/	/	/
Nicht näher bezeichnetes Ausland	/	/	/	/

*) Gereiste Personen, die mindestens 15 Jahre alt waren.

Methodische Anmerkungen siehe „Tourismuserhebung 1999" im Anhang.

3.5 Übernachtungen bei Reisen*) mit mindestens einer Übernachtung im Jahr 1999 nach dem Reiseziel

Reiseziel	Übernachtungen bei			Dienst- und Geschäfts- reisen
	Reisen insgesamt	privaten Reisen		
		insgesamt	darunter mit vier und mehr Übernachtungen	
	Mill.			
Welt insgesamt	1 333,9	1 283,1	1 212,8	50,8
Deutschland insgesamt	412,9	386,9	331,1	(26,0)
Baden-Württemberg	47,0	43,8	(37,4)	/
Bayern	96,0	89,8	78,7	/
Berlin	[15,8]	[14,0]	[10,8]	/
Brandenburg	/	/	/	/
Bremen	/	/	/	/
Hamburg	[6,8]	[6,8]	/	/
Hessen	[13,6]	[12,4]	/	/
Mecklenburg-Vorpommern	(37,3)	(36,0)	[33,3]	/
Niedersachsen	43,9	42,0	[37,0]	/
Nordrhein-Westfalen	36,1	31,6	[23,7]	/
Rheinland-Pfalz	[21,5]	[20,4]	/	/
Saarland	/	/	/	/
Sachsen	[15,7]	[14,3]	/	/
Sachsen-Anhalt	/	/	/	/
Schleswig-Holstein	(46,8)	(45,9)	[42,4]	/
Thüringen	[11,5]	[11,2]	/	/
Ausland insgesamt	921,0	896,2	881,7	(24,8)
EU insgesamt	573,0	559,9	549,5	[13,1]
Belgien	/	/	/	/
Dänemark	/	/	/	/
Finnland	/	/	/	/
Frankreich	47,9	47,9	46,4	/
Griechenland	[44,9]	[42,3]	[42,1]	/
Großbritannien und Nordirland	/	/	/	/
Irland	/	/	/	/
Italien	119,0	116,9	115,6	/
Luxemburg	/	/	/	/
Niederlande	[25,6]	[24,6]	[23,0]	/
Österreich	89,3	86,3	83,3	/
Portugal	/	/	/	/
Schweden	/	/	/	/
Spanien	168,9	167,9	167,0	/
EFTA insgesamt	(35,1)	[34,5]	[33,4]	/
Island	/	/	/	/
Norwegen	/	/	/	/
Schweiz (einschl. Liechtenstein)	[29,0]	[28,5]	[27,4]	/
Andere europäische Länder	128,7	125,2	123,6	/
darunter:				
Polen	/	/	/	/
Slowakei	/	/	/	/
Tschechische Republik	/	/	/	/
Türkei	[45,0]	[44,4]	[44,2]	/
Ungarn	/	/	/	/
Afrika insgesamt	[45,4]	[44,6]	[44,4]	/
Nordamerika insgesamt	[58,4]	[54,4]	[54,1]	/
Kanada	/	/	/	/
Vereinigte Staaten	[42,1]	[39,0]	[38,8]	/
Zentral- und Südamerika insgesamt	/	/	/	/
Asien insgesamt	/	/	/	/
dar. Japan	/	/	/	/
Australien, Ozeanien und andere Gebiete	/	/	/	/
darunter:				
Australien	/	/	/	/
Neuseeland	/	/	/	/
Nicht näher bezeichnetes Ausland	/	/	/	/

*) Gereiste Personen, die mindestens 15 Jahre alt waren.

Methodische Anmerkungen siehe „Tourismuserhebung 1999" im Anhang.

3.6 Ausgaben im Fremdenverkehr 1999 bei Reisen*) nach Reisedauer und Hauptunterkunftsart

Merkmal	Reisen insgesamt	Ausgaben bei privaten Reisen					
		insgesamt	davon		darunter mit vier und mehr Übernachtungen		
			im Inland	in das Ausland	insgesamt	davon	
						im Inland	in das Ausland
	Mill. DM						
Insgesamt	190 658,9	181 625,2	38 608,2	143 017,0	168 766,5	30 052,3	138 714,2
davon mit ... Übernachtungen:							
1 - 3	16 309,7	12 858,7	8 555,8	4 302,9	x	x	x
4 - 7	42 437,5	39 223,4	12 203,2	27 020,2	39 223,4	12 203,2	27 020,2
8 - 14	81 295,0	80 153,9	12 251,6	67 902,3	80 153,9	12 251,6	67 902,3
15 - 28	36 066,1	35 287,1	[4 895,3]	30 391,8	35 287,1	[4 895,3]	30 391,8
29 - 91	12 344,3	12 124,7	/	(11 504,9)	12 124,7	/	(11 504,9)
92 - 365	/	/	/	/	/	/	/
davon mit hauptsächlicher Unterkunft in:							
Hotels und ähnlichen Betrieben	108 413,0	101 271,2	16 457,8	84 813,4	94 564,0	12 405,2	82 158,8
sonstigen Beherbergungsbetrieben	14 414,1	14 051,0	3 048,2	11 002,8	13 121,2	2 574,5	10 546,7
speziellen Unterkünften	/	/	/	/	/	/	/
privaten Unterkünften	58 031,8	56 857,6	17 997,2	38 860,4	51 855,2	14 019,7	37 835,6

Merkmal	Ausgaben bei privaten Reisen darunter mit vier und mehr Übernachtungen darunter Pauschalreisen			Dienst- und Geschäftsreisen		
	insgesamt	davon		insgesamt	davon	
		im Inland	in das Ausland		im Inland	in das Ausland
	Mill. DM					
Insgesamt	54 058,6	/	50 764,1	(9 033,7)	[2 970,3]	/
davon mit ... Übernachtungen:						
1 - 3	x	x	x	[3 450,5]	[1 677,2]	/
4 - 7	11 160,0	/	(9 547,3)	[3 214,1]	/	/
8 - 14	30 988,3	/	(29 762,6)	[1 141,2]	/	/
15 - 28	9 373,0	/	(9 042,2)	[779,0]	/	/
29 - 91	1 967,9	/	(1 903,1)	[219,7]	/	/
92 - 365	569,6	/	(508,9)	[229,3]	/	/
davon mit hauptsächlicher Unterkunft in:						
Hotels und ähnlichen Betrieben	46 762,3	/	(44 380,6)	[7 141,8]	[2 252,1]	/
sonstigen Beherbergungsbetrieben	4 667,7	/	/	[363,1]	/	/
speziellen Unterkünften	1 602,8	/	/	[354,5]	/	/
privaten Unterkünften	1 025,7	/	/	[1 174,2]	/	/

*) Gereiste Personen, die mindestens 15 Jahre alt waren.

Methodische Anmerkungen siehe „Tourismuserhebung 1999" im Anhang.

Statistisches Bundesamt, Tourismus in Zahlen, 2000/2001

4 Verkehr

Die Verkehrsinfrastruktur zählt zu den wichtigen Rahmenbedingungen des Tourismus. Die Tourismusströme werden über die Verkehrsleistungen abgewickelt. So sind die Bereiche Verkehr und Tourismus eng miteinander verknüpft. Dem Kapitel Verkehr - mit den vier Zweigen Straße, Schiene, Luft und Schiffahrt - ist daher in dieser Veröffentlichung ein breiter Rahmen eingeräumt.

Doch beziehen sich die folgenden Übersichten überwiegend auf den Verkehr insgesamt, also nicht nur auf den tourismusinduzierten Ortswechsel.

Die Tabellen 4.1 und 4.2 geben Auskunft über den Personenverkehr nach Verkehrszweigen sowie über das Verkehrsnetz.

Dem Kraftfahrzeugverkehr sind die folgenden Übersichten 4.3 bis 4.6 gewidmet.

Die Tabellen 4.7 und 4.8 betreffen den Luftverkehr. Die Tabelle 4.7 gibt die Anzahl aller Reisenden im Flugreiseverkehr nach Endzielländern an. Daten zum Pauschalflugreiseverkehr werden seit 1995 in der Luftverkehrsstatistik nicht mehr dargestellt. Über das Verkehrsaufkommen auf Flugplätzen informiert Tabelle 4.8.

Über das Angebot an Fahrgastschiffen in der Binnenschiffahrt unterrichtet die Übersicht 4.9. Dort finden sich Angaben über die Anzahl der Schiffe, Beschäftigtenzahlen sowie Umsätze. Daten zur Nachfrage nach Leistungen dieses touristischen Bereichs liegen dagegen nicht vor.

Die Tabelle 4.10 stellt den Schiffsverkehr über See nach Hafengruppen dar.

Über Einnahmen, Unternehmen, Beschäftigte und Umsatz im Straßenpersonenverkehr unterrichten die Tabellen 4.11 und 4.12. Seit Oktober 1984 werden in der Statistik der Personenbeförderung nur noch die Unternehmen berücksichtigt, die mehr als sechs Kraftomnibusse haben. Ein großer Teil der Kurzreisen und Städtereisen wird mit Omnibussen abgewickelt, und dies in erheblichem Umfang auch von Klein- und Mittelbetrieben.

Die anschließenden Übersichten 4.13 und 4.14 ermöglichen einen internationalen Vergleich der Streckenlängen, der Beförderungsfälle und Verkehrsleistungen im Eisenbahn-Personenverkehr in den EU-Ländern. Quelle für diese Daten ist die Internationale Eisenbahnstatistik der Union Internationale des Chemins de fer (UIC), Paris.

Die das Kapitel abschließenden Tabellen 4.15 und 4.16 stellen das Straßenverkehrsunfallgeschehen dar. Berichtet wird über Unfälle, bei denen infolge des Fahrverkehrs auf öffentlichen Wegen oder Plätzen Personen getötet oder verletzt oder Sachschäden verursacht worden sind. Auskunftspflichtig für diese Statistik sind die Polizeidienststellen, deren Beamte die Unfälle aufgenommen haben. Daraus folgt, daß die Statistik nur solche Unfälle erfaßt, zu denen die Polizei herangezogen wurde; das sind vor allem solche mit schwereren Folgen. Insbesondere Verkehrsunfälle mit nur Sachschaden oder mit nur geringfügigen Verletzungen werden zu einem relativ großen Teil der Polizei nicht angezeigt.

Statistisches Bundesamt, Tourismus in Zahlen, 2000/2001

4.1 Personenverkehr der Verkehrszweige
Mill.

Verkehrszweig	1992		1994		1996		1997		1998		1999	
	Beförderte Personen[1]	Personenkilometer	Beförderte Personen[1]	Personenkilometer	Beförderte Personen[1]	Personenkilometer	Beförderte Personen[1]	Personenkilometer	Beförderte Personen[1]	Personenkilometer	Beförderte Personen[1]	Personenkilometer
Eisenbahnverkehr[2]	1 564	57 240	1 570	61 962	1 976	75 975	1 980	73 917	1 919	72 389	1 943	73 586
Straßenverkehr[3]	7 847	80 423	7 947	78 246	7 835	76 654	7 848	76 208	7 762	75 702	7 794	76 186
Allgemeiner Linienverkehr[4]	7 379	46 873	7 510	47 109	7 477	47 436	7 513	48 101	7 442	47 342	7 484	47 433
Sonderformen des Linienverkehrs[5]	382	6 315	356	5 952	277	4 485	257	4 103	242	3 989	230	3 880
Gelegenheitsverkehr[6]	86	27 243	81	25 185	81	24 734	78	24 004	78	24 371	80	24 873
Luftverkehr[7]	73	20 331	85	29 970	96	33 630	102	35 840	107	37 498	115	39 887

1) Beförderungsfälle.
2) Die Daten für beförderte Personen sind wegen geänderter Erfassungsweise ab 1995 mit den Vorjahren nicht vergleichbar.
3) Ohne Kleinunternehmen mit weniger als 6 Bussen.
4) Verkehr mit Straßenbahnen und Obussen sowie Kraftomnibus-Linienverkehr nach § 42 Personenbeförderungsgesetz (PBefG), ohne dessen Sonderformen.
5) § 43 PBefG (Berufsverkehr, Schülerfahrten, Markt- und Theaterfahrten) einschl. Freigestellter Schülerverkehr.
6) § 48 PBefG (Ausflugsfahrten, Ferienziel-Reisen) und § 49 Abs. 1 PBefG (Verkehr mit Mietomnibussen).
7) Bei Personenkilometern sind die über dem Inland geflogenen nachgewiesen; wegen einer geänderten Berechnungsmethode wurden alle personenkilometrischen Daten korrigiert.

Methodische Anmerkungen siehe "Eisenbahnstatistik", "Luftfahrtstatistik" und "Statistik der Personenbeförderung im Straßenverkehr" im Anhang.

4.2 Verkehrsnetz
km

Gegenstand der Nachweisung	Früheres Bundesgebiet				Deutschland			
	1960	1970	1980	1985	1993	1997	1998	1999
Straßennetz des überörtlichen Verkehrs (Bundesautobahnen, Bundes-, Land(es)- oder Staats-, Kreisstraßen)	135 300	162 300	171 521	173 045	226 805	231 076	231 074	230 665
dar. Bundesautobahnen	2 551	4 110	7 292	8 198	11 013	11 246	11 309	11 427
Gemeindestraßen[1]	233 000	270 000	308 000	317 000	413 000	.	.	.
Schienennetz[2]	36 019	33 010	31 497	30 578	44 252	44 823	.	.
Benutzte Wasserstraßen	4 441	4 383	4 395	4 336	7 368[3]	7 467[3]	7 467[3]	7 467[3]

1) Geschätzt.
2) Eigentumsstreckenlänge.

3) Benutzbare Wasserstraßen.

Quelle (Straßennetz): Bundesministerium für Verkehr, Bau- und Wohnungswesen

Methodische Anmerkungen siehe "Binnenschiffahrtsstatistik" und "Eisenbahnstatistik" im Anhang.

4.3 Bestand an Kraftfahrzeugen nach Fahrzeugarten sowie Zahl der motorisierten Fahrzeuge je 1 000 Einwohner*)

Fahrzeugart	Früheres Bundesgebiet						Deutschland		
	1950[1]	1960	1970	1980	1990	1993	1994	1998	1999
Krafträder[2]	929 516	1 892 479	228 604	738 180	1 413 674	1 751 956	2 083 263	2 925 843	3 177 437
Personenkraftwagen	539 853	4 489 407	13 941 079	23 191 616	30 684 811	32 652 041	39 765 402	41 673 787	42 323 672
Kraftomnibusse einschl. Obusse	15 083	33 198	47 253	70 458	70 370	71 405	88 460	83 285	84 687
Wohnmobile	.	216	5 724	57 986	233 694	291 943	311 002	329 198	339 367
Motorisierte Fahrzeuge insgesamt	2 020 935	10 216 787	17 837 430	29 226 359	36 702 727	38 325 721	46 545 216	49 586 488	50 609 142
Motorisierte Fahrzeuge je 1 000 Einwohner	40	185	291	476	592	594	595	626	617
Wohnwagen (Anhänger)	.	13 840	141 498	417 341	520 586	532 294	614 471	612 826	616 233

*) Stand: jeweils 1. Juli.
[1] Einschl. Saarland und Berlin-West.
[2] Seit 1973 einschl. der zulassungsfreien Fahrzeuge mit amtlichen Kennzeichen.

Quelle: Kraftfahrt-Bundesamt, Flensburg

4.4 Jährliche Fahrleistungen im Kraftfahrzeugverkehr nach Fahrzeugarten*)

Gegenstand der Nachweisung	Früheres Bundesgebiet				Deutschland					
	1975	1980	1985	1990	1991	1994	1995	1996	1997	1998
Durchschnittliche Fahrleistungen[1] 1 000 km										
Mopeds	3,9	3,6	3,2	2,9	3,0	2,9	2,9	2,9	2,9	2,9
Krafträder	6,3	5,9	5,3	5,0	4,9	4,4	4,3	4,3	4,3	4,3
Personenkraftwagen und Kombi	16,1	15,1	14,4	15,6	15,2	14,2	14,2	14,1	14,2	14,1
Kraftomnibusse	48,9	48,1	49,7	52,9	52,1	46,8	46,9	46,4	47,4	47,7
Lastkraftwagen[2]	25,6	29,3	26,1	26,8	29,9	26,6	26,4	26,3	26,2	27,1
Sattelzugmaschinen	61,1	69,0	70,6	76,8	87,5	80,9	82,0	80,7	82,4	86,6
Übrige Kraftfahrzeuge[3]	8,8	8,8	9,3	9,3	10,2	8,7	8,7	8,7	8,7	8,6
Gesamtfahrleistungen Mrd. km										
Kraftfahrzeuge insgesamt	302,1	368,0	384,5	488,5	574,2	592,3	604,0	610,1	618,5	627,2
Mopeds	6,8	7,6	4,7	2,7	4,9	3,8	4,0	3,8	3,8	4,0
Krafträder	2,2	3,3	6,1	5,9	8,7	8,2	8,8	9,6	10,6	11,4
Personenkraftwagen und Kombi	260,5	314,3	332,5	431,5	496,4	507,0	514,9	519,1	524,8	528,0
Kraftomnibusse	2,7	3,1	3,1	3,3	4,0	3,7	3,7	3,7	3,7	3,7
Lastkraftwagen[2]	25,6	33,1	29,9	33,1	43,4	51,0	53,2	53,9	54,6	57,8
Sattelzugmaschinen	2,7	4,0	4,4	5,8	8,3	9,4	9,7	10,1	10,6	11,7
Übrige Kraftfahrzeuge[3]	1,7	2,5	4,0	6,3	8,6	9,1	9,6	9,9	10,3	10,6

*) Nicht enthalten sind die Fahrleistungen der Kraftfahrzeuge der Bundeswehr, des Bundesgrenzschutzes und der ausländischen Streitkräfte.
[1] Ohne die vorübergehend abgemeldeten Fahrzeuge.
[2] Mit Normal- und Spezialaufbau.
[3] Sonderkraftfahrzeuge nicht zur Lastenbeförderung (Polizei- und Feuerwehrfahrzeuge, Krankenkraftwagen, Müllfahrzeuge, Wohnmobile) und gewöhnliche Zugmaschinen (außer in der Landwirtschaft).

Quelle: "Verkehr in Zahlen", herausgegeben vom Bundesministerium für Verkehr, Bonn

4.5 Jährliche Fahrleistungen im Kraftfahrzeugverkehr nach Straßenkategorien*)

Gegenstand der Nachweisung	Früheres Bundesgebiet						Deutschland			
	1970	1975	1980	1990	1992	1994	1995	1996	1997	1998[1]
Gesamtfahrleistungen Mrd. km										
Bundesautobahnen	35,0	55,5	80,7	135,6	146,6	154,8[2]	179,1	182,3	187,9	194,2
Bundesstraßen	70,0	72,7	83,6	103,3	105,4	103,4[3]	.	.	.	.
Landesstraßen	48,3	.	53,1	64,3	80,7	82,6	80,8	.	.	.
Kreisstraßen	22,9	27,2	34,3	44,4	45,7	44,6	.	.	.	.
Gemeindestraßen	58,0	93,6	105,1	124,5	126,9	114,5	.	.	.	.
Straßen insgesamt	234,2	302,1	368,0	488,5	507,2	498,1	604,0	610,1	618,5	627,2
Innerorts	81,7	116,0	144,7	151,0	152,8	132,8	.	.	.	.
Außerorts	152,5	186,1	223,3	322,6	454,4	365,3	.	.	.	.
Anteile der Straßenkategorien %										
Bundesautobahnen	14,9	18,4	21,9	27,8	28,9	31,1	29,7	30,1	30,4	31,0
Bundesstraßen	29,9	24,1	22,7	21,1	20,8	20,8	.	.	.	.
Landesstraßen	20,6	17,6	17,5	16,5	16,3	16,3	.	.	.	.
Kreisstraßen	9,8	9,0	9,3	9,1	9,0	9,0	.	.	.	.
Gemeindestraßen	24,8	31,0	28,6	25,5	25,0	22,9	.	.	.	.
Straßen insgesamt	100	100	100	100	100	100	100	100	100	100
Innerorts	34,9	38,4	39,3	30,9	30,1	26,6	.	.	.	.
Außerorts	65,1	61,6	60,7	69,1	69,9	73,4	.	.	.	.

*) Nicht enthalten sind die Fahrleistungen der Kraftfahrzeuge der Bundeswehr, des Bundesgrenzschutzes und der ausländischen Streitkräfte.
1) Zum Teil vorläufige Werte.
2) Neue Länder und Berlin-Ost: 20,9.
3) Neue Länder und Berlin-Ost: 20,1.

Quelle: "Verkehr in Zahlen", herausgegeben vom Bundesministerium für Verkehr, Bonn

4.6 Kraftstoffverbrauch und Kraftstoffpreise im Straßenverkehr

Jahr	Kraftstoffverbrauch[1]						Kraftstoffpreise[2]	
	insgesamt	Personenverkehr				Güterverkehr	Benzin[3] (normal)	Diesel
		zusammen	Pkw und Kombi	Krafträder, Mopeds, Mofas	Kraftomnibusse			
	1 000 t						DM/l	
Früheres Bundesgebiet								
1975	34 042	26 923	25 836	215	871	7 119	0,83	0,87
1980	43 144	32 995	31 696	292	1 008	10 149	1,15	1,17
1985	44 103	34 256	32 901	349	1 007	9 847	1,36	1,34
1988	50 979	40 184	38 853	316	1 015	10 795	0,92	0,89
1989	51 280	40 484	39 142	310	1 032	10 796	1,10	0,95
1990	53 363	41 853	40 476	318	1 037	11 531	1,14	1,02
Deutschland								
1991	62 935	47 474	45 732	488	1 255	15 460	1,28	1,07
1992	64 569	48 226	46 571	445	1 210	16 344	1,34	1,06
1993	65 321	48 687	47 092	415	1 180	16 634	1,35	1,09
1994	65 153	47 235	45 625	450	1 160	17 918	1,51	1,15
1995	66 465	47 735	46 089	484	1 162	18 730	1,50	1,13
1996	66 769	47 702	46 052	517	1 133	19 067	1,57	1,22
1997	67 137	47 663	45 957	552	1 154	19 474	1,62	1,24
1998	68 156	47 586	45 831	605	1 149	20 571	1,53	1,14

1) Ohne Ackerschlepper in der Landwirtschaft sowie Kraftfahrzeuge der Bundeswehr, des Bundesgrenzschutzes und ausländischer Streitkräfte.
2) Durchschnittlicher Tankstellenabgabepreis.
3) Die Kraftstoffpreise gelten bis 1987 für verbleites Normalbenzin, seit 1988 für bleifreies Normalbenzin.

Quelle: "Verkehr in Zahlen", herausgegeben vom Bundesministerium für Verkehr, Bonn

4.7 Reisende im Flugreiseverkehr nach Endzielländern

Endzielland	Früheres Bundesgebiet			Deutschland			
	1970	1980	1989	1990	1993	1998	1999
Europa	**5 017 498**	**9 524 591**	**15 227 624**	**18 289 471**	**21 832 316**	**31 223 434**	**32 824 245**
darunter:							
Belgien	136 190	165 888	263 789	304 701	377 112	469 994	515 522
Bulgarien	83 394	142 573	112 733	178 716	296 976	238 269	286 163
Dänemark	157 603	202 255	220 610	248 288	297 301	419 676	446 843
Estland	–	–	–	–	–	24 425	29 170
Finnland	48 705	98 694	211 261	244 873	214 518	377 305	405 593
Frankreich	413 182	693 610	1 039 976	1 166 962	1 302 772	1 995 204	2 153 430
Griechenland	117 961	655 948	1 221 830	1 478 936	2 062 970	2 303 333	2 600 994
Großbritannien und Nordirland	915 783	1 487 079	2 219 227	2 493 311	2 669 733	3 312 414	3 604 378
Irland	24 877	56 049	108 667	132 332	180 596	261 788	278 474
Italien	463 873	726 841	997 472	1 207 630	1 342 151	2 309 749	2 523 756
Jugoslawien (Serbien/Montenegro) 1)	215 111	427 422	443 430	481 614	196 374	90 728	17 597
Kasachstan	–	–	–	–	30 826	72 161	73 361
Kroatien	–	–	–	–	–	159 090	172 729
Lettland	–	–	–	–	–	38 448	37 636
Litauen	–	–	–	–	–	54 698	56 835
Luxemburg	23 903	33 376	49 859	57 646	70 238	100 911	107 987
Malta	3 443	18 086	96 454	138 137	188 983	241 243	250 216
Mazedonien	–	–	–	–	–	54 196	92 504
Niederlande	213 153	258 356	351 179	397 263	464 262	628 300	680 677
Norwegen	35 926	74 343	141 040	155 976	171 589	309 122	328 499
Österreich	193 119	364 650	532 513	640 383	743 263	1 028 406	1 109 192
Polen	9 922	50 014	123 967	148 124	195 709	369 770	376 225
Portugal	59 050	182 930	323 341	393 039	560 290	966 610	1 058 192
Rumänien	112 359	154 413	27 545	64 471	113 819	116 710	127 134
Russische Föderation 2)	15 931	60 468	185 847	585 048	640 677	626 524	497 717
Schweden	89 987	151 421	290 243	323 626	333 285	597 440	625 901
Schweiz	373 932	528 881	786 042	858 387	874 207	1 115 098	1 206 498
Slowenien	–	–	–	–	–	61 119	76 764
Spanien	1 041 883	2 368 135	3 881 544	4 206 120	5 360 576	8 069 754	9 009 074
Tschechische Republik 3)	21 218	42 068	60 023	128 290	167 303	201 233	236 741
Türkei	220 755	480 928	1 262 319	1 556 331	2 516 032	3 751 945	3 027 327
Ukraine	–	–	–	–	71 242	87 837	96 272
Ungarn	22 456	66 426	140 240	282 290	256 566	327 112	362 709
Weißrußland	–	–	–	–	29 977	35 914	37 198
Zypern	1 729	22 962	103 144	104 620	120 088	215 417	227 862
Afrika	**183 535**	**770 675**	**1 255 541**	**1 359 955**	**1 694 017**	**2 102 843**	**2 645 776**
darunter:							
Ägypten	10 425	84 978	208 334	221 937	272 585	324 336	642 564
Algerien	4 121	24 931	24 799	25 149	15 915	10 156	11 969
Kenia	16 586	81 328	135 783	149 788	121 844	66 509	66 063
Marokko	10 876	65 148	130 361	131 004	197 489	234 938	238 500
Mauritius	593	8 555	21 333	22 078	37 529	42 223	43 766
Namibia	.	.	16 487	17 995	29 309	57 840	59 741
Nigeria	3 892	42 069	33 338	33 241	29 297	36 303	32 139
Südafrika	29 201	69 010	92 640	107 362	126 200	233 625	282 596
Tunesien	78 670	305 067	462 411	511 511	739 379	921 231	1 052 375
Amerika	**984 387**	**1 937 166**	**3 328 852**	**3 874 289**	**4 546 437**	**5 931 859**	**6 497 530**
darunter:							
Argentinien	8 706	22 580	27 672	30 181	41 116	68 789	79 635
Brasilien	19 429	58 027	114 524	119 352	117 774	235 226	245 597
Dominikanische Republik	.	.	45 092	80 370	238 741	376 742	465 435
Kanada	78 952	195 496	303 725	335 557	445 122	590 939	637 229
Kolumbien	3 025	11 619	22 903	26 573	25 784	34 174	34 001
Kuba	198	843	35 241	75 002	62 088	140 940	172 052
Mexiko	16 054	48 615	64 497	76 842	110 524	203 685	232 668
Venezuela	3 555	14 674	30 296	46 406	52 700	56 317	65 263
Vereinigte Staaten	837 996	1 475 692	2 575 192	2 960 185	3 240 506	3 995 393	4 326 757
Asien	**178 335**	**884 331**	**1 678 574**	**1 916 003**	**2 364 489**	**3 287 805**	**3 849 883**
darunter:							
China	99	8 471	48 654	65 907	123 362	220 159	268 122
Hongkong	6 225	23 331	11 152	119 548	148 270	180 252	195 189
Indien	16 834	76 860	224 718	249 202	237 702	336 057	349 540
Indonesien	2 208	10 859	43 380	53 011	94 896	97 336	101 948
Iran	22 387	56 235	65 721	89 802	98 319	90 312	92 927
Israel	31 883	170 759	208 528	191 329	261 309	308 392	352 201
Japan	38 821	101 917	259 742	294 133	283 612	449 331	518 742
Jordanien	1 445	26 866	22 139	25 246	27 978	40 540	48 453
Korea, Republik	744	7 879	40 697	51 325	72 311	122 983	168 957
Malaysia	.	.	19 200	25 267	41 124	57 759	61 971
Malediven	–	–	32 114	36 592	56 661	78 704	91 025
Pakistan	6 590	17 388	47 836	44 597	39 990	38 212	30 540
Philippinen	1 149	19 533	43 704	49 365	63 827	98 990	105 260
Saudi-Arabien	5 071	55 200	44 985	45 226	42 290	56 238	64 173
Singapur	3 568	45 397	67 703	81 026	116 645	219 605	249 258
Sri Lanka	4 328	60 110	29 733	56 350	96 798	92 538	104 610
Syrien	2 514	23 404	36 136	43 442	35 422	40 973	46 788
Taiwan	.	.	18 789	21 441	34 739	51 869	53 674
Thailand	11 537	68 305	175 425	224 748	294 902	440 281	446 079
Vereinigte Arabische Emirate	–	12 376	35 087	34 485	55 808	106 291	126 646
Australien und Ozeanien	**14 207**	**57 619**	**112 343**	**116 591**	**142 088**	**157 507**	**164 657**
darunter:							
Australien	13 384	56 282	97 120	102 278	114 558	126 981	135 962
Insgesamt	**6 377 962**	**13 138 382**	**21 602 934**	**25 556 309**	**30 579 347**	**42 703 448**	**45 982 091**

1) 1970 – 1993: einschl. Kroatien, Slowenien und Bosnien-Herzegowina sowie der ehem. jugoslawischen Republik Mazedonien, die seit 1992 bzw. 1993 selbständige Staaten sind.
2) 1970 – 1993: ehem. Sowjetunion.
3) 1970 – 1993: ehem. Tschechoslowakei

Methodische Anmerkungen siehe "Luftfahrtstatistik" im Anhang.

4.8 Verkehr auf Flugplätzen*)

Flugplatz	Früheres Bundesgebiet 1960				Früheres Bundesgebiet 1970			
	Gestartete Flugzeuge	Fluggäste Zusteiger[1]	Fracht[2] Einladungen	Ausladungen	Gestartete Flugzeuge	Fluggäste Zusteiger[1]	Fracht[2] Einladungen	Ausladungen
	1 000		t		1 000		t	
Hamburg	19	428	4 646	5 280	32	1 491	15 937	14 300
Hannover	14	242	1 662	3 076	23	1 180	6 645	4 748
Bremen	4	29	368	519	9	217	1 213	1 485
Düsseldorf	23	386	4 599	4 702	36	1 772	16 742	15 546
Köln/Bonn	7	101	1 212	844	16	628	7 008	6 525
Frankfurt am Main	41	934	18 038	18 011	88	4 420	154 025	134 430
Stuttgart	13	121	2 885	1 555	23	776	14 654	11 303
Nürnberg	5	53	1 192	968	6	254	1 847	2 442
München	17	346	2 595	2 059	36	1 670	11 017	12 710
Berlin-Tegel/Tempelhof	18	843	6 699	4 664	39	2 768	9 682	16 975
Übrige Flugplätze	20	31	–	–	95	205	5	22
Insgesamt	**182**	**3 521**	**43 909**	**41 692**	**403**	**15 381**	**238 775**	**220 485**

Flugplatz	Früheres Bundesgebiet 1980				Deutschland 1999			
	Gestartete Flugzeuge	Fluggäste Zusteiger[1]	Fracht[2] Einladungen	Ausladungen	Gestartete Flugzeuge	Fluggäste Zusteiger[1]	Fracht[2] Einladungen	Ausladungen
	1 000		t		1 000		t	
Hamburg	33	2 156	9 920	19 036	65	4 682	16 797	18 659
Hannover	22	965	5 087	4 949	39	2 472	3 277	2 617
Bremen	14	330	1 477	3 119	19	913	755	1 810
Düsseldorf	44	3 519	15 132	19 509	89	7 908	34 723	26 138
Köln/Bonn	20	948	23 232	25 185	65	2 933	195 219	191 889
Münster-Osnabrück	–	–	–	–	18	743	142	492
Frankfurt am Main	106	8 379	305 805	288 867	213	22 599	736 495	662 908
Stuttgart	29	1 293	9 024	10 875	59	3 781	9 267	11 012
Nürnberg	8	385	1 580	3 636	31	1 352	8 681	8 995
München	48	2 854	13 490	16 990	138	10 507	62 392	52 496
Saarbrücken	7	80	33	156	7	205	90	197
Berlin-Tegel/Tempelhof	28	2 242	3 465	7 862	76	5 179	6 770	8 620
Berlin-Schönefeld	–	–	–	–	14	919	4 870	5 449
Leipzig	–	–	–	–	20	1 036	2 981	3 313
Dresden	–	–	–	–	17	852	506	660
Erfurt	–	–	–	–	5	168	7	61
Übrige Flugplätze	82	305	803	31	43	662	34	88
Insgesamt	**441**	**23 456**	**389 046**	**400 214**	**919**	**66 911**	**1 083 005**	**995 405**

*) Nur gewerblicher Verkehr.
[1] Einschl. Mehrfachzählungen des Umsteigeverkehrs.
[2] Einschl. Mehrfachzählungen des Umladeverkehrs.

Methodische Anmerkungen siehe "Luftfahrtstatistik" im Anhang.

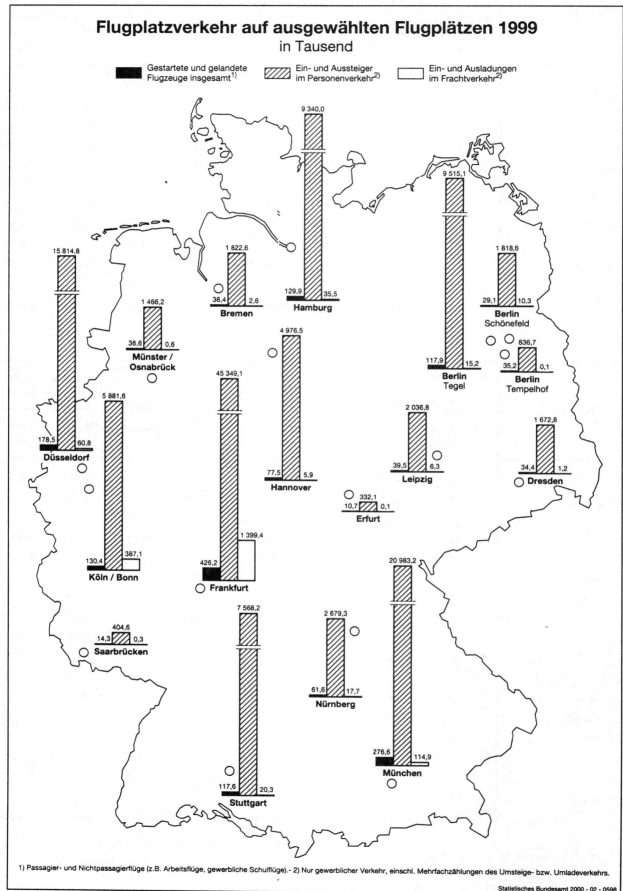

Schaubild 12

Flugplatzverkehr auf ausgewählten Flugplätzen 1999
in Tausend

4.9 Unternehmen, verfügbare Fahrgastschiffe*), Beschäftigte und Umsatz der gewerblichen Binnenschiffahrt nach Fahrgastkapazitätsgrößenklassen

Gegenstand der Nachweisung	Einheit	Insgesamt	Unternehmen mit einer Fahrgastkapazität von ... bis unter ... Personen									
			unter 50	50 - 100	100 - 200	200 - 300	300 - 400	400 - 500	500 - 600	600 - 800	800 - 1 000	1 000 und mehr
Unternehmen am 30.6.1999	Anzahl	286	12	31	62	56	32	20	12	21	8	32
Verfügbare Fahrgast(-Kabinen)schiffe am 30.6.1999	Anzahl	705	13	33	82	85	59	37	23	58	28	290
	Pers. Pl.[1]	174 565	390	2 224	8 963	13 502	10 238	8 934	6 491	14 072	7 052	102 699
	kW	148 600	923	3 226	10 828	16 804	10 126	7 222	5 795	13 009	4 959	75 708
Beschäftigte in der Binnenschiffahrt am 30.6.1999[2]	Anzahl	2 872	28	116	268	267	159	123	67	242	94	1 508
fahrendes Personal	Anzahl	2 246	22	102	237	228	139	93	51	168	73	1 133
dar. Schiffseigner und mithelfende Familienangehörige	Anzahl	318	13	27	76	56	41	31	16	25	7	26
Landpersonal	Anzahl	626	6	14	31	39	20	30	16	74	21	375
In der Binnenschiffahrt erzielter Umsatz 1998[3]	1 000 DM	287 001	1 096	6 875	34 940	42 783	8 672	8 671	4 113	13 328	6 694	159 826
aus Schub-/Schleppleistungen für andere Unternehmen	1 000 DM	180	–	–	–	–	–	180	–	–	–	–
aus Beförderungsleistungen mit eigenen und gemieteten Schiffen	1 000 DM	286 821	1 098	6 875	34 940	42 783	8 672	8 491	4 113	13 328	6 694	159 826
in der Trockengüterschiffahrt	1 000 DM	430	–	–	–	–	–	430	–	–	–	–
Tankschiffahrt	1 000 DM	–	–	–	–	–	–	–	–	–	–	–
Personenschiffahrt	1 000 DM	286 391	1 098	6 875	34 940	42 783	8 672	8 061	4 113	13 328	6 694	159 826

*) Einschl. Fahrgast(-Kabinen)schiffe.
1) Abkürzung für Personenplätze.
2) In die Angaben über Beschäftigte sind ggf. Personen einbezogen, die auf Güterschiffen und/oder Schubbooten/Schubschleppbooten/Schleppbooten eingesetzt waren.
3) Ohne Umsatz-(Mehrwert-)steuer.

Methodische Anmerkungen siehe "Binnenschiffahrtsstatistik" im Anhang.

4.10 Schiffsverkehr über See nach Hafengruppen

Hafen	Fahrgast- und Fährschiffe					
	Ankunft			Abgang		
	1995[1]	1998	1999	1995[1]	1998	1999
Ostseehäfen	41 599	36 170	34 495	41 318	35 819	34 485
Lübeck	4 087	5 041	5 368	4 088	5 031	5 355
Puttgarden	17 987	16 627	17 213	17 987	16 278	17 213
Kiel	2 413	2 157	1 455	2 416	2 157	1 460
Rendsburg	59	–	1	59	–	–
Flensburg	542	389	181	542	389	181
Rostock	5 664	6 172	6 749	5 666	6 175	6 745
Stralsund	1	–	–	1	–	–
Wismar	2	–	4	2	–	4
Saßnitz	2 212	2 953	2 499	2 211	2 958	2 502
Übr. Ostseehäfen in:						
Schleswig-Holstein	8 184	2 831	1 025	7 897	2 831	1 025
Mecklenburg-Vorpommern	448	–	–	449	–	–
Nordseehäfen	47 709	48 063	49 270	47 760	48 080	49 201
Brunsbüttel	1	–	–	1	–	–
Hamburg	1 186	1 206	1 254	1 193	1 207	1 251
Cuxhaven	800	602	549	865	614	546
Bremische Häfen[2]	1 212	1 515	1 666	1 211	1 518	1 647
Bremen Stadt	78	118	130	77	116	120
Bremerhaven	1 134	1 397	1 536	1 134	1 402	1 527
Brake	–	–	3	–	–	3
Nordenham	2	–	–	2	–	–
Wilhelmshaven	152	3	3	151	3	3
Emden	1 801	2 160	2 207	1 802	2 171	2 221
Übr. Nordseehäfen in:						
Schleswig-Holstein	17 640	17 813	18 219	17 618	17 804	18 217
Niedersachsen	24 915	24 764	25 369	24 917	24 763	25 313
Insgesamt	89 308	84 233	83 765	89 078	83 899	83 686

1) Der Schiffsverkehr für den Rostocker Hafen wurde für das Berichtsjahr 1995 korrigiert.
2) Schiffe, die auf einer Reise sowohl Bremen als auch Bremerhaven angelaufen haben, sind nur einmal gezählt worden.

Methodische Anmerkungen siehe "Seeverkehrsstatistik" im Anhang.

4.11 Durchschnittliche Einnahmen im Personenverkehr mit Straßenverkehrsmitteln 1999 nach Verkehrsarten und -formen sowie nach Unternehmensformen*)

DM

Gegenstand der Nachweisung	Kommunale und gemischtwirtschaftliche Unternehmen	Eisenbahnunternehmen	Private Unternehmen	Regionalverkehrsgesellschaften	Insgesamt
Durchschnittliche Einnahmen je Beförderungsfall					
Gelegenheitsverkehr	8,57	17,16	30,66	15,57	26,61
Ausflugsfahrten	15,95	36,09	41,97	80,01	40,22
Ferienziel-Reisen	147,22	–	125,98	25,26	126,48
Verkehr mit Mietomnibussen	7,19	14,91	23,48	13,68	20,14
je Wagenkilometer					
Gelegenheitsverkehr	3,63	3,35	2,63	3,68	2,68
Ausflugsfahrten	3,39	3,99	3,01	4,44	3,04
Ferienziel-Reisen	4,68	–	3,07	1,67	3,10
Verkehr mit Mietomnibussen	3,48	3,20	2,40	3,58	2,48
je Personenkilometer					
Gelegenheitsverkehr	0,09	0,09	0,09	0,09	0,09
Ausflugsfahrten	0,09	0,13	0,10	0,17	0,10
Ferienziel-Reisen	0,14	–	0,12	0,04	0,12
Verkehr mit Mietomnibussen	0,09	0,09	0,07	0,09	0,08

*) Ohne Verkehr von Kleinunternehmen mit weniger als 6 Bussen.

Methodische Anmerkungen siehe "Statistik der Personenbeförderung im Straßenverkehr" im Anhang.

4.12 Unternehmen, Beschäftigte und Umsatz im Straßenpersonenverkehr*)

Gegenstand der Nachweisung	Früheres Bundesgebiet				Deutschland				
	1970	1980	1985	1990	1991 1)	1995	1997	1998	1999
Unternehmen									
Insgesamt	4 898	5 480	5 735	5 678	6 045	6 422	6 463	6 487	6 523
dar. Reisebüros und Reiseveranstalter 2)3)	59	153	193	167	156	364	387	408	423
Beschäftigte									
Insgesamt	123 555	142 078	142 088	153 196	192 869	191 668	188 182	186 495	184 804
dar. Reisebüros und Reiseveranstalter 3)	307	1 273	1 081	832	712	1 869	1 893	2 353	2 148
Einnahmen/Umsatz (einschl. Umsatzsteuer) in 1 000 DM									
Insgesamt	4 041 787	9 139 807	10 868 997	12 085 463	12 585 661	16 889 952	17 973 461	18 576 878	18 945 209
dar. Gelegenheitsverkehr	503 486	1 593 412	1 960 855	2 432 916	2 677 959	3 265 394	3 359 689	3 372 443	3 464 580
Reisebüros und Reiseveranstalter 3)	17 997	192 514	122 723	87 174	79 215	302 789	372 963	420 819	441 658
dar. Gelegenheitsverkehr	13 883	123 766	92 141	69 662	65 611	265 357	334 056	364 381	391 618

*) Fachliche Unternehmensteile: Stand: 30. September des jeweiligen Jahres, Einnahmen/Umsatz aus dem jeweiligen Vorjahr.
1) Einnahmen/Umsatz nur früheres Bundesgebiet.
2) Unternehmen mit Straßenpersonenverkehr mit wirtschaftlichem Schwerpunkt im o.a. Wirtschaftszweig.
3) Bis 1993: Reiseveranstaltung und -vermittlung.

Methodische Anmerkungen siehe "Statistik der Personenbeförderung im Straßenverkehr" im Anhang.

4.13 Streckenlänge der Eisenbahnen in den EU-Ländern

Land	Streckenlänge insgesamt				Darunter elektrifiziert							
	1980	1990	1997	1998	1980		1990		1997		1998	
	km				km	%	km	%	km	%	km	%
Deutschland[1]	42 765	40 980	38 450	38 126	12 709	29,7	15 718	38,4	18 652	48,5	18 857	49,5
Belgien	3 978	3 479	3 422	3 410	1 375	34,6	2 294	65,9	2 507	73,3	2 511	73,6
Dänemark	2 461	2 344	2 232	2 264	135	5,5	230	9,8	625	28,0	448	19,8
Finnland	6 075	5 867	5 865	5 867	922	15,2	1 663	28,3	2 061	35,1	2 197	37,4
Frankreich	34 382	34 070	31 655	31 735	9 954	29,0	12 609	37,0	14 081	44,5	14 137	44,5
Griechenland	2 461	2 484	2 503	2 299	.	.	.	.	.	.	.	.
Großbritannien[2]	18 028	16 584	17 128	16 656	3 718	20,6	4 912	29,6	5 176	30,2	5 166	31,0
Irland	1 987	1 944	1 945	1 909	.	.	37	1,9	37	1,9	37	1,9
Italien	16 138	16 066	16 030	16 080	8 681	53,8	9 512	59,2	10 358	64,6	10 488	65,2
Luxemburg	270	271	274	274	143	53,0	197	72,7	261	95,3	261	95,3
Niederlande	2 880	2 798	2 805	2 808	1 759	61,1	1 957	69,9	2 058	73,4	2 061	73,4
Österreich	5 857	5 624	5 672	5 643	2 971	50,7	3 246	57,7	3 418	60,3	3 427	60,7
Portugal	3 588	3 064	2 856	2 794	458	12,8	461	15,0	856	30,0	873	31,2
Schweden	11 377	10 801	10 228	11 139	7 063	62,1	6 995	64,8	7 327	71,6	7 991	71,7
Spanien	13 542	12 560	12 294	12 303	5 469	40,4	6 416	51,1	6 934	56,4	6 950	56,5
EU-Länder insgesamt	**165 789**	**158 936**	**153 359**	**153 307**	**55 375**[3]	**33,4**[3]	**66 247**[4]	**41,7**[4]	**74 351**[4]	**48,5**[4]	**75 404**[4]	**49,2**[4]

1) Ohne Regionaleisenbahngesellschaften (frühere Bezeichnung: nichtbundeseigene Eisenbahnen).
2) Ab 1997 einschl. Nordirland.
3) Ohne Angaben für Griechenland und Irland.
4) Ohne Angaben für Griechenland.

Quelle: Internationale Eisenbahnstatistik, UIC, Paris

4.14 Verkehrsleistungen der Eisenbahnen in den EU-Ländern

Land	1980	1985	1990	1993	1994	1995	1996	1997	1998
Beförderte Personen in Mill.									
Deutschland[1]	1 712	1 671	1 514	1 432	1 495	1 334	1 318	1 347	1 332
Belgien	164	150	142	145	143	144	142	144	146
Dänemark	130	144	146	140	142	140	144	144	149
Finnland	.	.	46	44	44	44	47	50	51
Frankreich	685	776	834	811	796	731	777	797	812
Griechenland	10	11	12	12	11	11	13	13	12
Großbritannien[2]	766	697	762	713	702	719	783	846	892
Irland	17	20	25	26	26	27	28	29	32
Italien	381	389	429	438	455	463	468	461	426
Luxemburg	11	11	10	11	11	11	11	12	12
Niederlande	197	208	256	334	312	305	306	316	321
Österreich	.	.	168	181	190	194	193	184	179
Portugal	224	222	226	209	198	184	177	178	178
Schweden:	.	.	77	93	94	98	99	104	111
Spanien	167	198	274	354	352	366	378	395	409
EU-Länder insgesamt	**4 464**[3]	**4 497**[3]	**4 921**	**4 943**	**4 971**	**4 771**	**4 885**	**5 020**	**5 062**
Personenkilometer in Mill.									
Deutschland[1]	62 526	65 158	61 024	57 539	61 333	60 514	59 309	59 628	59 185
Belgien	6 963	6 572	6 539	6 694	6 638	6 757	6 788	6 984	7 097
Dänemark	3 353	4 508	4 855	4 596	5 773	4 784	4 718	4 988	5 369
Finnland	.	.	3 331	3 007	3 037	3 184	3 254	3 376	3 377
Frankreich	54 251	61 640	63 761	58 164	58 675	55 319	59 519	61 573	64 186
Griechenland	1 464	1 732	1 977	1 726	1 399	1 568	1 751	1 884	1 552
Großbritannien[2]	31 704	30 255	33 191	30 363	28 656	29 216	32 161	34 200	35 200
Irland	1 032	1 023	1 226	1 274	1 260	1 291	1 295	1 387	1 421
Italien	39 587	39 265	45 512	47 101	48 900	49 700	50 300	49 500	41 475
Luxemburg	246	229	208	262	289	286	284	295	300
Niederlande	8 910	9 226	11 060	15 245	14 439	13 977	14 092	14 425	14 879
Österreich:	.	.	8 575	9 342	9 202	9 628	9 689	8 140	7 971
Portugal	6 077	5 725	5 664	5 397	5 110	4 809	4 502	4 563	4 602
Schweden	.	.	6 076	5 830	5 906	6 219	6 191	6 286	6 997
Spanien	13 527	15 979	15 476	15 457	14 853	15 313	15 605	16 579	17 475
EU-Länder insgesamt	**229 640**[3]	**241 313**[3]	**268 475**	**261 997**	**265 470**	**262 565**	**269 458**	**273 808**	**271 086**

1) Ohne Regionaleisenbahngesellschaften (frühere Bezeichnung: nichtbundeseigene Eisenbahnen).
2) Ab 1996 einschl. Nordirland.
3) Ohne Angaben für Finnland, Österreich und Schweden.

Quelle: Internationale Eisenbahnstatistik, UIC, Paris

4.15 Straßenverkehrsunfallgeschehen im Überblick

Gegenstand der Nachweisung	1996	1997	1998	1999	Veränderung 1999 gegenüber 1998 in %
Polizeilich erfaßte Unfälle					
Insgesamt	2 269 570	2 232 379	2 257 649	2 413 473	+ 6,9
mit Sachschaden	1 896 488	1 851 544	1 880 392	2 017 784	+ 7,3
mit Personenschaden	373 082	380 835	377 257	395 689	+ 4,9
davon: innerorts	236 009	243 171	240 208	252 087	+ 4,9
außerorts ohne Autobahnen	112 097	112 870	112 564	116 975	+ 3,9
auf Autobahnen	24 976	24 794	24 485	26 627	+ 8,7
Verunglückte					
Insgesamt	501 916	509 643	505 111	528 899	+ 4,7
dar.: Getötete	8 758	8 549	7 792	7 772	− 0,3
Schwerverletzte	116 456	115 414	108 890	109 550	+ 0,6
Leichtverletzte	376 702	385 680	388 429	411 557	+ 6,0
Getötete Benutzer von:					
Personenkraftwagen	5 622	5 249	4 741	4 640	− 2,1
dar.: 18 - 24jährige	1 596	1 570	1 414	1 375	− 2,8
Motorrädern	864	974	864	981	+ 13,5
Mofas, Mopeds	134	169	147	147	0,0
Fahrrädern	594	679	637	662	+ 3,9
Fußgänger	1 178	1 147	1 084	983	− 9,3
dar.: im Alter von 65 und mehr Jahren	491	492	465	426	− 8,4
Getötete im Alter von ... bis unter ... Jahren					
unter 15	358	311	304	317	+ 4,3
15 - 18	424	373	359	391	+ 8,9
18 - 25	1 968	1 942	1 724	1 694	− 1,7
25 - 65	4 654	4 540	4 074	4 061	− 0,3
65 und mehr	1 350	1 381	1 328	1 306	− 1,7
Getötete					
innerorts	2 131	2 064	1 908	1 878	− 1,6
außerorts ohne Autobahnen	5 607	5 552	5 081	4 983	− 1,9
auf Autobahnen	1 020	933	803	911	+ 13,4
Kennzahlen					
je 1 000 Unfälle mit Personenschaden					
Verunglückte	1 345	1 338	1 339	1 337	− 0,2
innerorts	1 234	1 231	1 234	1 234	0,0
außerorts ohne Autobahnen	1 516	1 506	1 505	1 497	− 0,5
auf Autobahnen	1 634	1 624	1 610	1 608	− 0,1
Getötete	23,5	22,4	20,7	19,6	− 4,9
innerorts	9,0	8,5	7,9	7,4	− 6,2
außerorts ohne Autobahnen	50,0	49,2	45,1	42,6	− 5,6
auf Autobahnen	40,8	37,6	32,8	34,2	+ 4,3
je 1 Mrd. Kfz-Kilometer					
Unfälle insgesamt	3 718r	3 609	3 607r	3 775	+ 4,7
Verunglückte	824	807r	827	827	+ 2,5
Getötete	14,3r	13,8	12,4	12,2	− 2,3
je 1 Mill. Einwohner					
Verunglückte	6 129	6 211r	6 156	6 447	+ 4,7
Getötete	107	104	95	95	− 0,3
Getötete je 100 000 der Altersgruppen					
unter 15	2,7	2,4	2,3	2,4	+ 4,7
15 - 18	15,7	13,5	12,9	14,1	+ 9,4
18 - 25	30,7	30,9	27,5r	26,8	− 2,3
25 - 65	9,9	9,7	8,7	8,7	− 0,3
65 und mehr	10,6	10,7	10,2	10,0	− 2,1

Methodische Anmerkungen siehe "Statistik der Straßenverkehrsunfälle".

Statistisches Bundesamt, Tourismus in Zahlen, 2000/2001

4.16 Verkehrsunfälle nach Verkehrszweigen

Jahr	Unfälle mit Personenschaden				Getötete Personen[1]				Verletzte Personen			
	Eisenbahn-verkehr	Straßen-verkehr	Binnen-schiffahrt[2]	Luft-verkehr[3]	Eisenbahn-verkehr	Straßen-verkehr	Binnen-schiffahrt	Luft-verkehr	Eisenbahn-verkehr	Straßen-verkehr	Binnen-schiffahrt	Luft-verkehr
Früheres Bundesgebiet												
1961	1 979	339 547	77	97	502	14 543	26	98	2 824	447 927	87	124
1962	1 980	321 257	68	108	456	14 445	16	61	2 324	428 488	61	94
1963	1 855	314 642	60	79	489	14 513	19	44	2 644	424 298	101	74
1964	1 856	328 668	68	77	481	16 494	23	42	2 406	446 172	63	77
1965	1 793	316 361	83	102	469	15 753	18	38	2 423	433 490	107	134
1966	1 722	332 622	90	96	420	16 868	19	99	2 231	456 832	78	94
1967	1 563	335 552	79	80	416	17 084	20	54	1 936	462 048	103	73
1968	1 355	339 704	72	87	406	16 636	11	96	1 714	468 718	98	106
1969	1 476	338 921	66	115	500	16 646	5	60	2 211	472 387	119	113
1970	1 558	377 610	86	129	549	19 193	29	63	1 929	531 795	111	125
1971	1 377	369 177	99	149	560	18 753	18	96	1 915	518 059	105	171
1972	1 316	378 775	91	153	418	18 811	33	68	1 821	528 527	118	146
1973	1 402	353 725	86	148	471	16 302	18	81	1 810	488 246	83	158
1974	1 190	331 000	88	137	284	14 614	13	86	1 324	447 142	91	132
1975	1 033	337 732	73	161	397	14 870	14	103	1 606	457 797	85	143
1976	1 082	359 694	58	180	282	14 820	8	89	1 081	480 581	61	167
1977	1 134	379 046	74	164	350	14 978	11	96	1 198	508 142	88	159
1978	944	380 352	77	146	280	14 662	13	71	1 155	508 644	82	135
1979	945	367 500	54	154	281	13 222	8	81	1 197	486 441	59	146
1980	980	379 235	82	150	288	13 041	14	68	1 199	500 463	82	161
1981	1 069	362 617	63	163	315	11 674	6	83	1 146	475 944	63	143
1982	946	358 693	71	163	234	11 608	8	114	1 483	467 188	95	164
1983	1 133	374 107	56	229	249	11 732	6	106	1 279	489 210	60	182
1984	1 132	359 485	48	228	249	10 199	3	64	1 243	466 033	52	198
1985	1 391	327 745	47	239	229	8 400	9	73	1 440	422 095	50	242
1986	1 330	341 921	68	237	206	8 948	3	75	1 409	443 217	103	229
1987	1 326	325 519	54	223	185	7 967	3	67	1 512	424 622	64	254
1988	1 218	342 299	49	270	273	8 213	4	73	1 306	448 223	58	253
1989	1 319	343 604	58	300	196	7 995	9	77	1 389	449 397	68	341
1990	1 430	340 043	75	233	205	7 906	13	59	1 467	448 158	78	225
Deutschland												
1991	1 495	385 147	22	321	319	11 300	5	110	1 530	505 535	25	301
1992	1 533	395 462	26	326	340	10 631	9	118	1 812	516 797	39	301
1993	1 394	385 384	27	259	292	9 949	3	80	1 645	505 591	59	321
1994	1 113	392 754	9	291	286	9 814	1	98	1 245	516 415	8	284
1995	1 243	388 003	26	260	291	9 454	2	79	1 494	512 141	26	255
1996	1 220	373 082	13	234	284	8 758	2	94	1 250	493 158	11	230
1997	1 013	380 835	23	274	275	8 549	5	81	1 085	501 094	33	280
1998	996	377 257	8	93	363	7 792	...	41	1 028	497 319	31	99
1999	...	395 689	...	...	...	7 772	...	...	...	521 127	...	...

1) Einschl. innerhalb 30 Tagen Gestorbener.
2) Bis 1963 ohne Berlin.
3) Unfälle im zivilen Luftverkehr einschl. Luftsportbetrieb deutscher u. ausländischer Luftfahrzeuge auf dem Gebiet der Bundesrepublik (bis 1989: Angaben für die Bundesrepublik Deutschland nach dem Gebietsstand bis zum 3.10.1990 (ohne Berlin West), 1990 einschl. Berlin West. Ab 1991: Angaben für die Bundesrepublik Deutschland nach dem Gebietsstand seit dem 3.10.1990). Ab 1998 ohne Luftsportgeräte.

Methodische Anmerkungen siehe "Eisenbahnstatistik (3 Statistik der Bahnbetriebsunfälle)", "Statistik der Straßenverkehrsunfälle", "Statistik der Unfälle auf den Binnenwasserstraßen" sowie "Statistik der Luftverkehrsunfälle" im Anhang.

5 Beschäftigung im Bereich Tourismus

Der Bereich Tourismus läßt sich nicht exakt bestimmen, da touristische Leistungen in vielen Bereichen erbracht werden, die zugleich Leistungen an Nicht-Touristen abgeben.

So liegt auch die Anzahl der Beschäftigten im gesamten Bereich Tourismus nur als Schätzgröße vor. Im Tourismuspolitischen Bericht der Bundesregierung vom Januar 2000 werden 2,8 Millionen Arbeitsplätze sowie 91 000 Ausbildungsplätze genannt.

In diesem Kapitel werden Daten aus der Beschäftigtenstatistik (Tabellen 5.1 bis 5.3) sowie aus der Berufsbildungsstatistik (Tabellen 5.4 und 5.5) dargestellt, die z.T. tourismusrelevante und nicht voll dem Bereich Tourismus zurechenbare Merkmale ausweisen.

Angaben zu Beschäftigten macht auch die Gastgewerbestatistik (vgl. dazu Abschnitt 2.3 "Gastgewerbe").

5.1 Sozialversicherungspflichtig Beschäftigte
1 000
Stichtag: 30. September

Wirtschaftsgliederung	Früheres Bundesgebiet				Deutschland				
	1975	1980	1990	1992	1994	1995	1996	1997	1998[1]
Insgesamt	20 191,4	21 247,4	22 880,9	23 762,6	28 643,9	28 445,3	27 979,4	27 603,7	27 207,8
darunter:									
Verkehr und Nachrichtenübermittlung	994,2	1 021,3	1 134,2	1 211,9	1 551,3	1 519,2	1 472,7	1 440,8	1 430,3
davon:									
Eisenbahnen	208,4	165,0	117,9	119,8	247,5	230,7	204,2	179,8	167,9
Deutsche Bundespost	208,4	224,8	227,5	238,4	316,9	297,6	278,6	264,7	252,0
Verkehr (ohne Eisenbahnen u. Bundespost)	577,4	631,4	788,9	853,6	986,9	990,9	989,9	996,3	1 010,4
Gaststätten- und Beherbergungsgewerbe	520,2	615,9	839,8	914,3	1 136,3	1 155,2	1 169,8	1 198,9	1 208,8

[1] Stichtag: 30. Juni.

Methodische Anmerkungen siehe "Beschäftigtenstatistik" im Anhang.

5.2 Sozialversicherungspflichtig Beschäftigte am 30. Juni 1998 nach ausgewählten Wirtschaftsunterabteilungen
1 000

Wirtschaftsgliederung	Insgesamt	Beschäftigte						Darunter Ausländer/-innen		
		Arbeiter/-innen			Angestellte			zusammen	Arbeiter/-innen	Angestellte
		zusammen	Voll-	Teilzeit-	zusammen	Voll-	Teilzeit-			
			beschäftigte			beschäftigte				
Insgesamt	27 207,8	12 403,9	11 229,6	1 174,3	14 803,9	12 193,3	2 610,6	2 030,3	1 545,8	484,5
darunter:										
Verkehr und Nachrichtenübermittlung	1 430,3	889,9	790,5	99,3	540,4	485,9	54,6	105,0	80,6	24,4
davon:										
Eisenbahnen	167,9	81,1	80,4	0,8	86,8	84,3	2,5	7,4	6,4	1,0
Deutsche Bundespost	252,0	180,4	114,7	65,7	71,6	56,8	14,8	13,5	12,4	1,1
Verkehr (ohne Eisenbahnen u. Bundespost)	1 010,4	628,3	595,5	32,8	382,1	344,7	37,3	84,0	61,7	22,3
Gaststätten- und Beherbergungsgewerbe	1 208,8	702,8	560,3	142,6	506,0	388,7	117,3	199,1	171,1	28,0

Methodische Anmerkungen siehe "Beschäftigtenstatistik" im Anhang.

5.3 Sozialversicherungspflichtig Beschäftigte nach ausgewählten Wirtschaftsunterabteilungen und Ländern*)

1 000

Land		Insgesamt	Verkehr und Nachrichtenübermittlung				Gaststätten- und Beherbergungs- gewerbe
			zusammen	davon			
				Eisenbahnen	Deutsche Bundespost	Verkehr (ohne Eisenbahnen u. Bundespost)	
Deutschland							
Insgesamt	1995	28 445,3	1 519,2	230,7	297,6	990,9	1 155,2
	1996	27 739,0	1 469,0	206,3	281,8	980,9	1 156,9
	1997	27 279,6	1 435,4	181,6	265,9	987,9	1 173,2
	1998	27 207,8	1 430,3	167,9	252,0	1 010,4	1 208,8
Früheres Bundesgebiet							
Baden-Württemberg	1995	3 771,9	146,2	14,2	33,5	98,5	144,4
	1996	3 697,3	143,0	13,1	31,3	98,5	145,0
	1997	3 661,2	141,4	13,0	29,6	98,8	147,8
	1998	3 667,4	140,2	12,1	27,0	101,2	148,9
Bayern	1995	4 300,2	192,1	21,3	36,8	133,9	197,6
	1996	4 206,2	187,5	19,5	35,2	132,8	198,1
	1997	4 169,0	188,2	17,9	34,5	135,7	201,6
	1998	4 182,7	185,1	16,2	32,8	136,0	205,6
Berlin-West	1995	836,0	54,7	2,6	12,3	39,8	36,3
	1996	807,6	51,4	1,8	12,0	37,5	35,5
	1997	775,2	48,9	1,9	11,3	35,7	35,0
	1998	744,6	44,8	1,5	10,5	32,8	34,4
Bremen	1995	296,3	33,1	3,0	4,4	25,7	9,7
	1996	287,6	32,8	2,8	5,4	24,7	9,5
	1997	282,6	30,9	2,5	3,6	24,8	9,7
	1998	278,2	29,8	2,6	3,5	23,7	9,8
Hamburg	1995	760,0	76,0	5,7	10,9	59,3	29,9
	1996	742,8	74,3	5,7	10,9	57,7	29,4
	1997	732,3	70,9	5,4	9,1	56,4	29,4
	1998	731,4	69,5	4,8	7,8	57,0	30,5
Hessen	1995	2 163,3	140,7	12,8	23,2	104,7	88,1
	1996	2 124,9	138,5	12,2	21,1	105,3	87,7
	1997	2 096,9	138,3	12,6	20,8	105,0	87,2
	1998	2 093,0	144,4	13,2	20,9	110,3	89,5
Niedersachsen	1995	2 432,9	108,1	10,7	18,5	78,9	120,6
	1996	2 366,6	104,5	9,6	16,3	78,5	119,5
	1997	2 340,1	105,3	9,1	16,0	80,2	119,3
	1998	2 342,1	105,8	8,9	15,1	81,9	122,1
Nordrhein-Westfalen	1995	5 915,0	284,1	26,2	46,3	211,6	220,8
	1996	5 789,3	278,1	23,6	45,8	208,8	221,6
	1997	5 741,0	278,2	22,0	43,4	212,8	226,0
	1998	5 736,9	285,7	18,3	42,1	225,3	233,7
Rheinland-Pfalz	1995	1 192,4	47,5	4,0	12,1	31,3	53,2
	1996	1 164,7	47,3	3,8	12,2	31,2	53,4
	1997	1 157,6	48,2	3,8	12,1	32,3	54,9
	1998	1 159,3	48,6	3,5	11,6	33,5	56,2
Saarland	1995	352,2	16,2	2,5	2,8	10,9	12,5
	1996	343,7	14,2	2,3	2,4	9,6	12,5
	1997	339,3	13,2	1,9	2,2	9,2	12,8
	1998	342,2	13,5	1,7	2,3	9,5	12,9
Schleswig-Holstein	1995	832,4	42,1	3,4	7,9	30,8	51,6
	1996	813,3	40,5	3,0	7,3	30,2	52,3
	1997	801,0	40,1	2,7	6,8	30,6	53,1
	1998	796,7	40,1	2,6	6,4	31,2	53,5
Insgesamt	1995	22 852,5	1 140,6	106,5	208,7	825,4	964,7
	1996	22 344,1	1 112,1	97,4	199,9	814,8	964,5
	1997	22 096,1	1 103,6	92,6	189,4	821,5	976,9
	1998	22 074,4	1 107,6	85,4	179,8	842,4	997,2

*) Stichtag 1995: 30.September; 1996, 1997 und 1998: 30. Juni.

5.3 Sozialversicherungspflichtig Beschäftigte nach ausgewählten Wirtschaftsunterabteilungen und Ländern*)

1 000

Land		Insgesamt	Verkehr und Nachrichtenübermittlung				Gaststätten- und Beherbergungs- gewerbe
			zusammen	davon			
				Eisenbahnen	Deutsche Bundespost	Verkehr (ohne Eisenbahnen u. Bundespost)	
Neue Länder und Berlin-Ost							
Berlin-Ost	1995	422,7	39,9	17,7	7,9	14,2	15,1
	1996	402,8	36,6	16,5	6,3	13,8	14,7
	1997	383,7	31,3	12,9	4,9	13,5	15,7
	1998	388,0	32,1	14,9	4,2	13,0	17,7
Brandenburg	1995	923,7	62,9	21,1	14,8	27,1	29,4
	1996	890,3	59,9	17,5	14,1	28,3	29,2
	1997	854,8	59,2	15,4	15,6	28,1	30,0
	1998	847,1	56,2	12,4	14,3	29,5	32,3
Mecklenburg-Vorpommern	1995	653,7	48,5	13,8	12,2	22,6	27,7
	1996	636,8	46,3	12,7	11,4	22,2	29,6
	1997	615,5	41,2	10,3	9,9	21,0	30,6
	1998	606,2	38,4	8,9	9,4	20,0	33,1
Sachsen	1995	1 703,5	107,5	32,2	25,0	50,3	59,6
	1996	1 654,5	103,3	28,6	24,8	49,9	59,7
	1997	1 589,2	91,6	20,1	21,7	49,8	60,4
	1998	1 571,5	91,6	20,8	21,4	49,5	63,8
Sachsen-Anhalt	1995	983,5	67,7	24,9	15,1	27,7	28,3
	1996	942,2	62,3	20,9	12,7	28,7	28,3
	1997	902,5	60,5	19,3	12,3	28,9	28,6
	1998	884,9	58,7	16,9	11,8	30,0	31,0
Thüringen	1995	905,7	52,1	14,6	14,0	23,5	30,3
	1996	868,3	48,7	12,8	12,6	23,3	31,1
	1997	837,7	48,1	10,8	12,1	25,2	30,9
	1998	835,7	45,7	8,7	11,0	26,0	33,7
Insgesamt	**1995**	**5 592,8**	**378,6**	**124,3**	**88,9**	**165,5**	**190,4**
	1996	**5 394,9**	**356,9**	**109,0**	**81,9**	**166,1**	**192,4**
	1997	**5 183,5**	**331,8**	**89,0**	**76,5**	**166,4**	**196,2**
	1998	**5 133,4**	**322,7**	**82,5**	**72,2**	**168,0**	**211,7**

*) Stichtag 1995: 30.September; 1996, 1997 und 1998: 30. Juni.

Methodische Anmerkungen siehe "Beschäftigtenstatistik" im Anhang.

5.4 Auszubildende in ausgewählten Ausbildungsberufen nach Geschlecht

Berufsgruppe Ausbildungsberuf[1]	1993			1998			1999		
	insgesamt	männlich	weiblich	insgesamt	männlich	weiblich	insgesamt	männlich	weiblich
Auszubildende insgesamt	1 629 312	970 559	658 753	1 657 764	994 105	663 659	1 698 329	1 011 046	687 283
darunter:									
Hotel- und Gaststättenberufe	37 785	7 820	29 965	46 372	9 217	37 155	50 505	10 361	40 144
davon:									
Restaurantfachmann/-fachfrau	9 656	2 751	6 905	12 257	2 765	9 492	13 698	3 074	10 624
Kaufmannsgehilfe/-gehilfin im Hotel- und Gaststättengewerbe	1 542	514	1 028	812	253	559	348	108	240
Fachkaufmann/-kauffrau für Systemgastronomie	–	–	–	395	147	248	980	359	621
Hotelkaufmann/-kauffrau	–	–	–	323	105	218	796	227	569
Hotelfachmann/-fachfrau	24 679	4 246	20 433	27 478	5 102	22 376	28 770	5 497	23 273
Fachgehilfe/-gehilfin im Gastgewerbe	1 820	297	1 523	2 268	312	1 956	418	58	360
Fachkraft im Gastgewerbe	–	–	–	2 710	509	2 201	5 367	1 007	4 350
Helfer/-in im Gastgewerbe	88	12	76	129	24	105	138	31	107
Koch/Köchin	23 393	15 252	8 141	31 818	21 315	10 503	35 821	24 402	11 419
Reiseverkehrskaufmann/-kauffrau	7 659	1 148	6 511	8 272	1 182	7 090	9 191	1 266	7 925

1) Ausbildungsbereich "Industrie und Handel".

Methodische Anmerkungen siehe "Berufsbildungsstatistik" im Anhang.

Statistisches Bundesamt, Tourismus in Zahlen, 2000/2001

5.5 Auszubildende in ausgewählten Ausbildungsberufen 1999 nach Geschlecht und Ländern

Berufsgruppe / Ausbildungsberuf[1] / Geschlecht	Deutsch-land	Baden-Württemberg	Bayern	Berlin	Brandenburg	Bremen	Hamburg	Hessen	Mecklenburg-Vorpommern	Niedersachsen	Nordrhein-Westfalen	Rheinland-Pfalz	Saarland	Sachsen	Sachsen-Anhalt	Schleswig-Holstein	Thüringen
Auszubildende insgesamt	**1 698 329**	**200 689**	**266 083**	**62 904**	**58 889**	**15 620**	**32 268**	**112 045**	**54 437**	**160 459**	**335 270**	**81 043**	**22 444**	**111 449**	**68 445**	**53 681**	**62 603**
männlich	1 011 046	117 045	156 949	34 758	36 685	8 713	17 697	66 382	33 051	93 763	202 118	49 424	13 672	68 469	41 938	30 965	39 417
weiblich	687 283	83 644	109 134	28 146	22 204	6 907	14 571	45 663	21 386	66 696	133 152	31 619	8 772	42 980	26 507	22 716	23 186
darunter: Hotel- und Gaststättenberufe	50 505	5 143	7 658	2 517	2 736	450	955	2 942	3 393	4 678	6 277	2 088	328	4 610	2 603	1 636	2 491
männlich	10 361	1 113	1 536	700	443	122	288	795	495	916	1 756	449	77	650	384	330	307
weiblich	40 144	4 030	6 122	1 817	2 293	328	667	2 147	2 898	3 762	4 521	1 639	251	3 960	2 219	1 306	2 184
davon: Restaurantfachmann/-fachfrau	13 698	1 312	993	723	1 094	146	158	611	1 043	1 163	1 378	371	110	2 198	1 104	385	909
männlich	3 074	353	329	207	156	58	61	216	138	279	507	95	31	287	159	89	109
weiblich	10 624	959	664	516	938	88	97	395	905	884	871	276	79	1 911	945	296	800
Kaufmannsgehilfe/-gehilfin im Hotel- und Gaststättengewerbe	348	59	84	17	1	1	12	36	4	56	53	15	–	4	–	5	1
männlich	108	13	25	8	–	1	4	15	1	12	20	5	–	1	–	3	–
weiblich	240	46	59	9	1	–	8	21	3	44	33	10	–	3	–	2	1
Fachmann/-frau für Systemgastronomie	980	64	147	105	24	15	33	81	14	87	220	19	22	52	56	12	29
männlich	359	17	61	23	10	2	8	34	2	31	114	6	11	19	11	4	6
weiblich	621	47	86	82	14	13	25	47	12	56	106	13	11	33	45	8	23
Hotelkaufmann/-kauffrau	796	104	142	15	23	9	13	77	74	115	134	44	7	14	4	8	13
männlich	227	35	33	1	8	–	6	23	12	36	45	13	2	5	2	3	3
weiblich	569	69	109	14	15	9	7	54	62	79	89	31	5	9	2	5	10
Hotelfachmann/-fachfrau	28 770	3 382	5 935	1 024	891	243	700	1 986	1 285	3 114	4 271	1 522	187	1 408	750	1 171	901
männlich	5 497	659	1 013	272	125	47	193	454	203	535	1 004	319	33	204	113	214	109
weiblich	23 273	2 723	4 922	752	766	196	507	1 532	1 082	2 579	3 267	1 203	154	1 204	637	957	792
Fachgehilfe/-gehilfin im Gastgewerbe	418	10	22	61	65	5	1	6	40	13	43	12	1	64	48	6	21
männlich	58	1	5	14	6	1	–	3	2	1	9	2	1	5	6	–	3
weiblich	360	9	17	47	59	4	1	3	38	12	34	10	–	59	42	6	18
Fachkraft im Gastgewerbe	5 357	212	335	572	594	31	38	145	910	124	178	105	1	831	641	26	614
männlich	1 007	35	70	175	129	13	16	50	132	19	57	9	1	127	93	5	77
weiblich	4 350	177	265	397	465	18	22	95	778	105	121	96	–	704	548	21	537
Helfer/-in im Gastgewerbe	138	–	–	–	44	–	–	–	23	6	–	–	–	39	–	23	3
männlich	31	–	–	–	9	–	–	–	5	3	–	–	–	2	–	12	–
weiblich	107	–	–	–	35	–	–	–	18	3	–	–	–	37	–	11	3
Koch/Köchin	35 821	3 551	5 064	1 238	2 314	260	369	1 785	2 425	3 110	4 406	1 434	274	4 093	2 359	1 275	1 864
männlich	24 402	2 801	3 744	926	1 432	175	283	1 308	1 574	2 083	3 183	1 060	182	2 202	1 439	883	1 127
weiblich	11 419	750	1 320	312	882	85	86	477	851	1 027	1 223	374	92	1 891	920	392	737
Reiseverkehrskaufmann/-kauffrau	9 191	1 127	1 454	527	179	152	364	896	103	802	1 987	397	107	367	193	268	268
männlich	1 266	135	197	76	14	19	60	125	18	101	331	57	15	41	16	39	22
weiblich	7 925	992	1 257	451	165	133	304	771	85	701	1 656	340	92	326	177	229	246

1) Ausbildungsbereich "Industrie und Handel". Methodische Anmerkungen siehe "Berufsbildungsstatistik" im Anhang.

Statistisches Bundesamt, Tourismus in Zahlen, 2000/2001

6 Monetäre Daten zum grenzüberschreitenden Tourismus

Dieses Kapitel bietet monetäre Daten, die die Bedeutung der Bundesrepublik Deutschland im internationalen Tourismus abbilden. Die im Reiseverkehr mit dem Ausland anfallenden Einnahmen und Ausgaben werden im Rahmen der Zahlungsbilanzstatistik von der Deutschen Bundesbank erfaßt. Hierbei wird deutlich, daß die Reiseausgaben der Deutschen im Ausland der weitaus wichtigere Wirtschaftsfaktor sind. So betrug 1999 der Anteil des Reiseverkehrs an der gesamten Dienstleistungsbilanz bei den Einnahmen 19,7 % und bei den Ausgaben 37,7 %. Die Bundesrepublik Deutschland zählt also vor allem zu den wichtigen touristischen Herkunftsländern in der Welt. Beeinflußt wird diese Entwicklung auch von dem Wert der Deutschen Mark gegenüber den ausländischen Währungen bzw. von der Veränderung der Kaufkraft der Deutschen Mark im Ausland, was im ersten Abschnitt dargestellt wird. Im zweiten Abschnitt folgen Angaben zum Reiseverkehr aus der Zahlungsbilanz der Bundesrepublik Deutschland.

6.1 Kaufkraft der DM im Ausland

Die folgende Tabelle gibt Auskunft über die Kaufkraft der DM im Ausland seit 1991, die sich einerseits aus den Devisenkursen und andererseits aus den jeweiligen Preisen derjenigen Waren und Dienstleistungen ergibt, die in die Berechnung einbezogen werden. Das Statistische Bundesamt berechnet dazu aufgrund von Preisvergleichen zwischen ausländischen Staaten und der Bundesrepublik Deutschland Verbrauchergeldparitäten. Sie beruhen auf einem Preisvergleich für Güter und Dienstleistungen, die die private Lebenshaltung der ansässigen Haushalte (ohne Wohnungsmiete) repräsentieren.

6.1 Kaufkraft der DM im Ausland*)
(Verbrauchergeldparitäten)**)

Land (Stadt)	1991	1992	1993	1994	1995	1996	1997	1998	1999	2000
Ägypten (Kairo)	.	.	.	.	.	.	.	.	1,11	1,01[1]
Argentinien (Buenos Aires)	0,66	0,69	0,57	| 0,77	0,82	0,79	0,66	0,68	0,66	0,60
Australien (Canberra)	0,95	1,30	1,18	1,13	1,16	| 1,07	0,98	1,21	1,07	1,02[1]
Belgien (Brüssel)	0,97	0,98	1,02	0,99	1,00	| 0,99	0,99	0,99	0,98	0,97
Bolivien (La Paz)	.	.	.	.	.	.	1,13	1,14	1,14	1,03
Brasilien (Rio de Janeiro)	.	.	.	.	0,86	0,81	0,67	0,71	| 1,13	0,92[1]
Bulgarien (Sofia)	.	.	.	.	.	.	.	1,39	1,35	1,31[1]
Chile (Santiago)	1,16	1,36	1,15	1,16	1,09	1,08	| 0,96	1,06	| 1,02	0,95[1]
Costa Rica (San José)	.	.	.	.	.	1,40	1,16	1,16	1,15	0,99[1]
Dänemark (Kopenhagen)	0,74	0,75	0,82	0,80	0,78	| 0,79	0,77	0,76	0,75	0,74
Dominikan. Republik (Santo Domingo)	0,91	1,15	0,94	0,97	0,98	0,96	0,74	0,81	| 1,07	0,92[1]
El Salvador (San Salvador)	.	.	.	.	.	1,34	1,12	1,12	1,08	0,94[1]
Estland (Tallinn)	.	.	.	.	.	1,52	1,40	1,31	1,30	1,27
Finnland (Helsinki)	0,68	0,77	0,97	0,93	0,85	0,87	| 0,84	0,85	0,85	0,84[1]
Frankreich (Paris)	0,97	0,97	1,03	1,02	1,02	1,01	1,00	0,99	0,99	0,99[2]
Griechenland (Athen)	1,11	1,11	1,14	1,14	1,13	1,05	0,99	| 1,07	1,04	1,05[1]
Großbritannien u. Nordirland (London)	0,91	0,95	1,08	| 1,03	1,08	1,06	| 0,78	0,77	0,75	0,72
Guatemala (Guatemala - Stadt)	.	.	.	.	.	1,21	0,94	0,95	| 1,15	0,98[1]
Hongkong (Hongkong)	0,73	0,86	0,70	0,70	0,71	0,68	0,54	–	0,75	0,67[1]
Indien (Neu Delhi)	.	.	.	1,39	1,40	1,48	1,19	1,20	1,09	0,97[1]
Indonesien (Jakarta)	.	.	.	.	.	1,07	1,09	.	1,03	1,06[1]
Irland (Dublin)	0,91	0,91	1,04	1,04r	1,06	1,02	0,92	| 0,96	0,95	0,92
Island (Reykjavik)	.	.	.	.	.	0,87	0,78	0,79	0,75	0,70
Israel (Tel Aviv)	0,83	0,98	0,93	0,97	0,98	| 0,91	0,77	0,81	0,84	0,72[1]
Italien (Mailand, Rom)	0,90	0,90	1,12	1,18	1,25	1,12	1,07	| 0,96	0,95	0,95[1]
Japan (Tokio)	0,58	0,65	0,47	| 0,51	0,53	0,59	0,52	0,66	0,50	0,44[1]
Jordanien (Amman)	.	.	.	.	.	1,23	1,02	| 1,02	0,95	0,85[1]
Kanada (Ottawa)	.	.	.	.	.	1,06	0,85	0,96	0,89	0,77[1]
Kenia (Nairobi)	.	.	.	.	.	1,13	0,98	| 0,98	1,10	0,93[1]
Kroatien (Zagreb)	.	.	.	.	.	.	.	1,10	1,14	1,09[1]
Litauen (Wilna)	.	.	.	.	.	1,51	1,16	| 1,40	1,35	1,20[1]
Luxemburg (Luxemburg)	1,07	1,08	1,11	1,09	1,09	1,09	1,09	| 1,06	1,05	1,05
Malta (Valletta)	.	.	.	.	.	.	.	.	1,05	0,99[1]
Marokko (Rabat)	1,07	1,16	1,15	1,16	1,13	| 1,10	1,03	1,00	0,97	0,92[1]
Mazedonien (Skopje)	.	.	.	.	.	.	.	1,43	1,42	1,43[1]
Mexiko (Mexiko - Stadt)	1,22	1,36	1,08	| 1,13	1,59	1,47	| 1,02	1,16	0,90	0,74[1]

*) 1991 – 1999: jeweils August des Jahres, 2000: Juli.
**) Für eine DM erhält man im jeweiligen Land Waren und Dienstleistungen im Gegenwert von ... DM.

1) Geschätzte Zahl.
2) Vorläufige Zahl.

Statistisches Bundesamt, Tourismus in Zahlen, 2000/2001

6.1 Kaufkraft der DM im Ausland*)
(Verbrauchergeldparitäten)**)

Land (Stadt)	1991	1992	1993	1994	1995	1996	1997	1998	1999	2000
Namibia (Windhuk)	.	.	.	.	.	1,44	1,12	1,47	1,28	1,20[1)]
Neuseeland (Wellington)	0,87	1,15	0,98	0,97	1,09	1,02	0,92	1,19	1,08	1,10[1)]
Niederlande (Den Haag)	1,04	1,04	1,07	1,08	1,08	1,08	1,08	1,03	1,00	1,00[2)]
Norwegen (Oslo)	0,70	0,71	0,79	0,81	0,80	0,79	0,75	0,77	0,73	0,73[2)]
Oman (Maskat)	.	.	.	.	.	1,22	1,01	1,06	0,99	0,91[1)]
Österreich	0,89	0,88	0,88	0,88	0,88	0,87	0,89	0,89	0,93	0,93[1)]
Paraguay (Asunción)	.	.	.	.	.	.	1,10	1,29	1,37	1,18[1)]
Peru (Lima)	.	.	.	.	.	1,04	0,87	0,92	0,98	0,87[1)]
Polen (Warschau)	1,14	1,20	1,07	1,35	1,25	1,14	1,04	1,24	1,24	1,10[1)]
Portugal (Lissabon)	0,99	0,94	1,09	1,06	1,05	1,02	1,00	1,10	1,08	1,07[1)]
Rumänien (Bukarest)	.	.	.	.	.	.	.	1,17	1,40	1,22[1)]
Russische Föderation (Moskau)	.	.	.	.	.	0,96	0,80	0,81	1,06	0,93[1)]
Sambia (Lusaka)	.	.	.	.	.	.	.	1,12	1,02	0,99[1)]
Saudi-Arabien (Riad)	.	.	.	.	.	.	1,17	1,23	1,18	1,08[1)]
Schweden (Stockholm)	0,74	0,78	1,02	1,06	1,07	0,97	0,82	0,85	0,82	0,80
Schweiz (Bern, Genf, Zürich)	0,77	0,79	0,79	0,77	0,75	0,80	0,82	0,84	0,82	0,80[1)]
Senegal (Dakar)	.	.	.	.	.	.	0,92	0,91	0,90	0,93[1)]
Singapur (Singapur)	.	.	.	.	.	0,98	0,88	1,06	0,93	0,86[1)]
Slowakische Republik (Preßburg)	.	.	.	.	.	.	.	.	1,40	1,26
Slowenien (Laibach)	.	.	.	.	.	1,13	1,09	1,15	1,16	1,16[1)]
Spanien (Madrid)	0,91	0,91	1,15	1,15	1,15	1,11	1,11	1,06	1,04	1,03[2)]
Südafrika (Pretoria)	1,22	1,25	1,21	1,31	1,35	1,55	1,21	1,57	1,43	1,38[1)]
Taiwan (Taipei)	.	.	.	.	.	.	.	1,07	0,91	0,79[1)]
Tschechische Republik (Prag)	.	.	.	1,56	1,50	1,34	1,29	1,15	1,35	1,31[1)]
Türkei (Istanbul)	1,06	1,25	1,04	1,52	1,36	1,39	1,17	1,03	0,97	–
Tunesien (Tunis)	1,16	1,18	1,26	1,28	1,25	1,14	1,09	1,08	1,06	1,05[2)]
Uganda (Kampala)	.	.	.	.	.	.	.	0,88	0,91	0,89[1)]
Ukraine (Kiew)	.	.	.	.	.	.	.	.	1,14	0,96[1)]
Ungarn (Budapest)	1,25	1,28	1,20	1,26	1,30	1,23	1,10	1,12	1,42	1,37
Uruguay (Montevideo)	.	.	.	.	.	.	.	0,81	0,80	0,74[1)]
Vereinigte Staaten (Washington)	0,94	1,13	0,98	1,06	1,14	1,09	0,88	0,90	0,86	0,75

*) 1991 – 1999: jeweils August des Jahres, 2000: Juli.
**) Für eine DM erhält man im jeweiligen Land Waren und Dienstleistungen im Gegenwert von ... DM.

1) Geschätzte Zahl.
2) Vorläufige Zahl.

Methodische Anmerkungen siehe "Statistik über den internationalen Vergleich der Preise für die Lebenshaltung" im Anhang.

6.2 Reiseverkehr in der Zahlungsbilanz der Bundesrepublik Deutschland

Seit 1996 werden die für die Zahlungsbilanz ermittelten Einnahmen und Ausgaben im Reiseverkehr von der Deutschen Bundesbank rückwirkend in einer veränderten Position ausgewiesen. Die Umstellung folgte internationalen Vorgaben des Balance-of-Payments-Manuals des Internationalen Währungsfonds zur Angleichung der Konzepte der Zahlungsbilanz und der Volkswirtschaftlichen Gesamtrechnungen. Die Einnahmen und Ausgaben erfassen alle Käufe von Waren im Zusammenhang mit Reisen über die Grenze, soweit der Aufenthalt grundsätzlich nicht länger als ein Jahr dauert. Eingeschlossen sind bei dieser Betrachtung auch die Tagesausflügler im grenznahen Einkaufstourismus sowie die Warenkäufe der Ein- und Auspendler. Die Deutsche Bundesbank stellt für den Berichtszeitraum ab Anfang 1999 alle Werte in Euro dar.

Um analytischen Aspekten Rechnung zu tragen, wurden in den Tabellen 6.2.1 bis 6.2.4 die Einnahmen und Ausgaben 1999 in D-Mark umgerechnet. In den Tabellen 6.2.3 und 6.2.4 erfolgt die Darstellung in einer Rangordnung der Quell- und Zielländer nach der Höhe der Einnahmen und Ausgaben im Jahr 1999. Daraus erkennt man, daß Gäste aus der Schweiz, den Niederlanden, Frankreich, Österreich sowie Großbritannien und Nordirland am meisten zu den Einnahmen der Bundesrepublik Deutschland aus dem Tourismus beitrugen, während Spanien, Italien, Österreich, Frankreich sowie die Schweiz die Hauptausgabeländer der Bundesbürger waren.

6.2.1 Einnahmen und Ausgaben der Bundesrepublik Deutschland im Reiseverkehr
Mill. DM

Merkmale[1]	Früheres Bundesgebiet		Deutschland				
	1988	1990[2]	1992	1995	1997	1998	1999
Einnahmen	18 258	23 442	25 264	25 988	28 951	29 492	30 693
Ausgaben	46 782	56 879	66 582	77 392	83 093	86 034	88 967
Saldo	− 28 525	− 33 437	− 41 318	− 51 404	− 54 142	− 56 542	− 58 274

1) Mit früheren Ausgaben dieser Veröffentlichung nicht vergleichbar (siehe einleitenden Text zu Abschnitt 6.2).
2) Seit Juli 1990 einschl. aller Transaktionen der neuen Länder und von Berlin-Ost mit dem Ausland.

Quelle: Deutsche Bundesbank, Frankfurt am Main

6.2.2 Einnahmen und Ausgaben der Bundesrepublik Deutschland im Reiseverkehr nach Ländergruppen und Ländern*)

Mill. DM

Ländergruppe / Land[1]	Einnahmen				Ausgaben			
	1996	1997	1998	1999	1996	1997	1998	1999
Alle Länder	**26 647**	**28 951**	**29 492**	**30 693**	**79 672**	**83 093**	**86 034**	**88 967**
Industrialisierte Länder	**23 591**	**25 151**	**26 041**	**27 280**	**67 704**	**69 934**	**72 757**	**75 386**
EU-Länder	17 573	18 334	18 967	19 656	54 804	56 014	58 846	61 630
EWU-Mitgliedstaaten	13 497	13 718	13 918	14 134	45 860	46 612	49 502	51 650
Belgien und Luxemburg	1 079	1 083	1 085	1 199	1 259	1 372	1 379	1 430
Finnland	190	200	204	225	208	221	229	235
Frankreich[2]	2 869	2 895	3 068	3 127	6 138	6 197	6 273	6 120
Irland	75	89	95	113	542	587	572	550
Italien	1 442	1 579	1 722	1 948	12 128	12 122	13 579	13 532
Niederlande	3 407	3 384	3 344	3 329	3 739	4 069	4 053	3 679
Österreich	3 587	3 540	3 383	3 028	10 083	9 796	10 166	10 006
Portugal	194	226	223	233	1 166	1 187	1 311	1 441
Spanien[3]	653	722	794	931	10 596	11 061	11 940	14 659
Andere EU-Länder	4 075	4 616	5 049	5 521	8 944	9 403	9 344	9 981
Dänemark	1 062	1 059	1 094	1 144	1 676	1 589	1 495	1 461
Griechenland	97	113	119	145	2 095	2 358	2 354	2 889
Großbritannien und Nordirland	1 790	2 147	2 524	2 899	4 229	4 515	4 507	4 641
Schweden	1 126	1 297	1 312	1 334	945	941	988	990
Andere europäische Industrieländer	3 594	3 930	4 064	4 154	7 441	7 819	7 958	7 442
Norwegen	396	469	445	452	552	531	541	538
Schweiz	3 062	3 297	3 444	3 493	4 916	5 037	5 241	5 414
Türkei	99	118	119	141	1 757	2 054	1 953	1 267
Sonstige	37	46	56	68	216	199	223	221
Außereuropäische Industrieländer	2 424	2 887	3 009	3 470	5 459	6 100	5 953	6 315
Australien und Neuseeland	179	196	200	211	554	630	589	653
Japan	661	756	721	849	472	494	485	495
Kanada	130	143	145	174	720	758	741	788
Vereinigte Staaten	1 455	1 792	1 943	2 236	3 713	4 218	4 138	4 381
Reformländer	**1 630**	**2 205**	**2 080**	**1 895**	**3 337**	**3 536**	**3 938**	**3 984**
darunter: Mittel- und osteuropäische Reformländer	1 529	2 125	2 011	1 866	3 003	3 187	3 572	3 605
darunter: Bulgarien	5	2	6	6	106	99	113	145
Kroatien	9	23	28	29	275	347	407	329
Polen	562	682	801	849	536	635	793	851
Russische Föderation	421	610	402	366	687	526	537	555
Tschechische Republik	253	272	294	313	529	591	686	724
Ungarn	34	47	54	65	510	596	603	561
China[4]	15	19	17	18	210	232	257	262
Entwicklungsländer	**1 363**	**1 579**	**1 357**	**1 498**	**8 577**	**9 608**	**9 327**	**9 586**
in Afrika	233	263	261	278	3 369	3 927	3 494	3 693
darunter: Ägypten	45	69	65	84	653	817	513	595
Marokko	5	4	3	2	327	381	398	407
Tunesien	9	5	6	4	1 359	1 686	1 668	1 756
in Amerika	226	276	297	329	1 292	1 827	2 133	2 198
in Asien	904	1 039	799	892	3 894	3 827	3 675	3 669
darunter: Indien	39	40	40	39	418	394	383	383
Israel	119	137	137	156	354	322	313	321
Singapur	65	79	66	90	468	417	415	407
Thailand	84	91	58	72	655	637	655	686
in Ozeanien	0	0	0	0	21	27	25	25
Nicht ermittelte Länder	**63**	**16**	**13**	**18**	**55**	**14**	**11**	**12**

*) Die Meldungen über Zahlungen im Auslandsreiseverkehr stammen im wesentlichen von Kreditinstituten und Reiseunternehmen. Sie sind zum Teil nach Währungen statt nach Reiseländern gegliedert und reflektieren Zahlungen von Reisenden in DM-Noten nur unvollständig; außerdem enthalten sie nicht zum Reiseverkehr rechnende Zahlungen, z. B. Bargeldmitnahmen von Gastarbeitern in ihre Heimatländer. Mit Hilfe von Informationen aus der Reise- und Verkehrsstatistik und aus zusätzlichen Erhebungen werden die gemeldeten Zahlungen schätzungsweise den Herkunfts- und Zielländern zugeordnet und um fehlende DM-Noten-Zahlungen ergänzt, während nicht zum Reiseverkehr rechnende Geldbewegungen eliminiert werden. Gleichwohl sind die Ergebnisse für eine Reihe von Ländern nur Näherungswerte. – Einschl. Grenzwarenverkehr und einschl. Käufe von Ein- und Auspendlern (siehe einleitenden Text zu Abschnitt 6.2).

1) Zugehörigkeit der Länder zu den einzelnen Ländergruppen nach dem neuesten Stand.
2) Einschl. Französisch-Guayana, Guadeloupe, Martinique und Réunion.
3) Einschl. Kanarische Inseln, Ceuta und Melilla.
4) Ohne Taiwan.

Quelle: Deutsche Bundesbank, Frankfurt am Main

6.2.3 Einnahmen der Bundesrepublik Deutschland im Reiseverkehr nach der Rangfolge der ermittelten Herkunftsländer*)

Herkunftsland	1998	1999	Rang 1999	Veränderung 1999/1998	Anteil 1999
	Mill. DM			%	
Insgesamt	**29 492**	**30 693**	–	+ 4,1	100
darunter:					
Schweiz	3 444	3 493	1	+ 1,4	11,4
Niederlande	3 344	3 329	2	– 0,4	10,8
Frankreich[1]	3 068	3 127	3	+ 1,9	10,2
Österreich	3 383	3 028	4	– 10,5	9,9
Großbritannien und Nordirland	2 524	2 899	5	+ 14,9	9,4
Vereinigte Staaten	1 943	2 236	6	+ 15,1	7,3
Italien	1 722	1 948	7	+ 13,1	6,3
Schweden	1 312	1 334	8	+ 1,7	4,3
Belgien und Luxemburg	1 085	1 199	9	+ 10,5	3,9
Dänemark	1 094	1 144	10	+ 4,6	3,7
Spanien[2]	794	931	11	+ 17,3	3,0
Polen	801	849	12	+ 6,0	2,8
Japan	721	849	13	+ 17,8	2,8
Norwegen	445	452	14	+ 1,6	1,5
Russische Föderation	402	366	15	– 9,0	1,2
Tschechische Republik	294	313	16	+ 6,5	1,0
Portugal	223	233	17	+ 4,5	0,8
Finnland	204	225	18	+ 10,3	0,7
Australien und Neuseeland	200	211	19	+ 5,5	0,7
Kanada	145	174	20	+ 20,0	0,6
Israel	137	156	21	+ 13,9	0,5
Griechenland	119	145	22	+ 21,8	0,5
Türkei	119	141	23	+ 18,5	0,5
Irland	95	113	24	+ 18,9	0,4

*) Einschl. Grenzwarenverkehr und einschl. Käufe von Einpendlern (siehe einleitenden Text zu Abschnitt 6.2).
1) Einschl. Französisch-Guayana, Guadeloupe, Martinique und Réunion.
2) Einschl. Kanarische Inseln, Ceuta und Melilla.

Quelle: Deutsche Bundesbank, Frankfurt am Main

6.2.4 Ausgaben der Bundesrepublik Deutschland im Reiseverkehr nach der Rangfolge der ermittelten Zielländer*)

Zielland	1998	1999	Rang 1999	Veränderung 1999/1998	Anteil 1999
	Mill. DM			%	
Insgesamt	**86 034**	**88 967**	–	+ 3,4	100
darunter:					
Spanien[1]	11 940	14 659	1	+ 22,8	16,5
Italien	13 579	13 532	2	– 0,3	15,2
Österreich	10 166	10 006	3	– 1,6	11,2
Frankreich[2]	6 273	6 120	4	– 2,4	6,9
Schweiz	5 241	5 414	5	+ 3,3	6,1
Großbritannien und Nordirland	4 507	4 641	6	+ 3,0	5,2
Vereinigte Staaten	4 138	4 381	7	+ 5,9	4,9
Niederlande	4 053	3 679	8	– 9,2	4,1
Griechenland	2 354	2 889	9	+ 22,7	3,2
Tunesien	1 668	1 756	10	+ 5,3	2,0
Dänemark	1 495	1 461	11	– 2,3	1,6
Portugal	1 311	1 441	12	+ 9,9	1,6
Belgien und Luxemburg	1 379	1 430	13	+ 13,7	1,6
Türkei	1 953	1 267	14	– 35,1	1,4
Schweden	988	990	15	+ 0,2	1,1
Polen	793	851	16	+ 7,3	1,0
Kanada	741	786	17	+ 6,1	0,9
Tschechische Republik	686	724	18	+ 5,5	0,8
Thailand	655	686	19	+ 4,7	0,8
Australien und Neuseeland	589	653	20	+ 10,9	0,7
Ägypten	513	595	21	+ 16,0	0,7
Ungarn	603	561	22	– 7,0	0,6
Russische Föderation	537	555	23	+ 3,4	0,6
Irland	572	550	24	– 3,8	0,6

*) Einschl. Grenzwarenverkehr und einschl. Käufe von Auspendlern (siehe einleitenden Text zu Abschnitt 6.2).
1) Einschl. Kanarische Inseln, Ceuta und Melilla.
2) Einschl. Französisch-Guayana, Guadeloupe, Martinique und Réunion.

Quelle: Deutsche Bundesbank, Frankfurt am Main

7 Tourismus im internationalen Vergleich

In diesem Kapitel sind Tabellen aus dem Datenmaterial der Welttourismusorganisation (WTO, Madrid) und des Statistischen Amtes der Europäischen Gemeinschaften (Eurostat) zusammengestellt.

Die Vergleichbarkeit tourismusstatistischer Daten auf der internationalen Ebene ist nur eingeschränkt möglich. Das ist zu einem großen Teil auf unterschiedliche statistische Konzepte und Erhebungsverfahren in den meldenden Ländern zurückzuführen. Auf internationaler Ebene wird jedoch die Harmonisierung der Tourismusstatistiken angestrebt. Eine wichtige Etappe auf diesem Weg war die internationale Konferenz über Tourismusstatistik, die im Juni 1991 in Ottawa/Kanada stattgefunden hat. Als Ergebnis dieser Konferenz wurde eine Reihe von Empfehlungen zu Konzepten, Definitionen und Klassifikationen im Bereich der Tourismusstatistik erarbeitet. Beim Statistischen Amt der Europäischen Gemeinschaften laufen z. Z. intensive methodische Arbeiten zur Harmonisierung der Tourismusstatistik, an denen die Länder des gesamten Europäischen Wirtschaftsraums (EWR) beteiligt sind. Ein Ergebnis dieser Aktivitäten ist die EU-Richtlinie zur Tourismusstatistik vom 23. November 1995, die die Mitgliedsländer zur Bereitstellung von Daten verpflichtet, die sowohl die Angebotsseite (Beherbergungsstatistik) als auch die Nachfrageseite (Statistik des Reiseverhaltens) abdecken.

Das Kapitel beginnt mit Übersichten aus dem Datenmaterial der WTO. Sie sind besonders geeignet, die Entwicklungen im internationalen Tourismus abzubilden. Die Tabellen 7.1 bis 7.8 geben einen Überblick über Ankünfte, Einnahmen und Ausgaben sowie Übernachtungen im internationalen Reiseverkehr. In Tabelle 7.5 werden speziell die Auslandsreisen der Deutschen nach Angaben der Zielländer dargestellt. Bei der Beurteilung der Daten ist zu berücksichtigen, daß die tourismusstatistischen Ergebnisse von den Mitgliedsländern der WTO gemeldet werden. Die Daten können daher nicht dieselbe Homogenität bieten, die bei einer im Herkunftsland durchgeführten Erhebung zum Reiseverhalten der Bevölkerung mit einheitlicher methodischer Grundlage erreicht werden kann.

Die Übersichten mit der Quelle "Eurostat" (Tabelle 7.9 bis 7.11) konnten bis zum Berichtsjahr 1999 aktualisiert werden. Noch einmal werden in Tabelle 7.11 Einnahmen und Ausgaben im internationalen Reiseverkehr dargestellt.
Die letzte Übersicht des Kapitels stellt die Messen und Ausstellungen im Ausland dar.

7.1 Ankünfte ausländischer Touristen/Touristinnen nach der Rangfolge der Zielländer

Rang	Zielland	1998	1999	Veränderung 1999 gegenüber 1998	Anteil an Welt insgesamt 1999
			Mill.		%
1	Frankreich	70,0	73,0	4,3	11,0
2	Spanien	47,4	51,8	9,2	7,8
3	Vereinigte Staaten	46,4	48,5	4,5	7,3
4	Italien	34,9	36,1	3,3	5,4
5	China	25,1	27,0	7,9	4,1
6	Großbritannien und Nordirland	25,7	25,7	0,0	3,9
7	Kanada	18,9	19,6	3,7	2,9
8	Mexiko	19,8	19,2	– 2,9	2,9
9	Russische Föderation	15,8	18,5	17,0	2,8
10	Polen	18,8	18,0	– 4,4	2,7
11	Österreich	17,4	17,5	0,7	2,6
12	Deutschland	16,5	17,1	3,7	2,6
13	Tschechische Republik	16,3	16,0	– 1,8	2,4
14	Ungarn	15,0	12,9	– 13,8	1,9
15	Griechenland	10,9	12,0	9,9	1,8

Statistisches Bundesamt, Tourismus in Zahlen, 2000/2001

7.2.1 Weltweite Ankünfte ausländischer Touristen/Touristinnen

Jahr[1]	Welt insgesamt	Ankünfte 1 000					
		Europa	Amerika	Ostasien/ Australien und Ozeanien	Afrika	Mittlerer Osten	Südasien
1950	25 282	16 839	7 485	190	524	197	47
1960	69 320	50 351	16 705	704	750	630	180
1961	75 323	53 986	18 436	932	888	859	222
1962	81 381	58 777	19 409	1 012	979	964	240
1963	90 071	66 163	19 696	1 363	1 070	1 454	325
1964	104 601	78 603	21 133	1 329	1 395	1 833	308
1965	112 863	83 732	23 223	1 734	1 423	2 351	400
1966	119 980	85 500	27 479	2 183	1 572	2 746	500
1967	129 782	90 000	32 960	2 892	1 382	1 987	581
1968	131 201	92 500	30 692	3 445	1 798	2 090	676
1969	143 511	101 000	33 816	4 228	2 102	1 603	762
1970	165 787	113 000	42 273	5 331	2 407	1 864	912
1971	178 853	122 000	44 812	5 645	2 873	2 528	995
1972	189 129	130 000	44 798	6 131	3 400	3 700	1 100
1973	198 906	137 000	46 960	7 096	3 500	3 100	1 250
1974	205 667	140 000	47 730	8 437	3 900	4 300	1 300
1975	222 290	153 859	50 043	8 657	4 654	3 520	1 557
1976	228 873	157 818	51 496	9 636	4 425	3 786	1 712
1977	249 264	170 570	56 379	11 495	4 561	4 203	2 056
1978	267 076	183 543	58 780	13 423	4 912	4 185	2 233
1979	276 577	193 859	59 342	12 936	5 037	3 638	1 765
1980	285 997	186 111	61 368	21 480	7 329	7 467	2 242
1981	287 139	183 998	61 316	23 371	8 185	7 861	2 408
1982	236 097	185 134	58 600	24 535	7 638	7 805	2 385
1983	289 618	187 953	58 885	24 966	8 145	7 217	2 452
1984	316 357	202 276	67 748	27 928	8 812	7 164	2 429
1985	327 188	212 113	64 298	31 105	9 710	7 463	2 499
1986	338 854	214 136	71 426	34 870	9 341	6 395	2 684
1987	363 766	227 458	76 550	40 495	9 833	6 771	2 659
1988	394 825	240 898	83 090	47 020	12 508	8 454	2 855
1989	426 265	266 122	86 993	47 769	13 772	8 569	3 040
1990	452 217	282 744	92 799	54 598	14 959	8 959	3 158
1991	462 682	282 928	95 514	56 442	16 174	8 366	3 258
1992	500 894	302 298	102 257	64 246	18 004	10 507	3 582
1993	515 745	309 944	102 141	71 164	18 451	10 534	3 511
1994	550 252	334 747	104 839	76 788	18 897	11 115	3 866
1995	565 385	338 382	108 940	81 355	20 155	12 353	4 200
1996	597 354	353 725	115 107	89 037	21 777	13 274	4 434
1997	618 213	371 104	116 558	88 254	23 205	14 258	4 834
1998	635 987	383 777	119 521	87 428	24 950	15 092	5 218
1999	664 391	394 152	122 681	97 466	26 837	17 599	5 655

Jährliche durchschnittliche Wachstumsrate %

1950 – 1960	+ 10,61	+ 11,58	+ 8,36	+ 13,99	+ 3,65	+ 12,33	+ 14,37
1960 – 1970	+ 9,11	+ 8,42	+ 9,73	+ 22,44	+ 12,37	+ 11,46	+ 17,62
1970 – 1980	+ 5,60	+ 5,12	+ 3,80	+ 14,95	+ 11,78	+ 14,89	+ 9,41
1980 – 1990	+ 4,80	+ 4,27	+ 4,22	+ 9,78	+ 7,40	+ 1,84	+ 3,49
1980 – 1985	+ 2,73	+ 2,65	+ 0,94	+ 7,69	+ 5,79	+ 0,01	+ 2,19
1985 – 1990	+ 6,92	+ 5,92	+ 7,61	+ 11,91	+ 9,03	+ 3,72	+ 4,79
1990 – 1995	+ 4,34	+ 3,66	+ 3,26	+ 8,30	+ 6,14	+ 6,64	+ 5,87
1989 – 1994	+ 5,24	+ 4,70	+ 3,80	+ 9,96	+ 6,53	+ 5,34	+ 4,92
1994 – 1999	+ 3,84	+ 3,32	+ 3,19	+ 4,88	+ 7,27	+ 9,63	+ 7,90

[1] Angaben für 1989 bis 1998 rückkorrigiert; 1999 vorläufige Angaben.

Quelle: WTO, Madrid

7.2.2 Weltweite Einnahmen aus dem internationalen Tourismus

Jahr[1]	Welt insgesamt	Einnahmen Mill. US $					
		Europa	Amerika	Ostasien/ Australien und Ozeanien	Afrika	Mittlerer Osten	Südasien
1950	2 100	885	1 060	30	88	31	6
1960	6 867	3 884	2 452	195	243	58	35
1961	7 284	4 184	2 436	285	235	73	71
1962	8 029	4 695	2 563	319	233	144	75
1963	8 887	5 364	2 736	325	253	152	57
1964	10 073	6 220	2 859	402	256	263	73
1965	11 604	7 199	3 360	411	280	281	73
1966	13 340	7 952	4 200	492	330	266	100
1967	14 458	8 517	4 700	606	360	195	80
1968	14 990	8 760	4 800	700	373	267	90
1969	16 800	9 751	5 300	800	479	370	100
1970	17 900	11 023	4 800	1 100	482	395	100
1971	20 850	13 327	5 200	1 100	594	429	200
1972	24 621	15 834	6 100	1 171	712	654	150
1973	31 054	20 098	7 400	1 554	909	893	200
1974	33 822	20 982	8 700	1 722	1 072	1 146	200
1975	40 702	25 854	10 219	2 164	1 269	867	329
1976	44 436	27 109	11 581	2 576	1 438	1 223	509
1977	55 637	34 492	12 580	3 583	1 948	2 364	670
1978	68 845	43 763	14 767	4 683	2 130	2 669	833
1979	84 218	54 284	18 348	5 855	2 055	2 966	710
1980	105 320	63 484	25 389	8 720	2 711	3 470	1 546
1981	107 452	59 231	29 168	10 196	2 880	4 123	1 854
1982	100 907	57 793	24 276	10 620	2 702	3 867	1 649
1983	102 474	57 820	24 878	11 182	2 634	4 315	1 645
1984	112 707	59 776	32 157	12 130	2 525	4 593	1 526
1985	118 087	63 516	33 270	13 194	2 543	4 184	1 380
1986	143 455	79 960	38 369	17 153	2 938	3 379	1 662
1987	176 763	100 597	43 003	23 004	3 800	4 524	1 835
1988	204 555	111 989	51 290	30 497	4 585	4 329	1 665
1989	221 433	116 058	60 146	34 243	4 505	4 499	1 982
1990	263 647	143 525	69 196	39 197	5 298	4 402	2 029
1991	276 879	148 531	76 748	40 418	5 030	3 821	2 331
1992	315 422	169 077	83 803	47 944	6 756	5 069	2 773
1993	321 907	163 807	89 088	53 857	6 766	5 706	2 683
1994	354 934	180 950	93 160	63 813	7 491	6 396	3 124
1995	405 804	211 728	100 469	74 521	8 073	7 521	3 494
1996	436 525	222 219	110 612	82 384	9 247	8 248	3 817
1997	439 677	224 469	116 883	75 701	9 397	9 186	4 041
1998	441 799	232 528	117 585	69 020	9 857	8 572	4 257
1999	455 464	234 660	122 184	73 414	10 474	10 121	4 611

Jährliche durchschnittliche Wachstumsrate
%

1950 – 1960	+ 12,58	+ 15,94	+ 8,75	+ 20,58	+ 10,89	+ 6,46	+ 19,29
1960 – 1970	+ 10,05	+ 10,99	+ 6,95	+ 18,89	+ 7,09	+ 21,15	+ 11,07
1970 – 1980	+ 19,39	+ 19,13	+ 18,12	+ 23,00	+ 18,85	+ 24,27	+ 31,50
1980 – 1990	+ 9,61	+ 8,50	+ 10,55	+ 16,22	+ 6,93	+ 2,41	+ 2,76
1980 – 1985	+ 2,31	+ 0,01	+ 5,56	+ 8,64	– 1,27	+ 3,81	– 2,25
1985 – 1990	+ 17,43	+ 17,71	+ 15,77	+ 24,33	+ 15,81	+ 1,02	+ 8,01
1990 – 1995	+ 9,01	+ 8,09	+ 7,74	+ 13,71	+ 8,79	+ 11,31	+ 11,48
1989 – 1994	+ 9,90	+ 9,29	+ 9,15	+ 13,26	+ 10,71	+ 7,29	+ 9,53

1) Angaben für 1989 bis 1998 rückkorrigiert; 1999 vorläufige Angaben.

Quelle: WTO, Madrid

7.3 Einnahmen im internationalen Reiseverkehr nach der Rangfolge der Länder

Rang	Land	1998	1999[1]	Veränderungsrate 1999/1998	Anteil an Welt insgesamt
		Mrd. US-$		%	
1	Vereinigte Staaten	71,3	74,4	+ 4,5	16,4
2	Spanien	29,7	32,9	+ 10,7	7,2
3	Frankreich	29,9	31,7	+ 5,9	7,0
4	Italien	29,9	28,4	- 5,1	8,2
5	Großbritannien und Nordirland	21,0	21,0	0,0	4,6
6	Deutschland	16,4	16,8	+ 2,4	3,7
7	China	12,6	14,1	+ 11,9	3,1
8	Österreich	11,2	11,1	- 0,9	2,4
9	Kanada	9,4	10,0	+ 6,7	2,2
10	Griechenland	6,2	8,8	+ 41,6	1,9
11	Russische Föderation	6,5	7,8	+ 19,4	1,7
12	Mexico	7,9	7,6	- 3,9	1,7
13	Australien	7,3	7,5	+ 2,6	1,7
14	Schweiz	7,8	7,4	- 5,9	1,6
15	China, Hong Kong	7,1	7,2	+ 1,8	1,6

1) Vorläufige Zahlen.

Quelle: WTO, Madrid

7.4 Ausgaben im internationalen Reiseverkehr nach der Rangfolge der Länder

Rang	Land	1998	1999[1]	Veränderungsrate 1999/1998	Anteil an Welt insgesamt
		Mrd. US-$		%	
1	Vereinigte Staaten	56,1	60,1	+ 7,1	14,8
2	Deutschland	46,9	48,2	+ 2,6	12,4
3	Japan	28,8	32,8	+ 13,8	7,6
4	Großbritannien und Nordirland	32,3	.	.	8,5[2]
5	Frankreich	17,8	17,7	- 0,3	4,7
6	Italien	17,7	16,9	- 4,2	4,7
7	Niederlande	11,0	11,4	+ 3,6	2,9
8	Kanada	10,8	11,3	+ 5,0	2,8
9	China	9,2	.	.	2,4[2]
10	Österreich	9,5	9,2	- 3,3	2,5
11	Belgien und Luxemburg	8,8	.	.	2,3[2]
12	Schweden	7,7	7,6	- 2,1	2,0
13	Russische Föderation	8,3	7,4	- 10,2	2,2
14	Schweiz	7,1	7,0	- 1,8	1,9
15	Australien	5,4	5,8	+ 7,5	1,4

1) Vorläufige Zahlen. 2) Jahr 1998.

Quelle: WTO, Madrid

Statistisches Bundesamt, Tourismus in Zahlen, 2000/2001

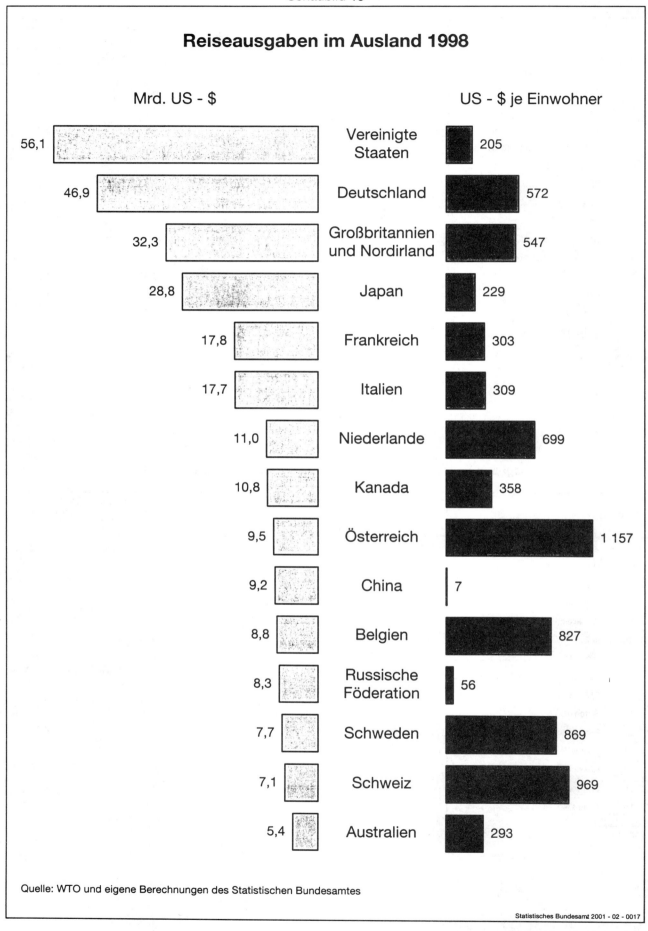

7.5 Auslandsreisen der Deutschen*)

Zielland / Zielgebiet[1]	1995	1996	1997	1998	1999
Welt insgesamt	73 969 726	78 331 741	79 051 158	79 021 548	61 483 791
Afrika	1 488 942	1 611 008	1 750 003	1 762 385	1 382 288
Ostafrika	243 596	257 257	307 852	304 778	77 479
Äthiopien	4 753	5 554	6 081	5 151	...
Eritrea	1 423	2 040	1 906	1 062	445
Kenia[2]	108 700	107 900	157 516	136 658	...
Komoren	2 006	372	729	1 063	230
Madagaskar	15 362	14 738	4 030	4 850	5 530
Mauritius	41 637	45 221	43 993	43 826	45 206
Réunion	–	3 572	3 656	...	...
Sambia	2 013	3 350	6 726	5 743	7 233
Seychellen	19 258	20 601	21 450	18 992	18 835
Simbabwe	31 165	38 434	44 729	65 733	...
Tansania, Vereinigte Republik[2]	14 010	15 475	17 036	21 700	...
Zentralafrika	7 506	7 939	7 785	1 672	764
Angola	–	270	119	546	494
Kamerun[3]	6 211	6 296	6 659	...	...
São Tomé und Principe	116	148	165	...	...
Tschad[3]	86	367	842	1 010	270
Zentralafrikanische Republik	–	–	–	116	...
Nordafrika	1 001 583	1 021 824	1 084 312	1 126 128	1 268 088
Algerien[2]	1 398	1 467	1 554	1 721	3 168
Marokko	161 747	211 879	224 456	240 463	228 620
Tunesien	837 116	808 478	858 302	883 944	1 036 300
Südafrika	168 186	246 372	276 068	260 944	...
Namibia	–	50 899	54 952	59 623	...
Südafrika[2]	168 186	195 473	221 116	201 321	...
Westafrika	68 071	77 616	73 986	68 863	35 957
Burkina Faso[3]	4 418	4 661	4 918	4 810	...
Côte d'Ivoire	2 095	3 168	3 840	3 851	...
Gambia	6 018	4 692	18 460	22 189	...
Ghana	13 799	14 709	15 702	16 788	17 980
Guinea	–	–	788	846	716
Kap Verde	3 005	4 231	5 560	...	...
Mali[3]	1 833	3 392	4 119	...	...
Niger	531	612	880	869	...
Nigeria[2]	19 950	24 863	...	...	...
Senegal[3]	13 955	14 605	16 243	17 199	17 261
Togo[3]	2 467	2 683	3 476	2 311	...

*) Grenzankünfte von Touristen/Touristinnen. – Wegen revidierter Angaben z.T. Abweichungen zu den folgenden Tabellen 7.6 bis 7.8 dieses Heftes.
1) Die ausgewiesenen Werte sind Additionen der Meldungen der Zielländer.
2) Grenzankünfte von Besuchern/Besucherinnen.
3) Ankünfte in Hotels und ähnlichen Betrieben.
4) Ankünfte in allen Beherbergungsstätten.

7.5 Auslandsreisen der Deutschen*)

Zielland / Zielgebiet[1]	1995	1996	1997	1998	1999
Amerika	2 920 756	3 455 459	3 384 773	3 429 767	3 558 577
Karibik	236 564	573 475	562 404	630 912	712 828
Anguilla	–	196	785	1 265	1 267
Antigua und Barbuda	10 022	9 647	8 357	7 712	...
Aruba	7 075	5 963	5 152	4 597	3 670
Bahamas	25 100	25 770	20 685	...	...
Barbados	28 372	25 867	18 966	12 109	...
Bermuda	3 263	3 012	2 333	2 027	2 384
Bonaire	2 477	2 288	2 531	2 238	1 947
Cayman-Inseln	1 849	1 895	1 660	1 663	1 850
Curaçao	7 763	5 754	5 477	...	...
Dominka	1 255	1 100	1 255	1 086	...
Dominikanische Republik	–	327 772	328 860	366 599	453 175
Grenada	6 342	7 004	5 004	4 017	...
Guadeloupe[3]	3 525	2 724	2 550	1 272	1 145
Jamaika	35 648	36 509	33 480	43 018	38 610
Jungferninseln, Amerikanische[3]	1 271	1 074	1 604	1 391	...
Jungferninseln, Britische	3 989	3 479	2 596	4 183	...
Kuba[2]	57 487	80 185	86 509	148 987	182 159
Martinique	10 511	3 548	4 452	3 698	3 736
Montserrat	1	30	12	7	...
St. Eustatius[2]	102	107	118	127	122
St. Kitts und Nevis	1 601	906	1 163	643	...
St. Lucia	13 041	12 757	11 085	8 345	7 968
St. Vincent und die Grenadinen	2 624	2 586	2 027	1 777	1 912
Trinidad und Tobago	11 660	11 172	14 114	11 474	10 126
Turks- und Caicos-Inseln	1 586	2 130	1 629	2 677	2 757
Zentralamerika	80 626	72 150	68 090	64 875	57 739
Costa Rica	38 592	31 398	27 406	23 366	24 034
El Salvador	4 086	5 163	6 415	5 615	5 922
Guatemala	21 854	20 046	18 895	20 805	18 069
Honduras[2]	6 877	6 602	6 919	6 321	5 103
Nicaragua	5 820	5 141	4 644	5 177	4 611
Panama[2]	3 397	3 800	3 811	3 591	...
Nordamerika	2 268 773	2 444 324	2 392 296	2 283 457	2 380 451
Kanada	420 800	447 500	398 000	381 519	395 824
Vereinigte Staaten	1 847 973	1 996 824	1 994 296	1 901 938	1 984 627
Südamerika	334 793	365 510	361 983	450 523	407 559
Argentinien	72 656	75 278	77 406	80 254	...
Bolivien[3]	24 982	23 849	22 769	22 861	23 587
Brasilien	102 106	141 562	140 578	262 739	282 846
Chile	33 340	35 823	39 493	40 073	42 233
Ecuador[2]	20 073	21 421	20 363	21 701	...
Guyana	222	156	148	...	...
Kolumbien	36 694	32 120	18 245	...	...
Paraguay	13 435	10 255	15 051	7 093	6 110
Peru	25 168	27 768	28 084	28 865	...

*) Grenzankünfte von Touristen/Touristinnen. – Wegen revidierter Angaben z. T. Abweichungen zu den folgenden Tabellen 7.6 bis 7.8 dieses Heftes.
1) Die ausgewiesenen Werte sind Additionen der Meldungen der Zielländer.
2) Grenzankünfte von Besuchern/Besucherinnen.
3) Ankünfte in Hotels und ähnlichen Betrieben.
4) Ankünfte in allen Beherbergungsstätten.

7.5 Auslandsreisen der Deutschen*)

Zielland / Zielgebiet[1]	1995	1996	1997	1998	1999
Suriname	507	301	179	128	...
Venezuela	67 102	72 255	77 073	67 063	52 783
Ostasien/Pazifik	**1 629 230**	**1 674 073**	**1 657 951**	**1 548 972**	**1 476 148**
Nordostasien	**570 676**	**620 393**	**596 024**	**536 309**	**581 941**
China	166 528	178 982	184 712	191 889	217 632
Hongkong[2]	249 266	275 892	235 006	170 716	189 292
Japan	68 317	76 002	82 560	86 194	87 312
Korea, Republik[2]	46 634	48 101	51 648	46 247	47 318
Macau[3]	3 485	4 720	4 099	2 532	2 691
Mongolei	3 502	2 782	3 339	3 388	3 506
Taiwan[4]	32 944	33 914	34 660	35 343	34 190
Südostasien	**849 012**	**852 510**	**861 561**	**816 967**	**685 809**
Brunei Darussalam[2]	–	–	–	2 871	...
Indonesien	167 653	167 607	185 976	141 314	...
Kambodscha	3 499	5 488	4 604	4 199	6 490
Laos, Demokratische Republik	2 498	4 269	5 524	7 529	...
Malaysia	63 915	63 508	57 722	50 583	43 316
Myanmar	4 639	6 958	7 514	8 492	9 039
Philippinen	50 766	60 367	62 595	64 207	62 044
Singapur[2]	190 230	190 636	169 545	159 206	167 856
Thailand	365 812	353 677	342 329	378 566	375 345
Vietnam[2]	–	–	25 752	–	21 719
Australien und Ozeanien	**179 137**	**175 321**	**175 578**	**173 858**	**190 743**
Australien[2]	124 200	125 400	128 880	127 377	144 500
Neuseeland[2]	54 937	49 921	46 698	46 481	46 243
Melanesien	**15 551**	**14 741**	**14 335**	**12 027**	**8 571**
Fidschi	13 472	12 473	12 509	10 484	8 202
Neukaledonien	363	422	370	500	369
Papua-Neuguinea	1 316	1 383	1 007	920	...
Salomonen	169	175	135	123	...
Vanuatu	231	288	314	...	...
Mikronesien	**436**	**367**	**427**	**821**	**1 132**
Kiribati	55	62	124	86	...
Marschallinseln	72	62	64	42	...
Nördliche Marianen[2]	309	243	239	314	336
Palau	–	–	–	379	796
Polynesien	**14 418**	**10 741**	**10 026**	**8 990**	**7 952**
Amerikanisch-Samoa	220	785	...	...	...
Französisch-Polynesien	9 531	6 820	6 869	6 259	6 381
Niue	18	22	24	27	30
Samoa	2 696	1 690	1 673	1 506	1 541
Tonga	1 909	1 403	1 430	1 163	...
Tuvalu	44	21	30	35	...

*) Grenzankünfte von Touristen/Touristinnen. – Wegen revidierter Angaben z.T. Abweichungen zu den folgenden Tabellen 7.6 bis 7.8 dieses Heftes.
1) Die ausgewiesenen Werte sind Additionen der Meldungen der Zielländer.
2) Grenzankünfte von Besuchern/Besucherinnen.
3) Ankünfte in Hotels und ähnlichen Betrieben.
4) Ankünfte in allen Beherbergungsstätten.

7.5 Auslandsreisen der Deutschen*)

Zielland / Zielgebiet[1]	1995	1996	1997	1998	1999
Europa	**67 171 439**	**70 740 627**	**71 406 927**	**70 541 304**	**54 068 744**
Zentral- und Osteuropa	**12 278 570**	**12 294 906**	**12 244 038**	**8 889 072**	**7 320 988**
Armenien[4]	516	634	890	1 025	1 195
Bulgarien	202 401	124 592	228 662	212 919	239 173
Estland	30 445	38 084	33 384	45 071	48 124
Georgien	–	–	–	3 932	6 085
Kirgisistan	–	–	–	822	1 695
Lettland[4]	26 200	22 700	22 800	25 800	26 945
Litauen[4]	35 354	35 350	37 740	45 232	48 415
Moldau, Republik[2]	748	494	461	833	...
Polen	6 690 000	6 660 000	6 650 000	6 700 000	6 450 000
Rumänien	217 661	229 307	235 519	223 445	...
Russische Föderation	322 730	280 354	335 534	316 512	361 392
Slowakei[4]	160 590	155 556	131 374	141 373	137 964
Tschechische Republik	1 100 550	1 139 000	1 127 600	1 093 800	...
Turkmenistan[2]	193	2 421	2 756	...	...
Ukraine	68 794	303 206	66 471	62 486	...
Ungarn	3 412 715	3 290 468	3 358 692	...	...
Weißrußland	9 673	12 740	12 155	15 822	...
Nordeuropa	**4 995 665**	**5 235 136**	**4 535 902**	**4 437 286**	**1 215 416**
Dänemark[4]	538 079	498 754	486 617	437 666	401 498
Finnland[4]	230 489	223 363	237 268	232 566	235 473
Großbritannien und Nordirland[2]	2 654 000	2 963 000	2 911 000	2 830 000	...
Irland	319 000	339 000	303 000	310 000	...
Island	36 840	34 430	29 782	32 076	31 684
Norwegen[3]	605 668	577 488	568 235	594 978	546 761
Schweden[4]	611 589	599 101	...	...	...
Südeuropa	**21 616 840**	**22 107 823**	**22 403 355**	**24 408 126**	**13 965 039**
Albanien[3]	2 184	2 552	895	915	2 532
Griechenland	2 272 911	1 907 863	1 994 670	2 136 515	...
Italien[4]	8 175 500	8 462 818	8 500 137	8 643 819	...
Jugoslawien (Serbien/Montenegro)[4]	3 647	11 959	13 519	13 033	3 907
Kroatien[4]	210 968	448 672	640 031	720 569	531 259
Malta	187 761	184 110	193 020	203 199	212 430
Mazedonien[4]	7 908	5 825	5 147	6 071	...
Portugal	862 717	894 039	919 505	870 090	890 100
Slowenien[4]	136 455	161 985	198 681	190 942	157 502
Spanien	9 756 789	10 028 000	9 937 750	11 622 973	12 167 309
Westeuropa	**26 242 974**	**28 566 074**	**29 511 784**	**30 307 672**	**31 131 714**
Belgien[4]	923 844	906 981	900 817	867 193	883 505
Frankreich	10 588 000	13 378 000	14 593 000	14 770 400	15 180 100
Liechtenstein[3]	20 567	18 993	19 791	20 653	21 207
Luxemburg[4]	111 478	99 823	101 307	102 612	...
Monaco[3]	13 595	13 065	13 006	13 566	14 125
Niederlande[4]	2 460 800	2 293 400	2 400 000	2 668 000	3 052 000
Österreich[4]	10 013 543	9 877 394	9 391 361	9 696 521	9 844 027
Schweiz	2 111 147	1 978 418	2 092 772	2 168 727	2 136 750

*) Grenzankünfte von Touristen/Touristinnen. – Wegen revidierter Angaben z.T. Abweichungen zu den folgenden Tabellen 7.6 bis 7.8 dieses Heftes.
1) Die ausgewiesenen Werte sind Additionen der Meldungen der Zielländer.
2) Grenzankünfte von Besuchern/Besucherinnen.
3) Ankünfte in Hotels und ähnlichen Betrieben.
4) Ankünfte in allen Beherbergungsstätten.

7.5 Auslandsreisen der Deutschen*)

Zielland / Zielgebiet[1]	1995	1996	1997	1998	1999
Südosteuropa	**2 037 390**	**2 536 688**	**2 711 848**	**2 499 148**	**435 587**
Israel	218 844	221 983	182 526	145 560	196 830
Türkei	1 583 546	2 074 705	2 279 269	2 145 239	...
Zypern	235 000	240 000	250 053	208 349	238 757
Mittlerer Osten	**460 992**	**579 636**	**564 032**	**439 629**	**731 053**
Ägypten[2]	319 312	436 809	438 372	273 838	547 855
Bahrain	7 973	7 542	8 216	7 962	...
Dubai[3]	56 405	44 472	33 042	68 792	105 598
Jemen[3]	10 028	10 034	13 478	...	...
Jordanien	44 804	56 589	45 130	31 950	43 212
Libanon	18 969	19 234	22 567	27 148	...
Libyen	3 070	4 652	3 227	3 001	5 116
Syrien, Arabische Republik[4]	–	–	–	26 938	29 272
Südasien	**298 367**	**270 938**	**287 472**	**299 491**	**266 981**
Bangladesch	2 460	2 708	3 111	2 986	2 947
Bhutan	500	725	533	520	...
Indien	89 040	99 853	104 953	93 993	85 031
Iran, Islamische Republik	10 024	10 957	9 831	15 045	15 247
Malediven	72 326	74 688	76 073	76 317	86 497
Nepal	32 484	24 537	21 988	23 584	...
Pakistan	11 835	12 395	11 169	12 988	...
Sri Lanka	79 698	45 075	59 814	74 058	77 259

*) Grenzankünfte von Touristen/Touristinnen. – Wegen revidierter Angaben z.T. Abweichungen zu den folgenden Tabellen 7.6 bis 7.8 dieses Heftes.
1) Die ausgewiesenen Werte sind Additionen der Meldungen der Zielländer.
2) Grenzankünfte von Besuchern/Besucherinnen.
3) Ankünfte in Hotels und ähnlichen Betrieben.
4) Ankünfte in allen Beherbergungsstätten.

Quelle: WTO, Madrid

7.6 Grenzankünfte im internationalen Reiseverkehr nach Zielländern

Zielland[1] (B = Besucher/-innen, T = Touristen/Touristinnen)[2]		Insgesamt		Darunter von Gästen aus Deutschland			
		1997	1998	1997	1998	1997	1998
		Anzahl				%[3]	
Europa							
Belgien	T	6 037 031	.	900 817	.	14,9	.
Bulgarien	B	7 543 185	5 239 691	228 662	212 919	3,0	4,1
Estland	B	2 618 484	2 908 819	33 384	45 071	1,3	1,6
Finnland	B	.	3 432 000	.	275 000	.	8,0
Frankreich	T	67 310 000	70 000 000	14 593 000	.	21,7	.
Griechenland	T	10 070 325	10 916 046	1 994 670	2 136 515	19,8	19,6
Großbritannien und Nordirland	B	25 515 000	25 744 000	2 911 000	.	11,4	.
Irland	T	5 587 000	6 064 000	303 000	310 000	5,4	5,1
Island	T	232 219	232 219	29 782	32 076	14,8	13,8
Italien	B	56 370 381	.	8 441 385	.	15,0	.
Kroatien	B	22 918 416	24 379 385	3 936 875	4 105 160	17,2	16,8
Lettland	B	1 824 000	1 801 000	67 000	71 400	3,7	4,0
Litauen	B	3 701 607	4 287 470	79 069	74 677	2,1	1,7
Malta	T	1 111 161	1 182 240	193 020	203 199	17,4	17,2
Polen	B	87 817 369	88 592 355	49 589 304	51 572 805	56,5	58,2
Portugal	T	10 172 423	11 294 973	919 505	870 090	9,0	7,7
Rumänien	T	2 957 161	2 965 707	235 519	223 445	8,0	7,5
Russische Föderation	B	17 462 627	15 805 242	335 534	.	1,9	.
Spanien	T	.	47 749 077	.	11 622 973	.	24,3
Tschechische Republik	B	107 884 035	102 843 599	41 870 470	40 896 518	38,8	39,8
Türkei	T	9 039 671	8 959 712	2 279 269	2 145 239	25,2	23,9
Ukraine	T	7 658 235	6 207 640	66 471	62 486	0,9	1,0
Ungarn	B	37 314 892	33 624 091	3 852 368	3 852 368	11,5	11,5
Weißrußland	T	254 023	355 342	12 155	15 822	4,8	4,5
Zypern	T	2 088 000	2 222 706	250 053	208 349	12,0	9,4
Afrika							
Ägypten	B	3 961 418	3 453 866	438 372	273 838	11,1	7,9
Algerien	B	634 761	678 436	1 554	1 721	0,2	0,3
Angola	T	45 139	52 011	119	546	0,3	1,1
Äthiopien	T	114 732	116 686	6 081	5 151	5,3	4,4
Côte d´Ivoire	T	274 094	301 039	3 840	3 851	1,4	1,3
Eritrea	B	409 544	187 647	1 906	1 062	0,5	0,6
Gambia	T	84 751	91 106	18 460	22 189	21,8	24,4
Ghana	T	325 434	.	15 702	.	4,8	.
Kap Verde	T	45 000	52 000	5 560	.	12,4	.
Kenia	B	1 000 599	894 300	157 516	136 658	15,7	15,3
Komoren	T	26 219	.	729	589	2,8	.
Lesotho	B	323 868	289 819	1 224	589	0,4	0,2
Libyen	B	913 251	850 292	3 227	3 001	0,4	0,4
Madagaskar	T	100 762	121 207	4 030	4 850	4,0	4,0
Marokko	T	3 071 668	3 242 105	224 456	240 463	7,3	7,4
Mauritius	T	536 125	558 195	43 993	43 826	8,2	7,9
Namibia	T	502 012	559 674	54 952	59 623	11,0	10,7
Niger	T	19 030	20 000	880	869	4,6	4,4
Réunion	T	370 255	.	3 656	.	1,0	.
Sambia	T	340 897	362 025	6 726	5 743	2,0	1,6
Seychellen	T	130 070	128 258	21 450	18 992	16,5	14,8
Simbabwe	T	1 495 676	.	44 729	.	3,0	.
Südafrika	B	5 653 447	5 898 256	221 116	201 321	3,9	3,4
Tansania	B	360 000	482 331	17 036	21 700	4,7	4,5
Tunesien	T	4 263 107	4 717 705	858 302	883 944	20,1	18,7
Amerika							
Anguilla	T	43 181	43 874	785	1 265	1,8	2,9
Antigua und Barbuda	T	232 141	226 121	8 357	7 712	3,6	3,4
Argentinien	T	4 540 215	4 859 867	77 406	80 254	1,7	1,7
Aruba	T	649 893	647 437	5 152	4 597	0,8	0,7
Bahamas	T	1 617 595	1 539 999	20 685	.	1,3	.
Barbados	T	472 290	512 397	18 966	12 109	4,0	2,4
Bermuda	T	380 060	368 756	2 333	2 027	0,6	0,6
Bonaire	T	62 776	61 737	2 531	2 238	4,0	3,6
Brasilien	T	2 849 750	4 818 084	140 578	262 739	4,9	5,5
Cayman-Inseln	T	381 188	404 205	1 660	1 663	0,4	0,4
Chile	T	1 643 640	1 756 868	39 493	40 073	2,4	2,3
Costa Rica	T	811 490	942 853	27 406	23 366	3,4	2,5
Curaçao	T	208 828	.	5 477	.	2,6	.
Dominica	T	65 446	65 501	1 255	1 086	1,9	1,7
Dominikanische Republik	T	2 184 688	2 334 493	328 860	366 599	15,1	15,7
Ecuador	B	529 492	510 627	20 363	21 701	3,8	4,3
El Salvador	T	387 052	541 863	6 415	5 615	1,7	1,0

1) Meldendes Land bzw. Gebiet.
2) Besucher/-innen schließen auch die Tagesausflügler/-innen ein.
3) Anteil am Insgesamt.

Statistisches Bundesamt, Tourismus in Zahlen, 2000/2001

7.6 Grenzankünfte im internationalen Reiseverkehr nach Zielländern

Zielland[1] (B = Besucher/-innen, T = Touristen/Touristinnen)[2]		Insgesamt		Darunter von Gästen aus Deutschland			
		1997	1998	1997	1998	1997	1998
		Anzahl				%[3]	
Grenada	T	110 749	115 794	5 004	4 017	4,5	3,5
Guatemala	T	576 361	636 278	18 895	20 805	3,3	3,3
Guyana	T	75 737	.	148	.	0,2	.
Hawaii	T	6 876 150	6 738 220	80 500	67 660	1,1	1,0
Honduras	B	306 646	321 149	6 919	6 321	2,3	2,0
Jamaika	T	1 192 194	1 225 287	33 480	43 018	2,8	3,5
Jungferninseln, Britische	T	244 318	279 097	2 596	4 183	1,1	1,5
Kanada	T	17 635 900	18 837 100	398 000	387 600	2,3	2,1
Kolumbien	T	968 999	.	18 245	.	1,9	.
Kuba	B	1 170 083	1 415 832	86 509	148 987	7,4	10,5
Martinique	T	513 229	548 767	4 452	3 698	0,9	0,7
Nicaragua	T	358 439	405 702	4 644	5 177	1,3	1,3
Panama	B	418 846	422 471	3 811	3 591	0,9	0,9
Paraguay	T	395 058	349 592	15 051	7 093	3,8	2,0
Peru	T	649 287	723 668	28 084	28 865	4,3	4,0
St. Eustatius	B	19 128	.	118	.	0,6	.
St. Kitts und Nevis[4]	T	88 297	93 190	1 163	643	1,3	0,7
St. Lucia	T	248 406	252 237	11 085	8 345	4,5	3,3
St. Vincent und die Grenadinen	T	65 143	67 228	2 027	1 777	3,1	2,6
Suriname	T	61 361	54 585	179	128	0,3	0,2
Trinidad und Tabago	T	324 293	347 705	14 114	11 474	4,4	3,3
Turks- und Caicos-Inseln	T	93 011	110 855	1 629	2 677	1,8	2,4
Uruguay	B	2 462 532	2 323 993	.	.	.	.
Venezuela	T	813 862	837 061	29 684	85 039	3,7	10,2
Vereinigte Staaten	T	47 766 476	46 395 419	1 994 296	1 901 938	4,2	4,1
Asien							
Bahrain	B	2 600 320	2 897 562	8 216	7 962	0,3	0,3
Bangladesch	T	182 420	171 961	3 111	2 986	1,7	1,7
Bhutan	T	5 362	6 203	533	520	9,9	8,4
China	T	7 428 006	7 107 747	184 712	191 889	2,5	2,7
Demokratische Volksrepublik Laos	B	463 200	500 200	5 524	7 529	1,2	1,5
Hongkong	B	10 406 261	9 574 711	235 006	170 716	2,3	1,8
Indien	T	2 374 094	2 358 629	104 953	93 993	4,4	4,0
Indonesien	T	5 185 243	4 606 416	185 861	152 731	3,6	3,3
Iran	T	739 711	1 007 597	9 831	15 045	1,3	1,5
Israel	T	2 010 242	1 941 620	182 526	145 560	9,1	7,5
Japan	T	4 218 208	4 106 067	82 560	86 194	2,0	2,1
Jordanien	T	1 127 028	1 256 428	45 130	31 950	4,0	2,5
Kambodscha	T	218 843	186 333	4 604	4 199	2,1	2,3
Korea, Republik	B	3 908 140	4 250 176	51 648	46 247	1,3	1,1
Kuwait	B	2 704 577	.	5 568	.	0,2	.
Libanon	T	557 568	630 781	22 567	27 148	4,0	4,3
Macau	B	7 000 370	6 948 535	36 591	19 318	0,5	0,3
Malaysia	T	6 210 921	5 550 748	57 722	50 583	0,9	0,9
Malediven	T	365 563	395 725	76 073	76 317	20,8	19,3
Mongolei	T	82 084	197 424	3 339	3 388	4,1	1,7
Myanmar	T	185 481	195 500	7 514	8 492	4,1	4,3
Nepal	T	421 857	463 684	22 374	23 862	5,3	5,2
Pakistan	T	374 800	428 781	11 169	12 988	3,0	3,0
Philippinen	T	2 222 523	2 149 357	62 595	64 207	2,8	3,0
Singapur	B	7 197 871	6 242 153	169 545	159 206	2,4	2,6
Sri Lanka	T	366 165	381 063	59 691	73 986	16,3	19,4
Syrien	B	2 331 628	2 463 724	26 883	26 938	1,2	1,1
Taiwan	B	2 372 232	2 298 706	34 492	35 187	1,5	1,5
Thailand	T	7 293 957	7 842 760	341 827	393 399	4,7	5,0
Turkmenistan	B	332 425	.	2 756	.	0,8	.
Vietnam	B	1 715 637	.	19 743	.	1,2	.
Australien und Ozeanien							
Australien	B	4 317 867	4 167 204	128 880	127 377	3,0	3,1
Fidschi	T	359 441	371 342	12 509	10 484	3,5	2,8
Französisch-Polynesien	T	180 440	188 933	6 869	6 259	3,8	3,3
Kiribati	B	8 200	14 211	104	182	1,3	1,3
Marshallinseln	T	6 354	6 374	64	42	1,0	0,7
Neukaledonien	T	105 137	103 835	490	622	0,5	0,6
Neuseeland	B	1 497 183	1 484 512	46 698	46 481	3,1	3,1
Niue	T	1 820	1 736	24	27	1,3	1,6
Nördliche Marianen	B	694 888	490 165	239	.	0,0	.
Palau	T	73 719	64 194	359	623	0,5	1,0
Papua-Neuguinea	T	66 143	67 465	1 007	920	1,5	1,4
Salomonen	T	15 894	13 229	135	123	0,8	0,9
Samoa	T	67 960	77 926	1 673	1 506	2,5	1,9
Tonga	T	26 162	27 132	1 430	1 163	5,5	4,3
Tuvalu	T	1 029	1 077	30	35	2,9	3,3
Vanuatu	T	49 605	52 085	314	.	0,6	.

1) Meldendes Land bzw. Gebiet.
2) Besucher/-innen schließen auch die Tagesausflügler/-innen ein.
3) Anteil am Insgesamt.
4) Auch als St. Christoph und Nevis bezeichnet.

Quelle: WTO, Madrid

7.7 Ankünfte von ausländischen Touristen/Touristinnen in Hotels und ähnlichen Betrieben im internationalen Reiseverkehr 1998 nach Zielländern

Zielland [1]	Ankünfte insgesamt	darunter von Deutschen	
	Anzahl	Anzahl	%[2]
Europa			
Albanien	27 709	915	3,3
Belgien	4 858 778	595 015	12,3
Dänemark	1 304 555	131 762	10,1
Frankreich	32 339 472	3 983 915	12,3
Italien	25 927 086	6 316 143	24,4
Jugoslawien (Serbien/Montenegro)	259 039	12 482	4,8
Kroatien	2 132 765	353 442	16,6
Liechtenstein	59 228	20 653	34,9
Litauen	271 562	39 895	14,7
Luxemburg	524 663	81 952	15,6
Malta	886 599	159 895	18,0
Mazedonien	138 799	5 031	3,6
Monaco	278 474	13 566	4,9
Niederlande	7 054 000	1 203 000	17,1
Norwegen	2 829 196	594 978	21,0
Österreich	12 801 312	6 672 219	52,1
Polen	2 774 736	869 012	31,3
Portugal	4 973 695	771 607	15,5
Rumänien	787 525	90 707	11,5
Schweiz	7 185 379	2 168 727	30,2
Slowenien	798 861	143 533	18,0
Spanien	20 217 485	4 457 412	22,1
Türkei	7 538 984	1 871 522	24,8
Ungarn	2 472 015	681 379	27,6
Afrika			
Burkina Faso	160 284	4 810	3,0
Kamerun	132 839	6 659	5,0
Mali[3]	65 649	4 119	6,3
Marokko	2 798 431	456 806	16,3
Niger[3]	69 000	3 005	4,4
Senegal	352 389	17 199	4,9
Togo	69 461	2 311	3,3
Tschad	11 249	1 010	9,0
Tunesien	4 646 670	1 100 402	23,7
Amerika			
Aruba	572 435	3 941	0,7
Bolivien	420 491	22 861	5,4
Curaçao[3]	107 490	3 681	3,4
El Salvador	111 999	1 806	1,6
Grenada	53 022	2 227	4,2
Guadeloupe	133 030	1 272	1,0
Jungferninseln, Amerikanische	480 064	1 391	0,3
Paraguay	291 328	5 911	2,0
Peru	1 120 427	68 329	6,1
Puerto Rico	1 053 349	4 159	0,4
St. Lucia[3]	214 034	10 645	5,0
Asien			
Dubai	2 184 292	68 792	3,2
Indonesien	3 486 208	127 137	3,7
Jemen[3]	83 754	13 478	16,1
Macau	2 041 341	2 532	0,1
Malaysia	9 891 682	294 696	3,0
Myanmar	1 381 863	59 444	4,3
Philippinen	812 172	18 851	2,3
Syrien, Arabische Republik	737 000	26 938	3,7
Thailand	7 592 353	370 596	4,9
Australien und Ozeanien			
Französisch-Polynesien	159 435	6 076	3,8

1) Meldendes Land.
2) Anteil am Insgesamt.
3) 1997.

Quelle: WTO, Madrid

7.8 Übernachtungen von ausländischen Touristen/Touristinnen in Hotels und ähnlichen Betrieben im internationalen Reiseverkehr 1998 nach Zielländern

Zielland[1]	Übernachtungen insgesamt (Anzahl)	darunter Deutsche (Anzahl)	%[2]
Europa			
Albanien	90 713	4 575	5,0
Belgien	9 482 708	1 219 438	12,9
Bulgarien	5 037 490	1 760 947	35,0
Dänemark	4 462 299	525 730	11,8
Finnland	3 225 859	362 823	11,3
Frankreich	66 329 694	7 732 502	11,7
Island	791 412	163 239	20,6
Italien	87 192 035	30 009 659	34,4
Jugoslawien (Serbien/Montenegro)	990 294	47 805	4,8
Kroatien	12 164 074	2 546 259	20,9
Liechtenstein	120 089	45 514	37,9
Litauen	638 512	104 850	16,4
Luxemburg	1 089 407	153 259	14,1
Malta[3]	7 730 422	1 378 182	17,8
Mazedonien[3]	236 134	14 586	6,2
Monaco	829 156	43 230	5,2
Niederlande	11 569 000	2 328 000	20,1
Norwegen[3]	5 039 279	995 208	19,7
Österreich	53 498 539	32 498 089	60,8
Polen	3 244 344	1 090 946	33,6
Portugal	23 240 516	4 911 663	21,1
Rumänien	2 366 345	340 791	14,4
Schweden	5 273 303	818 624	15,5
Schweiz	18 712 433	6 431 241	34,4
Slowenien[3]	2 499 965	609 720	24,4
Spanien	111 819 344	34 092 797	30,5
Türkei	35 967 359	13 311 779	37,0
Ungarn	7 713 550	2 972 774	38,5
Afrika			
Ägypten	20 150 520	1 938 525	9,6
Burkina Faso	612 787	15 843	2,6
Kamerun[3]	239 379	12 930	5,4
Kenia	2 116 100	418 800	19,8
Mali[3]	148 000	.	.
Marokko	10 675 913	2 275 847	21,3
Mauritius	5 451 314	557 374	10,2
Senegal	1 347 332	148 887	11,1
Togo	153 660	8 836	5,8
Tschad	34 075	580	1,7
Tunesien[3]	27 684 239	10 372 728	37,5
Amerika			
Aruba	3 958 886	42 540	1,1
Bolivien	1 141 743	52 940	4,6
Curaçao[3]	633 478	38 035	6,0
El Salvador	335 997	5 418	1,6
Guadeloupe	849 671	9 398	1,1
Paraguay[3]	850 889	25 328	3,0
Peru[3]	2 098 150	129 892	6,2
Asien			
Dubai	5 432 457	225 626	4,2
Macau	2 753 454	4 080	0,2
Malaysia[3]	14 651 686	517 342	3,5
Syrien, Arabische Republik[3]	1 837 090	82 816	4,5
Thailand[3]	60 120 376	5 139 544	8,5
Australien und Ozeanien			
Französisch-Polynesien	1 466 598	50 069	3,4

1) Meldendes Land.
2) Anteil am Insgesamt.
3) 1997.

Quelle: WTO, Madrid

7.9 Übernachtungen ausländischer Touristen/Touristinnen in den Beherbergungsbetrieben der EU-Mitgliedsländer

Meldendes Land	1985	1990		1993		1998		1999	
	1 000	1 000	%[1]	1 000	%[1]	1 000	%[1]	1 000	%[1]
Deutschland[2]	28 079	34 842	+ 3,8	34 710	− 9,1	37 091	+ 2,5	38 515	+ 3,8
Belgien	9 843	12 886	+ 5,9	13 047	+ 1,3	14 838	+ 0,5	15 366	+ 3,6
Dänemark	8 577	9 338	+ 8,9	10 504	− 9,7	10 288	− 5,8	9 966	− 3,1
Finnland	-	2 830	− 0,6	2 929	+ 13,2	3 700	+ 1,5	3 774	+ 2,0
Frankreich	81 570	85 537	+ 4,3	90 666	− 1,3	99 343	+ 7,1	103 401	+ 4,1
Griechenland	35 710	36 935	+ 7,0	37 186	− 1,0	43 282	+ 5,6	...	...
Großbritannien u. Nordirland	166 980	196 360	+ 5,3	173 200	− 1,3	78 859[3]	− 0,7	75 128[3]	− 4,7
Irland[4]	-	8 277	+ 11,3	9 556	+ 2,4	17 051	− 2,1	...	...
Italien	80 062	84 720	− 2,5	85 431	+ 2,1	121 242	+ 2,4	127 806	+ 5,4
Luxemburg	2 194	2 430	− 1,6	2 537	+ 8,7	2 296	0,0	2 433	+ 6,0
Niederlande	13 916	16 459	+ 14,9	17 178	− 4,7	24 573	+ 14,7	27 475	+ 11,8
Österreich	62 541	70 654	+ 0,7	70 534	− 3,7	63 199	+ 4,4	63 831	+ 1,0
Portugal	14 933	19 349	+ 6,1	18 124	− 9,7	25 273	+ 11,8	25 080	− 0,8
Schweden	7 486	6 575	− 13,3	6 075	+ 4,5	8 029	+ 4,8	8 601	+ 7,1
Spanien	82 863	75 725	− 8,8	88 395	+ 8,9	120 997	+ 6,9	160 424	+ 32,6

1) Veränderung gegenüber dem Vorjahr.
2) Bis 1990 früheres Bundesgebiet.
3) Ohne Ferienwohnungen.
4) 1985 bis 1993: Übernachtungen in Hotels und ähnlichen Betrieben.

Quelle: Statistisches Amt der EG (Eurostat), Luxemburg

7.10 Betten/Schlafgelegenheiten in Hotels und ähnlichen Betrieben in den EU-Mitgliedsländern

Meldendes Land	1985	1990		1993		1998		1999	
	Anzahl	Anzahl	%[1]	Anzahl	%[1]	Anzahl	%[1]	Anzahl	%[1]
Deutschland[2]	1 209 364	1 201 181	+ 0,9	1 322 963	+ 2,0	1 546 862	+ 1,4	1 561 830	+ 1,0
Belgien	87 863	93 710	+ 1,3	108 205	+ 6,3	116 297	− 1,0	119 365	+ 2,6
Dänemark	70 960	88 468	+ 4,1	97 034	+ 1,1	59 772	+ 0,7	60 513	+ 1,2
Finnland	73 123	92 103	+ 9,7	107 032	+ 6,1	109 781	+ 0,4	114 892	+ 4,7
Frankreich	974 872	1 087 714	+ 0,5	1 410 706	+ 0,1	1 451 129	− 1,1	1 485 863	+ 2,4
Griechenland	348 171	438 355	+ 3,4	499 606	+ 5,0	584 834	+ 1,3	...	...
Großbritannien u. Nordirland	-	993 454	+ 2,3	949 721	− 0,1	1 096 484	+ 4,2	1 176 490	+ 7,3
Irland	43 400	45 177	+ 0,2	53 989	+ 6,0	117 163	+ 9,1	...	...
Italien	1 617 211	1 678 910	+ 0,5	1 724 996	+ 0,1	1 782 382	+ 0,6	1 795 384	+ 0,7
Luxemburg	-	-	-	-	-	14 709	− 0,5	14 449	− 1,8
Niederlande	107 556	111 329	+ 2,0	133 030	+ 14,8	169 078	+ 17,1	169 749	+ 0,4
Österreich	653 766	650 559	− 1,0	651 003	− 0,4	584 889	− 7,7	576 602	− 1,4
Portugal	130 951	179 337	+ 6,5	198 862	+ 4,2	215 572	+ 2,0	216 828	+ 0,6
Schweden	130 372	161 851	+ 3,5	163 312	− 1,7	184 545	+ 1,1	184 970	+ 0,2
Spanien	843 337	929 533	+ 1,2	1 009 241	+ 6,0	979 325	+ 0,7	1 299 021	+ 32,6

1) Veränderung gegenüber dem Vorjahr.
2) Bis 1990 früheres Bundesgebiet.

Quelle: Statistisches Amt der EG (Eurostat), Luxemburg

7.11 Einnahmen und Ausgaben der EU-Mitgliedsländer im internationalen Reiseverkehr
Mill. ECU

Land (E = Einnahmen, A = Ausgaben)		1985	1990	1994	1996	1998	1999
Deutschland[1]	E	6 275	8 300	9 257	13 825	14 976	15 694
	A	16 919	23 222	35 119	40 185	43 688	45 489
Belgien und Luxemburg	E	2 195	2 914	4 337	4 688	4 869	6 610
	A	2 706	4 288	6 508	7 349	7 889	9 462
Dänemark	E	1 750	2 616	2 676	2 697	2 888	3 385
	A	1 862	2 895	3 020	3 263	4 083	4 587
Finnland	E	670	920	1 144	1 216	1 456	1 434
	A	1 036	2 169	1 359	1 752	1 843	1 910
Frankreich	E	10 493	15 614	20 428	22 346	26 745	29 574
	A	6 023	9 478	11 620	13 984	15 896	17 485
Griechenland	E	1 848	2 002	3 226	2 934	5 521	8 297
	A	478	855	942	953	1 559	3 758
Großbritannien und Nordirland	E	9 321	10 959	12 736	15 226	21 135	21 757
	A	8 341	13 978	18 620	20 050	29 881	34 452
Irland	E	-	1 483	1 884	1 941	2 316	2 410
	A	-	913	1 347	1 724	2 117	2 322
Italien	E	10 966	12 769	20 001	23 647	26 640	26 716
	A	2 471	7 780	10 164	12 437	15 707	15 858
Niederlande	E	2 195	2 844	4 006	5 159	6 081	6 590
	A	4 515	5 772	7 843	9 088	9 716	10 043
Österreich	E	6 713	10 554	11 086	10 240	9 985	10 333
	A	3 596	6 076	7 934	8 775	8 496	8 571
Portugal	E	1 458	2 773	3 228	3 775	4 737	4 814
	A	306	677	1 431	1 798	2 072	2 126
Schweden	E	1 558	2 285	2 364	2 880	3 738	3 888
	A	2 584	4 812	4 089	4 893	6 891	7 532
Spanien	E	10 610	14 560	18 005	21 695	26 666	30 482
	A	1 310	3 326	3 466	3 879	4 470	5 181
Nachrichtlich:							
Island	E	55	109	110	245	183	212
	A	123	218	208	242	352	405
Norwegen	E	1 010	1 233	1 836	1 856	1 868	1 652
	A	2 584	4 812	3 433	3 556	4 065	3 423
Schweiz	E	4 184	5 392	5 958	7 059	7 053[2]	...
	A	3 188	4 608	5 392	5 937	5 964[2]	...

1) Bis Juni 1990 früheres Bundesgebiet; seit Juli 1990 einschl. aller Transaktionen der neuen Länder und Berlin-Osts mit dem Ausland.
2) 1997.

Quelle: Statistisches Amt der EG (Eurostat), Luxemburg

7.12 Messen und Ausstellungen im Ausland 1999*)

Land	Veranstaltungsort	Titel	Ausstellungs-zeitraum	Besucher/-innen	Aussteller	Vermietete Fläche	Deutsche Beteiligung	
							Zahl der beteiligten Firmen	belegte Fläche
				Anzahl		m²	Anzahl	m²
Europa								
Bosnien-Herzegowina	Sarajewo	MEDICOP Medizintechnik	14.09. – 17.09.	1 350	187	1 582	35	372
Frankreich	Bordeaux	VINEXPO Weinmesse	14.06. – 18.06.	55 195	2 373	38 701	47	520
	Cannes	MIDEM Musikverlagsmesse	24.01. – 28.01.	11 257	410	10 000	83	232
	Paris	Pollutec Umwelttechnik	21.09. – 24.09.	38 342	1 431	24 284	42	675
	Paris	MIDEST - Int. Zuliefermesse	30.11. – 03.12.	44 906	2 242	33 342	30	402
Kroatien	Zagreb	Int. Landwirtschaftsmesse	26.04. – 30.04.	57 101	233	8 177	13	212
	Zagreb	Int. Herbstmesse	13.09. – 19.09.	103 893	2 069	65 013	16	425
Litauen	Vilnius	BALTIC TEXTILE + LEATHER	07.09. – 10.09.	23 300	303	3 474	21	249
	Vilnius	BALTMEDICA	21.09. – 24.09.	22 500	790	3 088	13	318
Rumänien	Cluj-Napoca	AGRARIA Landwirtschaftsmesse	20.04. – 24.04.	23 000	265	2 467	11	401
Russische Föderation	Moskau	KONSUMEXPO	18.01. – 23.01.	50 000	725	13 476	67	1 757
	Moskau	PRODEXPO Nahrungsmittel u. -rohstoffe	08.02. – 13.02.	95 000	1 223	19 054	110	1 828
	Moskau	INTERPLASTICA	24.02. – 27.02.	12 100	165	2 700	53	917
	Moskau	Wire Tube Sheet Metal	24.02. – 27.02.	.	125	1 800	24	365
	Moskau	MODA Moscow	09.03. – 12.03.	5 778	86	2 064	14	258
	Moskau	MISS - Sportmesse	10.03. – 13.03.	44 500	150	2 050	9	234
	Moskau	Decotex	07.04. – 10.04.	5 565	85	1 402	22	723
	Moskau	Int. Toy and Game Exh.	20.04. – 23.04.	12 500	149	1 500	10	220
	Moskau	EXPOCOMM/SVIAZ	11.05. – 15.05.	75 000	600	17 500	18	1 252
	Moskau	Sanitär, Heizung, Klima	25.05. – 28.05.	26 800	178	3 890	34	1 054
	Moskau	BLUMEN Int. Gartenbaumesse	02.09. – 06.09.	100 000	160	5 500	13	240
	Moskau	Int. Branchenausst. CHEMIE	06.09. – 10.09.	45 000	537	7 400	49	1 278
	Moskau	Dental Expo	14.09. – 17.09.	9 200	196	2 225	18	192
	Moskau	MODA Moscow	21.09. – 24.09.	6 471	109	2 704	19	354
	Moskau	MEXA Pelze & Pelzveredelung	16.10. – 19.10.	23 300	125	3 319	11	190
	Moskau	MEBELINDUSTRIJA Ausrüstung f.d. Möbelindustrie	16.11. – 20.11.	86 000	1 415	28 093	32	1 220
	Moskau	INTERCHARM Kosmetikmesse	25.11. – 29.11.	70 000	314	4 500	13	332
	Moskau	UPAKOWKA/UPAKITALIA	13.12. – 16.12.	19 500	262	4 526	55	1 250
	Moskau	INTERLICHT	13.12. – 16.12.	19 700	169	4 900	22	379
	St. Petersburg	Dt.-russ. Kooperationsveranst. f. techn. Dienstleistungen	15.06. – 18.06.	4 300	18	64	18	132
	St. Petersburg	NEVA - Schiffahrtsausst.	22.09. – 25.09.	14 000	366	4 509	21	443
	St. Petersburg	Auto & Service Show.	10.11. – 14.11	62 089	263	9 174	16	531
Schweiz	Genf	E.I.B.T.M. Kongresse, Incentives, Geschäftsreisen	18.05. – 20.05.	8 450	2 600	15 000	85	631
	Genf	TELECOM Weltausstellung des Fernmeldewesens	10.10. – 17.10.	128 858	1 146	100 400	69	4 780
Spanien	Madrid	SIMO TCI Datenverarbeitung	02.11. – 07.11.	257 437	771	54 337	12	216
Tschechische Republik	Prag	For Arch - Int. Baumesse	21.09. – 25.09.	112 000	1 258	36 795	15	356
Türkei	Istanbul	AEF Manufacturing Industry/AEF Automotive	10.06. – 13.06.	18 117	254	8 000	43	1 041
	Istanbul	Expodental	24.06. – 26.06.	4 542	127	1 800	11	200
Ukraine	Kiew	elcom Ukraine	27.04. – 30.04.	9 500	122	1 975	18	350
	Kiew	Sanitär, Heizung, Klima	05.10. – 08.10.	850	31	569	11	349
Ungarn	Budapest	AQUATHERM	25.10. – 28.10.	3 350	93	2 600	6	150

*) Auswahl der Messen und Ausstellungen mit offizieller Beteiligung der Bundesrepublik Deutschland.

Statistisches Bundesamt, Tourismus in Zahlen, 2000/2001

7.12 Messen und Ausstellungen im Ausland 1999*)

Land	Veranstaltungsort	Titel	Ausstellungs-zeitraum	Besucher/-innen	Aussteller	Vermietete Fläche	Deutsche Beteiligung Zahl der beteiligten Firmen	Deutsche Beteiligung belegte Fläche
				Anzahl		m²	Anzahl	m²
Afrika								
Mosambik	Maputo	FACIM - Landwirtschafts- und Industriemesse	30.08. – 05.09.	55 000	645	19 350	16	632
Nigeria	Lagos	Int. Messe Lagos	05.11. – 14.11.	150 000	1 500	18 407	28	1 650
Simbabwe	Butawayo	Int. Messe Simbabwe	27.04. – 02.05.	191 867	821	49 738	19	494
Südafrika	Johannesburg	BEAUTY AFRICA	30.05. – 01.06.	7 973	348	2 456	12	198
	Johannesburg	Made in Germany im Rahmen der SAITEX	19.10. – 23.10.	17 321	27	365	24	600
	Midrand	Q-South Africa Konferenz mit Ausstellung	30.08. – 01.09.	440	12	235	12	235
Nord- und Mittelamerika								
Kanada	Toronto	UITP City Transport	24.05. – 27.05.	15 000	300	14 000	30	500
Kuba	Havanna	Int. Messe	31.10. – 07.11.	25 000	1 200	25 000	52	874
Mexiko	Leon	ANPIC Schuh- und Lederind.	27.02. – 02.03.	17 022	1 120	13 342	9	256
	Mexiko-City	TECOMEX Umweltmesse	21.09. – 24.09.	5 200	342	1 850	27	471
	Mexiko-City	FDI World Dental Congress	28.10. – 01.11.	13 657	268	5 530	29	522
	Puebla	Symposium u. Ausst. dt. Textil- u. Bekleidungsma.	08.11. – 09.11.	200	24	350	24	350
Vereinigte Staaten	Atlanta	Shot Show Jagd- und Sportwaffen	01.02. – 04.02.	14 394	1 465	40 950	20	324
	Atlanta	NGA Show Glass Expo	07.04. – 09.04.	5 404	353	9 800	12	432
	Chicago	IT & ME Travel & Meeting Show	21.09. – 23.09.	21 041	2 670	31 455	42	278
	Detroit	SAE Soc. of Automotive Engineers	01.03. – 04.03.	46 309	1 100	31 308	30	417
	Houston	OTC - Offshore Technology	03.05. – 06.05.	44 749	1 900	35 286	23	278
	Las Vegas	CONEXPO - Bauindustrie	23.03. – 27.03.	124 261	1 882	160 907	31	2 085
	Las Vegas	Gem Show	01.06. – 03.06.	3 892	353	3 145	18	270
	Las Vegas	JCK Int. Jewelry Show	04.06. – 08.06.	19 600	2 484	48 095	47	319
	Las Vegas	COMDEX Fall	15.11. – 19.11.	.	.	.	13	219
	Los Angeles	NAMM Int. Music Market	28.01. – 31.01.	61 407	1 202	44 593	32	474
	Miami	Pan American Leather Fair, Part I	10.01. – 12.01.	6 144	1 389	14 595	29	474
	Miami	Cruise Shipping	9.03. – 12.03.	5 762	942	10 405	26	499
	Nashville	NAMM Summer - Int. Music Market	23.07. – 25.07.	20 422	568	9 734	10	139
	New Orleans	NACDS Market Place Conference	06.06. – 09.06.	5 211	1 260	16 472	11	186
	New York	Int. Gift Fair	31.01. – 04.02.	48 749	2 591	55 165	35	299
	New York	American Int. Toy Fair	12.02. – 15.02	17 580	1 793	25 282	36	468
	New York	Int. Vision Expo	19.03. – 21.03.	16 093	662	23 918	16	206
	New York	Int. Gift Fair	15.08. – 19.08.	46 182	2 614	56 070	43	270
	New York	Internet World	06.10. – 08.10	62 260	800	k.A.	15	229
	Orlando	Inter. Jewelry Show	07.02. – 09.02.	4 314	980	17 512	25	205
	San Francisco	Int. Gift Fair	07.08. – 11.08.	26 011	1 763	29 759	11	164
	Seattle	BIO-Biotechnologie-Messe	16.05. – 20.05.	5 300	450	4 000	47	343
Südamerika								
Argentinien	Buenos Aires	FEMATEC Baumesse	03.05. – 08.05.	59 900	780	100 000	19	433
	Buenos Aires	Symposium u. Ausst. dt. Bau- und Baustoffmaschinen	06.05. – 07.05.	220	23	.	23	596
Brasilien	São Paulo	BRASILPLAST	08.03. – 13.03.	56 980	1 020	31 000	32	805
	São Paulo	Buchmesse	21.04. – 02.05.	6 000	600	19 000	107	80
	São Paulo	OUIMTEC	04.05. – 07.05.	4 129	140	2 400	33	677
	São Paulo	FEIMAFE Werkzeugmaschinen	24.05. – 29.05.	52 679	961	72 000	14	288
	São Paulo	HOSPITALAR Krankenhausausrüstung	22.06. – 25.06.	42 981	511	16 085	14	224
	São Paulo	VIV Fachmesse f. Tierhaltung	01.09. – 03.09.	14 000	126	4 800	2	120
	São Paulo	Cosmoprof/COSMETICA	10.09. – 13.09.	76 200	500	22 000	16	400
	São Paulo	FENAF Gießerei-Messe	13.10. – 16.10.	16 615	160	3 452	11	240

*) Auswahl der Messen und Ausstellungen mit offizieller Beteiligung der Bundesrepublik Deutschland.

7.12 Messen und Ausstellungen im Ausland 1999*)

Land	Veranstaltungsort	Titel	Ausstellungs-zeitraum	Besucher/-innen	Aussteller	Vermietete Fläche	Deutsche Beteiligung Zahl der beteiligten Firmen	Deutsche Beteiligung belegte Fläche
				Anzahl		m²	Anzahl	m²
Chile	Santiago de Chile	Symposium u. Ausst. dt. Bau- und Baustoffmaschinen	11.05. – 12.05.	250	18	.	18	524
	Santiago de Chile	Imaging & Photoproducts Made in Germany	28.05. – 30.05.	656	21	210	21	584
Peru	Lima	Int. Pazifikmesse	15.11. – 21.11.	30 613	401	9 410	84	830
	Lima	AGROTEC	15.11. – 21.11.	24 475	70	3 830	4	144
Asien								
Bahrain	Manama	Jewellery Arabia	09.11. – 13.11.	10 456	300	4 000	11	168
China [1]	Kanton	CERAMICS CHINA	31.05. – 03.06.	52 000	257	5 500	16	251
	Peking (Beijing)	Automechanika China	20.04. – 23.04.	9 200	360	4 436	12	288
	Peking (Beijing)	SINOMED	10.05. – 13.05.	33 770	316	14 200	14	222
	Peking (Beijing)	Sino Dentech	31.05. – 03.06.	23 289	403	8 818	19	408
	Peking (Beijing)	CHINAPLAS	06.07. – 10.07.	59 000	430	9 000	65	1 479
	Peking (Beijing)	China Coal & Mining	11.08. – 14.08.	4 000	116	3 000	14	294
	Peking (Beijing)	CimT - Int. Machine Tool Exh.	20.10. – 26.10.	180 000	1 033	28 920	131	3 098
	Peking (Beijing)	IPE China	23.11. – 26.11.	16 529	312	6 000	15	360
	Shanghai	Test & Measurement	06.03. – 09.03.	25 000	220	7 000	12	222
	Shanghai	Fashion China	24.03. – 26.03.	3 123	48	.	13	238
	Shanghai	Dessous China	25.03. – 27.03.	8 127	105	.	10	209
	Shanghai	Ambiente China	19.04. – 21.04.	6 000	82	1 127	36	515
	Shanghai	Nepcon Shanghai	27.04. – 30.04.	7 250	323	2 631	14	209
	Shanghai	Pumps & Systems, Compressors, Valves & Fittings	06.07. – 09.07.	12 956	215	2 087	20	378
	Shanghai	FURNITURE/Furniture Manufacturing	14.09. – 17.09.	44 669	539	18 497	12	781
	Shanghai	ACLE Leather Exhibition	11.10. – 14.10.	6 642	361	5 953	8	213
	Shanghai	Woodmac/FurniTek China	12.10. – 15.10.	7 524	352	6 197	40	1 062
	Shanghai	Int. Brew & Drinktechnology Exh.	18.10. – 21.10.	9 500	127	3 179	28	1 002
	Shanghai	Intertextile	27.10. – 29.10.	15 361	318	4 800	14	278
	Shanghai	EP Energy & Power Exh.	27.10. – 30.10.	24 100	164	2 759	13	513
	Shanghai	PIC - Power Transmission Exh.	09.11. – 12.11.	32 000	271	4 949	33	703
	Shanghai	CIC Construction Technology China	16.11. – 19.11.	26 000	72	1 030	27	501
	Shanghai	MARINTEC CHINA	30.11. – 03.12.	36 000	650	4 870	41	808
Hongkong [1]	Hongkong [1]	Hongkong Toys & Games Fair	11.01. – 14.01.	24 087	1 460	23 200	15	257
	Hongkong [1]	Europe Selection	19.01. – 22.01.	5 441	16	.	10	224
	Hongkong [1]	Gifts & Houseware Fair	12.04. – 15.04.	46 287	2 971	32 919	26	378
	Hongkong [1]	Leather Fair - Raw Materials + Manufaturing	20.04. – 23.04.	22 634	2 629	20 479	40	684
	Hongkong [1]	Finished Products	27.04. – 29.04.	18 168	951	12 000	10	204
	Hongkong [1]	Jewellery & Watch Fair	23.09. – 27.09.	29 570	1 743	23 553	28	414
	Hongkong [1]	electronicAsia	12.10. – 15.10.	22 896	367	4 497	21	329
	Hongkong [1]	COSMOPROF ASIA	11.11. – 13.11.	25 507	510	9 842	40	839
Indien	Bangalore	Indiawood	26.11. – 30.11.	10 614	101	3 172	22	502
	Mumbai (Bombay)	ELECRAMA - Electrical + Power	21.01. – 27.01.	85 000	724	13 695	14	472
	Mumbai (Bombay)	Analytical & Lab Equipment Made in Germany	28.10. – 30.10.	1 893	40	450	34	1 240
	New Delhi	IETF - Engineering Trade Fair	12.02. – 17.02.	200 000	2 100	30 000	14	306
	New Dehli	Automechanika India	12.02. – 17.02.	11 474	151	3 454	15	403
	New Dehli	GARTEX Bekleidungsmaschinen	22.10. – 25.10.	11 000	145	2 300	12	260
Indonesien	Jakarta	TECHNOGERMA - Deutsche Technologie-Ausstellung	01.03. – 07.03.	460 000	228	7 201	228	7 120
Iran	Teheran	Iran Agrofood	18.05. – 21.05.	71 000	362	6 885	18	411
	Teheran	Iran Med Medizintechnik	15.06. – 19.06.	60 000	484	8 161	21	261
	Teheran	Int. Handelsmesse	02.10. – 09.10.	1 500 000	1 651	137 000	106	3 520
Israel	Haifa	Agritech Landwirtschaftsmesse	05.09. – 09.09.	100 000	400	30 000	16	150
	Tel Aviv	Technology	21.06. – 24.06.	60 000	1 185	22 500	19	559

*) Auswahl der Messen und Ausstellungen mit offizieller Beteiligung der Bundesrepublik Deutschland.

1) Seit dem 1.7.1997 in die Volksrepublik China als „Special Administrative Region" (Sonderverwaltungsregion) eingegliedert.

Statistisches Bundesamt, Tourismus in Zahlen, 2000/2001

7.12 Messen und Ausstellungen im Ausland 1999*)

Land	Veranstaltungsort	Titel	Ausstellungs-zeitraum	Besucher/-innen	Aussteller	Vermietete Fläche	Deutsche Beteiligung Zahl der beteiligten Firmen	Deutsche Beteiligung belegte Fläche
				Anzahl		m²	Anzahl	m²
Japan	Chiba	SEMICON Japan	01.12. – 03.12.	113 460	1 506	36 423	16	207
	Tokio	IJT Int. Jewellery Tokyo	27.01. – 30.01.	30 077	634	9 000	29	340
	Tokio	Deutsche Musikverlagsmesse	15.04. – 18.04.	2 050	16	484	16	484
	Tokio	ISF – Import Shoes and Goods Fairs	20.04. – 22.04.	3 557	116	1 100	8	135
	Tokio	JIAM - Bekleidungsmaschinenausst.	08.05. – 11.05.	28 037	320	15 301	10	162
	Tokio	AMBIENTE ASIA	23.06. – 25.06.	15 115	123	2 425	30	408
	Tokio	Interior Lifestyle	23.06. – 25.06.	15 115	63	1 332	14	249
	Tokio	ISOT Stationery & Office Products	08.07. – 10.07.	42 892	501	10 805	9	122
	Tokio	Musical Instruments Fair	14.10. – 17.10.	105 749	191	5 029	16	264
	Tokio	ISF - Import Shoes and Goods Fairs	26.10. – 28.10.	4 267	160	.	10	153
Korea, Republik	Pusan	KORMARINE	26.10. – 29.10.	17 173	470	4 476	15	347
	Seoul	Int. Book Fair	01.06. – 06.06.	150 000	1 781	.	91	54
Libanon	Beirut	Int. Book Fair	18.02. – 28.02.	110 000	470	10 000	65	80
	Beirut	ELECON Middle East	18.05. – 22.05.	16 876	1 030	8 464	18	230
Malaysia	Kuala Lumpur	ITM - Int. Trade Fair	02.06. – 06.06.	18 908	404	2 830	12	180
Philippinen	Manila	ELENEX & POWERGEN	23.06. – 26.06.	5 267	103	1 000	11	274
Saudi Arabien	Riad	Saudi Build Baufachmesse	24.10. – 28.10.	20 581	661	6 040	12	252
Singapur	Singapur	IFFS/AFS Möbelmesse	04.03. – 08.03.	15 688	461	15 860	13	1 110
	Singapur	ASEANPLAS	23.03. – 26.03.	6 751	268	4 862	64	1 416
	Singapur	Inter Airport Asia	14.04. – 16.04.	2 488	133	1 924	18	540
	Singapur	Printec Asia	25.05. – 29.05.	12 038	234	6 537	17	339
	Singapur	COMMUNIC ASIA	22.06. – 25.06.	25 068	886	12 171	10	588
	Singapur	Woodmac & Furnitec Asia	07.09. – 10.09.	6 970	667	6 591	69	1 186
	Singapur	Power-Gen Asia	22.09. – 24.09.	4 619	289	3 050	15	402
	Singapur	BAUCON ASIA	05.10. – 08.10.	9 777	329	4 595	27	896
	Singapur	Wire Asia/Essen Welding Asia	19.10. – 21.10.	6 161	232	4 073	32	620
	Singapur	ENVIRONMEX/WATERMEX ASIA	30.11. – 03.12.	9 309	230	1 263	16	267
	Singapur	CIA - Chem/Instrument/Analab Asia	30.11. – 03.12.	8 650	924	3 699	25	450
Taiwan	Taipei	Int. Buchmesse	08.02. – 13.02.	420 000	1 630	13 023	78	90
Thailand	Bangkok	Elenex Thailand	03.03. – 06.03.	6 142	150	1 673	15	192
	Bangkok	GTS German Technology Symposium mit Ausstellung	09.11. – 13.11.	14 976	152	3 760	86	1 769
Vereinigte Arabische Emirate	Dubai	Arab Dental Exh.	06.03. – 08.03.	1 500	230	615	21	238
	Dubai	LEATHER SHOW/ABMIENTE ARABIA/MOTEXHA	22.09. – 25.09.	12 449	610	7 500	39	528
	Dubai	GULF BEAUTY	28.09. – 30.09.	5 585	300	2 444	21	380
	Dubai	Arab Oil & Gas Show	16.10. – 19.10.	3 900	229	3 200	21	264
	Dubai	The Big 5 Show - Abwasser- u. Kommunaltechnik	17.10. – 21.10.	18 490	1 451	14 168	122	1 978
	Dubai	Dubai Aerospace & Airport Exh.	14.11. – 18.11.	30 000	492	17 500	14	681
Australien								
Australien	Broadbeach	Int. Music Convention	30.04. – 02.05.	778	117	864	12	108
	Sydney	AIMEX Bergbau-Ausstellung	19.10. – 22.10.	11 000	955	16 730	27	1 510

*) Auswahl der Messen und Ausstellungen mit offizieller Beteiligung der Bundesrepublik Deutschland.

Quelle: Ausstellungs- und Messeausschuß der Deutschen Wirtschaft e.V. – AUMA, Köln.

Anhang

Statistisches Bundesamt, Tourismus in Zahlen, 2000/2001

Methodische Anmerkungen

ARBEITSSTÄTTENZÄHLUNG

Vorbemerkung
Als Rahmenerhebungen liefern Arbeitsstättenzählungen eine umfassende Bestandsaufnahme der Wirtschaft in tiefer fachlicher und regionaler Gliederung. Sie werden aus organisatorischen Gründen (Zählereinsatz) jeweils in Verbindung mit Volkszählungen durchgeführt.

Rechtsgrundlage
Gesetz über eine Volks-, Berufs-, Gebäude-, Wohnungs- und Arbeitsstättenzählung (Volkszählungsgesetz 1987) vom 8. Nov. 1985 (BGBl. I S. 2078).

Periodizität
Nach internationalen Empfehlungen in etwa zehnjährlichem Turnus (1950, 1961, 1970, 1987).

Kreis der Befragten
Die Arbeitsstättenzählung erstreckt sich auf die gesamte Wirtschaft mit Ausnahme des größten Teils der Landwirtschaft. Einbezogen sind damit alle Arbeitsstätten und Unternehmen in den Bereichen der gewerblichen Landwirtschaft, der Produktion, des Handels und Verkehrs, der Banken und Versicherungen, des Gastgewerbes, der Reinigung und Körperpflege, der Wissenschaft, Bildung, Kultur und Publizistik, des Gesundheitswesens, der Rechts- und Wirtschaftsberatung, der Kirchen, Verbände, sonstigen Organisationen ohne Erwerbszweck, der Behörden und der Sozialversicherung. Auskunftspflichtig sind die Inhaber oder Leiter der Arbeitsstätten und Unternehmen.

Berichtsweg
Befragte - Erhebungsstellen (Einsatz von Zählern) - StLÄ - StBA.

Ergebnisse
Tatbestände
Für alle Arbeitsstätten:
Gemeinde; Träger der Arbeitsstätte; wirtschaftliche Tätigkeit; Eröffnungsjahr; Neueröffnung oder Standortverlagerung; Niederlassungsart; Zahl der tätigen Personen nach Geschlecht und Stellung im Betrieb; Zahl der Teilzeitbeschäftigten und ausländischen Arbeitnehmer nach Geschlecht; Bruttolohn- und -gehaltsumme des Vorjahres.

Zusätzlich
- für Zweigniederlassungen: Gemeinde und wirtschaftliche Tätigkeit des zugehörigen Unternehmens;
- für einzige und Hauptniederlassungen: Handwerkseigenschaft; Rechtsform des Unternehmens;
- für Hauptniederlassungen:
a) für das gesamte Unternehmen: Zahl der tätigen Personen nach Geschlecht und Stellung im Betrieb; Bruttolohn- und -gehaltsumme des Vorjahres; wirtschaftliche Tätigkeit; Zahl der Zweigniederlassungen;
b) für jede Zweigniederlassung: Gemeinde; wirtschaftliche Tätigkeit; Zahl der tätigen Personen; Bruttolohn- und -gehaltsumme des Vorjahres.

Fachliche Gliederung
"Systematik der Wirtschaftszweige, Ausgabe 1979, Fassung für die Arbeitsstättenzählung".

Regionale Gliederung
StBA: Länder, Kreise.
StLÄ: Regierungsbezirke, Kreise, Gemeinden, Gemeindeteile.

Veröffentlichungen
WiSta 7, 11/89; 2, 8/90.
Fachserie 2, "Arbeitsstättenzählung vom 25. Mai 1987", Heft 1 "Einführung in die methodischen und systematischen Grundlagen der nichtlandwirtschaftlichen Arbeitsstättenzählung", Heft 2 "Arbeitsstätten und Beschäftigte", Heft 3 "Arbeitsstätten und Beschäftigte nach Beschäftigtengrößenklassen", Heft 4 "Beschäftigte in Arbeitsstätten nach Stellung im Betrieb", Heft 5 "Arbeitsstätten und Beschäftigung", Heft 6 "Arbeitsstätten und Beschäftigung nach Kreisen", Heft 7 "Arbeitsstätten nach Eröffnungsjahren", Heft 8 "Unternehmen und Beschäftigte nach Rechtsformen", Heft 9 "Beschäftigte in Unternehmen nach Stellung im Betrieb", Heft 10 "Unternehmen und Beschäftigung", Heft 11 "Arbeitsstätten, Unternehmen und Beschäftigte 1987, 1970, 1961 und 1950", Heft 12 "Konzentration und Beschäftigte der Unternehmen", Heft 13 "Unternehmen, ihre Niederlassungen und deren Beschäftigung nach den Wirtschaftszweigen der Unternehmen und Niederlassungen", Heft 14 "Unternehmen, ihre Niederlassungen und deren Beschäftigung nach Unternehmens- und Niederlassungssitz", Heft 15 "Arbeitsstätten sowie deren Beschäftigung nach dem Sitz der Arbeitsstätten und den Wirtschaftszweigen ihrer zugehörigen Unternehmen", Heft 16 "Niederlassungen der Unternehmen und deren Beschäftigung nach den Wirtschaftszweigen der Niederlassungen und Unternehmen", Sonderheft 1 "Handwerksunternehmen, Beschäftigte, Löhne und Gehälter sowie Rechtsformen", Sonderheft 2 "Arbeitsstätten nach Eröffnungsjahren, Neueröffnung und Standortverlagerung", Sonderveröffentlichung: Kartographische Darstellung ausgewählter Eckzahlen für kreisfreie Städte und Landkreise.

BERUFSBILDUNGSSTATISTIK

Rechtsgrundlage	Berufsbildungsförderungsgesetz (BerBiFG) in der Fassung der Bekanntmachung vom 12. Januar 1994 (BGBl. I S. 78), zuletzt geändert durch § 7 Abs 1 Buchstabe h des Gesetzes vom 26. April 1994 (BGBl. I S. 918), in Verbindung mit dem Gesetz über die Statistik für Bundeszwecke (Bundesstatistikgesetz – BStatG) vom 22. Januar 1987 (BGBl. I S. 462, 565), zuletzt geändert durch Artikel 2 des Gesetzes vom 16. Juni 1998 (BGBl. I S. 1300).
Periodizität	Jährlich.
Kreis der Befragten	Für die Berufsausbildung zuständige Stellen (in der Regel Kammern).
Berichtsweg	Befragte – StLÄ – StBA.
Ergebnisse	Tatbestände Auszubildende nach Geschlecht, Staatsangehörigkeit, Ausbildungsberuf, Ausbildungsjahr, Zahl der vorzeitig gelösten Berufsausbildungsverhältnisse nach Ausbildungsberuf, Geschlecht, Ausbildungsjahr und Auflösung in der Probezeit; Zahl der neu abgeschlossenen Ausbildungsverträge nach Ausbildungsberuf, Geschlecht, Geburtsjahr, Vorbildung, Abkürzung der Ausbildungszeit; Zahl der Anschlußverträge bei Stufenausbildung nach Ausbildungsberuf. Ausbilder nach Geschlecht, fachlicher und pädagogischer Eignung. Teilnehmer an Prüfungen in der beruflichen Bildung nach Geschlecht, Berufsrichtung, Abkürzung der Bildungsdauer, Art der Zulassung zur Prüfung, Wiederholungsprüfung, Prüfungserfolg und Bezeichnung des Abschlusses. Ausbildungsberater nach Alter (Altersgruppen), Geschlecht, Vorbildung, Art der Beratertätigkeit, fachlicher Zuständigkeit sowie durchgeführten Besuchen von Ausbildungsstätten.
Fachliche Gliederung	"Verzeichnis der anerkannten Ausbildungsberufe", dem die "Klassifizierung der Berufe, Ausgabe 1992" zugrunde liegt.
Regionale Gliederung	StBA und StLÄ: Kammerbezirke.
Veröffentlichungen	WiSta 9/86; 9/87; 10/88; 10/89; 3/90; 10/91; 12/96; 2/98. Fachserie 11, Reihe 3 (jährlich).

BESCHÄFTIGTENSTATISTIK

Rechtsgrundlage

Die gesetzliche Grundlage für die Durchführung der Statistik sozialversicherungspflichtig Beschäftigter war bis zum 31.12.1997 das Arbeitsförderungsgesetz vom 25. Juni 1969 (BGBl. I S. 582), zuletzt geändert durch Artikel 30 des Gesetzes vom 20. Dezember 1996 (BGBl. I S. 2049), das in seinen wesentlichen Teilen jedoch mit Wirkung vom 1. Januar 1998 aufgehoben wurde. Die neue gesetzliche Grundlage für die Durchführung der Statistik sozialversicherungspflichtig Beschäftigter bildet seit dem 1. Januar 1998 das Dritte Buch Sozialgesetzbuch – Arbeitsförderung (SGB III) vom 24. März 1997 (BGBl. I S. 594), in der Fassung der zwischenzeitlich erfolgten Änderungen. Nach § 281 SGB III hat die Bundesanstalt für Arbeit wie bisher aus den in ihrem Geschäftsbereich anfallenden Daten Statistiken, insbesondere über Beschäftigung und Arbeitslosigkeit der Arbeitnehmer und über die Leistungen der Arbeitsförderung, zu erstellen. Sie ist auch unverändert damit beauftragt, auf der Grundlage der Meldungen nach § 28a des Vierten Buches Sozialgesetzbuch – Sozialversicherung – (SGB IV) vom 23. Dezember 1976 (BGBl. I S. 3845), in der Fassung zwischenzeitlicher Änderungen, eine Statistik sozialversicherungspflichtig Beschäftigter zu erstellen.

Aufgabe der Statistischen Ämter des Bundes und der Länder ist es, in Ergänzung dazu die im Rahmen des erwerbsstatistischen Gesamtsystems wichtigen Tabellen zu erstellen, für allgemeine Zwecke zu veröffentlichen und sie mit den Beschäftigten- und Entgelttabellen aus anderen Quellen zu koordinieren. Die Bundesanstalt für Arbeit stellt dem Statistischen Bundesamt und den Statistischen Ämtern der Länder die hierfür erforderlichen anonymisierten Einzeldaten zu sozialversicherungspflichtig Beschäftigten gem. § 282a Abs. 1 SGB III zur Verfügung.

Periodizität

Vierteljährliche und jährliche Auszählungen (laufender Meldungen).

Kreis der Befragten

Arbeitgeber/Betriebe (Auswertung der Versicherungsnachweise für Arbeitnehmer – einschl. der Auszubildenden –, die krankenversicherungs-, rentenversicherungs- oder beitragspflichtig nach dem Arbeitsförderungsgesetz sind oder für die Beitragsanteile zur Rentenversicherung zu entrichten sind).

Berichtsweg

Befragte – Krankenkassen – Datenstellen der Rentenversicherungsträger – Hauptstelle der Bundesanstalt für Arbeit.

Die im Rahmen des Datenverbundes zwischen den gesetzlichen Krankenkassen, den Rentenversicherungsträgern und der Bundesanstalt für Arbeit anfallenden Daten werden dem Statistischen Bundesamt – und vom Statistischen Bundesamt den Statistischen Landesämtern – für arbeitsteilige Auswertungen zur Verfügung gestellt.

Ergebnisse

Tatbestände

Sozialversicherungspflichtig Beschäftigte nach Geschlecht, Alter, Staatsangehörigkeit, Wirtschaftszweig des Betriebes, ausgeübtem Beruf, Stellung im Beruf, Vollzeit- oder Teilzeitbeschäftigung, Ausbildung, Beschäftigungsdauer und beitragspflichtigem Bruttoarbeitsentgelt; begonnene und beendete Beschäftigungsverhältnisse.

Fachliche Gliederung

"Verzeichnis der Wirtschaftszweige für die Statistik der Bundesanstalt für Arbeit, Ausgabe 1973", "Systematik der Wirtschaftszweige, Fassung für die Berufszählung 1970" und "Klassifizierung der Berufe, Ausgabe 1981".

Regionale Gliederung

Landesarbeitsamtsbezirke, Arbeitsamtsbezirke; Länder, Regierungsbezirke, Kreise, Gemeinden; nichtadministrative Gebietseinheiten.

Veröffentlichungen

Bundesanstalt für Arbeit:
"Amtliche Nachrichten der Bundesanstalt für Arbeit"
(monatlich) mit Sonderheft "Arbeitsstatistik – Jahreszahlen" (jährlich).
"Arbeitsmarkt in Zahlen – sozialversicherungspflichtige Beschäftigte" (vierteljährlich und jährlich).
StBA:
WiSta 11/87; 5/88.
Bis Berichtsjahr 1986: Fachserie 1, Reihe 4.2 (vierteljährlich und jährlich),
ab Berichtsjahr 1987: Fachserie 1, Reihe 4.2.1 (vierteljährlich und jährlich), Reihe 4.2.2 (jährlich).

BEVÖLKERUNGSVORAUSBERECHNUNGEN

Rechtsgrundlage Gesetz über die Statistik der Bevölkerungsbewegung und die Fortschreibung des Bevölkerungsstandes in der Fassung der Bekanntmachung vom 14. März 1980 (BGBl. I S. 308), geändert durch § 26 des Gesetzes vom 16. August 1980 (BGBl. I S. 1429).

Periodizität Unregelmäßig.

Berichtsweg Zentrale Aufbereitung im Statistischen Bundesamt.

Ergebnisse Tatbestände
9. Koordinierte Bevölkerungsvorausberechnung

Bevölkerung im früheren Bundesgebiet:

Basis: fortgeschriebene Bevölkerung am 31.12.1997.
Annahmen:
- Geburtenhäufigkeit:
  Konstant (zusammengefaßte Geburtenziffer von 1.4).

- Sterblichkeit:
  Zunahme der Lebenserwartung bis 2050 um etwa 4 Jahre.

Bevölkerung in den neuen Ländern und Berlin-Ost:
Basis: fortgeschriebene Bevölkerung am 31.12.1997.
Annahmen:
- Geburtenhäufigkeit:
  Geburtenhäufigkeit des Jahres 1997 (1.1) ansteigend bis 2005 auf den Ausgangswert des „Westens", dann konstant.

- Sterblichkeit:
  Zunahme der Lebenserwartung in 2 Stufen:
  – bis 2005 Angleichung an West-Niveau zu Beginn der Modellrechnung;
  – bis 2025 Angleichung an West-Niveau, dann gleiche Entwicklung wie im Westen.

Wanderungsannahmen für beide Gebietsteile insgesamt

Deutsche	Von 1998 bis 2039 Wanderungsgewinne von insgesamt 1,1 Mill., der aus dem Zuzug von Aussiedlern folgt.
Ausländer (Variante 1):	Ab 2003 jährlicher Wanderungsgewinn von 100 000 Personen, für den Zeitraum von 1998 bis Anfang 2050 insgesamt ergeben sich damit 4,8 Mill.
Ausländer (Variante 2):	Ab 2008 jährlicher Wanderungsgewinn von 200 000 Personen, für den Zeitraum von 1998 bis Anfang 2050 insgesamt ergeben sich damit 9,0 Mill.

BINNENSCHIFFAHRTSSTATISTIK

Statistik des Schiffs- und Güterverkehrs auf den Binnenwasserstraßen

Rechtsgrundlage	Gesetz über die Statistik der Binnenschiffahrt vom 26. Juli 1957 in der im Bundesgesetzblatt Teil III, Gliederungsnummer: 9500-5 veröffentlichten bereinigten Fassung, geändert durch Artikel 12 des 1. Statistikbereinigungsgesetzes vom 14. März 1980 (BGBl. I S. 294) in Verbindung mit dem Gesetz über die Statistik für Bundeszwecke (Bundesstatistikgesetz – BStatG) vom 22. Januar 1987 (BGBl. I S. 462, 565), zuletzt geändert durch Artikel 2 des Gesetzes vom 17. Januar 1996 (BGBl. I S. 34).
Periodizität	Laufende Erfassung; monatliche und jährliche Aufbereitung.
Kreis der Befragten	Schiffsführer, Frachtführer, Verfrachter.
Berichtsweg	Befragte - Statistische Meldestellen (Hafenverwaltungen, Besitzer privater Lösch- und Ladestellen, Gemeindebehörden, Zolldienststellen, zuständige Behörden der Wasser- und Schiffahrtsverwaltung) – StLÄ – StBA.
	(Aufbereitung: StLÄ und z.T. StBA; Zusammenstellung von Bundesergebnissen sowie von Angaben zur Güterbewegungsstatistik und zu tonnenkilometrischen Leistungen: StBA.)
Ergebnisse	Tatbestände
	Monatlich: Entwicklung des Güterverkehrs auf den Binnenwasserstraßen des Bundesgebietes; Güterverkehr nach Verkehrsbeziehungen, Verkehrsgebieten, Verkehrsbezirken, Wasserstraßen, Güterabteilungen, Güterhauptgruppen, tonnenkilometrischen Leistungen, Flaggen; Schiffsgattungen; Güterverkehr an den Grenzzollstellen, der Länder und auf dem Main-Donau-Kanal nach Verkehrsbeziehungen; Güterumschlag nach Wasserstraßengebieten (nur ausgewählte Häfen), Containerverkehr nach Hauptverkehrsbeziehungen.
	Jährlich außerdem: Schiffsverkehr deutscher und ausländischer Schiffe auf den Binnenwasserstraßen und an ausgewählten Schleusen des Bundesgebietes. Güterverkehr in der Verflechtung nach Verkehrsbezirken, Güterumschlag nach Schiffsgattungen.
Fachliche Gliederung	"Güterverzeichnis für die Verkehrsstatistik, Ausgabe 1969".
	"Verzeichnis der Verkehrsbezirke und Häfen, Ausgabe 1995".
	"Regionalverzeichnis für die Verkehrsstatistik, Stand: 1. Januar 1997".
Regionale Gliederung	StBA: Land, Verkehrsgebiete, Verkehrsbezirke, Kreise, Wasserstraßen, Binnenhäfen; Grenzzollstellen.
	StLÄ: Verkehrsgebiete, Verkehrsbezirke, Binnenhäfen.
Veröffentlichungen	WiSta 8/86; 8/87; 9/89; 9/90; 11/91; 3/94; 8/96; 6/98; 9/99.
	WiSta* (monatlich).
	Fachserie 8, Reihe 4 (monatlich, jährlich).
	Verkehr aktuell (monatlich).

---

*) Beiträge beziehen sich nur auf den Tabellenteil von WiSta.

BINNENSCHIFFAHRTSSTATISTIK

Unternehmensstatistik

Rechtsgrundlage	Gesetz über die Statistik der Binnenschiffahrt in der im Bundesgesetzblatt Teil III, Gliederungsnummer 9500 – 5 veröffentlichten bereinigten Fassung, geändert durch Artikel 12 des Gesetzes vom 14. März 1980 (BGBl. I S. 294).
Periodizität	Jährlich (Stichtag 30. Juni).
Kreis der Befragten	Inhaber und Leiter von Unternehmen der Binnenschiffahrt.
Berichtsweg	Befragte - StBA (zentrale Aufbereitung und Veröffentlichung).
Ergebnisse	Tatbestände Art der Tätigkeit der Unternehmen, Anzahl, Art und Kapazität der verfügbaren Binnenschiffe. Anzahl und Art der in der Binnenschiffahrt beschäftigten Personen sowie der in der Binnenschiffahrt erzielte Umsatz; bei überwiegend in der Binnenschiffahrt tätigen Unternehmen auch die Anzahl der Gesamtbeschäftigten und der Gesamtumsatz.
Fachliche Gliederung	"Systematik der Wirtschaftszweige, Ausgabe 1993".
Veröffentlichungen	WiSta 6/90; 6/91; 12/94, 6/96, 6/98; 5/99, 5/00. Fachserie 8, Reihe 4 (jährlich).

BODENNUTZUNG UND ERNTE

Flächenerhebung

1 Nach Art der tatsächlichen Nutzung - Auswertung der Liegenschaftskataster

2 Nach Art der geplanten Nutzung - Auswertung der Flächennutzungspläne

Rechtsgrundlage	Gesetz über Agrarstatistiken (Agrarstatistikgesetz - AgrStatG) in der Bekanntmachung der Neufassung vom 25. Juni 1998 (BGBl. I S. 1635).
Periodizität	Zu 1: 1979, 1981, danach alle vier Jahre (seit 1993 Einbeziehung der neuen Länder und Berlin-Ost).
	Zu 2: 1989, danach alle vier Jahre (seit 1997 Einbeziehung der neuen Länder und Berlin-Ost).
Kreis der Befragten	Zu 1: Vermessungs- und Katasterverwaltungen. Zu 2: Gemeinden.
Berichtsweg	Befragte - StLÄ - StBA.
Ergebnisse	Erhebungsmerkmale Zu 1: Bodenflächen nach der Art der tatsächlichen Nutzung (Bodennutzungsartenklassifikation nach acht Nutzungsarten: Gebäude- und Freifläche, Betriebs-, Erholungs-, Verkehrs-, Landwirtschafts-, Wald- und Wasserfläche, Flächen anderer Nutzung, jeweils in tiefer gehender Untergliederung, entsprechend dem Verzeichnis der flächenbezogenen Nutzungsarten im Liegenschaftskataster). Zu 2: Bodenflächen nach der in einem Flächennutzungsplan dargestellten Art der (geplanten) Nutzung (Bodennutzungsartenklassifikation nach Bauflächen, Flächen für den Gemeinbedarf, Flächen für den überörtlichen Verkehr und für die örtlichen Hauptverkehrszüge, Flächen für die Ver- und Entsorgung, Grünflächen, Flächen für die Land- und Forstwirtschaft, Wasserflächen, Flächen für Aufschüttungen und Abgrabungen, sonstige Flächen, jeweils in tiefer gehender Untergliederung, entsprechend der Planzeichenverordnung).
Regionale Gliederung	StBA: Regierungsbezirke, Kreise. StLÄ: Regierungsbezirke, Kreise, Gemeinden.
Veröffentlichungen	WiSta 6/90, 9/94, 7/98 Fachserie 3, Reihe 5 (vierjährlich), zu 1: Reihe 5.1 (1997, 1993, 1989; bis 1985 Reihe 3.1.1), zu 2: Reihe 5.2 (1997, 1993, 1989). Außerdem methodische Grundlagen: WiSta 1/79; 5/86; 2/88; 6/89.

EINKOMMENS- UND VERBRAUCHSSTICHPROBEN

Rechtsgrundlage Gesetz über die Statistik der Wirtschaftsrechnungen privater Haushalte in der im Bundesgesetzblatt Teil III, Gliederungsnummer 708–6, veröffentlichten bereinigten Fassung, zuletzt geändert durch Artikel 2 der Verordnung vom 26. März 1991 (BGBl. I S. 846) in Verbindung mit dem Gesetz über Statistik für Bundeszwecke (Bundesstatistikgesetz – BStatG) vom 22. Januar 1987 (BGBl. I S. 462,565), geändert durch Art. 2 des Gesetzes vom 17. Januar 1996 (BGBl. I S. 34).

Periodizität Bisher 1962/63, 1969, 1973, 1978, 1983, 1988, 1993, 1998.

Kreis der Befragten Höchstens 0,3 % der Haushalte aller Bevölkerungsschichten; 1988: rd. 51 000 Haushalte; 1993: rd. 56 000 Haushalte; 1998: rd. 69 000 Haushalte (Quotenstichprobe).

Berichtsweg Befragte - StLÄ (Einsatz von Interviewern) und Selbstaufzeichnung der Haushalte – StBA (zentrale Aufbereitung).

Ergebnisse Tatbestände

Zusammensetzung der Haushalte sowie deren wirtschaftliche und soziale Verhältnisse (z.B. Angaben über Wohnverhältnisse, Ausstattung mit langlebigen Gebrauchsgütern).

Einnahmen der Haushalte nach Quellen (Erwerbstätigkeit, Rente, Pension, eigenes Vermögen u.ä.).

Ausgaben der Haushalte nach Arten (Privater Verbrauch, Steuern und Abgaben, Beiträge zur Sozialversicherung und zu privaten Versicherungen, Rückzahlungen von Schulden, Vermögensbildung sowie für sonstige Zwecke).

Ausgaben für den Privaten Verbrauch nach Verwendungszweck (Nahrungsmittel, Getränke, Tabakwaren; Bekleidung und Schuhe; Wohnung, Wasser, Elektrizität, Gas und sonstige Brennstoffe; Innenausstattung, Haushaltsgeräte und -gegenstände, laufende Instandhaltung des Gebäudes; Gesundheit; Verkehr; Nachrichtenübermittlung; Freizeit, Unterhaltung und Kultur; Unterrichtswesen; Beherbergungs- und Gaststättendienstleistungen; Sonstige Waren und Dienstleistungen).

Ausstattung mit ausgewählten langlebigen Gebrauchsgütern.

Vermögensbestände und -formen (Sparkonten, Bausparverträge, Wertpapiere, Versicherungsverträge, Haus- und Grundbesitz) sowie Schulden (durch Aufnahme von Hypotheken, Baudarlehen, Krediten u.ä.).

Aufbereitungs- und Darstellungsschwerpunkt 1962/63 Privater Verbrauch einschl. Nachweis der Nahrungs- und Genußmittel, 1969 Bildung und Verteilung von Individual- und Haushaltseinkommen, 1973 Aufwendungen für Nahrungs- und Genußmittel nach Menge und Wert sowie Mahlzeiten außer Haus, 1978 zuzügl. staatliche Transferzahlungen und 1983 zusätzlich alle Reisen, unabhängig von der Dauer, nach Art, Ziel und Kosten; 1988 keine zusätzlichen Aufbereitungs- und Darstellungsschwerpunkte; 1993 erstmalige Einbeziehung von Haushalten mit Ausländern; 1998 vierteljährliche Bearbeitung und Ergebnisse sowie reduziertes Abfrageprogramm für die anschreibenden Haushalte.

Fachliche Gliederung "Systematik der Einnahmen und Ausgaben der privaten Haushalte, Ausgabe 1983" bis zur Erhebung 1993. 1998: Klassifikation der Verwendungszwecke des Individualverbrauchs (Classification of Individual Consumption by Purpose, COICOP/HBS).

Veröffentlichungen WiSta 6, 7, 11/87; 7, 8/88; 5/89; 4, 11/90; 4, 6/91; 9/92; 10, 12/93; 1/94; 5, 6/95; 1, 2, 5, 6, 9, 12/97; 6/1998; 1, 3/1999; 2, 4/2000.

Fachserie 15, "Einkommens- und Verbrauchsstichprobe 1983", Heft 1, 2, 3, 4, 5, 6, Sonderheft Reisen; "Einkommens- und Verbrauchsstichprobe 1988", Heft 1, 2, 3, 4, 5, 6, Sonderhefte Nutzgärten und vermögenswirksame Leistungen; "Einkommens- und Verbrauchsstichprobe 1993", Heft 1, 2, 3, 4, 5, 6, Sonderheft Garten; „Einkommens- und Verbrauchsstichprobe 1998", Heft 1, Sonderheft Haus- und Grundbesitz sowie Wohnverhältnisse.

Außerdem methodische Grundlagen:

WiSta 9/77; 7/78; 6/82; 8/87; 7/92; 6/93; 2/1999.

Fachserie 15, "Einkommens- und Verbrauchsstichprobe 1983/1988/1993", Heft 7.

EISENBAHNSTATISTIK

1 Bestandsstatistik

2 Verkehrsstatistik

3 Statistik der Bahnbetriebsunfälle

Rechtsgrundlage	§ 24 des Allgemeinen Eisenbahngesetzes (AEG) vom 27. Dezember 1993 (BGBl. I S. 2378, 2396), das zuletzt durch Artikel 2 Abs. 5 des Gesetzes vom 26. August 1998 (BGBl. I S. 2521) geändert worden ist, sowie Verordnung über eine Eisenbahnstatistik vom 8. August 1965 (BGBl. I S. 749), zuletzt geändert durch Artikel 17 des Gesetzes vom 19. Dezember 1986 (BGBl. I S. 2555).
Periodizität	Zu 1: Jährlich. Zu 2: Monatlich, jährlich. Zu 3: Jährlich.
Kreis der Befragten	Unternehmen, die öffentlichen Schienenverkehr betreiben
Berichtsweg	Befragte – StBA.
Ergebnisse	Tatbestände Zu 1: Strecken- und Gleislängen nach Art und Einrichtung. Fahrzeug- und Güterwagenbestände nach Art; Bahnhöfe, Haltepunkte und -stellen, Gleisanschlüsse und Bahnübergänge. Personalbestand nach Beschäftigungsverhältnis und betrieblichem Einsatzbereich. Zu 2: Personenverkehr: Beförderte Personen und Personenkilometer (bis 1994 nach Art der Fahrzeugausweise; ab 1995 nach Nah- und Fernverkehr). Güterverkehr: Menge des frachtpflichtigen Wagenladungsverkehrs für Güterabteilungen und -hauptgruppen in der Gliederung nach Binnen- und Auslandsverkehr sowie Nachweis dieser Tonnage für Empfangs- und Versandwerte in Regionalgliederung (Verkehrsbezirke, Länder). Weiterhin werden für Güterabteilungen und -hauptgruppen die Tariftonnenkilometer nachgewiesen. Mengen und Tariftonnenkilometer des Dienstgutverkehrs. Einnahmen aus dem Personen- und Güterverkehr. Zu 3: Art der Bahnbetriebsunfälle sowie getötete und verletzte Personen.
Fachliche Gliederung	"Güterverzeichnis für die Verkehrsstatistik, Ausgabe 1969".
Regionale Gliederung	StBA: Verkehrsgebiete und Verkehrsbezirke nach dem "Verzeichnis der Verkehrsgebiete und Verkehrsbezirke, Ausgabe 1994". Ferner Angaben für Kreise.
Veröffentlichungen	WiSta 9/85; 7/87; 5/88; 6/89; 5/90; 9/91; 2/95; 6/96; 6/97; 6/98; 6/99; 6/00. WiSta*) (monatlich). Fachserie 8, Reihe 2 (monatlich, jährlich), Reihe 1 (vierteljährlich, jährlich); wurde ab 1994 eingestellt. Reihe 7 (jährlich), Verkehr aktuell (monatlich).

---

*) Beiträge beziehen sich nur auf den Tabellenteil von WiSta.

FORTSCHREIBUNG DES BEVÖLKERUNGSSTANDES

Rechtsgrundlage Gesetz über die Statistik der Bevölkerungsbewegung und die Fortschreibung des Bevölkerungsstandes in der Fassung der Bekanntmachung vom 14. März 1980 (BGBl. I S. 308), geändert durch § 26 des Melderechtsrahmengesetzes (MRRG) vom 16. August 1980 (BGBl. I S. 1429).

Periodizität Monatlich, vierteljährlich, halbjährlich und jährlich.

Kreis der Befragten Die Fortschreibung (Basis ist im früheren Bundesgebiet die jeweils letzte Volkszählung und in den neuen Ländern und Berlin-Ost ein Abzug des früheren zentralen Einwohnerregisters zum 3.10.1990) wird in den statistischen Ämtern der Länder aufgrund der Ergebnisse der Statistik der natürlichen Bevölkerungsbewegung und der Wanderungsstatistik durchgeführt.

Berichtsweg StLÄ – StBA.

Ergebnisse Tatbestände

Stand der Bevölkerung.

Monatlich für Bund und Länder: insgesamt (d.h. einschl. ausländische Bevölkerung) nach Geschlecht.

Vierteljährlich für Bund und Länder: insgesamt nach Geschlecht.

Jährlich (Stichtag 31. Dezember) für Bund, Länder, Regierungsbezirke und Kreise: insgesamt nach Geschlecht und Altersgruppen; für Bund und Länder: insgesamt und deutsche Bevölkerung jeweils nach Geburtsjahren, Altersjahren, Familienstand und Geschlecht; Gemeinden mit 10 000 Einwohnern und mehr; für Gemeinden: insgesamt nach Geschlecht; für Ämter, Kirchspielsland-, Samt-, Verbandsgemeinden und Verwaltungsgemeinschaften: insgesamt.

Jährlich (Stichtag 30. Juni) für Bund und Länder: insgesamt nach Gemeindegrößenklassen; Gemeinden mit 20 000 Einwohnern und mehr.

Regionale Gliederung StBA und StLÄ: Regierungsbezirke, Regionen, Kreise, Ämter[1], Kirchspielsland-[1], Samt-[1], Verbandsgemeinden[1], Verwaltungsgemeinschaften[1], Gemeinden[1].

Veröffentlichungen WiSta 1/97; 12/97; 12/98; 11/99

WiSta* (monatlich).

Fachserie 1, Reihe 1 (jährlich).

---

*) Beiträge beziehen sich nur auf den Tabellenteil von WiSta.
[1] Nur Angaben für Bevölkerung insgesamt.

GASTGEWERBESTATISTIK

Rechtsgrundlage Gesetz über die Statistik im Handel und Gastgewerbe (Handelsstatistikgesetz – HdlStatG) vom 10. November 1978 (BGBl. I S. 1733), zuletzt geändert durch Verordnung vom 26. März 1991 (BGBl. I S. 846) sowie Verordnung zur Durchführung der Ergänzungserhebungen im Einzelhandel, Großhandel und Gastgewerbe vom 5. Oktober 1990 (BGBl. I S. 2152).

Periodizität Monatlich, zweijährlich (bis 1982 jährlich) und mehrjährlich (1981, 1987, 1995 und danach im Abstand von fünf bis sieben Jahren).

Kreis der Befragten Bis zu 11 500 ausgewählte Unternehmen aus 18 Wirtschaftsklassen anhand der Unterlagen der jeweils zuletzt durchgeführten Handels- und Gaststättenzählung unter Berücksichtigung der Neugründungen (Stichprobenverfahren).

Berichtsweg Befragte - StLÄ - StBA.

Ergebnisse Tatbestände

Monatlich: Umsatz (ohne Umsatzsteuer), Voll- und Teilzeitbeschäftigte.

Zweijährlich: Tätige Personen, Waren- und Materialeingang (einschl. Aufwendungen für an andere Unternehmen vergebene Lohnarbeiten), Waren- und Materialbestände am Anfang und Ende des Kalender- oder Geschäftsjahres, Investitionen, Aufwendungen für gemietete oder gepachtete Anlagegüter, Verkaufserlöse aus dem Abgang von Anlagegütern, Bruttolohn- und -gehaltsumme; Umsatz (ohne Umsatzsteuer) nach Arten der ausgeübten wirtschaftlichen Tätigkeiten (Beherbergung, Verpflegung (einschl. Getränke) und sonstiger Umsatz).

Mehrjährlich: Zusammensetzung des Warensortiments.

Fachliche Gliederung "Klassifikation der Wirtschaftszweige, Ausgabe 1993".

Veröffentlichungen WiSta 11/96; 5/97; 3/98; 5/98; 5/99; 6/00.

WiSta* (monatlich).

Fachserie 6, Reihe 3.1 (monatlich; bis 12/94)

  Reihe 4.2 (jährlich, seit 1983 zweijährlich; bis 1993)

  Reihe 4.3 (mehrjährlich; bis 1987)

  Reihe 7.1 (monatlich, seit 1/97)

  Reihe 7.3 (zweijährlich, seit 1995).

Außerdem methodische Grundlagen:

WiSta 10/84; 1/88.

---

* Beiträge beziehen sich nur auf den Tabellenteil von WiSta.

INDIZES DER TARIFLICHEN WOCHENARBEITSZEITEN UND DER TARIFLÖHNE UND -GEHÄLTER IN DER GEWERBLICHEN WIRTSCHAFT SOWIE BEI GEBIETSKÖRPERSCHAFTEN

Fachliche Gliederung

„Systematik der Wirtschaftszweige, Ausgabe 1979".

1 Tarifliche Wochenarbeitszeiten der Arbeiter und Angestellten.

2 Tarifliche Stundenlöhne und Wochenlöhne der Arbeiter.

3 Tarifliche Monatsgehälter der Angestellten.

Veröffentlichungen

WiSta 3/86; 3/87; 3/88; 3/89; 4/90; 4/91; 4/92; 6/93; 5/94; 4/95; 5/96; 6/97; 8/98.

WiSta* (vierteljährlich).

Fachserie 16, Reihe 4.3 (vierteljährlich).

Außerdem methodische Grundlagen:

WiSta 9/58; 4/59; 8/60; 12/61; 1/62; 1/66; 11/74; 12/79; 8/85.

---

* Beträge beziehen sich nur auf den Tabellenteil von WiSta.

KOSTENSTRUKTURSTATISTIK

Rechtsgrundlage Gesetz über Kostenstrukturstatistik (KoStrukStatG) vom 12. Mai 1959 (BBGl. I S. 245), geändert durch das Gesetz über eine Pressestatistik vom 1. April 1975 (BGBl. I S. 777) und durch das Gesetz über die Statistik im Produzierenden Gewerbe vom 6. November 1975 (BGBl. I S. 2779) in der Fassung der Bekanntmachung vom 30. Mai 1980 (BGBl. I S. 641) sowie durch die Verordnung zur Abänderung der Reihenfolge der Kostenstrukturerhebungen vom 20. August 1986 (BGBl. I S. 1333) in Verbindung mit dem Gesetz über die Statistik für Bundeszwecke (Bundesstatistikgesetz - BStatG) vom 22. Januar 1987 (BGBl. I S. 462, 565), zuletzt geändert durch Artikel 2 des Gesetzes vom 17. Januar 1996 (BGBl. I S. 34).

Periodizität In vierjährlichem Turnus abwechselnd für:

Handwerk (zuletzt 1995 für 1994),

Großhandel, Handelsvertreter und Handelsmakler (zuletzt 1997 für 1996),

Einzelhandel und Gastgewerbe (zuletzt 1994 für 1993),

Verkehrsgewerbe (zuletzt 1996 für 1995),

Freie Berufe und weitere Dienstleistungsunternehmen (zuletzt 1996 für 1995 und 1995 für 1994).

Kreis der Befragten Ausgewählte Unternehmen und sonstige Arbeitsstätten ausgewählter Wirtschaftszweige, nämlich Handwerk, Groß- und Einzelhandel, Handelsvertreter und -makler, Verlage, Gast- und Verkehrsgewerbe und andere Dienstleistungsbereiche, wie Praxen bzw. Büros von Ärzten, Zahnärzten, Tierärzten, Rechtsanwälten und Anwaltsnotaren, Wirtschaftsprüfern, vereidigten Buchprüfern, Steuerberatern und Steuerbevollmächtigten, Architekten und Beratenden Ingenieuren, Heilpraktikern, Psychotherapeuten, Unternehmen der Wirtschafts- und Unternehmensberatung sowie Designern.

Der Repräsentationsgrad von durchschnittlich 5 % aller Unternehmen der gewerblichen Wirtschaft und sonstiger einbezogener Bereiche variiert je nach den sachlichen Erfordernissen in den einzelnen Wirtschaftszweigen und Größenklassen. Die Auskunftserteilung ist freiwillig.

Berichtsweg Befragte – StBA (zentrale Erhebung und Aufbereitung).

Einzelne Erhebungsschritte (z.B. Auswahl der Unternehmen bzw. Praxen und Büros, Versand und Wiedereinziehen der Fragebogen) werden teilweise unter Mitwirkung von Wirtschaftsorganisationen (Verbänden usw.) durchgeführt.

Ergebnisse Tatbestände

Je Unternehmen, je Praxis bzw. je Büro:

Gesamtleistung, Gesamtproduktion, Einnahmen bei Freien Berufen (je nach Erhebungsbereich): Umsatz gegliedert nach fachlichen Besonderheiten; Bestandsveränderung an unfertigen und fertigen Erzeugnissen eigener Produktion. Wert der aktivierten selbsterstellten Anlagen bzw. der innerbetrieblichen Leistungen, Nettoleistung, Rohertrag.

Kosten, gegliedert nach fachlichen Besonderheiten in Prozent der Gesamtleistung, Gesamtproduktion bzw. Einnahmen:

Materialaufwand, Löhne und Gehälter, Sozialkosten (gesetzliche, übrige), steuerliche Abschreibungen, Fremdkapitalzinsen, Steuern, Kosten für Kraftfahrzeughaltung, Mieten und Pachten, Instandhaltungskosten, sonstige betriebliche Aufwendungen.

Beschäftigte und Personalkosten, wie Löhne und Gehälter, Sozialkosten.

Ausgewählte Posten des Jahresabschlusses (z.B. Sachanlagen, Bestände, Forderungen und Verbindlichkeiten).

Fachliche Gliederung "Systematik der Wirtschaftszweige, Ausgabe 1979" (seit Berichtsjahr 1994: "Klassifikation der Wirtschaftszweige, Ausgabe 1993"); außerdem im Handwerk: "Verzeichnis der Gewerbe" aus Anlage A der Handwerksordnung.

Veröffentlichungen WiSta 4/83.

Fachserie 2, Reihen 1.1, 1.2.1, 1.2.2, 1.3, 1.4, 1.5.1, 1.5.2, 1.6.1, 1.6.2, 1.6.3 und 1.6.4 (jeweils in vierjährlichem Turnus).

LANDWIRTSCHAFTSZÄHLUNG

Haupterhebung

Vorbemerkung   Landwirtschaftszähulungen (LZ) werden alle 8 bis 12 Jahre durchgeführt (1949, 1960, 1971, 1979, 1991, 1999). In den Zwischenjahren finden seit 1975 alle zwei Jahre Agrarberichterstattungen (AB) statt. In Jahren der LZ ist die AB n das umfangreichere Erhebungs- und Darstellungsprogramm der LZ integriert. Das bedeutet, das Grund- und Ergänzungsprogramm der AB wird um Merkmale erweitert, die nur im Rahmen der LZ erhoben werden. Es handelt sich dabei um Merkmale, deren Beobachtung lediglich über längere Zeitabstände erforderlich ist. Ziel der genannten Erhebungen ist die bereitstellung aktueller betriebsbezogener Daten über Erzeugungspotentiale und -strukturen.

Rechtsgrundlage   Für die in dieser Veröffentlichung publizierten LZ-Ergebnisse von 1991:

Gesetz über Agrarstatistiken (Agrarstatistikengesetz) vom 15. März 1989 (BGBl. I S. 469)

Gesetz über die Statistik für Bundeszwecke (Bundesstatistikgesetz) vom 22. Januar 1987 (BGBl. I S. 462, 565), geändert durch Artikel 2 des Gesetzes vom 17. Dezember 1990 (BGBl. I S. 2837).

Statistikanpassungsverordnung vom 26. März 1991 (BGBl. I S. 846)

verschiedene EWG-Verordnungen.

Merkmalsprogramm   LZ/AB bestehen aus einem repräsentativen und einem allgemeinen Erhebungsteil. Repräsentativ ausgewählte landwirtschaftliche Betriebe („Stichprobenbetriebe") werden mit einem erweiterten Merkmalsprogramm befragt. Alle übrigen landwirtschaftlichen Betriebe und alle Forstbetriebe sind mit einem eingeschränkten Merkmalsprogramm Bestandteil des allgemeinen Erhebungsteils.

Repräsentativer Erhebungsteil 1991

AB: sämtliche Merkmale des Grundprogramms (Bodennutzungshaupterhebung, Viehzählung, Arbeitskräfteerhebung[1])) und des Ergänzungsprogramms (Eigentums- und Pachtverhältnisse[1])), Erwerbs- und Unterhaltsquellen, Buchführung, sozialökonomische Verhältnisse, anfall tierischer Exkremente)

LZ: Berufsbildung, soziale Sicherung, Erzeugergemeinschaften oder -organisationen, ausstattung mit landwirtschaftlichen Maschinen.

Allgemeiner Erhebungsteil 1991

AB: Merkmale des Grundprogramms (Bodennutzungshaupterhebung, Viehzählung) und des Ergänzungsprogramms (Buchführung, sozialdemokratische Verhältnisse)

LZ: Milch-Referenzmenge, Vermietung von Unterkünften an Ferien- oder Kurgäste, Hofnachfolge.

Erhebungseinheiten   Befragt wurden zur LZ 1991 alle landwirtschaftlichen Betriebe und alle Forstbetriebe. Dabei handelt es sich um Erhebungseinheiten mit einer landwirtschaftlichen genutzten Fläche (LF) von mindestens einem Hektar oder von weniger als einem ha LF aber mit natürlichen Erzeugungseinheiten, die mindestens dem durchschnittlichen Wert einer jährlichen Markterzeugung von einem ha LF entsprechen sowie um erhebungseinheiten mit einer Waldfläche von mindestens einem ha.

Berichtsweg   Die Auskunftspflichtigen erhalten die Erhebungsunterlagen über Erhebungsbeauftragte oder direkt von den Statistischen Landesämtern. Datenerfassung und -aufbereitung sowie Ergebnisveröffentlichung erfolgen durch die Statistischen Landesämter. Die Zusammenfassung der Landesergebnisse zum Bundesergebnis wird im Statistischen Bundesamt vorgenommen.

Regionale Gliederung   Bei allgemeinen erhobenen Daten erfolgt der Ergebnisnachweis bis zum Kreis; sofern es sich um tief gegliederte Regionalergebnisse mit bundeseinheitlcih abgestimmter Merkmalsgliederung handelt, bis zur Gemeinde sowie für nichtadministrative Gebietseinheiten.

Veröffentlichungen   Landwirtschaftszählung 1991:

WiSta 12/89 (Programm und Organisation agrarstatistischer Erhebungen nach Verkündung des Agrastatistikgesetzes)

WiSta 2/93 (Ausgewählte Ergebnisse der LZ 1991)

Fachserie 3, Reihe 1

Fachserie 3, Reihe 2.1 von 1991

Fachserie 3, Methodische Grundlagen der AB/LZ (Haupterhebung) 1991 bis 1997.

---

1) Wurden im Rahmen der LZ allgemein erhoben.

LUFTFAHRTSTATISTIK

1 Unternehmensstatistik

2 Gewerblicher Luftverkehr auf ausgewählten Flugplätzen

3 Sonstiger Luftverkehr

Rechtsgrundlage Gesetz über die Luftfahrtstatistik vom 30. Oktober 1967 (BGBl. I S. 1053) zuletzt geändert durch Artikel 1a des Gesetzes vom 25. August 1998 (BGBl. I S. 2432). in Verbindung mit dem Gesetz über die Statistik für Bundeszwecke-BStatG[1]) vom 22. Januar 1987 (BGBl. I S. 462, 565), zuletzt geändert durch Artikel 2 des Gesetzes vom 16. Juni 1998 (BGBl. I S. 1300).

Periodizität Zu 1: Jährlich.

Zu 2: Laufende Erhebung; monatliche Aufbereitung.

Zu 3: Jährlich: Gewerblicher Verkehr auf sonstigen Flugplätzen.

Jährlich: Nichtgewerblicher Verkehr auf allen Flugplätzen.

Kreis der Befragten Zu 1: Inhaber von Genehmigungen für die Beförderung von Personen oder Sachen mit Luftfahrzeugen und für die gewerbsmäßige oder geschäftsmäßige Durchführung von Flügen für andere Zwecke (gemäß § 20 Abs. 1 des Luftverkehrsgesetzes).

Zu 2: In- und ausländische Luftfahrtunternehmen bzw. Führer der Luftfahrzeuge, wenn keine Luftfahrtunternehmen bestehen oder diese keine ständige Vertretung auf dem Flugplatz unterhalten.

Zu 3: Flugplatzunternehmen.

Berichtsweg Zu 1: Befragte – StBA (zentrale Aufbereitung).

Zu 2: Befragte – Flugplatzunternehmen – StBA (zentrale Aufbereitung).

Zu 3: Befragte – StBA (zentrale Aufbereitung).

Ergebnisse Tatbestände

Zu 1: Art der Tätigkeit der Unternehmen. Anzahl und Art der verfügbaren Luftfahrzeuge nach Startgewichtsklassen. Anzahl und Art der in der Luftfahrt beschäftigten Personen. Umsatz aus Luftfahrttätigkeit nach Tätigkeitsbereichen; bei überwiegend in der Luftfahrt tätigen Unternehmen auch Anzahl der Gesamtbeschäftigten und Gesamtumsatz.

Zu 2: Luftfahrzeugbewegungen nach Flugplätzen, Flugarten und Startgewichtsklassen. Ein- und Aussteiger sowie Durchgang. Menge der ein- und ausgeladenen sowie durchgegangenen Fracht und Post nach Flugarten und Hauptverkehrsbeziehungen. Flüge, Flugkilometer; angebotene Sitzplatz- und Tonnenkilometer; geleistete Personenkilometer; Fracht- und Posttonnenkilometer; Ausnutzungsgrad der Flugzeuge. Beförderte Personen und Güter nach Verkehrsbeziehungen und Gütergruppen.

Zu 3: Luftfahrzeugbewegungen auf sonstigen Flugplätzen nach Flug- bzw. Startarten; gewerblicher und nichtgewerblicher Motorflug, Segelflug, Ultra-Leicht-Flug; gegliedert nach Platzrunden und Streckenflügen.

Fachliche Gliederung Zu 1: "Klassifikation der Wirtschaftszweige, Ausgabe 1993" (WZ 93).

Regionale Gliederung StBA: Flugplätze.

Veröffentlichungen WiSta 6/86; 3/87; 6/88; 5/89; 7/90; 7/91; 10/92; 12/93; 12/94; 8/95; 5/96; 5/97; 5/98; 5/99; 4/00.

WiSta*) (monatlich).

Fachserie 8, Reihe 6 (monatlich, jährlich),

Reihe 1 (vierteljährlich, jährlich); wurde ab 1994 eingestellt.

Verkehr aktuell (monatlich).

---

*) Beiträge beziehen sich nur auf den Tabellenteil von WiSta.

Mikrozensus

Rechtsgrundlage — Gesetz zur Durchführung einer Repräsentativstatistik über die Bevölkerung und den Arbeitsmarkt sowie die Wohnsituation der Haushalte (Mikrozensusgesetz) vom 17. Januar 1996 (BGBl. I S.34) zuletzt geändert durch die Verordnung zur Aussetzung einzelner Merkmale des Mikrozensusgesetzes vom 03. April 2000 (BGBl. I S. 442), in Verbindung mit dem Gesetz über die Statistik für Bundeszwecke (BStatG) vom 22. Januar 1987 (BGBl. I S. 462, 565), zuletzt geändert durch Artikel 2 des Gesetzes vom 16. Juni 1998 (BGBl. I S. 1300).

Periodizität — Jährlich im April (für einige Tatbestände mehrjährig seit 1957.

Kreis der Befragten — Stichprobenerhebungen über die Bevölkerung und den Arbeitsmarkt, an der jährlich 1 % aller Haushalte in Deutschland beteiligt sind. Insgesamt nehmen rund 370 000 Haushalte mit 820 000 Personen am Mikrozensus teil; darunter etwa 160 000 Personen in rund 70 000 Haushalten in den neuen Bundesländern und Berlin-Ost.

Berichtsweg — Befragte (mündliche Befragung durch Interviewer oder schriftliche Befragung durch Selbstausfüllen eines Fragebogens) - Statistische Landesämter – Statistisches Bundesamt.

Ergebnisse — **Tatbestände, die jährlich erfragt werden (Auswahl):**

Bevölkerung nach Geschlecht, Staatsangehörigkeit, Beteiligung am Erwerbsleben, Altersgruppen, Familienstand, überwiegendem Lebensunterhalt, Nettoeinkommen aus allen Einkommensquellen, höchstem allgemeinem Schulabschluss, höchstem beruflichem Ausbildungsabschluss oder Hochschulabschluss, Teilnahme an Maßnahmen zur beruflichen Aus- und Fortbildung, allgemeiner Weiterbildung, Mitgliedschaft in der gesetzlichen Rentenversicherung.

Erwerbstätige nach Geschlecht, Staatsangehörigkeit, Altersgruppen, Familienstand, überwiegendem Lebensunterhalt, Stellung im Beruf, normalerweise und tatsächlich geleisteter Arbeitszeit je Woche (Stunden und Tage) sowie Gründen für die Mehr- bzw. Minderarbeit, Art des Arbeitsvertrages und Gründen für Befristung, Voll- bzw. Teilzeittätigkeit und Gründen für Teilzeittätigkeit, Beruf, Ausbildung und Arbeitsbedingungen, wirtschaftsfachlicher Gliederung (z.B. nach Wirtschaftsunterbereichen), Nettoeinkommen aus allen EinkommensQuellen, zweiter Erwerbstätigkeit, Berufs- und Betriebswechsel.

Erwerbstätige Frauen und Mütter nach Zahl und Alter der ledigen Kinder, Familienstand, Alter, Staatsangehörigkeit, Ehedauer, Stellung im Beruf, Arbeitsdauer, Nettoeinkommen aus allen Einkommensquellen.

Erwerbslose nach Geschlecht, Staatsangehörigkeit, Altersgruppen, Familienstand, Angaben über die zuletzt ausgeübte Tätigkeit, überwiegendem Lebensunterhalt, Nettoeinkommen aus allen Einkommensquellen, Dauer und Umständen der Arbeitsuche.

Nichterwerbspersonen nach Geschlecht, Staatsangehörigkeit, Altersgruppen, Familienstand, überwiegendem Lebensunterhalt, Nettoeinkommen aus allen Einkommensquellen und nach Zeitpunkt und Grund für die Beendigung der letzten Tätigkeit.

Tatbestände, die seit 1996 im Abstand von vier Jahren erfragt werden (Auswahl):

Bevölkerung nach Art des Krankenversicherungsverhältnisses, Art der Krankenkasse/versicherung, Zugehörigkeit zur sozialen oder privaten Pflegeversicherung, Hauptfachrichtung eines Hochschulabschlusses, Wege zur Arbeits- oder Ausbilndungsstätte, Wohnsituation.

Erwerbstätige nach Tätigkeitsmerkmalen, Art der betrieblichen Altersvorsorge, Lage des Arbeitsplatzes, Stellung im Betrieb, Pendlereigenschaften.

Fachliche Gliederung — „Klassifizierung der Berufe", Ausgabe 1992, „Klassifikation der Wirtschaftszweige", Ausgabe 1993 (WZ 93), Tiefengliederung für den Mikrozensus.

Regionale Gliederung — Statistisches Bundesamt und Statistische Landesämter:
Länder, Regierungsbezirke, nichtadministrative Gebietseinheiten.

Veröffentlichungen — Wirtschaft und Statistik: 3/97, 9/98, 11/98, 1/99, 3/99. 5/00

Fachserie 1, Reihe 3 (jährlich),
              Reihe 4.1.1 (jährlich),
              Reihe 4.1.2 (jährlich);
Fachserie 13, Reihe 1 (mehrjährlich).

SEEVERKEHRSSTATISTIK

1 Schiffs- und Güterverkehr über See.

2 Schiffs- und Güterverkehr auf dem Nord-Ostsee-Kanal

Rechtsgrundlage	Gesetz über die Statistik der Seeschiffahrt vom 26. Juli 1957 in der im Bundesgesetzblatt Teil III, Gliederungsnummer 9510-4, veröffentlichten bereinigten Fassung, zuletzt geändert durch Artikel 18 der Verordnung vom 26. März 1991 (BGBl. I S. 846), Verordnung über die Meldestellen für die Seeverkehrsstatistik vom 24. April 1958 (BAnz. Nr. 80 S. 1), geändert durch Verordnung vom 5. November 1992 (BAnz. Nr. 217 S. 8761).
Periodizität	Laufende Erfassung; monatliche und jährliche Aufbereitung.
Kreis der Befragten	Zu 1: Verfrachter oder deren Vertreter, Schiffsführer.
	Zu 2: Fahrzeugführer.
Berichtsweg	Zu 1: Befragte - Statistische Meldestellen (Hafenverwaltungen, Besitzer privater Lösch- und Ladestellen, Gemeindebehörden, Zolldienststellen, zuständige Stellen der Wasser- und Schiffahrtsverwaltung, Bundesministerium für Verkehr, Bau- und Wohnungswesen, Abt. Seeverkehr) - StBA. (Die Aufbereitung wird für Hamburg, Bremen, Lübeck und Mecklenburg-Vorpommern von den dortigen statistischen Ämtern, für die übrigen Küstenhäfen direkt vom StBA durchgeführt; die zusammenfassende Aufbereitung und Veröffentlichung der Bundesergebnisse erfolgt im StBA).
	Zu 2: Befragte - Statistische Meldestellen (Kanalabgabe-Meldestellen) -Wasser- und Schiffahrtsdirektion Kiel (Zusammenstellung) - Bundesministerium für Verkehr, Bau- und Wohnungswesen - StBA (Veröffentlichung).
Ergebnisse	Tatbestände
	Zu 1: Monatlich: Schiffsverkehr zu Handelszwecken nach Seehäfen und Flaggen. Güterverkehr nach Verkehrsbeziehungen, Verkehrsgebieten, Verkehrsbezirken, Seehäfen, Flaggen, Güterabteilungen, Güterhauptgruppen, Einsatzarten (Linien-, Tramp-, Tankerfahrt); Güterumschlag (ausgewählte Häfen).
	Containerverkehr der Küstenhäfen über See nach Containerart, Größenklassen, Twenty-foot-Equivalent-Unit (TEU) sowie Gewicht der Ladung.
	Anzahl der Eigengewichte der beförderten Fahrzeuge des Reise- und Güterverkehrs einschl. Trägerschiffsleichter sowie TEU und Eigengewichte der beförderten Container.
	Jährlich außerdem: Güterverkehr in der Verflechtung nach Verkehrsbezirken, Ländern und Güterhauptgruppen.
	Zu 2: Monatlich: Gesamtverkehr nach Verwendungsart der Fahrzeuge. Handelsschiffe nach Flaggen. Güterverkehr der Handelsschiffe.
	Jährlich außerdem: Schiffsverkehr nach ausgewählten Herkunfs- und Bestimmungsgebieten.
Fachliche Gliederung	"Güterverzeichnis für die Verkehrsstatistik, Ausgabe 1969".
	"Verzeichnis der Verkehrsbezirke und Häfen, Ausgabe 1980 (überarbeiteter Nachdruck April 1996)".
	„Regionalverzeichnis für die Verkehrsstatistik, Stand: 1. Januar 1997".
Regionale Gliederung	StBA: Verkehrsgebiete, Verkehrsbezirke, Seehäfen.
	StLÄ: Verkehrsgebiete, Verkehrsbezirke; Verkehrsbereiche (Containerverkehr).
Veröffentlichungen	Zu 1:WiSta 7/97; 7/98; 7/99.
	WiSta* (monatlich).
	Verkehr aktuell (monatlich).
	Zu 1 und 2: Fachserie 8, Reihe 5 (monatlich, jährlich).

---

* Beiträge beziehen sich nur auf den Tabellenteil von WiSta.

STATISTIK DER BEHERBERGUNG IM REISEVERKEHR

Rechtsgrundlage Gesetz über die Statistik der Beherbergung im Reiseverkehr (Beherbergungsstatistikgesetz - BeherbStatG) vom 14. Juli 1980 (BGBl. I S. 953).

Periodizität 1 Monatlich.

2 Sechsjährlich, beginnend 1981 (Stand 1. Januar).

Kreis der Befragten Alle Beherbergungsstätten, die nach Einrichtung und Zweckbestimmung dazu dienen, mehr als acht Gäste gleichzeitig vorübergehend zu beherbergen.

Berichtsweg Befragte – StLÄ – StBA.

Ergebnisse Tatbestände

Zu 1: Ankünfte, Übernachtungen und Aufenthaltsdauer von Gästen; ausländische Gäste nach Herkunftsländern; angebotene Fremdenbetten und Wohneinheiten bzw. Stellplätze auf Campingplätzen; Auslastung der Bettenkapazität, und zwar jeweils nach Betriebsarten (Hotels, Gasthöfe, Pensionen u.a.), Betriebsgrößenklassen, Gemeindegrößenklassen und Gemeindegruppen (Heilbäder, Seebäder, Luftkurorte u.a.).

Zu 2: Beherbergungsstätten, Beherbergungseinheiten (Gästezimmer, Wohneinheiten) und Fremdenbetten nach Betriebsarten, Betriebsgrößenklassen, Ausstattungsklassen, Preisklassen, Gemeindegrößenklassen und Gemeindegruppen; Art und Ausstattung des Campingplatzangebots.

Veröffentlichungen WiSta 7/86; 5/87; 4, 9/88; 4/89; 6/90; 8/91; 7/92; 7/93; 6/94; 12/94; 6/95; 7/96; 6/97; 3/98; 6/98; 4/00, 6/00, 12/00.

Zu 1: Fachserie 6, Reihe 7.1 (monatlich).

Zu 2: Fachserie 6, Reihe 7.2 (sechsjährlich).

Außerdem methodische Grundlagen:

WiSta 12/80; 7/86, 9/88.

Fachserie 6, Reihe 7.1,

Reihe 7.2.

STATISTIK DER KONKURS- UND VERGLEICHSVERFAHREN

Rechtsgrundlage	Verwaltungsvereinbarungen des Statistischen Bundesamtes mit den statistischen Ämtern der Länder, Anordnung über Mitteilung in Zivilsachen (MiZi) des Bundesministers der Justiz vom 1.10.1967 (Abschn. 3/XII - BAnz. Nr. 218 v. 18.11.1967) aufgrund Vereinbarung der Landesjustizverwaltungen mit dem Bundesminister der Justiz sowie Anordnungen der Landesjustizministerien.
Periodizität	Monatlich und jährlich.
Kreis der Befragten	Amtsgerichte.
Berichtsweg	Befragte - StLÄ - StBA.
Ergebnisse	Tatbestände Monatlich: Zahl der beantragten Konkurs- und eröffneten Vergleichsverfahren sowie der beantragten Gesamtvollstreckungsverfahren nach Wirtschaftszweigen, Rechtsform der Gemeinschuldner, Alter der Unternehmen und Höhe der voraussichtlichen Forderungen. Jährlich: Finanzielle Ergebnisse der eröffneten Konkurs-, Vergleichs- und Gesamtvollstreckungsverfahren nach Wirtschaftszweigen und Rechtsform der Gemeinschuldner sowie Alter der Unternehmen.
Fachliche Gliederung	"Systematik der Wirtschaftszweige, Ausgabe 1993".
Regionale Gliederung	StLÄ: z.T. Regierungsbezirke und Kreise.

Veröffentlichungen	WiSta 3/90; 3/91; 3/92; 3/93; 3/94; 3/95; 4/96; 4/98; 4/99. (Zahlungsschwierigkeiten);
	    8/90; 8/91, 3/92; 7/94; 8/95 (Finanzielle Ergebnisse).
	WiSta* (monatlich).
	Fachserie 2, Reihe 4.1 (monatlich),
	    Reihe 4.2 (jährlich).

Hinweis	Vom Statistischen Bundesamt werden außerdem monatlich die Angaben über Anzahl und Betrag der Wechselproteste und nicht eingelöste Schecks, die von der Deutschen Bundesbank bei den Kreditinstituten erhoben und zusammengestellt werden, in WiSta* sowie in Fachserie 2, Reihe 4.1 veröffentlicht. Außerdem wird in dieser Fachserie monatlich die von der Bundesanstalt für Arbeit zur Verfügung gestellte Zahl der Bezieher von Konkursausfallgeld nachgewiesen.

---

* Beiträge beziehen sich nur auf den Tabellenteil von WiSta.

STATISTIK DER LUFTVERKEHRSUNFÄLLE

Rechtsgrundlage Art. 1, § 28 des Gesetzes über die Untersuchung von Unfällen und Störungen bei dem Betrieb ziviler Luftfahrzeuge (Flugunfall-Untersuchungs-Gesetz - FlUUG) vom 26. August 1998.

Periodizität Laufende Erfassung; monatliche bzw. jährliche Zusammenstellung.

Kreis der Befragten Die Angaben werden von der Bundesstelle für Flugunfalluntersuchung, Braunschweig, im Zusammenhang mit den Ermittlungen über die Unfallursachen festgestellt.

Berichtsweg Bundesstelle für Flugunfalluntersuchung - StBA.

Ergebnisse Tatbestände
Flugbetriebsunfälle in der Zivilluftfahrt nach Betriebsart und Unfallfolgen (Unfälle mit Personenschaden sowie dabei Getötete und Verletzte, ferner Unfälle nur mit Sachschaden).

Veröffentlichungen Bundesstelle für Flugunfalluntersuchung, Braunschweig:
"Monatsbericht angezeigter Flugunfälle",
"Flugunfall Jahresbericht".

StBA:
Fachserie 8, Reihe 6 (jährlich),
Reihe 7 (jährlich).

STATISTIK DER PERSONENBEFÖRDERUNG IM STRASSENVERKEHR

1 Unternehmensstatistik
2 Verkehrsstatistik

Rechtsgrundlage	Gesetz zur Durchführung einer Statistik über die Personenbeförderung im Straßenverkehr in der Fassung der Bekanntmachung vom 24. Juni 1980 (BGBl. I S. 865), zuletzt geändert durch Artikel 13 des Gesetzes vom 19. Dezember 1986 (BGBl. I S. 2555).
Periodizität	Zu 1: Jährlich. Zu 2: Vierteljährlich.
Kreis der Befragten	Zu 1: Unternehmen, die genehmigungspflichtigen Verkehr nach dem Personenbeförderungsgesetz mit Straßenbahnen, Obussen oder Kraftomnibussen betreiben. Zu 2: Unternehmen, die genehmigungspflichtigen Verkehr nach dem Personenbeförderungsgesetz mit Straßenbahnen, Obussen oder Kraftomnibussen betreiben; Unternehmen, die nur Verkehr mit Kraftomnibussen betreiben, nur soweit sie am letzten Werktag im September des Vorjahres über 6 und mehr Kraftomnibusse verfügt haben.
Berichtsweg	Befragte - StLÄ - StBA.
Ergebnisse	Tatbestände Zu 1: Unternehmen nach Unternehmensformen, Art der Tätigkeit der Unternehmen; Anzahl, Art und Fassungsvermögen der verfügbaren Fahrzeuge (Straßenbahnen einschl. Hoch- und U-Bahnen, Obusse, Kraftomnibusse; Kraftomnibusse getrennt nach eigenen und angemieteten Fahrzeugen sowie nach Einsatz im Linien- und/oder Gelegenheitsverkehr). Anzahl und Art der im Straßenpersonenverkehr beschäftigten Personen sowie Umsatz aus der Personenbeförderung; bei überwiegend im Straßenpersonenverkehr tätigen Unternehmen auch Anzahl der Gesamtbeschäftigten und Gesamtumsatz. Länge der Linien der einzelnen Verkehrsmittel; Kraftomnibuslinien nach Verkehrsart und Verkehrsform; Strecken- und Gleislänge im Straßenbahnverkehr (getrennt nach Straßenbahnen herkömmlicher Art und Stadtbahnen einschl. Hoch- und U-Bahnen). Zu 2: Unternehmen nach Unternehmensformen; beförderte Personen, Personenkilometer, Einnahmen und Wagenkilometer nach Unternehmensformen, Verkehrsarten und Verkehrsformen. In der Verkehrsart "Allgemeiner Linienverkehr" beförderte Personen und Einnahmen nach den Fahrausweisarten, Wagenkilometer nach den Verkehrsmitteln (Betriebszweigen).
Fachliche Gliederung	"Systematik der Wirtschaftszweige, Ausgabe 1979".
Regionale Gliederung	Bundesländer.
Veröffentlichungen	WiSta 8/99. WiSta* (monatlich). Fachserie 8, Reihe 3 (bis 1. Vierteljahr 1988 Reihe 3.2; ab 2. Vierteljahr 1988 vierteljährlich und jährlich).

---

* Beiträge beziehen sich nur auf den Tabellenteil von WiSta.

STATISTIK DER STRASSENVERKEHRSUNFÄLLE

Rechtsgrundlage Rechtsgrundlage für die Zusammenstellung der vorliegenden Ergebnisse ist das Gesetz über die Statistik der Straßenverkehrsunfälle vom 15. Juni 1990 (BGBl. I 1990 S. 1078 ff.), zuletzt geändert durch das erste Gesetz zur Änderung des Straßenverkehrsunfallstatistikgesetzes vom 23. November 1994 (BGBl. I S. 3491) sowie durch die Verordnung zur näheren Bestimmung des schwerwiegenden Unfalls mit Sachschaden im Sinne des Straßenverkehrsunfallstatistikgesetzes vom 21. Dezember 1994 (BGBl. I S. 3970).

Periodizität Laufende Erfassung, monatliche und jährliche Zusammenstellung.

Kreis der Befragten Polizeibehörden.
(Als Erhebungsunterlagen dienen Durchschläge der Verkehrsunfallanzeigen.)

Berichtsweg Befragte - StLÄ - StBA.

Ergebnisse Tatbestände
Monatlich: Unfälle nach Ortslagen, Straßenarten, Datum, Wochentagen und Unfallfolgen.
Beteiligte nach Art des Verkehrsmittels.
Verunglückte nach Alter, Geschlecht, Unfallfolgen und Art der Beteiligung.
Fehlverhalten der Beteiligten und technische Mängel, z.B. Alkoholeinfluß, Vorfahrtsmißachtung, zu geringer Abstand, defekte Bremsen und andere.
Allgemeine Unfallursachen, z.B. Straßenverhältnisse, Witterungseinflüsse.
Jährlich: Erfassungsmerkmale wie monatlich, aber zusätzlich tiefergegliederte Auswertungen.
Unfälle nach Uhrzeit, Lichtverhältnissen und Straßenzustand.
Beteiligte nach Unfallverursachung, Unfallflucht, Altersgruppen, Fahrzeugbesetzung, Fahrerlaubnisdauer sowie technischen Merkmalen ihrer Fahrzeuge und beförderten Gefahrgütern.
Verunglückte nach Ortslagen, Altersjahren, Geschlecht, Fahrer- und Mitfahrereigenschaft, Lichtverhältnissen und Straßenzustand.
Allgemeine Unfallursachen nach Ortslagen und Straßenkategorien.
Fehlverhalten der Beteiligten nach Verkehrsbeteiligung, Alter und Geschlecht der Fahrer sowie Ortslagen.

Regionale Gliederung StBA: Bundesgebiet, z.T. Länder.
StLÄ: Bundesländer, z.T. Regierungsbezirke, Kreise und Gemeinden.

Veröffentlichungen WiSta 2/92; 12/93; 12/94; 8/95; 12/95; 9/97; 12/97; 4/98; 5/98; 12/98.
WiSta* (monatlich)
Fachserie 8, Reihe 7 (bis Dezember 1988 Reihe 3.3) (monatlich, jährlich).

---

* Beiträge beziehen sich nur auf den Tabellenteil von WiSta.

STATISTIK DER UNFÄLLE AUF DEN BINNENWASSERSTRASSEN

Rechtsgrundlage Erlaß des Bundesministers für Verkehr vom 24. Januar 1958.

Periodizität Laufende Erfassung, jährliche Zusammenstellung.

Kreis der Befragten Wasserschutzpolizei.

Berichtsweg Befragte - Bundesministerium für Verkehr (Vorauswertung) - StBA (Zusammenstellung und Veröffentlichung der Ergebnisse).

Ergebnisse Tatbestände
Schiffsunfälle (Verkehrs- und Betriebsunfälle) auf den Binnenwasserstraßen nach Ort, Zeit und Ursache des Unfalls. Beteiligte Schiffe nach Schiffsart, Tragfähigkeit bzw. Maschinenleistung sowie nach Unfallfolgen (verunglückte Personen nach Art des Unfalls, Unfälle mit Sachschaden nach Art der Beschädigung).

Regionale Gliederung StBA: Wasserstraßengebiete.

Veröffentlichungen Fachserie 8, Reihe 4 (jährlich),
Reihe 7 (jährlich).

Statistisches Bundesamt, Tourismus in Zahlen, 2000/2001

STATISTIK DER VERBRAUCHERPREISE

Rechtsgrundlage	Gesetz über die Preisstatistik vom 9. August 1958 (BGBl. I S. 605). Verordnung zur Durchführung des Gesetzes über die Preisstatistik vom 29. Mai 1959 (BAnz. Nr. 104 S. 1), zuletzt geändert durch Artikel 27 des Ersten Gesetzes zur Änderung statistischer Rechtsvorschriften (1. Statistikbereinigungsgesetz) vom 14. März 1980 (BGBl. I S. 294).
Periodizität	Monatlich; bei Wohnungsmieten vierteljährlich.
Kreis der Befragten	Ausgewählte Unternehmen des Einzelhandels, des Handwerks, des Dienstleistungsbereichs, des Beherbergungs- und Gaststättengewerbes, der öffentlichen Versorgung und Vertragsparteien ausgewählter Mietwohnungen, in 118 Gemeinden.
Berichtsweg	Befragte - Gemeinden - StLÄ - StBA.
	Feststellung der Preise in den Berichtsstellen durch Ermittler. Erhebung der im Bundesgebiet einheitlich geltenden Preise, Tarife usw. durch das Statistische Bundesamt.
Ergebnisse	Tatbestände
	Verbraucherpreise für rd. 750 Waren und Leistungen.

Index der Einzelhandelspreise (Verkaufspreise)

Fachliche Gliederung	"Klassifikation der Wirtschaftszweige, Ausgabe 1993".
Veröffentlichungen	WiSta* (monatlich).
	Fachserie 17, Reihe 7 (monatlich mit Eilbericht, jährlich).
	Außerdem methodische Grundlagen:
	WiSta 9/68; 12/77; 11/79; 5/85; 3/91; 11/95.

Preisindizes für die Lebenshaltung

Deutschland:
1 Alle privaten Haushalte.

Früheres Bundesgebiet:
1 Alle privaten Haushalte.
2 4-Personen-Haushalte von Beamten und Angestellten mit höherem Einkommen.
3 4-Personen-Haushalte von Arbeitern und Angestellten mit mittlerem Einkommen.
4 2-Personen-Haushalte von Renten- und Sozialhilfeempfängern mit geringem Einkommen

Neue Länder und Berlin-Ost:
1 Alle privaten Haushalte.
2 4-Personen-Arbeitnehmerhaushalte mit höherem Einkommen.
3 4-Personen-Arbeitnehmerhaushalte mit mittlerem Einkommen.
4 2-Personen-Rentnerhaushalte.

Fachliche Gliederung	"Systematik der Einnahmen und Ausgaben der privaten Haushalte, Ausgabe 1998" (SEA 98).
Veröffentlichungen	Ergebnisse eines zwischenörtlichen Preisvergleichs vom September/Oktober 1993 in WiSta 6/94.
	WiSta* (monatlich).
	Fachserie 17, Reihe 7 (monatlich mit Eilbericht, jährlich).
	Außerdem methodische Grundlagen: Zu 1 - 4: WiSta 12/73; 11/79; 7/84; 1/90; 11/95; 3/99.

* Beiträge beziehen sich nur auf den Tabellenteil von WiSta.

STATISTIK ÜBER DEN INTERNATIONALEN VERGLEICH DER PREISE FÜR DIE LEBENSHALTUNG

Ergebnisse Tatbestände

Für 66 europäische und außereuropäische Länder:

Verbrauchergeldparitäten der ausländischen Währung zur DM, berechnet aus Preisvergleichen für Waren und Dienstleistungen der Lebenshaltung privater Haushalte (ohne Wohnungsmiete).

Veröffentlichungen Fachserie 17, Reihe 10

"Internationaler Vergleich der Preise für die Lebenshaltung" (monatlich, jährlich).

Außerdem methodische Grundlagen:

WiSta 6/68 (Verbrauchergeldparitäten).

Tourismuserhebung 1999
der GEOPLAN GmbH, Aachen im Auftrag des Statistischen Bundesamtes

Anmerkung

Das Bundesergebnis stimmt nicht mit der Summe der Landesergebnisse überein, da aus methodischen Gründen das Hochrechnungsverfahren des Bundesergebnisses von dem der Länderergebnisse abweicht.

Begriffsdefinitionen

Reise	Die Aktivität einer Person, zu einem Ort außerhalb ihres gewöhnlichen Lebensumfeldes zu reisen. Sie umfasst mindestens eine Übernachtung in einer Privatunterkunft oder einem Beherbergungsbetrieb. Sie dauert nicht länger als 12 Monate. Der Hauptzweck ist nicht die Ausübung einer von dem besuchten Ort aus bezahlten Tätigkeit.
	Pendelverkehr, Übernachtungen im Wohnort oder regelmäßige Besuche (jede Woche oder jedes Wochenende) einer Zweitwohnung oder eines Stell- oder Campingplatzes sowie Aufenthalte in Krankenhäusern, Kliniken, Gefängnissen und im militärischen Dienst zählen nicht als Reise.
	Der Aufenthalt in Bädern und sonstigen Gesundheitseinrichtungen wird als Reise betrachtet, sofern keine stationäre Unterbringung vorliegt.
Private Reise	Reise, deren wesentlicher Grund Urlaub, Erholung oder Freizeit ist. Dazu zählen auch Besuche bei Bekannten, Freunden und Verwandten sowie freiwillige Gesundheitsbehandlungen, Pilgerreisen u.ä.
Dienst- und Geschäftsreise	Reise, deren wesentliche Gründe geschäftliche oder berufliche Zwecke sind.
Reisekosten	Alle Ausgaben, die in einem Zusammenhang mit einer Reise stehen. Dies sind die Ausgaben für Unterkunft, Nahrungsmittel und Getränke, Beförderung, Erholungs-, Kultur- und Sportaktivitäten, Einkäufe für die Reise und während der Reise sowie sonstige Ausgaben wie Versicherungen, Telefongespräche, Porto.
Hotels und ähnliche Betriebe	Apartmenthotels, Motels, Gasthöfe, Gästehäuser, Pensionen usw.
Sonstige Beherbergungsbetriebe	Campingplätze (Yachthäfen) Ferienhäuser, Ferienwohnungen (in Anlagen) sonstige (Jugendherbergen, Ferienzentren für Senioren, betriebseigene Ferienheime und Hotels, Studenten- und Schülerwohnheime u.ä.)
Spezielle Unterkünfte	Betriebe mit medizinischen Einrichtungen (ohne Krankenhäuser), Ferienlager/Gruppenunterkünfte, Konferenzzentren, Kreuzfahrtschiffe, Liege- und Schlafwagen
Private Unterkünfte	Gemietete Unterkünfte (privat vermietete Räume, von Privatpersonen vermietete Ferienwohnungen/-häuser) Zweitwohnsitz (eigengenutzte Ferienwohnungen/-häuser, Time-Sharing usw.) sonstige Privatunterkünfte (Übernachtung bei Freunden oder Verwandten, wildes Campen u.ä.)

Fehlerkennzeichnung

( )	relativer Standardfehler zwischen 10 % und 20 % Die Aussagekraft des angegebenen Wertes ist eingeschränkt.
[ ]	relativer Standardfehler zwischen 20 % und 30 % Der angegebene Wert erlaubt nur die Abschätzung der Größenordnung des wahren Wertes.
/	relativer Standardfehler über 30 %
x	Feld gesperrt, da Angabe nicht sinnvoll.

Statistisches Bundesamt, Tourismus in Zahlen, 2000/2001

UMSATZSTEUERSTATISTIK

Rechtsgrundlage Gesetz über Steuerstatistiken vom 6. Dezember 1966 (BGBl. I S. 665), zuletzt geändert durch Artikel 24 des Gesetzes vom 18. Dezember 1995 (BGBl. I S. 1959).

Periodizität Bis 1996 zweijährlich. Seit 1997 jährlich.

Kreis der Befragten Unternehmen, die zur Abgabe von Umsatzsteuer-Voranmeldungen verpflichtet sind und einen steuerbaren Jahresumsatz von mehr als 32 500 DM aufweisen (1996: rd. 2,8 Mill. Steuerpflichtige).

Berichtsweg Finanzämter (Rechenzentren) - StLÄ - StBA.

Ergebnisse Tatbestände

Steuerpflichtige, steuerbarer Umsatz (ab 1994 = Lieferungen und Leistungen sowie innergemeinschaftliche Erwerbe), Umsatzsteuer vor Abzug der Vorsteuer- und Kürzungsbeträge, Steuerabzugsbetrag nach § 19 Abs. 3 Umsatzsteuergesetz (letztmals 1988), abziehbare Vorsteuer, Steuervorauszahlung; außerdem für einen identischen Personenkreis: Steuerpflichtige, steuerbarer Umsatz und Umsatzsteuervorauszahlung des Vorjahres, jeweils nach Umsatzgrößenklassen, nach Rechtsformen und für Organkreise.

Steuerbare Umsätze nach Arten (steuerfreie Umsätze mit und ohne Vorsteuerabzug, steuerpflichtige Umsätze zum vollen und zum halben Satz, Umsätze in das Währungsgebiet der Mark der DDR (letztmals 1990), durchschnittsbesteuerte landwirtschaftliche Umsätze); Kürzungen nach dem Berlin-Förderungsgesetz (letztmals 1992); Kürzungsbeträge für Bezüge aus dem Währungsgebiet der Mark der DDR (letztmals 1990); Istbesteuerung gemäß § 20 Umsatzsteuergesetz; Vorsteuer nach Durchschnittssätzen, land- und forstwirtschaftliche Betriebe mit Regelbesteuerung.

Gründungen und Auflösungen (ab 1988).

Fachliche Gliederung Bis 1992 "Systematik der Wirtschaftszweige, Ausgabe 1979, Fassung für die Steuerstatistiken (Mai 1980)"; seit 1994 Klassifikation der Wirtschaftszweige, Ausgabe 1993, Tiefengliederung für die Steuerstatistiken.

Regionale Gliederung StBA: Kreise (nur Ergebnisse insgesamt; ohne wirtschaftliche Gliederung).

StLÄ: Kreise, z.T. Gemeinden.

Veröffentlichungen WiSta 7/86; 8/88; 5/90; 6/92; 10/94; 7/97; 7/99; 4/00.

Fachserie 14, Reihe 8 (zweijährlich).

Außerdem methodische Grundlagen:

WiSta 3/70.

WIRTSCHAFTSRECHNUNGEN AUSGEWÄHLTER PRIVATER HAUSHALTE

Vorbemerkung Die Wirtschaftsrechnungen privater Haushalte, die sich in monatliche Erhebungen bei ausgewählten Haushalten und Erhebungen mit mehrjährlicher Periodizität bei Haushalten aller Bevölkerungsschichten gliedern, werden auf freiwilliger Basis durchgeführt.

Rechtsgrundlage Gesetz über die Statistik der Wirtschaftsrechnungen privater Haushalte in der im Bundesgesetzblatt Teil III, Gliederungsnummer 708-6, veröffentlichten bereinigten Fassung, zuletzt geändert durch Artikel 2 der Verordnung vom 26. März 1991 (BGBl. I S. 846).

Periodizität Monatliche Erhebung anhand laufender Anschreibungen in Haushaltungsbüchern und monatliche Aufbereitung, (1998 letztes Berichtsjahr).

Kreis der Befragten Haushaltstyp 1: 150 bis 200 Zwei-Personen-Haushalte von Rentenempfängern (1998 früheres Bundesgebiet zwischen 1 800 und 2 700 DM, neue Länder und Berlin-Ost zwischen 1 800 und 2 750 DM im Monat. Im früheren Bundesgebiet repräsentiert dieser Haushaltstyp ein geringeres Einkommensniveau).

Haushaltstyp 2: Fast 400 Vier-Personen-Haushalte von Angestellten und Arbeitern mit mittlerem Einkommen (1998 früheres Bundesgebiet zwischen 3 900 und 5 900 DM, neue Länder und Berlin-Ost zwischen 3 300 und 5 350 DM im Monat).

Haushaltstyp 3: Fast 400 Vier-Personen-Haushalte von Beamten und Angestellten mit höherem Einkommen (1998 früheres Bundesgebiet zwischen 6 900 und 9 150 DM, neue Länder und Berlin-Ost zwischen 6 200 und 8 000 DM im Monat).

Berichtsweg Befragte - StLÄ - StBA.

Ergebnisse Tatbestände
Vollständiges monatliches Haushaltsbudget; Zusammensetzung der Haushalte sowie deren wirtschaftliche und soziale Verhältnisse (z.B. Angaben über Wohnverhältnisse) für die erfaßten drei Haushaltstypen.

Einnahmen der Haushalte nach Quellen (Erwerbstätigkeit, Rente, Pension, eigenes Vermögen u.ä.).

Ausgaben der Haushalte nach Arten (Privater Verbrauch, Steuern und Abgaben, Beiträge zur Sozialversicherung und zu privaten Versicherungen, Rückzahlungen von Schulden, Vermögensbildung sowie für sonstige Zwecke).

Ausgaben für den Privaten Verbrauch nach Verwendungszweck (Nahrungsmittel, Getränke, Tabakwaren; Bekleidung, Schuhe; Wohnungsmieten, Energie; Möbel, Haushaltsgeräte und andere Güter für die Haushaltsführung; Güter für Verkehrszwecke und Nachrichtenübermittlung; Körper- und Gesundheitspflege; Bildung, Unterhaltung, Freizeit; Persönliche Ausstattung, Dienstleistungen des Beherbergungsgewerbes sowie Güter sonstiger Art) sowie nach Dauerhaftigkeit und Wert der erworbenen Güter (Verbrauchsgüter, Gebrauchsgüter von mittlerer Lebensdauer und/oder begrenztem Wert, langlebige hochwertige Gebrauchsgüter, Wohnungsmieten, Reparaturen, sonstige Dienstleistungen).

Ausstattung mit ausgewählten langlebigen Gebrauchsgütern.

Fachliche Gliederung "Systematik der Einnahmen und Ausgaben der privaten Haushalte, Ausgabe 1983".

Veröffentlichungen WiSta 8/88; 7/89; 7/90; 7/91; 9/92; 11/92; 2/93; 8/93; 12/93; 8/94; 8/95; 8/96; 8/97.
WiSta* (monatlich).
Fachserie 15, Reihe 1 (vierteljährlich, jährlich).

Außerdem methodische Grundlagen:
WiSta 8/65; 6/72; 11/78; 12/87.

---

* Beiträge beziehen sich nur auf den Tabellenteil von WiSta.

Erläuterungen wichtiger Begriffe

Ankünfte,

Zahl der Meldungen von Gästen in einer Beherbergungsstätte innerhalb des Berichtszeitraums, die zum vorübergehenden Aufenthalt ein Gästebett belegten.

Arbeitsstätte.

Als Arbeitsstätten gelten örtliche Einheiten, d.h. Grundstücke oder abgegrenzte Räumlichkeiten, in denen eine oder mehrere Person(en) haupt- oder nebenberuflich erwerbstätig sind.

Aufenthaltsdauer, durchschnittliche.

Der als Quotient errechnete Wert Übernachtungen/Ankünfte gibt die durchschnittliche Aufenthaltsdauer der Gäste im Beherbergungsbetrieb an; sie kann rechnerisch – falls Ankünfte bereits vor dem Berichtszeitraum liegen – höher sein als die Zahl der Kalendertage des Berichtszeitraums. Dies ist vor allem in Orten mit hoher Verweildauer der Gäste, z.B. in Kurorten und Heilbädern, der Fall.

Ausflügler,

Besucher, die für weniger als 24 Stunden und ohne Übernachtung an einen Ort außerhalb ihrer gewöhnlichen Umgebung reisen.

Ausflugsfahrten,

organisierte Tagesreisen (also ohne Übernachtung), thematisch festgelegt, zu einem oder mehreren Zielorten.

Auslastung, durchschnittliche,

rechnerischer Wert, der die prozentuale Inanspruchnahme der Übernachtungsmöglichkeiten (Bettentage) im Berichtszeitraum ausdrückt. Die Zahl der Bettentage wird bei der Auslastung des Bestandes durch Multiplikation mit der Zahl der Kalendertage des Berichtsmonats, bei der Auslastung des Angebots durch Multiplikation mit der Zahl der betrieblichen Öffnungstage ermittelt.

Ausstattungsklassen,

hierarchische Gruppierung der Beherbergungsbetriebe nach dem Grad der Sanitärausstattung der Beherbergungseinheiten ohne Mehrfachzählungen:

Klasse 1 - mindestens 75 % der Gästezimmer haben Bad oder Dusche und WC

Klasse 2 - mindestens 50 % der Gästezimmer haben Bad oder Dusche

Klasse 3 - alle Gästezimmer haben mindestens fließendes Warmwasser

Klasse 4 - sonstige sanitäre Ausstattung der Gästezimmer.

Bars und Vergnügungslokale

verkaufen Getränke, im allgemeinen zum Verzehr an Ort und Stelle, unter Umständen auch mit begleitendem Unterhaltungsprogramm.

Beherbergung,

Unterbringung von Personen, die sich vorübergehend an einem anderen Ort als ihrem gewöhnlichen Wohnsitz aufhalten (Reisende). Ein Aufenthalt gilt – in Anlehnung an die melderechtlichen Vorschriften – im allgemeinen dann als "vorübergehend", wenn er die Dauer von zwei Monaten nicht überschreitet. Der vorübergehende Ortswechsel kann durch Urlaub und Freizeit, aber auch durch die Wahrnehmung privater und geschäftlicher Kontakte, den Besuch von Tagungen und Fortbildungsveranstaltungen, durch Maßnahmen zur Wiederherstellung der Gesundheit oder sonstige Gründe veranlaßt sein.

Beherbergungseinheit.

Beherbergungseinheiten sind selbständig vermietbare räumliche Einheiten mit (= Gästezimmer) oder ohne (= Wohneinheiten, z.B. Ferienwohnungen) herkömmliche Hoteldienstleistungen.

Beherbergungspreis.

Der am Erhebungsstichtag oder letzten Öffnungstag des Vorjahres geltende (bzw. berechnete) Preis für die Überlassung einer Beherbergungseinheit bei Normalbelegung je Tag einschl. Mehrwertsteuer und Bedienung sowie für die Betriebsarten Hotels, Gasthöfe, Pensionen und Hotels garnis einschl. Frühstück, jedoch ohne Preisbestandteile für weitergehende Leistungen (z.B. besonderer Zimmerservice), Kurtaxen u.ä.

Beherbergungsstätten,

Betriebe, die nach Einrichtung und Zweckbestimmung dazu dienen, mehr als acht Gäste (im Reiseverkehr) zu beherbergen. Hierzu zählen auch Unterkunftsstätten, die die Gästebeherbergung nichtgewerblich und/oder nur als Nebenzweck betreiben.

Statistisches Bundesamt, Tourismus in Zahlen, 2000/2001

Belegungsfläche.

Zur gesamten Belegungsfläche auf Campingplätzen zählen die Flächen für Stellplätze von Zelten, Wohnwagen, Wohnmobilen u.ä. sowie die unmittelbar daneben liegenden Parkflächen für Kraftfahrzeuge der Camper. Nicht dazu zählen Sammelparkplätze und andere Gemeinschaftsflächen sowie Wirtschafts-, Verkehrs- und sonstige Nutzflächen, z.B. zum Abstellen unbewohnter Wohnwagen. Maßgebend sind die Verhältnisse des letzten Jahres.

Beschäftigte,

tätige Inhaber, mithelfende Familienangehörige und Arbeitnehmer, die in einem Voll- oder Teilzeitbeschäftigungsverhältnis zu dem Unternehmen stehen. Statistiken von Beschäftigten basieren auf der Auswertung von Betriebsmeldungen. Hierdurch werden Beschäftigungsfälle erfaßt, d.h. Personen mit mehreren Arbeitsverhältnissen werden mehrfach gezählt.

Besucher.

Nach der Definition der WTO sind Besucher Personen, die für einen Zeitraum von nicht mehr als einem Jahr an einen Ort außerhalb ihrer gewöhnlichen Umgebung reisen und deren Hauptreisezweck nicht in der Ausübung einer Tätigkeit besteht, die von dem besuchten Ort aus vergütet wird. Zur Gruppe der Besucher zählen die Touristen und die Ausflügler.

Betriebe,

örtlich getrennte Niederlassungen der Unternehmen einschl. der zugehörigen oder in der Nähe liegenden Verwaltungs- und Hilfsbetriebe. Der Begriff "Betrieb" ist nicht identisch mit dem der "Arbeitsstätte". Die Ergebnisse für Betriebe (seit Januar 1977 einschl. baugewerblicher und sonstiger Betriebsteile) werden nach Wirtschaftsgruppen und -zweigen dargestellt. Dabei werden kombinierte Betriebe (die mehreren Wirtschaftsgruppen angehören) jeweils derjenigen Wirtschaftsgruppe zugerechnet, in der das Schwergewicht des Betriebes, in der Regel gemessen an der Beschäftigtenzahl, liegt.

Betriebsarten,

Gruppierung der Beherbergungsstätten anhand der durch die Klassifikation der Wirtschaftszweige (WZ; Ausgabe 1993) vorgegebenen Kriterien.

Bettendichte (je Gemeinde),

Anzahl der Betten/Schlafgelegenheiten je 1 000 Einwohner.

Binnentourismus,

⟶ Inlandsreiseverkehr.

Cafés,

Bewirtungsstätten mit Verkauf von Speisen, insbesondere von Konditoreierzeugnissen und sonstigen kalten Speisen, im allgemeinen zum Verzehr an Ort und Stelle, sowie damit verbundenem Verkauf von Getränken, unter Umständen auch mit begleitendem Unterhaltungsprogramm.

Campingplätze,

abgegrenzte Gelände, die jedermann zum vorübergehenden Aufstellen von mitgebrachten Wohnwagen, Wohnmobilen oder Zelten zugänglich sind.

Caterer

liefern in einer Produktionszentrale zubereitete verzehrfertige Speisen sowie Getränke an bestimmte Einrichtungen (z.B. Fluggesellschaften, "Essen auf Rädern") oder Personengruppen und für bestimmte Anlässe (z.B. Hochzeiten und andere Feiern oder Festlichkeiten).

Diskotheken und Tanzlokale,

Lokale mit Tanzmusik, verbunden mit Verkauf von Getränken, im allgemeinen zum Verzehr an Ort und Stelle, unter Umständen auch mit begleitendem Unterhaltungsprogramm.

Eisdielen,

Bewirtungsstätten, von denen insbesondere Speiseeis sowie ein eng begrenztes Sortiment von Getränken zum Verzehr an Ort und Stelle oder zum Mitnehmen abgegeben werden.

Erholungs-, Ferien- und Schulungsheime,

Beherbergungsstätten, die nur bestimmten Personenkreisen, z.B. Mitgliedern eines Vereins oder einer Organisation, Beschäftigten eines Unternehmens, Müttern, Kindern, Betreuten sozialer Einrichtungen, zugänglich sind und in denen Speisen und Getränke nur an Hausgäste abgegeben werden.

Erholungsorte.

Erholungsorte sind klimatisch und landschaftlich bevorzugte Gebiete (Orte oder Ortsteile), die vorwiegend der Erholung dienen und einen artgemäßen Ortscharakter aufweisen.

Die Artbezeichnung setzt voraus:

a) landschaftlich bevorzugte und klimatisch begünstigte Orte und Ortsteile mit geeigneten lufthygienischen Verhältnissen;

Statistisches Bundesamt, Tourismus in Zahlen, 2000/2001

b) Orte oder Ortsteile mit einem artgemäßen Ortscharakter;

c) artgemäße Erholungseinrichtungen.

Erwerbstätige,

Personen, die in einem Arbeitsverhältnis stehen (einschl. Soldaten und Soldatinnen sowie mithelfender Familienangehöriger) oder selbständig ein Gewerbe oder eine Landwirtschaft betreiben oder einen freien Beruf ausüben.

Feriengebiete,

⟶ Reisegebiete.

Ferienhäuser und Ferienwohnungen,

Beherbergungsstätten, die jedermann zugänglich sind und in denen Speisen und Getränke nicht abgegeben werden, aber Kochgelegenheit vorhanden ist.

Ferienheime,

⟶ Erholungs-, Ferien- und Schulungsheime.

Ferienreise,

⟶ Urlaubsreise.

Ferienwohnungen,

⟶ Ferienhäuser und Ferienwohnungen.

Ferienzentren,

Beherbergungsstätten, die jedermann zugänglich sind und nach Einrichtung und Zweckbestimmung dazu dienen, wahlweise unterschiedliche Wohn- und Aufenthaltsmöglichkeiten sowie gleichzeitig Freizeiteinrichtungen in Verbindung mit Einkaufsmöglichkeiten und persönlichen Dienstleistungen zum vorübergehenden Aufenthalt anzubieten. Als Mindestausstattung gilt das Vorhandensein von Hotelunterkunft und anderen Wohngelegenheiten (auch mit Kochgelegenheit), einer Gaststätte, von Einkaufsmöglichkeiten zur Deckung des täglichen Bedarfs und des Freizeitbedarfs sowie von Einrichtungen für persönliche Dienstleistungen, z.B. Massageeinrichtungen, Solarium, Sauna, Friseur, und zur aktiven Freizeitgestaltung, z.B. Schwimmbad, Tennis-, Tischtennis-, Kleingolf-, Trimm-dich-Anlagen.

Ferienziel-Reisen.

Unter Ferienziel-Reisen werden Reisen zu Erholungsaufenthalten verstanden, die der Verkehrsunternehmer mit Kraftomnibussen oder Personenkraftwagen nach einem bestimmten, von ihm aufgestellten Plan zu einem Gesamtentgelt für Hin- und Rückfahrt sowie Unterkunft mit oder ohne Verpflegung anbietet und ausführt.

Fremdenverkehr,

⟶ Tourismus.

Fremdenverkehrsgebiete,

⟶ Reisegebiete.

Gastgewerbe.

Das Gastgewerbe umfaßt sowohl die Beherbergung als auch die Bewirtung von Gästen. Unter Beherbergung versteht man das Anbieten von Übernachtungsmöglichkeiten zum vorübergehenden Aufenthalt von Gästen. Charakteristisch für die Bewirtung im Gaststättengewerbe ist, daß Speisen oder Getränke angeboten werden, die üblicherweise an Ort und Stelle verzehrt werden.

Gasthöfe,

Beherbergungsstätten, die jedermann zugänglich sind und in denen außer dem Gastraum in der Regel keine weiteren Aufenthaltsräume zur Verfügung stehen. Bei Gasthöfen übersteigt der Umsatz aus Bewirtung deutlich den aus Beherbergung.

Gemeindegruppe,

Zusammenfassung von Gemeinden (oder Gemeindeteilen) nach Arten der aufgrund landesrechtlicher Vorschriften verliehenen staatlichen Anerkennung (z.B. als Mineral- und Moorbad, Seebad, Luftkurort). "Großstädte" (Gemeinden mit mindestens 100 000 Einwohnern) sowie "Erholungsorte ohne Prädikat" (aber mit einer durchschnittlichen Aufenthaltsdauer der Gäste von mindestens 5 Tagen) sind in der Gruppe "Sonstige Gemeinden" enthalten.

Gesamtübernachtungen,

⟶ Übernachtungen.

Haushalt, privater,

zusammenwohnende und eine wirtschaftliche Einheit bildende Personengemeinschaft sowie Personen, die allein wohnen und wirtschaften. Zum Haushalt können verwandte und familienfremde Personen gehören (z.B. Hauspersonal). Anstalten gelten nicht als Haushalte, können aber Privathaushalte beherbergen (z.B. Haushalt des Anstaltsleiters). Haushalte mit mehreren Wohnungen werden u.U. mehrfach gezählt.

Statistisches Bundesamt, Tourismus in Zahlen, 2000/2001

Haushaltstyp.

Haushaltstyp 1: 150 bis 200 Zwei-Personen-Haushalte von Rentenempfängern (1998 früheres Bundesgebiet zwischen 1 800 und 2 700 DM, neue Länder und Berlin-Ost zwischen 1 800 und 2 750 DM im Monat. Im früheren Bundesgebiet repräsentiert dieser Haushaltstyp ein geringeres Einkommensniveau).

Haushaltstyp 2: Fast 400 Vier-Personen-Haushalte von Angestellten und Arbeitern mit mittlerem Einkommen (1998 früheres Bundesgebiet zwischen 3 900 und 5 900 DM, neue Länder und Berlin-Ost zwischen 3 300 und 5 350 DM im Monat).

Haushaltstyp 3: Fast 400 Vier-Personen-Haushalte von Beamten und Angestellten mit höherem Einkommen (1998 früheres Bundesgebiet zwischen 6 900 und 9 150 DM, neue Länder und Berlin-Ost zwischen 6 200 und 8 000 DM im Monat).

Heilbäder.

Die Artbezeichnung setzt für die Orte oder Ortsteile voraus:

a) natürliche Heilmittel des Bodens, die sich nach wissenschaftlichen Erfahrungen und/oder dem jeweiligen wissenschaftlichen Erkenntnisstand kurmäßig bewährt haben;

b) Überprüfung des Lage- und Witterungsklimas, des Bioklimas und der lufthygienischen Verhältnisse;

c) artgemäße Kureinrichtungen;

d) artgemäßen Kurortcharakter;

e) Feststellung durch wissenschaftliche Gutachten der wissenschaftlich anerkannten Hauptheilanzeigen (Anwendungsgebiete) und Gegenanzeigen.

Heilbäder sind berechtigt, für die Herstellung und Unterhaltung der zu Kurzwecken getroffenen Veranstaltungen und Einrichtungen Kurtaxe (Kurabgabe, Kurbeitrag o.ä.) zu erheben.

Statt "Heilbad" kann zutreffendenfalls auch die Bezeichnung "Soleheilbad", "Moorheilbad" oder dgl. entsprechend dem hauptsächlichen Kurmittel des betreffenden Heilbades geführt werden.

Herkömmliche (Hotel-) Dienstleistungen.

Als Mindeststandard sollte das tägliche Reinigen, Aufräumen, Lüften, Bettenmachen und häufiges Wechseln der (betriebseigenen) Bett- und Sanitärwäsche (z.B. Hand- und Badetücher) gelten.

Herkunftsland.

Für die Erfassung ist grundsätzlich der ständige Wohnsitz oder gewöhnliche Aufenthalt der Gäste maßgebend, nicht dagegen deren Staatsangehörigkeit (Nationalität).

Hotels,

Beherbergungsstätten, die jedermann zugänglich sind und in denen ein Restaurant –auch für Passanten – vorhanden ist sowie in der Regel weitere Einrichtungen oder Räume für unterschiedliche Zwecke (Konferenzen, Seminare, Sport, Freizeit, Erholung) zur Verfügung stehen.

Hotels garnis,

Beherbergungsstätten, die jedermann zugänglich sind und in denen höchstens Frühstück abgegeben wird.

Hütten,

⟶ Jugendherbergen und Hütten.

Imbißhallen,

Bewirtungsstätten, die keine oder wenig Sitzgelegenheiten aufweisen und von denen ein engbegrenztes Sortiment von Speisen mit und ohne Ausschank von Getränken zum Verzehr an Ort und Stelle oder zum Mitnehmen abgegeben wird, z.B. Würstchenstände.

Inländerreiseverkehr,

Reiseverkehr von gebietsansässigen Reisenden innerhalb des Wirtschaftsgebietes des Landes und in der übrigen Welt.

Inländertourismus,

⟶ Inländerreiseverkehr

Inlandsreiseverkehr,

Reiseverkehr von gebietsansässigen und nicht gebietsansässigen Reisenden innerhalb des Wirtschaftsgebietes des Landes.

Inlandstourismus,

⟶ Inlandsreiseverkehr,

Jugendherbergen und Hütten,

Beherbergungsstätten mit in der Regel einfacher Ausstattung, vorzugsweise für Jugendliche oder Angehörige der sie tragenden Organisation (z.B. Wanderverein), in denen Speisen und Getränke in der Regel nur an Hausgäste abgegeben werden.

Statistisches Bundesamt, Tourismus in Zahlen, 2000/2001

Kantine,

Verpflegungseinrichtung mit Verkauf von Speisen und Getränken, gewöhnlich zu ermäßigten Preisen, an bestimmte Personengruppen durch: Sport-, Betriebs- und Bürokantinen; Schulkantinen und -küchen; Mensen; Messen und Kantinen für Armeeangehörige.

Kurgäste,

Personen, die sich am Ort (meistens aufgrund ärztlicher Verordnung) vorübergehend aufhalten, mit dem Ziel der Erhaltung oder Wiederherstellung ihrer Gesundheit oder ihrer Berufs- oder Arbeitsfähigkeit und die die allgemein angebotenen Kureinrichtungen außerhalb der Beherbergungsstätte in Anspruch nehmen.

Kurorte.

Kurorte sind Gebiete (Orte und Ortsteile), die besondere natürliche Gegebenheiten – natürliche Heilmittel des Bodens, des Meeres und des Klimas-, zweckentsprechende Einrichtungen und einen artgemäßen Kurortcharakter für Kuren zur Heilung, Linderung oder Vorbeugung menschlicher Krankheiten aufweisen.

Kurzreisen,

Reisen mit weniger als vier Übernachtungen.

Kurzurlaubsverkehr,

Urlaubs- und Ausflugsverkehr bis zu vier Tagen.

Luftkurorte.

Die Artbezeichnung setzt für die Orte oder Ortsteile voraus:

a) wissenschaftlich anerkannte und durch Erfahrung bewährte klimatische Eigenschaften und eine entsprechende Luftqualität (therapeutisch anwendbares Klima);

b) artgemäße Kureinrichtungen;

c) artgemäßen Kurortcharakter;

Luftkurorte sind berechtigt, für die Herstellung und Unterhaltung der zu Kurzwecken getroffenen Veranstaltungen und Einrichtungen Kurtaxe (Kurabgabe, Kurbeitrag o.ä.) zu erheben.

Pensionen,

Beherbergungsstätten, die jedermann zugänglich sind und in denen Speisen und Getränke nur an Hausgäste abgegeben werden.

Privatquartiere,

Kleinbeherbergungsstätten, die nicht erlaubnispflichtig (weniger als 9 Betten) und jedermann zugänglich sind und in denen Gäste zum vorübergehenden Aufenthalt gegen Entgelt aufgenommen werden.

Reisegebiete,

Gliederung nach nichtadministrativen Raumeinheiten, die in Zusammenarbeit mit den Statistischen Landesämtern erstellt wurde und sich im wesentlichen an den Zuständigkeitsbereichen der regionalen Fremdenverkehrsverbände und an naturräumlichen Gegebenheiten orientiert.

Reiseintensität

weist den Anteil der Reisenden an der Bevölkerung aus, die im zurückliegenden Jahr mindestens eine Urlaubsreise von mehr als vier Tagen Dauer unternommen haben.

Reiseveranstaltung

liegt vor, wenn Reisen ausgeschrieben und im eigenen Namen angeboten werden, die ein touristisches Arrangement enthalten (Beförderung, Unterbringung, Verpflegung usw.).

Reiseverkehr, internationaler.

Reiseverkehr der nicht gebietsansässigen Reisenden im Wirtschaftsgebiet des Landes und der gebietsansässigen Reisenden in der übrigen Welt.

Reisevermittlung.

Reisevermittlung ist die Vermittlung von Reisedienstleistungen von Verkehrsträgern, Beherbergungsbetrieben, Gaststätten usw. (auch von Reiseveranstaltern) in fremdem Namen und für fremde Rechnung, vor allem in Reisebüros.

Restaurants,

Bewirtungsstätten mit Verkauf von Speisen, im allgemeinen zum Verzehr an Ort und Stelle, sowie damit verbundenem Verkauf von Getränken, unter Umständen auch mit begleitendem Unterhaltungsprogramm. Restaurants, auch als Speisewagenbetriebe, gibt es mit herkömmlicher und mit Selbstbedienung.

Sanatorien, Kurkrankenhäuser,

Beherbergungsstätten unter ärztlicher Leitung ausschließlich oder überwiegend für Kurgäste. Als Kurgäste gelten Personen, die sich am Ort aufgrund ärztlicher Verordnung

Statistisches Bundesamt, Tourismus in Zahlen, 2000/2001

vorübergehend aufhalten mit dem Ziel der Erhaltung oder Wiederherstellung ihrer Gesundheit oder ihrer Berufs- oder Arbeitsfähigkeit und die die allgemein angebotenen Kureinrichtungen außerhalb der Beherbergungsstätte in Anspruch nehmen. Hierzu zählen auch Kinderheilstätten, Rehabilitations- oder ähnliche Krankenhäuser (Fachabteilungen anderer Krankenhäuser).

Schankwirtschaften,

Bewirtungsstätten mit Ausschank von Getränken zum Verzehr an Ort und Stelle.

Schulungsheime,

⟶ Erholungs-, Ferien- und Schulungsheime.

Seebäder.

Die Artbezeichnung setzt für die Orte oder Ortsteile voraus:

a) Lage an der Meeresküste oder in deren unmittelbarer Nähe (Entfernung der Orts- oder Ortsteilmitte nicht mehr als 2 km vom Strand);

b) Überprüfung des Lage- und Witterungsklimas und der lufthygienischen Verhältnisse;

c) artgemäße Kureinrichtungen;

d) artgemäßen Kurortcharakter.

Seebäder sind berechtigt, für die Herstellung und Unterhaltung der zu Kurzwecken getroffenen Veranstaltungen und Einrichtungen Kurtaxe (Kurabgabe, Kurbeitrag o.ä.) zu erheben.

Tourismus.

Für das Vorliegen von Tourismus gelten im wesentlichen zwei Bedingungen:

Der Besuch eines Ortes außerhalb des gewöhnlichen Aufenthaltsortes ist nur vorübergehend.

Am Zielort ausgeübte Tätigkeiten werden nicht von dort aus entlohnt.

Touristen,

Besucher, die mindestens eine Nacht, aber nicht länger als einen bestimmten Zeitraum an einem Ort außerhalb ihrer gewöhnlichen Umgebung verbringen. Nach der Definition der WTO bedeutet "bestimmter Zeitraum" ein Jahr. In der deutschen Tourismusstatistik ist der Zeitraum derzeit noch – entsprechend den deutschen Meldegesetzen – auf zwei Monate befristet. Über die Hauptreisezwecke vgl. die Übersicht "Klassifikation der Besucher nach dem WTO-Definitionskatalog".

Transitreisende,

Personen, die die Transitzone des Flughafens oder Hafens nicht verlassen.

Trinkhallen,

Bewirtungsstätten, die keine oder wenig Sitzgelegenheiten aufweisen und von denen ein engbegrenztes Sortiment von Getränken abgegeben wird.

Übernachtungen,

Zahl der Übernachtungen von Gästen, die im Berichtszeitraum ankamen oder aus dem vorherigen Berichtszeitraum noch anwesend waren.

Umsatz,

Erlöse aus eigenen Erzeugnissen und industriellen/handwerklichen Dienstleistungen, außerdem aus dem Verkauf von Handelsware und aus sonstigen nichtindustriellen/nichthandwerklichen Tätigkeiten. Als Umsatz gilt, unabhängig vom Zahlungseingang, der Gesamtbetrag der abgerechneten Lieferungen und Leistungen an Dritte einschl. etwa darin enthaltener Verbrauchsteuern und Kosten für Fracht, Porto und Verpackung, auch wenn diese gesondert berechnet werden. Für Betriebe und für Unternehmen, die zum Monatsbericht im Bergbau und Verarbeitenden Gewerbe melden, sind die Umsätze des Kalenderjahres angegeben.

Unternehmen,

kleinste, gesondert bilanzierende und rechtlich selbständige Wirtschaftseinheiten. In der Mehrzahl der Fälle sind Arbeitsstätten und Unternehmen identisch, d.h., das Unternehmen besteht aus nur einer einzigen Arbeitsstätte (Einbetriebsunternehmen). Deckungsgleichheit ist nicht gegeben, wenn ein Unternehmen mehrere Arbeitsstätten umfaßt, d.h. aus einer Haupt- und einer oder mehreren Zweigniederlassungen besteht (Mehrbetriebsunternehmen).

Verbrauch, Privater.

Als Privater Verbrauch werden die Waren- und Dienstleistungskäufe der inländischen privaten Haushalte für Konsumzwecke und der Eigenverbrauch der privaten Organisationen ohne Erwerbszweck bezeichnet. Neben den tatsächlichen Käufen, zu denen u.a. Entgelte für häusliche Dienste gehören, sind auch bestimmte unterstellte Käufe einbegriffen, z.B. der Eigenverbrauch der Unternehmer, der Wert der Nutzung von Eigentümerwohnungen sowie Deputate der Arbeitnehmer. Der Verbrauch auf Geschäftskosten wird nicht zum Privaten Verbrauch gerechnet, sondern zu den Vorleistungen der Unternehmen. Nicht enthalten sind ferner Käufe von Grundstücken und Gebäuden, die zu den Anlageinvestitionen zählen.

Statistisches Bundesamt, Tourismus in Zahlen, 2000/2001

Verbrauchergeldparitäten.

Die Verbrauchergeldparität gibt an, wieviele inländische Geldeinheiten erforderlich sind, um die gleichen Gütermengen bestimmter Qualität im Inland zu erwerben, die man im Ausland für eine ausländische Geldeinheit erhält. So lautete zum Beispiel im August 1999 die Verbrauchergeldparität (nach deutschem Schema) zwischen Österreich und der Bundesrepublik Deutschland: 100 Schilling (S) = 12,65 DM (vorläufige Angabe). Aus der Verbrauchergeldparität allein läßt sich aber noch nicht erkennen, ob ein Land teurer oder billiger ist als ein anderes. Das kann durch den Vergleich der Verbrauchergeldparität mit dem Devisenkurs festgestellt werden. Ist die Verbrauchergeldparität (in der Darstellung 1 oder 100 ausländische Währungseinheiten = ... DM) größer, dann ist das Ausland billiger als das Inland (und umgekehrt teurer).

Wohneinheiten,

selbständig vermietbare räumliche Einheiten mit Betten und sonstigen Schlafgelegenheiten ohne herkömmliche (Hotel-) Dienstleistungen wie tägliches Reinigen oder Bettenmachen. Hierzu zählen meistens Ferienhäuser, -wohnungen, aber auch Schlafsäle in Jugendherbergen und vergleichbaren Einrichtungen.

Statistisches Bundesamt, Tourismus in Zahlen, 2000/2001

Quellennachweis:

1. Veröffentlichungen des Statistischen Bundesamtes:

Fachserie 1: Bevölkerung und Erwerbstätigkeit, Reihe 1, Gebiet und Bevölkerung

Fachserie 1: Bevölkerung und Erwerbstätigkeit, Reihe 4.1.1, Stand und Entwicklung der Erwerbstätigkeit (Ergebnisse des Mikrozensus)

Fachserie 1: Bevölkerung und Erwerbstätigkeit, Reihe 4.2.1, Struktur der sozialversicherungspflichtig Beschäftigten

Fachserie 2: Unternehmen und Arbeitsstätten, Reihe 1.5.1, Kostenstruktur der Eisenbahnen (ohne deutsche Bahn AG), des Stadtschnellbahn-, Straßenbahn- und Omnibusverkehrs, der Reisebüros und Reiseveranstalter.

Fachserie 2: Unternehmen und Arbeitsstätten, Reihe 4.2, Finanzielle Abwicklung der Insolvenzverfahren

Fachserie 3: Land- und Forstwirtschaft, Fischerei: Landwirtschaftszählung 1979, Heft 3, Besitzverhältnisse, Zimmervermietung, Wohnhausausstattung. Landwirtschaftszählung 1991: Reihe 1, Ausgewählte Zahlen für die Agrarwirtschaft

Fachserie 3: Land- und Forstwirtschaft, Fischerei, Reihe 5.2, Bodenfläche nach Art der geplanten Nutzung

Fachserie 6: Binnenhandel, Gastgewerbe, Tourismus, Reihe 7.1, Beherbergung im Reiseverkehr sowie Umsatz und Beschäftigte im Gastgewerbe

Fachserie 6: Binnenhandel, Gastgewerbe, Tourismus, Reihe 7.2, Beherbergungskapazität

Fachserie 6: Binnenhandel, Gastgewerbe, Tourismus, Reihe 7.3, Beschäftigung, Umsatz, Wareneingang, Lagerbestand und Investitionen im Gastgewerbe

Fachserie 8: Verkehr, Reihe 2, Eisenbahnverkehr

Fachserie 8: Verkehr, Reihe 3, Straßenpersonenverkehr

Fachserie 8: Verkehr, Reihe 4, Binnenschiffahrt

Fachserie 8: Verkehr, Reihe 5, Seeschiffahrt

Fachserie 8: Verkehr, Reihe 6, Luftverkehr

Fachserie 8: Verkehr, Reihe 7, Verkehrsunfälle

Fachserie 8: Verkehr, Reihe 7.S, Sonderbeiträge: Straßenverkehrsunfälle 1985 - 1990

Fachserie 11: Bildung und Kultur, Reihe 3, Berufliche Bildung

Fachserie 14: Finanzen und Steuern, Reihe 8, Umsatzsteuer

Fachserie 15: Wirtschaftsrechnungen; Einzelveröffentlichungen: Einkommens- und Verbrauchsstichprobe 1999

Fachserie 15: Wirtschaftsrechnungen, Reihe 1, Einnahmen und Ausgaben ausgewählter privater Haushalte

Fachserie 16: Löhne und Gehälter, Reihe 2, Arbeitnehmerverdienste im Produzierenden Gewerbe, Handel, Kredit- und Versicherungsgewerbe

Fachserie 16: Löhne und Gehälter, Reihe 4.3, Index der Tariflöhne und -gehälter

Fachserie 17: Preise, Reihe 7, Preisindizes für die Lebenshaltung

Fachserie 17: Preise, Reihe 10, Internationaler Vergleich der Preise für die Lebenshaltung

Statistisches Jahrbuch für die Bundesrepublik Deutschland, Statistisches Jahrbuch für das Ausland

Wirtschaft und Statistik (WiSta)

2. Weitere Veröffentlichungen:

Bundesminister für Verkehr, Verkehr in Zahlen 1999, Bonn

Deutsche Bundesbank, Zahlungsbilanzstatistik, Statistisches Beiheft zum Monatsbericht 3, verschiedene Jahrgänge und Monate, Frankfurt am Main

Deutsches Jugendherbergswerk, Jahresbericht 1999, Detmold

Deutsches Wirtschaftswissenschaftliches Institut für Fremdenverkehr an der Universität München (DWIF),; Schriftenreihe Heft 46, "Tagesreisen der Deutschen", München 1995

Kraftfahrt-Bundesamt, Statistische Mitteilungen, Reihe 1, verschiedene Hefte und Jahrgänge

Statistisches Amt der Europäischen Gemeinschaften (Eurostat), Fremdenverkehr – Statistisches Jahrbuch, verschiedene Jahrgänge, Brüssel, Luxemburg

Statistisches Amt der Europäischen Gemeinschaften (Eurostat), Tourism in Europe – Key figures, verschiedene Jahrgänge, Brüssel, Luxemburg

World Tourism Organization (WTO), Yearbook of Tourism Statistics, verschiedene Jahrgänge, Madrid

Anschriften der Statistischen Ämter des Bundes und der Länder

Statistisches Bundesamt

Gustav-Stresemann-Ring 11
65189 Wiesbaden
Telefon: 06 11 / 75 - 1
Telefax: 06 11 / 72 40 00
http://www.statistik-bund.de
E-Mail: poststelle@statistik-bund.de

Dienstort Berlin
Otto-Braun-Straße 70 - 72
10178 Berlin
Telefon: 030 / 23 24 5
Telefax: 030 / 23 24 64 00
E-Mail: poststelle-berlin@statistik-bund.de

Informationspunkt Berlin
Eurostat Data Shop
Otto-Braun-Straße 70 - 72
10178 Berlin

i-Punkt
Telefon: 030 / 23 24 64 34
Telefax: 030 / 23 24 64 40
E-Mail: i-punkt@statistik-bund.de

Data Shop
Telefon: 030 / 23 24 64 27
Telefax: 030 / 23 24 64 30
E-Mail: datashop@statistik-bund.de

Statistisches Bundesamt

Zweigstelle Bonn
Postfach 17 03 77
53029 Bonn
Telefon: 0 18 88 / 643 - 0
Telefax: 0 18 88 / 643 - 89 90
E-Mail: poststelle@statistik-bund.de

Statistische Ämter der Länder

Statistisches Landesamt Baden-Württemberg
Postfach 10 60 33
70049 Stuttgart
Telefon: 07 11 / 641 - 0
Telefax: 07 11 / 6 41 24 40
http://www.statistik.baden-wuerttemberg.de
E-Mail: stala.bw@t-online.de

Bayerisches Landesamt für Statistik und Datenverarbeitung
80288 München
Telefon: 089 / 21 19 - 0
Telefax: 089 / 2 11 94 10
http://www.bayern.de/lfstad
E-Mail: poststelle@lfstad.bayern.de

Statistisches Landesamt Berlin
10306 Berlin
Telefon: 030 / 90 21 - 0
Telefax: 030 / 90 21 36 55
http://www.statistik-berlin.de
E-Mail: stala-berlin@t-online.de

Landesamt für Datenverarbeitung und Statistik Brandenburg
Postfach 60 10 52
14410 Potsdam
Telefon: 03 31 / 39 - 0
Telefax: 03 31 / 3 95 21
http://www.brandenburg.de/lds/index.html
E-Mail: info@lds.brandenburg.de

Statistisches Landesamt Bremen
Postfach 10 13 09
28013 Bremen
Telefon: 04 21 / 361 - 0
Telefax: 04 21 / 3 61 43 10
http://www.bremen.de/info/statistik
E-Mail: office@statistikland.bremen.de

Statistisches Landesamt Hamburg
20453 Hamburg
Telefon: 040 / 42 83 - 10
Telefax: 040 / 42 83 11 70 0
http://www.statistik-hamburg.de
E-Mail: statistik-hamburg@t-online.de

Hessisches Statistisches Landesamt
65175 Wiesbaden
Telefon: 06 11 / 38 02 - 0
Telefax: 06 11 / 3 80 29 90
http://www.hsl.de
E-Mail: info@hsl.de

Statistisches Landesamt Mecklenburg-Vorpommern
Postfach 12 01 35
19018 Schwerin
Telefon: 03 85 / 48 01 - 0
Telefax: 03 85 / 4 80 11 23
http://www.mvnet.de/inmv/stala
E-Mail: stala@mvnet.de

Niedersächsisches Landesamt für Statistik
Postfach 91 07 64
30427 Hannover
Telefon: 05 11 / 98 98 - 0
Telefax: 05 11 / 98 98 40 00
http://www.nls.niedersachsen.de
E-Mail: postmaster@nls.niedersachsen.de

Landesamt für Datenverarbeitung und Statistik Nordrhein-Westfalen
40193 Düsseldorf
Telefon: 02 11 / 94 49 - 01
Telefax: 02 11 / 44 20 06
http://www.lds.nrw.de
E-Mail: poststelle@lds.nrw.de

Statistisches Landesamt Rheinland-Pfalz
Mainzer Straße 14 - 16
56130 Bad Ems
Telefon: 0 26 03 / 71 - 0
Telefax: 0 26 03 / 7 13 15
http://www.statistik-rp.de
E-Mail: info@statistik-rp.de

Statistisches Landesamt Saarland
Postfach 10 30 44
66030 Saarbrücken
Telefon: 06 81 / 501 - 00
Telefax: 06 81 / 5 01 59 21
http://www.statistik.saarland.de
E-Mail: statistik@stala.saarland.de

Statistisches Landesamt des Freistaates Sachsen
Postfach 105
01911 Kamenz
Telefon: 0 35 78 / 33 - 0
Telefax: 0 35 78 / 33 15 55
http://www.statistik.sachsen.de
E-Mail: WebMaster@statistik.sachsen.de

Statistisches Landesamt Sachsen-Anhalt
Postfach 20 11 56
06012 Halle (Saale)
Telefon: 03 45 / 23 18 - 0
Telefax: 03 45 / 2 31 89 13
http://www.stala.sachsen-anhalt.de
E-Mail: pressestelle@stala.mi.lsa-net.de

Statistisches Landesamt Schleswig-Holstein
Postfach 71 30
24171 Kiel
Telefon: 04 31 / 68 95 - 0
Telefax: 04 31 / 6 89 54 98
http://www.statistik-sh.de
E-Mail: statistik-sh@t-online.de

Thüringer Landesamt für Statistik
Postfach 90 01 63
99014 Erfurt
Telefon: 03 61 / 37 90 - 0
Telefax: 03 61 / 3 78 46 99
http://www.tls.thueringen.de
E-Mail: statistik@tls.thueringen.de

Fachserie 6: Binnenhandel, Gastgewerbe, Tourismus

Reihe 1: Großhandel

1.1: Beschäftigte und Umsatz im Großhandel (Meßzahlen)

Der *Monatsbericht* enthält Meßzahlen und Veränderungsraten für Voll- und Teilzeitbeschäftigte sowie Umsatz, die u. a. nach Wirtschaftszweigen gegliedert sind.

1.2: Beschäftigung, Umsatz, Wareneingang, Lagerbestand und Investitionen im Großhandel

Jährlich werden Angaben über Beschäftigung, Umsatz, Wareneingang, Lagerbestand, Investitionen sowie Aufwendungen für gemietete oder gepachtete Sachanlagen veröffentlicht. Die Ergebnisse sind u. a. gegliedert nach Wirtschaftszweigen, Größenklassen und Absatzformen.

1.3: Warensortiment sowie Bezugs- und Absatzwege im Großhandel

Im Abstand von fünf bis sieben Jahren – zuletzt für das Geschäftsjahr 1995 – werden Angaben über die Zusammensetzung des Warensortiments im Großhandel erhoben. Diese Ergebnisse sind u. a. gegliedert nach Wirtschaftszweigen.

1.S.2: Monatliche Repräsentativerhebung im Großhandel
– Methode und Ergebnisse auf der Basis 1986 –

Reihe 3: Einzelhandel

3.1: Beschäftigte und Umsatz im Einzelhandel (Meßzahlen)

Der *Monatsbericht* enthält Meßzahlen und Veränderungsraten für Voll- und Teilzeitbeschäftigte sowie Umsatz im Einzelhandel, die nach Wirtschaftszweigen gegliedert sind.

3.2: Beschäftigung, Umsatz, Wareneingang, Lagerbestand und Investitionen im Einzelhandel

Jährlich werden Angaben über Beschäftigung, Umsatz, Wareneinkauf, Lagerbestand, Investitionen sowie Mieten und Pachten für Anlagegüter veröffentlicht. Die Ergebnisse sind untergliedert u. a. nach Wirtschaftszweigen, Größenklassen und Erscheinungsformen.

3.3: Warensortiment sowie Bezugswege im Einzelhandel

Im Abstand von fünf bis sieben Jahren – zuletzt für das Geschäftsjahr 1991 – werden Angaben über die Zusammensetzung des Warensortiments im Einzelhandel veröffentlicht. Die Ergebnisse sind u. a. untergliedert nach Wirtschaftszweigen und Erscheinungsformen.

Reihe 7: Tourismus, Gastgewerbe

7.1: Beherbergung im Reiseverkehr sowie Umsatz und Beschäftigte im Gastgewerbe

Monatlich werden die Ankünfte und Übernachtungen, darunter von Auslandsgästen in der Gliederung nach dem ständigen Wohnsitz, in allen *Beherbergungsstätten mit 9 und mehr Betten* veröffentlicht. Weitere Gliederungsmerkmale sind u. a. Reisegebiete, Gemeindegruppen, Betriebsarten und Betriebsgrößenklassen. Außerdem werden Angaben über das jeweilige Bettenangebot und die Kapazitätsauslastung nachgewiesen. Ergebnisse für das Winterhalbjahr werden im April-Bericht, für das Sommerhalbjahr im Oktober-Bericht und für das Kalenderjahr im Dezember-Bericht veröffentlicht. Für das Gastgewerbe werden Angaben zur Umsatzentwicklung und Beschäftigtenzahl nach Wirtschaftszweigen veröffentlicht.

7.2: Beherbergungskapazität

Der in *6jährlichem* Abstand (erstmals für 1981) erscheinende Bericht enthält Angaben über Art, Größe und Ausstattung der Beherbergungsstätten mit 9 und mehr Betten. Die Ergebnisse sind u. a. untergliedert nach Reisegebieten, Gemeindegrößenklassen sowie Ausstattungs- und Preisklassen. Außerdem werden Strukturdaten über die Beherbergungskapazität der Campingplätze nachgewiesen.

7.3: Beschäftigung, Umsatz, Wareneingang, Lagerbestand und Investitionen im Gastgewerbe

Zweijährlich werden Angaben über Beschäftigung, Umsatz, Wareneingang, Lagerbestand, Investitionen sowie Mieten und Pachten für Anlagegüter veröffentlicht. Die Ergebnisse sind u. a. untergliedert nach Wirtschaftszweigen und Größenklassen.

Ergebnisse einmaliger Zählungen

Handels- und Gaststättenzählung 1993

Zu den einzelnen Bereichen des Handels und Gastgewerbes erscheinen folgende Hefte:

Zusammenfassende Übersichten

Der Bericht enthält Angaben über Unternehmen, Arbeitsstätten, Beschäftigte und Umsatz in den Wirtschaftsbereichen Kraftfahrzeughandel; Tankstellen, Handelsvermittlung und Großhandel, Einzelhandel sowie Gastgewerbe.

Einzelhandel

Heft 1: Unternehmen des Einzelhandels
Der Bericht enthält Angaben über Unternehmen, Arbeitsstätten, Beschäftigte, Umsatz und Zusammensetzung des Umsatzes.

Heft 2: Mehrbetriebsunternehmen und Arbeitsstätten des Einzelhandels

Der Bericht enthält folgende Angaben:
– Mehrbetriebsunternehmen und überwiegende Tätigkeit ihrer Arbeitsstätten, Beschäftigte und Umsatz
– Arbeitsstätten, Beschäftigte, Geschäftsfläche, Umsatz, Zusammensetzung des Umsatzes und Umsatzkennzahlen
– Ladengeschäfte, Beschäftigte, Umsatz, Geschäftsfläche und Verkaufsfläche

Großhandel und Handelsvermittlung

Dieser Bericht enthält Angaben über:
– Unternehmen, Arbeitsstätten, Beschäftigte, Umsatz, Zusammensetzung des Umsatzes und Gesamtwert der gegen Provision vermittelten Waren
– Mehrbetriebsunternehmen und überwiegende Tätigkeit ihrer Arbeitsstätten, Beschäftigte und Umsatz
– Arbeitsstätten, Beschäftigte, Umsatz, Zusammensetzung des Umsatzes und Umsatzkennzahlen

Kraftfahrzeughandel; Tankstellen

Dieser Bericht enthält Angaben über:
– Unternehmen, Arbeitsstätten, Beschäftigte, Umsatz, Zusammensetzung des Umsatzes und Gesamtwert der gegen Provision vermittelten Waren
– Mehrbetriebsunternehmen und überwiegende Tätigkeit ihrer Arbeitsstätten, Beschäftigte und Umsatz
– Arbeitsstätten, Beschäftigte, Umsatz, Zusammensetzung des Umsatzes, Umsatzkennzahlen, Geschäftsfläche und Verkaufsfläche

Gastgewerbe

Dieser Bericht beinhaltet Angaben über:
– Unternehmen, Arbeitsstätten, Beschäftigte, Umsatz, Zusammensetzung des Umsatzes
– Mehrbetriebsunternehmen und überwiegende Tätigkeit ihrer Arbeitsstätten, Beschäftigte und Umsatz
– Arbeitsstätten, Beschäftigte, Umsatz, Zusammensetzung des Umsatzes, Umsatzkennzahlen, Fremdenzimmer, Fremdenbetten und Ferienhäuser, -wohnungen

Klassifikationen

Klassifikation der Wirtschaftszweige mit Erläuterungen, Ausgabe 1993

Systematik der Wirtschaftszweige mit Erläuterungen, Ausgabe 1979

Systematisches Güterverzeichnis für Produktionsstatistiken, Ausgabe 1995

Statistisches Bundesamt
Gustav-Stresemann-Ring 11
65189 Wiesbaden

Veröffentlichungen und Prospekte sind durch den Verlag METZLER-POESCHEL, Verlagsauslieferung: SFG-Servicecenter Fachverlage GmbH, Postfach 4343, 72774 Reutlingen, Tel. 0 70 71 / 93 53 35, erhältlich.